Klaus-Peter Eschenbach

Wörterbuch der Medicin

Englisch-Deutsch
Deutsch-Englisch

Dictionary of Medicine

English-German
German-English

Verlag Jungjohann · Neckarsulm

Anschrift des Autors:

Klaus-Peter Eschenbach
Franklinstraße 16
D-1000 Berlin (West) 10
Tel. 030 / 3923694

1. Auflage Oktober 1983

Druck:	Heidelberger Reprographie Andreas Grosch GmbH, Seestraße 72, 6904 Eppelheim-Heidelberg
Schreibsatz:	K.-P. Eschenbach, Berlin, und AK Satzservice GmbH Postfach 128, 8912 Kaufering
Titelabb.:	A. Stapper
Umschlagentwurf:	Klaus-Peter Eschenbach

Inhaltsverzeichnis

Vorwort des Autors

Es existieren bereits zwei Übersetzungswörterbücher gleicher Themenstellung: das zweibändige „Wörterbuch der Medizin und Pharmazeutik" von Werner E. BUNJES und das „Medizinische Wörterbuch der deutschen und englischen Sprache" von Dieter Werner UNSELD. Darüber hinaus gibt es mehrere drei- oder mehrsprachige Übersetzungswörterbücher zur gesamten Medicin und zu Teilgebieten der Medicin. Angesichts dieser Situation stellt sich mit Recht die Frage: warum ein neues Wörterbuch? Die folgenden Absätze sollen Antwort auf diese Frage geben.

Fachidiomatische Übersetzung. Von einer guten Übersetzung wird mit Recht erwartet, daß sie nicht nur die Bedeutung des Originales correct übermittelt (inhaltliche Aequivalenz), sondern auch die Ausdrucksweise des Originales so weit wie möglich bewahrt (formale Aequivalenz). Es wäre zum Beispiel unangemessen, „psychiatrist" mit „Irrenarzt" zu übersetzen, obwohl sicherlich das gleiche gemeint ist. An der richtigen Übersetzung „Psychiater" sieht man, daß die fachidiomatische, das heißt, sowohl inhaltlich als auch formal aequivalente Übersetzung in der Regel auf dieselbe, meist lateinisch-griechische Wurzel zurückgeht wie das Original. In den bisherigen Wörterbüchern wurde dieser Aspect nicht ausreichend berücksichtigt.

Aussprache. Mit Ausnahme des oben erwähnten Wörterbuches von BUNJES gab es bisher kein Übersetzungswörterbuch der Medicin, das Angaben zur Aussprache machte. Der BUNJES gehört jedoch wegen seines mehrfach höheren Preises zu einer anderen Classe als das hiermit vorgelegte Wörterbuch. Für die Aussprache eines Wortes ist das wichtigste Merkmal die Betonung. Sie wurde durch Unterstreichung des am stärksten betonten Vocales beziehungsweise Diphthonges bei jedem Stichwort angegeben. In Verbindung mit den Angaben zur Silbentrennung ergibt sich dadurch ein recht zuverlässiges Bild der correcten Aussprache, da man Grundkenntnisse zur Aussprache bei den Benutzern des Wörterbuches sicher voraussetzen kann.

Rechtschreibung. Alle bisherigen Wörterbücher richten sich nach den Regeln der DUDEN-Rechtschreibung. Die DUDEN-Rechtschreibung enthält jedoch zahlreiche innere Widersprüche, vor allem im Bereich der C/K/Z- und Umlautschreibung in Fremdwörtern. Hier ist eine gründliche, innerlich widerspruchsfreie, moderne Reform dringend nötig. Näheres dazu im Abschnitt „C, Ae, Oe, Ph, ss oder K/Z, Ä, Ö, F, ß in Fremdwörtern, insbesondere Fachwörtern der Medicin, Pharmacie, Chemie und Biologie?".

Silbentrennung. Ein wichtiger Bestandteil der Rechtschreibung ist die Silbentrennung. Desungeachtet wird sie in keinem einzigen medicinischen Übersetzungswörterbuch und auch in den meisten medicinischen Bedeutungswörterbüchern nicht angegeben. Im Gegensatz zur C/K/Z-Schreibung hat der DUDEN für die Silbentrennung Vorbildliches geleistet, so daß insofern die DUDEN-Regeln bis auf wenige Ausnahmen beibehalten werden konnten. Jedoch wurden über die Angaben im DUDEN-„Wörterbuch medizinischer Fachausdrücke" hinaus nicht nur die schwierigeren Trennungen gekennzeichnet, sondern sämtliche Silbentrennungen, die als zulässig gelten können (durch einen senkrechten Strich). Für die Silbentrennung englischer Wörter gibt es gegenwärtig keine festen Regeln. Ich habe mich für das im americanischen Englisch dominierende System der Trennung nach Sprechsilben entschieden, da es eine gewisse Orientierungshilfe für die Aussprache darstellt. Auch hier wurden alle zulässigen Trennungen durch senkrechten Strich gekennzeichnet.

Es ist mir klar, daß die erste Auflage dieses Wörterbuches noch manche Unvollkommenheit enthält, die erst in nachfolgenden Auflagen verbessert werden kann und für die ich um Verständnis bitte. Verlag und Autor sind jedoch der Meinung, daß dieses Wörterbuch bereits jetzt soviel Neues bietet, daß seine Veröffentlichung zu diesem Zeitpunct gerechtfertigt ist. Herrn Dr. med. Hartmut JUNGJOHANN, Arzt für Allgemeinmedicin und Inhaber des Hartmut Jungjohann Verlages, danke ich für die mir gewährte absolute Freiheit in Fragen der Rechtschreibung, der Übersetzung und der Auswahl der Stichwörter sowie für eine stets freundliche Zusammenarbeit.

Berlin (West), Januar 1983 — Klaus-Peter Eschenbach

Geleitwort Prof. Felber

Um die internationale Verständigung zu erleichtern, gibt es seit Jahrzehnten große Bemühungen um eine internationale Angleichung von Begriffen und Benennungen. Diese Angleichung kann aus Gründen der Kontinuität nur in kleinen Schritten und in längeren Zeitabschnitten erfolgen.

Der Autor bemüht sich in dem betreffenden Abschnitt seines Werkes, durch Vorschläge für ein international harmonisiertes Fremdfachwort-Rechtschreibsystem einen Beitrag zu einer Angleichung der Benennungen zu leisten. Seine Vorschläge sind wert, von kompetenten Fachleuten der entsprechenden Sachfächer und der Fachsprache geprüft und diskutiert zu werden.

Wien, Juni 1983

Prof. Helmut Felber
Leiter des Internationalen Informationszentrums für Terminologie (Infoterm)

Geleitwort zum Eschenbachschen System der „ausdeutschenden“ Fremdwortschreibung

Seit den Bemühungen um eine deutsche Einheitsrechtschreibung (1876, 1879/80, 1901/02) können wir ein geradezu dogmatisches Streben nach Eindeutschung von Fremdwörtern sehen. Parallel dazu sind gelegentlich puristische Tendenzen zu beobachten, welche den Ersatz der Fremdwörter durch deutsches Wortgut fordern. Beide Bewegungen – Fremdwortersetzung wie Fremdworteindeutschung – sind in letzter Folge Ausflüsse eines irrationalen Sprachnationalismus des 19. Jahrhunderts. Während man aber inzwischen erkannt hat, dass das Vermeiden von Fremdwörtern sich am ehesten im privaten Bereich und im kleinen Kreis durchsetzen lässt, kaum jedoch im zunehmend internationalisierten Wissenschaftsbetrieb, gibt der Eindeutschungsdogmatismus immer wieder kräftige Lebenszeichen – kann er doch unbestreitbar auf gewisse „Erfolge“ verweisen, v. a. auf die Ersetzung des C in Fremdwörtern durch K oder Z, schubweise 1880 und 1901 erreicht.

Seit 1901 geriet die Fortführung der Eindeutschung practisch ins Stocken, wird jedoch theoretisch – in den Rechtschreibreformprogrammen – nach wie vor gefordert. Allerdings reducierten sich diese theoretischen Bemühungen schließlich auf die Eindeutschung der lateinischen Transcriptionen griechischer Wörter (ph > f, th > t, rh > r). Die Wunschvorstellungen, auch französische und englische Fremdwörter einzudeutschen, wurden weitgehend zurückgenommen, was zum einen mit den phonetischen Problemen zusammenhängt, französische und englische Laute zufriedenstellend einzudeutschen, zum andern aber auch ein Ergebnis des zunehmenden Fremdsprachenunterrichts sein dürfte; je mehr Schüler und Erwachsene Fremdsprachen (und da jetzt besonders Englisch) lernen, desto mehr Menschen werden damit belastet, Fremdwörter in zwei Schriftbildern speichern zu müssen, in der internationalen Form (wie sie uns im Englischen oder Französischen entgegentritt) und in der eingedeutschten Form.

Wem das Wort von der „Bildungsgesellschaft“ kein bloßes Schlagwort ist, wer also wirklich und ernsthaft breiteste Kreise an die Quellen der Bildung heranführen will, wer die modernen Fremdsprachen als unerlässliche Übergänge vom Bereich des Vaterlandes in die Welt und in die zunehmend internationalisierte Wissenschaft betrachtet und wer die lateinische Sprache als Integrationsfactor bei diesen Bemühungen erkannt hat, der wird gegenüber unreflectierter Eindeutschung skeptisch werden.

Gerade die angeblich „griechischen" Schreibungen mit *ph, th, rh* treten uns im Lateinischen, im Französischen und im Englischen entgegen; wir lernen *ph, th, rh* also nicht „dem Griechischen oder dem Lateinischen zuliebe", sondern mehr noch, um die Kluft zum Englischen und zum Französischen nicht zu groß werden zu lassen. – Wer sich gedanklich so weit vorgewagt hat, der wird auch den Nutzen der 1880 und 1901 durchgeführten Eindeutschung von C zu K/Z zwiespältiger beurteilen. – Nach den Vorschlägen der orthographischen Conferenz von 1876 wäre das *„scharfe S" (ß)* nur noch nach Langvocalen und Diphthongen zu schreiben gewesen. Leider ist diese Regel nur 1879–1901 in Österreich amtlich gewesen. Der Duden hat sie nie acceptiert; die Folge ist, dass wir zahlreiche Fremdwörter mit *ß* nach Kurzvocal schreiben müssen (Kongreß, Prozeß, ...) und nicht stammtreu mit *ss* nach Kurzvocal schreiben dürfen, obwohl *Congress, Process,* ... die vom internationalen Standpunct sinnvolleren Schreibungen wären.

Der Verfasser des vorliegenden „Wörterbuches der Medicin" hat ausreichend Gelegenheit gehabt, an einem großen Corpus von Stichwörtern die Unzulänglichkeiten der heute üblichen Eindeutschung von Fremdwörtern zu beobachten, zu critisieren und Versuche anzustellen, zu einer besseren Lösung zu gelangen. Dass dieses Streben in größere Nähe zur internationalen, will heißen: lateinisch-französisch-englischen, Schreibung führen musste, wird uns nun nicht mehr wundern. Es wäre jetzt aber nichts unsinniger, als den Verfasser „orthographischer Rückschrittlichkeit" zu zeihen. Es handelt sich vielmehr um den consequenten Versuch, einen als falsch erkannten Weg nicht mehr beschreiten zu wollen, um den Versuch, die bei *ph, th, rh* immer noch gewahrte „orthographische Harmonie" des Lateinischen, des Französischen, des Englischen und des Deutschen auch wieder auf andere Schreibungen auszudehnen, so v. a. durch die Wiedereinführung des internationalen C (statt K/Z) und durch die Entfernung des „scharfen S" (ß) aus Fremdwörtern.

Wir müssen Herrn Eschenbach für den mutigen Versuch einer „ausdeutschenden" Fremdwortschreibung sehr danken, bietet sich doch sonst außerhalb solcher Wörterbucharbeit wenig Gelegenheit, ein neues System der Fremdwortschreibung practisch zu erproben. Es bleibt zu hoffen, dass Herr Eschenbach mit dem von ihm vorgeschlagenen und auch durchgeführten System eine heilsame Provocation gesetzt und die „heilige Kuh“ der Fremdworteindeutschung „geschlachtet“ hat, denn der nächste Schritt unserer Überlegungen muss sein: Darf sich das Eschenbachsche System nur auf die Fremdwortschreibung im wissenschaftlichen Bereich beschränken? Oder sollen diese Überlegungen auch in die Bemühungen um eine allgemeine Rechtschreibreform einmünden? – Die Vorschläge Herrn Eschenbachs sind so fundiert, dass sich eine ernsthafte gedankliche Auseinandersetzung mit ihnen wirklich lohnt.

Wien, Juni 1983

Prof. Mag. Hermann Möcker
Vorsitzender des Zweiges Wien der Gesellschaft für deutsche Sprache

Nachbemerkung: Die Schreibung der Fremdwörter im Geleitwort folgt dem Eschenbachschen System; Abweichungen bei der Schreibung der deutschen Wörter folgen den Vorschlägen des Verfassers (Zusammenstellung in „Österreich in Geschichte und Literatur“, 24. Jg., Heft 6–7, S. 446–451, Verlag Braumüller [Wien], 1980).

C, Ae, Oe, Ph, ss oder K/Z, Ä, Ö, F, ß in Fremdwörtern, insbesondere Fachwörtern der Medicin, Pharmacie, Chemie und Biologie?

Mit Ausnahme von Griechisch, das mit griechischen Buchstaben geschrieben wird, und von Russisch, Bulgarisch, Serbisch und Macedonisch, die mit cyrillischen Buchstaben geschrieben werden, werden alle europaeischen Sprachen mit lateinischen Buchstaben geschrieben. Die in den lebenden Sprachen verwendeten lateinischen Buchstaben sind z.T. durch diacritische Zeichen (z.B. Accente, Trema, Cédille, Tilde) modificiert. Die lateinischen Buchstaben (und übrigens auch die cyrillischen Buchstaben) stammen von den griechischen Buchstaben ab (z.B. das C vom großen Gamma, das K vom großen Kappa, das Z vom großen Zeta). Im Lateinischen wurde ursprünglich der „g"-Laut durch das C bezeichnet, der eng verwandte „k"-Laut durch C, K oder Q. Später wurde der „k"-Laut nur noch durch das C bezeichnet – lediglich vor halb consonantisch gesprochenem u blieb das Q erhalten. Zur Unterscheidung des „g"-Lautes wurde daher dem C im 3. Jahrhundert v. Chr. Geb. ein Querstrich hinzugefügt, wodurch der neue Buchstabe G entstand.

Im 4. Jahrhundert n. Chr. Geb. wurde das C noch ausschließlich als „k"-Laut gesprochen; aber im 5. Jahrhundert setzte eine Erweichung seiner Aussprache ein, die vor hellen Vocalen und Diphthongen (e, i, y, ae, oe) zur französisch-englischen Aussprache als stimmloser „s"-Laut bzw. zur deutschen Aussprache als „ts"-Laut führte. (Siehe z.B. die Entwicklung von griechisch „kéntron" über lateinisch „centrum" zu französisch „centre", englisch „centre/center", deutsch „Centrum/Zentrum", spanisch „centro", italienisch „centro" usw.) Das Z behielt im Französischen und Englischen seine griechische und lateinische Aussprache als stimmhafter „s"-Laut, nahm jedoch im Deutschen – wie das weiche C – den „ts"-Laut an. So kam es im Deutschen, aber nicht im Englischen und Französischen, zwischen dem Z und dem weichen C zur Concurrenz um den „ts"-Laut. Vor a, o, u, au (den dunklen Vocalen und Diphthongen) blieb das C hart, d.h., es behielt im Französischen, Englischen und Deutschen den „k"-Laut. Während jedoch das Französische und das Englische dem lateinischen Vorbild folgten und das griechische K in dieser Stellung fast vollständig durch das C ersetzten, behielt das Deutsche nicht nur das griechische K bei, sondern begann darüber hinaus mit der Ersetzung des lateinischen C durch das K. So kam es im Deutschen, aber nicht im Englischen und Französischen, zwischen dem K und dem harten C zur Concurrenz um den „k"-Laut. Durch diese C/K- bzw. C/Z-Concurrenz, die im Fremdwortbereich bis heute nicht einheitlich entschieden ist, gestaltet die C/K/Z-Schreibung sich im Deutschen weitaus problematischer als im Französischen oder Englischen, wenngleich die C/K-Concurrenz auch dort in einigen Fällen zu Zweifeln Anlaß gibt.

Im 18. Jahrhundert galt in Deutschland noch die Regel, daß abgeleitete Wörter die Stammbuchstaben der Wörter behalten, von denen sie abgeleitet sind. Im einzelnen bedeutete dies: (1) Wörter griechischer Herkunft behielten ihr K, falls dieses nicht bereits vor hellem Vocal oder Diphthong zu einem C latinisiert worden war und dadurch einen Lautwandel von „k" zu „ts" erfahren hatte. (2) In Wörtern deutscher Herkunft war der „k"-Laut durch das K darzustellen; die Umlaute „ä, ö, ü" waren durch ae, oe, ue darzustellen, wobei das e nicht hinter den Stammvocal gesetzt wurde, sondern in kleinerer Type über ihn. (3) Wörter lateinischer Herkunft behielten ihre Diphthonge ae und oe und ihr C, falls dessen Erweichung nicht die Ersetzung durch ein K zur Beibehaltung der gewohnten Aussprache erzwang – z.B. in „Colonia", das über „Coeln" zu „Koeln" wurde. So schrieb man z.B. „Capitel" (von lateinisch „capitulum"), „Praedicat" (von lateinisch „praedicatum"), „Punct" (von lateinisch „punctum"), „Subject" (von lateinisch „subiectum"), „Pharmacie" (von griechisch „pharmakeia" über lateinisch „pharmacia"), „Medicin" (von lateinisch „medicina") – vgl. die heutigen Schreibungen italienisch „medicina", spanisch „medicina", französisch „médecine", englisch „medicine" usw. Auf das Ende des 1000jährigen Sacrum Imperium Romanum Nationis Germanicae im Jahre 1806 folgte 1871 die Gründung des Deutschen Reiches. Dieses Ereignis hatte Consequenzen für die deutsche Rechtschreibung, die in erster Linie nicht sprachlich motiviert waren, sondern politisch: die wiedergefundene nationale Einheit und Unabhängigkeit sollte durch die Einheitlichkeit und „Deutschheit" der deutschen Rechtschreibung gegenüber dem „entfremdenden" Einfluß ausländischer Sprachen und dem „zersetzenden" culturellen Pluralismus der deutschen Teilstaaten gefestigt werden.

Als Ergebnis einer staatlichen Rechtschreibungsconferenz erschienen 1880 „Regeln und Wörterverzeichnis für die deutsche Rechtschreibung zum Gebrauch in den preußischen Schulen, herausgegeben im Auftrage des Königlichen Ministeriums der geistlichen, Unterrichts- und Medizinal-Angelegenheiten". Konrad DUDEN (1829–1911) wendete diese Regeln in seinem „Vollständigen Orthographischen Wörterbuch der deutschen Sprache" (1. Auflage 1880) auf den gesamten Wortschatz an. Da der „k"-Laut vor Consonanten und dunklen Vocalen in Wörtern deutscher Herkunft ebenso regelmäßig durch das K dargestellt wird, wie er in französischen und englischen Wörtern durch das C dargestellt wird, empfand man das „k" gesprochene C als „undeutsch" und begann damit, es in großem Umfang durch das „deutsche" K zu ersetzen. Entsprechendes widerfuhr dem „ts" gesprochenen C, das zu Z „eingedeutscht" wurde. (Es sei daran erinnert, daß K und Z ebensowenig deutscher Herkunft sind wie das verpoente C: alle drei Buchstaben haben einen gemeinsamen, griechisch-lateinischen Ursprung.) Man scheute jedoch zunächst noch davor zurück, eine Praxis zu generalisieren, die vielen Gebildeten als Barbarei erscheinen mußte, und behielt das C z.B. in folgenden Wörtern bei: „Accent, Accord, Accusativ, Acquisition, Adjectiva, Cäsur, Campagne, Ceder, censieren, Censur, central, Centrum, Ceremonie, Cigarre, Cirkular, ciselieren, Citadelle, Citrone, Civil, Cölibat, Compagnie, Concept, concipieren, Deficit, Disciplin, Docent, Emancipation, Flacon, Hyacinthe, municipal, Narcisse, Particip, Pharmaceut, präcis, Präcision, Recensent, Redacteur, Rekonvalescent, social, specifisch, Tricot". Statt Ae, Oe, Ue war nun in allen Wörtern Ä, Ö, Ü zu schreiben – ausgenommen Wörter, in denen Ae, Oe, Ue zweisilbig zu sprechen sind (z.B. „Aeronaut"). Da die Regeln, nach denen zwischen C- und K/Z-Schreibung unterschieden wurde, einigermaßen willkürlich und z.T. auch in sich widersprüchlich waren, konnte es sich nur um einen Übergangszustand handeln. Besonders DUDEN setzte sich für eine Vereinheitlichung in Richtung K/Z-Schreibung ein. Das C betrachtete er als „auf den Aussterbe-Etat gesetzt oder wenigstens auf seltenere, nur der wissenschaftlichen Sprache angehörende Wörter beschränkt". 1901 fand erneut eine große staatliche Rechtschreibungsconferenz statt, deren Ergebnisse seine Ansicht voll bestätigten. DUDEN übernahm wiederum die Aufgabe, die staatlichen Regeln auf jedes einzelne Wort anzuwenden. Bei dieser Arbeitsteilung zwischen Staat und DUDEN-„Rechtschreibung" ist es bis heute geblieben; laut Beschluß der „Ständigen Konferenz der Kultusminister" vom 18./19. 11.1955 (Bundesanzeiger Nr. 242 vom 15.12.1955, S. 4) ist die DUDEN-„Rechtschreibung" für den Unterricht in allen Schulen – und zwar nur dort! – verbindlich; 1980 erschien ihre 18. Auflage (alle oben genannten C-Schreibungen von 1880 sind ihr zu Folge unzulässig).

Die „Eindeutschung" der Fremdwortschreibung seit dem 19. Jahrhundert wurde, wie gesagt, unter anderem von dem Bemühen getragen, auch in der Rechtschreibung „deutsch" zu sein, d.h., sich von Sprachen anderer Nationen selbstbewußt abzugrenzen. Hinzu kam das sprachdidactisch verlockende Ziel, den „k"-Laut einheitlich durch das K darzustellen, den „ts"-Laut einheitlich durch das Z. Diese beiden Voraussetzungen haben sich jedoch inzwischen geradezu in ihr Gegenteil verwandelt. Denn die gegenwärtige terminologische Situation ist dadurch gekennzeichnet, daß man versucht, den weltweiten Informationstransfer durch internationale Angleichung der Fremdwortschreibungen zu erleichtern. Die „Eindeutschung" des Fremdwort-C zu K/Z hat sich unter diesem Gesichtspunct als unzweckmäßig erwiesen, so daß insofern die Rückkehr zur originalen Schreibung der Fremdwörter, also ihre „Ausdeutschung", deutliche Vorteile bietet. Die internationale Angleichung erfordert also den Verzicht auf das phonemische Princip der 1:1-Entsprechung von „k"-Laut und K bzw. „ts"-Laut und Z. Die heutigen DUDEN-Regeln zur Fremdwortschreibung tragen dieser Notwendigkeit bis zu einem gewissen Grade Rechnung und stellen insofern einen Compromiss dar: gemeinsprachlich soll das phonemische Princip gelten, fachsprachlich das Princip internationaler Harmonisierung. Dabei ergibt sich natürlich sofort das Problem, welches Fremdwort der Fachsprache zuzurechnen ist und welches der Gemeinsprache. In dieser Hinsicht von centraler Bedeutung ist für den DUDEN die Unterscheidung zwischen fachsprachlichen „Termini technici" und gemeinsprachlichen „Trivialbezeichnungen": in Trivialbezeichnungen sind C, Ae, Oe, ss „einzudeutschen" zu K/Z, Ä, Ö, ß; in Termini technici sind C, Ae, Oe, ss beizubehalten. Termini technici im Sinne des DUDEN sind: (1) Namen mit lateinischer Endung, sofern sie aus mehreren Wörtern bestehen oder Teil einer internationalen Nomenclatur sind – z.B. die Nomina anatomica von Basel, Jena und Paris, die Nomina histologica et embryologica von Tokio und die binare Nomenclatur der Lebewesen –, (2) Namen chemischer oder pharmaceutischer Substanzen, die den Regeln der International Union of Pure and Applied Chemistry (IUPAC), der International Union of Biochemistry (IUB) oder vergleichbarer Normenorganisationen entsprechen. Alle anderen Namen sind Trivialbezeichnungen. Sinn dieser Unterscheidung – das DUDEN-„Wörterbuch medizinischer Fachausdrücke" spricht von „berechtigten Interessen der Allgemeinsprache", die zu wahren seien – ist die Beschränkung der „ausgedeutschten" Fremdwortschreibung auf die Fachsprache, d.h. die Erhaltung der „eingedeutschten" Fremdwortschreibung in der Gemeinsprache. Es ist jedoch zu fragen, ob die Kluft zwischen fachsprachlicher und gemeinsprachlicher Fremdwortschreibung, die durch die DUDEN-Dichotomie von Terminus technicus und Trivialbezeichnung gerissen wird, tatsächlich im Interesse der deutschen Sprache liegt.

Die internationale Harmonisierung der Fremdwortschreibungen, insbesondere der Fachwortschreibungen, ist vor allem für diejenigen Nationen wichtig, deren Sprachen – wie das Deutsche – nicht zu den eigentlichen Weltsprachen gehören und die sich dem zu Folge keinen Alleingang leisten können, wenn sie den Anschluß an die internationale Entwicklung nicht verlieren wollen. Sie ist möglich und wünschenswert, wo die Fremdwörter einer gemeinsamen sprachlichen (fast immer griechisch-lateinischen) Wurzel entspringen, d.h. auf Grund etymologischer Verwandtschaft. (Die Besinnung auf dieses gemeinsame sprachliche Erbe trägt nicht zuletzt auch zur Stärkung eines gemeinsamen europaeischen Bewußtseins bei.) Aber auch innerhalb einzelner Sprachen (z.B. des Deutschen) ist es sinnvoll, die etymologische Verwandtschaft von Wörtern – die in der Regel auch eine semantische Verwandtschaft ist – in ihrer Schreibung zum Ausdruck kommen zu lassen. So ist z.B. die Caecopexie (engl. „caecopexy", franz. „caecopexie") eine Pexie des Caecums, die Calcaemie (engl. „calcaemia", franz. „calcémie") der (erhöhte) Calciumgehalt des Blutes, die Cavographie (engl. „cavography", franz. „cavographie") eine Darstellung der Vena cava, die Cerebellitis (engl. „cerebellitis", franz. „cérébellite") eine Entzündung des Cerebellums. Dergleichen semantisch-etymologische Zusammenhänge, deren Erkenntnis sprachliches Verstehen, sprachliches Lernen und damit auch sprachliche Communication erleichtert, werden durch die DUDEN-Orthographie verwischt. Denn laut DUDEN sind „Caecum, Calcium, Vena cava, Cerebellum" Termini technici und daher „ausgedeutscht" zu schreiben, „Zäkopexie, Kalzämie, Kavographie, Zerebellitis" dagegen Trivialbezeichnungen und daher „eingedeutscht" zu schreiben.

Am deutlichsten werden die Ecken und Kanten der DUDEN-Regelung, wenn vollkommen gleich lautende Wörter lateinischer Endung das eine Mal „eingedeutscht" geschrieben werden sollen, das andere Mal „ausgedeutscht". So müßte es z.B. laut DUDEN heißen: „Die Appendicitis acuta ist eine Appendizitis." Oder: „Die Caecitas verbalis ist eine Zäzitas." Oder: „Das Carcinoma asbolicum ist ein Karzinoma." Oder: „Der Coitus reservatus ist ein Koitus." Diese Incongruenzen beruhen auf der im Grunde willkürlichen DUDEN-Festlegung, daß lateinische Bezeichnungen, die keiner internationalen Nomenclatur angehören, nur dann Termini technici sein sollen, wenn sie aus mehreren Wörtern bestehen. Zu begründen versucht man dies mit der angeblichen Bedeutungsunschärfe eingliedriger Bezeichnungen – eine Behauptung, die aus terminologischer Sicht als vollkommen unhaltbar erscheint. Denn was eine Appendicitis, eine Caecitas, ein Carcinoma, ein Coitus usw. ist, kann ebenso genau definiert werden wie die speciellen Formen Appendicitis acuta, Caecitas verbalis, Carcinoma asbolicum, Coitus reservatus usw. Eine mehrgliedrige lateinische Bezeichnung kann sogar weniger genau definiert sein als eine eingliedrige, so daß die bloße Anzahl der Wörter ein unzureichendes Criterium für die Unterscheidung von Terminus technicus und Trivialbezeichnung ist. Daß der DUDEN eingliedrige lateinische Bezeichnungen als Termini technici anerkennt, wenn sie Teil einer internationalen Nomenclatur sind (z.B. „Caecum, Calcium, Cerebellum"), ist ein zusätzliches Indiz dafür, daß die Eingliedrigkeit einer lateinischen Bezeichnung kein Hindernis für ihre Einstufung als Terminus technicus sein kann. Ob eine eingliedrige lateinische Bezeichnung Teil einer internationalen Nomenclatur ist oder nicht, darf aber m.E. nicht über die Schreibweise dieser Bezeichnung entscheiden. Denn erstens würde ihre Schreibweise sich durch die bloße Äußerlichkeit ihrer Aufnahme in die Nomenclatur ändern, und zweitens wäre in Folge dessen die neueste detaillierte Kenntnis aller internationalen Nomenclaturen (mit einem geschätzten Umfang von über 1 000 000 Termini technici) Voraussetzung für ihre richtige Schreibung. Erschwerend kommt hinzu, daß der DUDEN bei vielen eingliedrigen lateinischen Bezeichnungen, die von ihm als Termini technici anerkannt sind (z.B. „Cadmium, Calcium, Oesophagus"), zur „eingedeutschten" Schreibung geradezu ermuntert, indem er ihr unter Hinweis auf nicht näher begründete „Interessen der Allgemeinsprache ... als Hauptform den Vorzug" gibt. Dem ist jedoch entgegen zu halten, daß Doppelschreibungen („Cadmium/Kadmium, Calcium/Kalzium, Oesophagus/Ösophagus, Oxid/Oxyd" usw.) nicht im längerfristigen Interesse einer Sprache liegen können, sondern bestenfalls in einer Zeit sprachlichen Wandels dem allmählichen Übergang von einer Schreibung zur anderen dienen können. Da die fachsprachlichen Schreibungen gegenüber den gemeinsprachlichen den Vorzug functionsgerechter Rationalität besitzen, sollten sie es sein, denen man im Interesse des fachsprachlich-gemeinsprachlichen Continuums als Hauptform den Vorzug gibt.

Weitere Beispiele: Englisch „Commission on Biochemical Nomenclature (CBN), electrocardiogram (ECG), central nervous system (CNS), intracellular fluid (ICF)" wäre „eindeutschend", also nach DUDEN, zu übersetzen mit „Kommission für Biochemische Nomenklatur (KBN), Elektrokardiogramm (EKG), zentrales Nervensystem (ZNS), intrazelluläre Flüssigkeit (IZF)". Verzichtet man dagegen auf die „Eindeutschung", so erhält man „Commission für Biochemische Nomenclatur (CBN), Electrocardiogramm (ECG), centrales Nervensystem (CNS), intracellulare Flüssigkeit (ICF)" – mit dem Ergebnis, daß englische und deutsche Abkürzung übereinstimmen. Angesichts der Dominanz englischer Abkürzungen in der internationalen Communication (gemeinsprachlich denke man an „NATO, OECD, OPEC, PLO, UNESCO, UNO, USA, WHO" usw.) ist dies ein deutlicher Vorteil – ein Vorteil übrigens, der romanischen Sprachen weitgehend verschlossen bleibt, weil sie in der Regel eine andere Wortstellung haben als germanische Sprachen. Und da „cm“ nach dem Système international d’unités auch als deutsche Abkürzung verbindlich ist, erscheint es logisch, die DUDEN-Schreibung „Zentimeter“ durch die alte deutsche Schreibung „Centimeter“ zu ersetzen und sich so dem französischen „centimètre“ und dem englischen „centimetre/centimeter“ anzupassen. Dergleichen Vorteilen einer international harmonisierten Fremdwortschreibung dürfte auch zu verdanken sein, daß die in den 1970er Jahren eröffneten, gegenwärtig größten beiden Congress-Centren der Bundesrepublik Deutschland, das „Internationale Congress Centrum (ICC)“ von Berlin (West) und das „Congress Centrum Hamburg (CCH)“, eben so benannt wurden und nicht nach den DUDEN-Regeln, nach denen sie „Internationales Kongreßzentrum (IKZ)“ und „Kongreßzentrum Hamburg (KZH)“ heißen müßten. Vor allem die Sprache der Werbung, einschl. der Productnamen, stellt einen staatlich nicht bevormundeten, multinational orientierten, creativen Freiraum dar, in dem die C-Schreibung auf Grund ihrer communicativen und aesthetischen Vorzüge Freunde gewinnen konnte. Beispiele, wie sie jeder aufmerksame Zeitgenosse finden kann: „Cafeteria, Calvados, Camembert, Campari, Cervelatwurst, Cigarette, Citronentee, Coffein, Cognac, Confitüre, Eiscreme, Mocca-Café; Alcina Cosmetic special, Cabanjacke, Cape, Carat, Cardigan, caribicblau, Chic, Clip, Coiffeur, Collection, Collier, Cord, Creation, exclusiv, oceanblau, opalescent, Pedicure, Reception; Camera, Carbonband, Cassetten-Recorder, Colorprocessor, Compact-Cassette, computerisiert, Contactlinsen (Titmus Eurocon: Persecon, Selecon, Weicon), Electronic, electronisch, HiFi-Center, Microcomputer, micrometallic; Ascona (Opel), Cabrio, Camping-Wohnwagen, Capital (Zeitschrift), Capri (Ford), Caravan, Civic (Honda), Colt (Mitsubishi), Commerzbank, Commodore (Opel), Corsa (Opel), Credit-Bank, Escort (Ford), Mercedes (Daimler-Benz), Scirocco (VW)“. Selbst die Deutsche Bundespost – immerhin ein staatliches Unternehmen! – wirbt mit doppelseitigen Anzeigen für ihr „Comfort-Telefon alpha“ und weist auf die Notwendigkeit eines „Decoders“ für Videotext-Empfang hin. Bemerkenswert ist auch die C-Schreibung in Vornamen („Cäcilie, Camilla, Candida, Carina, Carl, Carla, Carmen, Carola, Carsten, Casimir, Clara, Claudia, Claus, Clemens, Clementine, Constanze, Cordelia, Cordula, Corinna, Cornelia, Cosima, Curt“) sowie in den Namen der meisten pharmaceutischen Praeparate: „Aldactone (Boehringer), Avacan (Schering), Cantan (Hoechst), Cebion (Merck), Cedur (Boehringer), Ce-Fortin (Togal), Ce-limo (Hermes), Cetamin (Knoll), Cibacalcin (Ciba), Citrion (Knoll), Conducton (Klinge), Contamex (Wülfing), Contergan (Grünenthal), Dilcoran (Gödecke), Macrodex (Knoll), Magnamycin (Boehringer), Microcillin (Bayer), Mucopront (Mack), Neo-Merc-azole (Schering), Neurocil (Bayer), Sincomen (Schering), Spiroctan (Boehringer), Vicelat (Bayer)".

Wer die irrationale Argumentation des DUDEN von ihren Motiven her verstehen will – und nur so ist sie überhaupt einigermaßen verständlich zu machen –, der muß sich klar machen, daß der DUDEN seit seiner Geburt im Jahre 1880 seine Aufgabe in nichts anderem sieht als darin, die staatlichen Rechtschreibungsregeln zur Geltung zu bringen. Die Eignung dieser staatlichen Regeln selbst wurde vom DUDEN officiell nie ernsthaft in Zweifel gezogen – nicht etwa, weil ihre Eignung zweifelsfrei feststeht (davon kann überhaupt keine Rede sein), sondern (in übelster preußischer Tradition) weil es sich eben um staatliche Regeln handelt. Als Gegenleistung erhielt der DUDEN vom Staat das Rechtschreibungsmonopol, das sich auch wirtschaftlich äußerst günstig für ihn auswirkte. Die Autorität des DUDEN beruht daher im Grunde nicht auf seiner sachlichen Competenz, sondern auf einem bis heute unhinterfragten, anachronistischen Dogma aus Kaisers Zeiten, das durch permanente staatliche Sanction künstlich am Leben erhalten werden muß, weil es aus Mangel an eigener Überzeugungskraft sonst längst von zeitgemäßeren, rationaleren Rechtschreibungsregeln abgelöst worden wäre. Die gesamte officielle Argumentation des DUDEN verfolgt den Zweck, dieses staatliche Dogma nachträglich, und allen begründeten Einwänden zum Trotz, zu legitimieren, denn seine wirtschaftliche Existenz hängt davon ab, wie gut ihm dies gelingt: er fungiert als ideologischer Überbau, ist also zur vorurteilsfreien Evaluation seiner Praemissen, d.h. zu wissenschaftlicher Selbstcritik, nicht imstande. (Bezeichnend ist, daß die DUDEN-Redaction sich mit der Doppelzüngigkeit einer gekauften Seele inofficiell für die Rückkehr zur gemäßigten deutschen Kleinschreibung des Mittelalters einsetzt.) Der DUDEN zieht es aus verständlichen Gründen vor, seine Leser nicht ausdrücklich auf diesen Sachverhalt hinzuweisen; es bedarf schon eingehenderen Interesses, um sich Klarheit darüber zu verschaffen. Statt dessen beruft die DUDEN-Redaction sich mit Vorliebe auf den mehrheitlichen Sprachgebrauch, der ja den DUDEN-Regeln entspreche. Dieser mehrheitliche Sprachgebrauch ist jedoch erst dadurch zustande gekommen, daß massive staatliche Eingriffe in die Sprachwirklichkeit die allgemeine Beachtung der DUDEN-Regeln erzwangen. Da es sich insofern um einen manipulierten Sprachgebrauch handelt, kann dieser nicht – in Form eines Circulus vitiosus – zur Legitimation der DUDEN-Regeln herangezogen werden. (Daß es dem DUDEN im Grunde gar nicht darum geht, dem mehrheitlichen Sprachgebrauch zu dessen angeblichem democratischem Recht zu verhelfen, zeigt sich immer dann, wenn dieser von den DUDEN-Regeln abweicht. In solchen Fällen entscheidet der DUDEN sich in der Regel gegen die Mehrheit. Vgl. z.B. DUDEN-„Wörterbuch medizinischer Fachausdrücke“, S. 28: „Von vagen und uneinheitlichen Tendenzen zu bestimmten Schreibweisen abgesehen, ist eigentlich nur noch die generelle Vorliebe der Mediziner für die c-Schreibung bemerkenswert, was der Lexikograph nicht ohne Unbehagen registriert.“ Wo kommt das plötzliche Unbehagen des sich ansonsten so objectiv gebärdenden DUDEN-Lexicographen her?)

Es ist eines, zu critisieren; es ist etwas anderes, es besser zu machen. Was ist die Alternative zur DUDEN-Rechtschreibung der Fremdwörter? Es gibt in der Tat eine sehr viel elegantere Lösung der „Eindeutschungs“problematik als die vom DUDEN angebotene. Diese Lösung – ein wahrer Schlag durch den Gordischen Knoten – besteht im wesentlichen aus folgendem: (1) Ae, Oe, Ph, ss sind nicht „einzudeutschen“ zu Ä, Ö, F, ß; vielmehr sind Ä, Ö, F, ß „auszudeutschen“ zu Ae, Oe, Ph, ss. (2) Der „k“-Laut wird vor hellen Vocalen und Diphthongen und am Wortende durch das K bezeichnet; vor dunklen Vocalen und Diphthongen wird er durch das C bezeichnet. (3) Der „ts“-Laut wird vor dunklen Vocalen und Diphthongen und am Wortende durch das Z bezeichnet; vor hellen Vocalen und Diphthongen wird er durch das C bezeichnet. Diese Regeln – von denen es gewisse Ausnahmen gibt (s.u.) – gelten für alle Fremdwörter, insbesondere solche griechischer oder lateinischer Herkunft, und nicht nur für Termini technici im Sinne des DUDEN. Dadurch wird die als orthographisches Criterium ungeeignete DUDEN-Unterscheidung zwischen Terminus technicus und Trivialbezeichnung ersetzt durch die Unterscheidung zwischen Fremdwort und deutschem Wort. Das neue Rechtschreibungscriterium sorgt nicht nur für größere Harmonie innerhalb der deutschen Sprache und in deren Verhältnis zu den wichtigsten Weltsprachen – etymologisch und semantisch Zusammengehörendes wird nicht mehr orthographisch auseinander gerissen, sondern wird in seiner Zusammengehörigkeit bereits am Schriftbild erkennbar –; es hat darüber hinaus auch den Vorteil, besser anwendbar zu sein. Denn die Frage, ob es sich um ein Fremdwort handelt oder um ein deutsches Wort, läßt sich sehr viel einfacher beantworten als die Frage, ob es sich im Sinne des DUDEN um einen Terminus technicus handelt oder um eine Trivialbezeichnung. Wer einen Verlust an Traditionen befürchtet, kann sich leicht davon überzeugen, daß das von mir vorgeschlagene System dem eingangs kurz referierten, altehrwürdigen System des 18. Jahrhunderts sehr viel ähnlicher ist als dem in nahezu jeder Hinsicht kurzsichtigen Neudeutsch des 20. Jahrhunderts. Doch nun zu den wichtigsten Ausnahmen und Sonderfällen, die sich zwar auch hier nicht ganz vermeiden lassen, jedoch im ganzen gesehen wesentlich übersichtlicher bleiben, als dies im Rahmen der DUDEN-Orthographie je möglich wäre:

(1) Den lateinischen Adjectivendungen -aris/-are und -arius/-aria/-arium bzw. -osus/-osa/-osum etymologisch verwandt sind die französischen Adjectivendungen -aire bzw. -eux/-euse und die englischen Adjectivendungen -ar und -ary bzw. -ous. Der DUDEN „deutscht" diese Endungen ohne erkennbares System „ein": z.T. läßt er den dunklen Vocal unverändert (lat. „binocularis, palmaris, plantaris, volaris" wird zu deutsch „binokular, palmar, plantar, volar"), z.T. wird dieser durch den correspondierenden Umlaut ersetzt (lat. „bilocularis, granulosus, muscularis, musculosus, primarius" wird zu deutsch „bilokulär, granulös, muskulär, muskulös, primär"), z.T. werden beide Formen zugelassen (lat. „binarius, cellularis, viscosus" wird zu deutsch „binar/binär, zellular/zellulär, viskos/viskös") – die umgelauteten Formen auf -är und -ös gehen dabei auf den Einfluß der französischen Endungen -aire und -eux/-euse zurück. Die daraus resultierenden Doppelschreibungen und Unsicherheiten lassen sich vermeiden, wenn man sich auf die etymologisch transparentere Schreibung ohne Umlaut einigt, die auch dem Ausländer ungewohnte Schriftzeichen erspart (also nur noch „bilocular, binar, binocular, cellular, granulos, muscular, musculos, palmar, plantar, primar, volar"). Wenn man sich zur C-Schreibung entschlossen hat, ist dies sogar unumgänglich, da die Substitution des dunklen Vocales a/o durch den hellen Umlaut ä/ö den Lautwandel eines vorangehenden C von „k" zu „ts" erzwingen würde (vgl. „viscos/viscös, precar/precär"). Es muß also hier ä/ö nicht zu ae/oe „ausgedeutscht" werden, sondern zu a/o. Diese Regel stellt eigentlich keine Ausnahme dar, da in diesem Fall ä/ö etymologisch nicht auf lateinisches ae/oe zurückgeht, sondern auf lateinisches a/o bzw. französisches ai/eu.

(2) Es wurde bereits eingangs erwähnt, daß in einigen Fällen auch im Englischen eine C/K-Concurrenz festzustellen ist. Dabei handelt es sich meist um Wörter griechischer Herkunft, bei denen zweifelhaft ist, ob ihr Kappa erhalten bleiben oder zu C latinisiert werden soll, z.B. „cephalin/kephalin, ceratitis/keratitis, leucocyte/leukocyte, pericaryon/perikaryon". Die Unsicherheiten und Doppelschreibungen, die sich im Englischen daraus ergeben, können uns eine Lehre sein. Sie lassen sich vermeiden, wenn man sich nach der oben formulierten Hauptregel richtet, der jeweiligen Aussprache gemäß den „k"-Laut vor dunklem Vocal/Diphthong und vor Consonant durch C darzustellen und vor hellem Vocal/Diphthong durch K (also engl. „leucocyte, pericaryon", dt. „Leucocyt, Pericaryon"). Daß dabei – anders als im 18. Jahrhundert üblich – nicht zwischen griechischer und la-

teinischer Herkunft unterschieden wird, mag auf den ersten Blick als ein Verstoß gegen das Princip etymologischer Transparenz erscheinen, hat aber seinen guten Grund. Denn sehr viele griechische Wörter wurden von den Römern in latinisierter Form übernommen, so daß sowohl eine griechische als auch eine lateinische Form existiert. Man muß sich also für eine der beiden classischen Sprachen entscheiden; da insgesamt das Lateinische als Quelle unserer Fremdwörter dominiert (und wir ja schließlich auch mit lateinischen Buchstaben schreiben), sollte dies die lateinische Form sein. Für eine kleinere Zahl griechischer Fremdwörter läßt sich keine lateinische Parallelform nachweisen; in diesen Fällen können wir die lateinische Schreibweise (C statt K) damit begründen, daß wir die von den Römern begonnene Latinisierung griechischer Wörter in unserer Zeit consequent fortsetzen. Dem entsprechend, sollte in Fällen schwankender Aussprache (engl. „cephalin/kephalin, ceratitis/keratitis“, dt. „Cephalin/Kephalin, Ceratitis/Keratitis“) die lateinische Schreibweise gewählt werden (engl. „cephalin/ceratitis“, dt. „Cephalin, Ceratitis“). Es ist auch für den etymologisch ungeschulten Blick nicht sofort erkennbar, ob es sich um ein Fremdwort lateinischer, griechischer, latinisiert-griechischer, graecisiert-lateinischer oder gar arabischer Herkunft handelt (z.B. „Alcohol“), so daß die Practicabilität einer Fremdwortschreibung, die auf derartigen Unterscheidungen basiert, verneint werden muß. Sie widerspräche im übrigen auch zu stark dem phonemischen Princip, nach Möglichkeit denselben Laut durch denselben Buchstaben darzustellen. Auf eine Differenzierung lateinischer und griechischer Fremdwörter in der Schreibung zu verzichten, entspricht im allgemeinen der im Englischen üblichen Praxis; es ist daher eine gute Faustregel, sich mit der deutschen Fremdwort-C/K/Z-Schreibung an der englischen zu orientieren. Die oben herangezogenen englischen Beispiele („leukocyte, perikaryon“) stellen insofern bedauerliche, inconsequente Ausnahmen dar – wer „criterion, critic, critical, criticise/criticize, critique“ schreibt (von griech. „kritikós“ über lat. „criticus“), der sollte auch „haematocrit/hematocrit“ schreiben und nicht „haematokrit/hematokrit“. Auch diese Regel stellt keine Ausnahme von der Hauptregel dar.

(3) Die Verb-Endung ist „-cieren“ zu schreiben, wo sie auf lat. „-cere/-care“ zurückgeht; wo sie auf das deutsche Verb „zieren“ zurückgeht (z.B. in „verzieren, verunzieren“), ist „-zieren“ beizubehalten; dies entspricht der Hauptregel. Also: „abducieren, indicieren, inficieren, inspicieren, multiplicieren“ (lat. „abducere, indicare, inficere, inspicere, multiplicare“, engl. „abduce/abduct, indicate, infect, inspect, multiplication“, franz. „abduction, indication, infecter, inspecter, multiplication“ usw.). Als eigentliche Ausnahmen von der Hauptregel bleiben damit folgende Fälle übrig: (a) Wo

die Endung weder auf lat. „-cere/-care“ zurückgeht noch auf dt. „zieren“, sollte „-zieren“ geschrieben werden. Denn in diesen Fällen endet das correspondierende Substantiv oft auf „-z“, z.B. dt. „Differenz/differenzieren, Potenz/potenzieren“, lat. „differentia, potentia“, franz. „différentier/différencier, potentialiser“, engl. „differentiate, potentiate“. In Zweifelsfällen – z.B. „indicieren/indizieren“, das sowohl auf lat. „indicare“ als auch auf dt. „Indiz“ zurückgeführt werden kann – sollte jedoch die Schreibung „-cieren“ Vorrang haben. Aus ähnlichen Gründen sollte die Substantiv-Endung „-z“ bei der Pluralbildung usw. beibehalten werden, z.B. „Consequenz/Consequenzen, Differenz/Differenzen, Potenz/Potenzen“. (b) In einigen wenigen Fremdwörtern, die in dieser Form zur IUPAC/IUB-Nomenclatur gehören, ist der „k“-Laut vor dunklem Vocal und vor Consonant durch K darzustellen, z.B. „Kalium, Krypton“, da dies dem Elementsymbol – „K, Kr“ – entspricht. Entsprechendes gilt für den „ts“-Laut vor hellem Vocal/Diphthong, der in einigen wenigen Fremdwörtern etymologisch correct durch Z zu bezeichnen ist: „Zink, Zirconium, Enzym, Zelot, Zygote“ – vom Elementsymbol „Zn, Zr“ bzw. griech. „en zýme, zelotés, zygotós“. Diese Wörter lassen sich daran erkennen, daß sie auch im Englischen stets mit K bzw. Z geschrieben werden: „kalium, krypton, zinc, zirconium, enzyme, zealot, zygote“. (c) Wie eingangs ausgeführt, repraesentierte das classische lateinische C den „k“-Laut auch vor hellen Vocalen und hellen Diphthongen, z.B. in „leucaemia“ und „staphylococci“. Da dieser „k“-Laut im Deutschen und Englischen erhalten geblieben ist, wäre er der Hauptregel gemäß – nämlich vor hellem Vocal/Diphthong – durch K darzustellen. Dies verstieße jedoch gegen den etymologischen Grundsatz, die Stammbuchstaben bei der Vernacularisation zu erhalten, und würde mit den Formen „Leucocyt(us), Staphylococcus“ nicht harmonieren. Da es sich nur um wenige Wörter – eben Ausnahmen – handelt, die dieses Problem aufwerfen, halte ich es für vertretbar, in diesen Fällen den „k“-Laut vor hellem Vocal/Diphthong durch C darzustellen: „Leucaemie, Staphylococcen“. Dies entspricht auch meiner Überzeugung, daß – der gegenwärtigen linguistischen Mode zum Trotz – nicht der gesprochenen Sprache Vorrang vor der geschriebenen Sprache gebührt, sondern umgekehrt gerade der Vorrang der geschriebenen Sprache die reibungslose Communication im Fremd- und Fachwortbereich gewährleistet. (d) In einigen Wörtern ist der „ts“-Laut durch t darzustellen, z.B. „Adstringentien, Nation“ – lat. „adstringentia, natio“, engl. „astringents, nation“, franz. „astringents, nation“. Die DUDEN-Schreibungen „Adjuvanzien, Adstringenzien, Laxanzien“ usw. widersprechen den Principien etymologischer Transparenz und internationaler Harmonisierung und sind daher abzulehnen.

Mit dem vorstehenden Entwurf glaube ich den Beweis erbracht zu haben, daß ein umfassendes, in sich widerspruchsfreies, übersichtliches, modernes und zugleich traditionsreiches System der deutschen Fremdwortschreibung möglich ist, das den Grundsätzen internationaler (und besonders europaeischer) Harmonisierung und etymologischer Transparenz in weitaus höherem Maße genügt als der DUDEN. Trotz dieses Beweises wird es nicht leicht sein, dieses System in der Praxis gegen den DUDEN durchzusetzen. Denn „DUDEN-Schreibung" ist für viele autoritätsgläubige Sprachteilnehmer derart synonym mit „richtige Schreibung", daß der absichtlich vom DUDEN Abweichende sich in die Gefahr begibt, von diesen Unaufgeklärten als der deutschen Sprache nicht mächtig angesehen zu werden. Bedingt durch wirtschaftliche Abhängigkeiten – z.B. in der Schule – wird es daher nicht jedem möglich sein, dasjenige Maß an orthographischer Freiheit und Vernunft zu realisieren, das er selbst für wünschenswert hält. Es muß daher auch jedem Einzelnen überlassen bleiben, bis zu welchem Grade er dem Conformitätsdruck der DUDEN-Anhänger standhalten will oder kann. Fast jeder aber, der eine Reform der deutschen Fremdwortschreibung in der von mir skizzierten Richtung für anstrebenswert hält, kann seinen Teil dazu beitragen. Der DUDEN muß nämlich auf Grund seiner selbstgewählten Legitimation als „Hüter der staatlich sanktionierten deutschen Einheitsschreibung" (GREBE) sozusagen „dem Volk aufs Maul schauen" und kann den tatsächlichen Sprachgebrauch einer starken Minderheit nicht einfach ignorieren. Es soll daher im folgenden ein mehrstufiges Orientierungsschema entworfen werden, das jedem Sprachteilnehmer erlaubt, den Möglichkeiten seiner Situation gemäß an dieser Reform mitzuwirken.

(1) Das Mindeste, was man tun kann, ist die Ausschöpfung sämtlicher Möglichkeiten der internationalen Harmonisierung – im nationalistischen Jargon der DUDEN-Ideologen „Ausdeutschung" genannt –, die der DUDEN nolens volens zuläßt bzw. sogar empfiehlt. Dies betrifft vor allem die C-Schreibung in Namen chemischer und pharmaceutischer Substanzen, die den IUPAC/IUB-Regeln gemäß vom DUDEN unterstützt wird. Also: „Aceton, Acetyl, Acid, Aconitin, Acridin, Actinium, Acyl, Cadmium, Calcium, Carbogen, Cer" usw. statt „Azeton, Azetyl, Azid, Akonitin, Akridin, Aktinium, Azyl, Kadmium, Kalzium, Karbogen, Zer" usw. Wer sich scheut, „Leucocyt" zu schreiben, weil im DUDEN „Leukozyt" steht, der kann „Leucocytus" schreiben, da der DUDEN dieses Nomen histologicum, wie auch andere internationale lateinische Namen, als Terminus technicus anerkennt (s.o.). Formen wie „Leucocytus" (Plural „Leucocyti") sind Formen wie „Leucocyt" (Plural „Leucocyten") sogar vorzuziehen, da sie das

Maximum an internationaler Harmonisierung und etymologischer Transparenz darstellen.

(2) Die erste Abweichung von den DUDEN-Regeln ergibt sich, wenn man alle eingliedrigen Bezeichnungen lateinischer Endung – also nicht nur die vom DUDEN als Termini technici anerkannten – lateinisch schreibt, d.h. mit C statt K/Z usw.: „Abducens, Abductor, Acceptor, Accessorius, Acephalus, Acne, Antibioticum, Appendicitis, Ascites, Caecum, Carcinoma, Caries, Cervix, Coitus, Colon, Concha, Condylus, Continuum, Conus, Corpus, Criterium, Expectorans, Factor, Factum, Icterus, Oesophagus, Sympathicus, Ulcus“ usw. Diese Schreibungen sollten als Bestandteil von Zusammensetzungen erhalten bleiben, evtl. abgesetzt durch einen Bindestrich: „Acceptorsubstanz, Accessoriuslähmung, Calciumspiegel, Cariesprophylaxe, Colonmotorik, Raum-Zeit-Continuum, Corpusanalyse, Proportionalitätsfactor, Verschlußicterus, Sympathicusblockade, Ulcusdiaet/-diät“ usw. Auf Grund der leichten Erkennbarkeit lateinischer Endungen läßt diese Stufe sich sehr genau abgrenzen. Sie ist auch bereits von einer bedeutenden Zahl von Sprachteilnehmern erreicht worden und eignet sich daher vorzüglich für den ersten über den DUDEN hinaus gehenden Schritt in Richtung internationaler Reharmonisierung.

(3) Auf der dritten Stufe werden diejenigen Wörter harmonisiert, die mit den unter 1 und 2 beschriebenen Wörtern etymologisch verwandt sind: „abducieren, acceptieren, accessorisch, acephal, acetylieren, acidisch, acylieren, appendicitisch, cadmieren, caecal, Carcinom, carios/-ös, cervical, coitieren, condylar/-är, continuierlich, conisch, Corpuskel, critisch, factisch, oesophageal“ usw. Da diese Stufe bereits einen sehr weiten Fremdwortbereich absteckt, der tief in die Gemeinsprache hineinreicht, kommt es hier auf die Entscheidung im Einzelfall besonders an. Während die Stufen 1 und 2 keinen großen Widerstand erwarten lassen, wird der „Krieg an der Eindeutschungsfront“ auf dieser Stufe entschieden werden. Man scheue sich daher nicht, sich anfangs mit Teilerfolgen zufrieden zu geben und gewisse daraus resultierende Inconsequenzen vorübergehend in Kauf zu nehmen. Entscheidend ist, daß die Richtung stimmt. Auch in der Praxis ist diese Stufe erst von wenigen Sprachteilnehmern, und höchstens ansatzweise, erreicht worden.

(4) Die vierte und letzte Stufe ist durch die volle Anwendung der neuen Rechtschreibungsregeln gekennzeichnet (wie z.B. in diesem Aufsatz). Auch hier wird es jedoch zumindest zunächst noch vereinzelte Ausnahmen

geben müssen – z.B. Wörter wie „Kopf, kurz, Markt" (von lat. „cuppa, curtis, mercatus"), die kaum noch als Fremdwörter empfunden werden.

Der DUDEN versucht, seine chauvinistische Fremdwortschreibung damit zu rechtfertigen, daß sie den staatlichen Schulunterrichtsregeln und dem mehrheitlichen Sprachgebrauch entspricht. Abgesehen von der oben dargelegten Zweifelhaftigkeit dieser Rechtfertigungsstrategie, ist die international harmonisierte und etymologisch transparente Fremdwortschreibung – wie ich hoffentlich gezeigt habe – unter terminologischen und sprachdidactischen Gesichtspuncten vorzuziehen. Staatliche Rechtschreibungsregeln und mehrheitlicher Sprachgebrauch können sich jederzeit aus subjectiven Gründen zum Guten (d.h. Functionalen) wie zum Schlechten (d.h. Dysfunctionalen) ändern; terminologischen und etymologischen Criteria kommt dagegen ein Objectivitätsgrad zu, der ihre freie Manipulation weitgehend ausschließt und ihnen ein großes Beharrungsvermögen verleiht. Es darf daher m.E. nur so sein, daß staatliche Regeln – wenn es sie überhaupt geben soll – und mehrheitlicher Sprachgebrauch sich an den terminologisch-etymologischen Criteria orientieren und nicht etwa umgekehrt. Wenn mit der vom Kaiserreich verordneten und vom DUDEN so diensteifrig ausgeführten „Eindeutschung" der Fremdwortschreibung ein Holzweg beschritten wurde, so muß auf diesem Wege im Interesse der deutschen Sprache und der Deutsch Sprechenden endlich umgekehrt werden – je früher, desto kürzer der Rückweg. Wer meint, daß es dazu bereits zu spät sei, unterschätzt die Wandlungsmöglichkeiten – und in diesem Fall möchte man sagen: die Heilungsmöglichkeiten – lebender Sprachen. Freilich wird es ohne etwas Civilcourage des einzelnen Sprachteilnehmers nicht möglich sein, diese Reform von der Basis her zu realisieren. Möge sich jeder das von KANT formulierte Motto der Aufklärung zu Herzen nehmen: „Habe Mut, Dich Deines eigenen Verstandes zu bedienen!"

Es ist meines Wissens das erste Mal, daß ein Plan zur umfassenden Wiedereinführung der originalen, wenn auch zeitgemäß modificierten, deutschen Fremdwortschreibung vorgelegt wird. Alle mir bekannten Autoren, insbesondere die von Wörterbüchern, orientieren sich in dieser Hinsicht mehr oder weniger am DUDEN. Es soll auch nicht verschwiegen werden, daß – ausgehend von gemeinsprachlich-didactischem Gebiet und in weitgehender Unkenntnis der fachsprachlich-terminologischen „Eindeutschungs"problematik – seit Jahrhunderten Rechtschreibungsreformen discutiert werden, welche die deutsche Sprache noch weiter von der etymologisch-semantischen Transparenz und der internationalen Gesellschaftsfähigkeit ihrer Fremdwörter fort führen würden, indem sie nämlich in gewissen Fällen Ch durch K ersetzen wollen, Qu durch Kw, Rh durch R, Th durch T usw. Da diese neuerlichen Verballhornungen sich bisher nicht durchsetzen konnten, brauchte jedoch auf sie an dieser Stelle nicht näher eingegangen zu werden. Vor allem aber sollte vermieden werden, daß ein neues System der Fremdwortschreibung seinerseits zu einem Dogma erstarrt. Rechtschreibungsnormen sind kein Selbstzweck, sondern haben sich an den ihnen gestellten Aufgaben zu bewähren. Wo diese Aufgaben durch neue Normen significant besser erfüllt werden können, haben die alten Normen ihre Daseinsberechtigung verloren.

Nachbemerkung: Der Autor bereitet im selben Verlag ein Rechtschreibungswörterbuch der Medicin vor, das im ersten Quartal 1984 erscheinen soll. Dieses Rechtschreibungswörterbuch wird zunächst 20000 Fremdwörter der medicinischen Fachsprache enthalten, in alphabetischer Anordnung und mit Kennzeichnung von Betonung, grammatischen Categorien und sämtlichen Silbentrennungsmöglichkeiten. Sein Hauptzweck ist, Anwendern der medicinischen Fachsprachen ein alternatives Regel- und Wörterverzeichnis zur Verfügung zu stellen, das geeignet ist, eine Reform der medicinischen Fachwortschreibung nach dem Vorbild der chemischen Fachsprache zu begründen. Es beruht auf einer weiterentwickelten Fassung der vorstehenden Regeln, die es in consequenterer Weise auf die Schreibung des einzelnen Fachwortes anwendet, als dies in dem vorliegenden Übersetzungswörterbuch möglich war. Terminologisch active Verbände, Institutionen, Firmen, Einzelpersonen etc., die an einer Anwendung der Regeln in ihrem Zuständigkeitsbereich interessiert sind und Möglichkeiten zur Cooperation sehen, werden gebeten, sich mit dem Autor schriftlich oder telephonisch in Verbindung zu setzen.

Bibliographie

ALISCH, Alfred, „Richtlinien für den Satz fremder Sprachen", 3. Aufl., VEB Fachbuchverlag (Leipzig) u. Verlag Dokumentation (München), 1970

ALLEN, W. Sidney, „Vox Latina", 2nd ed., Cambridge University Press (Cambridge), 1978

BAUSCH, Karl-Heinz, SCHEWE, Wolfgang, SPIEGEL, Heinz-Rudi (Hg.), „Fachsprachen – Terminologie, Struktur, Normung", DIN Deutsches Institut für Normung e.V., Beuth Verlag GmbH (West-Berlin), 1976

BIASS-DUCROUX, Françoise, „Glossary of Genetics in English, French, Spanish, Italian, German, Russian", Elsevier Scientific Publishing Company (Amsterdam), 1970

BILLUPS, Norman F., „American Drug Index", 27th ed., J.B. Lippincott Company (Philadelphia), 1983

„Biochemical Nomenclature and Related Documents", International Union of Biochemistry, The Biochemical Society (London), 1978

„Blakiston's Gould Medical Dictionary", 4th ed., McGraw-Hill Book Company (New York), 1979

BRAUN, Peter, „Fremdwörter als Internationalismen – Ein Beitrag zur interlinguistischen Behandlung von Fremdwortfragen", in BRAUN, Peter (Hg.), „Fremdwort-Diskussion", S. 95–103, Wilhelm Fink Verlag (München), 1979

BUNJES, Werner E., „Medical and Pharmaceutical Dictionary, English-German", 4th ed., Georg Thieme Verlag (Stuttgart), 1981

BUNJES, Werner E., „Wörterbuch der Medizin und Pharmazeutik, Deutsch-Englisch", 3. Aufl., Georg Thieme Verlag (Stuttgart), 1981

„Butterworths Medical Dictionary", 2nd ed., Butterworth & Co (Publishers) Ltd (London), 1978

DEBLOCK, Nic J.I., „Elsevier's Dictionary of Public Health in English, French, Spanish, Italian, German and Dutch", Elsevier Scientific Publishing Company (Amsterdam), 1976

DE VRIES, Louis, KOLB, Helga, „Wörterbuch der Chemie und der chemischen Verfahrenstechnik, Band 1: Deutsch-Englisch", 2. Aufl., Verlag Chemie GmbH (Weinheim), 1978

DE VRIES, Louis, KOLB, Helga, „Wörterbuch der Chemie und der chemischen Verfahrenstechnik, Band 2: Englisch-Deutsch", 2. Aufl., Verlag Chemie GmbH (Weinheim), 1979

DILG, Peter, JÜTTNER, Guido, „Pharmazeutische Terminologie – Die Fachsprache des Apothekers", 2. Aufl., Govi-Verlag GmbH Pharmazeutischer Verlag (Frankfurt am Main), 1975

„DIN-Norm 2330 ‚Begriffe und Benennungen – Allgemeine Grundsätze'", DIN Deutsches Institut für Normung e.V., Beuth Verlag GmbH (West-Berlin), 1979

DOMINOK, G.W., JESSERER, H., PAPE, K. (Hg.), „Nomina osteoarthrologica", Johann Ambrosius Barth Verlag (Leipzig), 1980
„Dorland's Illustrated Medical Dictionary", 25th ed., W.B. Saunders Company (Philadelphia), 1974
DUDEN, Konrad, „Vollständiges Orthographisches Wörterbuch der deutschen Sprache", Facsimile der Ausgabe von 1880, Bibliographisches Institut AG (Mannheim), 1962
DUDEN „Das große Wörterbuch der deutschen Sprache", 6 Bände, Bibliographisches Institut AG (Mannheim), 1976–1981
DUDEN „Wörterbuch medizinischer Fachausdrücke", 3. Aufl., Bibliographisches Institut AG (Mannheim), 1979
DUDEN „Rechtschreibung der deutschen Sprache und der Fremdwörter", 18. Aufl., Bibliographisches Institut AG (Mannheim), 1980
DUDEN „Satz- und Korrekturanweisungen – Richtlinien für die Texterfassung", 4. Aufl., Bibliographisches Institut AG (Mannheim), 1980
DUDEN „Zweifelsfälle der deutschen Sprache – Wörterbuch der sprachlichen Hauptschwierigkeiten", 2. Aufl., Bibliographisches Institut AG (Mannheim), 1972
„Enzyme Nomenclature 1978 – Recommendations of the Nomenclature Committee of the International Union of Biochemistry on the nomenclature and classification of enzymes", Academic Press, Inc. (London) Ltd., 1979
ESCHENBACH, Klaus-Peter, „Glossar zur allgemeinen Neurophysiologie und zur normalen Neurohistologie, Deutsch-Englisch, Englisch-Deutsch", in „Lebende Sprachen – Zeitschrift für fremde Sprachen in Wissenschaft und Praxis", 25. Jg., Heft 1, S. 15–19, Langenscheidt Verlag (West-Berlin), 1980
ESCHENBACH, Klaus-Peter, „Anatomie und Physiologie des Blutes (Anatomy and Physiology of the Blood) – Einführung in die Fachsprache, Deutsch-Englisch", in „Lebende Sprachen – Zeitschrift für fremde Sprachen in Wissenschaft und Praxis", 26. Jg., Heft 2, S. 60–64, Langenscheidt Verlag (West-Berlin), 1981
ESCHENBACH, Klaus-Peter, „anatomia renis humani – Einführung in die Fachsprache, Latein-Französisch-Englisch-Deutsch", in „Lebende Sprachen – Zeitschrift für fremde Sprachen in Wissenschaft und Praxis", 27. Jg., Heft 4, S. 176–182, Langenscheidt Verlag (West-Berlin), 1982
ESCHENBACH, Klaus-Peter, „Enzyme (Enzymes) – Einführung in die Fachsprache, Deutsch-Englisch", in „Lebende Sprachen – Zeitschrift für fremde Sprachen in Wissenschaft und Praxis", Langenscheidt Verlag (West-Berlin), in Vorb.
ESCHENBACH, Klaus-Peter, „Rechtschreibungswörterbuch der Medicin", Hartmut Jungjohann Verlag (Neckarsulm), in Vorb.
FENEIS, Heinz, „Anatomisches Bildwörterbuch der internationalen Nomenklatur", 5. Aufl., Georg Thieme Verlag (Stuttgart), 1982
FLUCK, Hans-Rüdiger, „Fachsprachen – Einführung und Bibliographie", A. Francke Verlag GmbH (München), 1976
FRIEDERICH, Wolf, „Human Body Medicine – Systematischer englischer Wortschatz", 4. Aufl., Verlag UNI-Druck (München), 1976
GARBE, Burckhard (Hg.), „Die deutsche rechtschreibung und ihre reform 1722–1974", Max Niemeyer Verlag (Tübingen), 1978
GARNIER, Marcel, DELAMARE, Valery, „Dictionnaire des termes techniques de médecine", 20e éd., Maloine S.A. (Paris), 1978
GREBE, Paul (Hg)., „Akten zur Geschichte der deutschen Einheitsschreibung 1870–1880", Bibliographisches Institut AG (Mannheim), 1963

GROSS, Helmut, et alii, „Wörterbuch Chemie und chemische Technik, Englisch-Deutsch“, VEB Verlag Technik (Ost-Berlin), 1976
GROSS, Helmut, et alii, „Wörterbuch Chemie und chemische Technik, Deutsch-Englisch“, VEB Verlag Technik (Ost-Berlin), 1980
GUNTZ, M., „Nomenclature anatomique illustrée“, Masson et Cie (Paris), 1975
HELLER, Klaus, „Zum Problem einer Reform der Fremdwortschreibung unter dem Aspekt von Zentrum und Peripherie des Sprachsystems“, in NERIUS, Dieter, SCHARNHORST, Jürgen (Hg.), „Theoretische Probleme der deutschen Orthographie“, S. 162–192, Akademie-Verlag (Ost-Berlin), 1980
HOFFMANN-OSTENHOF, O., „Biochemical Terminology, an Example for Successful International Co-operation in the Natural Sciences“, in „Lebende Sprachen – Zeitschrift für fremde Sprachen in Wissenschaft und Praxis“, 21. Jg., Heft 2, S. 51–53, Langenscheidt Verlag (West-Berlin), 1976
„Hospitals in the EEC – Organisation and Terminology“, Hospital Committee of the European Economic Community, Gyldendalske Boghandel Nordisk Forlag A.S. (Copenhagen), 1978
HUNNIUS, Curt, „Pharmazeutisches Wörterbuch“, 5. Aufl., Verlag Walter de Gruyter & Co. (West-Berlin), 1975
HYRTL, Joseph, „Die alten deutschen Kunstworte der Anatomie“, Facsimile der Ausgabe von 1884, Werner Fritsch Antiquariat (München), 1966
„Index Nominum“, 11. Aufl., Schweizerischer Apothekerverein (Zürich), 1982
„International Code of Botanical Nomenclature“, International Botanical Congress, Bohn & Scheltema & Holkema (Utrecht), 1978
„International Code of Nomenclature of Bacteria“, International Association of Microbiological Societies, American Society for Microbiology (Washington), 1975
„Internationale Regeln für die chemische Nomenklatur und Terminologie – Deutsche Ausgabe“, Gesellschaft Deutscher Chemiker e.V., Verlag Chemie GmbH (Weinheim), 1975ff.
„ISO Recommendation R 860 ‚International unification of concepts and terms‘“, International Organization for Standardization, Beuth Verlag GmbH (West-Berlin), 1968
JANSEN, Hubert, MACKENSEN, Lutz, „Rechtschreibung der technischen und chemischen Fremdwörter“, 2. Aufl., Verein Deutscher Ingenieure e.V. u. Gesellschaft Deutscher Chemiker e.V., VDI-Verlag GmbH (Düsseldorf) u. Verlag Chemie GmbH (Weinheim), 1959
KÜMMEL, Werner Friedrich, SIEFERT, Helmut, „Kursus der medizinischen Terminologie“, 2. Aufl., F.K. Schattauer Verlag (Stuttgart), 1976
L.-CLAIRVILLE, A., „Dictionnaire polyglotte des termes médicaux“, 2e éd., SIPUCO (Paris), 1953
LEUTERT, Gerald, „Die anatomischen Nomenklaturen von Basel, Jena, Paris in dreifacher Gegenüberstellung“, VEB Georg Thieme (Leipzig), 1963
LIEDTKE, Rainer K. (Hg.), „Wörterbuch der Klinischen Pharmakologie für Mediziner und Pharmazeuten“, Gustav Fischer Verlag (Stuttgart), 1980
MACLEAN, Joan, „English in Basic Medical Science“, Oxford University Press (Oxford), 1975
METHOLD, Kenneth, METHOLD, Chuntana, „Practice in Medical English“, Longman Group Ltd. (London), 1975
MICHLER, Markwart, BENEDUM, Jost, „Einführung in die Medizinische Fachsprache – Medizinische Terminologie für Mediziner und Zahnmediziner auf der Grundlage

des Lateinischen und Griechischen", 2. Aufl., Springer-Verlag (West-Berlin), 1981
MÖCKER, Hermann, „Wie ‚international' kann unsere Rechtschreibung gemacht werden? Beobachtungen und Überlegungen zur ‚Eindeutschung' von Fremdwörtern", in „Muttersprache – Zeitschrift zur Pflege und Erforschung der deutschen Sprache", 85. Jg., Heft 6, S. 379–399, Gesellschaft für deutsche Sprache e.V. (Wiesbaden), 1975
MÖCKER, Hermann, „Die slawischen Sprachen als Wegweiser für die Eindeutschung von Fremdwörtern?", in „Muttersprache – Zeitschrift zur Pflege und Erforschung der deutschen Sprache", 93 Jg., Heft 5–6, Gesellschaft für deutsche Sprache e.V. (Wiesbaden), 1983
NEUDER, Gustav F., ULLRICH, Heinz M., „Fachwörterbuch der radiologischen Technik, Englisch-Deutsch-Französisch", 2. Aufl., Verlag Walter de Gruyter & Co. (West-Berlin), 1979
„Nomenclature of Organic Chemistry", 4th ed., International Union of Pure and Applied Chemistry, Pergamon Press (Oxford), 1979
„Nomina Anatomica, Nomina Histologica, and Nomina Embryologica", 4th ed., International Congress of Anatomists, Excerpta Medica (Amsterdam), 1977
PETIOKY, Viktor, „Fachsprachen in der Übersetzer- und Dolmetscherausbildung", in KAPP, Volker (Hg.), „Übersetzer und Dolmetscher – Theoretische Grundlagen, Ausbildung, Berufspraxis", S. 109–122, Quelle & Meyer (Heidelberg), 1974
POREP, Rüdiger, STEUDEL, Wolf-Ingo, „Medizinische Terminologie – Ein programmierter Kurs zur Einführung in die medizinische Fachsprache", Georg Thieme Verlag (Stuttgart), 1974
PSCHYREMBEL, Willibald, „Klinisches Wörterbuch", 254. Aufl., Verlag Walter de Gruyter & Co. (West-Berlin), 1982
„Regeln für die deutsche Rechtschreibung nebst Wörterverzeichnis. Herausgegeben im Auftrage des Königlich Preußischen Ministeriums der geistlichen, Unterrichts- und Medizinal-Angelegenheiten", Facsimile der Ausgabe von 1902, Bibliographisches Institut AG (Mannheim), 1963; ohne Wörterverzeichnis in NERIUS, Dieter, SCHARNHORST, Jürgen (Hg.), „Theoretische Probleme der deutschen Orthographie", S. 351–371, Akademie-Verlag (Ost-Berlin), 1980
„Regeln und Wörterverzeichnis für die deutsche Rechtschreibung zum Gebrauch in den preußischen Schulen. Herausgegeben im Auftrage des Königlichen Ministeriums der geistlichen, Unterrichts- und Medizinal-Angelegenheiten", Facsimile der Ausgabe von 1880, Bibliographisches Institut AG (Mannheim), 1962
ROPER, Nancy (ed.), „Churchill Livingstone Medical Dictionary", 13th ed., Churchill Livingstone (Edinburgh), 1978; identisch mit „Medical Dictionary", 1. Aufl., Gustav Fischer Verlag (Stuttgart), 1981
SLIOSBERG, Anatole, „Elsevier's Dictionary of Pharmaceutical Science and Techniques, English-French-Italian-Spanish-German-Latin, Vol. 2: ‚Materia Medica'", Elsevier Scientific Publishing Company (Amsterdam), 1980
SLIOSBERG, Anatole, „Elsevier's Medical Dictionary in English, French, Italian, Spanish and German", 2nd ed., Elsevier Scientific Publishing Company (Amsterdam), 1975
SOBOTTA, Johannes, „Atlas d'Anatomie Humaine – Edition française –, Tome 4 ‚Nomenclature Anatomique Française'", Urban & Schwarzenberg (München) u. Masson S.A. (Paris), 1977

„Stedman's Medical Dictionary Illustrated", 23rd ed., The Williams & Wilkins Company (Baltimore), 1976

STOLL, Christoph, „Institutionalisierungsprozesse von Sprachnormierung", in PRESCH, Gunter, GLOY, Klaus (Hg.), „Sprachnormen II: Theoretische Begründungen – außerschulische Sprachnormenpraxis", S. 106–124, Friedrich Frommann Verlag Günther Holzboog KG (Stuttgart), 1976

„Symbole, Einheiten und Nomenklatur in der Physik – Deutsche Ausgabe", 2. Aufl., International Union of Pure and Applied Physics, Physik-Verlag GmbH (Weinheim), 1981

THIELE, Günter, „Handlexikon der Medizin", 2 Bände, Urban & Schwarzenberg (München), 1980

TRIEPEL, Hermann, STIEVE, Hermann, HERRLINGER, Robert, FALLER, Adolf, „Die Fachwörter der Anatomie, Histologie und Embryologie – Ableitung und Aussprache", 29. Aufl., J.F. Bergmann Verlag (München), 1978

UNSELD, Dieter Werner, „Medizinisches Wörterbuch der deutschen und englischen Sprache", 8. Aufl., Wissenschaftliche Verlagsgesellschaft mbH (Stuttgart), 1982

VEILLON, NOBEL, A., „Medizinisches Wörterbuch –Dictionnaire médical – Medical Dictionary", 6. Aufl., Verlag Hans Huber (Bern), 1977

„Webster's Medical Speller", G. & C. Merriam Company (Springfield), 1975

ZETKIN, SCHALDACH, Herbert (Hg.), „Wörterbuch der Medizin", 6. Aufl., Georg Thieme Verlag (Stuttgart) u. Deutscher Taschenbuch Verlag (München), 1978

ZLOTNICKI, Boleslaw (Hg.), „Lexicon Medicum – Anglicum, Russicum, Gallicum, Germanicum, Latinum, Polonum", Polish Medical Publishers (Warschau) u. F.K. Schattauer Verlag (Stuttgart), 1971

Wörterbuch
Englisch – Deutsch

abac|te|ri|al abakteriell

aba|sia Abasie f **atac|tic a.** Abasia atactica **atax|ic a.** Abasia atactica **chore|ic a.** Abasia choreiformis **par|a-lyt|ic a.** Abasia paralytica

aba|sic abatisch

abat|ic abatisch

ab|do|men Abdomen n **acute a.** akutes Abdomen **sur|gi|cal a.** akutes Abdomen

ab|dom|i|nal abdominal

ab|dom|i|nal|ly abdominal

ab|dom|i|no|cy|e|sis Abdominalgravidität f

ab|dom|i|nos|co|py Abdominoskopie f

ab|duce abduzieren

ab|du|cent abduzierend

ab|duct abduzieren

ab|duc|tion Abduktion f

ab|duc|tor Abduktor m

ab|er|ran|cy Aberration f

ab|er|rant aberrant

ab|er|ra|tion Aberration f **chro|mat|ic a.** chromatische Aberration **chro|mo|so|mal a.** Chromosomen-Aberration f **chro|mo|some a.** Chromosomen-Aberration f **di|op|tric a.** sphärische Aberration **New|to|ni|an a.** chromatische Aberration **spher|i|cal a.** sphärische Aberration

abeta|lipo|pro|tein|ae|mia Abetalipoproteinämie f

abeta|lipo|pro|tein|emia Abetalipoproteinämie f

abio|gen|e|sis Abiogenese f, Abiogenesis f

abio|ge|net|ic abiogenetisch

abi|og|e|nous abiogenetisch

abi|og|e|ny Abiogenese f

abi|on|er|gy Abiotrophie f

abi|o|sis Abiose f, Abiosis f

abi|ot|ic abiotisch

abi|ot|ro|phy Abiotrophie f

ab|lac|ta|tion Ablaktation f, Abstillen n

ab|la|tion Ablation f

ab|la|tive ablativ

able|phar|ia Ablepharie f

ableph|a|ron Ablepharie f

ableph|a|ry Ablepharie f

ablep|sia Ablepsie f

ablep|sy Ablepsie f

ab|nor|mal abnorm(al)

ab|nor|mal|i|ty Abnormalität f

ab|nor|mal|ly abnorm(al)

ab|nor|mi|ty Abnormität f

ab|orad aboral

ab|oral aboral

abor|tient abtreibend, Abtreibemittel n

abor|ti|fa|cient abtreibend, Abtreibemittel n

abor|ti|gen|ic abtreibend, Abtreibemittel n

abor|tin Abortin n

abor|tion Abort(us) m **ar|ti|fi-cial a.** Abtreibung f, Abortus artificialis **cer|vi|cal a.**

zervikaler Abort, Abortus cervicalis **com|plete a.** vollständiger Abort, Abortus completus **crim|i|nal a.** illegale Abtreibung, Abortus criminalis **ha|bit|u|al a.** habitueller Abort, Abortus habitualis **im|mi|nent a.** drohender Abort, Abortus imminens **in|cip|i|ent a.** beginnender Abort, Abortus incipiens **in|com|plete a.** unvollständiger Abort, Abortus incompletus **in|duced a.** Abtreibung f **jus|ti|fi|a|ble a.** indizierte Abtreibung **law|ful a.** legale Abtreibung **missed a.** verhaltener Abort **re|cur|rent a.** habitueller Abort **sep|tic a.** septischer Abort **spon|ta|ne|ous a.** spontaner Abort, Abortus spontaneus **threat|ened a.** drohender Abort **tub|al a.** tubarer Abort, Abortus tubaris **un|law|ful a.** illegale Abtreibung

abor|tion|ist Abtreiber m, Abtreiberin f, Verfechter m legalisierter Abtreibung

abor|tive abortiv, Abortivum n, Abtreibemittel n

abor|tus Abort(us) m, abgetriebene Leibesfrucht

abra|chia Abrachie f

abra|chiatism Abrachie f

abra|chio|ceph|a|lia Abrachiocephalie f

abra|chio|ceph|a|lus Abrachiocephalus m

abra|chio|ceph|a|ly Abrachiocephalie f

abra|chi|us Abrachius m

abrade abradieren

ab|ra|sion Abrasion f **den|tal a.** Abrasio dentium **tooth a.** Abrasio dentium

abra|sive abrasiv

ab|re|act abreagieren

ab|re|ac|tion Abreagieren n, Abreaktion f **mo|tor a.** motorisches Abreagieren

ab|ric Schwefelblume f

abro|sia Fasten n

ab|scess Abszeß m **acute a.** heißer Abszeß **ano|rec|tal a.** perianaler Abszeß **ap|pen|di|ceal a.** appendizitischer Abszeß **ap|pen|dic|u|lar a.** appendizitischer Abszeß **ap|pen|dix a.** appendizitischer Abszeß **brain a.** Hirnabszeß m **broad lig|a|ment a.** parametraner Abszeß **cold a.** kalter Abszeß **Doug|las' a.** Douglas-Abszeß m **he|pat|ic a.** hepatischer Abszeß **il|i|ac a.** iliakaler Abszeß **is|chio|rec|tal a.** ischiorektaler Abszeß **liv|er a.** Leberabszeß m **lung a.** Lungenabszeß m, Abscessus pulmonum **otic a.** otogener Abszeß otic cer|e|bral a. otogener Abszeß oto|gen|ic a. otogener Abszeß para|me|tri|al a. parametraner Abszeß para|me|tric a. parametraner Abszeß para|me|trit|ic a. parametraner Abszeß para|neph|ric a. paranephritischer Abszeß para|ne-phrit|ic a. paranephritischer Abszeß para|ver|te-bral a. paravertebraler Abszeß pel|vi|rec|tal a. pelvirektaler Abszeß peri|anal a. perianaler Abszeß peri|neph-ric a. perinephritischer Abszeß peri|ne|phrit|ic a. perinephritischer Abszeß peri-proc|tic a. periproktischer Abszeß peri|proc|tit|ic a. periproktitischer Abszeß peri|rec|tal a. periproktitischer Abszeß peri|ton|sil|lar a. peritonsillärer Abszeß peri|ure|thral a. periurethraler Abszeß peri|typh-lyt|ic a. perityphlitischer Abszeß peri|ves|i|cal a. perivesikaler Abszeß post|mam-ma|ry a. retromammärer Abszeß pul|mo|nary a. pulmonaler Abszeß ret|ro|mam|ma-ry a. retromammärer Abszeß ret|ro|pha|ryn|ge|al a. retropharyngealer Abszeß sub-are|o|lar a. subareolärer Abszeß sub|du|ral a. subduraler Abszeß sub|he|pat|ic a. subhepatischer Abszeß sub|mam|ma|ry a. submammärer Abszeß sub|peri|os|te-al a. subperiostaler Abszeß sub|phren|ic a. subphrenischer Abszeß sub|di|a-phrag|mat|ic a. subphrenischer Abszeß su|do|rip|a-rous a. Schweißdrüsen-Abszeß m, Abscessus sudoriparus tu|bo-ovar|i|an a. tuboovarialer Abszeß

ab|sces|sus Abscessus m, Abszeß m

ab|scis|sa Abszisse f

ab|sence Absence f, Absentia f

ab|sen|tia Absentia f, Absence f

ab|sinth(e) Absinth m

ab|sinth|ism Absinthismus m

ab|so|lute absolut

ab|sorb absorbieren

ab|sorb|able absorbierbar

ab|sorb|ance Extinktion f

ab|sorb|an|cy Extinktion f

ab|sorb|ed absorbiert

ab|sor|be|fa|cient absorptionsfördernd(es Mittel)

ab|sorb|en|cy Extinktion f

ab|sorb|ent absorbierend, Absorbens n

ab|sorb|er Absorber m

ab|sorp|tion Absorption f **car-bon di|ox|ide a.** Kohlendioxid-Absorption f **cu|ta|neous a.** Aufnahme f durch die Haut **en|ter|al a.** Aufnahme f durch den Darm **in|tes|tinal a.** Aufnahme f durch den Darm **net a.** Netto-Absorption f **true a.** wahre Absorption

ab|sorp|tive absorbierend, absorptiv, Absorbens n

ab|ster|gent reinigend, abführend, Reinigungsmittel n, Abführmittel n

ab|sti|nence Abstinenz f, Enthaltsamkeit f **al|i|men|ta|ry a.** Fasten n **to|tal a.** völlige Enthaltsamkeit

ab|u|leia Abulie f, Willenlosigkeit f

abu|lia Abulie f, Abulia f, Willenlosigkeit f

abu|lic willenlos

abu|lo|ma|nia Abulie f, Willenlosigkeit f

abuse mißbrauchen, mißhandeln, Mißbrauch m, Mißhandlung f **al|co|hol a.** Alkoholmißbrauch m **child a.** Kindesmißhandlung f **drug a.** Drogenmißbrauch m

acal|cu|lia Akalkulie f

acamp|sia Ankylose f

acan|tho|cyte Akanthocyt m

acan|tho|cy|to|sis Akanthocytose f

acan|tho|ker|a|to|ma Akanthokeratom n

acan|thol|y|ses Akantholysen f pl

acan|thol|y|sis Akantholyse f

acan|tho|lyt|ic akantholytisch

ac|an|tho|ma Akanthom n, Acanthoma n **ma|lig|nant a.** malignes Akanthom

ac|an|tho|ma|ta Akanthome n pl, Acanthomata n pl

acan|tho|pel|vis Akanthopelvis f, Stachelbecken n, Pelvis spinosa

acan|tho|pel|yx Akanthopelvis f, Stachelbecken n, Pelvis spinosa

ac|an|tho|ses Akanthosen f pl, Acanthoses f pl

ac|an|tho|sis Akanthose f, Acanthosis f

acan|thro|cyte Akanthocyt m

acan|thro|cy|to|sis Akanthocytose f

acap|nia Akapnie f

acar|bia Akarbie f, Acarbia f

acar|dia Akardie f

acar|di|a|cus Akardiakus m, Acardiacus m, Akardier m

acar|di|us Akardius m, Acardius m, Akardier m

ac|a|ri|a|ses Akariasen f pl, Acariases f pl

ac|a|ri|a|sis Akariase f, Acariasis f

acar|i|cide Akaricid n

ac|a|ri|no|ses Akarino-

sen f pl
ac|a|ri|no|sis Akarinose f
acar|i|o|ses Akariasen f pl
acar|i|o|sis Akariase f
acarolo|gist Akarologe m, Milbenkundler m
acarolo|gy Akarologie f, Milbenkunde f
ac|a|ro|pho|bia Akarophobie f
ac|a|ro|tox|ic akaricid
acat|a|la|s(a)e|mia Akatalasämie f
acat|a|la|sia Akatalasie f
ac|a|this|ia Akathisie f
acau|dal schwanzlos
acau|date schwanzlos
ac|cel|er|ate beschleunigen
ac|cel|er|a|tion Beschleunigung f, Akzeleration f
ac|cel|er|a|tor Beschleuniger m
ac|cel|er|in Akzelerin n, Faktor m VI
ac|cel|er|om|e|ter Beschleunigungsmesser m, Akzelerometer n
ac|cep|tor Akzeptor m
ac|ces|so|ry akzessorisch
ac|ci|dent Unfall m, Komplikation f
ac|ci|den|tal zufällig
ac|cli|mate akklimatisieren
ac|cli|ma|tion Akklimatisation f
ac|cli|ma|ti|za|tion Akklimatisation f
ac|cli|ma|tize akklimatisieren
ac|com|mo|date akkommodieren
ac|com|mo|da|tion Akkommodation f
ac|couche|ment Entbindung f, Accouchement n
ac|cou|cheur Geburtshelfer m
ac|cou|cheuse Hebamme f
aceph|a|li Acephali m pl
ace|pha|lia Acephalie f
ace|phal|ic acephal
aceph|a|lism Acephalie f
aceph|a|lous acephal
aceph|a|lus Acephalus m
aceph|a|ly Acephalie f
ac|e|tal Acetal n
ac|et|al|de|hyde Acetaldehyd m
ac|e|tate Acetat n
ac|e|to|nae|mia Acetonämie f
ac|e|ton|emia Acetonämie f
ac|e|ton|uria Acetonurie f
ace|tyl Acetyl n
ac|e|tyl|cho|line Acetylcholin n
ac|e|tyl|cho|lin|es|ter|ase Acetylcholin-Esterase f
ach|a|la|sia Achalasie f
ache Schmerz m
achei|lia Acheilie f
achei|ria Acheirie f
achi|lia Achilie f
achil|lo|bur|si|tis Achillobursitis f
achil|lo|dyn|ia Achillodynie f
ach|il|lor|rha|phy Achillorrhaphie f
achil|lo|te|not|o|my Achillote-

notomie f
ach|il|lot|o|my Achillotomie f
achi|ria Achirie f
achlor|hy|dria Achlorhydrie f
acho|lia Acholie f
achol|ic acholisch
ach|o|lous acholisch
achon|dro|pla|sia Achondroplasie f
achon|dro|plas|tic achondroplastisch
achon|dro|plas|ty Achondroplasie f
achreo|cy|th(a)e|mia hypochrome Anämie
achroa|cyte Lymphocyt m
achroa|cy|to|sis Achroocytose f
achroi|o|cy|th(a)e|mia hypochrome Anämie
achro|ma Achromie f
achro|ma|cyte Achromocyt m
achro|ma|sia Achromasie f
achro|mat|ic achromatisch
achro|ma|tin Achromatin n
achro|mato|cyte Achromocyt m
achro|ma|top|sia Achromatopsie f
achro|ma|to|ses Achromatosen f pl
achro|ma|to|sis Achromatose f
achro|mia Achromie f
achy|lia Achylie f
achy|lic achylisch
achy|lous achylisch
ach|y|lo|sis Achylie f
ac|id Säure f, sauer
ac|i|d(a)e|mia Acidämie f
ac|id-fast säurefest
ac|id-form|ing säurebildend
acid|ic acidisch, sauer
ac|i|dim|e|ter Acidimeter n, Säuremesser m
acid|i|met|ric acidimetrisch
ac|i|dim|e|try Acidimetrie f
acid|i|ty Acidität f, Säuregrad m
acid|o|cyte eosinophiler Leukocyt
ac|i|do|cy|to|pe|nia Eosinopenie f
ac|i|do|cy|to|sis Eosinophilie f
ac|i|do|gen|ic säurebildend, acidogen
ac|i|dom|e|ter Acidimeter n, Säuremesser m
ac|i|do|pe|nia Eosinopenie f
acid|o|phil(e) acidophil, Acidophiler m
acid|o|phil|ia Acidophilie f
ac|i|do|phil|ic acidophil
ac|i|doph|i|lous acidophil
ac|i|do|re|sis|tant säurebeständig
ac|i|do|ses Acidosen f pl
ac|i|do|sis Acidose f
ac|id-re|sis|tant säureresistent
ac|i|du|ria Acidurie f
ac|i|nal acinös
ac|i|nar acinös
ac|i|ne|sia Akinesie f
acin|ic acinös
ac|i|nous acinös

ac|i|ni Acini m pl
ac|i|nus Acinus m
ac|me Akme f
ac|ne Acne f
ac|ne|form acneiform
ac|ne|gen|ic acneigen
ac|ne|ic Acne...
ac|ne|iform acneiform
ac|ne|mia Aknemie f
ac|ni|tis Acnitis f
ac|o|as|ma Akoasma n
acon|i|tase Aconitase f
acon|i|tin(e) Aconitin n
Ac|o|ni|tum Aconitum n
ac|o|rea Akorie f, Pupillenlosigkeit f
aco|ria Akorie f, Gefräßigkeit f
acor|mus Akormus m
acos|tate rippenlos
acou|(a)es|the|sia Gehör n
acou|me|ter Akumeter n
ac|ou|met|ric akumetrisch
ac|ou|om|e|ter Akumeter n
ac|ou|o|met|ric akumetrisch
acou|o|pho|nia auskultatorisches Abklopfen
ac|ou|oph|o|ny auskultatorisches Abklopfen
acous|ma Akoasma n
acous|ma|ta Akoasmen n pl
acous|mat|ag|no|sis Agnosia acustica, Seelentaubheit f
acous|mat|am|ne|sia Amnesia acustica
acous|tic akustisch
acous|tics Akustik f
ac|ou|tom|e|ter Akumeter n
ac|quire erwerben, akquirieren
ac|quired erworben, akquiriert
ac|ral akral
acra|nia Akranie f
acra|ni|us Akranius m
ac|re|mo|ni|o|sis Akremoniose f
ac|ro|an|(a)es|the|sia Akroanästhesie f
ac|ro|as|phyx|ia Akroasphyxie f
ac|ro|ce|pha|lia Akrocephalie f
ac|ro|ce|phal|ic akrocephal
ac|ro|ceph|a|lo|poly|syn|dac-ty|ly Akrocephalopolysyndaktylie f
ac|ro|ceph|a|lo|syn|dac|tyl|ia Akrocephalosyndaktylie f
ac|ro|ceph|a|lo|syn|dac|tyl|ism Akrocephalosyndaktylie f
ac|ro|ceph|a|lo|syn|dac|ty|ly Akrocephalosyndaktylie f
ac|ro|ceph|a|ly Akrocephalie f
ac|ro|chor|don Akrochordon n
ac|ro|cy|a|no|ses Akrocyanosen f pl
ac|ro|cy|a|no|sis Akrocyanose f
ac|ro|der|ma|ti|tis Akrodermatitis f
ac|ro|ger|ia Akrogerie f
ac|ro|hy|per|hi|dro|sis Akrohyperhidrose f
ac|ro|hy|po|ther|my Akrohypothermie f

ac|ro|ker|a|to|sis Akrokeratose f
ac|ro|me|ga|lia Akromegalie f
ac|ro|me|gal|ic akromegal
ac|ro|meg|a|loid akromegaloid
ac|ro|meg|a|ly Akromegalie f
acro|mi|al akromial
ac|ro|mic|ria Akromikrie f
ac|ro|neu|ro|sis Akroneurose f
ac|ro|os|te|ol|y|sis Akroosteolyse f
ac|ro|pachy Akropachie f
ac|ro|par|(a)es|the|sia Akroparästhesie f
acrop|a|thy Akropathie f
ac|ro|pho|bia Akrophobie f
ac|ro|pig|men|ta|tion Akropigmentation f
ac|ro|sin Akrosin n
ac|ro|some Akrosom n
ac|ro|sphe|no|syn|dac|tyl|ia Akrosphenosyndaktylie f
ac|ro|tism Akrotismus m, Pulslosigkeit f
ac|ro|tro|pho|neu|ro|sis Akrotrophoneurose f
ac|tin Aktin n
ac|tin|ic aktinisch
ac|ti|no|my|co|ma Aktinomykom n
ac|ti|no|my|co|ma|ta Aktinomykome n pl
ac|ti|no|my|co|ses Aktinomykosen f pl
ac|ti|no|my|co|sis Aktinomykose f
ac|ti|vate aktivieren
ac|ti|vat|ed aktiviert
ac|ti|va|tion Aktivierung f
ac|ti|va|tor Aktivator m
ac|tive aktiv
ac|tiv|i|ty Aktivität f
ac|to|my|o|sin Aktomyosin n
acu|me|ter Akumeter n
acu|pres|sure Akupressur f
acu|punc|ture Akupunktur f
acus|ti|cus Akustikus m, Nervus vestibulocochlearis
acute akut
acute|ness Akuität f
acy|a|no|blep|sia Acyanoblepsie f, Blaublindheit f
acy|a|nop|sia Acyanopsie f, Blaublindheit f
acy|clic azyklisch
ac|yl Acyl n
ac|yl|a|tion Acylierung f
acys|tia Azystie f
adac|tyl|ia Adaktylie f
adac|ty|lism Adaktylie f
adac|ty|lus Adaktylus m
ad|a|man|tine Adamantin n, stahlhart
ad|a|man|ti|no|ma Adamantinom n
ad|a|man|ti|no|ma|ta Adamantinome n pl
ad|a|man|to|blast Adamantoblast m
ad|ap|ta|tion Adaptation f
adapt|er Adapter m
adap|tive adaptiv

ad|ap|tom|e|ter Adaptometer n
adap|tor Adapter m
ad|dict Drogenabhängiger m
ad|dict|ed drogenabhängig
ad|dic|tion Drogenabhängigkeit f
ad|du|cent adduzierend
ad|duct adduzieren
ad|duc|tion Adduktion f
ad|duc|tor Adduktor m
ad|e|nase Adenase f
ade|nia Adenie f
ad|e|nine Adenin n
ad|e|ni|tis Adenitis f, Drüsenentzündung f
ad|e|no|ac|an|tho|ma Adenoakanthom n
ad|e|no|can|croid Adenokankroid n
ad|e|no|car|ci|no|ma Adenokarzinom n
ad|e|no|cys|to|ma Adenozystom n
ad|e|no|hy|poph|y|sis Adenohypophyse f
ad|e|noid adenoid
ad|e|noid|ism Adenoidismus m
ad|e|noid|itis Adenoiditis f
ad|e|no|li|po|ma Adenolipom n
ad|e|no|lym|pho|ma Adenolymphom n
ad|e|no|ma Adenom n
ad|e|no|ma|ta Adenome n pl
ad|e|no|ma|la|cia Adenomalazie f, Drüsenerweichung f
ad|e|nom|a|toid adenomatös
ad|e|no|ma|to|ses Adenomatosen f pl
ad|e|no|ma|to|sis Adenomatose f
ad|e|nom|a|tous adenomatös
ad|e|no|my|o|ma Adenomyom n
ad|e|no|myo|sar|co|ma Adenomyosarkom n
ad|e|no|my|o|sis Adenomyose f
ad|e|nop|a|thy Adenopathie f, Drüsenerkrankung f
ad|e|no|sar|co|ma Adenosarkom n
ad|e|no|scle|ro|sis Adenosklerose f
ad|e|nose adenös, drüsig
aden|o|sine Adenosin n
ad|e|no|ses Adenosen f pl
ad|e|no|sis Adenose f
ad|e|no|tome Adenotom n
ad|e|not|o|my Adenotomie f
ad|e|no|vi|rus Adenovirus n
ad|e|pha|gia Adephagie f, Gefräßigkeit f
adi|pes Adipes f/m pl, tierische Fette
ad|eps Adeps f/m, tierisches Fett
ad|here adhärieren
ad|her|ent adhärent
ad|he|sion Adhäsion f
ad|he|si|ot|o|my Adhäsiolyse f
adi|ad|o|cho|ki|ne|sis Adiadochokinese f
ad|i|po|cele Adipozele f
ad|i|po|cere Adipocire f, Lei-

chenwachs n
ad|i|po|ki|nin Adipokinin n
ad|i|po|ma Adipom n
ad|i|po|ne|cro|sis Adiponekrose f
ad|i|pose adipös
ad|i|po|sis Adipositas f
ad|i|pos|i|ty Adipositas f
ad|i|po|so|gen|i|tal adiposogenital
adip|sia Adipsie f
adip|sy Adipsie f
ad|i|tus Aditus m
ad|just|ment Anpassung f
ad|ju|vant Adjuvans n, adjuvant
ad|mi|nic|u|lum Adminiculum n
ad|mis|sion Aufnahme f (eines Patienten ins Krankenhaus)
ad|nexa Adnexe m pl
ad|nex|i|tis Adnexitis f
ad|o|les|cence Adoleszenz f
ad|o|les|cent Adoleszent m, adoleszent
adon|i|din Adonidin n
Adon|is Adonis f
ad|oral adoral
ad|oral|ly adoral
ADP ADP n (Adenosindiphosphat n)
ad|re|nal adrenal
adre|nal|ec|to|my Adrenalektomie f
adren|a|line Adrenalin n
ad|ren|ar|che Adrenarche f
ad|re|ner|gic adrenerg
adre|no|chrome Adrenochrom n
adre|no|cor|ti|co|tro|pic adrenocorticotrop
adre|no|gen|i|tal adrenogenital
adre|no|lyt|ic adrenolytisch
adre|no|mi|met|ic adrenomimetisch
adre|no|pause Adrenopause f
adre|no|ste|rone Adrenosteron n
adre|no|tro|pic adrenotrop
adre|no|tro|pin Adrenotropin n
ad|sorb adsorbieren
ad|sor|bent Adsorbens n, adsorbierend
ad|sorp|tion Adsorption f
adult adult, erwachsen, Erwachsener m
ad|ven|ti|tia Adventitia f
ady|nam|ia Adynamie f
ady|nam|ic adynamisch
ady|na|my Adynamie f
aer|ae|mia Aerämie f
aer|emia Aerämie f
aero|at|e|lec|ta|sis Aeroatelektase f
aer|obe Aerobier m
aer|o|bic aerob
aero|cele Aerocele f
aer|o|gen|ic aerogen
aer|og|e|nous aerogen
aero|pha|gia Aerophagie f
aer|oph|a|gy Aerophagie f
aero|pho|bia Aerophobie f
aero|sol Aerosol n
aero|ther|a|peu|tics Aerothera-

pie f
aero|ther|a|py Aerotherapie f
afe|brile afebril
af|fect Affekt m
af|fect wirken auf
af|fect|a|bil|i|ty Affektivität f
af|fec|tion Affektion f
af|fec|tive affektiv
af|fec|tiv|i|ty Affektivität f
af|fer|ent afferent
af|fin|i|ty Affinität f
afi|brin|o|gen|ae|mia Afibrinogenämie f
afi|brin|o|gen|emia Afibrinogenämie f
af|la|tox|in Aflatoxin n
af|ter|birth Nachgeburt f
af|ter|brain Myelencephalon n
af|ter|care Nachsorge f
af|ter|ef|fect Nachwirkung f
af|ter|taste Nachgeschmack m
af|ter|treat|ment Nachbehandlung f
aga|lac|tia Agalaktie f
agam|ete Agamet m
aga|met|ic agametisch
agam|ma|glob|u|li|ne|mia Agammaglobulinämie f
aga|mo|gen|e|sis Agamogenese f
aga|mog|o|ny Agamogonie f
agan|gli|on|ic aganglionär
agan|gli|on|o|sis Aganglionose f
agar Agar m/n
agar-agar Agar-Agar m/n
agas|tria Agastrie f
agas|tric agastrisch
agen|e|sis Agenesie f
agen|i|tal|ism Agenitalismus m
agent Agens n
ageu|sia Ageusie f
ag|glom|er|a|tion Agglomeration f
ag|glu|ti|nate agglutinieren
ag|glu|ti|na|tion Agglutination f
ag|glu|ti|nin Agglutinin n
ag|glu|ti|no|gen Agglutinogen n
ag|glu|ti|no|scope Agglutinoskop n
ag|gre|ga|tion Aggregation f
ag|gres|sion Aggression f
ag|gres|sive aggressiv
aglan|du|lar aglandulär
aglos|sia Aglossie f
agly|cone Aglycon n
ag|na|thia Agnathie f
ag|no|sia Agnosie f
ag|nos|tic agnostisch
ago|nad|ism Agonadismus m
ag|o|nal agonal
ag|o|nist Agonist m
ag|o|ny Agonie f
agram|ma|tism Agrammatismus m
agran|u|lar agranulär
agran|u|lo|cyte Agranulocyt m
agran|u|lo|cy|to|sis Agranulocytose f
agraph|ia Agraphie f

agryp|nia Agrypnie f, Agrypnia f
agy|ria Agyrie f
AHG AHG n (= antihämophiles Globulin)
aich|mo|pho|bia Aichmophobie f
ail|ing leidend
ail|ment Leiden n
ai|nhum Ainhum n
air Luft f
akar|y|ote kernlos(e Zelle)
ak|i|ne|sia Akinesie f, Akinesia f
Al Al n (= Aluminium n)
ala|lia Alalie f, Alalia f
al|a|nine Alanin n
alas|trim Alastrim n
al|bi|nism Albinismus m
al|bi|no Albino m
al|bu|gin|ea Albuginea f (= Tunica albuginea)
al|bu|go Albugo f
al|bu|men Albumen n
al|bu|min Albumin n
al|bu|mi|nate Albuminat n
al|bu|mi|nim|e|ter Albuminimeter n
al|bu|min|uria Albuminurie f
al|bu|mose Albumose f
al|bu|mo|su|ria Albumosurie f
al|che|my Alchemie f
al|co|hol Alcohol m
al|co|hol|ase Alcoholase f
al|co|hol|ic alcoholisch, Alcoholiker m
al|co|hol|ism Alcoholismus m
al|de|hyde Aldehyd m
al|do|hex|ose Aldohexose f
al|dol Aldol m
al|dol|ase Aldolase f
al|do|pen|tose Aldopentose f
al|dose Aldose f
al|do|ste|rone Aldosteron n
al|do|ste|ron|ism Aldosteronismus m
aleu|k(a)e|mia Aleukämie f
aleu|k(a)e|mic aleukämisch
al|eu|rone Aleuron n
alex|ia Alexie f
al|ga Alge f
al|ge|sia Algesie f
al|ge|sim|e|ter Algesimeter n
al|ge|sim|e|try Algesimetrie f
al|go|lag|nia Algolagnie f
al|go|pho|bia Algophobie f
al|gor Algor m
al|go|spasm Algospasmus m
al|i|cy|clic alicyclisch
alien|a|tion Alienation f
alien|ist Psychiater m
al|i|men|ta|ry alimentär
al|i|phat|ic aliphatisch
ali|quor|rhea Aliquorrhö f
aliz|a|rin Alizarin n
al|ka|l(a)e|mia Alkaliämie f
al|ka|les|cence Alkaleszenz f
al|ka|li Alkali n
al|ka|lim|e|try Alkalimetrie f
al|ka|line alkalisch
al|ka|lin|ize alkalisieren
al|ka|li|nu|ria Alkaliurie f
al|ka|loid Alkaloid n

al|ka|lo|sis Alkalose f
al|kane Alkan n
al|kap|ton|uria Alkaptonurie f
al|kene Alken n
al|kyl Alkyl n
al|kyl|ate alkylieren
al|kyne Alkin n
al|lan|to|in Allantoin n
al|lan|to|is Allantois f
al|lele Allel n
al|len|the|sis Allenthese f
al|ler|gen Allergen n
al|ler|gic allergisch
al|ler|gist Allergologe m
al|ler|gi|za|tion Allergisierung f
al|ler|goid Allergoid n
al|ler|go|sis Allergose f
al|ler|gy Allergie f
al|les|the|sia Allästhesie f
al|li|um Allium n
al|lo|al|bu|mi|n(a)e|mia Alloalbuminämie f
al|lo|che|zia Allochezie f
al|lo|chi|ria Allocheirie f
al|lo|cor|tex Allocortex m
al|lom|e|try Allometrie f
al|lop|a|thy Allopathie f
al|lo|plas|ty Alloplastik f
al|lo|plas|tic alloplastisch
al|lo|rhyth|mia Allorrhythmie f
al|lo|some Allosom n
al|lo|ster|ic allosterisch
al|lot|rio|geu|sia Allotriogeusie f
al|lot|ri|oph|a|gy Allotriophagie f
al|lox|an Alloxan n
al|oe Aloe f
alo|gia Alogie f
al|o|in Aloin n
al|o|pe|cia Alopezie f
al|pha Alpha n
alu|mi|na Aluminiumoxid n
alu|mi|num Aluminium n
al|ve|o|lar alveolär
al|ve|o|li Aveoli m pl
al|ve|o|li|tis Alveolitis f
al|ve|o|lus Alveolus m
al|ve|us Alveus m
al|vus Alvus m
alym|pho|cy|to|sis Alymphocytose f
am|a|crine amakrin
amal|gam Amalgam n
Am|a|ni|ta Amanita f
amas|tia Amastie f
am|au|ro|sis Amaurose f
am|au|rot|ic amaurotisch
ama|zia Amazie f
am|bi|dex|ter Ambidexter m
am|bi|dex|ter|i|ty Ambidextrie f
am|bi|ent umgebend
am|bi|ten|den|cy Ambitendenz f
am|biv|a|lence Ambivalenz f
am|biv|a|lent ambivalent
am|bly|o|pia Amblyopie f
am|blyo|scope Amblyoskop n
am|bo|cep|tor Amboceptor m
am|bu|lance Ambulanz f, Krankenwagen m

am|bu|lant ambulant
am|bu|la|to|ry ambulatorisch, ambulant
ame|ba Amöbe f
ame|boid amöboid
amel|ia Amelie f
am|e|lo|blast Ameloblast m
am|e|lo|blas|to|ma Ameloblastom n
am|e|lo|gen|e|sis Amelogenesis f
am|e|lus Amelus m
amen|or|rh(o)ea Amenorrhö f
amen|tia Amenz f
am|e|tro|pia Ametropie f
am|ide Amid n
amim|ia Amimie f
am|i|nate aminieren
amine Amin n
ami|no|ac|id|uria Aminoacidurie f
am|i|nu|ria Aminurie f
ami|to|sis Amitose f
ami|tot|ic amitotisch
am|mo|nae|mia Ammonämie f
am|mo|ne|mia Ammonämie f
am|mo|nia Ammoniak n
am|mo|ni|um Ammonium n
am|ne|sia Amnesie f
am|ne|sic amnestisch
am|nes|tic amnestisch
am|nio|cen|te|sis Amniocentese f
am|ni|on Amnion n
am|ni|ot|o|my Amniotomie f
amor|phous amorph
AMP AMP n (= Adenosinmonophosphat n)
am|pere Ampere n
am|phi|ar|thro|sis Amphiarthrose f
am|phi|bol|ic amphibol
am|phig|o|ny Amphigonie f
am|phit|ri|chous amphitrich
am|pho|ric amphorisch
am|pho|ter|ic amphoter
am|pli|fi|ca|tion Vergrößerung f, Verstärkung f
am|pli|tude Amplitude f
am|pul(e) Ampulle f
am|pul|la Ampulla f
am|pul|lar ampullar
am|pu|tate amputieren
am|pu|ta|tion Amputation f
am|pu|tee Amputierter m
amu|sia Amusie f
amy|el|en|ceph|a|lia Amyelencephalie f
amy|e|lia Amyelie f
amyg|da|la Amygdala f (= Corpus amygdaloideum)
amyg|da|lin Amygdalin n
amyg|da|loid mandelförmig
amyg|da|lot|o|my Amygdalotomie f
am|y|lase Amylase f
am|y|loid Amyloid n
am|y|loi|do|sis Amyloidose f
am|y|lol|y|sis Amylolyse f
am|y|lo|lyt|ic amylolytisch
am|y|lo|pec|tin Amylopektin n
am|y|lose Amylose f

am|y|lum Amylum n
amyo|stat|ic amyostatisch
amyo|tax|ia Amyotaxie f
amyo|to|nia Amyotonie f
amyo|tro|phia Amyotrophie f
amyo|troph|ic amyotrophisch
amyx|ia Amyxie f
an|a|bol|ic anabol
anab|o|lism Anabolismus m
an|acid|i|ty Anacidität f
an|a|de|nia Anadenie f
an|a|did|y|mus Anadidymus m
an|aer|obe Anaerobier m
an|aer|o|bic anaerob
an|aero|bi|o|sis Anaerobiose f
ana|kata|did|y|mus Anakatadidymus m
anal anal
an|al|bu|min|ae|mia Analbuminämie f
an|al|bu|min|emia Analbuminämie f
an|a|lep|tic Analeptikum n, analeptisch
an|al|ge|sia Analgesie f
an|al|ge|sic Analgetikum n, analgetisch
an|al|get|ic analgetisch
an|al|gia Analgie f
an|al|ler|gic anallergisch
anal|o|gous analog
anal|o|gy Analogie f
anal|y|sis Analyse f
an|a|lyst Analytiker m
an|a|lyt|ic analytisch
an|a|lyt|i|cal analytisch
an|am|ne|sis Anamnese f
an|am|nes|tic anamnestisch
an|an|cas|tia Anankasmus m
an|an|kas|tia Anankasmus m
ana|phase Anaphase f
an|aph|ro|dis|i|ac Anaphrodisiakum n
ana|phy|lac|tic anaphylaktisch
ana|phy|lac|to|gen Anaphylaktogen n
ana|phy|lac|to|gen|ic anaphylaktogen
ana|phy|lac|toid anaphylaktoid
ana|phyla|tox|in Anaphylatoxin n
ana|phy|lax|is Anaphylaxie f
an|a|pla|sia Anaplasie f
an|a|plas|tic anaplastisch
an|a|plas|ty Anaplastik f
an|ar|thria Anarthrie f
an|a|sar|ca Anasarka f
anas|to|mose anastomosieren
anas|to|mo|sis Anastomose f
anas|to|mot|ic anastomotisch
an|a|tom|ic anatomisch
an|a|tom|i|cal anatomisch
anat|o|mist Anatom m
anat|o|my Anatomie f
an|cy|lo|sto|mi|a|sis Ankylostomiase f
an|dro|blas|to|ma Androblastom n
an|dro|gam|one Androgamon n
an|dro|gen Androgen n
an|dro|gen|ic androgen
an|dro|gy|ne|i|ty Androgynie f

an|drog|y|nism Androgynie f
an|drog|y|nous androgen
an|drog|y|ny Androgenie f
an|droid android
an|drol|o|gy Andrologie f
an|dro|mor|phous andromorph
an|dro|ster|one Androsteron n
an|elec|trot|o|nus Anelektrotonus m
ane|mia Anämie f
ane|mic anämisch
an|en|ce|pha|lia Anencephalie f
an|en|ceph|a|li Anencephali m pl
an|en|ce|phal|ic anencephal
an|en|ceph|a|lous anencephal
an|en|ceph|a|lus Anencephalus m
an|en|ceph|a|ly Anencephalie f
an|er|gy Anergie f
an|eryth|rop|sia Anerythropsie f
an|es|the|sia Anästhesie f
an|es|the|si|ol|o|gist Anästhesiologe m
an|es|the|si|ol|o|gy Anästhesiologie f
an|es|thet|ic Anästhetikum n, anästhetisch
an|es|the|tist Anästhesist m
an|es|the|ti|za|tion Anästhesierung f
an|es|the|tize anästhesieren
an|eu|ploid aneuploid
an|eu|ploidy Aneuploidie f
an|eu|rin Aneurin n
an|eu|rysm Aneurysma n
an|eu|rys|mal aneurysmatisch
an|eu|rys|mor|rha|phy Aneurysmorrhaphie f
an|gi|ec|ta|sis Angiektasie f
an|gi|ec|tat|ic angiektatisch
an|gi|itis Angiitis f
an|gi|na Angina f
an|gi|nal anginös
an|gi|noid anginös
an|gi|nose anginös
an|gi|nous anginös
an|gio|blast Angioblast m
an|gio|blas|to|ma Angioblastom n
an|gio|car|dio|gram Angiokardiogramm n
an|gio|car|di|og|ra|phy Angiokardiographie f
an|gio|car|di|op|a|thy Angiokardiopathie f
an|gio|gram Angiogramm n
an|gi|og|ra|phy Angiographie f
an|gi|oid angioid
an|gio|ker|a|to|ma Angiokeratom n
an|gi|ol|o|gy Angiologie f
an|gio|lu|poid Angiolupoid n
an|gi|o|ma Angiom n
an|gi|o|ma|ta Angiome n pl
an|gi|o|ma|to|sis Angiomatose f
an|gio|myo|neu|ro|ma Angiomyoneurom n

an|gio|neu|ro|sis Angioneurose f
an|gio|neu|rot|ic angioneurotisch
an|gi|op|a|thy Angiopathie f
an|gio|sar|co|ma Angiosarkom n
an|gio|scle|ro|sis Angiosklerose f
an|gio|scle|rot|ic angiosklerotisch
an|gi|o|sis Angiose f
an|gio|spasm Angiospasmus m
an|gio|spas|tic angiospastisch
an|gio|ten|sin Angiotensin n
an|gio|ten|sin|ase Angiotensinase f
an|gio|ten|sin|o|gen Angiotensinogen n
an|gio|to|nin Angiotonin n
an|gle Angulus m, Winkel m
an|go|phra|sia Angophrasie f
ang|strom Ångström n
ång|ström Ångström n
an|gu|lus Angulus m
an|hi|dro|sis Anhidrose f
an|hi|drot|ic anhidrotisch
an|hy|drase Anhydrase f
an|hy|dre|mia Anhydrämie f
an|hy|dride Anhydrid n
an|ic|ter|ic anikterisch
an|i|line Anilin n
ani|lin|gus Anilingus m
an|i|ma Anima f
an|ion Anion n
an|ion|ic anionisch
an|irid|ia Aniridie f
an|is|ei|ko|nia Aniseikonie f
an|iso|chro|mia Anisochromie f
an|iso|co|ria Anisokorie f
an|iso|cy|to|sis Anisocytose f
an|iso|dont anisodont
an|isog|a|my Anisogamie f
an|iso|kary|o|sis Anisokaryose f
an|iso|me|tro|pia Anisometropie f
an|iso|trop|ic anisotrop
an|isot|ro|py Anisotropie f
an|kle Fußknöchel m
an|ky|lo|bleph|a|ron Ankyloblepharon n
an|ky|lo|dac|tyl|ia Ankylodaktylie f
an|ky|lo|sis Ankylose f
an|la|ge Anlage f
an|la|gen Anlagen f pl
an|nu|lar anulär
an|nu|lo|cyte Anulocyt m
an|ode Anode f
an|odon|tia Anodontie f
anom|a|lous anomal
anom|a|ly Anomalie f
an|o|mer Anomer n
an|o|mer|ic anomer
an|onych|ia Anonychie f
Anoph|e|les Anopheles f
an|oph|thal|mia Anophthalmie f
an|oph|thal|mos Anophthalmus m
an|o|pia Anopie f
an|op|sia Anopsie f

an|or|chia Anorchie f
an|or|chi|dism Anorchidie f
an|or|chism Anorchidie f
ano|rec|tal anorektal
an|orex|ia Anorexie f
an|orex|i|gen|ic anorexigen
an|or|gas|mia Anorgasmie f
an|or|gas|my Anorgasmie f
an|os|mia Anosmie f
an|os|to|sis Anostose f
an|o|tia Anotie f
an|ovu|la|to|ry anovulatorisch
an|ox|ae|mia Anoxämie f
an|ox|emia Anoxämie f
an|ox|ia Anoxie f
an|ox|ic anoxisch
an|sa Ansa f
ant|ac|id Antacidum n
an|tag|o|nism Antagonismus m
an|tag|o|nist Antagonist m
an|tag|o|nis|tic antagonistisch
an|te|bra|chi|um Antebrachium n
an|te|ri|or vorder, anterior, ventral
an|tero|in|fe|ri|or anteroinferior
an|tero|lat|er|al anterolateral
an|tero|me|di|al anteromedial
an|tero|pos|te|ri|or anteroposterior
an|tero|su|pe|ri|or anterosuperior
an|te|ver|sion Anteversion f
ant|he|lix Anthelix f
ant|hel|min|thic Anthelminthikum n, anthelminthisch
ant|hel|min|tic Anthelminthikum n, anthelminthisch
an|thra|co|sil|i|co|sis Anthrakosilicose f
an|thra|co|sis Anthrakose f
an|thra|cot|ic anthrakotisch
an|thrax Anthrax m
an|thro|po|gen|e|sis Anthropogenese f
an|thro|po|ge|net|ic anthropogenetisch
an|thro|po|gen|ic anthropogen
an|thro|pog|e|ny Anthropogenie f
an|thro|poid anthropoid
an|thro|pol|o|gy Anthropologie f
an|thro|po|mor|phic anthropomorph
an|thro|po|mor|phism Anthropomorphismus m
an|thro|po|phil|ic anthropophil
an|thro|po|pho|bia Anthropophobie f
an|ti|ac|id Antacidum n
an|ti|an|dro|gen Antiandrogen n, antiandrogen
an|ti|ar|rhyth|mic antiarrhythmisch
an|ti|asth|mat|ic Antiasthmatikum n, antiasthmatisch
an|ti|bac|te|ri|al antibakteriell, Bakteriocid n
an|ti|bi|o|sis Antibiose f
an|ti|bi|ot|ic Antibiotikum n,

antibiotisch

an|ti|body Antikörper m

an|tic|i|pa|tion Antizipation f

an|ti|co|ag|u|lant Antikoagulans n, antikoagulierend

an|ti|co|don Anticodon n

an|ti|con|cep|tive Antikonzipiens n, antikonzeptionell

an|ti|con|vul|sant Antikonvulsivum n, antikonvulsiv

an|ti|con|vul|sive antikonvulsiv

an|ti|de|pres|sant Antidepressivum n, antidepressiv

an|ti|de|pres|sive antidepressiv

an|ti|di|a|bet|ic Antidiabeticum n, antidiabetisch

an|ti|di|ure|sis Antidiurese f

an|ti|di|uret|ic antidiuretisch

an|ti|dote Antidot n

an|ti|drom|ic antidrom

an|ti|drom|i|cal|ly antidrom

an|ti|emet|ic Antiemeticum n, antiemetisch

an|ti|ep|i|lep|tic Antiepilepticum n, antiepileptisch

an|ti|fi|bri|nol|y|sin Antifibrinolysin n

an|ti|fi|bri|no|lyt|ic antifibrinolytisch

an|ti|gen Antigen n

an|ti|gen|ic antigen

an|ti|glob|u|lin Antiglobulin n

an|ti|grav|i|ty Antischwerkraft...

an|ti|hae|mol|y|sin Antihämolysin n

an|ti|hae|mo|lyt|ic antihämolytisch

an|ti|he|lix Antihelix f

an|ti|hel|min|t(h)ic Antihelminthicum n, antihelminthisch

an|ti|he|mol|y|sin Antihämolysin n

an|ti|he|mo|lyt|ic antihämolytisch

an|ti|he|mo|phil|ic antihämophil

an|ti|his|ta|mine Antihistamin n

an|ti|leu|k(a)e|mic antileukämisch

an|ti|lu|et|ic Antilueticum n, antiluetisch

an|ti|lym|pho|cyt|ic antilymphocytär

an|ti|me|tab|o|lite Antimetabolit m

an|ti|me|tro|pia Antimetropie f

an|ti|mi|cro|bi|al antimikrobiell

an|ti|mo|ny Antimon n

an|ti|neo|plas|tic antineoplastisch

an|ti|neu|ral|gic antineuralgisch

an|ti|nu|cle|ar antinukleär

an|ti|per|i|stal|sis Antiperistaltik f

an|ti|per|i|stal|tic antiperi-

staltisch
an|ti|phlo|gis|tic Antiphlogisticum n, antiphlogistisch
an|ti|plas|min Antiplasmin n
an|ti|pru|rit|ic Antipruriginosum n, juckreizhemmend
an|ti|py|ret|ic Antipyreticum n, fiebersenkend(es Mittel)
an|ti|ra|chit|ic Antirachiticum n, antirachitisch
an|ti|rheu|mat|ic antirheumatisch, Antirheumaticum n
an|ti|sep|sis Antisepsis f
an|ti|sep|tic antiseptisch, Antisepticum n
an|ti|se|rum Antiserum n
an|ti|spas|mod|ic antispasmodisch, Antispasmodicum n
an|ti|spas|tic antispastisch, Antispasticum n
an|ti|strep|tol|y|sin Antistreptolysin n
an|ti|syph|i|lit|ic antisyphilitisch, Antisyphiliticum n
an|ti|throm|bin Antithrombin n
an|ti|thy|roid antithyreoidal
an|ti|tox|in Antitoxin n
an|ti|tus|sive Antitussivum n, hustenlindernd
an|ti|vi|ral antiviral
an|ti|vi|ta|min Antivitamin n
an|tral antral
an|trec|to|my Antrektomie f
an|tri|tis Antritis f
an|tros|to|my Antrotomie f
an|trot|o|my Antrotomie f
an|trum Antrum n
anu|lus Anulus m
an|uria Anurie f
anu|ric anurisch
an|u|ry Anurie f
anus Anus m
anx|i|e|ty Angst f
aor|ta Aorta f
aor|tal aortal
aor|tal|gia Aortalgie f
aor|tic Aorten...
aor|ti|co|re|nal aorticorenal
aor|ti|tis Aortitis f
aor|to|graph|ic aortographisch
aor|tog|ra|phy Aortographie f
ap|a|thism Apathie f
ape Affe m, Affen...
ape|ri|od|ic aperiodisch
aper|i|stal|sis Aperistaltik f
aper|i|tive Aperitivum n
aper|tu|ra Apertura f
ap|er|ture Apertur f
apex Apex m
apha|gia Aphagie f
apha|kia Aphakie f
apha|ki|al aphak
apha|kic aphak
apha|lan|gia Aphalangie f
apha|lan|gi|a|sis Aphalangie f
apha|sia Aphasie f
apha|sic aphasisch
apho|nia Aphonie f
aphra|sia Aphrasie f
aph|ro|dis|i|ac aphrodisisch, Aphrodisiacum n
aph|ro|dis|io|ma|nia Aphrodi-

sie f
aph|tha Aphthe f
aph|thoid aphthoid
aph|thon|gia Aphthongie f
aph|tho|sis Aphthose f
aph|thous aphthös
api|cal apikal
api|cec|to|my Apikotomie f
api|ce|ot|o|my Apikotomie f
api|ces Apices m pl
api|co|ec|to|my Apikotomie f
api|col|y|sis Apikolyse f
api|co|pos|te|ri|or apikoposterior
api|cot|o|my Apikotomie f
api|ec|to|my Apikotomie f
apla|sia Aplasie f
aplas|tic aplastisch
ap|nea Apnoe f
ap|ne|ic apnoisch
ap|neu|ma|to|sis Apneumatose f
ap|neu|mia Apneumie f
ap|neu|sis Apneusis f
ap|noea Apnoe f
ap|noe|ic apnoisch
ap|o|cam|no|sis Apokamnose f
apo|crine apokrin
apo|dia Apodie f
apo|en|zyme Apoenzym n
ap|o|neu|ro|sis Aponeurose f
ap|o|neu|rot|ic aponeurotisch
ap|o|neu|rot|o|my Aponeurotomie f
apoph|y|se|al apophyseal
ap|o|phys|i|al apophyseal
apoph|y|ses Apophysen f pl
apoph|y|sis Apophyse f
apoph|y|si|tis Apophysitis f
ap|o|plec|tic apoplektisch
ap|o|plec|ti|form apoplektiform
ap|o|plexy Apoplexie f
ap|o|stem Apostema n
ap|o|ste|ma Apostema n
apoth|e|cary Apotheker m, Apotheke f
ap|pa|ra|tus Apparat m
ap|pen|dec|to|my Appendektomie f
ap|pen|di|cec|to|my Appendektomie f
ap|pen|di|ces Appendices f pl
ap|pen|di|ci|tis Appendicitis f
ap|pen|dix Appendix f
ap|per|cep|tion Apperzeption f
ap|per|cep|tive apperzeptiv
ap|pe|tite Appetit m
ap|pe|tiz|er Appetitanreger m
ap|pla|na|tion Applanation f
ap|plied angewandt
ap|po|si|tion Apposition f
aprac|tic apraktisch
aprax|ia Apraxie f
aprax|ic apraktisch
apro|sex|ia Aprosexie f
apro|so|pia Aprosopie f
ap|ty|a|lia Aptyalie f
ap|ty|a|lism Aptyalismus m
apus Apus m
apy|rex|ia Apyrexie f
aq|ue|duct Aquädukt m
aque|ous wässerig
Ar Ar n (= Argon n)

ar|ach|ni|tis Arachnitis f
arach|no|dac|ty|ly Arachnodaktylie f
arach|noid Arachnoidea f, arachnoidal
arach|noi|dal arachnoidal
arach|noi|dea Arachnoidea f
ar|ach|noi|de|an arachnoidal
arach|noid|itis Arachnoiditis f
arach|no|the|li|o|ma Arachnotheliom n
ar|bo|ri|za|tion Arborisation f
ar|bo|rize arborisieren
ar|bor|vi|rus Arborvirus n
ar|bo|vi|rus Arbovirus n
ar|cade Arkade f
arch|en|ce|phal|ic archencephal
arch|en|ceph|a|lon Archencephalon n
ar|chi|pal|li|um Archipallium n
ar|chi|plasm Archiplasma n
ar|chi|tec|ton|ic architektonisch
ar|chi|tec|ton|ics Architektonik f
ar|cho|plasm Archoplasma n
ar|cho|plas|ma Archoplasma n
ar|cho|plas|mic archoplasmatisch
ar|cus Arcus m
area Area f, Bezirk m, Gebiet n
are|flex|ia Areflexie f
are|gen|er|a|tion Aregeneration f
are|gen|er|a|tive aregenerativ
are|gen|er|a|to|ry aregenerativ
ar|e|na|ceous sandig
are|o|la Areola f
are|o|lae Areolae f pl
are|o|lar areolar
ar|gen|taf|fin(e) argentaffin
ar|gen|to|phil(e) argentophil
ar|gen|to|phil|ic argentophil
ar|gen|tum Argentum n
ar|gi|nase Arginase f
ar|gi|nine Arginin n
ar|gon Argon n
ar|gyr|ia Argyrie f
ar|gy|ro|phil(e) argyrophil
ar|gy|ro|phil|ia Argyrophilie f
ar|gy|ro|phil|ic argyrophil
ar|gy|ro|sis Argyrose f
ari|bo|fla|vin|o|sis Ariboflavinose f
arith|mo|ma|nia Arithmomanie f
arm Arm m
arm|pit Achselhöhle f
ar|o|mat|ic aromatisch
ar|rec|tor Arrektor m
ar|rhe|no|blas|to|ma Arrhenoblastom n
ar|rhe|no|ma Arrhenoblastom n
ar|rhe|no|no|ma Arrhenoblastom n
ar|rhe|no|to|cia Arrhenotokie f
ar|rhe|not|o|ky Arrhenotokie f
ar|rhin|en|ce|pha|lia Arrhinencephalie f

ar|rhin|en|ceph|a|ly Arrhinencephalie f

ar|rhi|nia Arrhinie f

ar|rhyth|mia Arrhythmie f

ar|rhyth|mic arrhythmisch

ar|rhyth|mo|gen|ic arrhythmogen

ar|se|nic Arsen n

ar|te|fact Artefakt n

ar|te|ri|al arteriell

ar|te|ri|al|iza|tion Arterialisation f

ar|te|ri|al|ize arterialisieren

ar|te|ri|ec|ta|sia Arteriektasie f

ar|te|ri|ec|ta|sis Arteriektasie f

ar|te|rio|gram Arteriogramm n

ar|te|rio|graph|ic arteriographisch

ar|te|ri|og|ra|phy Arteriographie f

ar|te|ri|o|lar arteriolar

ar|te|ri|ole Arteriole f

ar|te|ri|o|li|tis Arteriolitis f

ar|te|ri|o|lo|ne|cro|sis Arteriolonekrose f

ar|te|ri|o|lo|ne|crot|ic arteriolonekrotisch

ar|te|ri|o|lop|a|thy Arteriolopathie f

ar|te|ri|o|lo|scle|ro|ses Arteriolosklerosen f pl

ar|te|ri|o|lo|scle|ro|sis Arteriolosklerose f

ar|te|ri|o|lo|scle|rot|ic arteriolosklerotisch

ar|te|rio|mes|en|ter|ic arteriomesenterial

ar|te|rio|ne|cro|sis Arterionekrose f

ar|te|rio|ne|crot|ic arterionekrotisch

ar|te|ri|op|a|thy Arteriopathie f

ar|te|rio|scle|ro|ses Arteriosklerosen f pl

ar|te|rio|scle|ro|sis Arteriosklerose f

ar|te|rio|scle|rot|ic arteriosklerotisch

ar|te|ri|ot|o|my Arteriotomie f

ar|te|rio|ve|nous arteriovenös

ar|te|ry Arterie f

ar|thral|gia Arthralgie f

ar|thral|gic arthralgisch

ar|threc|to|my Arthrektomie f

ar|thrit|ic arthritisch, Arthritiker m

ar|thrit|i|des Arthritiden f pl

ar|thri|tis Arthritis f

ar|thro|de|sia Arthrodese f

ar|thro|de|ses Arthrodesen f pl

ar|thro|de|sis Arthrodese f

ar|thro|dia Arthrodia f

ar|thro|en|dos|co|py Arthroskopie f

ar|thro|gram Arthrogramm n

ar|throg|ra|phy Arthrographie f

ar|thro|gry|po|sis Arthrogryposis f

ar|thro|ka|tad|y|sis Arthrokatadysis f
ar|thro|lith Arthrolith m
ar|throl|o|gy Arthrologie f
ar|throl|y|sis Arthrolyse f
ar|thro|path|ic arthropathisch
ar|throp|a|thy Arthropathie f
ar|thro|phyte Arthrophyt m
ar|thro|plas|tic arthroplastisch
ar|thro|plas|ty Arthroplastik f
ar|thro|scope Arthroskop n
ar|thros|co|py Arthroskopie f
ar|thro|ses Arthrosen f pl
ar|thro|sis Arthrose f
ar|throt|o|my Arthrotomie f
ar|tic|u|lar Gelenk...
ar|tic|u|late artikulieren
ar|tic|u|la|tion Artikulation f
ar|ti|fact Artefakt n
ar|ti|fi|cial künstlich
ary|epi|glot|tic aryepiglottisch
ary|epi|glot|tid|e|an aryepiglottisch
ar|yl Aryl n
ar|y|te|noid arytänoid
As As n (= Arsen n)
as|bes|tos Asbest m
as|bes|to|ses Asbestosen f pl
as|bes|to|sis Asbestose f
as|ca|ri|a|ses Ascariasen f pl
as|ca|ri|a|sis Ascariasis f
as|car|i|cide Ascaricid n
as|ca|rids Ascariden f pl
as|cend aufsteigen
as|cend|ing aufsteigend
as|ci|tes Ascites m
As|co|my|ce|tes Ascomyceten m pl
as|e|ma|sia Asemie f
ase|mia Asemie f
asep|sis Asepsis f
asep|tic aseptisch
asex|u|al asexuell
asex|u|al|ly asexuell
ash Asche f
asi|a|lia Asialie f
asid|er|o|sis Asiderose f
asid|er|ot|ic asiderotisch
aso|cial asozial
aso|ci|al|i|ty Asozialität f
as|par|a|gin Asparagin n
as|par|a|gin|ase Asparaginase f
as|par|a|gine Asparagin n
as|par|am|ide Asparagin n
as|par|tase Aspartase f
as|par|tate Aspartat n
aspas|tic aspastisch
aspe|cif|ic unspezifisch
as|pect Aspekt m
as|per|gil|lo|ma Aspergillom n
as|per|gil|lo|sis Aspergillose f
as|per|gil|li Aspergilli m pl
as|per|gil|lus Aspergillus m
asper|ma|tism Aspermatismus m
asper|ma|to|gen|e|sis Aspermatogenese f
asper|mia Aspermie f
as|per|ous rauh
as|phyx|ia Asphyxie f
as|phyx|i|al asphyktisch
as|pi|rate aspirieren

as|pi|ra|tion Aspiration f
asple|nia Asplenie f
as|sim|i|la|ble assimilierbar
as|sim|i|late assimilieren
as|sim|i|la|tion Assimilation f
as|so|ci|ate assoziieren
as|so|ci|a|tion Assoziation f
as|so|cia|tive assoziativ
asta|sia Astasie f
astat|ic astatisch
aste|a|to|sis Asteatosis f
aster|eo|cog|no|sy Astereognosie f
aster|e|og|no|sis Astereognosie f
as|the|nia Asthenie f
as|then|ic asthenisch
as|the|no|pia Asthenopie f
as|the|no|sper|mia Asthenospermie f
asth|ma Asthma n
asth|mat|ic asthmatisch, Asthmatiker m
as|tig|mat|ic astigmatisch
as|tig|ma|tism Astigmatismus m
as|tig|mic astigmatisch
asto|mia Astomie f
as|trag|a|lus Astragalus m
as|tro|blast Astroblast m
as|tro|blas|to|ma Astroblastom n
as|tro|cyte Astrocyt m
as|tro|cyt|ic astrocytär
as|tro|cy|to|ma Astrocytom n
as|tro|cy|to|ma|ta Astrocytome n pl
as|tro|cy|to|sis Astrocytose f
as|tro|ma Astrocytom n
asy|lum Pflegeheim n
asym|bo|lia Asymbolie f
asym|bo|ly Asymbolie f
asym|met|ric asymmetrisch
asym|met|ri|cal asymmetrisch
asym|met|ri|cal|ly asymmetrisch
asym|me|try Asymmetrie f
asymp|to|mat|ic asymptomatisch
as|ymp|tot|ic asymptotisch
asyn|cli|tism Asynklitismus m
asy|ner|gia Asynergie f
asy|ner|gic asynerg
asyn|er|gy Asynergie f
asys|tem|at|ic asystematisch
asys|tem|ic asystemisch
asys|to|le Asystolie f
asys|to|lia Asystolie f
asys|tol|ic asystolisch
atac|tic ataktisch
at|a|rac|tic ataraktisch, Atarakticum n
at|a|vism Atavismus m
at|a|vis|tic atavistisch
atax|ia Ataxie f
atax|ic ataktisch
at|e|lec|ta|ses Atelektasen f pl
at|e|lec|ta|sis Atelektase f
at|e|lec|tat|ic atelektatisch
at|e|lo|my|e|lia Atelomyelie f
at|e|lo|pro|so|pia Ateloprosopie f
athe|lia Athelie f
ath|e|ro|gen|e|sis Athero-

genese f

ath|er|o|ma Atherom n

ath|er|o|ma|ta Atherome n pl

ath|er|om|a|tous atheromatös

ath|er|o|ma|to|sis Atheromatose f

ath|ero|scle|ro|ses Atherosclerosen f pl

ath|ero|scle|ro|sis Atherosclerose f

ath|ero|scle|rot|ic atherosclerotisch

ath|e|toid athetoid, Athetotiker m

ath|e|to|ses Athetosen f pl

ath|e|to|sis Athetose f

ath|e|tot|ic athetotisch

athy|rea Athyreose f

athy|re|o|ses Athyreosen f pl

athy|re|o|sis Athyreose f

athy|re|ot|ic athyreotisch

athy|roid|ism Athyreose f

athy|ro|sis Athyreose f

at|lan|tal atlantal

at|lan|to|ax|i|al atlantoaxial

at|lan|to|epi|stroph|ic atlantoaxial

at|lan|to|oc|cip|i|tal atlantooccipital

at|las Atlas m

at|lo|ax|oid atlantoaxial

atm atm (= Atmosphären f pl)

at|mo|sphere Atmosphäre f

at|mo|spher|ic atmosphärisch

at|om Atom n

atomic atomar, Atom...

ato|nia Atonie f

aton|ic atonisch

at|o|ny Atonie f

ato|pen Atopen n

at|o|py Atopie f

atox|ic atoxisch

ATP ATP n (= Adenosintriphosphat n)

ATPase ATPase f

atrau|mat|ic atraumatisch

atre|sia Atresie f

atre|sic atretisch

atre|tic atretisch

atria Atrien n pl

atri|al atrial, Atrium...

atrich|ia Atrichie f

atrich|o|ses Atrichosen f pl

atrich|o|sis Atrichose f

atrio|fem|o|ral atriofemoral

atrio|sep|tal atrioseptal

atrio|sep|to|pexy Atrioseptopexie f

atri|ot|o|my Atriotomie f

atrio|ven|tric|u|lar atrioventrikulär

atri|um Atrium n

At|ro|pa Atropa f

atro|phia Atrophie f

atroph|ic atrophisch

at|ro|phied atrophiert

at|ro|pho|der|ma Atrophodermie f

at|ro|phy Atrophie f, atrophieren

at|ro|pine Atropin n

at|ten|u|ate attenuieren

at|ten|u|at|ing attenuierend
at|ten|u|a|tion Attenuierung f
at|ti|co|an|trot|o|my Attico-antrotomie f
at|ti|tude Haltung f
at|ton|i|ty Attonität f
atyp|i|cal atypisch
Au Au n (= Gold n)
A.U. AE f pl (= Ångström-Einheiten f pl)
au|di|mut|ism Audimutitas f
au|dio|gram Audiogramm n
au|di|ol|o|gy Audiologie f
au|di|om|e|ter Audiometer n
au|dio|met|ric audiometrisch
au|di|om|e|trist Audiometrist m
au|di|om|e|try Audiometrie f
au|dio|vis|u|al audiovisuell
au|di|phone Audiphon n
au|di|tion Hören n, Gehör n
au|di|tive auditiv
au|di|to|ry auditorisch
aug|men|ta|tion Augmentation f
au|ra Aura f
au|ral aural, Aura...
aur|an|ti|a|sis Aurantiasis f
au|ri|cle Auricula f
au|ric|u|la Auricula f
au|ric|u|lar aurikulär
au|ric|u|lo|tem|po|ral auriculotemporal
au|ric|u|lo|ven|tric|u|lar atrioventriculär
au|ro|ther|a|py Aurotherapie f
au|rum Aurum n
aus|cult auscultieren
aus|cult|able auscultierbar
aus|cul|tate auscultieren
aus|cul|ta|tion Auscultation f
aus|cul|ta|to|ry auscultatorisch
au|thor|i|tar|i|an autoritär
au|tism Autismus m
au|tis|tic autistisch
au|to|ag|glu|ti|na|tion Autoagglutination f
au|to|ag|glu|ti|nin Autoagglutinin n
au|to|an|ti|body Autoantikörper m
au|to|ca|tal|y|ses Autokatalysen f pl
au|to|ca|tal|y|sis Autokatalyse f
au|to|cat|a|lyt|ic autokatalytisch
au|toch|tho|nous autochthon
au|to|clave Autoklav m, hochdrucksterilisieren
au|to|cy|to|tox|in Autocytotoxin n
au|to|di|ges|tion Autodigestion f
au|to|emas|cu|la|tion Selbstentmannung f
au|to|ep|i|la|tion spontaner Haarausfall
au|to|erot|ic autoerotisch
au|to|erot|i|cism Autoerotismus m
au|to|er|o|tism Autoerotismus m
au|to|gen|ic autogen

au|tog|e|nous autogen
au|tog|ra|phism Autographismus m
au|to|hae|mag|glu|ti|na|tion Autohämagglutination f
au|to|hae|mol|y|sin Autohämolysin n
au|to|hae|mol|y|sis Autohämolyse f
au|to|hae|mo|ther|a|py Autohämotherapie f
au|to|he|mag|glu|ti|na|tion Autohämagglutination f
au|to|he|mol|y|sin Autohämolysin n
au|to|he|mol|y|sis Autohämolyse f
au|to|he|mo|ther|a|py Autohämotherapie f
au|to|hyp|no|ses Autohypnosen f pl
au|to|hyp|no|sis Autohypnose f
au|to|hyp|not|ic autohypnotisch
au|to|hyp|no|tism Autohypnose f
au|to|im|mune autoimmun
au|to|im|mu|ni|ty Autoimmunität f
au|to|im|mu|ni|za|tion Autoimmunisierung f
au|to|in|fec|tion Autoinfektion f
au|to|in|fu|sion Autotransfusion f
au|to|in|oc|u|la|tion Autoinokulation f
au|to|in|tox|i|ca|tion Autointoxikation f
au|tol|y|sate Autolysat n
au|tol|y|sin Autolysin n
au|tol|y|sis Autolyse f
au|to|lyt|ic autolytisch
au|to|lyze autolysieren
au|to|mat|ic automatisch
au|tom|a|tism Automatismus m
au|to|ne|phrec|to|my Autonephrektomie f
au|to|nom|ic autonom
au|ton|o|mous autonom
au|to|pha|gia Autophagie f
au|toph|a|gy Autophagie f
au|to|phil|ia Narzißmus m
au|to|pho|nia Autophonie f
au|toph|o|ny Autophonie f
au|to|plas|tic autoplastisch
au|to|plas|ty Autoplastik f
au|to|pro|throm|bin Autoprothrombin n
au|to|pro|tol|y|ses Autoprotolysen f pl
au|to|pro|tol|y|sis Autoprotolyse f
au|top|sy Autopsie f
au|to|psy|chic autopsychisch
au|to|ra|di|og|ra|phy Autoradiographie f
au|to|reg|u|la|tion Autoregulation f
au|to|site Autosit m
au|to|so|mal autosomal
au|to|some Autosom n

au|to|sug|ges|tion Autosuggestion f
au|to|top|ag|no|sia Autotopagnosie f
au|to|trans|fu|sion Autotransfusion f
au|to|trans|plant Autotransplantat n
au|to|trans|plan|ta|tion Autotransplantation f
au|to|troph Autotropher m
au|to|tro|phant Autotropher m
au|to|trophe Autotropher m
au|to|tro|phic autotroph
au|to|vac|ci|na|tion Autovakzination f
au|to|vac|cine Autovakzin n
au|tum|nal autumnal
aux|in Auxin n
auxo|chrome Auxochrom n
auxo|chro|mous auxochrom
auxo|ton|ic auxoton
AV AV-... (= atrioventriculär, arteriovenös)
avas|cu|lar avasculär
avas|cu|lar|iza|tion Avascularisierung f
avas|cu|lar|ize avascularisieren
av|er|age durchschnittlich, Durchschnitt m
aver|sion Aversion f
avi|an aviär
avi|a|tion Luftfahrt f
av|i|din Avidin n
avid|i|ty Avidität f
avir|u|lent avirulent
avi|ta|min|o|ses Avitaminosen f pl
avi|ta|min|o|sis Avitaminose f
avo|ca|lia Avokalie f
avul|sion Avulsion f
axen|ic axenisch
axe|roph|thol Axerophthol n
ax|i|al axial
ax|i|al|ly axial
ax|i|lem|ma Axilemm n
ax|il|la Axilla f
ax|il|lary axillar
ax|is Achse f, Axis m
axo|den|drit|ic axodendritisch
axo|fu|gal axofugal
ax|og|e|nous axogen
axo|lem|ma Axolemm n
ax|o|mat|ic axosomatisch
ax|on Axon n
ax|o|nal axonal, Axon...
ax|one Axon n
ax|on|ot|me|ses Axonotmesen f pl
ax|on|ot|me|sis Axonotmesis f
ax|op|e|tal axopetal
axo|plasm Axoplasma n
ayp|nia Schlaflosigkeit f
azo|o|sper|ma|tism Azoospermie f
azo|o|sper|mia Azoospermie f
az|o|tae|mia Azotämie f
az|o|te|mia Azotämie f
az|o|tem|ic azotämisch
az|o|tor|rhea Azotorrhoe f
az|o|tor|rhoea Azotorrhoe f

az|o|tu|ria Azoturie f
azure Azur m
azu|ro|phil(e) azurophil
azu|ro|phil|ia Azurophilie f
azu|ro|phil|ic azurophil
az|y|gog|ra|phy Azygographie f
az|y|gous unpaarig
B B n (= Bor n)
Ba Ba n (= Barium n)
Ba|be|sia Babesia f
bab|e|si|a|ses Babesiosen f pl
bab|e|si|a|sis Babesiose f
ba|be|si|o|ses Babesiosen f pl
ba|be|si|o|sis Babesiose f
ba|boon Pavian m
ba|by Säugling m
bac|il|lae|mia Bacillämie f
ba|cil|lar bacillär
bac|il|lary bacillär
bac|il|le|mia Bacillämie f
ba|cil|li|form bacilliform
ba|cil|lo|pho|bia Bacillophobie f
bac|il|lu|ria Bacillurie f
ba|cil|lus Bacillus m
bac|i|tra|cin Bacitracin n
back Rücken m, Rückseite f, zurück
back|ache Rückenschmerz m
back|bone Rückgrat n
back|rest Rückenstütze f
bac|ter|ae|mia Bacteriämie f
bac|ter|ae|mic bacteriämisch
bac|ter|emia Bacteriämie f
bac|ter|emic bacteriämisch
bac|te|ria Bacterien n/f pl
bac|te|ri|ae|mia Bacteriämie f
bac|te|ri|al bacteriell
bac|te|ri|cid|al bactericid
bac|te|ri|cide Bactericid n
bac|te|ri|oc|la|ses Bacterioklasien f pl
bac|te|ri|oc|la|sis Bacterioklasie f
bac|te|rio|gen|ic bacteriogen
bac|te|ri|og|e|nous bacteriogen
bac|te|ri|oid bacterioid, Bacterioid n
bac|te|ri|ol|o|gist Bacteriologe m
bac|te|ri|o|log|ic bacteriologisch
bac|te|ri|o|log|i|cal bacteriologisch
bac|te|ri|ol|o|gy Bacteriologie f
bac|te|rio|ly|sin Bacteriolysin n
bac|te|ri|ol|y|ses Bacteriolysen f pl
bac|te|ri|ol|y|sis Bacteriolyse f
bac|te|rio|lyt|ic bacteriolytisch
bac|te|rio|phage Bacteriophage m
bac|te|rio|phag|ic bacteriophag
bac|te|ri|oph|a|gy Bacteriophagie f
bac|te|rio|pho|bia Bacterio-

phobie f

bac|te|ri|os|ta|ses Bacteriostasen f pl

bac|te|ri|os|ta|sis Bacteriostase f

bac|te|rio|stat|ic bacteriostatisch

bac|te|ri|ot|ro|pin Bacteriotropin n

bac|te|ri|stat|ic bacteriostatisch

bac|te|ri|um Bacterium n

bac|te|ri|uria Bacteriurie f

ba|gas|sco|sis Bagassosis f

ba|gas|so|ses Bagassosen f pl

ba|gas|so|sis Bagassosis f

bal|a|nit|ic balanitisch

bal|a|ni|tis Balanitis f

bal|a|no|pos|thi|tis Balanoposthitis f

bal|an|ti|di|a|ses Balantidiosen f pl

bal|an|ti|di|a|sis Balantidiose f

Bal|an|tid|i|um Balantidium n

bal|an|ti|do|ses Balantidiosen f pl

bal|an|ti|do|sis Balantidiose f

bald kahl

bal|lism Ballismus m

bal|lis|mus Ballismus m

bal|lis|to|car|dio|gram Ballistocardiogramm n

bal|lis|to|car|dio|graph Ballistocardiograph m

bal|lis|to|pho|bia Ballistophobie f

bal|lonne|ment Ballonnement n

bal|loon|ing Ballonierung f

bal|lotte|ment Ballottement n

bal|ne|ol|o|gy Balneologie f

bal|neo|ther|a|py Balneotherapie f

bal|sam Balsam m

band Band n

ban|dage Verband m

bank Bank f

bar Bar n (Druckeinheit)

bar|ba Barba f

bar|bi|tal Barbital n

bar|bi|tone Barbital n

bar|bi|tu|rate Barbiturat n

bar|i|um Barium n

baro|cep|tor Baroceptor m

bar of the blad|der Plica interureterica

ba|rom|e|ter Barometer n

baro|met|ric barometrisch

ba|rom|e|try Barometrie f

baro|re|cep|tor Baroreceptor m

bar|ren unfruchtbar

bar|tho|lin|itis Bartholinitis f

Bar|ton|el|la Bartonella f

bar|ton|el|li|a|sis Bartonellose f

bar|ton|el|lo|sis Bartonellose f

ba|ry|ta Bariumoxid n

ba|ry|tes Bariumoxid n

ba|sal basal

ba|sal|i|o|ma Basaliom n

base Basis f, Base f

bas|e|doid basedowoid

bas|e|dow|oid basedowoid
ba|sic grundlegend, basisch
ba|sic|i|ty Basizität f
ba|sid|ia Basidien f pl
ba|sid|io|my|cete Basidiomycet m
bas|i|lar basilar
ba|sio|tribe Basiotrib m
ba|sis Basis f
ba|so|phil basophil, Basophiler m
ba|so|phile basophil, Basophiler m
ba|so|phil|ia Basophilie f
ba|so|phil|ic basophil
ba|soph|i|lism Basophilie f
ba|so|philo|cyt|ic basophil
ba|soph|i|lous basophil
ba|so|pho|bia Basophobie f
ba|so|pho|bi|ac Basophober m
ba|so|pho|bic basophobisch
bath Bad n
bath|mo|trop|ic bathmotrop
bath|mot|ro|pism Bathmotropie f
batho|pho|bia Bathophobie f
bath|ro|ceph|a|ly Bathrocephalie f
bathy|car|dia Bathycardie f
bat|ta|rism Battarismus m
bat|ta|ris|mus Battarismus m
bat|tery Batterie f
BCG BCG m (= Bacillus m Calmette-Guérin)
b.d. (= bis die) zweimal täglich
b.d.s. (bis die sumendum) zweimal täglich
Be Be n (= Beryllium n)
beam Strahl m
beat schlagen, Schlag m
bed Bett n **nail b.** Nagelbett n
bed|bug Bettwanze f
bed|fast bettlägerig
bed|pan Bettpfanne f
bed|rid|den bettlägerig
beer Bier n
bees|wax Bienenwachs n
bee|tle Käfer m
be|hav|ior Verhalten n
be|hav|ior|al Verhaltens...
be|hav|ior|ism Behaviorismus m
be|hav|ior|is|tic behavioristisch, Verhaltens...
be|hav|iour Verhalten n
be|hav|iour|al Verhaltens...
be|hav|iour|ism Behaviorismus m
be|hav|iour|is|tic behavioristisch, Verhaltens...
bej|el Bejel f
Bekh|te|rev Bechterew m
bel Bel n
belch rülpsen, Rülpser m
bel|la|don|na Belladonna f
bel|la|don|nine Belladonnin n
bel|ly Bauch m **b. of a muscle** Muskelbauch m
ben|ac|ty|zine Benactyzin n
be|nign benigne, gutartig
be|nig|nant benigne, gutartig

ben|ton|ite Bentonit m
benz|al|de|hyde Benzaldehyd m
benz|an|thra|cene Benzanthracen n
ben|za|thine Benzathin n
ben|zene Benzol n
ben|zo|ate Benzoat n
ben|zo|di|ox|an(e) Benzodioxan n
ben|zol(e) Benzol n
benz|py|rene Benzpyren n
beri|beri Beriberi f
berke|li|um Berkelium n
be|ryl|li|o|ses Berylliosen f pl
be|ryl|li|o|sis Berylliose f
be|ryl|li|um Beryllium n
bes|ti|al|i|ty Bestialität f, Sodomie f
be|ta Beta...
be|ta-ad|re|ner|gic beta-adrenerg
be|ta-re|cep|tor Betareceptor m
be|ta|tron Betatron n
be|tel Betel m
be|tween|brain Zwischenhirn n
be|zoar Bezoar m
Bi Bi n (= Bismut n)
bi|ased voreingenommen
bi|au|ric|u|lar biaural
bi|ax|i|al biaxial
bib|lio|ther|a|py Lesetherapie f
bi|cap|i|tate doppelköpfig
bi|car|bon|ate Bicarbonat n
bi|ceps Biceps m
bi|con|cave biconcav
bi|con|vex biconvex
bi|cus|pid bicuspidal
b.i.d. (= bis in die) zweimal täglich
bi|der|mo|ma Bidermom n
bi|fo|cal bifocal
bi|fo|cals Bifocalgläser n pl
bi|fur|ca|tion Bifurcation f
bi|gem|i|nal bigeminal
bi|gem|i|ny Bigeminie f
bi|lam|i|nar bilaminar
bi|lat|er|al bilateral
bi|lat|er|al|ly bilateral
bi|lay|er Doppelschicht
bile Galle f
Bil|har|zia Bilharzia f
bil|har|zi|a|sis Bilharziose f
bil|i|ary Gallen..., biliär
bil|i|fus|cin Bilifuscin n
bil|ious biliös
bil|i|ru|bin Bilirubin n
bil|i|ru|bi|nae|mia Bilirubinämie f
bil|i|ru|bi|ne|mia Bilirubinämie f
bil|i|ru|bi|nu|ria Bilirubinurie f
bil|i|ver|din Biliverdin n
bi|lo|bate zweilappig
bi|lobed zweilappig
bi|loc|u|lar biloculär
bi|loc|u|late biloculär
bi|man|u|al bimanuell
bi|na|ry binär
bin|au|ral binaural
bin|au|ric|u|lar binauriculär

bind binden
bin|oc|u|lar binocular, Binocular n
bi|no|mi|al Binom n
bin|otic binaural
bin|ox|ide Dioxid n
bi|nu|cle|ar zweikernig
bi|nu|cle|ate zweikernig
bi|nu|cle|at|ed zweikernig
bio|avail|abil|i|ty Bioverfügbarkeit f
bio|cat|a|lyst Biokatalysator m
bio|ce|no|ses Biozönosen f pl
bio|ce|no|sis Biozönose f
bio|chem|i|cal biochemisch
bio|chem|is|try Biochemie f
bio|elec|tric bioelektrisch
bio|elec|tric|i|ty Bioelektrizität f
bio|en|er|get|ics Bioenergetik f
bio|eth|ics Bioethik f
bio|feed|back Biofeedback n
bio|fla|vo|noid Bioflavonoid n
bio|gen|e|sis Biogenese f
bio|ge|net|ic biogenetisch
bi|og|e|nous biogenetisch
bi|og|e|ny Biogenie f
bio|haz|ard gesundheitliches Risiko
bi|o|log|ic biologisch(e Substanz)
bi|o|log|i|cal biologisch(e Substanz)
bi|ol|o|gist Biologe m
bi|ol|o|gy Biologie f **mo|lec|u-lar b.** Molekularbiologie f
bio|lu|mi|nes|cence Biolumineszenz f
bio|math|e|mat|ics Biomathematik f
bio|me|chan|ics Biomechanik f
bio|med|i|cal biologisch-medizinisch
bi|on|ics Bionik f
bio|phys|ics Biophysik f
bi|op|sy Biopsie f
bio|rhythm Biorhythmus m
bio|sta|tis|tics Biostatistik f
bio|syn|the|ses Biosynthesen f pl
bio|syn|the|sis Biosynthese f
bio|syn|thet|ic biosynthetisch
bi|o|tin Biotin n
bio|tope Biotop m
bio|type Biotyp m
bio|typ|ic biotypisch
bi|pa|ri|etal biparietal
bi|par|tite bipartit
bi|pen|nate doppelt gefiedert
bi|pen|ni|form doppelt gefiedert
bi|per|i|den Biperiden n
bi|po|lar bipolar
bi|po|lar|i|ty Bipolarität f
birth Geburt f
birth|mark Erbmal n
bi|sect zweiteilen
bi|sec|tion Zweiteilung f
bi|sex|ous hermaphroditisch
bi|sex|u|al bisexuell
bi|sex|u|al|i|ty Bisexualität f
bis|muth Bismut n

bis|muth|o|sis Bismutose f
bis|sa Bissa f
bis|tou|ry Bistouri n
bi|sul|fide Bisulfid n
bi|sul|fite Bisulfit n
bite Biß m, beißen
bi|tem|po|ral bitemporal
bit|ter bitter
bit|ter|ling Bitterling m
bit|ters Bittermittel n
bi|u|ret Biuret n
bi|va|lence (chem) Bivalenz f, (psych) Ambivalenz f
bi|va|len|cy (chem) Bivalenz f, (psych) Ambivalenz f
bi|va|lent (chem) bivalent, (psych) ambivalent, (genet) Bivalent n
bi|valves Bivalven f pl
bi|ven|ter (anat) Biventer m, digastrisch
bi|ven|tric|u|lar biventriculär
bi|zy|go|mat|ic bizygomatisch
Bk Bk n (= Berkelium n)
blad|der Blase f **uri|nary b.** Harnblase f
blade Klinge f
bland bland
blas|te|ma Blastem n
blas|te|mal blastemisch
blas|te|ma|ta Blasteme n pl
blas|te|mat|ic blastemisch
blas|tem|ic blastemisch
blas|to|cele Blastocoel n
blas|to|coel Blastocoel n
blas|to|coele Blastocoel n
blas|to|cyst Blastocyste f
blas|to|derm Blastoderm n
blas|to|der|mal blastodermal
blas|to|der|mic blastodermal
blas|to|disc Blastodiscus m
blas|to|disk Blastodiscus m
blas|to|gen|e|ses Blastogenesen f pl
blas|to|gen|e|sis Blastogenese f
blas|to|ge|net|ic blastogenetisch
blas|to|gen|ic blastogen
blas|tog|e|ny Blastogenie f
blas|to|ma Blastom n
blas|to|ma|ta Blastome n pl
blas|tom|a|to|gen|ic blastomatogen
blas|tom|a|tous blastomatös
blas|to|mere Blastomere f
blas|to|my|cete Blastomycet m
blas|to|my|ce|tic blastomycetisch
blas|to|my|cin Blastomycin n
blas|to|my|co|ses Blastomycosen f pl
blas|to|my|co|sis Blastomycose f
blas|to|pore Blastoporus m
blas|to|sphere Blastosphäre f
blas|to|spore Blastospore f
blas|tot|o|my Blastotomie f
blas|tu|la Blastula f
blas|tu|la|tion Blastulation f
bleed bluten
bleed|er Bluter m

bleed|ing Blutung f, Blutungs...

blen|nor|rha|gia Blennorrhagie f

blen|nor|rhea Blennorrhoe f

blen|nor|rhe|al blennorrhöisch

blen|nor|rhoea Blennorrhoe f

blen|nor|rhoe|al blennorrhöisch

bleph|ar|ad|e|ni|tis Blepharadenitis f

bleph|a|ral Augenlid...

bleph|a|rec|to|my Blepharectomie f

bleph|a|rism Blepharismus m

bleph|a|rit|i|des Blephartiden f pl

bleph|a|ri|tis Blepharitis f **an|gu|lar b.** Blepharitis angularis **gan|gre|nous b.** Blepharitis gangraenosa **mar|gin|al b.** Blepharitis ciliaris **par|a|sit|ic b.** Blepharitis parasitaria **sim|ple b.** Blepharitis simplex **squa-mous b.** Blepharitis squamosa **ul|cer|a|tive b.** Blepharitis ulcerosa

bleph|a|ro|ad|e|ni|tis Blepharoadenitis f

bleph|a|ro|ad|e|no|ma Blepharoadenom n

bleph|a|ro|blen|nor|rhea Blepharoblennorrhoe f

bleph|a|ro|blen|nor|rhoea Blepharoblennorrhoe f

bleph|a|ro|chal|a|sis Blepharochalasis f

bleph|a|roc|lo|nus Blepharoclonus m

bleph|a|ro|con|junc|ti|vi|tis Blepharoconjunctivitis f

bleph|a|ron Blepharon n

bleph|a|ro|phi|mo|sis Blepharophimosis f

bleph|a|roph|ry|plas|tic blepharophryplastisch

bleph|a|roph|ry|plas|ty Blepharophryplastik f

bleph|a|ro|plast Blepharoplast m

bleph|a|ro|plas|tic blepharoplastisch

bleph|a|ro|plas|ty Blepharoplastik f

bleph|a|ro|ple|gia Blepharoplegie f

bleph|a|rop|to|sis Blepharoptosis f

bleph|a|ror|rha|phy Blepharorrhaphie f

bleph|a|ro|spasm Blepharospasmus m

bleph|a|ro|sphinc|ter|ec|to|my Blepharosphincterectomie f

bleph|a|ro|stat Blepharostat m

bleph|a|ro|ste|no|sis Blepharostenose f

bleph|a|ro|sym|phy|sis Blepharosymphysis f

bleph|a|ro|syn|ech|ia Blepharosynechie f

bleph|a|rot|o|my Blepharo-

tomie f
blind blind
blind|ness Blindheit f
blink zwinkern, Zwinkern n
blood Blut n
blood|less unblutig
blood|stream Blutstrom m
blue|stone Kupfersulfat n
blush Erröten n
BNA BNA n pl (= Baseler Nomina Anatomica)
body Körper m
bo|lom|e|ter Bolometer n
bond Bindung f
bone Knochen m
bony knöchern
bo|rate Borat n
bo|rax Borax n
bor|bo|ryg|mi Borborygmen m pl
bor|bo|ryg|mus Borborygmus m
bor|der|line Grenz...
bor|ne|ol Borneol n
bor|nyl Bornyl n
bo|ron Bor n
Bor|rel|ia Borrelia f
bor|rel|i|din Borrelidin n
bo|tan|ic botanisch
bo|tan|i|cal botanisch
bot|a|nist Botaniker m
bot|a|ny Botanik f
bo|thrid|i|um Bothridium n
Both|rio|ceph|a|lus Bothriocephalus m
both|ri|um Bothrium n
bot|ry|oid botryoid
bot|ryo|my|co|ses Botryomycosen f pl
bot|ryo|my|co|sis Botryomycose f
bot|ryo|my|cot|ic botryomycotisch
bot|u|lin Botulin n
bot|u|li|nal Botulin...
bot|u|lism Botulismus m
bou|gie Bougie f **b. à boule** Bougie f à boule
bou|gie|nage Bougierung f
bou|gi|nage Bougierung f
bouil|lon Bouillon f
bound gebunden
bou|tons ter|mi|naux "boutons terminaux", Endknöpfe m pl
bo|vine bovin
bow|el Darm m
bow|leg O-Bein n
Br Br n (= Brom n)
bra|chi|al brachial
bra|chi|al|gia Brachialgie f
bra|chi|a|lis Brachialis m
bra|chio|ce|phal|ic brachiocephal
bra|chio|ra|di|a|lis Brachioradialis m
bra|chi|ot|o|my Brachiotomie f
bra|chi|um Brachium n **b. of the in|fe|ri|or col|lic|u|lus** Brachium colliculi inferioris **b. of the su|pe|ri|or col|lic|u|lus** Brachium colliculi superioris
brachy|car|dia Brachycardie f

brachy|ce|pha|lia Brachycephalie f
brachy|ce|phal|ic brachycephal
brachy|ceph|a|lism Brachycephalie f
brachy|ceph|a|lous brachycephal
brachy|ceph|a|ly Brachycephalie f
brachy|chei|lia Brachycheilie f
brachy|chi|lia Brachychilie f
brachy|chei|rous kurzhändig
brachy|chi|ria Brachychirie f
brachy|chi|rism Brachychirie f
brachy|chi|rous kurzhändig
brachy|cra|ni|al brachycranial
brachy|dac|tyl|ia Brachydactylie f
brachy|dac|tyl|ic brachydactyl
brachy|dac|ty|lous brachydactyl
brachy|dac|ty|ly Brachydactylie f
brachy|gna|thia Brachygnathie f
brachy|ker|kic brachykerkisch
brachy|met|a|po|dy Brachymetapodie f
brachy|mor|phic brachymorph
brachy|mor|phy Brachymorphie f
brachy|pha|lan|gia Brachyphalangie f
brachy|pha|lan|gy Brachyphalangie f
brachy|skel|ic brachyskel
brady|ar|thria Bradyarthrie f
brady|car|dia Bradycardie f
brady|ci|ne|sis Bradykinesie f
brady|crot|ic bradykrotisch
brady|di|as|to|le Bradydiastolie f
brady|di|as|to|lia Bradydiastolie f
brady|glos|sia Bradyglossie f
brady|ki|ne|sia Bradykinesie f
brady|ki|ne|sis Bradykinesie f
brady|ki|net|ic bradykinetisch
brady|ki|nin Bradykinin n
brady|ki|nin|o|gen Bradykininogen n
brady|la|lia Bradylalie f
brady|lex|ia Bradylexie f
brady|pha|sia Bradyphasie f
brady|phre|nia Bradyphrenie f
brady|pnea Bradypnoe f
brady|pra|gia Bradypragie f
brady|prax|ia Bradypraxie f
brady|rhyth|mia Bradyrhythmie f
brady|sper|ma|tism Bradyspermie f
brady|sper|mia Bradyspermie f
brady|tel|eo|ki|ne|sia Bradyteleokinese f
brady|tel|eo|ki|ne|sis Bradyteleokinese f
braille Braille-Schrift f
brain Gehirn n
brain|stem Hirnstamm m
brain|wash|ing Gehirnwäsche f
bran|chio|gen|ic branchiogen

bran|chi|og|e|nous branchiogen
bran|chi|o|ma Branchiom n
bran|chi|o|ma|ta Branchiome n pl
bran|dy Branntwein m
bras|i|lin Brasilin n
Bras|si|ca Brassica f
braz|i|lin Brasilin n
breast Brust f
breast|bone Brustbein n
breast-fed gesäugt
breath Atem m, Atemzug m
breathe atmen
breg|ma Bregma n
breg|ma|ta Bregmata n pl
breg|mat|ic bregmatisch
brems|strah|len Bremsstrahlen m pl
brems|strah|lung Bremsstrahlung f
bren|ner|o|ma Brenner-Tumor m
brepho|plas|tic brephoplastisch
bridge (dent) Brücke f
bright|ness Helligkeit f
bril|liance Helligkeit f
bro|mate Bromat n
bro|ma|to|ther|a|py Bromatotherapie f
bro|maz|e|pam Bromazepam n
brom|chlor|e|none Bromchlorenonum n
brom|cre|sol Bromkresol n
brom|hex|ine Bromhexin n
brom|hi|dro|sis Bromhidrosis f
bro|mide Bromid n
bro|mi|dro|sis Bromhidrosis f
bro|mine Brom n
bro|min|ism Bromismus m
bro|mism Bromismus m
brom|iso|val|um Bromisovalum n
bro|mo|crip|tine Bromocriptin n
bro|mo|der|ma Bromoderma n
bro|mo|form Bromoform n
bro|mo|ma|nia Bromomanie f
bro|mo|men|or|rhea Bromomenorrhoe f
bro|mo|men|or|rhoea Bromomenorrhoe f
bro|mo|phe|nol Bromphenol n
bro|mo|thy|mol Bromthymol n
bro|mo|ura|cil Bromuracil n
brom|phe|nol Bromphenol n
brom|thy|mol Bromthymol n
bronch|ad|e|ni|tis Bronchadenitis f
bron|chi Bronchen m pl
bron|chi|al bronchial
bron|chi|ec|ta|ses Bronchiectasen f pl
bron|chi|ec|ta|sis Bronchiectase f
bron|chi|ec|tat|ic bronchiectatisch
bron|chio|gen|ic bronchogen
bron|chi|ole Bronchiole f
bron|chi|o|lar bronchiolär
bron|chi|o|lec|ta|ses Bronchiolectasen f pl
bron|chi|o|lec|ta|sis Bronchiolectase f
bron|chi|o|li Brochiolen f pl

bron|chi|ol|itis Bronchiolitis f

bron|chi|o|lo|al|ve|o|lar bronchioloalveolär

bron|chi|o|lus Bronchiolus m

bron|chio|spasm Bronchospasmus m

bron|chit|i|des Bronchitiden f pl

bron|chit|ic bronchitisch

bron|chi|tis Bronchitis f

bron|chi|um Bronchium n

bron|cho|bil|i|ary bronchobiliär

bron|cho|cele Bronchocele f

bron|cho|dil|a|ta|tion Bronchodilatation f

bron|cho|di|la|tor Bronchodilatator m

bron|cho|esoph|a|ge|al bronchoösophageal

bron|cho-oesoph|a|ge|al bronchoösophageal

bron|cho|gen|ic bronchogen

bron|chog|e|nous bronchogen

bron|cho|gram Bronchogramm n

bron|cho|graph|ic bronchographisch

bron|chog|ra|phy Bronchographie f

bron|cho|lith Broncholith m

bron|cho|li|thi|a|ses Broncholithiasen f pl

bron|cho|li|thi|a|sis Broncholithiase f

bron|chol|o|gy Bronchologie f

bron|cho|me|di|as|ti|nal bronchomediastinal

bron|cho|mon|i|li|a|ses Bronchomoniliasen f pl

bron|cho|mon|i|li|a|sis Bronchomoniliase f

bron|cho|mo|tor bronchomotorisch

bron|cho|my|co|ses Bronchomycosen f pl

bron|cho|my|co|sis Bronchomycose f

bron|chop|a|thy Bronchopathie f

bron|choph|o|ny Bronchophonie f

bron|cho|plas|ty Bronchoplastik f

bron|cho|pleu|ral bronchopleural

bron|cho|pneu|mo|nia Bronchopneumonie f

bron|cho|pneu|mo|ni|tis Bronchopneumonie f

bron|cho|pul|mo|nary bronchopulmonär

bron|chor|rha|phy Bronchorrhaphie f

bron|chor|rhea Bronchorrhoe f

bron|chor|rhoea Bronchorrhoe f

bron|cho|scope Bronchoskop n

bron|cho|scop|ic bronchoskopisch

bron|chos|co|py Bronchoskopie f

bron|cho|spasm Bronchospasmus m

bron|cho|spi|ro|chae|to|sis Bronchospirochätose f
bron|cho|spi|ro|che|to|sis Bronchospirochätose f
bron|cho|spi|rog|ra|phy Bronchospirographie f
bron|cho|spi|rom|e|ter Bronchospirometer n
bron|cho|spi|rom|e|try Bronchospirometrie f
bron|cho|ste|no|ses Bronchostenosen f pl
bron|cho|ste|no|sis Bronchostenose f
bron|chos|to|my Bronchostomie f
bron|chot|o|my Bronchotomie f
bron|cho|ve|sic|u|lar bronchovesiculär
bron|chus Bronchus m
bron|to|pho|bia Brontophobie f
Brown|ian Brownsche
Bru|cel|la Brucella f
bru|cel|la Brucella f
bru|cel|lae Brucellen f pl
bru|cel|li|a|ses Brucellosen f pl
bru|cel|li|a|sis Brucellose f
bru|cel|lo|ses Brucellosen f pl
bru|cel|lo|sis Brucellose f
bruc|ine Brucin n
brux|ism Bruxismus m
bruxo|ma|nia Bruxomanie f
bryg|mus Brygmus m
BSP BSP n (= Bromsulphalein n)
BTPS BTPS (= body temperature, pressure, saturation)
bu|bo Bubo m
bu|bono|cele Bubonocele f
bu|bon|u|li Bubonuli m pl
bu|bon|u|lus Bubonulus m
bu|car|dia Bucardie f
buc|ca Bucca f
buc|cae Buccae f pl
buc|cal Wangen...
buc|ci|na|tor Buccinator m
buc|co|ax|i|al buccoaxial
buc|co|cer|vi|cal buccocervical
buc|co|dis|tal buccodistal
buc|co|fa|cial buccofacial
buc|co|gin|gi|val buccogingival
buc|co|la|bi|al buccolabial
buc|co|lin|gual buccolingual
buc|co|na|sal bucconasal
buc|co|pha|ryn|ge|al buccopharyngeal
buc|co|pha|ryn|ge|us Buccopharyngeus m
bu|cli|zine Buclizin n
bud Knospe f
bud|ding Knospung f
bu|fa|gin Bufagin n
buf|fer puffern, Puffer m
bu|for|min Buforminum n
bu|fo|tal|in Bufotalin n
bu|fo|ten|in Bufotenin n
bu|fo|ten|ine Bufotenin n
bu|fo|tox|in Bufotoxin n
bug|gery Sodomie f
bulb Bulbus m

bul|bar bulbär
bul|bi Bulbi m pl
bul|bo|atri|al bulboatrial
bul|bo|cap|nine Bulbocapnin n
bul|bo|cav|er|no|si Bulbocavernosi m pl
bul|bo|cav|er|no|sus Bulbocavernosus m
bul|bo|spi|nal bulbospinal
bul|bo|spon|gi|o|si Bulbospongiosi m pl
bul|bo|spon|gi|o|sus Bulbospongiosus m
bul|bo|ure|thral bulbourethral
bul|bus Bulbus m
bu|lim|ia Bulimie f
bu|lim|ic bulimisch
bul|lae Bullae f pl
bul|la Bulla f
bul|lec|to|my Bullectomie f
bul|lous bullös
bun|dle Bündel n **b. of His** His-Bündel n **b. of Kent** Kent-Bündel n
buph|thal|mia Buphthalmie f
buph|thal|mic buphthalmisch
buph|thal|mos Buphthalmus m
buph|thal|mus Buphthalmus m
bu|piv|a|caine Bupivacainum n
bu|quin|o|late Buquinolatum n
bu|ret Bürette f
bu|rette Bürette f
burn brennen, verbrennen, Verbrennung f
bur|sae Bursae f pl
bur|sec|to|my Bursectomie f
bur|si|tis Bursitis f
bur|so|lith Bursolith m
bush|mas|ter Buschmeister m
bu|sul|fan Busulfan n
bu|ta|di|ene Butadien n
bu|tal|bi|tal Butalbitalum n
bu|tane Butan n
bu|ta|nol Butanol n
bu|tene Buten n
bu|ten|yl Butenyl n
bu|te|thal Butethal n
but|tock Gesäßhälfte f
bu|tyl Butyl n
bu|tyl|ene Buten n
bu|tyr|ate Butyrat n
bu|tyr|ic Butter...
bu|tyr|yl Butyryl n
by|pass Umgehungsanastomose f, Bypass m
bys|si|no|ses Byssinosen f pl
bys|si|no|sis Byssinose f
C C n (= Carbon n, Kohlenstoff m)
°C °C (= Grad n Celsius)
Ca Ca n (= Calcium n)
ca|chec|tic cachectisch
ca|chex|ia Cachexie f
cac|o|dyl Cacodyl n
cac|o|geu|sia Cacogeusie f
cac|o|pho|nia Cacophonie f
cac|o|phon|ic cacophon
ca|coph|o|ny Cacophonie f
ca|cos|mia Cacosmie f
ca|dav|er Leiche f, Cadaver m
ca|dav|er|ine Cadaverin n
cad|mi|um Cadmium n

cae|ca Caeca n pl
cae|cal caecal
cae|ci|tas Blindheit f
cae|ci|tis Caecum-Entzündung f
cae|co|cele Caecocele f
cae|co|co|los|to|my Caecocolostomie f
cae|co|il|e|os|to|my Caecoileostomie f
cae|co|pexy Caecopexie f
cae|co|pli|ca|tion Caecoplication f
cae|cop|to|ses Caecoptosen f pl
cae|cop|to|sis Caecoptose f
cae|cor|rha|phy Caecorrhaphie f
cae|co|sig|moid|os|to|my Caecosigmoidostomie f
cae|cos|to|my Caecostomie f
cae|cot|o|my Caecotomie f
cae|cum Caecum n
cae|no|gen|e|sis Caenogenesis f
cae|ru|lo|plas|min Caeruloplasmin n
cae|sar|e|an Kaiser...
caf|feine Coffein n
caf|fein|ism Coffeinismus m
Cal Cal f (= Kilocalorie f)
cal cal f (= Calorie f)
cal|cae|mia Calcaemia f
cal|ca|ne|al Calcaneus...
cal|ca|ne|an Calcaneus...
cal|ca|ne|o|dyn|ia Calcaneodynie f
cal|ca|neo|fib|u|lar calcaneofibular
cal|ca|neo|na|vic|u|lar calcaneonavicular
cal|ca|nea Calcanei m pl
cal|ca|ne|um Calcaneus m
cal|ca|ne|us Calcaneus m
cal|ca|no|dyn|ia Calcaneodynie f
cal|car|i|uria Calcariurie f
cal|ce|mia Calcaemia f
cal|cif|er|ol Calciferol n
cal|ci|fi|ca|tion Calcification f
cal|ci|fied calcificiert
cal|ci|fy calcificieren
cal|ci|no|ses Calcinoses f pl
cal|ci|no|sis Calcinosis f
cal|ce|pe|nia Calcipenia f
cal|ci|phy|lax|is Calciphylaxis f
cal|ci|to|nin Calcitonin n
cal|ci|um Calcium n
cal|ci|uria Calciurie f
cal|co|glob|u|lin Calcoglobulin n
cal|cu|lo|gen|e|ses Calculogenesen f pl
cal|cu|lo|gen|e|sis Calculogenesis f
cal|cu|lo|sis Calculosis f
cal|cu|li Calculi m pl
cal|cu|lus Calculus m
cal|e|fa|cient kalorigen, kalorigenes Mittel
calf Wade f
cal|i|ber Durchmesser m
cal|i|brate kalibrieren

cal|i|bra|tion Kalibrierung f
cal|i|bre Durchmesser m
cal|i|ce|al Calix...
cal|i|cec|ta|ses Calicectasien f pl
cal|i|cec|ta|sis Calicectasie f
cal|i|cec|to|my Calicectomie f
ca|li|ces Calices m pl **ma|jor re|nal c.** Calices renales majores **mi|nor re|nal c.** Calices renales minores **re-nal c.** Calices renales
ca|lic|i|form kelchförmig
ca|li|cu|li Caliculi m pl
ca|li|cu|lus Caliculus m
cal|i|for|ni|um Californium n
ca|lix Calix m **ma|jor c. of the kid|ney** Calix renalis major **ma|jor re|nal c.** Calix renalis major **mi|nor c. of the kid|ney** Calix renalis minor **mi|nor re|nal c.** Calix renalis minor **re|nal c.** Calix renalis
cal|los|i|tas Callositas f
cal|los|i|ty Hornschwiele f
cal|lo|sa Corpora callosa
cal|lo|sum Corpus callosum
cal|lous callös
cal|lus Callus m
calm|a|tive sedativ, Sedativum n
cal|o|mel Calomel n
cal|or Calor m
ca|lo|ric calorisch
Cal|o|rie Kilocalorie f
cal|o|rie Calorie f
cal|o|rif|ic calorisch
ca|lo|ri|ge|net|ic calorigen
ca|lo|ri|gen|ic calorigen
cal|o|rim|e|ter Calorimeter n
cal|o|ri|met|ric calorimetrisch
cal|o|rim|e|try Calorimetrie f
Cal|o|ry Kilocalorie f
cal|o|ry Calorie f
cal|var|ia Calvaria f
cal|var|i|ae Calvariae f pl
cal|var|i|al Calvaria...
cal|var|i|um Calvarium n
cal|vi|ti|es Calvities f
calx Calx f
cal|y|ce|al Calyx...
cal|y|cec|ta|ses Calycectasien f pl
cal|y|cec|ta|sis Calycectasie f
cal|y|cec|to|my Calycectomie f
ca|ly|ces Calyces m pl **ma|jor c.** Calyces majores **ma|jor c. of the kid|ney** Calyces renales majores **mi|nor c.** Calyces minores **mi|nor c. of the kid|ney** Calyces renales minores **mi|nor re|nal c.** Calyces renales minores **re|nal c.** Calyces renales
ca|lyc|i|form kelchförmig
ca|lyx Calyx m **c. of the kid-ney** Calyx renalis **ma|jor c.** Calyx major **ma|jor c. of the kid|ney** Calyx renalis major **ma|jor re|nal c.** Calyx renalis major **mi|nor c.**

Calyx minor **mi|nor c. of the kid|ney** Calyx renalis minor **mi|nor re|nal c.** Calyx renalis minor **re|nal c.** Calyx renalis
cam|bi|um Cambium n
ca|me|ra Camera f
cam|phor Campher m
cam|phor|ism Camphorismus m
cam|pim|e|ter Campimeter n
cam|pim|e|try Campimetrie f
camp|to|dac|ty|ly Camptodactylie f
ca|nal Canal m
ca|na|les Canales m pl
can|a|lic|u|lar canaliculär
can|a|lic|u|li Canaliculi m pl **lac|ri|mal c.** Canaliculi lacrimales
can|a|lic|u|lus Canaliculus m **lac|ri|mal c.** Canaliculus lacrimalis **mas|toid c.** Canaliculus mastoideus **tym|pan|ic c.** Canaliculus tympanicus
ca|na|lis Canalis m
ca|nal|iza|tion Canalisation f
ca|nal|ize canalisieren
can|cer Cancer m, Krebs m
can|cero|gen Cancerogen n
can|cero|gen|ic cancerogen
can|cer|ol|o|gist Canceraloge m, Krebsforscher m
can|cer|ol|o|gy Cancerologie f, Krebsforschung f
can|cero|pho|bia Cancerophobie f, Krebsangst f
can|cer|ous cancerös
can|croid cancroid, Cancroid n
can|de|la Candela f
can|di|ci|din Candicidin n
can|di|di|a|ses Candidiasen f pl
can|di|di|a|sis Candidiase f
can|di|did Candidid n
can|di|du|ria Candidurie f
can|di|ru Candiru m
ca|nine Hund m, Eckzahn m
ca|ni|ti|es Canities f
can|na|bi|di|ol Cannabidiol n
can|na|bi|nol Cannabinol n
can|na|bis Cannabis m
can|na|bism Cannabismus m
can|ni|bal|ism Cannibalismus m
can|ni|bal|is|tic cannibalistisch
can|nu|la Canüle f
can|nu|late canülieren
can|nu|la|tion Canülierung f
can|nu|li|za|tion Canülierung f
can|nu|lize canülieren
can|thar|i|des Canthariden m pl
can|thar|i|din Cantharidin n
can|thar|i|dism Cantharidismus m
can|tha|ris Cantharide m
can|thec|to|my Canthectomie f
can|thi Canthi m pl
can|thi|tis Canthitis f
can|tho|plas|ty Canthoplastik f

can|thor|rha|phy Canthorrhaphie f
can|thot|o|my Canthotomie f
can|thus Canthus m
ca|pac|i|tance Kapazität f
ca|pac|i|tor Kondensator m
cap|il|lar|ec|ta|sia Capillarectasie f
ca|pil|la|ri|a|sis Capillariase f
cap|il|lar|i|tis Capillaritis f
cap|il|lar|i|ty Capillarität f
cap|il|la|ros|co|py Capillaroskopie f
cap|il|lary capillär, Capillare f
cap|il|lo|ve|nous capillovenös
ca|pil|li Capilli m pl
ca|pil|lus Capillus m
cap|i|stra|tion Capistration f
ca|pi|ta Capita n pl
cap|i|tal bedeutend
cap|i|ta|ta Capitata n pl
cap|i|ta|tum Capitatum n
ca|pit|u|la Capitula n pl
ca|pit|u|lum Capitulum n
cap|reo|my|cin Capreomycin n
cap|sa|i|cin Capsaicin n
cap|sid Capsid n
cap|so|mer Capsomer n
cap|so|mere Capsomer n
cap|su|la Capsula f
cap|su|lae Capsulae f pl
cap|su|lar capsulär, Capsel...
cap|sule Capsel f
cap|su|lec|to|my Capsulectomie f
cap|su|li|tis Capsulitis f
cap|su|lot|o|my Capsulotomie f
ca|put Caput n
car|a|mel Caramel m
car|ba|chol Carbachol n
car|ba|mate Carbamat n
car|bam|az|e|pine Carbamazepin n
car|bam|ide Carbamid n
car|bam|o|yl Carbamoyl n
car|bam|yl Carbamoyl n
car|baz|o|chrome Carbazochrom n
car|ben|i|cil|lin Carbenicillin n
carb|hae|mo|glo|bin Carbhämoglobin n
carb|he|mo|glo|bin Carbhämoglobin n
car|bin|ox|a|mine Carbinoxamin n
car|bo|cy|clic carbocyclisch
car|bo|hy|drase Carbohydrase f
car|bo|hy|drate Kohlenhydrat n
car|bo|lism Carbolismus m
car|bo|my|cin Carbomycin n
car|bon Carbon n, Kohlenstoff m
car|bon|ate Carbonat n
car|bon|iza|tion Carbonisation f
car|bon|yl Carbonyl n
car|boxy|hae|mo|glo|bin Carb-

oxyhämoglobin n
car|boxy|he|mo|glo|bin Carboxyhämoglobin n
car|boxy|he|mo|glo|bi|ne|mia Carboxyhämoglobinämie f
car|box|yl Carboxyl n
car|box|yl|ase Carboxylase f
car|boxy|meth|yl|cel|lu|lose Carboxymethylcellulose f
car|boxy|pep|ti|dase Carboxypeptidase f
car|boxy|poly|pep|ti|dase Carboxypolypeptidase f
car|bun|cle Carbunkel m
car|bun|cu|lar carbunculär
car|ci|no|em|bry|on|ic carcinoembryonal
car|ci|no|gen Carcinogen n
car|ci|no|gen|e|sis Carcinogenese f
car|ci|no|ge|net|ic carcinogenetisch
car|ci|no|gen|ic carcinogen
car|ci|no|ge|nic|i|ty Carcinogenität f
car|ci|noid Carcinoid n
car|ci|noid|o|sis Carcinoidose f
car|ci|no|ma Carcinom n
car|ci|no|ma|ta Carcinome n pl
car|ci|nom|a|toid carcinomatös
car|ci|nom|a|to|pho|bia Carcinomatophobie f
car|ci|no|ma|to|sis Carcinomatose f
car|ci|nom|a|tous carcinomatös
car|ci|no|pho|bia Carcinophobie f
car|ci|no|sar|co|ma Carcinosarcom n
car|ci|no|ses Carcinosen f pl
car|ci|no|sis Carcinose f
car|dia Cardia f
car|di|ac cardial, Cardia..., Herzpatient m
car|di|al Cardia...
car|di|al|gia Cardialgie f
car|di|asth|ma Cardialasthma n
car|di|cen|te|ses Cardicentesen f pl
car|di|cen|te|sis Cardicentese f
car|di|ec|to|my Cardiectomie f
car|dio|an|gi|ol|o|gy Cardioangiologie f
car|dio|ar|te|ri|al cardioarteriell
car|dio|asth|ma Cardialasthma n
car|dio|au|di|to|ry cardioauditiv
car|dio|cele Cardiocele f
car|dio|cen|te|ses Cardiocentesen f pl
car|dio|cen|te|sis Cardiocentese f
car|dio|gen|e|sis Cardiogenese f
car|dio|gen|ic cardiogen
car|dio|gram Cardiogramm n
car|dio|graph Cardiograph m

car|di|og|ra|phy Cardiographie f
car|dio|lip|in Cardiolipin n
car|di|ol|o|gist Cardiologe m
car|di|ol|o|gy Cardiologie f
car|di|ol|y|sis Cardiolyse f
car|dio|meg|a|ly Cardiomegalie f
car|dio|my|op|a|thy Cardiomyopathie f
car|dio|myo|pexy Cardiomyopexie f
car|dio|my|ot|o|my Cardiomyotomie f
car|dio|path Herzkranker m
car|dio|path|ic cardiopathisch
car|dio|path|ia Cardiopathie f
car|di|op|a|thy Cardiopathie f
car|dio|peri|car|dio|pexy Cardiopericardiopexie f
car|dio|pho|bia Cardiophobie f
car|dio|plas|ty Cardioplastik f
car|dio|ple|gia Cardioplegie f
car|di|op|to|sis Cardioptose f
car|dio|pul|mo|nary cardiopulmonal
car|dio|pul|mon|ic cardiopulmonal
car|dio|re|spi|ra|to|ry cardiorespiratorisch
car|di|or|rhex|is Cardiorrhexis f
car|dio|scope Cardioskop n
car|dio|spasm Cardiospasmus m
car|dio|ta|chom|e|ter Cardiotachometer n
car|di|ot|o|my Cardiotomie f
car|dio|vas|cu|lar cardiovasculär
car|dio|ver|sion Cardioversion f
car|di|tis Carditis f
car|ies Caries f
ca|ri|na Carina f
car|io|gen|ic cariogen
car|i|ous cariös
car|mine Carmin n
car|ni|fi|ca|tion Carnification f
car|ni|tine Carnitin n
car|ni|vore Carnivore m/f
car|niv|o|rous carnivor
car|no|sine Carnosin n
car|no|sin|emia Carnosinämie f
car|o|te|nae|mia Carotinämie f
car|o|tene Carotin n
car|o|ten|emia Carotinämie f
ca|rot|e|noid Carotinoid n
car|o|te|no|ses Carotinosen f pl
car|o|te|no|sis Carotinose f
ca|rot|id Carotis f, Carotis...
car|o|tin Carotin n
car|o|tin|emia Carotinämie f
ca|rot|i|noid Carotinoid n
car|o|ti|no|sis Carotinose f
ca|ro|tis Carotis f
ca|rot|o|dyn|ia Carotidodynie f
car|pal carpal, Os carpi, Handwurzelknochen m
car|pec|to|my Carpectomie f
car|phol|o|gy Carphologie f
car|po|meta|car|pal carpo-

metacarpal
car|po|ped|al carpopedal
car|pus Carpus m, Handwurzel f
car|ri|er Träger m
Car|te|sian Cartesisch
car|ti|lage Knorpel m
car|ti|lag|i|nous cartilaginär
car|un|cle Carunkel f
ca|rus Carus m
car|va|crol Carvacrol n
cas|cade Cascade f, cascadieren
case Fall m
ca|sein Casein n
ca|sein|o|gen Caseinogen n
case|work Bearbeitung f eines Falles
cas|trate castrieren, Castrat m
cas|trat|ed castriert
cas|tra|tion Castration f
cas|u|is|tics Casuistik f
cata|bi|o|sis Catabiose f
cata|bi|ot|ic catabiotisch
cat|a|bol|ic catabol
ca|tab|o|lism Catabolismus m
ca|tab|o|lite Catabolit m
ca|tab|o|lize catabolisieren
cat|a|clei|sis Catacleisis f
cat|ac|ro|tism Catacrotie f
cat|a|lase Catalase f
cat|a|lep|sy Catalepsie f
ca|tal|y|ses Catalysen f pl
ca|tal|y|sis Catalyse f
cat|a|lyst Catalysator m **bi|o-log|i|cal c.** biologischer Catalysator
cat|a|lyt|ic catalytisch
cat|a|ly|za|tion Catalyse f
cat|a|lyze catalysieren
cat|a|lyz|er Catalysator m
cat|a|me|nia Catamenie f
cat|am|ne|sis Catamnese f
cat|am|nes|tic catamnestisch
cata|pha|sia Cataphasie f
cat|a|pha|sis Cataphasie f
cata|phy|lax|is Cataphylaxie f
cata|pla|sia Cataplasie f
ca|tap|la|sis Cataplasie f
cat|a|plasm Cataplasma n
cat|a|plexy Cataplexie f
cat|a|ract Cataract m
ca|tarrh Catarrh m
ca|tarrh|al catarrhalisch
cat|a|stal|sis Catastalsis f
cata|thy|mia Catathymie f
cata|to|nia Catatonie f
cata|tro|pia Catatropie f
cat|e|chol|a|mine Catecholamin n
cat|elec|trot|o|nus Catelectrotonus m
cat|gut Katzendarm m
ca|thar|sis Catharsis f
ca|thar|tic cathartisch, Catharticum n
ca|thep|sin Cathepsin n
cath|e|ter Catheter m
cath|e|ter|ism Catheterismus m
cath|e|ter|iza|tion Catheterisierung f
cath|e|ter|ize catheterisieren

cath|ode Cathode f
cat|ion Cation n
cat|ion|ic cationisch
ca|top|trics Catoptrik f
Cau|ca|sian Caucasier m
cau|da Cauda f
cau|dad caudal
cau|dal caudal
cau|da|tum Caudatum n
cau|li|flow|er Blumenkohl m
cau|sal|gia Causalgie f
caus|tic Causticum n, caustisch
cau|ter|ant Causticum n, caustisch
cau|ter|iza|tion Cauterisation f
cau|ter|ize cauterisieren
cau|tery Cauter m
cav|ern Caverne f
cav|er|ni|tis Cavernitis f
cav|er|no|ma Cavernom n
cav|er|no|si|tis Cavernitis f
cav|er|nos|to|my Cavernostomie f
cav|ern|ous cavernös
cav|i|ta|tion Cavitation f
cav|i|ty Cavität f, Hohlraum m **c. of the lar|ynx** Cavum laryngis **c. of the sep|tum pel|lu|ci|dum** Cavum septi pellucidi **c. of the uter|us** Cavum uteri
ca|vo|gram Cavogramm n
ca|vog|ra|phy Cavographie f
Cd Cd n (= Cadmium n)
Ce Ce n (= Cer n)
CEA CEA n (= carcino-embryonales Antigen)
ce|bo|ce|pha|lia Cebocephalie f
ce|bo|ce|phal|ic cebocephal
ce|bo|ceph|a|lous cebocephal
ce|bo|ceph|a|lus Cebocephalus m
ce|bo|ceph|a|ly Cebocephalie f
ce|cal caecal
ce|cec|to|my Caecectomie f
ce|co|co|los|to|my Caecocolostomie f
ce|co|pexy Caecopexie f
ce|co|pli|ca|tion Caecoplication f
ce|cor|rha|phy Caecorrhaphie f
ce|co|sig|moid|os|to|my Caecosigmoideostomie f
ce|cos|to|my Caecostomie f
ce|cot|o|my Caecotomie f
ce|cum Caecum n
cef|a|man|dole Cefamandol n
ce|faz|o|lin Cefazolin n
ce|lio|col|pot|o|my Coeliocolpotomie f
ce|lio|my|o|mec|to|my Coeliomyomectomie f
ce|li|or|rha|phy Coeliorrhaphie f
ce|li|os|co|py Coelioskopie f
ce|li|ot|o|my Coeliotomie f
cell Zelle f
cel|la Cella f
cel|lo|bi|ose Cellobiose f
cel|loi|din Celloidin n
cel|lu|la Cellula f

cel|lu|lar cellulär
cel|lu|lase Cellulase f
cel|lule kleine Zelle
cel|lu|lif|u|gal cellulifugal
cel|lu|li|tis Cellulitis f
cel|lu|lose Cellulose f
ce|lom Cölom n
ce|lom|ic Cölom...
Cel|si|us Celsius
ce|ment Zement m/n
cen|ter Zentrum n, zentrieren
cen|tre Zentrum n, zentrieren
cen|ti|bar Centibar n
cen|ti|grade Celsius
cen|ti|li|ter Centiliter m
cen|ti|li|tre Centiliter m
cen|ti|me|ter Centimeter m
cen|ti|me|tre Centimeter m
cen|ti|nor|mal 0,01-normal adj
cen|tral zentral adj
cen|tre Centrum n, **ac|tive c.** aktives Centrum
cen|tren|ce|phal|ic centrencephal adj
cen|trif|u|gal centrifugal
cen|trif|u|gal|iza|tion Centrifugalisation f
cen|trif|u|ga|tion Centrifugation f
cen|tri|fuge Centrifuge f
cen|tri|ole Centriol n
cen|trip|e|tal centripetal
cen|tro|cyte Centrocyt m
cen|tro|mere Centromer n
cen|tro|some Centrosom n
cen|tro|sphere Centrosphäre f
cen|trum Centrum n
ceph|a|e|line Cephaelin n
ceph|a|lal|gia Cephalalgie f, Kopfschmerz m
ceph|a|lal|gy Cephalalgie f, Kopfschmerz m
ceph|a|lea Cephalea f
ce|phal|gia Cephalgie f
ce|phal|ic cephal
ceph|a|lin Cephalin n
ceph|a|li|tis Cephalitis f
ceph|a|li|za|tion Cephalisation f
ceph|a|lo|cau|dal cephalocaudal
ceph|a|lo|cele Cephalocele f
ceph|a|lo|cen|te|ses Cephalocentesen f pl
ceph|a|lo|cen|te|sis Cephalocentese f
ceph|a|lo|haem|a|to|cele Cephalohämatocele f
ceph|a|lo|hem|a|to|cele Cephalohämatocele f
ceph|a|lo|hae|ma|to|ma Cephalohämatom n
ceph|a|lo|he|ma|to|ma Cephalohämatom n
ceph|a|lo|spor|in Cephalosporin n
ceph|a|lo|spo|ri|o|ses Cephalosporiosen f pl
ceph|a|lo|spo|ri|o|sis Cephalosporiose f
cer|am|ide Ceramid n
cer|e|bel|lar cerebellar

cer|e|bel|li|form cerebelliform

cer|e|bel|lif|u|gal cerebellifugal

cer|e|bel|lip|e|tal cerebellipetal

cer|e|bel|li|tis Cerebellitis f

cer|e|bel|lo|bul|bar cerebellobulbar

cer|e|bel|lof|u|gal cerebellofugal

cer|e|bel|lo|med|ul|lary cerebellomedullar

cer|e|bel|lum Cerebellum n

cer|e|bral cerebral

ce|re|bri|form cerebriform

cer|e|brif|u|gal cerebrifugal

cer|e|brip|e|tal cerebripetal

cer|e|bri|tis Cerebritis f

cer|e|bro|cer|e|bel|lar cerebrocerebellar

cer|e|bro|cor|ti|cal cerebrocortical

cer|e|bro|hep|a|to|re|nal cerebrohepatorenal

cer|e|broid cerebroid

cer|e|bro|mac|u|lar cerebromaculär

cer|e|bro|med|ul|lary cerebromedullär

cer|e|bron Cerebron n

cer|e|bro|ret|i|nal cerebroretinal

cer|e|bro|scle|ro|sis Cerebrosclerose f

cer|e|brose Cerebrose f

cer|e|bro|side Cerebrosid n

cer|e|bro|spi|nal cerebrospinal

cer|e|bro|ten|di|nous cerebrotendinös

cer|e|bro|to|nia Cerebrotonie f

cer|e|bro|vas|cu|lar cerebrovascular

cer|e|brum Cerebrum n

ce|ri|um Cer n

ce|roid Ceroid n

ce|ru|lean himmelblau

ce|ru|lo|plas|min Coeruloplasmin n

ce|ru|men Cerumen n

ce|ru|mi|no|sis Ceruminose f

ce|ru|mi|nous ceruminal

cer|vi|cal cervical

cer|vi|cec|to|my Cervicectomie f

cer|vi|ci|tis Cervicitis f

cer|vi|co|au|ral cervicoaural

cer|vi|co|au|ric|u|lar cervicoauricular

cer|vi|co|ax|il|lary cervicoaxillar

cer|vi|co|bra|chi|al cervicobrachial

cer|vi|co|bra|chi|al|gia Cervicobrachialgie f

cer|vi|co|buc|cal cervicobuccal

cer|vi|co|col|pi|tis Cervicocolpitis f

cer|vi|co|dyn|ia Cervicodynie f

cer|vi|co|fa|cial cervicofacial

cer|vi|co|la|bi|al cervicolabial

cer|vi|co|lin|gual cervicolingual

cer|vi|co|rec|tal cervicorectal

cer|vi|co|tho|rac|ic cervicothoracal

cer|vi|co|uter|ine cervicouterin

cer|vi|co|va|gi|nal cervicovaginal

cer|vi|co|vag|i|ni|tis Cervicovaginitis f

cer|vi|co|ves|i|cal cervicovesical

cer|vix Cervix f **c. of the uter|us** Cervix f uteri

ce|si|um Caesium n

ce|tyl Cetyl n

cev|a|dine Cevadin n

Cf Cf n (= Californium n)

chae|to|min Chaetomin n

chain Kette f **al|pha c.** Alpha-Kette f **be|ta c.** Beta-Kette f **del|ta c.** Delta-Kette f **ep|si|lon c.** Epsilon-Kette f **gam|ma c.** Gamma-Kette f **kap|pa c.** Kappa-Kette f **lamb|da c.** Lambda-Kette f **mu c.** My-Kette f

cha|la|sia Chalasie f

cha|la|za Chalaza f

cha|la|zi|on Chalazion n

cha|la|zo|der|mia Chalazodermie f

chal|co|sis Chalcose f, Chalcosis f

chal|i|co|ses Chalicosen f pl

chal|i|co|sis Chalicosis f, Chalicose f

chalk Kalk m

cha|lone Chalon n

cham|ae|ce|phal|ic chamäcephal

cham|ae|ceph|a|lous chamäcephal

cham|ae|ceph|a|ly Chamäcephalie f

cham|ae|conch chamäconch

cham|ae|con|chous chamäconch

cham|ae|cra|ni|al chamäcranial

cham|ae|pro|sop|ic chamäprosopisch

cham|az|u|lene Chamazulen n

cham|ber Kammer f **c. of the heart** Herzkammer f

cham|e|ce|phal|ic chamäcephal

cham|e|ceph|a|lous chamäcephal

cham|e|ceph|a|lus Chamäcephalus m

cham|e|ceph|a|ly Chamäcephalie f

cham|e|conch chamäconch

cham|e|con|chous chamäconch

cham|e|cra|ni|al chamäcranial

cham|e|pro|sop|ic chamäprosopisch

chan|nel Canal m

char|ac|ter Charakter m

char|ac|ter|ol|o|gy Charakterologie f

char|coal Holzkohle f

char|la|tan Scharlatan m

char|la|tan|ism Scharlatanerie f

char|treus|in Chartreusin n
check|up Untersuchung f
cheek Wange f
cheek|bone Jochbein n
cheesy käsig
chei|lal|gia Cheilalgie f
chei|lec|to|my Cheilectomie f
cheil|ec|tro|pi|on Cheilectropion n
chei|li|tis Cheilitis f
chei|lo|an|gio|scope Cheiloangioscop n
chei|lo|gnatho|pal|a|tos|chi|sis Cheilognathopalatoschisis f
chei|lo|plas|ty Cheiloplastik f
chei|los|chi|sis Cheiloschisis f
chei|lo|sis Cheilosis f
chei|lo|sto|ma|to|plas|ty Cheilostomatoplastik f
chei|ma|pho|bia Cheimaphobie f
chei|ral|gia Cheiralgie f
chei|ro|kin|aes|thet|ic cheirokinästhetisch
chei|ro|kin|es|thet|ic cheirokinästhetisch
chei|rol|o|gy Cheirologie f
chei|ro|meg|a|ly Cheiromegalie f
chei|ro|plas|ty Cheiroplastik f
chei|ro|pom|pho|lyx Cheiropompholyx f
chei|ro|spasm Cheirospasmus m
che|late Chelat n, chelieren
che|lat|ed cheliert
che|lat|ing chelierend
che|la|tion Chelierung f
chel|i|do|nine Chelidonin n
chel|i|do|ni|um Chelidonium n
chem|i|cal chemisch, Chemikalie f
chem|i|co|bi|o|log|i|cal chemicobiologisch
chemi|lu|mi|nes|cence Chemiluminescenz f
chem|i|no|sis Cheminosis f
chem|ist Chemiker m
chem|is|try Chemie f **bi|o|log|ical c.** biologische Chemie **clin|i|cal c.** klinische Chemie **in|or|gan|ic c.** anorganische Chemie **met|a|bol|ic c.** Stoffwechselchemie f **or|gan|ic c.** organische Chemie
che|mo|cep|tor Chemoceptor m
che|mo|co|ag|u|la|tion Chemocoagulation f
che|mo|dec|to|ma Chemodectom n
che|mo|pal|li|dec|to|my Chemopallidectomie f
che|mo|pro|phy|lax|is Chemoprophylaxe f
che|mo|re|cep|tor Chemoreceptor m
che|mo|re|flex Chemoreflex m
che|mo|sis Chemosis f
chemo|stat Chemostat m
che|mo|syn|the|sis Chemosynthese f
che|mo|syn|thet|ic chemosynthetisch

che|mo|tac|tic chemotaktisch
che|mo|tax|is Chemotaxis f
che|mo|taxy Chemotaxis f
che|mo|ther|a|peu|tic chemotherapeutisch
che|mo|ther|a|py Chemotherapie f
che|mot|ro|pism Chemotropismus m
cher|ub|ism Cherubismus m
chest Brust f
chi|as|ma Chiasma n
chick|en|pox Windpocken pl
child|bed Kindbett n
child|birth Entbindung f
child|hood Kindheit f
chill Frösteln n, Erkältung f
chim|pan|zee Schimpanse m
chin Kinn n
chi|on|ablep|sia Chionablepsia f
chi|o|na|blep|sy Chionablepsie f
chi|o|no|pho|bia Chionophobie f
chi|ral chiral
chi|ral|i|ty Chiralität f
chi|ro|prac|tic Chiropraktik f
chi|ro|prac|tor Chiropraktiker m
chi|rur|geon Chirurg m
chi|rur|gery Chirurgie f
chi|rur|gic chirurgisch
chi|rur|gi|cal chirurgisch
chi|tin Chitin n
chi|to|bi|ose Chitobiose f
chi|to|sa|mine Chitosamin n
chlam|y|do|spore Chlamydospore f
chlo|as|ma Chloasma n
chlor|ac|ne Chloracne f
chlo|ral Chloral n
chlo|ra|lose Chloralose f
chlor|am|bu|cil Chlorambucil n
chlor|am|phen|i|col Chloramphenicol n
chlo|rate Chlorat n
chlor|dan Chlordan n
chlor|dane Chlordan n
chlor|di|az|ep|ox|ide Chlordiazepoxid n
chlo|rel|lin Chlorellin n
chlor|e|mia Chlorämie f
chlor|hex|i|dine Chlorhexidin n
chlo|ride Chlorid n
chlo|ri|nate chloren, chlorieren
chlo|ri|nat|ed chloriert, gechlort
chlo|ri|na|tion Chlorung f, Chlorierung f
chlo|rine Chlor n
chlo|rite Chlorit n
chlor|mad|i|none Chlormadinon n
chlor|mer|o|drin Chlormerodrin n
chlor|mez|a|none Chlormezanon n
chlo|ro|bu|ta|nol Chlorobutanol n

chlo|ro|form Chloroform n
chlo|ro|phyll Chlorophyll n
chlo|ro|plast Chloroplast m
chlo|rop|sia Chloropsie f
chlo|ro|sis Chlorosis f, Chlorose f
chlor|prom|a|zine Chlorpromazin n
cho|a|na Choana f
cho|a|nal choanal
chol|an|gi|ec|ta|sis Cholangiectasie f
chol|an|gio|en|ter|os|to|my Cholangioenterostomie f
chol|an|gio|gram Cholangiogramm n
chol|an|gi|og|ra|phy Cholangiographie f
chol|an|gi|ole Cholangiole f
chol|an|gi|o|lit|ic cholangiolitisch
chol|an|gi|o|li|tis Cholangiolitis f
chol|an|gi|o|ma Cholangiom n
chol|an|gi|os|to|my Cholangiostomie f
chol|an|gi|ot|o|my Cholangiotomie f
chol|an|gi|tis Cholangitis f
cho|le|bil|i|ru|bin Cholebilirubin n
cho|le|cal|cif|er|ol Cholecalciferol n
cho|le|cys|tec|ta|sia Cholecystectasie f
cho|le|cys|tec|to|my Cholecystectomie f
cho|le|cyst|en|ter|or|rha|phy Cholecystenterorrhaphie f
cho|le|cyst|en|ter|os|to|my Cholecystenterostomie f
cho|le|cys|ti|tis Cholecystitis f
cho|le|cys|to|du|o|de|nos|to|my Cholecystoduodenostomie f
cho|le|cys|to|en|ter|os|to|my Cholecystoenterostomie f
cho|le|cys|to|gas|tros|to|my Cholecystogastrostomie f
cho|le|cys|to|gram Cholecystogramm n
cho|le|cys|tog|ra|phy Cholecystographie f
cho|le|cys|to|ki|nin Cholecystokinin n
cho|le|cys|to|ki|nin-pan|creo-zy|min Cholecystokinin-Pancreozymin n
cho|le|cys|to|li|thi|a|sis Cholecystolithiasis f
cho|le|cys|to|pexy Cholecystopexie f
cho|le|cys|tos|to|my Cholecystostomie f
cho|le|cys|tot|o|my Cholecystotomie f
cho|led|o|chi|tis Choledochitis f
cho|led|o|cho|du|o|de|nos|to-my Choledochoduodenostomie f
cho|led|o|cho|en|ter|os|to|my Choledochoenterostomie f

cho|led|o|cho|je|ju|nos|to|my Choledochojejunostomie f
cho|led|o|cho|li|thi|a|sis Choledocholithiasis f
cho|led|o|chot|o|my Choledochotomie f
cho|led|o|chus Choledochus m
cho|le|glo|bin Choleglobin n
cho|le|li|thi|a|sis Cholelithiasis f
cho|le|li|thot|o|my Cholelithotomie f
cho|lem|e|sis Cholemesis f
chol|era Cholera f
cho|le|re|sis Cholerese f
cho|le|ret|ic choleretisch, Choleretlcum n
chol|er|ic cholerisch
chol|er|i|form choleriform
cho|le|sta|sis Cholestase f
cho|le|stat|ic cholestatisch
cho|les|te|a|to|ma Cholesteatom n
cho|les|te|a|to|sis Cholesteatosis f, Cholesteatose f
cho|les|ter|ase Cholesterase f
cho|les|ter|in Cholesterin n
cho|les|ter|ol Cholesterol n
cho|les|ter|ol|emia Cholesterolämie f
cho|lin Cholin n
cho|line Cholin n
cho|line|acet|y|lase Cholinacetylase f
cho|lin|er|gic cholinerg
cho|lin|es|ter|ase Cholinesterase f
chol|uria Cholurie f
chon|dral chondral
chon|drec|to|my Chondrectomie f
chon|drin Chondrin n
chon|dri|ome Chondriom n
chon|drio|mite Chondriomit m
chon|drio|some Chondriosom n
chon|dri|tis Chondritis f
chon|dro|blast Chondroblast m
chon|dro|blas|to|ma Chondroblastom n
chon|dro|cal|ci|no|sis Chondrocalcinosis f, Chondrocalcinose f
chon|dro|cla|sis Chondroclasie f
chon|dro|clast Chondroclast m
chon|dro|cos|tal chondrocostal
chon|dro|cra|ni|um Chondrocranium n
chon|dro|cyte Chondrocyt m
chon|dro|cyt|ic chondrocytär
chon|dro|der|ma|ti|tis Chondrodermatitis f
chon|dro|dys|tro|phy Chondrodystrophie f
chon|dro|fi|bro|ma Chondrofibrom n
chon|dro|fi|bro|sar|co|ma Chondrofibrosarcom n
chon|dro|gen|e|sis Chondrogenese f
chon|dro|ge|net|ic chondrogenetisch

chon|dro|gen|ic chondrogen
chon|drog|e|nous chondrogen
chon|droid chondroid
chon|dro|i|tin Chondroitin n
chon|dro|ma Chondrom n
chon|dro|ma|la|cia Chondromalacie f
chon|dro|ma|to|sis Chondromatose f
chon|drom|a|tous chondromatös
chon|dro|mere Chondromer n
chon|dro|mu|coid Chondromucoid n
chon|dro|myxo|he|man|gio|endo|the|lio|sar|co|ma Chondromyxohämangioendotheliosarcom n
chon|dro|myx|oid chondromyxoid
chon|dro|myx|o|ma Chondromyxom n
chon|dro|myxo|sar|co|ma Chondromyxosarcom n
chon|dro|os|teo|dys|tro|phy Chondroosteodystrophie f
chon|dro|os|te|o|ma Chondroosteom n
chon|drop|a|thy Chondropathie f
chon|dro|plas|ty Chondroplastik f
chon|dro|sar|co|ma Chondrosarcom n
chon|dro|sar|co|ma|tous chondrosarcomatös
chon|dro|tome Chondrotom n
chon|drot|o|my Chondrotomie f
chor|da Chorda f
chor|di|tis Chorditis f
chor|do|ma Chordom n
chor|dot|o|my Chordotomie f
cho|rea Chorea f
cho|re|i|form choreiform
cho|reo|ath|e|to|sis Choreoathetose f
cho|rio|an|gi|op|a|gus Chorioangiopagus m
cho|rio|men|in|gi|tis Choriomeningitis f
cho|ri|on Chorion n
cho|ri|on|ep|i|the|li|o|ma Chorionepitheliom n
cho|rio|ret|i|ni|tis Chorioretinitis f
cho|rio|ret|i|nop|a|thy Chorioretinopathie f
cho|ris|to|ma Choristom n
cho|roi|dea Choroidea f
chro|maf|fin chromaffin
chro|mate Chromat n
chro|mat|ic chromatisch
chro|ma|tid Chromatid n
chro|ma|tin Chromatin n
chro|ma|tin-neg|a|tive chromatin-negativ
chro|ma|tin-pos|i|tive chromatin-positiv
chro|mato|gram Chromatogramm n
chro|mato|graph chromatographieren
chro|mato|graph|ic chromato-

graphisch
chro|ma|tog|ra|phy Chromatographie f
chro|ma|tol|y|sis Chromatolyse f
chro|ma|to|lyt|ic chromatolytisch
chro|ma|to|phil|ia Chromatophilie f
chro|ma|to|pho|bia Chromatophobie f
chro|ma|to|phor|o|ma Chromatophorom n
chro|ma|top|sia Chromatopsie f
chro|ma|top|sy Chromatopsie f
chro|ma|to|sis Chromatosis f
chro|ma|tu|ria Chromaturie f
chrome Chrom n
chrom|es|the|sia Chromästhesie f
chrom|hi|dro|sis Chromhidrosis f
chro|mic Chrom...
chro|mid|i|um Chromidium n
chro|mi|dro|sis Chromidrosis f
chro|mi|um Chrom n
chro|mo|blas|to|my|co|sis Chromoblastomycose f
chro|mo|cen|ter Chromocentrum n
chro|mo|crin|ia Chromocrinie f
chro|mo|cys|tos|co|py Chromocystoscopie f
chro|mo|cyte Chromocyt m
chro|mo|gen Chromogen n
chro|mo|gen|ic chromogen
chro|mo|gen|e|sis Chromogenese f
chro|mo|mere Chromomer n
chro|mo|ne|ma Chromonema n
chro|mo|phil Chromophiler m, chromophil
chro|mo|phile Chromophiler m, chromophil
chro|mo|phil|ic chromophil
chro|moph|i|lous chromophil
chro|mo|phobe Chromophober m, chromophob
chro|mo|pho|bia Chromophobie f
chro|mo|pho|bic chromophob
chro|mo|phore Chromophor n
chro|mo|phor|ic chromophor
chro|moph|o|rous chromophor
chro|mo|plast Chromoplast m
chro|mo|pro|tein Chromoprotein n
chro|mop|sia Chromopsie f
chro|mo|so|mal chromosomal
chro|mo|some Chromosom n
chro|mous Chrom(II)...
chro|nax|ie Chronaxie f
chro|naxy Chronaxie f
chron|ic chronisch
chro|nic|i|ty Chronicität f
chron|o|log|ic chronologisch
chron|o|log|i|cal chronologisch
chrono|pho|bia Chronophobie f
chrono|tro|pic chronotrop
chrys|a|ro|bin Chrysarobin n
chry|si|a|sis Chrysiasis f
chryso|der|ma Chrysoderma n

chryso|ther|a|py Chrysotherapie f
chyl|an|gi|o|ma Chylangiom n
chy|le|mia Chylämie f
chy|lo|me|di|as|ti|num Chylomediastinum n
chy|lo|mi|cron Chylomicron n
chy|lo|mi|cro|ne|mia Chylomicronämie f
chy|lor|rhea Chylorrhoe f
chy|lor|rhoea Chylorrhoe f
chy|lo|tho|rax Chylothorax m
chy|lous chylös
chy|lu|ria Chylurie f
chy|lus Chylus m
chy|mo|tryp|sin Chymotrypsin n
chy|mo|tryp|sin|o|gen Chymotrypsinogen n
chy|mus Chymus m
ci|bo|pho|bia Cibophobie f
cic|a|tri|cial cicatricial
cic|a|trix Cicatrix f
ci|dal tödlich
cil|ia Cilia n pl, Cilien f pl
cil|i|ary ciliar, Ciliar...
cil|i|at|ed cilienbesetzt
cil|io|spi|nal ciliospinal
cil|i|um Cilium n, Cilie f
cil|lo|sis Cillosis f
cil|lot|ic cillotisch
ci|met|i|dine Cimetidin n
cin|chon|i|dine Cinchonidin n
cin|cho|nine Cinchonin n
cin|cho|phen Cinchophen n
cin|gu|lec|to|my Cingulectomie f
cin|gu|lot|o|my Cingulotomie f
cin|gu|lum Cingulum n
cir|ca|di|an circadian
cir|cu|lar circular
cir|cu|la|tion Circulation f, Kreislauf m
cir|cu|lus Circulus m
cir|cum|anal circumanal
cir|cum|cise circumcisieren, (Vorhaut) beschneiden
cir|cum|ci|sion Circumcision f, Beschneidung f (der Vorhaut)
cir|cum|scribed circumscript
cir|rho|sis Cirrhosis f, Cirrhose f
cir|rhot|ic cirrhotisch
cir|soid cirsoid
cis cis
cis|tron Cistron n
cit|rate Citrat n
cit|ri|nin Citrinin n
ci|trul|line Citrullin n
clam|ox|y|quin Clamoxyquin n
clamp Klemme f
clas|mato|cyte Clasmatocyt m
clas|mato|cyt|ic clasmatocytär
clau|di|ca|tion Claudication f
claus|tro|phil|ia Claustrophilie f
claus|tro|pho|bia Claustrophobie f
claus|trum Claustrum n
cla|va Clava f
clav|a|cin Clavacin n

clav|i|cle Clavicula f
clav|i|cot|o|my Clavicotomie f
cla|vi|cu|la Clavicula f
cla|vic|u|lar clavicular
cla|vic|u|lec|to|my Clavicul-ectomie f
clav|i|pec|to|ral clavipectoral
cla|vus Clavus m
clear|ance Klärrate f, Clear-ance f
cleav|age Spaltung f
cleft Spalt m, gespalten
clei|do|cos|tal cleidocostal
clei|dot|o|my Cleidotomie f
cli|mac|ter|ic Climacterium n, climacterisch
cli|mac|te|ri|um Climacteri-um n
cli|ma|tol|o|gy Climatologie f
cli|ma|to|ther|a|py Climato-therapie f
cli|max Climax f
clin|ic Klinik f
clin|i|cal klinisch
cli|ni|cian Kliniker m
cli|no|dac|tyl|ism Klino-dactylismus m
cli|no|dac|ty|lous klinodactyl
cli|no|dac|ty|ly Klinodactylie f
clit|o|ral clitoral
clit|o|ral|gia Clitoralgie f
clit|o|ri|dec|to|my Clitorid-ectomie f
clit|o|ri|di|tis Clitoriditis f
clit|o|ri|dot|o|my Clitorido-tomie f
clit|o|ris Clitoris f
clit|o|rism Clitorismus m
clit|o|ro|ma|nia Clitoromanie f
clit|o|ro|meg|a|ly Clitoro-megalie f
clit|o|rot|o|my Clitorotomie f
cli|vus Clivus m
clo|a|ca Cloaca f, Kloake f
clone Clon m
clo|nal clonal
clo|nic clonisch
clo|nor|chi|a|sis Clonorchia-sis f, Clonorchiase f
clo|nor|chi|o|sis Clonorchio-sis f, Clonorchiose f
clo|nus Clonus m
clot Gerinnsel n, gerinnen
blood c. Blutgerinnsel n
clot|ting Gerinnung f **blood c.** Blutgerinnung f
clo|ver|leaf Kleeblatt n
clown|ism Clownismus m
clu|nes Clunes f pl
co|ag|u|la|ble coagulabel
co|ag|u|la|bil|i|ty Coagulabi-lität f
co|ag|u|lant coagulierend, Co-agulans n
co|ag|u|lase Coagulase f
co|ag|u|late coagulieren
co|ag|u|lat|ed coaguliert
co|ag|u|lat|ing coagulierend
co|ag|u|la|tion Coagulation f
co|ag|u|lop|a|thy Coagulo-pathie f
co|ag|u|lum Coagulum n

coat Schicht f
coat|ing Beschichtung f
co|bal|a|min Cobalamin n
co|balt Cobalt n
co|bal|tous Cobalt(II)...
co|bra Cobra f
co|caine Cocain n
co|cain|ism Cocainismus m
co|car|box|yl|ase Cocarboxylase f
co|car|ci|no|gen Cocarcinogen n
co|car|ci|no|gen|e|sis Cocarcinogenese f
coc|cid|i|al coccidial
coc|cid|i|oi|dal coccidioidal
coc|cid|i|oi|do|my|co|sis Coccidioidomycose f
coc|cid|i|o|sis Coccidiosis f, Coccidiose f
coc|cid|i|um Coccidium n, Coccidie f
coc|coid coccoid, Coccus...
coc|cus Coccus m, Kokke f
coc|cyg|e|al coccygeal, Coccyx...
coc|cyg|e|us Coccygeus m
coc|cy|go|dyn|ia Coccygodynie f
coc|cyx Coccyx m
coch|lea Cochlea f
co|de|ine Codein n
co|don Codon n
co|ef|fi|cient Coefficient m
coe|len|ter|on Coelenteron n
coe|lom Coelom n
coe|lom|ic Coelom...
co|en|zyme Coenzym n
co|fac|tor Cofactor m
co|fer|ment Coferment n
cof|fee Kaffee m
co|hab|i|ta|tion Cohabitation f
co|here cohärieren
co|her|ence Cohärenz f
co|her|ent cohärent
co|he|sion Cohäsion f
co|he|sive cohäsiv
co|i|tal Coitus...
co|i|tus Coitus m
col|chi|cine Colchicin n
cold-blood|ed kaltblütig
co|lec|to|my Colectomie f
co|le|op|to|sis Coleoptose f
co|li|bac|il|lae|mia Colibacillämie f
co|li|bac|il|le|mia Colibacillämie f
co|li|bac|il|lu|ria Colibacillurie f
co|li|ba|cil|lus Colibacillus m
col|ic Kolik f
co|li|ca Colica f
co|li|tis Colitis f
co|li|uria Coliurie f
col|la|gen Collagen n
col|la|gen|ic collagen
col|lag|e|nous collagen
col|la|gen|ase Collagenase f
col|la|gen|o|sis Collagenose f
col|lapse Collaps m, collabieren
col|lar Kragen m

col|lar|bone Schlüsselbein n
col|lat|er|al collateral, Collaterale f
col|lect|ing Sammel...
col|lic|u|li|tis Colliculitis f
col|lic|u|lus Colliculus m
col|li|ga|tive colligativ
col|li|qua|tion Colliquation f
col|liq|ua|tive colliquativ
col|loid Colloid n
col|loi|dal colloidal
col|loi|do|cla|sía Colloidoclasie f
col|loi|do|cla|sis Colloidoclasie f
col|loi|do|clas|tic colloidoclastisch
col|lum Collum n
col|o|bo|ma Colobom n
co|lon Colon n
co|lon|ic Colon...
col|o|ny Kolonie f
co|lo|pexy Colopexie f
co|lop|to|sis Coloptose f
col|or|im|e|ter Colorimeter n
col|or|i|met|ric colorimetrisch
col|or|i|met|ri|cal|ly colorimetrisch
col|or|im|e|try Colorimetrie f
co|lo|scope Coloskop n
co|los|to|my Colostomie f
co|los|trum Colostrum n
co|lot|o|my Colotomie f
col|peu|ryn|ter Colpeurynter m
col|pi|tis Colpitis f
col|po|cele Colpocele f
col|po|clei|sis Colpocleisis f
col|po|per|i|ne|or|rha|phy Colpoperineorrhaphie f
col|por|rha|phy Colporrhaphie f
col|por|rhex|is Colporrhexis f
col|po|scope Colposkop n
col|po|scop|ic colposkopisch
col|pos|co|py Colposkopie f
col|pot|o|my Colpotomie f
col|umn Säule f
co|lum|na Columna f
co|lum|nar Säulen...
co|ma Coma n
com|a|tose comatös
com|e|do Comedo m
com|mis|su|ra Commissura f
com|mis|sure Commissur f
com|mis|sur|ot|o|my Commissurotomie f
com|mo|tio Commotio f
com|mu|ni|ca|ble ansteckend
com|mu|ni|cate communizieren
com|pac|ta Compacta f
com|par|a|tive vergleichend
com|pat|i|bil|i|ty Compatibilität f
com|pat|i|ble compatibel
com|pen|sate compensieren
com|pen|sa|tion Compensation f, Entschädigung f
com|pen|sa|to|ry compensatorisch
com|pe|tence Competenz f
com|pet|i|tive competitiv
com|plaint Beschwerde f

com|ple|ment Complement n
com|plete complett, vollständig
com|plex Complex m, complex
com|pli|ance Compliance f
com|pli|cate complizieren
com|pli|cat|ed compliziert
com|pli|cat|ing complizierend
com|pli|ca|tion Complikation f
com|pound Verbindung f
com|press Compresse f
com|pres|sion Compression f
com|pres|sor Compressor m
con|cave concav
con|cav|i|ty Concavität f
con|ca|vo-con|vex concavo--convex
con|cen|tra|tion Concentration f
con|cen|tric concentrisch
con|cha Concha f
con|den|sate Condensat n
con|den|sa|tion Condensation f
con|dense condensieren
con|densed condensiert
con|di|tion conditionieren
con|di|tioned conditioniert, bedingt
con|dom Condom n
con|duct leiten
con|duc|tion Leitung f
con|dy|lar Condylus...
con|dyle Condylus m
con|dy|lo|ma Condylom n
con|dy|lom|a|tous condylomatös
con|dy|lus Condylus m
con|fab|u|la|tion Confabulation f
con|fi|den|ti|al|i|ty Vertraulichkeit f
con|fig|u|ra|tion Configuration f
con|fig|u|ra|tion|al Configurations...
con|flict Conflict m
con|flu|ence Confluenz f
con|flu|ent confluent
con|for|ma|tion Conformation f
con|for|ma|tion|al Conformations...
con|fu|sion Confusion f
con|gen|i|tal congenital, angeboren
con|ges|tion Congestion f
con|glu|ti|na|tion Conglutination f
con|glu|ti|nin Conglutinin n
co|ni|ine Coniin n
co|ni|o|sis Coniose f
con|i|za|tion Conisation f
con|ju|ga|ta Conjugata f
con|ju|gat|ed conjugiert
con|junc|ti|va Conjunctiva f
con|junc|ti|val conjunctival
con|junc|ti|vi|tis Conjunctivitis f
con|nec|tive Binde...
con|nex|us Connexus m
con|san|guin|i|ty Consanguinität f
con|san|guin|e|ous consanguin
con|science Gewissen n
con|scious bewußt, Bewußtes n

con|scious|ness Bewußtsein n
con|sen|su|al consensuell
con|sent Einwilligung f (in eine Behandlung)
con|ser|va|tive conservativ
con|sis|tence Consistenz f
con|sis|ten|cy Consistenz f
con|stant Constante f, constant
con|sti|pa|tion Constipation f
con|sti|tu|tion Constitution f
con|stric|tion Constriction f
con|stric|tor Constrictor m
con|sult consultieren
con|sul|ta|tion Consultation f
con|tact Contact m, Contactperson f
con|ta|gion Contagion f, Ansteckung f
con|ta|gious contagiös, anstekkend
con|ta|gious|ness Contagiosität f, Ansteckungsfähigkeit f
con|tam|i|nate contaminieren
con|tam|i|na|tion Contamination f
con|ti|nence Continenz f
con|tra|cep|tion Contraception f, Empfängnisverhütung f
con|tra|cep|tive Contraceptivum n, empfängnisverhütendes Mittel, contraceptiv, empfängnisverhütend
con|tract contrahieren, sich anstecken mit
con|trac|tile contractil
con|trac|til|i|ty Contractilität f
con|trac|tion Contraction f
con|tra|in|di|ca|tion Contraindication f
con|tra|in|di|cate contraindicieren
con|tra|lat|er|al contralateral
con|trol Controlle f
con|tuse contundieren
con|tu|sion Contusion f
co|nus Conus m
con|va|les|cence Convalescenz f
con|va|les|cent convalescent
con|vec|tion Convection f
con|ven|tion|al conventionell
con|ver|gence Covergenz f
con|ver|gent convergent
con|ver|tin Convertin n
con|vex convex
con|vex|i|ty Convexität f
con|vexo-con|cave covexo-concav
con|vexo-con|vex covexo-convex
con|vo|lut|ed gewunden
con|vo|lu|tion Windung f
con|vul|sion Convulsion f
con|vul|sive convulsiv
co|or|di|nat|ed coordiniert
co|or|di|na|tion Coordination f
co|poly|mer Copolymer n
cop|per Cupfer n
cop|rem|e|sis Copremesis f
cop|ro|lag|nia Coprolagnie f
cop|ro|la|lia Coprolalie f

cop|ro|lith Coprolith m
cop|roph|a|gous coprophag
cop|roph|a|gy Coprophagie f
cop|u|late copulieren
cop|u|la|tion Copulation f
cor|a|co|acro|mi|al coraco-acromial
cor|a|co|bra|chi|a|lis Coraco-brachialis m
cor|a|co|cla|vic|u|lar coraco-clavicular
cor|a|co|hu|mer|al coraco-humeral
cor|a|coid coracoid, Coraco-ideus m
cor|ec|to|pia Corectopie f
co|rel|y|sis Corelyse f
co-re|pres|sor Co-Repressor m
co|ri|um Corium n
cor|nea Cornea f
cor|ne|al corneal
cor|ni|fi|ca|tion Verhornung f
cor|ni|fied verhornt
co|ro|na Corona f
cor|o|nal coronal
cor|o|nary coronar, Herz-anfall m
cor|po|ra Corpora n pl
cor|pus Corpus n
cor|pus|cle Corpuskel n, Körperchen n **blood c.** Blutkörperchen **red blood c.** rotes Blutkörperchen **white blood c.** weißes Blutkörperchen
cor|pus|cu|la Corpuscula n pl
cor|pus|cu|lum Corpusculum n
cor|re|late correlieren
cor|rel|a|tive correlativ
cor|re|la|tion Correlation f
cor|ro|sion Corrosion f
cor|tex Cortex m **re|nal c.** renaler Cortex, Nierenrinde f
cor|ti|cal cortical
cor|ti|coid Corticoid n
cor|ti|co|ste|roid Cortico-steroid n
cor|ti|cos|ter|one Cortico-steron n
cor|ti|co|troph|ic corticotroph
cor|ti|co|troph|in Cortico-trophin n
cor|ti|co|tro|pic corticotrop
cor|ti|co|tro|pin Cortico-tropin n
cor|tin Cortin n
cor|ti|sol Cortisol n
cor|ti|sone Cortison n
cor|y|ne|bac|te|ri|um Coryne-bacterium n
co|ry|za Coryza f
cos|met|ic cosmetisch, Cosmeti-cum n
cos|ta Costa f
cos|tal costal
cos|ti|car|ti|lage Rippenknor-pel m
cos|to|cla|vic|u|lar costoclavi-culär
cos|to|phren|ic costophrenisch
cos|tot|o|my Costotomie f
cos|to|trans|ver|sec|to|my Co-stotransversectomie f

co|throm|bo|plas|tin Cothromboplastin n
cot|y|le|don Cotyledone f
cough husten, Husten m
cou|lomb Coulomb n
count zählen, Zählung f **blood c.** Blutbild n
count|er Zähler m
coun|ter|ac|tion Gegenwirkung f
coun|ter|in|di|ca|tion Contraindication f
coun|ter|poi|son Gegengift n
co|va|lence Covalenz f
co|va|lent covalent
coxa Coxa f
cox|al coxal
cox|al|gia Coxalgie f
cox|al|gic coxalgisch
cox|al|gy Coxalgie f
cox|i|tis Coxitis f
co|zy|mase Cozymase f
cramp Krampf m; Dysmenorrhoe f
cra|ni|al cranial
cra|ni|ec|to|my Craniectomie f
cra|nio|fa|cial craniofacial
cra|ni|ol|o|gy Craniologie f
cra|ni|om|e|ter Craniometer n
cra|nio|met|ric craniometrisch
cra|ni|om|e|try Craniometrie f
cra|ni|op|a|gus Craniopagus m
cra|nio|pha|ryn|gi|o|ma Craniopharyngeom n
cra|nio|ra|chis|chi|sis Craniorhachischisis f
cra|nio|ste|no|sis Craniostenose f
cra|ni|os|to|sis Craniostose f
cra|nio|ta|bes Craniotabes f
cra|ni|ot|o|my Craniotomie f
cra|ni|um Cranium n
cream Creme f
cre|a|tine Creatin n
cre|a|ti|ne|mia Creatinämie f
cre|a|tin|uria Creatinurie f
cre|a|tor|rhea Creatorrhoe f
cre|a|tor|rhoea Creatorrhoe f
cre|mas|ter Cremaster m
crep|i|ta|tion Crepitation f
cres|cent Halbmond m
cre|sol Cresol n
cre|tin Cretin m
cre|tin|ism Cretinismus m
cre|tin|oid cretinoid, Cretinoider m
crib|ri|form Sieb..., siebähnlich
cri|coid crocoid, Cricoid n
cri|cot|o|my Cricotomie f
cri|co|tra|che|ot|o|my Cricotracheotomie f
crim|i|nal criminell, strafbar
cri|sis Crisis f, Crise f
cris|ta Crista f
crit|i|cal critisch
cross|breed|ing Kreuzung f
cross|breed kreuzen
cross|ing-over Crossing-over n
cru|ci|form cruciform
cru|ra Crura n pl
cru|ral crural

crus Crus n
crust Cruste f
crus|ta Crusta f
crutch Krücke f
cry|aes|the|sia Cryästhesie f
cry|al|ge|sia Cryalgesie f
cry|es|the|sia Cryästhesie f
cryo|fi|brin|o|gen Cryofibrinogen n
cryo|fi|brin|o|gen|emia Cryofibrinogenämie f
cryo|glob|u|lin Cryoglobulin n
cryo|glob|u|li|nae|mia Cryoglobulinämie f
cryo|glob|u|li|ne|mia Cryoglobulinämie f
cryo|pre|cip|i|tate Cryopräcipitat n
cryo|pro|tein Cryoprotein n
cryo|scope Cryoscop n
cryo|stat Cryostat m
cryo|sur|gery Cryochirurgie f
cryo|thal|a|mot|o|my Cryothalamotomie f
cryo|ther|a|py Cryotherapie f
crypt Crypte f
cryp|ti|tis Cryptitis f
cryp|to|coc|co|sis Cryptococcose f
cryp|to|did|y|mus Cryptodidymus m
cryp|to|gen|ic cryptogen
cryp|to|lith Cryptolith m
cryp|to|men|or|rhea Cryptomenorrhoe f
cryp|to|men|or|rhoea Cryptomenorrhoe f
cryp|tom|ne|sia Cryptomnesie f
cryp|toph|thal|mus Cryptophthalmus m
cryp|tor|chid|ism Cryptorchidie f
cryp|tor|chism Cryptorchismus m
cryp|to|xan|thin Cryptoxanthin n
crys|tal Crystall m
crys|tal|bu|min Crystalbumin n
crys|tal|lin Crystallin n
crys|tal|line crystallin
crys|tal|li|za|tion Crystallisation f
crys|tal|lize crystallisieren
crys|tal|log|ra|phy Crystallographie f
crys|tal|loid crystalloid
crys|tal|lu|ria Crystallurie f
cu|bi|form cubiform
cu|bi|tal cubital
cu|bi|tus Cubitus m
cu|boid cuboid, Cuboid n
cu|boi|dal cuboid, würfelförmig
cu|boi|do|dig|i|tal cuboidodigital
cul|do|cen|te|sis Culdocentese f
cul|do|scope Culdoscop n
cul|dos|co|py Culdoscopie f
cul|dot|o|my Culdotomie f
cul|ti|vate cultivieren
cul|ti|va|tion Cultivation f

cul|tu|ral culturell, Cultur...
cul|ture Cultur f, cultivieren
cu|mu|la|tive cumulativ
cu|mu|lus Cumulus m
cu|neo|meta|tar|sal cuneometatarsal
cu|neo|na|vic|u|lar cuneonavicular
cu|ne|us Cuneus m
cun|ni|lin|gus Cunnilingus m
cun|nus Cunnus m
cu|pric Cupfer(II)...
cu|prous Cupfer(I)...
cu|prum Cuprum n
cu|pu|la Cupula f
cu|pu|lom|e|try Cupulometrie f
cu|ra|re Curare n
cu|ra|ri|mi|met|ic curarimimetisch
cu|ra|ri|za|tion Curarisierung f
cu|ra|rize curarisieren
cu|ra|tive curativ
cur|cu|min Curcumin n
cure heilen, Heilung f, Behandlung f
cu|ret Kürette f, kürettieren
cu|ret|tage Kürettage f
cu|rette Kürette f, kürettieren
cu|rette|ment Kürettage f
cu|rie Curie n
cu|rie|ther|a|py Curie-Therapie f
cu|ri|um Curium n
cur|rent Strom m
cur|va|tu|ra Curvatura f
cur|va|ture Curvatur f
cush|ing|oid cushingoid
cush|ion Polster n
cus|pis Cuspis f
cu|ta|ne|ous cutan
cu|tic|u|la Cuticula f
cu|tis Cutis f
cy|an|a|mide Cyanamid n
cy|a|nate Cyanat n
cy|an|hae|mo|glo|bin Cyanhämoglobin n
cy|an|he|mo|glo|bin Cyanhämoglobin n
cy|an|hi|dro|sis Cyanhidrosis f
cy|an|ic Cyan...
cy|a|nide Cyanid n
cy|an|met|hae|mo|glo|bin Cyanmethämoglobin n
cy|an|met|he|mo|glo|bin Cyanmethämoglobin n
cy|a|no|co|bal|a|min Cyanocobalamin n
cy|a|no|der|ma Cyanoderma n
cy|a|no|ge|net|ic cyanogen
cy|a|nop|sia Cyanopsie f
cy|a|no|sis Cyanosis f, Cyanose f
cy|a|not|ic cyanotisch
cy|cla|mate Cyclamat n
cy|clan|de|late Cyclandelat n
cy|clec|to|my Cyclectomie f
cy|clen|ceph|a|ly Cyclencephalie f
cy|clic cyclisch
cy|clit|ic cyclitisch

cy|cli|tis Cyclitis f
cy|cli|za|tion Cyclisierung f, Cyclierung f
cy|clize cyclisieren, cyclieren
cy|clo|bar|bi|tal Cyclobarbital n
cy|clo|di|al|y|sis Cyclodialysis f, Cyclodialyse f
cy|clo|di|a|ther|my Cyclodiathermie f
cy|clo|hex|ane Cyclohexan n
cy|clo|hex|a|nol Cyclohexanol n
cy|cloid cycloid
cy|clo|pen|tane Cyclopentan n
cy|clo|pen|thi|a|zide Cyclopenthiazid n
cy|clo|pen|to|late Cyclopentolat n
cy|clo|pho|ria Cyclophorie f
cy|clo|phos|pha|mide Cyclophosphamid n
cy|clo|phre|nia Cyclophrenie f
cy|clo|phren|ic cyclophren
cy|clo|pia Cyclopie f
cy|clo|ple|gia Cycloplegie f
cy|clo|ple|gic cyclopleg, Cycloplegicum n
cy|clo|pro|pane Cyclopropan n
cy|clops Cyclops m
cy|clo|ser|ine Cycloserin n
cy|clo|thyme Cyclothymer m
cy|clo|thy|mia Cyclothymie f
cy|clo|thy|mi|ac Cyclothymer m
cy|clo|thy|mic cyclothym, Cyclothymer m
cy|clot|o|my Cyclotomie f
cy|clo|tron Cyclotron n
cy|e|sis Schwangerschaft f
cyl|in|der Cylinder m
cy|lin|dric cylindrisch
cy|lin|dri|cal cylindrisch
cyl|in|droid cylindroid, Cylindroid n
cyl|in|dro|ma Cylindrom n
cyl|in|dru|ria Cylindrurie f
cym|ba Cymba f
cym|bo|ce|phal|ic cymbocephal
cym|bo|ceph|a|lous cymbocephal
cym|bo|ceph|a|ly Cymbocephalie f
cyn|o|rex|ia Kynorexie f
cy|o|pho|ria Schwangerschaft f
cy|pro|hep|ta|dine Cyproheptadin n
cy|pro|ter|one Cyproteron n
cyst Cyste f
cyst|ad|e|no|car|ci|no|ma Cystadenocarcinom n
cyst|ad|e|no|ma Cystadenom n
cyst|ad|e|no|sar|co|ma Cystadenosarcom n
cys|tal|gia Cystalgie f
cys|ta|thi|o|nine Cystathionin n
cys|ta|thi|o|nin|uria Cystathioninurie f
cyst|ec|ta|sia Cystectasie f
cys|tec|ta|sy Cystectasie f
cys|tec|to|my Cystectomie f
cys|te|ine Cystein n

cys|te|in|yl Cysteinyl n
cys|tic cystisch
cys|ti|cer|co|sis Cysticercosis f, Cysticercose f
cys|ti|cer|cus Cysticercus m
cys|tine Cystin n
cys|tine-ly|sin|uria Cystin-Lysinurie f
cys|ti|no|sis Cystinose f
cys|ti|nu|ria Cystinurie f
cys|ti|tis Cystitis f
cys|to|cele Cystocele f
cys|to|en|tero|cele Cystoenterocele f
cys|to|fi|bro|ma Cystofibrom n
cys|to|gram Cystogramm n
cys|to|graph|ic cystographisch
cys|tog|ra|phy Cystographie f
cys|toid cystoid, Cystoid n
cys|to|li|thi|a|sis Cystolithiasis f
cys|to|ma Cystoma n, Cystom n
cys|tom|e|ter Cystometer n
cys|to|met|ro|gram Cystometrogramm n
cys|tom|e|try Cystometrie f
cys|to|mor|phous cystomorph
cys|to|pexy Cystopexie f
cys|to|plas|ty Cystoplastik f
cys|to|py|eli|tis Cystopyelitis f
cys|to|py|elo|ne|phri|tis Cystopyelonephritis f
cys|tor|rha|phy Cystorrhaphie f
cys|to|sar|co|ma Cystosarcom n
cys|to|scope Cystoscop n
cys|to|scop|ic cystoscopisch
cys|tos|co|py Cystoscopie f
cys|tos|to|my Cystostomie f
cys|to|tome Cystotom n
cys|tot|o|my Cystotomie f
cys|to|ure|thri|tis Cystourethritis f
cys|to|ure|thro|gram Cystourethrogramm n
cys|to|ure|thro|graph|ic cystourethrographisch
cys|to|ure|throg|ra|phy Cystourethrographie f
cys|to|ure|thro|scope Cystourethroscop n
cys|tyl Cystyl n
cyt|ar|a|bine Cytarabin n
cy|tase Cytase f
cyt|i|dine Cytidin n
cyt|i|dyl|ic Cytidyl...
cyt|i|sine Cytisin n
cy|to|ar|chi|tec|ton|ic cytoarchitectonisch
cy|to|ar|chi|tec|ture Cytoarchitectur f, Cytoarchitectonik f
cy|to|blast Cytoblast m
cy|to|cha|la|sin Cytochalasin n
cy|to|chem|is|try Cytochemie f
cy|to|chrome Cytochrom n
cy|to|ci|dal cytocid
cy|to|cide Cytocid n
cy|to|crin|ia Cytocrinie f
cy|to|di|ag|no|sis Cyto-

diagnostik f
cy|to|gene Cytogen n
cy|to|ge|net|ics Cytogenetik f
cy|to|ki|ne|sis Cytokinese f
cy|to|ki|net|ic cytokinetisch
cy|to|log|ic cytologisch
cy|to|log|i|cal cytologisch
cy|tol|o|gist Cytologe m
cy|tol|o|gy Cytologie f
cy|tol|y|sin Cytolysin n
cy|tol|y|sis Cytolyse f
cy|to|lyt|ic cytolytisch
cy|to|path|ic cytopathisch
cy|to|patho|gen|ic cytopathogen
cy|to|pa|thol|o|gy Cytopathologie f
cy|to|pemp|sis Cytopempsis f
cy|to|pe|nia Cytopenie f
cy|toph|a|gy Cytophagie f
cy|to|phil cytophil
cy|to|phil|ic cytophil
cy|to|pho|tom|e|ter Cytophotometer n
cy|to|pho|tom|e|try Cytophotometrie f
cy|to|plasm Cytoplasma n
cy|to|plas|mic cytoplasmatisch
cy|to|poi|e|sis Cytopoese f
cy|to|scop|ic cytoscopisch
cy|tos|co|py Cytoscopie f
cy|to|sine Cytosin n
cy|to|skel|e|ton Cytoskelett n
cy|to|sol Cytosol n
cy|to|stat|ic cytostatisch
cy|to|ste|a|to|ne|cro|sis Cytosteatonecrose f
cy|to|tox|ic cytotoxisch
cy|to|tox|in Cytotoxin n
cy|to|tropho|blast Cytotrophoblast m
cy|to|tro|pic cytotropisch
cy|tot|ro|pism Cytotropismus m
cy|to|zyme Cytozym n
dac|ryo|ad|e|nal|gia Dacryoadenalgie f
dac|ryo|ad|e|nec|to|my Dacryoadenectomie f
dac|ryo|ad|e|ni|tis Dacryoadenitis f
dac|ryo|blen|nor|rhea Dacryoblennorrhö f
dac|ryo|cys|tec|to|my Dacryocystectomie f
dac|ryo|cys|ti|tis Dacryocystitis f
dac|ryo|cys|to|cele Dacryocystocele f
dac|ryo|cys|top|to|sis Dacryocystoptose f
dac|ryo|cys|to|rhi|nos|to|my Dacryocystorhinostomie f
dac|ryo|cys|tot|o|my Dacryocystotomie f
dac|ryo|lith Dacryolith m
dac|ry|or|rhea Dacryorrhö f
dac|ryo|so|le|ni|tis Dacryosolenitis f
dac|ryo|ste|no|sis Dacryostenose f
dac|ti|no|my|cin Dactinomycin n

dac|ty|li|tis Dactylitis f
dac|ty|lo|gram Dactylogramm n
dac|ty|lo|meg|a|ly Dactylomegalie f
dal|ton|ism Daltonismus m
dan|druff Schuppen f pl
dan|thron Danthron n
darm|brand Darmbrand m
Dar|win|ism Darwinismus m
daugh|ter Tochter...
dau|no|my|cin Daunomycin n
dau|no|ru|bi|cin Daunorubicin n
de|ac|ti|vate deactivieren
de|ac|ti|va|tion Deactivation f
dead tot
deaf taub
deaf|ness Taubheit f
de|af|fer|en|ta|tion Deafferentierung f
deaf-mute Taubstummer m
de|am|i|dase Deamidase f
de|am|i|nase Deaminase f
de|am|i|nate deaminieren
de|am|i|na|tion Deaminierung f
de|am|i|nize deaminieren
death Tod m **brain d.** Hirntod m
de|bil|i|ty Debilität f
debt Schuld f, Deficit n
deca|gram Decagramm n
de|cal|ci|fi|ca|tion Decalcification f
de|cal|ci|fy decalcificieren
deca|li|ter Decaliter m
dec|a|me|tho|ni|um Decamethonium n
dec|ane Decan n
dec|a|no|ate Decanoat n
dec|a|no|ic Decan...
deca|nor|mal 10-normal
de|cant abgießen
deca|pep|tide Decapeptid n
de|cap|i|tate decapitieren, enthaupten
de|cap|i|ta|tion Decapitation f, Enthauptung f
de|cap|i|ta|tor Decapitator m
de|cap|su|late decapsulieren
de|cap|su|la|tion Decapsulation f
de|car|bon|ize decarbonieren
de|car|box|yl|ase Decarboxylase f
de|car|box|yl|ate decarboxylieren
de|car|box|yl|a|tion Decarboxylierung f
de|cay Verfall m, verfallen, Zerfall m, zerfallen
de|ce|dent Verstorbener m
de|cen|tered decentriert
de|cen|tra|tion Decentration f
de|cer|e|bel|la|tion Decerebellierung f
de|cer|e|brate decerebrieren, decerebriert
de|cer|e|bra|tion Decerebration f
de|cer|e|brize decerebrieren
de|chlo|ri|da|tion Dechloridation f

de|chlo|ri|na|tion Dechlorination f
de|chlor|u|ra|tion Dechloruration f
dec|i|bel Decibel n
de|cid|ua Decidua f
de|cid|u|al Decidua...
de|cid|u|itis Deciduitis f
deci|gram Decigramm n
deci|li|ter Deciliter m
deci|nor|mal 0,1-normal
de|coc|tion Decoctum n
de|com|pen|sate decompensieren
de|com|pen|sat|ed decompensiert
de|com|pen|sa|tion Decompensation f
de|com|pres|sion Decompression f
de|con|di|tion deconditionieren
de|con|di|tion|ing Deconditionierung f
de|con|tam|i|nate decontaminieren
de|con|tam|i|na|tion Decontamination f
de|cor|ti|cate decorticieren, decorticiert
de|cor|ti|ca|tion Decortication f
dec|re|ment Decrement n, Abnahme f
dec|re|men|tal Decrement...
de|cu|ba|tion Decubation f
de|cu|bi|tus Decubitus m
de|cus|sate kreuzen
de|cus|sa|tion Kreuzung f
de|dif|fer|en|ti|ate dedifferenzieren
de|dif|fer|en|ti|a|tion Dedifferenzierung f
deep tief
def|e|cate defäkieren
def|e|ca|tion Defäcation f
de|fect Defect m
de|fec|tive defect
de|fem|i|na|tion Defemination f
de|fem|i|ni|za|tion Defemination f
de|fem|i|nize defeminieren
de|fense Abwehr...
def|er|en|ti|tis Deferentitis f
de|fer|ox|a|mine Deferoxamin n
de|fer|ves|cence Defervescenz f
de|fi|bril|late defibrillieren
de|fi|bril|la|tion Defibrillation f
de|fi|bril|la|tor Defibrillator m
de|fi|bri|nate defibrinieren
de|fi|bri|na|tion Defibrination f
de|fi|cien|cy Deficienz f, Mangel m
de|fla|tion Deflation f
de|flec|tion Deflection f
def|lo|ra|tion Defloration f
de|form deformieren
de|for|mi|ty Deformität f
de|gas entgasen
de|gen|er|ate degenerieren, degeneriert

de|gen|er|a|tion Degeneration f
de|gen|er|a|tive degenerativ
de|germ entkeimen
de|germ|a|tion Entkeimung f
deg|ra|da|tion Abbau m
de|grade abbauen
de|grease entfetten
de|gree Grad m **d. of freedom** Freiheitsgrad m
de|his|cence Dehiscenz f
de|hy|drase Dehydrase f
de|hy|drate dehydrieren
de|hy|drat|ed dehydriert
de|hy|dra|tion Dehydration f
de|hy|dro|ascor|bic Dehydroascorbin...
de|hy|dro|cho|late Dehydrocholat n
de|hy|dro|cho|les|ter|ol Dehydrocholesterol n
de|hy|dro|cho|lic Dehydrochol...
de|hy|dro|cor|ti|cos|ter|one Dehydrocorticosteron n
de|hy|dro|gen|ase Dehydrogenase f
de|hy|dro|gen|ate dehydrogenieren
de|hy|dro|gen|a|tion Dehydrogenierung f
de|hy|dro|gen|iza|tion Dehydrogenisierung f
de|hy|dro|gen|ize dehydrogenisieren
de|hy|dro|iso|an|dros|ter|one Dehydro-iso-androsteron n
de|jec|ta Dejecta n pl
de|jec|tion Dejection f
de|lac|ta|tion Delactation f
de|lam|i|na|tion Delamination f
de|layed verzögert
de|layed-type vom verzögerten Typ, des verzögerten Typs
de|le|tion Deletion f
de|lim|it abgrenzen
de|lim|i|ta|tion Abgrenzung f
de|lim|it|ed abgegrenzt
de|lir|i|ous deliriös
de|lir|i|um Delirium n
de|liv|er entbinden
de|liv|ery Entbindung f
de|lo|mor|phous delomorph
de|louse entlausen
de|lous|ing Entlausung f
del|ta Delta n
del|toid deltoid, Deltoideus m
de|mar|ca|tion Demarcation f
de|mas|cu|lin|iza|tion Demasculinisation f
dem|e|car|i|um Demecarium n
dem|e|clo|cy|cline Demeclocyclin n
de|ment|ed dement
de|men|tia Dementia f, Demenz f
de|meth|yl|ate demethylieren
de|meth|yl|at|ed demethyliert
de|meth|yl|a|tion Demethylierung f
demi|lune Halbmond m
de|min|er|al|iza|tion Demineralisation f

de|min|er|al|ize demineralisieren

de|mo|graph|ic demographisch

de|mog|ra|phy Demographie f

de|mo|pho|bia Demophobie f

de|my|e|lin|ate demyelinieren

de|my|e|lin|at|ed demyeliniert

de|my|e|lin|at|ing demyelinierend

de|my|e|lin|a|tion Demyelinierung f

de|my|e|lin|iza|tion Demyelinisierung f

de|my|e|lin|ize demyelinisieren

de|na|tur|a|tion Denaturierung f

de|na|ture denaturieren

de|na|tured denaturiert

de|na|tur|iza|tion Denaturierung f

den|drite Dendrit m

den|drit|ic dendritisch, Dendrit...

de|ner|vate denervieren

de|ner|va|tion Denervierung f

de|ni|tri|fy denitrificieren

de|ni|tro|gen|ate denitrogenieren

de|ni|tro|gen|a|tion Denitrogenation f

dens Dens m

dense dicht

den|sim|e|ter Densimeter n

den|si|met|ric densimetrisch

den|si|tom|e|ter Densitometer n

den|si|ty Dichte f

den|sog|ra|phy Densographie f

den|tal dental, Zahn...

den|ta|tum Dentatum n

den|tes Dentes m pl

den|ti|fi|ca|tion Dentification f

den|ti|frice Dentifricium n

den|tin Dentin n

den|tin|al Dentin...

den|tine Dentin n

den|ti|no|blas|to|ma Dentinoblastom n

den|ti|no|gen|e|sis Dentinogenesis f

den|ti|no|gen|ic dentinogen

den|ti|noid Dentinoid n

den|ti|no|ma Dentinom n

den|ti|nos|te|oid Dentinosteoid n

den|ti|num Dentinum n

den|tist Zahnarzt m

den|tis|try Zahnmedizin f

den|ti|tion Dentition f

den|to|fa|cial dentofacial

den|ture Gebiß n

de|nu|cle|at|ed entkernt

de|or|sum|duc|tion Deorsumduction f

de|or|sum|ver|gence Deorsumvergenz f

de|os|si|fi|ca|tion Deossification f

de|oxy|aden|o|sine Deoxyadenosin n

de|oxy|cho|late Deoxycholat n

de|oxy|cho|lic Deoxychol...

de|oxy|cor|ti|cos|ter|one Deoxycorticosteron n

de|oxy|cor|tone Deoxycorton n

de|oxy|cy|ti|dine Deoxycytidin n

de|oxy|ephed|rine Deoxyephedrin n

de|ox|y|gen|ate deoxygenieren

de|ox|y|gen|a|tion Deoxygenation f

de|oxy|pen|tose Deoxypentose f

de|oxy|pen|tose|nu|cle|ic Deoxypentosenuclein...

de|oxy|ri|bo|nu|cle|ase Deoxyribonuclease f

de|oxy|ri|bo|nu|cle|ic Deoxyribonuclein...

de|oxy|ri|bo|nu|cleo|pro|tein Deoxyribonucleoprotein n

de|oxy|ri|bo|nu|cleo|tide Deoxyribonucleotid n

de|oxy|ri|bose Deoxyribose f

de|oxy|sug|ar Deoxy-Zucker m

de|oxy|uri|dine Deoxyuridin n

de|pig|ment depigmentieren

de|pig|ment|ing depigmentierend

dep|i|late depilieren

de|plu|ma|tion Deplumation f

de|po|lar|iza|tion Depolarisation f

de|po|lar|ize depolarisieren

de|po|lym|er|ase Depolymerase f

de|po|lym|er|iza|tion Depolymerisation f

de|po|lym|er|ize depolymerisieren

de|pos|it ablagern, Ablagerung f

de|pot Depot n

de|pres|sion Depression f

de|pres|sor Depressor m

dep|ri|va|tion Deprivation f

de|prive deprivieren

depth Tiefe f

de|pu|li|za|tion Depulisation f

de|re|al|iza|tion Derealisation f

de|re|ism Dereismus m

de|re|is|tic dereistisch

der|en|ceph|a|lous derencephal

der|en|ceph|a|lus Derencephalus m

der|en|ceph|a|ly Derencephalie f

der|ma Derma n

der|ma|bra|sion Dermabrasion f

der|ma|drome Dermadrom n

der|mal dermal

der|ma|tal|gia Dermatalgie f

der|ma|ta|neu|ria Dermataneurie f

der|mat|hae|mia Dermathämie f

der|mat|he|mia Dermathämie f

der|mat|ic dermatisch, Dermaticum n

der|ma|ti|tis Dermatitis f

der|ma|to|bi|a|sis Dermatobiasis f

der|ma|to|cel|lu|li|tis Dermatocellulitis f

der|ma|to|co|ni|o|sis Dermatoconiose f
der|ma|to|cyst Dermatocyste f
der|ma|to|dyn|ia Dermatodynie f
der|ma|to|fi|bro|ma Dermatofibrom n
der|ma|to|fi|bro|sar|co|ma Dermatofibrosarcom n
der|ma|to|glyph|ics Dermatoglyphen f pl
der|ma|to|het|ero|plas|ty Dermatoheteroplastik f
der|ma|to|log|ic dermatologisch
der|ma|to|log|i|cal dermatologisch
der|ma|tol|o|gist Dermatologe m
der|ma|tol|o|gy Dermatologie f
der|ma|tol|y|sis Dermatolyse f
der|ma|tome Dermatom n
der|ma|to|my|co|sis Dermatomycosis f, Dermatomycose f
der|ma|to|my|o|ma Dermatomyoma n, Dermatomyom n
der|ma|to|my|o|si|tis Dermatomyositis f
der|ma|to|neu|ro|sis Dermatoneurose f
der|ma|to|path|ia Dermatopathie f
der|ma|to|patho|pho|bia Dermatopathophobie f
der|ma|top|a|thy Dermatopathie f
der|ma|to|phyte Dermatophyt m
der|ma|to|plas|ty Dermatoplastik f
der|ma|tor|rha|gia Dermatorrhagie f
der|ma|tos|co|py Dermatoscopie f
der|ma|to|sis Dermatose f
der|ma|to|ther|a|py Dermatotherapie f
der|ma|to|thla|sia Dermatothlasie f
der|ma|tot|o|my Dermatotomie f
der|ma|to|zo|on Dermatozoon n
der|ma|to|zoo|no|sis Dermatozoonose f
der|ma|tro|phia Dermatrophie f
der|mis Dermis f
der|mi|tis Dermitis f
der|mo|epi|der|mal dermoepidermal
der|mo|graph|ia Dermographia f
der|mog|ra|phism Dermographismus m
der|mog|ra|phy Dermographie f
der|moid dermoid, Dermoid n
der|mo|li|po|ma Dermolipom n
der|mom|e|try Dermometrie f
der|mo|phle|bi|tis Dermophlebitis f
des|am|i|dase Desamidase f
de|sat|u|ra|tion Desaturierung f
des|ce|me|ti|tis Descemetitis f
de|scend descendieren, absteigen

de|scend|ing descendierend, absteigend
de|sen|si|ti|za|tion Desensitisation f, Desensibilisierung f
de|sen|si|tize desensibilisieren, desensitisieren
de|ser|pi|dine Deserpidin n
des|fer|ri|ox|a|mine Desferrioxamin n
des|ic|ca|tor Desiccator m
des|ip|ra|mine Desipramin n
des|meth|yl|im|ip|ra|mine Desmethylimipramin n
des|mi|tis Desmitis f
des|mo|cra|ni|um Desmocranium n
des|mo|gly|co|gen Desmoglycogen n
des|moid desmoid
des|mo|lase Desmolase f
des|mo|some Desmosom n
des|mot|o|my Desmotomie f
de|sorp|tion Desorption f
des|ox|i|met|a|sone Desoximetason n
des|oxy|cho|late Desoxycholat n
des|oxy|cho|lic Desoxychol...
des|oxy|cor|ti|cos|ter|one Desoxycorticosteron n
des|oxy|pen|tose Desoxypentose f
des|oxy|pen|tose|nu|cle|ic Desoxypentosenuclein...
des|oxy|ri|bo|nu|cle|ic Desoxyribonuclein...
des|oxy|ri|bose Desoxyribose f
des|oxy|sug|ar Desoxyzucker m
des|qua|ma|tion Desquamation f
des|qua|ma|tive desquamativ
de|sul|fu|rase Desulfurase f
de|ter|gent Detergens n
de|ter|mi|nate bestimmen
de|ter|mi|na|tion Bestimmung f
de|tor|sion Detorsion f
de|tox|i|ca|tion Detoxication f
de|tox|i|fi|ca|tion Detoxification f
de|tri|tus Detritus m
de|trun|cate detrunkieren
de|trun|ca|tion Detruncation f
de|tru|sor Detrusor m
de|tu|mes|cence Detumescenz f
deu|ter|anom|a|ly Deuteranomalie f
deu|ter|an|o|pia Deuteranopie f
deu|ter|anop|sia Deuteranopsie f
deu|te|ri|um Deuterium n
deu|ter|on Deuteron n
deu|ter|op|a|thy Deuteropathie f
deu|ton Deuton n
de|vas|a|tion Devasation f
de|vas|cu|lar|iza|tion Devascularisation f
de|vel|op entwickeln
de|vel|op|ment Entwicklung f
de|vel|op|men|tal Entwick-

lungs...

de|vi|ate abweichen, abweichend, Deviant m

de|vi|a|tion Deviation f, Abweichung f

de|vi|om|e|ter Deviometer n

de|vi|tal|iza|tion Devitalisation f

de|vi|tal|ize devitalisieren

dev|o|lu|tion Devolution f

dex|a|meth|a|sone Dexamethason n

dex|tral|i|ty Dextralität f

dex|tran Dextran n **d. 40** Dextran 40 **d. 70** Dextran 70

dex|trin Dextrin n

dex|trin|uria Dextrinuria f

dex|tro|duc|tion Dextroduction f

dex|tro|man|u|al rechtshändig

dex|tro|man|u|al|i|ty Rechtshändigkeit f

dex|tro|mor|am|ide Dextromoramid n

dex|tro|po|si|tion Dextroposition f **d. of the heart** Dextropositio cordis

dex|tro|ro|ta|to|ry dextrorotatorisch, rechtsdrehend

dex|trose Dextrose f

dex|tro|tor|sion Dextrotorsion f

dex|tro|ver|sion Dextroversion f

di|a|be|tes Diabetes m

di|a|bet|ic diabetisch, Diabetiker m

di|a|be|to|gen|ic diabetogen

di|a|be|tog|e|nous diabetisch

di|ace|tic Diacet...

di|ac|e|tyl|mor|phine Diacetylmorphin n

di|a|cla|sia Diaclasie f

di|a|cla|sis Diaclasie f

di|a|clas|tic diaclastisch

di|ac|o|la|tion Diacolation f

di|ad|o|cho|ki|ne|sia Diadochokinese f

di|ad|o|cho|ki|ne|sis Diadochokinese f

di|ad|o|ko|ki|ne|sia Diadochokinese f

di|ad|o|ko|ki|ne|sis Diadochokinese f

di|ag|nos|able diagnostizierbar

di|ag|nose diagnostizieren

di|ag|no|sis Diagnose f

di|ag|nos|tic diagnostisch

di|ag|nos|ti|cian Diagnostiker m

di|ag|o|nal diagonal

dia|ki|ne|sis Diakinese f

di|al|lyl|bar|bi|tu|ric Diallylbarbitur...

di|al|y|sance Dialysanz f

di|al|y|sate Dialysat n

di|al|y|sis Dialyse f

di|a|lyt|ic dialytisch

di|a|lyz|able dialysabel

di|al|y|zate Dialysat n

di|a|lyze dialysieren

di|a|lyz|er Dialysator m

di|am|e|ter Durchmesser m,

Diameter f
di|am|i|dine Diamidin n
di|a|mine Diamin n
di|ami|no|pu|rine Diaminopurin n
di|a|min|uria Diaminurie f
di|a|pe|de|sis Diapedese f
di|a|pe|det|ic diapedetisch
di|aph|a|no|scope Diaphanoscop n
di|aph|a|nos|co|py Diaphanoscopie f
di|a|pho|re|sis Diaphorese f
di|a|pho|ret|ic diaphoretisch, Diaphoreticum n
di|a|phragm Diaphragma n
dia|phrag|ma Diaphragma n
di|a|phrag|mat|ic diaphragmatisch
di|a|phrag|ma|ti|tis Diaphragmatitis f
di|a|phrag|mato|cele Diaphragmatocele f
di|a|phrag|mi|tis Diaphragmitis f
di|aph|y|sis Diaphyse f, Diaphysis f
di|ar|rhea Diarrhö f
di|ar|rhoea Diarrhö f
di|ar|thro|sis Diarthrosis f
di|as|chi|sis Diaschisis f
di|as|co|py Diascopie f
di|a|stal|sis Diastalsis f
di|a|stase Diastase f
di|a|ste|ma Diastema n
dia|ster|eo|iso|mer Diastereoisomer n
dia|ster|eo|iso|mer|ic diastereoisomer
dia|ster|eo|isom|er|ism Diastereoisomerie f
di|as|to|le Diastole f
di|a|stol|ic diastolisch
di|a|stroph|ic diastrophisch
di|atax|ia Diataxie f
di|a|ther|ma|nous diatherman
di|a|ther|mo|co|ag|u|la|tion Diathermocoagulation f
di|a|ther|my Diathermie f
di|ath|e|sis Diathese f
di|a|thet|ic diathetisch
di|az|e|pam Diazepam n
di|az|ox|ide Diazoxid n
di|car|box|yl|ic Dicarboxyl..., Dicarbon...
di|ceph|a|lism Dicephalie f
di|ceph|a|lous dicephal
di|ceph|a|lus Dicephalus m
di|ceph|a|ly Dicephalie f
di|chot|o|mize dichotomieren
di|chot|o|my Dichotomie f
di|chro|ic dichroisch
di|chro|ism Dichroismus m
di|chro|ma|sia Dichromasie f
di|chro|ma|sy Dichromasie f
di|chro|mat Dichromat m
di|chro|mate Dichromat m
di|chro|mate Dichromat n
di|chro|mat|ic dichromatisch
di|chro|ma|tism Dichromatismus m
di|chro|ma|top|sia Dichromat-

opsie f

di|crot|ic dicrot

di|cro|tism Dicrotie f

di|cro|tous dicrot

did|y|mi|tis Didymitis f

die sterben

di|elec|tric Dielectricum n, dielectrisch

di|en|ce|phal|ic diencephal

di|en|ceph|a|lon Diencephalon n

di|es|ter|ase Diesterase f

di|es|trum Diöstrus m

di|es|trus Diöstrus m

di|oes|trum Diöstrus m

di|oes|trus Diöstrus m

di|et (allgemein) Kost f, (verordnet) Diät f, diät leben, (jemanden) auf Diät setzen

di|e|tary Diät..., Diätvorschrift f, Diät f

di|e|tet|ic diätetisch, Diät...

di|e|tet|ics Diätetik f

di|e|tist Ökotrophologe m

di|e|ti|tian Ökotrophologe m

dif|fer|en|tial Differential...

dif|fer|en|ti|ate differencieren

dif|fer|en|ti|a|tion Differencierung f

dif|frac|tion Diffraction f

dif|fuse diffus, diffundieren

dif|fus|ible diffusibel

dif|fus|ibil|i|ty Diffusibilität f

dif|fu|sion Diffusion f

di|gas|tric zweibäuchig, den musculus digastricus betreffend

di|gen|e|sis Digenesis f

di|ges|tant digestiv, Digestivum n

di|gest verdauen

di|gest|ibil|i|ty Verdaubarkeit f

di|gest|ible verdaubar

di|ges|tion Verdauung f, Digestion f

di|ges|tive digestiv, Digestions..., Verdauungs...

dig|it Finger m, Zehe f, Ziffer f

dig|i|tal digital, Digital...

dig|i|tal|is Digitalis f/n

dig|i|tal|i|za|tion Digitalisierung f

dig|i|tal|ize digitalisieren

dig|i|to|gen|in Digitogenin n

dig|i|to|nin Digitonin n

dig|i|tox|i|gen|in Digitoxigenin n

dig|i|tox|in Digitoxin n

dig|i|tox|ose Digitoxose f

dig|i|tox|o|side Digitoxosid n

di|glyc|er|ide Diglycerid n

di|gnath|us Dignathus m

dig|ox|i|gen|in Digoxigenin n

dig|ox|in Digoxin n

di|hy|drate Dihydrat n

di|hy|droxy|ac|e|tone Dihydroxyaceton n

di|lac|er|a|tion Dilaceration f

dil|a|ta|tion Dilatation f

di|late erweitern

di|la|tion Dilatation f
di|la|tor Dilatator m
di|lute verdünnen, diluieren, verdünnt, diluiert
di|lut|ed vedünnt, diluiert
di|lu|tion Verdünnung, Dilution f
di|mer Dimer n
di|meth|yl Dimethyl...
di|mor|phism Dimorphismus m
di|mor|phous dimorph
di|ni|tro|phe|nol Dinitrophenol n
di|nu|cle|o|tide Dinucleotid n
di|op|ter Dioptrie f
di|op|tre Dioptrie f
di|op|trics Dioptrik f
di|or|tho|sis Diorthose f
di|os|co|rea Dioscorea f
di|ose Diose f
di|otic diotisch
di|ox|ide Dioxid n
di|ox|y|gen|ase Dioxygenase f
di|pep|ti|dase Dipeptidase f
di|pep|tide Dipeptid n
di|phal|lic diphallisch
di|phal|lus Diphallus m
di|pha|sic diphasisch
diph|the|ria Diphtherie f
diph|ther|ic diphtherisch
diph|the|rit|ic diphtherisch
diph|the|roid diphtheroid, Diphtheroid n
diph|the|ro|tox|in Diphtherotoxin n
dip|la|cu|sis Diplacusis f
dip|lo|ba|cil|lus Diplobacillus m
dip|lo|coc|cus Diplococcus m
dip|loe Diploe f
dip|lo|gen|e|sis Diplogenese f
dip|loid diploid
dip|lo|mel|li|tu|ria Diplomelliturie f
dip|lo|ne|ma Diplonema n
di|plop|a|gus Diplopagus m
di|plo|pia Diplopie f
dip|lo|tene Diplotän n
di|po|lar dipolar
di|pole Dipol m
dip|pol|dism Dippoldismus m
di|pro|so|pia Diprosopie f
di|pro|so|pus Diprosopus m
di|pros|o|py Diprosopie f
dip|so|ma|nia Dipsomanie f
dip|so|ma|ni|ac Dipsomaner m, Dipsomane f
dip|so|pho|bia Dipsophobie f
dip|so|rex|ia Dipsorexis f
dip|sor|rhex|ia Dipsorrhexis f
dip|so|ther|a|py Dipsotherapie f
di|pus biped
di|py|gus Dipygus m
dip|y|li|di|a|sis Dipylidiasis f
di|ro|fil|a|ri|a|sis Dirofilariasis f
dis|abil|i|ty Behinderung f
di|sac|cha|ri|dase Disaccharidase f
di|sac|cha|ride Disaccharid n
dis|charge (Patient) entlassen,

(Electricität) entladen
dis|charge Entladung f
dis|ci|form disciform
dis|cis|sion Discission f
dis|ci|tis Discitis f
dis|coid discoid
dis|coi|dal discoid
dis|col|or verfärben
dis|col|or|a|tion Verfärbung f
dis|cop|a|thy Discopathie f
dis|cus Discus m
dis|ease Krankheit f
dis|equi|lib|ri|um Ungleichgewicht n, Disäquilibrium n
dis|in|fect desinficieren
dis|in|fec|tant Desinficiens n, desinficierend
dis|in|fes|ta|tion Desinfestation f
dis|in|ser|tion Desinsertion f
dis|in|te|grate desintegrieren, auflösen, zerfallen
dis|in|vag|i|na|tion Desinvagination f
dis|junc|tion Disjunction f
dis|ko|gram Discogramm n
dis|lo|cate dislocieren
dis|lo|ca|tion Dislocation f
dis|mu|ta|tion Dismutation f
dis|or|der Störung f
dis|ori|en|ta|tion Orientierungsverlust m, -losigkeit f
di|sper|my Dispermie f
dis|perse dispergieren
dis|per|sion Dispersion f
dis|po|si|tion Disposition f
dis|pro|por|tion Disproportion f
dis|sect secieren, präparieren
dis|sec|tion Präparation f
dis|sec|tor Präparator, Präparieranleitung f
dis|sem|i|nate disseminieren
dis|sem|i|nat|ed disseminiert
dis|sem|i|na|tion Dissemination f
dis|sim|i|late dissimilieren
dis|sim|u|la|tion Dissimulation f
dis|so|ci|ate dissociieren
dis|so|ci|a|tion Dissociation f
dis|so|lu|tion Dissolution f
dis|solve auflösen, sich auflösen, dissolvieren
dis|sol|vent Dissolvens n, dissolvent, lösend
dis|tal distal
dis|tich|ia Distichie f
dis|ti|chi|a|sis Distichiasis f
dis|til|late Destillat n
dis|til|la|tion Destillation f
dis|tilled destilliert
di|sto|mia Distomie f
dis|to|mi|a|sis Distomiasis f
di|sto|mus Distomus m
dis|tor|tion Distorsion f
dis|tri|bu|tion Aufzweigung f
dis|tri|chi|a|sis Districhiasis f
di|sul|fide Disulfid n
di|ure|sis Diurese f
di|uret|ic diuretisch, Diureticum n

di|va|ga|tion Divagation f
di|va|lent divalent
di|ver|gence Divergenz f
di|ver|gent divergent
di|ver|tic|u|lec|to|my Diverticulectomie f
di|ver|tic|u|li|tis Diverticulitis f
di|ver|tic|u|lo|sis Diverticulose f
di|ver|tic|u|lum Diverticulum n
di|vul|sion Divulsion f
di|vul|sor Divulsor m
di|zy|got|ic dizygot
di|zy|gous dizygot
diz|zi|ness Benommenheit f
diz|zy benommen
DNase DNase f
doc|tor (allgemein) Doctor m, (med.) Arzt m, praktizieren, (abwertend) herumdoctern
dol|i|cho|ceph|a|lus Dolichocephalus m
dol|i|cho|ceph|a|ly Dolichocephalie f, Langköpfigkeit f
dol|i|cho|co|lon Dolichocolon n
dol|i|cho|cra|ni|al dolichocranial
dol|i|cho|lep|to|ceph|a|lus Dolicholeptocephalus m
dol|i|cho|mor|phic dolichomorph
dol|i|cho|steno|me|lia Dolichostenomelie f
do|lor Dolor m, Schmerz m
do|lo|rim|e|ter Dolorimeter n
do|lo|rol|o|gy Dolorologie f
do|ma|to|pho|bia Domatophobie f
dom|i|nance Dominanz f
dom|i|nant dominant, Dominante f
dom|i|na|tor Dominator m
don|a|tism Donatismus m
do|nee Empfänger m
do|nor Donor m, Spender m
do|pa Dopa n, DOPA n
do|pa|mine Dopamin n
do|pa|min|er|gic dopaminerg
dope Droge f, unter Drogen setzen
do|ra|pho|bia Doraphobie f
do|ro|ma|nia Doromanie f
dor|sal dorsal
dor|sal|ly dorsal
dor|sal|gia Dorsalgie f, Rükkenschmerzen m pl
dor|si|flex dorsiflectieren
dor|si|flex|ion Dorsiflexion f
dor|si|flex|or Dorsiflexor m
dor|so|an|te|ri|or dorsoanterior
dor|so|cu|boi|dal dorsocuboid
dor|so|lat|er|al dorsolateral
dor|so|me|di|al dorsomedial
dor|so|pos|te|ri|or dorsoposterior
dor|so|ven|tral dorsoventral
dor|sum Dorsum n
dos|age Dosierung f
dose Dosis f
dose|me|ter Dosismesser m

do|sim|e|ter Dosimeter n
do|si|met|ric dosimetrisch
do|sim|e|try Dosimetrie f
douche Dusche f
drac|on|ti|a|sis Dracontiase f, Dracontiasis f
dra|cun|cu|li|a|sis Dracunculiasis f
dra|cun|cu|lo|sis Dracunculosis f, Dracunculose f
dra|gee Dragée n
dras|tic drastisch, Drasticum n
dream träumen, Traum m
drep|a|no|cyte Drepanocyt m
drep|a|no|cy|thae|mia Drepanocythämie f
drep|a|no|cy|the|mia Drepanocythämie f
drep|a|no|cyt|ic drepanocytär, Drepanocyten...
drep|a|no|cy|to|sis Drepanocytosis f
drill Bohrer m
drive Trieb m
dromo|graph Dromograph m
dromo|trop|ic dromotrop
drop Tropfen m
drop|let Tröpfchen n
drug Medicament n
drug-fast medicament-resistent
drug-fast|ness Medicament-Resistenz f
drum|stick Trommelschlegel m, "drumstick" m
drunk|en|ness Trunkenkeit f
dry trocken
du|al dual
du|al|is|tic dualistisch
duct Gang m **collecting d.** Sammelrohr n
duc|tule Ductulus m
du|o|de|nal duodenal, Duodenum..., Duodenal...
du|o|de|nec|to|my Duodenectomie f
du|o|de|ni|tis Duodenitis f
du|o|de|no|chol|an|gi|tis Duodenocholangitis f
du|o|de|no|chol|e|cys|tos|to|my Duodenocholecystostomie f
du|o|de|no|cho|led|o|chot|o|my Duodenocholedochotomie f
du|o|de|no|cys|tos|to|my Duodenocystostomie f
du|o|de|no|en|ter|os|to|my Duodenoenterostomie f
du|o|de|no|gram Duodenogramm n
du|o|de|nog|ra|phy Duodenographie f
du|o|de|no|he|pat|ic duodenohepatisch
du|o|de|no|il|e|os|to|my Duodenoileostomie f
du|o|de|no|je|ju|nal duodenojejunal
du|o|de|no|je|ju|nos|to|my Duodenojejunostomie f
du|o|de|no|pan|cre|a|tec|to|my Duodenopancreatectomie f
du|o|de|no|py|lo|rec|to|my

Duodenopylorectomie f
du|o|de|nor|rha|phy Duodenorrhaphie f
du|o|de|nos|co|py Duodenoscopie f
du|o|de|nos|to|my Duodenostomie f
du|o|de|not|o|my Duodenotomie f
du|o|de|num Duodenum n
du|plex|i|ty Duplicität f
du|pli|ca|tion Duplication f
du|pli|ca|ture Duplicatur f
du|plic|i|tas Duplicitas f
du|plic|i|ty Duplicität f
du|ra Dura f
du|ral dural, Dura...
du|ra|plas|ty Duraplastik f
durch|wan|der|ungs|per|i|to-ni|tis Durchwanderungsperitonitis f
du|ri|tis Duritis f
du|ro|ar|ach|ni|tis Duroarachnitis f
du|ro|sar|co|ma Durosarcom n
dust Staub m
dwarf Zwerg m, Zwerg...
dwarf|ism Zwergwuchs m
dy|ad Dyade f
dy|ad|ic dyadisch
dye Farbstoff m, färben
dye|stuff Farbstoff m
dy|nam|ic dynamisch
dy|nam|ics Dynamik f
dy|na|mo Dynamo m
dy|namo|graph Dynamograph m
dy|na|mog|ra|phy Dynamographie f
dy|na|mom|e|ter Dynamometer n
dyne dyn n
dys|acou|sia Dysacusis f
dys|acou|sis Dysacusis f
dys|acous|ma Dysacusis f
dys|acu|sia Dysacusis f
dys|ad|ap|ta|tion Dysadaptation f
dys|ae|mia Dyshämie f
dys|aes|the|sia Dysästhesie f
dys|an|ag|no|sia Dysanagnosie f
dys|an|ti|graph|ia Dysantigraphie f
dys|aphea Dysaphie f
dys|ap|ta|tion Dysadaptation f
dys|ar|te|ri|ot|o|ny Dysarteriotonie f
dys|ar|thria Dysarthrie f
dys|ar|thric dysarthrisch
dys|ar|thro|sis Dysarthrosis f
dys|au|to|no|mia Dysautonomie f, **familial d.** familiäre Dysautonomie
dys|bar|ism Dysbarismus m
dys|ba|sia Dysbasie f
dys|bu|lia Dysbulia f
dys|che|zia Dyschezie f
dys|chi|zia Dyschezie f
dys|chroa Dyschroa f
dys|chroi|a Dyschroa f
dys|chro|ma|to|der|mia Dyschromatodermie f
dys|chro|ma|top|sia Dyschro-

matopsie f
dys|cro|mia Dyschromie f
dys|chro|mo|der|mia Dyschromodermie f
dys|chro|nous dyschron
dys|co|ria Dyscorie f
dys|cra|sia Dyscrasie f
dys|cra|sic dyscratisch
dys|crat|ic dyscratisch
dys|cri|nism Dyscrinismus m
dys|di|ad|o|cho|ki|ne|sia Dysdiadochokinese f
dys|di|ad|o|ko|ki|ne|sia Dysdiadochokinese f
dys|em|bry|o|ma Dysembryom n
dys|em|bry|o|pla|sia Dysembryoplasie f
dys|eme|sia Dysemesis f
dys|em|e|sis Dysemesis f
dys|emia Dyshämie f
dys|en|do|cri|ni|a|sis Dysendocrinie f
dys|en|doc|rin|ism Dysendocrinie f
dys|en|do|cri|si|a|sis Dysendocrinie f
dys|en|te|ria Dysenteria f
dys|en|tery Dysenterie f
dys|er|ga|sia Dysergasie f
dys|er|ga|sy Dysergasie f
dys|es|the|sia Dysästhesie f
dys|func|tion Dysfunction f
dys|ga|lac|tia Dysgalactie f
dys|gam|ma|glob|u|li|ne|mia Dysgammaglobulinämie f
dys|gen|e|sia Dysgenese f
dys|gen|e|sis Dysgenese f
dys|ger|mi|no|ma Dysgerminom n
dys|geu|sia Dysgeusia f
dys|glan|du|lar dysglandular
dys|glob|u|li|nae|mia Dysglobulinämie f
dys|glob|u|li|ne|mia Dysglobulinämie f
dys|gnath|ic dysgnathisch
dys|gno|sia Dysgnosie f
dys|gon|ic dysgon
dys|graph|ia Dysgraphie f
dys|haem|a|to|poi|et|ic dyshämatopoetisch
dys|hem|a|to|poi|et|ic dyshämatopoetisch
dys|he|mo|poi|e|sis Dyshämopoese f
dys|he|mo|poi|et|ic dyshämopoetisch
dys|hid|ria Dyshidrie f
dys|hi|dro|sis Dyshidrose f
dys|hor|ia Dyshorie f
dys|idro|sis Dysidrosis f
dys|in|su|lin|ism Dysinsulinismus m
dys|kar|y|o|sis Dyskaryose f
dys|kar|y|ot|ic dyskaryotisch
dys|ker|a|to|sis Dyskeratosis f
dys|ki|ne|sia Dyskinesia f
dys|ki|net|ic dyskinetisch
dys|la|lia Dyslalie f
dys|lex|ia Dyslexie f
dys|lo|gia Dyslogia f
dys|ma|tur|i|ty Dysmaturität f

dys|me|lia Dysmelie f
dys|men|or|rhea Dysmenorrhö f
dys|men|or|rhoea Dysmenorrhö f
dys|met|ria Dysmetrie f
dys|mim|ia Dysmimie f
dys|mne|sia Dysmnesie f
dys|mor|phia Dysmorphie f
dys|mor|phic dysmorph
dys|mor|phol|o|gy Dysmorphologie f
dys|mor|pho|pho|bia Dysmorphophobie f
dys|my|e|lino|gen|ic dysmyelinogen
dys|no|mia Dysnomie f
dys|on|to|gen|e|sis Dysontogenese f
dys|on|to|ge|net|ic dysontogenetisch
dys|orex|ia Dysorexie f
dys|os|mia Dysosmie f
dys|os|teo|gen|e|sis Dysosteogenese f
dys|os|to|sis Dysostosis f
dys|pa|reu|nia Dyspareunie f
dys|pep|sia Dyspepsia f
dys|pep|tic dyspeptisch
dys|pha|gia Dysphagia f
dys|phag|ic dysphagisch
dys|pha|sia Dysphasie f
dys|phe|mia Dysphemie f
dys|pho|nia Dysphonia f
dys|pho|ria Dysphorie f
dys|phor|ic dysphorisch
dys|phra|sia Dysphrasie f
dys|pi|tu|i|ta|rism Dyspituitarismus m
dys|pla|sia Dysplasia f
dys|plas|tic dysplastisch
dys|pnea Dyspnoe f
dys|pne|al dyspnoisch
dys|pne|ic dyspnoisch
dys|pnoea Dyspnoe f
dys|prac|tic dyspractisch
dys|prax|ia Dyspraxie f
dys|ra|phism Dysrhaphie f
dys|rhyth|mia Dysrhythmie f
dys|se|ba|cia Dyssebacea f
dys|so|cial dyssocial
dys|sper|ma|tism Dysspermatismus m
dys|sper|mia Dysspermie f
dys|sta|sia Dysstasie f
dys|stat|ic dysstatisch
dys|syn|er|gia Dyssynergie f
dys|syn|er|gy Dyssynergie f
dys|tax|ia Dystaxia f
dys|tha|na|sia Dysthanasie f
dys|the|sia Dysthesie
dys|thy|mia Dysthymie f
dys|thy|mic dysthym
dys|tith|ia Dystithie f
dys|to|cia Dystokie f
dys|to|nia Dystonie f
dys|ton|ic dystonisch
dys|to|pia Dystopie f
dys|top|ic dystopisch
dys|tro|phia Dystrophie f
dys|troph|ic dystroph
dys|tro|phy Dystrophie f
dys|uria Dysurie f

ear Ohr n
ear|ache Ohrenschmerz(en) m (pl)
ear|plug Ohrenstopfen m
ear|wax Ohrenschmalz n
ebri|ose betrunken
ebri|ous betrunken
ebur Ebur n
eb|ur|na|tion Eburnation f
ec|bol|ic ecbolisch, Ecbolicum n
ec|cen|tric excentrisch, Excentriker m
ec|cen|tri|cal|ly excentrisch
ec|chon|dro|ma Ecchondrom n
ec|chon|dro|sis Ecchondrosis f
ec|chon|dro|tome Ecchondrotom n
ec|chy|mo|sis Ecchymosis f
ec|chy|mot|ic ecchymotisch
ec|crine eccrin
ec|dem|ic ecdemisch
echi|no|coc|co|sis Echinococcosis f
echi|no|coc|cus Echinococcus m
echi|no|sto|mi|a|sis Echinostomiasis f
echo Echo n
echo|acou|sia Echoacusis f
echo|aor|tog|ra|phy Echoaortographie f
echo|car|dio|gram Echocardiogramm n
echo|car|di|og|ra|phy Echocardiographie f
echo|en|ceph|a|lo|gram Echoencephalogramm n
echo|en|ceph|a|lo|graph Echoencephalograph m
echo|en|ceph|a|log|ra|phy Echoencephalographie f
echo|gram Echogramm n
echo|graph|ia Echographie f
echo|ki|ne|sis Echokinese f
echo|la|lia Echolalie f
echo|ma|tism Echomatismus m
echo|mim|ia Echomimie f
echo|mo|tism Echomotismus m
echop|a|thy Echopathie f
echo|phra|sia Echophrasie f
echo|prax|ia Echopraxie f
echo|prax|is Echopraxie f
echo|praxy Echopraxie f
echo|reno|gram Echorenogramm n
echo|sono|en|ceph|a|lo|gram Echosonoencephalogramm n
echo|sono|gram Echosonogramm n
echo|utero|gram Echouterogramm n
echo|vi|rus ECHO-Virus n
eclamp|sia Eclampsia f
eclamp|tic eclamptisch
eclamp|sism Eclampsismus m
eclamp|to|gen|ic eclamptogen
ec|lec|tic eclectisch, Eclectiker m
ec|lec|ti|cism Eclecticismus m
ec|mne|sia Ecmnesie f
ecol|o|gy Öcologie f
eco|sys|tem Öcosystem n

ec|pho|ria Ecphorie f
écra|seur Ecraseur m
ec|sta|sy Ecstase f
ec|stat|ic ecstatisch
ec|ta|sia Ectasie f
ec|tat|ic ectatisch
ec|ta|sis Ectasie f
ec|thy|ma Ecthyma n
ec|to|blast Ectoblast n
ec|to|car|dia Ectocardia f, Ectocardie f
ec|to|derm Ectoderm n
ec|to|der|mal ectodermal
ec|to|der|mo|sis Ectodermosis f, Ectodermose f
ec|to|en|zyme Ectoenzym n
ec|top|a|gus Ectopagus m
ec|to|par|a|site Ectoparasit m
ec|to|par|a|sit|ic ectoparasitär
ec|to|pia Ectopia f, Ectopie f
ec|top|ic ectopisch
ec|to|plasm Ectoplasma n
ec|to|py Ectopie f
ec|to|zo|on Ectozoon n
ec|tro|dac|tyl|ia Ectrodactylie f
ec|tro|dac|ty|lism Ectrodactylismus m
ec|tro|dac|ty|ly Ectrodactylie f
ec|tro|me|lia Ectromelia f
ec|trom|e|ly Ectromelie f
ec|tro|pi|on Ectropion n
ec|ze|ma Eczema n, Eczem n
ec|ze|ma|tous eczematös
ede|ma Oedema n, Ödem n
edem|a|tous ödematös
ed|e|tate Edetat n
edet|ic Edetin...
ed|i|ble eßbar
edo|ceph|a|lus Edocephalus m
edo|ceph|a|ly Edocephalie f
ef|fec|tor Effector m
ef|fer|ent efferent
ef|fleu|rage Effleurage f
ef|flo|res|cence Efflorescenz f
ef|flu|vi|um Effluvium n
egg Ei n
egg|shell Eierschale f
ego Ego n
ego|cen|tric egocentrisch
ego|cen|tric|i|ty Egocentricität f
ego|cen|trism Egocentrismus m
ego-strength Ich-Stärke f
ei|co|sane Eicosan n
ein|stein Einstein n
ein|stein|ium Einsteinium n
ei|sen|zuck|er Eisenzucker m
ejac|u|late ejaculieren
ejac|u|la|tion Ejaculation f
ejac|u|la|to|ry ejaculatorisch, Ejaculations...
ejec|ta Ejecta n pl
ejec|tion Ejection f
elas|tase Elastase f
elas|tic elastisch
elas|ti|ca Elastica f
elas|tic|i|ty Elasticität f
elas|tin Elastin n
elas|to|sis Elastosis f
el|bow Ellenbogen m
elec|tric electrisch

elec|tri|cal electrisch

elec|tro|an|aes|the|sia Electroanästhesie f

elec|tro|an|es|the|sia Electroanästhesie f

elec|tro|car|dio|gram Electrocardiogramm n

elec|tro|car|dio|graph Electrocardiograph m

elec|tro|car|dio|graph|ic electrocardiographisch

elec|tro|car|di|og|ra|phy Electrocardiographie f

elec|tro|car|dio|pho|nog|ra|phy Electrocardiophonographie f

elec|tro|car|dio|scope Electrocardioscop n

elec|tro|chem|is|try Electrochemie f

elec|tro|co|ag|u|la|tion Electrocoagulation f

elec|tro|con|vul|sive electroconvulsiv, Electroconvulsions...

elec|tro|cor|ti|co|gram Electrocorticogramm n

elec|tro|cor|ti|cog|ra|phy Electrocorticographie f

elec|tro|cute elektrisch töten

elec|tro|cu|tion electrische Tötung/Hinrichtung

elec|trode Electrode f

elec|tro|des|ic|ca|tion Electrodesiccation f

elec|tro|di|ag|no|sis Electrodiagnostik f

elec|tro|en|ceph|a|lo|gram Electroencephalogramm n

elec|tro|en|ceph|a|lo|graph Electroencephalograph m

elec|tro|en|ceph|a|lo|graph|ic electroencephalographisch

elec|tro|en|ceph|a|log|ra|phy Electroencephalographie f

elec|tro|fit Electrokrampf m

elec|tro|gas|tro|gram Electrogastrogramm n

elec|tro|gas|tro|graph Electrogastrograph m

elec|tro|gram Electrogramm n

elec|trog|ra|phy Electrographie f

elec|tro|hys|ter|og|ra|phy Electrohysterographie f

elec|tro|im|mu|no|dif|fu|sion Electroimmunodiffusion f

elec|tro|ki|net|ic electrokinetisch

elec|tro|ky|mo|graph Electrokymograph m

elec|tro|ky|mog|ra|phy Electrokymographie f

elec|trol|y|sis Electrolyse f

elec|tro|lyze electrolysieren

elec|tro|mas|sage Electromassage f

elec|tro|mo|tive electromotorisch

elec|tro|myo|gram Electromyogramm n

elec|tro|myo|graph|ic electromyographisch

elec|tro|my|og|ra|phy Electromyographie f

elec|tron Electron n

elec|tro|nar|co|sis Electronarcose f

elec|tro|neg|a|tive electronegativ

elec|tro|neg|a|tiv|i|ty Electronegativität f

elec|tron|ic electronisch

elec|tro|nys|tag|mog|ra|phy Electronystagmographie f

elec|tro|oc|u|lo|gram Electrooculogramm n

elec|tro|phil|ic electrophil

elec|tro|pho|re|sis Electrophorese f

elec|tro|pho|ret|ic electrophoretisch

elec|tro|phys|i|ol|o|gy Electrophysiologie f

elec|tro|pos|i|tive electropositiv

elec|tro|py|rex|ia Electropyrexie f

elec|tro|re|sec|tion Electroresection f

elec|tro|ret|i|no|gram Electroretinogramm n

elec|tro|shock Electroschock m

elec|tro|stat|ic electrostatisch

elec|tro|stat|ics Electrostatik f

elec|tro|stim|u|la|tion Electrostimulation f

elec|tro|sur|gery Electrochirurgie f

elec|tro|sur|gi|cal electrochirurgisch

elec|tro|thal|a|mo|gram Electrothalamogramm n

elec|tro|ther|a|py Electrotherapie f

elec|tro|tome Electrotom n

elec|tro|ton|ic electrotonisch

elec|trot|o|nus Electrotonus m

el|e|ment Element n

el|e|men|tal elementar

el|e|men|ta|ry elementar, Elementar...

el|e|phan|ti|a|sis Elephantiasis f

elix|ir Elixir n

el|lip|soid ellipsoid, Ellipsoid n, Ellipsoid ...

el|lip|to|cyte Elliptocyt m

el|lip|to|cy|to|sis Elliptocytose f

el|u|ate Eluat n

elute eluieren

elu|tion Elution f

ema|ci|ate auszehren

em|a|na|to|ri|um Emanatorium n

em|a|no|ther|a|py Emanationstherapie f

emas|cu|late emasculieren, entmannen

emas|cu|la|tion Emasculation f, Entmannung f

em|balm balsamieren

em|bed einbetten

em|bo|lec|to|my Embolectomie f

em|bol|ic embolisch
em|bol|i|form emboliform
em|bo|lism Embolie f
em|bo|lus Embolus m
em|bryo Embryo m
em|bryo|blast Embryoblast n
em|bryo|car|dia Embryocardie f
em|bryo|gen|e|sis Embryogenese f
em|bryo|ge|net|ic embryogenetisch
em|bryo|gen|ic embryogen
em|bry|og|e|ny Embryogenie f
em|bryo|log|ic embryologisch
em|bryo|log|i|cal embryologisch
em|bry|ol|o|gist Embryologe m
em|bry|ol|o|gy Embryologie f
em|bry|o|ma Embryom n
em|bry|on Embryo m
em|bry|o|nal embryonal
em|bry|on|ic embryonal
em|bry|op|a|thy Embryopathie f
em|bryo|tome Embryotom n
em|bry|ot|o|my Embryotomie f
em|bryo|tox|ic|i|ty Embryotoxicität f
em|bryo|troph Embryotrophe f
em|bryo|trophe Embryotrophe f
em|bryo|troph|ic embryotroph
em|bry|ot|ro|phy Embryotrophie f
emer|gen|cy Notfall m
em|e|sis Emesis f
emet|ic emetisch, Emeticum n
em|i|grate emigrieren
em|i|gra|tion Emigration f
em|i|nence Eminentia f, Eminenz f
emi|nen|tia Eminentia f
em|io|cy|to|sis Emiocytose f
emis|sa|ri|um Emissarium n
em|is|sary Emissaria f
emis|sion Emission f
em|men|a|gogue Emmenagogum n
em|me|trope Emmetroper m
em|me|tro|pia Emmetropie f
em|me|trop|ic emmetrop
emol|lient Emolliens n
emo|tion Emotion f
emo|tion|al emotional
em|pa|thy Empathie f
em|per|i|po|le|sis Emperipolesis f
em|phrax|is Emphraxis f
em|phy|se|ma Emphysema n, Emphysem n
em|phy|se|ma|tous emphysematös
em|pir|ic empirisch, Empiriker m
em|pir|i|cal empirisch
em|pir|i|cism Empirismus m
em|plas|trum Emplastrum n
em|pros|thot|o|nus Emprosthotonus m
em|py|e|ma Empyema n, Empyem n
em|py|em|a|tous empyematös

em|py|e|mic empyemisch
emul|si|fi|er Emulgator m
emul|si|fy emulgieren
emul|sin Emulsin n
emul|sion Emulsion f
emul|soid Emulsoid n
enam|el Enamelum n, Zahnschmelz m
enam|e|lo|ma Enamelom n
enam|e|lum Enamelum n
en|an|them Enanthem n
en|an|the|ma Enanthema n
en|an|them|a|tous enanthematös
en|an|tio|mer Enantiomer n
en|cap|su|late encapsulieren, eincapseln
en|cap|su|la|tion Encapsulation f, Eincapselung f
en|ceph|a|lal|gia Encephalalgie f, Kopfschmerz m
en|ce|phal|ic encephal
en|ceph|a|lit|ic encephalitisch
en|ceph|a|li|tis Encephalitis f
en|ceph|a|lo|cele Encephalocele f
en|ceph|a|lo|cys|to|cele Encephalocystocele f
en|ceph|a|lo|cys|to|me|nin|gocele Encephalocystomeningocele f
en|ceph|a|lo|gram Encephalogramm n
en|ceph|a|log|ra|phy Encephalographie f
en|ceph|a|lol|o|gy Encephalologie f, Hirnkunde f
en|ceph|a|lo|ma|la|cia Encephalomalacia f, Encephalomalacie f
en|ceph|a|lo|men|in|gi|tis Encephalomeningitis f
en|ceph|a|lo|me|nin|go|cele Encephalomeningocele f
en|ceph|a|lo|my|e|li|tis Encephalomyelitis f
en|ceph|a|lo|my|e|lop|a|thy Encephalomyelopathie f
en|ceph|a|lo|myo|car|di|tis Encephalomyocarditis f
en|ceph|a|lon Encephalon n, Gehirn n
en|ceph|a|lop|a|thy Encephalopathie f
en|ceph|a|lor|rha|gia Encephalorrhagie f
en|ceph|a|lo|sis Encephalose f
en|ceph|a|lo|tome Encephalotom n
en|ceph|a|lot|o|my Encephalotomie f
en|chon|dral enchondral
en|chon|dro|ma Enchondrom n
en|cop|re|sis Encopresis f
en|cra|ni|us Encranius m
en|cy|e|sis Schwangerschaft f
end|an|ge|i|tis Endangiitis f
end|an|gi|i|tis Endangiitis f
end|aor|ti|tis Endaortitis f
end|ar|ter|ec|to|my Endarteriectomie f
end|ar|te|ri|al endarteriell
end|ar|te|ri|ec|to|my Endarte-

riectomie f

end|ar|te|ri|tis Endarteritis f

end|au|ral endaural

end|brain Endhirn n

en|dem|ic endemisch

end|er|gon|ic endergon

en|der|mic endermatisch

en|der|mo|sis Endermosis f

en|do|an|eu|rys|mor|rha|phy Endoaneurysmorrhaphie f

en|do|an|gi|i|tis Endoangiitis f

en|do|aor|ti|tis Endoaortitis f

en|do|ar|te|ri|tis Endoarteritis f

en|do|bi|ot|ic endobiotisch

en|do|bron|chi|al endobronchial

en|do|car|di|al endocardial

en|do|car|dit|ic endocarditisch

en|do|car|di|tis Endocarditis f

en|do|car|di|um Endocardium n

en|do|cer|vi|cal endocervical

en|do|cer|vix Endocervix f

en|do|chon|dral endochondral

en|do|cra|ni|tis Endocranitis f

en|do|cra|ni|um Endocranium n

en|do|crine endocrin

en|do|cri|nol|o|gy Endocrinologie f

en|do|cri|no|path|ic endocrinopathisch

en|do|cri|nop|a|thy Endocrinopathie f

en|do|cri|no|ther|a|py Endocrinotherapie f

en|doc|ri|nous endocrin

en|do|cy|to|sis Endocytose f

en|do|en|zyme Endoenzym n

en|do|ge|net|ic endogen

en|do|gen|ic endogen

en|dog|e|nous endogen

en|dog|e|ny Endogenie f

en|do|la|ryn|ge|al endolaryngeal

en|do|lymph Endolymphe f

en|do|lym|pha Endolympha f

en|do|lym|phat|ic endolymphatisch

en|do|ly|sin Endolysin n

en|do|me|tri|o|ma Endometriom n

en|do|me|tri|o|sis Endometriosis f

en|do|me|tri|tis Endometritis f

en|do|me|tri|um Endometrium n

en|do|mi|to|sis Endomitose f

en|do|myo|car|di|tis Endomyocarditis f

en|do|mys|i|um Endomysium n

en|do|na|sal endonasal

en|do|neu|ri|um Endoneurium n

en|do|nu|cle|ase Endonuclease f

en|do|par|a|site Endoparasit m

en|do|par|a|sit|ic endoparasitär

en|do|pel|vic endopelvin

en|do|pep|ti|dase Endopeptidase f

en|do|peri|car|di|tis Endopericarditis f

en|do|peri|myo|car|di|tis Endoperimyocarditis f
en|do|phle|bi|tis Endophlebitis f
en|do|phyte Endophyt m
en|do|phyt|ic endophytisch
en|do|plasm Endoplasma n
en|do|plas|mic endoplasmatisch
end|or|phin Endorphin n
end|or|phine Endorphin n
en|do|scope Endoscop n
en|do|scop|ic endoscopisch
en|dos|co|py Endoscopie f
en|do|skel|e|ton Endoskelett n
end|os|mose Endosmose f
end|os|mo|sis Endosmosis f
end|os|mot|ic endosmotisch
end|os|te|um Endosteum n
en|do|the|li|al endothelial
en|do|the|lio|cyte Endotheliocyt m
en|do|the|li|oid endothelioid
en|do|the|li|o|ma Endotheliom(a) n
en|do|the|li|um Endothelium n
en|do|ther|mic endotherm
en|do|tox|i|co|sis Endotoxicose f
en|do|tox|in Endotoxin n
en|do|tra|che|al endotracheal
en|do|vas|cu|li|tis Endovasculitis f
en|er|get|ics Energetik f
en|er|gy Energie f
en|er|gy-rich energiereich
en|gas|tri|us Engastrius m
en|globe|ment Phagocytose f
en|gram Engramm n
en|gramme Engramm n
enol Enol n
eno|lase Enolase f
en|oph|thal|mos Enophthalmus m
en|si|form ensiform, schwertförmig
en|tel|e|chy Entelechie f
en|ter|al enteral
en|ter|i|tis Enteritis f
en|tero|anas|to|mo|sis Enteroanastomosis f
en|ter|o|bi|a|sis Enterobiasis f
en|tero|cele Enterocele f
en|tero|cep|tive enteroceptiv
en|tero|chro|maf|fin enterochromaffin
en|ter|oc|ly|sis Enteroclysis f
en|tero|coc|cus Enterococcus m
en|tero|col|ec|to|my Enterocolectomie f
en|tero|co|li|tis Enterocolitis f
en|tero|co|los|to|my Enterocolostomie f
en|tero|cri|nin Enterocrinin n
en|tero|cyst Enterocyste f
en|tero|cys|to|ma Enterocystom n
en|tero|en|ter|os|to|my Enteroenterostomie f
en|tero|gas|trone Enterogastron n
en|ter|og|e|nous enterogen
en|tero|ki|nase Enterokinase f

en|tero|lith Enterolith m
en|tero|li|thi|a|sis Enterolithiasis f
en|ter|ol|o|gist Enterologe m
en|ter|ol|o|gy Enterologie f
en|tero|my|co|sis Enteromycosis f, Enteromycose f
en|ter|on Enteron n
en|tero|pa|ral|y|sis Enteroparalysis f
en|ter|op|a|thy Enteropathie f
en|tero|pexy Enteropexie f
en|ter|op|to|sis Enteroptosis f
en|tero|spasm Enterospasmus m
en|tero|sta|sis Enterostasis f
en|tero|ste|no|sis Enterostenosis f
en|ter|os|to|my Enterostomie f
en|tero|tome Enterotom n
en|ter|ot|o|my Enterotomie f
en|tero|tox|in Enterotoxin n
en|tero|vi|rus Enterovirus n
en|tero|zo|on Enterozoon n
en|to|blast Entoblast n
en|to|derm Entoderm n
en|to|der|mal entodermal
en|to|mol|o|gist Entomologe m
en|to|mol|o|gy Entomologie f
en|to|mo|pho|bia Entomophobie f
ent|op|tic entoptisch
ent|op|to|scop|ic entoptoscopisch
ent|op|tos|co|py Entoptoscopie f
ent|otic entotisch
en|to|zo|on Entozoon n
en|tro|pi|on Entropion n
en|tro|pi|on|ize entropieren
en|tro|py Entropie f
enu|cle|ate enucleieren
enu|cle|a|tion Enucleation f
en|u|re|sis Enuresis f
en|ven|om envenomieren
en|ven|om|a|tion Envenomisation f
en|vi|ron|ment Umgebung f, Umwelt f, Milieu n
en|zo|ot|ic enzootisch
en|zy|mat|ic enzymatisch
en|zyme Enzym n
en|zy|mic enzymisch
en|zy|mol|o|gy Enzymologie f
en|zy|mo|pe|nia Enzymopenie f
en|zym|uria Enzymurie f
eo|sin Eosin n
eo|sine Eosin n
eo|sin|o|pe|nia Eosinopenie f
eo|sin|o|phil eosinophil, Eosinophiler m
eo|sin|o|phile eosinophil, Eosinophiler m
eo|sin|o|phil|ia Eosinophilie f
eo|sin|o|phil|ic eosinophil
ep|ar|te|ri|al eparteriell
ep|en|dy|ma Ependym n
ep|en|dy|mi|tis Ependymitis f
ep|en|dy|mo|blas|to|ma Ependymoblastom n
ep|en|dy|mo|ma Ependymom n
eph|apse Ephapse f
eph|ap|tic ephaptisch

eph|e|bo|gen|e|sis Ephebogenese f
ephem|er|al ephemer
epi|bleph|a|ron Epiblepharon n
epi|bul|bar epibulbär
epi|can|thus Epicanthus m
epi|car|dia Epicardia f
epi|car|di|al epicardial
epi|car|di|um Epicardium n
epi|co|mus Epicomus m
epi|con|dy|lar epicondylar
epi|con|dyle Epicondylus m
epi|con|dyl|i|an epicondylar
epi|con|dyl|ic epicondylar
epi|con|dy|li|tis Epicondylitis f
epi|con|dy|lus Epicondylus m
epi|cra|ni|um Epicranium n
epi|cra|ni|us Epicranius m
epi|cri|sis Epicrisis f
epi|crit|ic epicritisch
epi|cyte Epicyt m
epi|dem|ic epidemisch, Epidemie f
epi|de|mi|ol|o|gist Epidemiologe m
epi|de|mi|o|log|ic epidemiologisch
epi|de|mi|ol|o|gy Epidemiologie f
epi|der|mal epidermal
epi|der|mat|ic epidermatisch
epi|der|mic epidermal
epi|der|mis Epidermis f
epi|der|mi|tis Epidermitis f
epi|der|mo|dys|pla|sia Epidermodysplasia f
epi|der|mol|y|sis Epidermolysis f
epi|der|mo|lyt|ic epidermolytisch
epi|der|mo|my|co|sis Epidermomycosis f
epi|der|moph|y|tid Epidermophytid n
epi|did|y|mal epididymal
epi|did|y|mec|to|my Epididymectomie f
epi|did|y|mis Epididymis f
epi|did|y|mi|tis Epididymitis f
epi|did|y|mo|or|chi|dec|to|my Epididymoorchidectomie f
epi|did|y|mo|or|chi|tis Epididymoorchitis f
epi|did|y|mot|o|my Epididymotomie f
epi|did|y|mo|vas|os|to|my Epididymovasostomie f
epi|du|ral epidural
epi|fas|ci|al epifascial
epi|gas|tral|gia Epigastralgie f
epi|gas|tric epigastrisch
epi|gas|tri|um Epigastrium n
epi|gas|tri|us Epigastrius m
epi|gas|tro|cele Epigastrocele f
epi|gen|e|sis Epigenesis f
epi|ge|net|ic epigenetisch
epi|glot|ti|dec|to|my Epiglottidectomie f
epi|glot|tis Epiglottis f
epi|glot|ti|tis Epiglottitis f

epig|na|thus Epignathus m
ep|i|late epilieren
ep|i|la|tion Epilation f
ep|i|lep|sia Epilepsia f
ep|i|lep|sy Epilepsie f
ep|i|lep|tic epileptisch, Epileptiker m
ep|i|lep|ti|form epileptiform
ep|i|lep|to|gen|ic epileptogen
ep|i|lep|tog|e|nous epileptogen
ep|i|lep|toid epileptoid
ep|i|lep|tol|o|gist Epileptologe m
ep|i|lep|tol|o|gy Epileptologie f
epi|mer Epimer n
ep|i|mer|ic epimer
epi|mere Epimer n
epi|my|si|um Epimysium n
epi|neph|rin Epinephrin n, Adrenalin n
epi|neph|rine Epinephrin n, Adrenalin n
epi|neu|ri|um Epineurium n
epi|phe|nom|e|non Epiphänomen n
epi|phre|nal epiphrenal
epi|phren|ic epiphrenisch
epi|phy|lax|is Epiphylaxis f
epi|phy|se|al epiphyseal, epiphysär
ep|i|phys|eo|ne|cro|sis Epiphyseonecrosis f
ep|i|phys|io|ne|cro|sis Epiphysionecrosis f
ep|i|phys|i|al epiphysär
ep|i|phys|i|ol|y|sis Epiphysiolysis f
epiph|y|sis Epiphysis f, Epiphyse f
epiph|y|si|tis Epiphysitis f
epi|phyte Epiphyt m
epip|lo|cele Epiplocele f
ep|i|plo|ic epiploisch
epip|lo|on Epiploon n
epi|scle|ra Episclera f
epi|scle|ral episcleral
epi|scle|ri|tis Episcleritis f
epis|i|ot|o|my Episiotomie f
epi|some Episom n
epi|spa|dia Epispadie f
ep|i|stax|is Epistaxis f
ep|i|stro|phe|us Epistropheus m
epi|thal|a|mus Epithalamus m
ep|i|tha|lax|ia Epithalaxie f
ep|i|the|li|al epithelial
ep|i|the|li|oid epithel(i)oid
ep|i|the|li|o|ma Epitheliom n
ep|i|the|li|o|ma|tous epitheliomatös
ep|i|the|li|tis Epithelitis f
ep|i|the|li|um Epithel(ium) n
ep|i|the|li|za|tion Epithelisation f
ep|i|the|lize epithelisieren
ep|i|trich|i|um Epitrichium n
epi|troch|lea Epitrochlea f
epi|tu|ber|cu|lo|sis Epituberculosis f
epi|tym|pa|num Epitympanum n
epi|tym|pan|ic epitympanal

epi|zo|on Epizoon n
epi|zo|on|o|sis Epizoonosis f
ep|o|nych|i|um Eponychium n
ep|o|oph|o|ron Epoophoron n
ep|si|lon Epsilon n
epu|lis Epulis f
equa|tion Gleichung f
equa|tor Aequator m
equil|i|bra|tion Äquilibrierung f
equi|lib|ri|um Äquilibrium n, Gleichgewicht n
er|bi|um Erbium n
erec|tile erectil
erec|tion Erection f
erec|tor Erector m
er|e|mo|pho|bia Eremophobie f
erep|sin Erepsin n
er|e|thism Erethismus m
erg erg n
er|ga|sia Ergasie f
er|ga|si|a|try Ergasiatrie f
er|ga|sio|ma|nia Ergasiomanie f
er|gas|to|plasm Ergastoplasma n
er|go|graph Ergograph m
er|gom|e|ter Ergometer n
er|go|ther|a|py Ergotherapie f
er|got|ism Ergotismus m
er|go|tox|ine Ergotoxin n
er|o|gen|ic erogen
erog|e|nous erogen
ero|ma|nia Eromanie f
ero|sion Erosion f
erot|ic erotisch
ero|to|ma|nia Erotomanie f
ero|to|pho|bia Erotophobie f
eruc|ta|tion Eructation f
eru|ga|to|ry erugatorisch, Erugatorium n
erup|tion Eruption f
er|y|sip|e|las Erysipelas n
er|y|sip|e|loid Erysipeloid n
er|y|the|ma Erythem(a) n
er|y|thras|ma Erythrasma n
er|y|thre|mia Erythrämie f
eryth|ro|blast Erythroblast m
eryth|ro|blas|te|mia Erythroblasthämie f
eryth|ro|blas|to|ma Erythroblastom n
eryth|ro|blas|to|pe|nia Erythroblastopenie f
eryth|ro|blas|to|sis Erythroblastosis f
er|y|throc|la|sis Erythroclasis f
eryth|ro|cy|a|no|sis Erythrocyanosis f
eryth|ro|cyte Erythrocyt m
eryth|ro|cy|the|mia Erythrocythämie f
eryth|ro|cyt|ic erythrocytär, Erythrocyt(en)...
eryth|ro|cy|to|blast Erythrocytoblast m
eryth|ro|cy|tol|y|sin Erythrocytolysin n
eryth|ro|cy|tol|y|sis Erythrocytolyse f
eryth|ro|cy|tom|e|ter Erythro-

cytometer n

eryth|ro|cy|tom|e|try Erythrocytometrie f

eryth|ro|cy|to|poi|e|sis Erythrocytopo(i)ese f

eryth|ro|cy|to|sis Erythrocytosis f

eryth|ro|der|ma Erythroderma n

eryth|ro|gen|e|sis Erythrogenesis f

eryth|ro|gen|ic erythrogen

eryth|ro|ker|a|to|der|mia Erythrokeratodermia f

eryth|ro|me|lal|gia Erythromelalgia f

eryth|ro|me|lia Erythromelia f

eryth|ro|my|cin Erythromycin n

eryth|ro|my|e|lo|sis Erythromyelosis f

er|y|thron Erythron n

eryth|ro|pe|nia Erythropenia f, Erythropenie f

eryth|ro|phage Erythrophage m

eryth|ro|pha|gia Erythrophagie f

eryth|ro|phago|cy|to|sis Erythrophagocytosis f

eryth|ro|phil erythrophil

eryth|ro|pho|bia Erythrophobie f

er|y|thro|pia Erythropia f, Erythropie f

eryth|ro|poi|e|sis Erythropoiesis f, Erythropoiese f

eryth|ro|poi|et|ic erythropoietisch

eryth|ro|poi|e|tin Erythropoietin n

er|y|throp|sia Erythropsia f, Erythropsie f

er|y|throp|sin Erythropsin n

eryth|rose Erythrose f

er|y|thro|sis Erythrosis f

er|y|thru|ria Erythrurie f

esoph|a|ge|al ösophageal

esoph|a|gec|ta|sia Ösophagectomie f

esoph|a|gec|to|my Ösophagectasie f

esoph|a|gism Ösophagismus m

esoph|a|gi|tis Ösophagitis f

esoph|a|go|bron|chi|al ösophagobronchial

esoph|a|go|cele Ösophagocele f

esoph|a|go|du|o|de|nos|to|my Ösophagoduodenostomie f

esoph|a|go|en|ter|os|to|my Ösophagoenterostomie f

esoph|a|go|esoph|a|gos|to|my Ösophagoösophagostomie f

esoph|a|go|gas|trec|to|my Ösophagogastrectomie f

esoph|a|go|gas|tros|to|my Ösophagogastrostomie f

esoph|a|go|gram Ösophagogramm n

esoph|a|go|je|ju|nos|to|my Ösophagojejunostomie f

esoph|a|gop|a|thy Ösophagopathie f

esoph|a|go|scope Ösophago-

scop n
esoph|a|gos|co|py Ösophago-scopie f
esoph|a|go|spasm Ösophago-spasmus m
esoph|a|go|ste|no|sis Ösophagostenose f
esoph|a|gos|to|my Ösophagostomie f
esoph|a|got|o|my Ösophagotomie f
esoph|a|gus Oesophagus m
eso|pho|ria Esophorie f
es|pun|dia Espundia f
es|sen|tial essentiell
es|ter Ester m
es|ter|ase Esterase f
es|ter|i|fi|ca|tion Veresterung f
es|ter|i|fy verestern
es|the|sia Ästhesie f
es|the|si|ol|o|gy Ästhesiologie f
es|the|si|om|e|ter Ästhesiometer n
es|the|sio|neu|ro|blas|to|ma Ästhesioneuroblastom n
es|the|sio|neu|ro|ep|i|the|li|o-ma Ästhesioneuroepitheliom n
es|thet|ic ästhetisch
es|ti|val ästival
es|ti|vo-au|tum|nal ästivo-autumnal
es|tra|di|ol Östradiol n
es|tro|gen Östrogen n
es|tro|gen|ic östrogen
es|trus Oestrus m
eth|ane Ethan n
eth|a|no|ic Ethan...
eth|a|nol Ethanol n
ether Ether m
ethe|re|al etherisch
eth|ics Ethik f
eth|ine Ethin n
eth|moid Ethmoid n, ethmoid
eth|moi|dal ethmoidal
eth|moi|dec|to|my Ethmoidectomie f
eth|moid|itis Ethmoiditis f
eth|nic ethnisch
ethol|o|gy Ethologie f
eth|yl Ethyl n
eth|yl|a|tion Ethylierung f
eth|yl|ene Ethylen n
eti|ol|o|gy Ätiologie f
eu|chlor|hy|dria Euchlorhydrie f
eu|chol|ia Eucholie f
eu|chro|mat|ic euchromatisch
eu|chro|ma|tin Euchromatin n
eu|chro|ma|top|sia Euchromatopsie f
eu|chro|mo|some Euchromosom n
eu|gen|ic eugenisch
eu|gen|ics Eugenik f
eu|glob|u|lin Euglobulin n
eu|gnath|ic eugnathisch
eu|gon|ic eugonisch
eu|kary|ote Eukaryot m
eu|kary|ot|ic eukaryot(isch)
eu|ker|a|tin Eukeratin n
eu|ki|ne|sia Eukinesie f

eu|mor|phic eumorph
eu|nuch Eunuch m
eu|nuch|oid eunuchoid
eu|nuch|oid|ism Eunuchoidismus m
eu|pho|ria Euphorie f
eu|pho|ri|ant euphorisierend, Euphoreticum n
eu|phor|ic euphorisch
eu|pnea Eupnoe f
eu|prax|ia Eupraxie f
eu|ro|pi|um Europium n
eu|ryg|na|thism Eurygnathismus m
eu|ry|on Euryon n
eu|ry|ther|mal eurytherm
eu|ry|ther|mic eurytherm
eu|sys|to|le Eusystole f
eu|tha|na|sia Euthanasie f
eu|thy|roid euthyroid
eu|thy|roid|ism Euthyroidismus m
eu|to|cia Eutokie f
evac|u|ate evacuieren
evac|u|a|tion Evacuation f, Evacuierung f
evac|u|a|tor Evacuator m
even|tra|tion Eventration f
ever|sion Eversion f
ev|i|ra|tion Eviration f
evis|cer|a|tion Evisceration f
evoke evocieren, hervorrufen
evoked evociert
evo|lu|tion Evolution f
evo|lu|tion|ary evolutionär
ex|ac|er|ba|tion Exacerbation f, Verschlimmerung f
ex|al|ta|tion Exaltation f, Überschwenglichkeit f
ex|am|i|na|tion Untersuchung f
ex|am|ine untersuchen
ex|am|in|ee Untersuchter m
ex|an|them Exanthem n
ex|an|the|ma Exanthema n
ex|an|the|mat|ic exanthematisch
ex|ca|va|tor Excavator m
ex|cise excidieren
ex|ci|sion Excision f
ex|cit|abil|i|ty Excitabilität f, Erregbarkeit f
ex|cit|able excitabel, erregbar
ex|ci|tant anregend, Excitans n
ex|ci|ta|tion Excitation f, Erregung f
ex|cite excitieren, erregen
ex|cit|ing excitierend, erregend
ex|cit|ato|ry excitatorisch, erregend
ex|coch|le|a|tion Excochleation f
ex|co|ri|a|tion Excoriation f
ex|cre|ment Excrement n
ex|cres|cence Excrescenz f
ex|cre|ta Excrete n pl, Ausscheidungen f pl
ex|crete excretieren, ausscheiden
ex|cre|tion Excretion f, Ausscheidung f

ex|cre|to|ry excretorisch
ex|cur|sion Excursion f
ex|er|cise Training n, Übung f
ex|er|gon|ic exergon
ex|fo|li|a|tion Exfoliation f
ex|fo|li|a|tive exfoliativ
ex|ha|la|tion Exhalation f
ex|hale exhalieren
ex|haus|tion Erschöpfung f
ex|haus|tive erschöpfend
ex|hi|bi|tion|ism Exhibitionismus m
ex|hi|bi|tion|ist Exhibitionist m
ex|hu|ma|tion Exhumierung f
ex|hume exhumieren
ex|i|tus Exitus m
exo|cat|a|pho|ria Exocataphorie f
exo|cho|ri|on Exochorion n
exo|coe|lom Exocöl(om) n
exo|crine exocrin
exo|cy|to|sis Exocytosis f
exo|cy|tot|ic exocytotisch
exo|eryth|ro|cyt|ic exoerythrocytär
ex|og|e|nous exogen
exo|hys|tero|pexy Exohysteropexie f
ex|om|pha|los Exomphalos m
exo|nu|cle|ase Exonuclease f
exo|pep|ti|dase Exopeptidase f
exo|pho|ria Exophorie f
ex|oph|thal|mom|e|ter Exophthalmometer n
ex|oph|thal|mom|e|try Exophthalmometrie f
ex|oph|thal|mos Exophthalmos m
ex|oph|thal|mus Exophthalmus m
ex|os|to|sis Exostosis f
exo|ther|mic exotherm
exo|tox|in Exotoxin n
exo|tro|pia Exotropie f
ex|pec|to|rant Expectorans n
ex|pec|to|ra|tion Expectoration f
ex|per|i|ment Experiment n
ex|per|i|men|tal experimentell
ex|pert Experte m, Expertin f
ex|pi|ra|tion Exspiration f
ex|pi|ra|to|ry exspiratorisch
ex|pire exspirieren, ausatmen, sterben
ex|plant explantieren
ex|plant Explantat n
ex|plan|ta|tion Explantation f
ex|plo|ra|tion Exploration f
ex|po|sure Exposition f, Ausgesetztsein n
ex|pres|siv|i|ty Expressivität f
ex|sic|ca|tion Exsiccation f
ex|suf|fla|tion Exsufflation f
ex|ten|sion Extension f
ex|ten|sor Extensor m
ex|tero|cep|tor Exteroceptor m
ex|tero|fec|tive exterofectiv
ex|tinc|tion Extinction f
ex|tir|pa|tion Exstirpation f
ex|tor|sion Extorsion f

ex|tra|ar|tic|u|lar extraarticulär
ex|tra|bul|bar extrabulbär
ex|tra|cam|pine extracampin
ex|tra|cap|su|lar extracapsulär
ex|tra|car|di|ac extracardial
ex|tra|car|di|al extracardial
ex|tra|cel|lu|lar extracellulär
ex|tra|cor|po|ral extracorporal
ex|tra|cor|po|re|al extracorporal
ex|tra|cra|ni|al extracranial
ex|tract Extract m
ex|tract extrahieren
ex|trac|tion Extraction f
ex|tra|du|ral extradural
ex|tra|em|bry|on|ic extraembryonal
ex|tra|eryth|ro|cyt|ic extra-erythrocytär
ex|tra|fas|ci|al extrafascial
ex|tra|gen|i|tal extragenital
ex|tra|he|pat|ic extrahepatisch
ex|tra|med|ul|lary extramedullär
ex|tra|mu|ral extramural
ex|tra|nu|cle|ar extranuclear
ex|tra|oc|u|lar extraocular
ex|tra|oral extraoral
ex|tra|pel|vic extrapelvin
ex|tra|peri|to|ne|al extraperitoneal
ex|tra|pleu|ral extrapleural
ex|trap|o|late extrapolieren
ex|trap|o|la|tion Extrapolation f
ex|tra|pul|mo|nary extrapulmonal
ex|tra|py|ram|i|dal extrapyramidal
ex|tra|re|nal extrarenal
ex|tra|sen|so|ry extrasensorisch, außersinnlich
ex|tra|sys|to|le Extrasystole f
ex|tra|uter|ine extrauterin
ex|tra|vas|cu|lar extravascular
ex|tra|ven|tric|u|lar extraventricular
ex|tre|mi|tas Extremitas f
ex|trem|i|ty Extremität f
ex|trin|sic extrinsisch
ex|tru|sion Extrusion f
ex|tu|ba|tion Extubation f
ex|u|date Exsudat n
ex|u|da|tion Exsudation f
ex|u|da|tive exudativ
eye Auge n
eye|ball Augapfel m
eye|brow Augenbraue f
eye|lash Augenwimper f
eye|lid Augenlid n
eye|piece Ocular n
eye|tooth Augenzahn m
fa|bel|la Fabella f
face Gesicht n
face-lift Gesichtshaut-Straffung f
fac|et Facette f
fa|ci|es Facies f
fa|cil|i|ta|tion Facilitation f,

Erleichterung f
fa|cio|ple|gic faciopleg
fac|tor Factor m
fac|ul|ta|tive facultativ
fac|ul|ty Fähigkeit f, Lehrkörper m, Facultät f
fag|o|py|rism Fagopyrismus m
Fahr|en|heit Fahrenheit **degree F.** Grad m Fahrenheit
fail|ure Versagen n
faint schwach, blaß **to f.** ohnmächtig werden
fal|ci|form falciform, sichelförmig
fall|ing Fall...
fal|lo|pi|an Fallopio-...
fall|out "Fallout" m
false falsch
false-neg|a|tive falsch-negativ
false-pos|i|tive falsch-positiv
falx Falx f
fa|mil|ial familiär
fam|i|ly Familie f
far|a|di|za|tion Faradisation f
far|a|dize faradisieren
far|a|do|con|trac|til|i|ty Faradocontractilität f
far|a|do|ther|a|py Faradotherapie f
far|sight|ed|ness Weitsichtigkeit f
fas|cia Fascia f, Fascie f
fas|cial fascial
fas|ci|cle Fascikel m
fas|cic|u|lar fascicular
fas|cic|u|lat|ed gebündelt
fas|cic|u|la|tion Fasciculation f
fas|cic|u|lus Fasciculus m
fas|ci|ec|to|my Fasciectomie f
fas|ci|od|e|sis Fasciodesis f
fas|ci|o|li|a|sis Fascioliasis f
fas|ci|ot|o|my Fasciotomie f
fas|tig|i|um Fastigium n
fat fett, Fett n
fat-sol|u|ble fettlöslich
fat|ty Fett...
fa|vism Favismus m
feb|ri|fuge Febrifugum n, fiebersenkend
fe|brile febril
fe|cal fäcal
fe|ces Faeces f
fe|cun|date fecundieren, befruchten
fe|cun|da|tion Fecundation f
fe|cun|di|ty Fruchtbarkeit f
fee|ble|mind|ed schwachsinnig
fee|ble|mind|ed|ness Schwachsinnigkeit f
feed|back Rückkoppelung f, "Feedback" n
fel|la|tio Fellatio f
fe|male weiblich, (Mensch) Frau f, (Tier) Weibchen n
fem|i|nine feminin, weiblich
fem|i|nism Feminismus m
fem|i|ni|za|tion Feminisation f
fem|i|nize feminisieren
fem|o|ral femoral
fe|mur Femur n
fe|mo|ra Femora n pl

fe|nes|tra Fenestra f, Fenster n
fen|es|trat|ed fenestriert, gefenstert
fen|es|tra|tion Fenestration f, Fensterung f
fer|ment Ferment n
fer|ment fermentieren
fer|men|ta|tive fermentativ
fer|ri|he|mo|glo|bin Ferrihämoglobin n
fer|ri|tin Ferritin n
fer|ro|che|la|tase Ferrochelatase f
fer|ro|ki|net|ics Ferrokinetik f
fer|rous Eisen(II)...
fer|rum Ferrum n
fer|tile fertil, fruchtbar, (Ei) befruchtet
fer|til|i|ty Fertilität f, Fruchtbarkeit f
fer|til|iza|tion Fertilisation f, Befruchtung f
fer|til|ize fertilisieren, befruchten
fer|ti|li|zin Fertilisin n
fe|tal fötal
fe|ti|cide Föticid m
fet|ish Fetisch m
fet|ish|ism Fetischismus m
fet|ish|ist Fetischist m
fe|tog|ra|phy Fötographie f
fe|tom|e|try Fötometrie f
fe|tus Foetus m
fe|ver Fieber n
fi|at fiat
fi|ber Faser f
fi|ber|scope Fiberscop n
fi|bra Fibra f
fi|bre Faser f
fi|bril Fibrille f
fi|bril|la Fibrilla f
fi|bril|lar fibrillär
fi|bril|late fibrillieren
fi|bril|la|tion Fibrillation f
fi|bril|lo|gen|e|sis Fibrillogenesis f
fi|brin Fibrin n
fi|brin|ase Fibrinase f
fi|brin|o|gen Fibrinogen n
fi|brin|o|geno|pe|nia Fibrinogenopenie f
fi|brin|oid fibrinoid, Fibrinoid n
fi|bri|no|ki|nase Fibrinokinase f
fi|bri|nol|y|sin Fibrinolysin n
fi|bri|nol|y|sis Fibrinolysis f
fi|bri|no|lyt|ic fibrinolytisch
fi|bro|ad|e|no|ma Fibroadenoma n
fi|bro|an|gi|o|ma Fibroangioma n
fi|bro|blast Fibroblast m
fi|bro|blas|to|ma Fibroblastoma n
fi|bro|car|ci|no|ma Fibrocarcinoma n
fi|bro|car|ti|lage Fibrocartilago f
fi|bro|car|ti|lag|i|nous fibrocartilaginös

fi|bro|chon|dro|ma Fibrochondroma n
fi|bro|cys|to|ma Fibrocystoma n
fi|bro|cyte Fibrocyt m
fi|bro|dys|pla|sia Fibrodysplasia f
fi|bro|elas|tic fibroelastisch
fi|bro|elas|to|sis Fibroelastosis f
fi|bro|li|po|ma Fibrolipoma n
fi|brol|y|sis Fibrolysis f
fi|bro|ma Fibroma n
fi|bro|ma|to|sis Fibromatosis f
fi|bro|ma|tous fibromatös
fi|bro|mus|cu|lar fibromusculär
fi|bro|my|o|ma Fibromyoma n
fi|bro|my|o|mec|to|my Fibromyomectomie f
fi|bro|my|o|si|tis Fibromyositis f
fi|bro|myx|o|ma Fibromyxoma n
fi|bro|myxo|sar|co|ma Fibromyxosarcoma n
fi|bro|os|te|o|ma Fibroosteoma n
fi|bro|pla|sia Fibroplasie f
fi|bro|sar|co|ma Fibrosarcoma n
fi|bro|sis Fibrosis f
fi|bro|si|tis Fibrositis f
fi|bro|sit|ic fibrositisch
fi|bro|tho|rax Fibrothorax m
fi|brous fibrös
fi|bro|xan|tho|ma Fibroxanthoma n

fib|u|la Fibula f
fib|u|lar fibular
fi|cin Ficin n
field Feld n
fil|a|ment Filament n
fil|a|men|tous filamentös
fil|a|ri|a|sis Filariasis f
fi|lar|i|cide Filaricid n
fi|lar|i|ci|dal filaricid
fil|ial filial
fili|form filiform
fil|i|pin Filipin n
fil|ter Filter m, filtern, filtrieren
fil|trate Filtrat n
fil|tra|tion Filtration f
fi|lum Filum n
fim|bria Fimbria f
fin|ger Finger m
fin|ger|print Fingerabdruck m
first-aid Erstehilfe...
first-de|gree des ersten Grades
fis|su|ra Fissura f
fis|sure Fissur f
fis|tu|la Fistula f
fis|tu|lec|to|my Fistulectomie f
fis|tu|lot|o|my Fistulotomie f
fit Anfall m, Anpassung f
fix fixieren
fix|ate fixwerden, fixieren
fix|a|tion Fixation f
fix|a|tive Fixiermittel n
fix|ing Fixieren n
flac|cid schlaff
flag|el|lant Flagellant m
flag|el|lant|ism Flagellantis-

mus m
flag|el|la|tion Flagellation f
fla|gel|lum Flagellum n
flank Flanke f
flat flach, platt
flat|foot Plattfuß m
flat|u|lence Flatulenz f
fla|tus Flatus m
fla|vin Flavin n
fla|vo|ki|nase Flavokinase f
fla|vo|noid Flavonoid n, flavonoid
fla|vo|pro|tein Flavoprotein n
flea Floh m
fleck|fie|ber Fleckfieber n
flesh Fleisch n
fleshy fleischig
flex flectieren, beugen, anspannen
flex|i|ble flexibel
flex|ile flexibel
flex|ion Flexion f
flex|or Flexor m
flex|u|ra Flexura f
flex|ure Flexur f
floc|cu|la|tion Flocculation f
floc|cu|lus Flocculus m
floor Boden m
flow fließen, Fluß m, strömen, Strom m
flow|ers Blume f
flow|me|ter Flußmesser m
fluc|tu|a|tion Fluctuation f
flu|id fluid, Fluid n
flu|men Flumen n
flu|mi|na Flumina n pl
flu|o|resce fluorescieren
flu|o|res|cence Fluorescenz f
flu|o|res|cent fluorescent
flu|o|ri|date fluoridieren
flu|o|ri|da|tion Fluoridierung f
flu|o|ri|di|za|tion Fluoridierung f
flu|o|ri|dize fluoridieren
flu|o|rine Fluor n
flu|o|rog|ra|phy Fluorographie f
flu|o|ro|pho|tom|e|try Fluorophotometrie f
flu|o|ro|scope Fluoroscop n
flu|o|ro|scop|ic fluoroscopisch
flu|o|ros|co|py Fluoroscopie f
flu|o|ro|sis Fluorosis f
flu|o|ro|ura|cil Fluorouracil n
flur|az|e|pam Flurazepam n
flux Flux m
foam Schaum m
foamy schaumig
fo|cal focal
fo|cus Focus m, focussieren
fo|late Folat n
fo|lic Fol...
fo|li|um Folium n
fol|li|cle Follikel m
fol|li|cle-stim|u|lat|ing follikel-stimulierend
fol|lic|u|lar folliculär
fol|li|cu|li Folliculi m pl
fol|lic|u|li|tis Folliculitis f
fol|lic|u|lo|ma Folliculoma n
fol|lic|u|lo|sis Folliculosis f

fol|lic|u|lus Folliculus m
fo|men|ta|tion Fomentation f
fon|ta|nel Fontanelle f
fon|ta|nelle Fontanelle f
fon|tic|u|lus Fonticulus m
food Nahrung f
foot Fuß m
foot-and-mouth Maul-und-Klauen-...
foot-print Fußabdruck m
fo|ra|men Foramen n
fo|ram|i|not|o|my Foraminotomie f
fo|ra|min|u|lum Foraminulum n
force Kraft f **to f.** zwingen
for|ceps Forceps f, Zange f
fore|arm Unterarm m
fore|brain Vorderhirn n
fore|fin|ger Zeigefinger m
fore|head Stirn f
for|eign fremd, Fremd...
fore|kid|ney Vorniere f
fo|ren|sic forensisch
fore|play Vorspiel n
fore|skin Vorhaut f
form|al|de|hyde Formaldehyd m
for|ma|tion Bildung f, Ausbildung f, Formation f
for|mic Ameisen..., Form...
for|mi|ca|tion Formication f
for|mim|i|no|trans|fer|ase Formiminotransferase f
form Form f, Gestalt f
for|mu|la Formel f, Recept n
for|myl Formyl n
for|nix Fornix f
fos|sa Fossa f
fos|su|la Fossula f
found|ling Findling m
fo|vea Fovea f
fo|ve|al foveal
fo|ve|o|la Foveola f
fo|ve|o|lar foveolar
fo|ve|o|late foveolar
frac|ture Fractur f, Bruch m
fra|gil|i|tas Fragilitas f
fra|gil|i|ty Fragilität f
frag|men|ta|tion Fragmentierung f
fram|be|sia Frambösie f
free frei
freeze gefrieren
freez|ing Gefrier...
frem|i|tus Fremitus m
fre|not|o|my Frenotomie f
fren|u|lum Frenulum n
fre|num Frenum n
fre|quen|cy Frequenz f, Häufigkeit f
Freud|i|an Freudsch, Freudianer m
fric|tion Friction f, Reibung f
fric|tion|al Reibungs...
fri|gid|i|ty Frigidität f
frog Frosch m
frog-bel|ly Froschbauch m
frons Frons f
fron|tal frontal, Vorder..., Stirn...
frost|bite Erfrierung f
frot|tage Frottage f
fro|zen gefroren, steif

fruc|to|ki|nase Fructokinase f
fruc|tose Fructose f
fruc|tos|uria Fructosurie f
fruit Frucht f, Obst n
frus|trate frustrieren
frus|tra|tion Frustration f
fuch|sin Fuchsin n
fuch|sin|o|phil fuchsinophil
fu|cose Fucose f
fu|co|si|dase Fucosidase f
fu|co|si|do|sis Fucosidosis f
ful|gu|ra|tion Fulguration f
fu|ma|rase Fumarase f
fu|ma|rate Fumarat n
fu|mar|ic Fumar...
fu|mi|ga|tion Fumigation f
fum|ing rauchend
func|tion Function f
func|tion|al functionell
fun|dec|to|my Fundectomie f
fun|do|pli|ca|tion Fundoplication f
fun|do|scop|ic fundoscopisch
fun|dos|co|py Fundoscopie f
fun|dus Fundus m
fun|du|scope Funduscop n
fun|du|scop|ic funduscopisch
fun|dus|co|py Funduscopie f
fun|ge|mia Fungämie f
fun|gi|ci|dal fungicid
fun|gi|cide Fungicid n
fun|gi|form fungiform
fun|gi|sta|sis Fungistasis f
fun|gi|stat|ic fungistatisch
fun|goid fungoid
fun|gous fungös
fun|gus Fungus m
fu|ni|cle Funiculus m
fu|nic|u|lar funiculär
fu|nic|u|li Funiculi m pl
fu|nic|u|li|tis Funiculitis f
fu|nic|u|lus Funiculus m
fun|nel Trichter m
fur Pelz m
fu|ran Furan n
fu|rane Furan n
fu|ra|nose Furanose f
fur|fu|ran Furfuran n
fur|fu|rane Furfuran n
fu|ror Furor m
fu|run|cle Furunkel m
fu|run|cu|lar furunculär
fu|run|cu|li Furunculi m pl
fu|run|cu|lo|sis Furunculosis f
fu|run|cu|lus Furunculus m
fuse vereinigen
fu|si|form fusiform
fu|si|mo|tor fusimotorisch
fu|sion Fusion f
fu|so|bac|te|ria Fusobacteria n pl
fu|so|bac|te|ri|um Fusobacterium n
fu|so|spi|ro|che|tal fusospirochätal
fu|so|spi|ro|che|to|sis Fusospirochaetosis f
gad|o|lin|i|um Gadolinium n
ga|lac|ta|gogue Galactagogum n
ga|lac|tan Galactan n
ga|lac|tase Galactase f

gal|ac|te|mia Galactämie f
ga|lact|hi|dro|sis Galacthidrosis f
ga|lac|to|cele Galactocele f
ga|lac|to|fla|vin Galactoflavin n
ga|lac|to|gram Galactogramm n
gal|ac|tog|ra|phy Galactographie f
ga|lac|to|ki|nase Galactokinase f
ga|lac|to|lip|id Galactolipid n
ga|lac|to|po|et|ic galactopoetisch
ga|lac|to|poi|e|sis Galactopoiesis f
ga|lac|to|poi|et|ic galactopoietisch
ga|lac|to|py|ra|nose Galactopyranose f
ga|lac|tor|rhea Galaktorrhö f
gal|ac|tos|a|min Galactosamin n
ga|lac|tose Galactose f
ga|lac|tos|emia Galactosämie f
ga|lac|to|sid|ase Galactosidase f
ga|lac|to|side Galactosid n
gal|ac|tos|ta|sis Galactostasis f
ga|lac|tos|uria Galactosurie f
ga|lac|to|ther|a|py Galactotherapie f
gal|ac|tu|ria Galacturie f
ga|lac|tu|ron|ic Galacturon...
ga|len|ic galenisch
ga|len|i|cal galenisch, Galenicum n
gal|e|ro|pia Galeropie f
gal|e|rop|sia Galeropsie f
gall|blad|der Gallenblase f
gal|li|um Gallium n
gal|lon Gallone f (USA = 3,785 l; GB = 4,546 l)
gall|stone Gallenstein m
gal|van|ic galvanisch
gal|va|ni|za|tion Galvanisation f
gal|va|nize galvanisieren
gal|vano|tax|is Galvanotaxis f
gal|vano|ther|a|py Galvanotherapie f
gal|va|not|ro|pism Galvanotropismus m
gam|ete Gamet m
ga|me|to|cyte Gametocyt m
gam|e|to|gen|e|sis Gametogenesis f
gam|e|tog|o|ny Gametogonie f
gam|ma|cism Gammacismus m
gam|mop|a|thy Gammopathie f
gam|one Gamon n
gan|glia Ganglia n pl, Ganglien n pl
gan|gli|ec|to|my Gangliectomie f
gan|gli|form gangliform
gan|gli|itis Gangliitis f
gan|glio|blast Ganglioblast m
gan|glio|cyte Gangliocyt m
gan|glio|cy|to|ma Gangliocytoma n

gan|glio|cy|to|neu|ro|ma Gangliocytoneuroma n
gan|glio|form ganglioform
gan|gli|o|ma Ganglioma n
gan|gli|on Ganglion n
gan|gli|on|at|ed ganglioniert
gan|gli|on|ec|to|my Ganglionectomie f
gan|glio|neu|ro|blas|to|ma Ganglioneuroblastoma n
gan|glio|neu|ro|cy|to|ma Ganglioneurocytoma n
gan|glio|neu|ro|ma Ganglioneuroma n
gan|gli|on|itis Ganglionitis f
gan|gli|o|side Gangliosid n
gan|glio|si|do|sis Gangliosidosis f
gan|grene Gangrän n
gan|gre|nous gangränös
gas Gas n, vergasen
gas|se|ri|an Gasser-...
gas|ter Gaster f
gas|tral|gia Gastralgie f
gas|tral|go|ke|no|sis Gastralgokenosis f
gas|trec|ta|sia Gastrectasie f
gas|trec|ta|sis Gastrectasis f
gas|trec|to|my Gastrectomie f
gas|tric gastrisch, Magen...
gas|tric|sin Gastricsin n
gas|trin Gastrin n
gas|tri|tis Gastritis f
gas|tro|anas|to|mo|sis Gastroanastomosis f
gas|tro|cele Gastrocele f
gas|tro|cne|mi|us Gastrocnemius m
gas|tro|co|lic gastrocolisch
gas|tro|co|lot|o|my Gastrocolotomie f
gas|tro|dis|ci|a|sis Gastrodisciasis f
gas|tro|du|o|de|nal gastroduodenal
gas|tro|du|o|de|ni|tis Gastroduodenitis f
gas|tro|du|o|de|nos|to|my Gastroduodenostomie f
gas|tro|en|ter|al|gia Gastroenteralgie f
gas|tro|en|ter|ic gastroenteral
gas|tro|en|ter|it|ic gastroenteritisch
gas|tro|en|ter|i|tis Gastroenteritis f
gas|tro|en|tero|anas|to|mo|sis Gastroenteroanastomosis f
gas|tro|en|ter|ol|o|gist Gastroenterologe m
gas|tro|en|ter|ol|o|gy Gastroenterologie f
gas|tro|en|ter|op|a|thy Gastroenteropathie f
gas|tro|en|ter|op|to|sis Gastroenteroptosis f
gas|tro|en|ter|os|to|my Gastroenterostomie f
gas|tro|ep|i|plo|ic gastroepiploisch
gas|tro|esoph|a|ge|al gastroösophageal

gas|tro|esoph|a|gi|tis Gastrooesophagitis f
gas|tro|esoph|a|go|plas|ty Gastroösophagoplastik f
gas|tro|gas|tros|to|my Gastrogastrostomie f
gas|tro|gen|ic gastrogen
gas|tro|he|pat|ic gastrohepatisch
gas|tro|il|e|ac gastroileal
gas|tro|in|tes|ti|nal gastrointestinal
gas|tro|je|ju|nal gastrojejunal
gas|tro|je|ju|ni|tis Gastrojejunitis f
gas|tro|je|ju|nos|to|my Gastrojejunostomie f
gas|tro|li|e|nal gastrolienal
gas|tro|lith Gastrolith m
gas|tro|li|thi|a|sis Gastrolithiasis f
gas|trol|o|gy Gastrologie f
gas|trol|y|sis Gastrolysis f
gas|tro|ma|la|cia Gastromalacie f
gas|tro|meg|a|ly Gastromegalie f
gas|trom|e|lus Gastromelus m
gas|tro|my|co|sis Gastromycosis f
gas|tro|my|ot|o|my Gastromyotomie f
gas|tro|pan|cre|at|ic gastropancreatisch
gas|trop|a|thy Gastropathie f
gas|tro|pexy Gastropexie f
gas|tro|phren|ic gastrophrenisch
gas|tro|plas|ty Gastroplastik f
gas|tro|pli|ca|tion Gastroplication f
gas|trop|to|sis Gastroptosis f
gas|tro|py|lo|rec|to|my Gastropylorectomie f
gas|tror|rha|gia Gastrorrhagie f
gas|tror|rha|phy Gastrorrhaphie f
gas|tros|chi|sis Gastroschisis f
gas|tro|scope Gastroscop n
gas|tros|co|py Gastroscopie f
gas|tro|spasm Gastrospasmus m
gas|tro|splen|ic gastrosplenisch
gas|tro|stax|is Gastrostaxis f
gas|tros|to|my Gastrostomie f
gas|tro|suc|cor|rhea Gastrosuccorrhö f
gas|trot|o|my Gastrotomie f
gas|tru|la Gastrula f
gas|tru|la|tion Gastrulation f
gauze Gaze f
ga|vage Gavage f
gel Gel n
ge|las|tic gelastisch
gel|ate gelieren
gel|at|ed geliert
ge|lat|i|fi|ca|tion Gelierung f
gel|a|tin Gelatine f
ge|lat|i|nize gelatinieren
ge|lat|i|nous gelatinös
ge|la|tion Gelation f

gelo|ple|gia Geloplegie f
gel|ose Gelose f
ge|lo|sis Gelosis f
gel|o|to|lep|sy Gelotolepsie f
ge|mel|lus Gemellus m
gen|der Geschlecht n
gene Gen n
gen|er|al allgemein, generell
gen|er|al|iza|tion Generalisation f
gen|er|al|ize generalisieren
gen|er|a|tion Generation f
ge|ner|ic generisch
gen|e|sis Genesis f
ge|net|ic genetisch
ge|net|i|cist Genetiker m
ge|net|ics Genetik f
Ge|ne|va Genf n, Genfer
ge|nic|u|lar Knie...
ge|nic|u|lum Geniculum n
ge|nio|glos|sus Genioglossus m
ge|nio|hyo|glos|sus Geniohyoglossus m
ge|nio|hy|oid Geniohyoideus m
gen|i|tal genital
gen|i|tals Genitalien f pl
gen|i|to|uri|nary urogenital
geno|der|ma|to|sis Genodermatosis f
ge|nom Genom n
ge|nome Genom n
ge|no|type Genotyp m
ge|no|typ|ic genotypisch
ge|no|typ|i|cal genotypisch
ge|nu Genu n
ge|nus Genus n
geo|med|i|cine Geomedicin f
geo|met|ric geometrisch
geo|met|ri|cal geometrisch
geo|pha|gia Geophagia f
ge|oph|a|gism Geophagismus m
ge|oph|a|gy Geophagie f
ge|ot|ri|cho|sis Geotrichosis f
ge|ot|ro|pism Geotropismus m
ge|phy|ro|pho|bia Gephyrophobie f
ger|a|tol|o|gy Geratologie f
ger|i|at|ric geriatrisch
ger|i|a|tri|cian Altersmediciner m, Geriater m
ger|i|at|rics Geriatrie f
ger|i|a|trist Geriater m
germ Keim m
ger|ma|ni|um Germanium n
ger|mi|ci|dal germicid
ger|mi|cide Germicid n
ger|mi|nal germinal, Keim...
ger|mi|nate keimen
ger|mi|na|tion Germination f, Keimung f
ger|mi|na|tive germinativ, Keim...
ger|mi|no|ma Germinoma n
ger|o|co|mia Gerocomia f
ge|roc|o|my Gerocomie f
gero|der|ma Geroderma n
gero|ma|ras|mus Geromarasmus m
ger|on|tol|o|gy Gerontologie f
ges|ta|tion Gestation f, Schwangerschaft f
ges|ta|tion|al Gestations...

ges|to|sis Gestosis f
ghost Geist m
gi|ant Riese m
gi|ant|ism Gigantismus m
gi|gan|tism Gigantismus m
gi|gan|to|blast Gigantoblast m
gi|gan|to|cel|lu|lar giganto-cellular
gi|gan|to|chro|mo|blast Gigantochromoblast m
gi|gan|to|cyte Gigantocyt m
gin|gi|va Gingiva f
gin|gi|vec|to|my Gingivectomie f
gin|gi|vi|tis Gingivitis f
gin|gi|vo|sto|ma|ti|tis Gingivostomatitis f
gin|gly|mus Ginglymus m
git|ter|fa|sern Gitterfasern f pl
gla|bel|la Glabella f
gland Drüse f
glan|du|la Glandula f
glans Glans f
glau|co|ma Glaucoma n
glau|co|ma|tous glaucomatös
glia Glia f
glia|cyte Gliacyt m
gli|al glial, Glia...
glio|blas|to|ma Glioblastoma n
glio|car|ci|no|ma Gliocarcinoma n
glio|fi|bro|sar|co|ma Gliofibrosarcoma n
gli|og|e|nous gliogen
gli|o|ma Glioma n
gli|om|a|tous gliomatös
gli|o|ma|to|sis Gliomatosis f
glio|neu|ro|blas|to|ma Glioneuroblastoma n
glio|neu|ro|ma Glioneuroma n
glio|sar|co|ma Gliosarcoma n
gli|o|sis Gliosis f
glio|some Gliosom n
glo|bin Globin n
glob|u|lar globular
glob|u|li|ci|dal globulicid
glob|u|li|cide Globulicid n, globulicid
glob|u|lin Globulin n **alpha g.** Alpha-Globulin n **beta g.** Beta-Globulin n **gamma g.** Gamma-Globulin n
glob|u|lin|uria Globulinurie f
glo|man|gi|o|ma Glomangioma n
glom|era Glomera n pl
glo|mer|u|lar glomerular
glom|er|ule Glomerulus m
glo|mer|u|li Glomeruli m pl
glo|mer|u|li|tis Glomerulitis f
glo|mer|u|lo|ne|phri|tis Glomerulonephritis f
glo|mer|u|lo|scle|ro|sis Glomerulosclerosis f
glo|mer|u|lus Glomerulus m
glo|mus Glomus n
glos|sal|gia Glossalgie f
glos|san|thrax Glossanthrax m
glos|sec|to|my Glossectomie f
glos|si|tis Glossitis f
glos|so|cele Glossocele f
glos|so|dyn|ia Glossodynie f

glos|so|la|bi|al glossolabial
glos|so|la|bio|pha|ryn|ge|al glossolabiopharyngeal
glos|so|la|lia Glossolalie f
glos|sol|o|gy Glossologie f
glos|sop|a|thy Glossopathie f
glos|so|pha|ryn|ge|us Glossopharyngeus m
glos|so|ple|gia Glossoplegie f
glos|sop|to|sis Glossoptosis f
glos|so|spasm Glossospasmus m
glos|sot|o|my Glossotomie f
glos|so|trich|ia Glossotrichie f
glot|tis Glottis f
glu|ca|gon Glucagon n
glu|ca|gone Glucagon n
glu|ca|gon|o|ma Glucagonoma n
glu|case Glucase f
glu|co|cor|ti|coid Glucocorticoid n
glu|co|fu|ra|nose Glucofuranose f
glu|co|ki|nase Glucokinase f
glu|co|kin|in Glucokinin n
glu|col|y|sis Glucolyse f
glu|co|neo|gen|e|sis Gluconeogenese f
glu|con|ic Glucon...
glu|co|no|ki|nase Gluconokinase f
glu|co|no|lac|tone Gluconolacton n
glu|co|pro|tein Glucoprotein n
glu|co|py|ra|nose Glucopyranose f
glu|co|sa|mine Glucosamin n
glu|cose Glucose f
glu|co|si|dase Glucosidase f
glu|co|side Glucosid n
glu|co|sphin|go|side Glucosphingosid n
glu|cos|uria Glucosurie f
glu|cu|ron|ic Glucuron...
glu|cu|ron|i|dase Glucuronidase f
glu|cu|ro|nide Glucuronid n
glu|ta|mate Glutamat n
glu|tam|ic Glutamin...
glu|tam|i|nase Glutaminase f
glu|ta|mine Glutamin n
glu|ta|min|ic Glutamin...
glu|tar|ic Glutar...
glu|ta|thi|one Glutathion n
glu|te|al glutäal
glu|te|lin Glutelin n
glu|ten Gluten n
glu|te|nin Glutenin n
glu|te|us Gluteus m, gluteus
gly|ce|mia Glykämie f
glyc|er|al|de|hyde Glyceraldehyd m
glyc|er|i|dase Glyceridase f
glyc|er|ide Glycerid n
glyc|er|in Glycerin n
glyc|er|ine Glycerin n
glyc|er|ol Glycerol n
glyc|ero|phos|pha|tase Glycerophosphatase f
gly|cine Glycin n
gly|ci|nu|ria Glycinurie f
gly|co|ca|lyx Glycocalyx f
gly|co|coll Glycocoll n

gly|co|gen Glycogen n
gly|co|ge|nase Glycogenase f
gly|co|gen|e|sis Glycogenesis f
gly|co|ge|net|ic glycogenetisch
gly|co|gen|ic glycogen
gly|co|gen|ol|y|sis Glycogenolysis f
gly|co|gen|o|lyt|ic glycogenolytisch
gly|co|gen|o|sis Glycogenosis f
gly|cog|e|ny Glycogenie f
gly|co|he|mia Glycohämie f
gly|co|his|tech|ia Glycohistechia f
gly|co|lip|id Glycolipid n
gly|col|y|sis Glycolysis f
gly|co|lyt|ic glycolytisch
gly|co|pex|is Glycopexis f
gly|co|phil|ia Glycophilia f
gly|co|pro|tein Glycoprotein n
gly|co|si|dal glycosidal
gly|co|side Glycosid n
gly|co|sid|ic glycosidisch
gly|co|sphin|go|lip|id Glycosphingolipid n
gly|co|sphin|go|side Glycosphingosid n
gly|cos|uria Glycosuria f
gly|co|tro|pic glycotrop
gly|cyl Glycyl n
gna|thal|gia Gnathalgia f
gna|thi|on Gnathion n
gnatho|ceph|a|lus Gnathocephalus m
gnatho|dyn|ia Gnathodynia f
gna|thol|o|gy Gnathologie f
gnatho|pal|a|tos|chi|sis Gnathopalatoschisis f
gnatho|plas|ty Gnathoplastik f
gna|thos|chi|sis Gnathoschisis f
gna|thos|to|mi|a|sis Gnathostomiasis f
gno|to|bi|ot|ics Gnotobiotik f
goi|ter Kropf m
goi|tre Kropf m
gold Gold n
go|nad Gonade f
go|nad|al gonadal
go|nad|ec|to|my Gonadectomie f
go|na|do|blas|to|ma Gonadoblastoma n
go|na|do|tro|phin Gonadotrophin n
go|na|do|tro|pic gonadotrop
go|na|do|tro|pin Gonadotropin n
go|nag|ra Gonagra n
go|nal|gia Gonalgia f
gon|ar|thri|tis Gonarthritis f
gon|e|cyst Gonecystis f
gon|e|cys|tic gonecystär
gon|e|cys|tis Gonecystis f
gon|e|cys|ti|tis Gonecystitis f
gon|e|cys|to|lith Gonecystolith m
gon|gy|lo|ne|mi|a|sis Gongylonemiasis f
go|ni|om|e|ter Goniometer n
go|ni|on Gonion n
go|nio|scope Gonioscop n

go|ni|os|co|py Gonioscopie f
go|ni|ot|o|my Goniotomie f
go|ni|tis Gonitis f
gono|coc|ce|mia Gonococcämie f
gono|coc|cus Gonococcus m
gono|cyte Gonocyt m
gono|cy|to|ma Gonocytoma n
gon|or|rhea Gonorrhoea f
goose|flesh Gänsehaut f
graaf|i|an Graafsch
gra|di|ent Gradient m
graft Transplantat n
gram Gramm n
gramme Gramm n
gram-neg|a|tive gram-negativ
gram-pos|i|tive gram-positiv
gran|u|la Granula n pl
gran|u|lar granular
gran|u|lat|ed granuliert
gran|u|la|tion Granulation f
gran|ule Granulum n
gran|u|lo|cyte Granulocyt m
gran|u|lo|cyt|ic granulocytär
gran|u|lo|cy|to|pe|nia Granulocytopenia f
gran|u|lo|cy|to|poi|e|sis Granulocytopoiesis f
gran|u|lo|cy|to|poi|et|ic granulocytopoietisch
gran|u|lo|fil Granulofilocyt m
gran|u|lo|ma Granuloma n
gran|u|lo|ma|to|sis Granulomatosis f
gran|u|lom|a|tous granulomatös
gran|u|lo|mere Granulomer n
gran|u|lo|pe|nia Granulopenia f
gran|u|lo|plasm Granuloplasma n
gran|u|lo|poi|e|sis Granulopoiesis f
gran|u|lo|poi|et|ic granulopoietisch
gran|u|lo|sa Granulosa f
gran|u|lo|sis Granulosis f
graph Graphik f
graph|ic graphisch
graph|an|aes|the|sia Graphanästhesie f
graph|an|es|the|sia Graphanästhesie f
graph|es|the|sia Graphästhesie f
gra|phol|o|gy Graphologie f
grapho|ma|nia Graphomanie f
grapho|ma|ni|ac Graphomane m/f
grapho|mo|tor graphomotorisch
grapho|pho|bia Graphophobia f
graph|or|rhea Graphorrhoea f
graph|or|rhoea Graphorrhoea f
grave schwer, ernst, ungünstig, gefährlich
grav|id gravid, (Mensch) schwanger, (Tier) trächtig
grav|i|da Gravida f, Schwangere f
gra|vid|i|ty Gravidität f
grav|i|ta|tion Gravitation f
grav|i|ta|tion|al Gravitations...
grav|i|ty Schwere f

gray grau
great groß
grief Trauer f
grippe Grippe f
growth Wachstum n, Geschwulst f
gry|po|sis Gryposis f
gua|nine Guanin n
gua|no|sine Guanosin n
gu|ber|nac|u|lum Gubernaculum n
gul|let Speiseröhre f
gum Zahnfleisch n
gum|ma Gumma n
gus|ta|tion Gustation f
gus|ta|to|ry gustatorisch
gus|ta|to|ry-lac|ri|mal gustatorisch-lacrimal
gus|to|lac|ri|mal gustolacrimal
gut Darm m
gut|tu|ral guttural
gym|no|pho|bia Gymnophobia f
gyn|an|dria Gynandrie f
gyn|an|drism Gynandrismus m
gyn|an|dro|blas|to|ma Gynandroblastoma n
gyn|an|dro|morph Gynandromorph m
gyn|an|dro|mor|phic gynandromorph
gyn|an|dro|mor|phism Gynandromorphismus m
gyn|an|dro|mor|phy Gynandromorphie f
gyn|an|dry Gynandrie f
gyn|an|thro|pus Gynanthropus m
gyn|atre|sia Gynatresie f
gy|ne|cic gynoid
gy|ne|cog|ra|phy Gynäcographie f
gy|ne|coid gynäcoid
gy|ne|co|log|ic gynäcologisch
gy|ne|co|log|i|cal gynäcologisch
gy|ne|col|o|gist Gynäcologe m
gy|ne|col|o|gy Gynäcologie f
gy|ne|co|mas|tia Gynaecomastia f
gy|ne|co|mas|ty Gynäcomastie f
gy|ne|cop|a|thy Gynäcopathie f, Frauenkrankheit f
gy|ne|co|pho|bia Gynaecophobia f
gy|ne|pho|bia Gynaephobia f
gy|no|gam|one Gynogamon n
gy|rec|to|my Gyrectomie f
gy|ren|ceph|a|late gyrencephal
gy|ren|ce|phal|ic gyrencephal
gy|ren|ceph|a|lous gyrencephal
gy|ri Gyri m pl
gy|rus Gyrus m
ha|ben|u|la Habenula f
hab|i|tat Habitat n
ha|bit|u|al habituell
ha|bit|u|a|tion Habituation f
hab|i|tus Habitus m
hab|ro|ne|mi|a|sis Habronemiasis f
hae|mo|spo|rid|ia Haemosporidia n pl
haf|ni|um Hafnium n

hair Haar n
half-life Halbwertzeit f
hal|ide Halid n
hal|i|ste|re|sis Halisteresis f
hal|i|ste|ret|ic halisteretisch
hal|i|to|sis Halitosis f
hal|i|tus Halitus m
hal|lu|ci|nate hallucinieren
hal|lu|ci|na|tion Hallucination f
hal|lu|ci|na|tive hallucinativ
hal|lu|ci|na|to|ry hallucinatorisch
hal|lu|ci|no|gen Hallucinogen n
hal|lu|ci|no|gen|ic hallucinogen
hal|lu|ci|no|sis Hallucinosis f
hal|lux Hallux m
ha|lo Halo m
halo|gen Halogen n
halo|gen|ate halogenieren
halo|gen|at|ed halogeniert
ha|lom|e|ter Halometer n
ha|mar|tia Hamartie f
ha|mar|to|blas|to|ma Hamartoblastoma n
ham|ar|to|ma Hamartoma n
ha|ma|tum Hamatum n
ham|mer Hammer m
ham|mer|toe Hammerzehe f
ham|ster Hamster m
ham|u|lus Hamulus m
hand Hand f
hand|ed|ness Händigkeit f
hand|i|cap Behinderung f
hand|print Handabdruck m
hang|over Kater m
hap|a|lo|nych|ia Hapalonychia f
haph|al|ge|sia Haphalgesie f
haph|e|pho|bia Haphephobia f
hap|loid haploid
ha|plo|pia Haplopia f
hap|lo|scope Haploscop n
hap|ten Hapten n
hap|tene Hapten n
hap|te|pho|bia Haptophobia f
hap|tic haptisch
hap|tics Haptik f
hap|to|dys|pho|ria Haptodysphoria f
hap|to|glo|bin Haptoglobin n
hap|to|phore Haptophor n
hard hart
hard|ness Härte f
hard-of-hear|ing schwerhörig
hare|lip Hasenscharte f
har|paxo|pho|bia Harpaxophobia f
hash|eesh Haschisch n
hash|ish Haschisch n
haus|tra Haustra n pl
haus|tra|tion Haustration f
haus|trum Haustrum n
ha|ver|sian Havers-...
head Kopf m
head|ache Kopfschmerz m
heal heilen
heal|er Heiler m
heal|ing heilend, Heilung f
health Gesundheit f

health|ful gesund
healthy gesund
hear hören
hear|ing Gehör n, Hör..., Hören n
heart Herz n
heart|beat Herzschlag m
heat Wärme f, Hitze f
heat|stroke Hitzschlag m
heavy schwer
he|be|phre|nia Hebephrenie f
he|be|phren|ic hebephren
heb|e|tude Hebetudo f
he|bos|te|ot|o|my Hebosteotomie f
he|bot|o|my Hebotomie f
hec|tic hectisch
hec|to|gram Hectogramm n
hec|to|li|ter Hectoliter m
he|don|ism Hedonismus m
he|do|no|pho|bia Hedonophobia f
heel Ferse f
height Höhe f
hel|i|cal helical, Helix...
he|lic|i|form heliciform
hel|i|cine helicin
hel|i|co|po|dia Helicopodie f
hel|i|co|tre|ma Helicotrema n
he|li|en|ceph|a|li|tis Helioencephalitis f
he|lio|ther|a|py Heliotherapie f
he|lio|trop|ic heliotrop
he|li|ot|ro|pism Heliotropismus m
he|li|um Helium n
he|lix Helix f
hel|le|bore Helleborus m
hel|le|bo|rism Helleborismus m, Helleborus-Therapie f
hel|minth Helminthe f
hel|min|tha|gogue Helminthagogum n
hel|min|them|e|sis Helminthemesis f
hel|min|thi|a|sis Helminthiasis f
hel|min|tho|log|ic helminthologisch
hel|min|thol|o|gist Helminthologe m
hel|min|thol|o|gy Helminthologie f
hel|min|tho|ma Helminthoma n
he|mag|glu|ti|na|tion Hämagglutination f
hem|ag|glu|ti|nin Hämagglutinin n
hem|anal|y|sis Haemanalysis f
he|man|gi|ec|ta|sia Haemangiectasia f
he|man|gi|ec|ta|sis Haemangiectasis f
he|man|gi|ec|tat|ic hämangiectatisch
he|man|gio|en|do|the|li|o|ma Haemangioendothelioma n
he|man|gi|o|ma Haemangioma n
he|man|gi|o|ma|tous hämangiomatös
he|man|gio|peri|cy|to|ma

Haemangiopericytoma n
he|man|gio|sar|co|ma Haemangiosarcoma n
hem|ar|thro|sis Haemarthrosis f
he|ma|tem|e|sis Haematemesis f
he|mat|ic hämatisch
he|ma|tin Hämatin n
he|ma|ti|ne|mia Haematinaemia f
he|ma|tin|om|e|ter Hämatinometer n
he|ma|tin|uria Haematinuria f
he|ma|to|bil|ia Haematobilia f
he|ma|to|blast Hämatoblast m
he|ma|to|cele Haematocele f
he|ma|to|che|zia Haematochezia f
he|ma|to|chy|lu|ria Haematochyluria f
he|ma|to|col|pos Haematocolpos m
he|ma|to|crit Hämatocrit m
he|ma|to|cyst Haematocystis f
he|ma|to|cyte Hämatocyt m
he|ma|to|cy|tol|y|sis Haematocytolysis f
he|ma|to|dys|cra|sia Haematodyscrasia f
he|ma|to|gen|e|sis Haematogenesis f
he|ma|to|gen|ic hämatogen
he|ma|tog|e|nous hämatogen
he|ma|to|glo|bin Hämatoglobin n
he|ma|to|gone Hämatogonie f
he|ma|toid hämatoid
he|ma|to|krit Hämatokrit m
he|ma|to|log|ic hämatologisch
he|ma|tol|o|gist Hämatologe m
he|ma|tol|o|gy Hämatologie f
he|ma|to|ma Haematoma n
he|ma|to|me|tra Haematometra f
he|ma|to|my|e|lia Haematomyelia f
he|ma|to|my|e|li|tis Haematomyelitis f
he|ma|toph|a|gous hämatophag
he|ma|toph|a|gus Haematophagus m
he|ma|to|phil|ia Haematophilia f
he|ma|to|pho|bia Haematophobia f
he|ma|to|phyte Hämatophyt m
he|ma|to|poi|e|sis Haematopoiesis f
he|ma|to|poi|et|ic hämatopoietisch
he|ma|tor|rha|chis Haematorrhachis f
he|ma|tor|rhea Haematorrhoea f
he|ma|to|sal|pinx Haematosalpinx f
he|ma|to|si|pho|ni|a|sis Haematosiphoniasis f
he|ma|to|sis Haematosis f
he|ma|to|spec|tro|scope Hämatospectroscop n
he|ma|to|spec|tros|co|py Hämatospectroscopie f
he|ma|to|sper|ma|to|cele Hae-

matospermatocele f

he|ma|to|stat|ic hämatostatisch

he|ma|to|ther|a|py Hämatotherapie f

he|ma|to|ther|mal hämatothermal, warmblütig

he|ma|to|ther|mous hämatotherm, warmblütig

he|ma|to|tho|rax Haematothorax m

he|ma|to|tox|ic hämatotoxisch

he|ma|to|tox|ic|i|ty Hämatotoxicität f

he|ma|to|tox|i|co|sis Haematotoxicosis f

he|ma|to|tym|pa|num Haematotympanum n

he|ma|tox|y|lin Hämatoxylin n

he|ma|tox|y|lino|phil|ic hämatoxylinophil

he|ma|to|zoa Haematozoa n pl

he|ma|to|zo|ic hämatozoisch

he|ma|to|zo|on Haematozoon n

he|ma|tu|ria Haematuria f

heme Häm n

hem|er|a|lo|pia Hemeralopia f

hemi|ablep|sia Hemiablepsia f

hemi|acar|di|us Hemiacardius m

hemi|aceph|a|lus Hemiacephalus m

hemi|achro|ma|top|sia Hemiachromatopsia f

hemi|ageu|sia Hemiageusia f

hemi|am|bly|o|pia Hemiamblyopia f

hemi|an|a|cu|sia Hemianacusia f

hemi|an|al|ge|sia Hemianalgesie f

hemi|an|en|ceph|a|ly Hemianencephalie f

hemi|an|es|the|sia Hemianästhesie f

hemi|an|o|pia Hemianopia f

hemi|an|o|pic hemianop

hemi|an|op|sia Hemianopsia f

hemi|atax|ia Hemiataxia f

hemi|ath|e|to|sis Hemiathetosis f

hemi|at|ro|phy Hemiatrophie f

hemi|bal|lism Hemiballismus m

hemi|bal|lis|mus Hemiballismus m

hemi|car|dia Hemicardia f

hemi|cel|lu|lose Hemicellulose f

hemi|ce|phal|ic hemicephal

hemi|ceph|a|lus Hemicephalus m

hemi|ceph|a|ly Hemicephalie f

hemi|cho|rea Hemichorea f

hemi|chro|ma|top|sia Hemichromatopsia f

hemi|co|lec|to|my Hemicolectomie f

hemi|con|vul|sion Hemiconvulsion f

hemi|cra|nia Hemicrania f

hemi|cra|ni|o|sis Hemicraniosis f

hemi|cys|tec|to|my Hemicystectomie f

hemi|de|cor|ti|ca|tion Hemidecortication f

hemi|dys|es|the|sia Hemidysästhesie f

hemi|fa|cial hemifacial

hemi|glos|sec|to|my Hemiglossectomie f

hemi|glos|so|ple|gia Hemiglossoplegie f

hemi|gna|thia Hemignathia f

hemi|hy|per|es|the|sia Hemihyperästhesie f

hemi|hy|per|hi|dro|sis Hemihyperhidrosis f

hemi|hyp|es|the|sia Hemihypästhesie f

hemi|lar|yn|gec|to|my Hemilaryngectomie f

hemi|ne|phrec|to|my Heminephrectomie f

hemi|o|pia Hemiopia f

hemi|pa|ral|y|sis Hemiparalysis f

hemi|pa|re|sis Hemiparesis f

hemi-par|kin|son|ism Hemiparkinsonismus m

hemi|pel|vec|to|my Hemipelvectomie f

hemi|ple|gia Hemiplegia f

hemi|ple|gic hemiplegisch

hemi|ra|chis|chi|sis Hemirhachischisis f

hemi|sec|tion Hemisection f

hemi|spasm Hemispasmus m

he|mi|sphae|ria Hemisphaeria n pl

he|mi|sphae|ri|um Hemisphaerium n

hemi|sphere Hemisphäre f

hemi|spher|ec|to|my Hemisphärectomie f

he|mi|sphe|ri|um Hemisphaerium n

hemi|spo|ro|sis Hemisporosis f

hemi|thy|roid|ec|to|my Hemithyroidectomie f

hemi|zy|gous hemizygot

he|mo|blast Hämoblast m

he|mo|blas|tic hämoblastisch

he|mo|chro|ma|to|sis Haemochromatosis f

he|mo|chro|ma|tot|ic hämochromatotisch

he|mo|chrome Hämochrom n

he|mo|chro|mo|gen Hämochromogen n

he|mo|chro|mom|e|ter Hämochromometer n

he|mo|co|ag|u|la|tion Hämocoagulation f

he|mo|co|ag|u|lin Hämocoagulin n

he|mo|con|cen|tra|tion Hämoconcentration f

he|mo|co|nia Haemoconia n pl

he|mo|co|ni|o|sis Haemoconiosis f

he|mo|cry|os|co|py Hämocryoscopie f

he|mo|cu|pre|in Hämocuprein n

he|mo|cy|a|nin Hämocyanin n

he|mo|cyte Hämocyt m

he|mo|cy|to|blast Hämocytoblast m
he|mo|cy|to|blas|tic hämocytoblastisch
he|mo|cy|to|blas|to|ma Haemocytoblastoma n
he|mo|cy|to|gen|e|sis Haemocytogenesis f
he|mo|cy|tol|y|sis Haemocytolysis f
he|mo|cy|tom|e|ter Hämocytometer n
he|mo|cy|to|poi|e|sis Haemocytopoiesis f
he|mo|cy|to|zoa Haemocytozoa n pl
he|mo|cy|to|zo|on Haemocytozoon n
he|mo|di|ag|no|sis Haemodiagnosis f
he|mo|di|al|y|sis Haemodyalisis f
he|mo|di|lu|tion Hämodilution f
he|mo|dromo|graph Hämodromograph m
he|mo|dro|mom|e|ter Hämodromometer n
he|mo|dro|mom|e|try Hämodromometrie f
he|mo|dy|nam|ic hämodynamisch
he|mo|dy|nam|ics Hämodynamik f
he|mo|dy|na|mom|e|ter Hämodynamometer n
he|mo|dy|na|mom|e|try Hämodynamometrie f
he|mo|flag|el|late Hämoflagellat m
he|mo|fus|cin Hämofuscin n
he|mo|gen|e|sis Haemogenesis f
he|mo|gen|ic hämogen
he|mo|gen|ic-he|mo|lyt|ic hämogen-hämolytisch
he|mo|glo|bin Hämoglobin n
he|mo|glo|bi|ne|mia Hämoglobinämie f
he|mo|glo|bi|nom|e|ter Hämoglobinometer n
he|mo|glo|bi|no|met|ric hämoglobinometrisch
he|mo|glo|bi|nom|e|try Hämoglobinometrie f
he|mo|glo|bin|op|a|thy Hämoglobinopathie f
he|mo|glo|bin|uria Haemoglobinuria f
he|mo|glo|bin|uric hämoglobinurisch
he|mo|gram Hämogramm n
he|mo|his|tio|blast Hämohistioblast m
he|mo|lith Hämolith m
he|mo|lymph Hämolymphe f
he|mol|y|sate Hämolysat n
he|mol|y|sin Hämolysin n
he|mol|y|sis Haemolysis f
he|mo|lyt|ic hämolytisch
he|mo|lyt|ic-ure|mic hämolytisch-urämisch
he|mo|ly|za|tion Hämolysation f

he|mo|lyze hämolysieren
he|mo|pa|thol|o|gy Hämopathologie f
he|mop|a|thy Hämopathie f
he|mo|peri|car|di|um Haemopericardium n
he|mo|phage Hämophage m
he|mo|phil hämophil
he|mo|phil|ia Haemophilia f
h. A Haemophilia A **h. B** Haemophilia B
he|mo|phil|i|ac Hämophiler m, Bluter m
he|mo|phil|ic hämophil
he|mo|phil|i|oid hämophilioid
he|mo|pho|bia Haemophobia f
he|moph|thal|mia Haemophthalmia f
he|moph|thal|mos Haemophthalmos m
he|mo|plas|tic hämoplastisch, blutbildend
he|mo|poi|e|sis Haemopoiesis f
he|mo|poi|et|ic hämopoietisch
he|mo|poi|e|tin Hämopoietin n
he|mop|ty|sis Haemoptysis f
hem|or|rhage Hämorrhagie f
hem|or|rhag|ic hämorrhagisch
hem|or|rhag|in Hämorrhagin n
he|mor|rhe|ol|o|gy Hämorrheologie f
hem|or|rhoid Hämorrhoide f
hem|or|rhoi|dal hämorrhoidal
hem|or|rhoid|ec|to|my Hämorrhoidectomie f
he|mo|sid|er|in Hämosiderin n
he|mo|sid|er|in|uria Hämosiderinurie f
he|mo|sid|er|o|sis Haemosiderosis f
he|mo|sper|mia Haemospermia f
he|mo|sta|sia Haemostasia f
he|mo|sta|sis Haemostasis f
he|mo|stat|ic Haemostaticum n, hämostatisch
he|mo|styp|tic Haemostypticum n, hämostyptisch
he|mo|ta|chom|e|ter Hämotachometer m
he|mo|ta|chom|e|try Hämotachometrie f
he|mo|ther|a|peu|tics Hämotherapeutik f
he|mo|ther|a|py Hämotherapie f
he|mo|tox|ic|i|ty Hämotoxicität f
he|mo|tox|in Hämotoxin n
he|mot|ro|phe Haemotrophe f
he|mo|tym|pa|num Haemotympanum n
hen|ry Henry n
he|par Hepar n
hep|a|rin Heparin n
hep|a|ri|ne|mia Heparinämie f
hep|a|rin|ize heparinisieren
hep|a|rino|cyte Heparinocyt m
hep|a|ri|tin Heparitin n
hep|a|ri|tin|uria Heparitinuria f
hep|a|tal|gia Hepatalgia f
hep|a|tal|gic hepatalgisch
hep|a|tec|to|my Hepatectomie f

he|pat|ic hepatisch, Leber...
he|pat|i|co|du|o|de|nos|to|my Hepaticoduodenostomie f
he|pat|i|co|en|ter|os|to|my Hepaticoenterostomie f
he|pat|i|co|gas|tros|tomy Hepaticogastrostomie f
he|pat|i|co|je|ju|nos|to|my Hepaticojejunostomie f
he|pat|i|co|li|thot|o|my Hepaticolithotomie f
he|pat|i|co|pan|cre|at|ic hepaticopancreatisch
he|pat|i|co|re|nal hepaticorenal
he|pat|i|cos|to|my Hepaticostomie f
he|pat|i|cot|o|my Hepaticotomie f
hep|a|tit|i|des Hepatitides f pl
hep|a|ti|tis Hepatitis f
hep|a|ti|za|tion Hepatisation f
  gray h. graue Hepatisation
  red h. rote Hepatisation
  yellow h. gelbe Hepatisation
hep|a|to|cel|lu|lar hepatocellulär
hep|a|to|chol|an|gio|du|o|de|nos|to|my Hepatocholangioduodenostomie f
hep|a|to|chol|an|gio|en|ter|os|to|my Hepatocholangioenterostomie f
hep|a|to|chol|an|gio|gas|tros|to|my Hepatocholangiogastrostomie f
hep|a|to|chol|an|gio|je|ju|nos|to|my Hepatocholangiojejunostomie f
hep|a|to|cyte Hepatocyt m
hep|a|to|du|o|de|nal hepatoduodenal
hep|a|to|du|o|de|nos|to|my Hepatoduodenostomie f
hep|a|to|fla|vin Hepatoflavin n
hep|a|to|gen|ic hepatogen
hep|a|tog|e|nous hepatogen
hep|a|to|gram Hepatogramm n
hep|a|to|je|ju|nal hepatojejunal
hep|a|to|jug|u|lar hepatojugular
hep|a|to|len|tic|u|lar hepatolenticular
hep|a|to|li|enal hepatolienal
hep|a|to|li|en|og|ra|phy Hepatolienographie f
hep|a|to|lith Hepatolith m
hep|a|to|li|thec|to|my Hepatolithectomie f
hep|a|to|li|thi|a|sis Hepatolithiasis f
hep|a|tol|o|gist Hepatologe m
hep|a|tol|o|gy Hepatologie f
hep|a|to|ma Hepatoma n
hep|a|to|me|ga|lia Hepatomegalia f
hep|a|to|meg|a|ly Hepatomegalie f
hep|a|to|pexy Hepatopexie f
hep|a|top|to|sis Hepatoptosis f
hep|a|to|re|nal hepatorenal

hep|a|tor|rha|phy Hepatorrhaphie f

hep|a|tor|rhex|is Hepatorrhexis f

hep|a|tos|co|py Hepatoscopie f

hep|a|to|sis Hepatosis f

hep|a|to|sple|no|meg|a|ly Hepatosplenomegalie f

hep|a|to|sple|nop|a|thy Hepatosplenopathie f

hep|a|to|ther|a|py Hepatotherapie f

hep|a|tot|o|my Hepatotomie f

hep|a|to|tox|ic hepatotoxisch

hep|a|to|tox|in Hepatotoxin n

hep|tane Heptan n

hep|tose Heptose f

hep|tyl Heptyl n

herb Kraut n

her|bi|cide Herbicid n

her|biv|o|rous herbivor

he|red|i|tary hereditär

he|red|i|ty Heredität f

her|e|do|de|gen|er|a|tion Heredodegeneration f

her|e|do|de|gen|er|a|tive heredodegenerativ

her|e|do|fa|mil|i|al heredofamiliär

her|e|do|path|ia Heredopathia f

her|maph|ro|dism Hermaphrodismus m

her|maph|ro|dite Hermaphrodit m

her|maph|ro|dit|ic hermaphroditisch

her|maph|ro|dit|ism Hermaphroditismus m

her|nia Hernia f

her|ni|a|tion Herniation f

her|nio|plas|ty Hernioplastik f

her|ni|or|rha|phy Herniorrhaphie f

her|nio|tome Herniotom n

her|ni|ot|o|my Herniotomie f

her|o|in Heroin n

her|o|in|ism Heroinismus m

her|pes Herpes m

her|pes|vi|rus Herpesvirus n

her|pet|ic herpetisch

her|pet|i|form herpetiform

hertz Hertz n

herz|stoss Herzstoß m

het|er|es|the|sia Heterästhesie f

he|ero|ag|glu|ti|nin Heteroagglutinin n

het|ero|al|lele Heteroallel n

het|ero|at|om Heteroatom n

het|ero|blas|tic heteroblastisch

het|ero|chro|mat|ic heterochromatisch

het|ero|chro|ma|tin Heterochromatin n

het|ero|chro|mia Heterochromia f

het|ero|chro|nia Heterochronia f

het|ero|cy|clic heterocyclisch

het|er|o|dont heterodont

het|ero|es|the|sia Hetero-ästhesie f
het|ero|fer|men|ta|tive hetero-
het|ero|ga|met|ic heterogamet
het|er|og|a|my Heterogamie f
het|ero|ge|ne|i|ty Hetero-genität f
het|ero|ge|ne|ous heterogen
het|ero|graft Hetero-transplantat n
het|ero|hem|ag|glu|ti|nin Heterohämagglutinin n
het|ero|he|mol|y|sin Hetero-hämolysin n
het|ero|hyp|no|sis Hetero-hypnosis f
het|ero|in|tox|i|ca|tion Hetero-intoxication f
het|ero|la|lia Heterolalia f
het|ero|lat|er|al heterolateral
het|er|ol|o|gous heterolog
het|er|ol|o|gy Heterologie f
het|ero|ly|sin Heterolysin n
het|ero|me|tro|pia Hetero-metropia f
het|ero|mor|phic heteromorph
het|ero|mor|phism Hetero-morphismus m
het|ero|mor|pho|sis Hetero-morphosis f
het|ero|mor|phous heteromorph
het|er|op|a|thy Heteropathie f
het|ero|phil heterophil
het|ero|phile heterophil
het|ero|pho|ria Heterophoria f
het|ero|phy|di|a|sis Hetero-phydiasis f
het|ero|phy|id|i|a|sis Hetero-phyidiasis f
het|ero|pla|sia Heteroplasia f
het|ero|plas|tic heteroplastisch
het|ero|plas|ty Heteroplastik f
het|ero|ploid heteroploid
het|ero|ploi|dy Heteroploidie f
het|ero|pyk|no|sis Hetero-pyknosis f
het|ero|pyk|not|ic hetero-pyknotisch
het|ero|sac|cha|ride Hetero-saccharid n
het|ero|scope Heteroscop n
het|er|os|co|py Heteroscopie f
het|ero|sex|u|al|i|ty Hetero-sexualität f
het|ero|tax|ia Heterotaxia f
het|ero|tax|is Heterotaxis f
het|ero|taxy Heterotaxie f
het|ero|to|nia Heterotonia f
het|ero|to|pia Heterotopia f
het|ero|top|ic heterotop(isch)
het|ero|trans|plan|ta|tion Heterotransplantation f
het|ero|troph Heterotropher m
het|ero|troph|ic heterotroph
het|er|ox|e|nous heteroxen
het|er|ox|e|ny Heteroxenie f
het|ero|zy|go|sis Hetero-zygosis f
het|ero|zy|gous heterozygot
het|ero|zy|gos|i|ty Hetero-zygotie f
hexa|dac|ty|lism Hexadactylis-

mus m
hex|ane Hexan n
hex|ane|di|o|ic Hexan-di...
hex|a|no|ic Hexan...
hexa|pep|tide Hexapeptid n
hexa|va|lent hexavalent
hexo|ki|nase Hexokinase f
hex|ose Hexose f
hex|yl Hexyl n
hi|a|tus Hiatus m
hi|ber|na|tion Hibernation f, Winterschlaf m
hi|ber|no|ma Hibernoma n
hi|drad|e|ni|tis Hidradenitis f
hi|drad|e|no|car|ci|no|ma Hidradenocarcinoma n
hi|drad|e|no|ma Hidradenoma n
hid|ror|rhea Hidrorrhoea f
hi|dros|ad|e|ni|tis Hidrosadenitis f
hi|dros|che|sis Hidroschesis f
hi|dro|sis Hidrosis f
hi|drot|ic hidrotisch, Hidroticum n
high hoch
high-al|ti|tude Höhen...
high-ca|lo|ric hochcalorisch, calorienreich
high-fre|quen|cy Hochfrequenz...
high-vi|ta|min vitaminreich
hi|la Hila n pl
hi|lar hilar, Hilum..., Hilus...
hi|li Hili m pl
hill|ock Hügel m **axon h.** Axonhügel m
hi|lum Hilum n
hi|lus Hilus m
hinge Scharnier n
hip Hüfte f
hip|bone Hüftbein n
hip|po|cam|pal hippocampal
hip|po|cam|pus Hippocampus m
Hip|po|crat|ic Hippokratisch
hip|pu|ria Hippuria f
hip|pu|ric Hippur...
hip|pu|ri|case Hippuricase f
hip|pus Hippus m
hir|ci Hirci m pl
hir|cis|mus Hircismus m
hir|su|ti|es Hirsuties f
hir|sut|ism Hirsutismus m
hiru|din Hirudin n
hir|u|di|ni|a|sis Hirudiniasis f
his|tam|i|nase Histaminase f
his|ta|mine Histamin n
his|ta|min|o|lyt|ic histaminolytisch
his|ta|nox|ia Histanoxia f
his|ti|dase Histidase f
his|ti|dine Histidin n
his|ti|di|ne|mia Histidinaemia f
his|ti|di|nu|ria Histidinuria f
his|ti|dyl Histidyl n
his|tio|cyte Histiocyt m
his|tio|cyt|ic histiocytär
his|tio|cy|to|ma Histiocytoma n
his|tio|cy|to|sis Histiocytosis f
his|ti|oid histioid

his|to|blast Histoblast m
his|to|chem|i|cal histochemisch
his|to|chem|is|try Histochemie f
his|to|com|pat|i|bil|i|ty Histocompatibilität f
his|to|com|pat|i|ble histocompatibel
his|to|cyte Histocyt m
his|to|flu|o|res|cence Histofluorescenz f
his|to|gen|e|sis Histogenesis f
his|to|ge|net|ic histogenetisch
his|tog|e|ny Histogenie f
his|to|he|ma|tin Histohämatin n
his|toid histoid
his|to|in|com|pat|i|bil|i|ty Histoincompatibilität f, Gewebeunverträglichkeit f
his|to|in|com|pat|i|ble histoincompatibel, gewebeunverträglich
his|to|log|ic histologisch
his|to|log|i|cal histologisch
his|to|log|i|cal|ly histologisch
his|tol|o|gist Histologe m
his|tol|o|gy Histologie f
his|tol|y|sis Histolysis f
his|to|lyt|ic histolytisch
his|to|mor|phol|o|gy Histomorphologie f
his|tone Histon n
his|to|neu|rol|o|gy Histoneurologie f
his|to|patho|log|ic histopathologisch
his|to|pa|thol|o|gy Histopathologie f
his|to|phys|i|ol|o|gy Histophysiologie f
his|to|plas|min Histoplasmin n
his|to|plas|mo|ma Histoplasmoma n
his|to|plas|mo|sis Histoplasmosis f
his|to|ra|di|og|ra|phy Historadiographie f
his|to|tome Histotom n
his|tot|o|my Histotomie f
his|to|tox|ic histotoxisch
his|tri|o|nism Histrionismus m
ho|do|pho|bia Hodophobia f
hof Hof m
hol|an|dric holandrisch
hol|er|ga|sia Holergasia f
ho|lism Holismus m
ho|lis|tic holistisch
hol|low hohl, Hohl...
hol|mi|um Holmium n
ho|lo|acar|di|us Holoacardius m
ho|lo|crine holocrin
ho|loc|ri|nous holocrin
ho|lo|di|as|tol|ic holodiastolisch
ho|lo|en|zyme Holoenzym n
ho|lo|gram Hologramm n
ho|log|ra|phy Holographie f
ho|lo|gyn|ic hologyn
ho|lo|sys|tol|ic holosystolisch
ho|meo|path|ic homöopathisch

ho|me|op|a|thist Homöopath m
ho|me|op|a|thy Homöopathie f
ho|meo|pla|sia Homöoplasia f
ho|meo|plas|tic homöoplastisch
ho|meo|sta|sis Homoeostasis f
ho|meo|stat|ic homöostatisch
ho|meo|ther|mic homöotherm
ho|meo|ther|my Homöothermie f
home|sick|ness Heimweh n
hom|i|ci|dal totschlägerisch
hom|i|cide Totschlag m, (Person) Totschläger m
hom|i|nid Hominide m, hominid
ho|mo|al|lele Homoallel n
ho|mo|chrome homochrom
ho|mo|cy|clic homocyclisch
ho|mo|cys|te|ine Homocystein n
ho|mo|cys|tine Homocystin n
ho|mo|cys|ti|nu|ria Homocystinuria f
ho|mo|cy|to|tro|pic homocytotrop
ho|mo|dont homodont
ho|mo|erot|ic homoerotisch, Homoerotiker m
ho|mo|erot|i|cism Homoeroticismus m
ho|mo|er|o|tism Homoerotismus m
ho|mo|fer|men|ta|tive homofermentativ
ho|mo|ga|met|ic homogametisch
ho|mog|a|my Homogamie f, Inzucht f
ho|mog|e|nate Homogenat n
ho|mo|ge|ne|i|ty Homogenität f
ho|mo|ge|ne|ous homogen
ho|mo|gen|i|tal homogenital
ho|mo|gen|i|tal|i|ty Homogenitalität f
ho|mog|e|ni|za|tion Homogenisation f, Homogenisierung f
ho|mog|e|nize homogenisieren
ho|mog|e|niz|er Homogenisator m
ho|mo|graft Homotransplantat n
ho|moio|ther|mic homoiotherm
ho|mo|lac|tic homolactisch
ho|mo|lat|er|al homolateral
ho|mo|log|ic homolog
ho|mol|o|gous homolog
ho|mol|o|gy Homologie f
ho|mon|y|mous homonym
ho|mon|y|my Homonymie f
ho|mo|plas|ty Homoplastik f
ho|mo|po|lar homopolar, homöopolar
ho|mo|poly|sac|cha|ride Homopolysaccharid n
ho|mo|ser|ine Homoserin n
ho|mo|sex|u|al homosexuell, Homosexueller m, Homosexuelle f
ho|mo|sex|u|al|i|ty Homosexualität f
ho|mo|trans|plan|ta|tion Homotransplantation f
ho|mo|zy|gous homozygot
hon|ey Honig m
hoof Huf m
hoof-and-mouth Maul-und-Klau-

en-...
hook Haken m
hook|worm Hakenwurm m
hor|de|o|lum Hordeolum n
hor|i|zon|tal horizontal
hor|mo|nal hormonal
hor|mon|ic hormonal
hor|mone Hormon n
hor|mo|no|poi|e|sis Hormonopoiesis f
hor|mo|no|poi|et|ic hormonopoietisch
horn Horn n
horny Horn..., geil
horn|i|fi|ca|tion Hornification f, Verhornung f
ho|rop|ter Horopter m
hor|rip|i|la|tion Horripilation f
horse|shoe Hufeisen-...
hos|pi|tal Krankenhaus n, Hospital n, Clinik f **general h.** Allgemeinkrankenhaus n **university h.** Universitätsclinik f
hos|pi|tal|ism Hospitalismus m
hos|pi|tal|i|za|tion Hospitalisation f, Hospitalisierung f
host (Parasitologie) Wirt m, (Chirurgie) Empfänger m
hu|man menschlich, Mensch m, Human...
hu|mer|al humeral, Humerus...
hu|mero|ra|di|al humeroradial
hu|mero|scap|u|lar humeroscapular
hu|mero|ul|nar humeroulnar
hu|mer|us Humerus m
hu|mid feucht
hu|mid|i|fi|ca|tion Anfeuchtung f
hu|mid|i|fy anfeuchten
hu|mid|i|ty Feuchtigkeit f
hu|mor Humor m
hu|mor|al humoral
hun|ger Hunger m
hy|a|lin Hyalin n, hyalin
hy|a|line Hyalin n, hyalin
hy|a|lin|iza|tion Hyalinisation f
hy|a|lin|ize hyalinisieren
hy|a|li|no|sis Hyalinosis f
hy|a|lin|uria Hyalinuria f
hy|a|li|tis Hyalitis f
hy|a|loid hyaloid
hy|a|loid|i|tis Hyaloiditis f
hy|a|lo|mere Hyalomer n
hy|a|lo|plasm Hyaloplasma n
hy|a|lu|ron|i|dase Hyaluronidase f
hy|brid hybrid, Hybride f/m
hy|brid|iza|tion Hybridisation f
hy|dat|id Hydatide f, Hydatiden...
hy|da|ti|do|cele Hydatidocele f
hy|da|ti|do|sis Hydatidosis f
hy|dra|gog Hydragogum n
hy|dra|gogue Hydragogum n
hy|dram|ni|ot|ic hydramniotisch
hy|dran|en|ceph|a|ly Hydran-

encephalie f

hy|drar|gyr|ia Hydrargyria f

hy|drar|gy|ri|a|sis Hydrargyriasis f

hy|drar|gy|rism Hydrargyrismus m

hy|drar|gy|rum Hydrargyrum n

hy|drar|thro|sis Hydrarthrosis f

hy|drase Hydrase f

hy|drate Hydrat n

hy|dra|tion Hydration f

hy|drau|lic hydraulisch

hy|drau|lics Hydraulik f

hy|dre|mia Hydrämie f

hy|dre|mic hydrämisch

hy|dren|ceph|a|lo|cele Hydrencephalocele f

hy|dren|ceph|a|lo|me|nin|go-cele Hydrencephalomeningocele f

hy|dri|a|try Hydriatrie f

hy|dride Hydrid n

hy|dro|car|bon Hydrocarbon n, Kohlenhydrat n

hy|dro|cele Hydrocele f

hy|dro|ce|phal|ic hydrocephal

hy|dro|ceph|a|lo|cele Hydrocephalocele f

hy|dro|ceph|a|lus Hydrocephalus m

hy|dro|ceph|a|ly Hydrocephalie f

hy|dro|chin|one Hydrochinon n

hy|dro|chin|on|uria Hydrochinonuria f

hy|dro|chlo|ric Hydrochlor..., Salz...

hy|dro|chlo|ride Hydrochlorid n

hy|dro|chol|e|re|sis Hydrocholeresis f

hy|dro|chol|er|et|ic hydrocholeretisch

hy|dro|col|pos Hydrocolpos m

hy|dro|cyte Hydrocyt m

hy|dro|cy|to|sis Hydrocytosis f

hy|dro|dip|so|ma|nia Hydrodipsomania f

hy|dro|dy|nam|ic hydrodynamisch

hy|dro|dy|nam|ics Hydrodynamik f

hy|dro|elec|tric hydroelectrisch

hy|dro|gel Hydrogel n

hy|dro|gen Hydrogen n, Wasserstoff m

hy|dro|gen|ate hydrogenieren

hy|dro|gen|at|ed hydrogeniert

hy|dro|gen|a|tion Hydrogenation f

hy|dro|gen-ion Hydrogenionen-...

hy|dro|gen|ly|ase Hydrogenlyase f

hy|dro|gym|nas|tics Hydrogymnastik f

hy|dro|he|ma|to|ne|phro|sis Hydrohaematonephrosis f

hy|dro|hep|a|to|sis Hydrohepatosis f

hy|dro|ki|net|ic hydrokinetisch

hy|dro|ki|net|ics Hydrokinetik f
hy|dro|lase Hydrolase f
hy|drol|y|sate Hydrolysat n
hy|drol|y|sis Hydrolysis f
hy|dro|lyt|ic hydrolytisch
hy|dro|lyze hydrolysieren
hy|dro|ma|nia Hydromania f
hy|dro|mas|sage Hydromassage f
hy|dro|me|nin|go|cele Hydromeningocele f
hy|dro|me|tra Hydrometra f
hy|dro|me|tro|col|pos Hydrometrocolpos m
hy|dro|mi|cro|ceph|a|ly Hydromicrocephalie f
hy|dro|my|e|lia Hydromyelia f
hy|dro|my|e|lo|cele Hydromyelocele f
hy|dro|ne|phro|sis Hydronephrosis f
hy|dro|ne|phrot|ic hydronephrotisch
hy|dro|ni|um Hydronium n
hy|dro|peri|car|di|tis Hydropericarditis f
hy|dro|peri|car|di|um Hydropericardium n
hy|dro|peri|to|ne|um Hydroperitoneum n
hy|dro|phil hydrophil, hydrophile Substanz
hy|dro|phile hydrophil, hydrophile Substanz
hy|dro|phil|ia Hydrophilia f
hy|dro|phil|ic hydrophil
hy|droph|i|lism Hydrophilie f
hy|droph|i|lous hydrophil
hy|dro|pho|bia Hydrophobia f
hy|dro|pho|bic hydrophob, hydrophobisch
hy|drop|ic hydropisch
hy|dro|plasm Hydroplasma n
hy|dro|pneu|ma|to|sis Hydropneumatosis f
hy|dro|pneu|mo|peri|car|di|um Hydropneumopericardium n
hy|dro|pneu|mo|peri|to|ne|um Hydropneumoperitoneum n
hy|dro|pneu|mo|tho|rax Hydropneumothorax m
hy|drops Hydrops m
hy|dro|pyo|ne|phro|sis Hydropyonephrosis f
hy|dro|qui|none Hydrochinon n
hy|dror|rhea Hydrorrhoea f
hy|dro|sal|pinx Hydrosalpinx f
hy|dro|sol Hydrosol n
hy|dro|sol|u|ble hydrosolubel, wasserlöslich
hy|dro|sper|ma|to|cele Hydrospermatocele f
hy|dro|spi|rom|e|ter Hydrospirometer n
hy|dro|stat|ic hydrostatisch
hy|dro|stat|ics Hydrostatik f
hy|dro|tax|is Hydrotaxis f
hy|dro|ther|a|peu|tics Hydrotherapeutik f
hy|dro|ther|a|py Hydrotherapie f

hy|dro|ther|mal hydrothermal
hy|dro|thi|o|nu|ria Hydrothionuria f
hy|dro|tho|rac|ic hydrothoracal
hy|dro|tho|rax Hydrothorax m
hy|dro|tis Hydrotis f
hy|dro|trop|ic hydrotropisch, hydrotrop
hy|drot|ro|pism Hydrotropismus m
hy|drot|ro|py Hydrotropie f
hy|dro|tym|pa|num Hydrotympanum n
hy|dro|ure|ter Hydroureter m
hy|dro|ure|tero|ne|phro|sis Hydroureteronephrosis f
hy|dro|ure|ter|o|sis Hydroureterosis f
hy|drox|ide Hydroxid n
hy|droxy|eth|ane Hydroxyethan n
hy|drox|yl Hydroxyl n
hy|drox|yl|ase Hydroxylase f
hy|drox|yl|ate hydroxylieren
hy|drox|yl|at|ed hydroxyliert
hy|drox|yl|ation Hydroxylation f, Hydroxylierung f
hy|droxy|ly|sine Hydroxylysin n
hy|droxy|pro|ges|ter|one Hydroxyprogesteron n
hy|droxy|pro|line Hydroxyprolin n
hy|droxy|pro|lin|emia Hydroxyprolinaemia f
hy|droxy|trypt|amine Hydroxytryptamin n
hy|dru|ria Hydruria f
hy|dru|ric hydrurisch
hy|giene Hygiene f
hy|gien|ic hygienisch
hy|gien|ist Hygieniker m
hy|gro|ma Hygroma n
hy|grom|a|tous hygromatös
hy|grom|e|ter Hygrometer n
hy|gro|met|ric hygrometrisch
hy|gro|met|ri|cal hygrometrisch
hy|gro|met|ri|cal|ly hygrometrisch
hy|grom|e|try Hygrometrie f
hy|gro|my|cin Hygromycin n
hy|gro|scope Hygroscop n
hy|gro|scop|ic hygroscopisch
hy|gros|co|py Hygroscopie f
hy|men Hymen m
hy|men|al hymenal, Hymenal...
hy|men|ec|to|my Hymenectomie f
hy|men|i|tis Hymenitis f
hy|me|no|le|pi|a|sis Hymenolepiasis f
hy|men|or|rha|phy Hymenorrhaphie f
hy|men|ot|o|my Hymenotomie f
hyo|glos|sus Hyoglossus m
hy|oid Hyoid n, Hyoid...
hy|o|scine Hyoscin n
hyp|acid|i|ty Hypacidität f
hyp|acu|sia Hypacusia f
hyp|acu|sis Hypacusis f

hyp|al|bu|min|emia Hypalbuminaemia f

hyp|al|bu|mi|no|sis Hypalbuminosis f

hyp|al|ge|sia Hypalgesia f

hyp|al|gia Hypalgia f

hyp|am|ni|on Hypamnion n

hyp|ar|te|ri|al hyparteriell

hyp|az|o|tu|ria Hypazoturia f

hyp|en|gyo|pho|bia Hypengyophobia f

hy|per|ab|duc|tion Hyperabduction f

hy|per|ac|id hyperacidisch

hy|per|ac|id|am|i|nu|ria Hyperacidaminuria f

hy|per|acid|i|ty Hyperacidität f

hy|per|ac|tive hyperactiv

hy|per|ac|tiv|i|ty Hyperactivität f

hy|per|acu|sia Hyperacusia f

hy|per|acu|sis Hyperacusis f

hy|per|adre|nal|ism Hyperadrenalismus m

hy|per|adre|nia Hyperadrenia f

hy|per|adre|no|cor|ti|cism Hyperadrenocorticismus m

hy|per|al|do|ste|ron|ism Hyperaldosteronismus m

hy|per|al|ge|sia Hyperalgesia f

hy|per|al|gia Hyperalgia f

hy|per|al|i|men|ta|tion Hyperalimentation f

hy|per|al|i|men|to|sis Hyperalimentosis f

hy|per|ami|no|ac|id|uria Hyperaminoaciduria f

hy|per|am|mo|ne|mia Hyperammonaemia f

hy|per|am|y|las|emia Hyperamylasaemia f

hy|per|aphia Hyperaphia f

hy|per|az|o|te|mia Hyperazotaemia f

hy|per|az|o|tu|ria Hyperazoturia f

hy|per|bar|ic hyperbar

hy|per|bar|ism Hyperbarismus m

hy|per|beta|al|a|ni|ne|mia Hyperbetaalaninaemia f

hy|per|beta|lipo|pro|tein|emia Hyperbetalipoproteinaemia f

hy|per|bil|i|ru|bi|ne|mia Hyperbilirubinaemia f

hy|per|brachy|ceph|a|ly Hyperbrachycephalie f

hy|per|brachy|cra|ni|al hyperbrachycranial

hy|per|bu|lia Hyperbulia f

hy|per|cal|ce|mia Hypercalcaemia f

hy|per|cal|ci|nu|ria Hypercalcinuria f

hy|per|cal|ci|uria Hypercalciuria f

hy|per|cal|cu|ria Hypercalcuria f

hy|per|cap|nia Hypercapnia f

hy|per|car|bia Hypercarbia f
hy|per|ce|men|to|sis Hypercementosis f
hy|per|chlo|re|mia Hyperchloraemia f
hy|per|chlo|re|mic hyperchlorämisch
hy|per|cho|les|ter|emia Hypercholesteraemia f
hy|per|cho|les|ter|ol|emia Hypercholesterolaemia f, Hypercholesterinaemia f
hy|per|cho|les|ter|ol|e|mic hypercholesterolämisch
hy|per|cho|lia Hypercholia f
hy|per|chro|mat|ic hyperchromatisch
hy|per|chro|ma|tism Hyperchromatismus m
hy|per|chro|ma|to|sis Hyperchromatosis f
hy|per|chro|mia Hyperchromia f
hy|per|chro|mic hyperchrom
hy|per|chy|lia Hyperchylia f
hy|per|chy|lo|mi|cro|ne|mia Hyperchylomicronaemia f
hy|per|co|ag|u|la|bil|i|ty Hypercoagulabilität f
hy|per|cor|ti|cism Hypercorticismus m
hy|per|cry|al|ge|sia Hypercryalgesia f
hy|per|cry|es|the|sia Hypercryästhesie f
hy|per|dac|tyl|ia Hyperdactylia f
hy|per|dy|na|mia Hyperdynamia f
hy|per|dy|nam|ic hyperdynamisch
hy|per|elas|tic hyperelastisch
hy|per|elas|tic|i|ty Hyperelasticität f
hy|per|em|e|sis Hyperemesis f
hy|per|emia Hyperaemia f **active h.** active Hyperaemia **passive h.** passive Hyperaemia
hy|per|emic hyperämisch
hy|per|eo|sin|o|phil|ia Hypereosinophilia f
hy|per|eo|sin|o|phil|ic hypereosinophil
hy|per|er|ga|sia Hyperergasia f
hy|per|er|gia Hyperergia f
hy|per|er|gy Hyperergie f
hy|per|eso|pho|ria Hyperesophoria f
hy|per|es|the|sia Hyperästhesie f
hy|per|es|thet|ic hyperästhetisch
hy|per|es|trin|ism Hyperöstrinismus m
hy|per|es|tro|gen|emia Hyperoestrogenaemia f
hy|per|es|tro|gen|ism Hyperöstrogenismus m
hy|per|ex|cit|abil|i|ty Hyperexcitabilität f

hy|per|exo|pho|ria Hyperexophoria f

hy|per|ex|ten|si|bil|i|ty Hyperextensibilität f, Überstreckbarkeit f, Überdehnbarkeit f

hy|per|ex|ten|si|ble hyperextensibel, überstreckbar, überdehnbar

hy|per|ex|ten|sion Hyperextension f

hy|per|fi|bri|nol|y|sis Hyperfibrinolysis f

hy|per|flex|ion Hyperflexion f

hy|per|func|tion Hyperfunction f

hy|per|gam|ma|glob|u|li|ne-mia Hypergammaglobulinaemia f

hy|per|geu|sia Hypergeusia f

hy|per|glob|u|li|ne|mia Hyperglobulinaemia f

hy|per|gly|ce|mia Hyperglykaemia f

hy|per|gly|ce|mic hyperglykämisch

hy|per|gly|ce|mic-gly|co|gen-o|lyt|ic hyperglykämisch--glycogenolytisch

hy|per|gly|cin|emia Hyperglycinaemia f

hy|per|gly|co|ge|nol|y|sis Hyperglycogenolysis f

hy|per|gly|cor|rha|chia Hyperglycorrhachia f

hy|per|gly|cos|uria Hyperglycosuria f

hy|per|go|nad|ism Hypergonadismus m

hy|per|hep|a|rin|emia Hyperheparinaemia f

hy|per|hi|dro|sis Hyperhidrosis f

hy|per|his|ta|mi|ne|mia Hyperhistaminaemia f

hy|per|hor|mo|nal hyperhormonal

hy|per|i|dro|sis Hyperidrosis f

hy|per|im|mu|no|glob|u|li|ne-mia Hyperimmunoglobulinaemia f

hy|per|in|fla|tion Hyperinflation f

hy|per|ino|sis Hyperinosis f

hy|per|in|su|lin|ism Hyperinsulinismus m

hy|per|in|vo|lu|tion Hyperinvolution f

hy|per|ir|ri|ta|bil|i|ty Hyperirritabilität f

hy|per|ka|le|mia Hyperkalaemia f

hy|per|ka|le|mic hyperkalämisch

hy|per|kal|i|emia Hyperkaliaemia f

hy|per|ker|a|tin|iza|tion Hyperkeratinisation f

hy|per|ker|a|to|sis Hyperkeratosis f

hy|per|ker|a|tot|ic hyperkeratotisch

hy|per|ke|to|ne|mia Hyperketonaemia f

hy|per|ke|to|nu|ria Hyperketonuria f

hy|per|ki|ne|sia Hyperkinesia f

hy|per|ki|ne|sis Hyperkinesis f

hy|per|ki|net|ic hyperkinetisch

hy|per|lac|ta|tion Hyperlactation f

hy|per|leu|ko|cy|to|sis Hyperleukocytosis f

hy|per|lip|ac|i|de|mia Hyperlipacidaemia f

hy|per|li|pe|mia Hyperlipaemia f

hy|per|li|pe|mic hyperlipämisch

hy|per|lip|id|emia Hyperlipidaemia f

hy|per|lipo|pro|tein|emia Hyperlipoproteinaemia f

hy|per|ly|si|ne|mia Hyperlysinaemia f

hy|per|mag|ne|se|mia Hypermagnesaemia f

hy|per|mas|tia Hypermastia f

hy|per|ma|ture überreif

hy|per|mel|a|no|sis Hypermelanosis f

hy|per|mel|a|not|ic hypermelanotisch

hy|per|men|or|rhea Hypermenorrhoea f

hy|per|me|tro|pia Hypermetropia f

hy|perm|ne|sia Hypermnesia f

hy|perm|ne|sis Hypermnesis f

hy|per|mo|til|i|ty Hypermotilität f

hy|per|na|tre|mia Hypernatraemia f

hy|per|na|tre|mic hypernaträmisch

hy|per|neph|roid hypernephroid

hy|per|ne|phro|ma Hypernephroma n

hy|per|onych|ia Hyperonychia f

hy|per|opia Hyperopia f

hy|per|opic hyperop

hy|per|orex|ia Hyperorexia f

hy|per|or|ni|thi|ne|mia Hyperornithinaemia f

hy|per|os|mia Hyperosmia f

hy|per|os|mo|lar hyperosmolar

hy|per|os|mo|lar|i|ty Hyperosmolarität f

hy|per|os|to|sis Hyperostosis f

hy|per|os|tot|ic hyperostotisch

hy|per|ox|al|uria Hyperoxaluria f

hy|per|ox|ia Hyperoxia f

hy|per|par|a|site Hyperparasit m

hy|per|par|a|sit|ism Hyperparasitismus m

hy|per|para|thy|roid|ism Hyperparathyroidismus m

hy|per|path|ia Hyperpathia f

hy|per|pep|sin|ia Hyperpepsinia f

hy|per|peri|stal|sis Hyperperistalsis f

hy|per|pha|lan|gia Hyperphalangia f

hy|per|pha|lan|gism Hyperphalangismus m

hy|per|pha|lan|gy Hyperphalangie f

hy|per|phen|yl|al|a|nin|emia Hyperphenylalaninaemia f

hy|per|pho|ria Hyperphoria f

hy|per|phos|pha|te|mia Hyperphosphataemia f

hy|per|phos|pha|tu|ria Hyperphosphaturia f

hy|per|pig|men|ta|tion Hyperpigmentation f

hy|per|pi|tu|i|ta|rism Hyperpituitarismus m

hy|per|pla|sia Hyperplasia f

hy|per|plas|tic hyperplastisch

hy|per|platy|mer|ic hyperplatymer

hy|per|pnea Hyperpnoea f

hy|per|po|lar|iza|tion Hyperpolarisation f

hy|per|po|ro|sis Hyperporosis f

hy|per|po|tas|se|mia Hyperkalaemia f

hy|per|prax|ia Hyperpraxia f

hy|per|pre|beta|lipo|pro|tein-emia Hyperpraebetalipoproteinaemia f

hy|per|pres|by|opia Hyperpresbyopia f

hy|per|pro|cho|re|sis Hyperprochoresis f

hy|per|pro|lin|emia Hyperprolinaemia f

hy|per|pro|sex|ia Hyperprosexia f

hy|per|pro|tein|emia Hyperproteinaemia f

hy|per|py|ret|ic hyperpyretisch

hy|per|py|rex|ia Hyperpyrexia f

hy|per|re|flex|ia Hyperreflexia f

hy|per|sal|i|va|tion Hypersalivation f

hy|per|se|cre|tion Hypersecretion f

hy|per|se|cre|to|ry hypersecretorisch

hy|per|seg|men|ta|tion Hypersegmentation f

hy|per|sen|si|tiv|i|ty Hypersensitivität f

hy|per|se|ro|to|nin|emia Hyperserotoninaemia f

hy|per|som|nia Hypersomnia f

hy|per|splen|ism Hypersplenismus m

hy|per|tel|or|ism Hypertelorismus m

hy|per|ten|sin Hypertensin n

hy|per|ten|sin|o|gen Hypertensinogen n

hy|per|ten|sin|o|gen|ic hyper-

tensinogen
hy|per|ten|sion Hypertension f
hy|per|ten|sive hypertensiv, Hypertensiver m
hy|per|ten|sor Hypertensor m
hy|per|the|co|sis Hyperthecosis f
hy|per|the|lia Hyperthelia f
hy|per|therm|al|ge|sia Hyperthermalgesia f
hy|per|ther|mia Hyperthermia f
hy|per|ther|mo|es|the|sia Hyperthermoaesthesia f
hy|per|ther|my Hyperthermie f
hy|per|thy|mia Hyperthymia f
hy|per|thy|mism Hyperthymismus m
hy|per|thy|roid|ism Hyperthyroidismus m
hy|per|to|nia Hypertonia f
hy|per|ton|ic hyperton
hy|per|to|nic|i|ty Hypertonicität f
hy|per|to|nus Hypertonus m
hy|per|tri|chi|a|sis Hypertrichiasis f
hy|per|tri|cho|sis Hypertrichosis f
hy|per|tri|chot|ic hypertrichotisch
hy|per|tri|glyc|er|id|emia Hypertriglyceridaemia f
hy|per|tro|phic hypertrophisch
hy|per|tro|phy Hypertrophie f
hy|per|tro|pia Hypertropia f
hy|per|tro|pic hypertrop
hy|per|ty|ro|sin|emia Hypertyrosinaemia f
hy|per|ure|sis Hyperuresis f
hy|per|uric|ac|id|emia Hyperurikaemia f
hy|per|uri|ce|mia Hyperurikaemia f
hy|per|val|in|emia Hypervalinaemia f
hy|per|vas|cu|lar hypervascular
hy|per|ven|ti|la|tion Hyperventilation f
hy|per|vis|cos|i|ty Hyperviscosität f
hy|per|vis|cous hyperviscos
hy|per|vi|ta|min|osis Hypervitaminosis f
hy|per|vo|le|mia Hypervolaemia f
hy|per|vo|le|mic hypervolämisch
hyp|es|the|sia Hypaesthesia f
hyp|es|the|sic hypästhesisch
hyp|es|thet|ic hypästhetisch
hyp|hi|dro|sis Hyphidrosis f
hyp|na|gogue Hypnagogum n
hyp|nal|gia Hypnalgia f
hyp|no|lep|sy Hypnolepsie f
hyp|nol|o|gy Hypnologie f
hyp|no|pom|pic hypnopomp
hyp|no|sis Hypnosis f
hyp|no|ther|a|py Hypnotherapie f
hyp|not|ic hypnotisch, Hypnoticum n, Hypnotisierter m,

Hypnotisierbarer m
hyp|no|tism Hypnotismus m
hyp|no|tist Hypnotiseur m
hyp|no|ti|za|tion Hypnotisation f
hy|po|acid|i|ty Hypoacidität f
hy|po|ac|tiv|i|ty Hypoactivität f
hy|po|acu|sia Hypoacusia f
hy|po|adren|a|lin|emia Hypoadrenalinaemia f
hy|po|adre|nal hypoadrenal
hy|po|adre|nal|ism Hypoadrenalismus m
hy|po|adre|nia Hypoadrenia f
hy|po|adre|no|cor|ti|cism Hypoadrenocorticismus m
hy|po|al|bu|min|emia Hypoalbuminaemia f
hy|po|al|do|ste|ro|nism Hypoaldosteronismus m
hy|po|al|i|men|ta|tion Hypoalimentation f
hy|po|al|ler|gen|ic hypoallergen
hy|po|az|o|tu|ria Hypoazoturia f
hy|po|bar|ism Hypobarismus m
hy|po|ba|rop|a|thy Hypobaropathie f
hy|po|bil|i|ru|bi|ne|mia Hypobilirubinaemia f
hy|po|bu|lia Hypobulia f
hy|po|cal|ce|mia Hypocalcaemia f
hy|po|cal|ce|mic hypocalcämisch
hy|po|cal|cif|ic hypocalcifisch
hy|po|cal|ci|fi|ca|tion Hypocalcification f
hy|po|cal|ci|fy hypocalcificieren
hy|po|cal|ci|uria Hypocalciuria f
hy|po|cap|nia Hypocapnia f
hy|po|car|bia Hypocarbia f
hy|po|chlo|re|mia Hypochloraemia f
hy|po|chlor|hy|dria Hypochlorhydria f
hy|po|chlo|rite Hypochlorit n
hy|po|chlo|rous Hypochlor..., unterchlorig
hy|po|chlor|uria Hypochloruria f
hy|po|cho|les|ter|emia Hypocholesteraemia f
hy|po|cho|les|ter|emic hypocholesterämisch
hy|po|cho|les|ter|ol|emia Hypocholesterolaemia f
hy|po|chon|dria Hypochondria f (bzw. n pl)
hy|po|chon|dri|ac (Anatomie) hypochondrial, (Pathologie) hypochondrisch, Hypochonder m
hy|po|chon|dri|a|cal hypochondrisch
hy|po|chon|dri|al hypochondrial
hy|po|chon|dri|a|sis Hypo-

chondriasis f

hy|po|chon|dri|um Hypochondrium n

hy|po|chon|dro|pla|sia Hypochondroplasia f

hy|po|chro|ma|sia Hypochromasia f

hy|po|chro|mat|ic hypochromatisch

hy|po|chro|ma|tism Hypochromatismus m

hy|po|chro|mia Hypochromia f

hy|po|chro|mic hypochrom

hy|po|chy|lia Hypochylia f

hy|po|com|ple|men|te|mia Hypocomplementaemia f

hy|po|com|ple|men|te|mic hypocomplementämisch

hy|po|cy|clo|sis Hypocyclosis f

hy|po|cy|the|mia Hypocythaemia f

hy|po|der|mis Hypodermis f

hy|po|don|tia Hypodontia f

hy|po|es|the|sia Hypoaesthesia f

hy|po|es|trin|ism Hypoöstrinismus m

hy|po|fer|re|mia Hypoferraemia f

hy|po|fi|brin|o|gen|emia Hypofibrinogenaemia f

hy|po|func|tion Hypofunction f

hy|po|func|tion|al hypofunctional

hy|po|ga|lac|tia Hypogalactia f

hy|po|gam|ma|glob|u|lin|emia Hypogammaglobulinaemia f

hy|po|gas|tric hypogastrisch

hy|po|gas|tri|um Hypogastrium n

hy|po|gen|e|sis Hypogenesis f

hy|po|gen|i|tal|ism Hypogenitalismus m

hy|po|geu|sia Hypogeusia f

hy|po|glos|sal hypoglossal, Hypoglossus...

hy|po|glos|sus Hypoglossus m

hy|po|gly|ce|mia Hypoglykaemia f

hy|po|gly|ce|mic hypoglykämisch

hy|po|gly|ce|mo|sis Hypoglykaemosis f

hy|po|gly|cin Hypoglycin n

hy|po|gly|co|ge|nol|y|sis Hypoglycogenolysis f

hy|po|gly|cor|rha|chia Hypoglycorrhachia f

hy|po|go|nad|ism Hypogonadismus m

hy|po|hi|dro|sis Hypohidrosis f

hy|po|in|su|lin|ism Hypoinsulinismus m

hy|po|io|dism Hypoiodismus m

hy|po|ka|le|mia Hypokalaemia f

hy|po|ka|le|mic hypokalämisch

hy|po|kal|i|emia Hypokaliaemia f

hy|po|ker|a|to|sis Hypokeratosis f

hy|po|ki|ne|sia Hypokinesia f
hy|po|ki|ne|sis Hypokinesis f
hy|po|ki|net|ic hypokinetisch
hy|po|leu|ko|cyt|ic hypoleukocytär
hy|po|li|pe|mia Hypolipaemia f
hy|po|li|pe|mic hypolipämisch
hy|po|lo|gia Hypologia f
hy|po|mag|ne|se|mia Hypomagnesaemia f
hy|po|ma|nia Hypomania f
hy|po|man|ic hypomanisch
hy|po|mas|tia Hypomastia f
hy|po|men|or|rhea Hypomenorrhoea f
hy|po|me|tab|o|lism Hypometabolismus m
hy|po|me|tro|pia Hypometropia f
hy|pom|ne|sia Hypomnesia f
hy|po|mo|til|i|ty Hypomotilität f
hy|po|na|tre|mia Hyponatraemia f
hy|po|na|tre|mic hyponaträmisch
hy|po|nych|i|um Hyponychium n
hy|po|os|to|sis Hypoostosis f
hy|po|os|tot|ic hypoostotisch
hy|po|para|thy|roid|ism Hypoparathyroidismus m
hy|po|per|fu|sion Hypoperfusion f
hy|po|per|me|abil|i|ty Hypopermeabilität f
hy|po|pha|lan|gism Hypophalangismus m
hy|po|phar|yn|gos|co|py Hypopharyngoscopie f
hy|po|pho|ria Hypophoria f
hy|po|phos|pha|ta|sia Hypophosphatasia f
hy|po|phos|pha|te|mia Hypophosphataemia f
hy|po|phos|pha|tu|ria Hypophosphaturia f
hy|po|phre|nia Hypophrenia f
hy|po|phren|ic hypophren
hy|poph|y|se|al hypophyseal
hy|poph|y|sec|to|mize hypophysectomieren
hy|poph|y|sec|to|my Hypophysectomie f
hy|po|phys|eo|priv|ic hypophyseopriv
hy|po|phys|i|al hypophysial
hy|poph|y|sis Hypophysis f
hy|po|pi|ne|al|ism Hypopinealismus m
hy|po|pi|tu|i|ta|rism Hypopituitarismus m
hy|po|pla|sia Hypoplasia f
hy|po|plas|tic hypoplastisch
hy|po|plas|ty Hypoplasie f
hy|po|pnea Hypopnoea f
hy|po|po|tas|se|mia Hypokalaemia f
hy|po|pro|sex|ia Hypoprosexia f
hy|po|pro|tein|emia Hypoproteinaemia f

hy|po|pro|throm|bin|emia Hypoprothrombinaemia f
hy|po|psel|a|phe|sia Hypopselaphesia f
hy|po|psy|cho|sis Hypopsychosis f
hy|po|py|on Hypopyon n
hy|po|re|flex|ia Hyporeflexia f
hy|po|sal|i|va|tion Hyposalivation f
hy|po|se|cre|tion Hyposecretion f
hy|po|sen|si|tive hyposensitiv
hy|po|sen|si|tive|ness Hyposensitivität f
hy|po|sen|si|tiv|i|ty Hyposensitivität f
hy|po|sen|si|ti|za|tion Hyposensitivierung f
hy|pos|mia Hyposmia f
hy|po|som|nia Hyposomnia f
hy|po|spa|di|as Hypospadia f
hy|po|sper|ma|to|gen|e|sis Hypospermatogenesis f
hy|pos|ta|sis Hypostasis f
hy|po|stat|ic hypostatisch
hy|pos|the|nu|ria Hyposthenuria f
hy|po|tax|ia Hypotaxia f
hy|po|tax|is Hypotaxis f
hy|po|ten|sion Hypotension f
hy|po|ten|sive hypotensiv
hy|po|ten|sor Hypotensor m
hy|po|tha|lam|ic hypothalamisch
hy|po|thal|a|mo|hy|poph|y|se-al hypothalamo-hypophyseal
hy|po|thal|a|mus Hypothalamus m
hy|po|the|nar Hypothenar n
hy|po|therm|es|the|sia Hypothermaesthesia f
hy|po|ther|mia Hypothermia f
hy|po|ther|my Hypothermie f
hy|po|thy|mia Hypothymia f
hy|po|thy|roid|ism Hypothyroidismus m
hy|po|thy|ro|sis Hypothyrosis f
hy|po|to|nia Hypotonia f
hy|po|ton|ic hypoton
hy|po|to|nic|i|ty Hypotonicität f
hy|pot|o|ny Hypotonie f
hy|po|tri|chi|a|sis Hypotrichiasis f
hy|po|tri|cho|sis Hypotrichosis f
hy|pot|ro|phy Hypotrophie f
hy|po|vaso|pres|sin|emia Hypovasopressinaemia f
hy|po|ven|ti|la|tion Hypoventilation f
hy|po|vi|ta|min|osis Hypovitaminosis f
hy|po|vo|le|mia Hypovolaemia f
hy|po|vo|le|mic hypovolämisch
hyp|ox|emia Hypoxaemia f
hyp|ox|e|mic hypoxämisch
hyp|ox|ia Hypoxia f
hyp|ox|ic hypoxisch
hyp|sar|rhyth|mia Hypsarrhythmia f

hyp|sar|rhyth|moid hypsarrhythmoid
hyp|si|brachy|ce|phal|ic hypsibrachycephal
hyp|si|ceph|a|ly Hypsicephalie f
hyp|si|sta|phyl|ia Hypsistaphylia f
hyp|si|sta|phyl|ic hypsistaphylisch
hyp|si|staph|y|line hypsistaphylin
hyp|so|pho|bia Hypsophobia f
hys|ter|al|gia Hysteralgia f
hys|ter|al|gic hysteralgisch
hys|ter|ec|to|my Hysterectomie f
hys|te|ria Hysteria f
hys|te|ri|ac Hysteriker m
hys|ter|ic Hysteriker m, hysterisch
hys|ter|i|cal hysterisch
hys|ter|i|cism Hystericismus m
hys|ter|ics Hysterie f
hys|ter|i|form hysteriform
hys|ter|i|tis Hysteritis f
hys|tero|cele Hysterocele f
hys|tero|clei|sis Hysterocleisis f
hys|ter|o|dyn|ia Hysterodynia f
hys|tero|gen|ic hysterogen
hys|ter|og|e|nous hysterogen
hys|tero|gram Hysterogramm n
hys|ter|og|ra|phy Hysterographie f
hys|ter|oid hysteroid
hys|ter|oi|dal hysteroid
hys|tero|lap|a|rot|o|my Hysterolaparotomie f
hys|tero|lith Hysterolith m
hys|tero|li|thi|a|sis Hysterolithiasis f
hys|ter|ol|o|gy Hysterologie f
hys|tero|my|o|ma Hysteromyoma n
hys|tero|my|o|mec|to|my Hysteromyomectomie f
hys|tero-oo|pho|rec|to|my Hystero-Oophorectomie f
hys|tero|path|ic hysteropathisch
hys|ter|op|a|thy Hysteropathie f
hys|tero|pexy Hysteropexie f
hys|ter|op|to|sis Hysteroptosis f
hys|ter|or|rhex|is Hysterorrhexis f
hys|tero|sal|pin|gec|to|my Hysterosalpingectomie f
hys|tero|sal|pin|gog|ra|phy Hysterosalpingographie f
hys|tero|sal|pin|go-oo|pho|rec|to|my Hysterosalpingo-Oophorectomie f
hys|tero|sal|pin|gos|to|my Hysterosalpingostomie f
hys|tero|scope Hysteroscop n
hys|ter|os|co|py Hysteroscopie f
hys|tero|tome Hysterotom n

hys|ter|ot|o|my Hysterotomie f
hys|tero|trach|e|lec|to|my Hysterotrachelectomie f
hys|tero|trach|e|lor|rha|phy Hysterotrachelorrhaphie f
iat|ro|chem|is|try Iatrochemie f
iat|ro|gen|e|sis Iatrogenesis f
iat|ro|gen|ic iatrogen
iat|ro|phys|ics Iatrophysik f
ich|no|gram Ichnogramm n
ich|thy|ism Ichthyismus m
ich|thy|is|mus Ichthyismus m
ich|thyo|sar|co|tox|ic ichthyosarcotoxisch
ich|thyo|sar|co|tox|in Ichthyosarcotoxin n
ich|thyo|sar|co|tox|ism Ichthyosarcotoxismus m
ich|thy|o|si|form ichthyosiform
ich|thy|o|sis Ichthyosis f
ich|thy|ot|ic ichthyotisch
ich|thyo|tox|in Ichthyotoxin n
ich|thyo|tox|ism Ichthyotoxismus m
ich|thyo|tox|is|mus Ichthyotoxismus m
ic|ter|ic icterisch
ic|tero|gen|ic icterogen
ic|ter|og|e|nous icterogen
ic|ter|oid icteroid
ic|ter|us Icterus m
ic|tus Ictus m
id Id n, Es n
ide|al|iza|tion Idealisation f, Idealisierung f
ide|a|tion Ideation f
ide|a|tion|al ideatorisch
idée fixe fixe Idee
iden|ti|fi|ca|tion Identification f
iden|ti|ty Identität f
ideo|ki|net|ic ideokinetisch
ideo|mo|tor ideomotorisch
ideo|mus|cu|lar ideomuscular
ideo|plas|tic ideoplastisch
ideo|plas|ty Ideoplastie f
id|i|o|cy Idiotie f
id|io|glos|sia Idioglossia f
id|io|glot|tic idioglott
id|io|gram Idiogramm n
id|io|mus|cu|lar idiomuscular
id|io|path|ic idiopathisch
id|i|op|a|thy Idiopathie f
id|io|plasm Idioplasma n
id|io|re|flex Idioreflex m
id|io|some Idiosom n
id|i|ot Idiot m
ig|ni|punc|ture Ignipunctur f
il|e|ac ileal
il|e|al ileal
ile|ec|to|my Ileectomie f
ile|it|ic ileitisch
il|e|itis Ileitis f
il|eo|ce|cal ileocäcal
il|eo|ce|cos|to|my Ileocäcostomie f
il|eo|ce|cum Ileocaecum n
il|eo|co|lic ileocolisch
il|eo|co|li|tis Ileocolitis f
il|eo|co|lon|ic ileocolonisch
il|eo|co|los|to|my Ileocolo-

stomie f

il|eo|cys|to|plas|ty Ileocystoplastik f

il|eo|il|e|al ileoileal

il|eo|il|e|os|to|my Ileoileostomie f

il|eo|proc|tos|to|my Ileoproctostomie f

il|e|or|rha|phy Ileorrhaphie f

il|eo|sig|moid|os|to|my Ileosigmoidostomie f

il|e|os|to|my Ileostomie f

il|e|ot|o|my Ileotomie f

il|eo|trans|verse ileotransvers

il|eo|trans|ver|sos|to|my Ileotransversostomie f

il|e|um Ileum n

il|e|us Ileus m

il|i|ac iliacal

il|io|fem|o|ral iliofemoral

il|i|op|a|gus Iliopagus m

il|io|pso|as Iliopsoas m

il|io|tho|ra|cop|a|gus Iliothoracopagus m

il|io|xi|phop|a|gus Ilioxiphopagus m

il|i|um Ilium n

ill krank, Leiden n

il|laq|ue|a|tion Illaqueation f

ill|ness Krankheit f

il|lu|sion Illusion f

imag|i|nary imaginär, eingebildet

imag|i|na|tion Imagination f, Einbildung f

im|bal|ance Ungleichgewicht n

im|be|cile imbecil

im|be|cil|i|ty Imbecilität f

im|bibe imbibieren

im|bi|bi|tion Imbibition f

im|id|az|ole Imidazol n

im|mer|sion Immersion f

im|mune immun, Immun...

im|mu|ni|ty Immunität f

im|mu|ni|za|tion Immunisation f

im|mu|nize immunisieren

im|mu|no|blast Immunoblast m

im|mu|no|blas|tic immunoblastisch

im|mu|no|chem|is|try Immunchemie f

im|mu|no|de|fi|cien|cy Immundeficienz f

im|mu|no|dif|fu|sion Immundiffusion f

im|mu|no|elec|tro|pho|re|sis Immunoelectrophoresis f

im|mu|no|elec|tro|pho|ret|ic immunoelectrophoretisch

im|mu|no|flu|o|res|cence Immunofluorescenz f

im|mu|no|gen Immunogen n

im|mu|no|ge|net|ics Immunogenetik f

im|mu|no|gen|ic immunogen

im|mu|no|ge|nic|i|ty Immunogenität f

im|mu|no|glob|u|lin Immunoglobulin n

im|mu|no|he|ma|tol|o|gy Immunohämatologie f

im|mu|no|log|ic immunologisch
im|mu|nol|o|gist Immunologe m
im|mu|nol|o|gy Immunologie f
im|mu|no|pa|thol|o|gy Immunopathologie f
im|mu|nop|a|thy Immunopathie f
im|mu|no|sup|pres|sant immunosuppressiv, Immunosuppressivum n
im|mu|no|sup|pres|sion Immunosuppression f
im|mu|no|sup|pres|sive immunosuppressiv, Immunosuppressivum n
im|mu|no|ther|a|py Immunotherapie f
im|pact|ed impactiert
im|per|fo|ra|tion Imperforation f
im|per|me|able impermeabel
im|pe|tig|i|ni|za|tion Impetiginisation f
im|pe|tig|i|noid impetiginoid
im|pe|ti|go Impetigo f
im|plant Implantat n
im|plant implantieren
im|plan|ta|tion Implantation f
im|po|tence Impotenz f
im|po|ten|cy Impotenz f
im|po|tent impotent
im|pulse Impuls m
im|pul|sive impulsiv
im|put|abil|i|ty Imputabilität f, Zurechnungsfähigkeit f
in|acid|i|ty Inacidität f
in|ac|ti|vate inactivieren
in|ac|tive inactiv
in|ac|tiv|i|ty Inactivität f
in|ad|e|qua|cy Inadäquanz f
in|ad|e|quate inadäquat
in|a|ni|tion Inanition f
in|ap|pe|tence Inappetenz f
in|ar|tic|u|late inarticuliert
in|born angeboren
in|breed|ing Inzucht f
in|car|cer|ate incarcerieren
in|car|cer|at|ed incarceriert
in|car|cer|a|tion Incarceration f
in|cest Incest m
inch Zoll m (= 2,54 cm)
in|ci|dence Incidenz f
in|cip|i|ent incipient, beginnend
in|ci|sal incisal
in|ci|sion Incision f, Einschnitt m
in|co|ag|u|la|ble incoagulabel
in|com|pat|i|bil|i|ty Incompatibilität f
in|com|pat|i|ble incompatibel
in|com|pen|sa|tion Incompensation f
in|con|ti|nence Incontinenz f
in|cre|tion Incretion f
in|cre|to|ry incretorisch
in|cu|bate incubieren
in|cu|ba|tion Incubation f
in|cu|ba|tor Incubator m
in|cu|dec|to|my Incudectomie f

in|cur|able incurabel, unheilbar, Incurabler m, Unheilbarer m
in|cy|clo|pho|ria Incyclophoria f
in|di|can|uria Indicanuria f
in|di|ca|tion Indication f
in|di|ca|tor Indicator m
in|di|ges|tion Indigestion f
in|di|go|uria Indigouria f
in|dis|posed unwohl
in|dis|po|si|tion Unwohlsein n
in|dol|ac|e|tu|ria Indolaceturia f
in|dole Indol n
in|do|lu|ria Indoluria f
in|dox|yl Indoxyl n
in|dox|yl|uria Indoxyluria f
in|duce inducieren
in|duc|ible inducibel
in|du|rate indurieren
in|du|ra|tion Induration f
in|du|ra|tive indurativ
in|ebri|ant inebriant, Inebrians n
in|ert inert
in|er|tia Inertia f
in|fan|cy Säuglingsalter n
in|fant Säugling m
in|fan|ti|cide Säuglingsmord m, Säuglingsmörder m
in|fan|tile infantil
in|fan|ti|lism Infantilismus m
in|farct Infarct m
in|farc|tion Infarct m
in|fect inficieren
in|fec|tion Infection f
in|fec|tious infectiös
in|fe|cun|di|ty Infecundität f, Unfruchtbarkeit f
in|fe|ri|or untere(r, -s), inferior
in|fe|ri|or|i|ty Minderwertigkeit f
in|fer|tile infertil, unfruchtbar
in|fer|til|i|ty Infertilität f, Unfruchtbarkeit f
in|fes|ta|tion Infestation f
in|fib|u|la|tion Infibulation f
in|fil|trate infiltrieren, Infiltrat n
in|fil|tra|tion Infiltration f
in|flamed entzündet
in|flam|ma|tion Entzündung f, Inflammation f
in|fla|tion Inflation f
in|flu|en|za Influenza f
in|fra|cla|vic|u|lar infraclaviculär
in|frac|tion Infraction f
in|fu|sion Infusion f
in|ges|tion Ingestion f
in|gre|di|ent Ingrediens n
in|grown eingewachsen
in|gui|nal inguinal
in|hal|ant Inhalat n
in|ha|la|tion Inhalation f
in|ha|la|tor Inhalator m
in|hale inhalieren
in|hib|in Inhibin n
in|hib|it inhibieren, hemmen

in|hi|bi|tion Inhibition f, Hemmung f
in|hib|i|tor Inhibitor m
in|hib|i|to|ry inhibitorisch, hemmend
in|i|en|ceph|a|lus Ini-encephalus m
in|i|en|ceph|a|ly Ini-encephalie f
in|i|on Inion n
in|ject injizieren
in|jec|tion Injection f
in|ju|ry Verletzung f
in|let Eingang m **i. of the pelvis** Beckeneingang m
in|nate angeboren
in|ner|vate innervieren
in|ner|va|tion Innervation f
in|oc|u|la|bil|i|ty Inoculabilität f
in|oc|u|la|ble inoculabel
in|oc|u|late inoculieren
in|oc|u|la|tion Inoculation f
in|oc|u|la|tor Inoculator m
in|oc|u|lum Inoculum n
ino|cyte Inocyt m
in|op|er|a|ble inoperabel
in|or|gan|ic anorganisch
in|o|se|mia Inosaemia f
in|o|sine Inosin n
in|o|site Inosit m
in|o|si|tu|ria Inosituria f
in|o|su|ria Inosuria f
ino|trop|ic inotrop
in|pa|tient stationärer Patient
in|sal|i|va|tion Insalivation f, Einspeichelung f
in|sane unzurechnungsfähig
in|san|i|ty Unzurechnungsfähigkeit f
in|sect Insect n
in|sec|ti|cide Insecticid n
in|sem|i|na|tion Insemination f **artificial i.** artificielle Insemination
in|ser|tion Insertion f
in|sid|i|ous insidiös
in|so|la|tion Insolation f
in|sol|u|bil|i|ty Unlöslichkeit f
in|sol|u|ble unlöslich
in|som|nia Insomnia f, Schlaflosigkeit f
in|spec|tion Inspection f
in|spi|ra|tion Inspiration f
in|spi|ra|to|ry inspiratorisch
in|spire inspirieren
in|spis|sa|tion Inspissation f
in|stil|la|tion Instillation f
in|stinct Instinct m
in|stinc|tive instinctiv
in|stru|ment Instrument n
in|su|date Insudat n, insudieren
in|su|da|tion Insudation f
in|suf|fi|cien|cy Insufficienz f
in|suf|fi|cient insufficient
in|suf|fla|tion Insufflation f
in|suf|fla|tor Insufflator m
in|su|lin Insulin n
in|su|lin|ase Insulinase f
in|su|lin|emia Insulinaemia f

in|su|li|no|ma Insulinoma n
in|su|li|tis Insulitis f
in|su|lo|ma Insuloma n
in|sult Insult m
in|teg|u|ment Integument n
in|teg|u|men|ta|ry integumentär
in|te|gu|men|tum Integumentum n
in|tel|lect Intellect m
in|tel|lec|tu|al intellectuell
in|tel|li|gence Intelligenz f
in|ten|si|ty Intensität f
in|ten|sive intensiv
in|ter|an|nu|lar interanulär
in|ter|ar|tic|u|lar interarticulär
in|ter|atri|al interatrial
in|ter|ax|o|nal interaxonal
in|ter|brain Zwischenhirn n
in|ter|ca|lary intercalar
in|ter|ca|lat|ed zwischengeschaltet, Zwischen...
in|ter|can|a|lic|u|lar intercanaliculär
in|ter|cap|il|lary intercapillär
in|ter|car|pal intercarpal
in|ter|cel|lu|lar intercellulär
in|ter|chon|dral interchondral
in|ter|cla|vic|u|lar interclaviculär
in|ter|con|dy|lar intercondylär
in|ter|cor|o|nary intercoronar
in|ter|cos|tal intercostal
in|ter|course (Geschlechts-)Verkehr m
in|ter|cri|co|thy|rot|o|my Intercricothyrotomie f
in|ter|cris|tal intercristal
in|ter|cur|rent intercurrent
in|ter|den|tal interdental, Interdental...
in|ter|den|ti|um Interdentium n
in|ter|dig|i|tal interdigital
in|ter|dig|i|tate interdigitieren
in|ter|dig|i|ta|tion Interdigitation f, Ineinandergreifen n
in|ter|duc|tal interductal
in|ter|face Grenzfläche f
in|ter|fa|cial Grenzflächen...
in|ter|fas|cic|u|lar interfasciculär
in|ter|fer|ence Interferenz f
in|ter|fer|on Interferon n
in|ter|fol|lic|u|lar interfolliculär
in|ter|glob|u|lar interglobular
in|ter|glu|te|al interglutäal
in|ter|hemi|sphe|ric interhemisphärisch
in|te|ri|or innere, innerer, inneres
in|ter|jec|tion|al interjectional
in|ter|ki|ne|sis Interkinesis f
in|ter|la|bi|al interlabial
in|ter|la|mel|lar interlamellär
in|ter|lam|i|nar interlaminar
in|ter|lig|a|men|ta|ry interligamentär
in|ter|lig|a|men|tous inter-

ligamentös
in|ter|lo|bar interlobar
in|ter|lob|u|lar interlobular
in|ter|mam|ma|ry intermammär
in|ter|me|di|ary intermediär
in|ter|me|di|ate Zwischenproduct n, Intermediat n
in|ter|me|di|us Intermedius m, intermedius
in|ter|me|nin|ge|al intermeningeal
in|ter|men|stru|al intermenstrual
in|ter|meta|car|pal intermetacarpal
in|ter|meta|tar|sal intermetatarsal
in|ter|mi|tot|ic intermitotisch
in|ter|mit|tent intermittierend
in|ter|mu|ral intermural
in|ter|mus|cu|lar intermusculär
in|ter|nal innere, innerer, inneres
in|ter|na|tal internatal
in|ter|neu|ron Interneuron n
in|ter|neu|ro|nal interneuronal
in|ter|nist Internist m
in|ter|no|dal internodal
in|ter|node Internodium n
in|tero|cep|tive interoceptiv
in|tero|cep|tor Interoceptor m
in|tero|fec|tive interofectiv
in|ter|os|sei Interossei m pl
in|ter|os|se|ous interossär
in|ter|os|se|us Interosseus m
in|ter|pap|il|lary interpapillär
in|ter|pa|ri|etal interparietal
in|ter|pel|vio|ab|dom|i|nal interpelvioabdominal
in|ter|pha|lan|ge|al interphalangeal
in|ter|phase Interphase f
in|ter|pha|sic interphasisch
in|ter|pleu|ral interpleural
in|ter|po|late interpolieren
in|ter|pose interponieren
in|ter|po|si|tion Interposition f
in|ter|pu|pil|lary interpupillar
in|ter|py|ram|i|dal interpyramidal
in|ter|rupt|ed unterbrochen, interruptiert
in|ter|scap|u|lar interscapular
in|ter|seg|men|tal intersegmental
in|ter|sex Intersex m
in|ter|sex|u|al intersexuell
in|ter|sex|u|al|i|ty Intersexualität f
in|ter|spi|nal interspinal
in|ter|spi|nous interspinal
in|ter|stage Interphase f
in|ter|stice Zwischenraum m
in|ter|sti|tial interstitiell
in|ter|sti|ti|um Interstitium n
in|ter|sys|tol|ic intersystolisch
in|ter|tar|sal intertarsal
in|ter|ter|ri|to|ri|al interterritorial
in|ter|trans|ver|sa|les Inter-

transversales m pl
in|ter|trans|ver|sa|rii Intertransversarii m pl
in|ter|tri|go Intertrigo f
in|ter|tro|chan|ter|ic intertrochanter
in|ter|tu|ber|al intertuberal
in|ter|tu|ber|cu|lar intertuberculär
in|ter|ven|tric|u|lar interventriculär
in|ter|ver|te|bral intervertebral
in|ter|vil|lous intervillös
in|tes|ti|nal intestinal
in|tes|tine Darm m **large i.** Dickdarm m **small i.** Dünndarm m
in|tes|ti|num Intestinum n
in|ti|ma Intima f
in|ti|mi|tis Intimitis f
in|tox|i|ca|tion Intoxication f
in|tra|ab|dom|i|nal intraabdominal
in|tra|al|ve|o|lar intraalveolär
in|tra|ar|te|ri|al intraarteriell
in|tra|ar|tic|u|lar intraarticulär
in|tra|atri|al intraatrial
in|tra|can|a|lic|u|lar intracanaliculär
in|tra|cap|su|lar intracapsulär
in|tra|car|di|ac intracardial
in|tra|cav|ern|ous intracavernös
in|tra|cav|i|tary intracavitär
in|tra|cel|lu|lar intracellulär
in|tra|cer|e|bel|lar intracerebellar
in|tra|cer|e|bral intracerebral
in|tra|cra|ni|al intracranial
in|tra|cu|ta|ne|ous intracutan
in|tra|der|mal intradermal
in|tra|der|mic intradermal
in|tra|duc|tal intraductal
in|tra|du|ral intradural
in|tra|em|bry|on|ic intraembryonal
in|tra|epi|der|mal intraepidermal
in|tra|epi|the|li|al intraepithelial
in|tra|fu|sal intrafusal
in|tra|glu|te|al intraglutäal
in|tra|he|pat|ic intrahepatisch
in|tra|lig|a|men|ta|ry intraligamentär
in|tra|lig|a|men|tous intraligamentös
in|tra|lo|bar intralobar
in|tra|lob|u|lar intralobulär
in|tra|lu|mi|nal intraluminal
in|tra|mam|ma|ry intramammär
in|tra|med|ul|lary intramedullär
in|tra|mu|ral intramural
in|tra|mus|cu|lar intramusculär
in|tra|na|sal intranasal
in|tra|neu|ral intraneural
in|tra|oc|u|lar intraoculär

in|tra|op|er|a|tive intraoperativ
in|tra|oral intraoral
in|tra|or|bit|al intraorbital
in|tra|pa|ri|etal intraparietal
in|tra|pel|vic intrapelvisch, intrapelvin
in|tra|peri|car|di|al intrapericardial
in|tra|peri|to|ne|al intraperitoneal
in|tra|pleu|ral intrapleural
in|tra|pul|mo|nary intrapulmonal
in|tra|re|nal intrarenal
in|tra|scro|tal intrascrotal
in|tra|seg|men|tal intrasegmental
in|tra|sel|lar intrasellär
in|tra|spi|nal intraspinal
in|tra|spi|nous intraspinal
in|tra|tho|rac|ic intrathoracal
in|tra|ton|sil|lar intratonsillär
in|tra|tra|che|al intratracheal
in|tra|tu|bal intratubar
in|tra|tu|bu|lar intratubulär
in|tra|ure|thral intraurethral
in|tra|uter|ine intrauterin
in|tra|vag|i|nal intravaginal
in|tra|vas|cu|lar intravascular
in|tra|ve|nous intravenös
in|tra|ven|tric|u|lar intraventriculär
in|tra|ves|i|cal intravesical
in|tra|vi|tal intravital
in|trin|sic intrinsisch
in|troi|tus Introitus m
in|tro|mis|sion Intromission f
in|tro|spec|tion Introspection f
in|tro|ver|sion Introversion f
in|tro|vert Introvertierter m
in|tro|vert introvertieren
in|tu|ba|tion Intubation f
in|tu|mes|cence Intumescenz f
in|tu|mes|cen|tia Intumescentia f
in|tus|sus|cep|tion Intussusception f
in|tus|sus|cep|tum Intussusceptum n
in|tus|sus|cip|i|ens Intussuscipiens n
in|u|lin Inulin n
in|unc|tion Inunction f
in|vag|i|nate invaginieren
in|vag|i|na|tion Invagination f
in|va|lid Invalide m
in|va|sive invasiv
in|ver|sion Inversion f
in|vert|ed invertiert
in|ver|tose Invertose f
in|vet|er|ate inveteriert
in|vol|un|tary unwillkürlich
in|vo|lu|tion Involution f
io|date Iodat n
iod|ic Iod...
io|dide Iodid n
io|din|at|ed iodiert
io|dine Iod n

io|dism Iodismus m
io|do|phil|ia Iodophilia f
io|dop|sin Iodopsin n
ion Ion n
ion-ex|change Ionen-austausch...
ion|ic Ionen..., ional
ion|iza|tion Ionisation f
ion|ize ionisieren
ion|iz|ing ionisierend
ion|om|e|ter Ionometer n
ion|to|pho|re|sis Iontophoresis f
io|pho|bia Iophobia f
ip|sa|tion Ipsation f
ip|si|lat|er|al ipsilateral
ip|si|ver|sive ipsiversiv
iri|dec|to|mize iridectomieren
iri|dec|to|my Iridectomie f
iri|den|clei|sis Iridencleisis f
iri|do|cap|su|li|tis Iridocapsulitis f
iri|do|cele Iridocele f
iri|do|cho|roid|itis Iridochoroiditis f
iri|do|cy|cli|tis Iridocyclitis f
iri|do|di|ag|no|sis Iridodiagnosis f
iri|do|di|al|y|sis Iridodialysis f
iri|do|do|ne|sis Iridodonesis f
iri|do|ki|ne|sia Iridokinesia f
iri|do|ki|ne|sis Iridokinesis f
iri|do|pa|ral|y|sis Iridoparalysis f
iri|do|pa|re|sis Iridoparesis f
iri|dop|a|thy Iridopathie f
iri|do|ple|gia Iridoplegia f
iri|dor|rhex|is Iridorrhexis f
iri|dot|a|sis Iridotasis f
iri|dot|o|my Iridotomie f
iris Iris f
iri|tis Iritis f
irit|o|my Iritomie f
iron Eisen n
iron-de|fi|cien|cy Eisenmangel...
ir|ra|di|ate bestrahlen
ir|ra|di|a|tion Bestrahlung f
ir|re|ver|si|bil|i|ty Irreversibilität f
ir|re|vers|i|ble irreversibel
ir|ri|ga|tion Irrigation f
ir|ri|ga|tor Irrigator m
ir|ri|ta|bil|i|ty Irritabilität f
ir|ri|ta|ble irritabel
ir|ri|tant Irritans n
ir|ri|ta|tion Irritation f
isch|emia Ischaemia f
isch|emic ischämisch
is|che|sis Ischesis f
is|chi|al|gia Ischialgia f
is|chi|al|gic ischialgisch
is|chi|dro|sis Ischidrosis f
is|chi|drot|ic ischidrotisch
is|chio|did|y|mus Ischiodidymus m
is|chi|op|a|gus Ischiopagus m
is|chi|op|a|gy Ischiopagie f
is|chio|pu|bi|ot|o|my Ischiopubiotomie f
is|chio|rec|tal ischiorectal

is|chi|um Ischium n
isch|uria Ischuria f
is|land Insel f **i. of Langerhans** Langerhans-Insel f
is|let Insel f, Inselchen n **i. of Langerhans** Langerhans--Insel f
is|let-cell Inselcell(en)...
iso|ag|glu|ti|nin Isoagglutinin n
iso|ag|glu|ti|no|gen Isoagglutinogen n
iso|an|ti|body Isoantikörper m
iso|an|ti|gen Isoantigen n
iso|bu|tyl Isobutyl n
iso|chro|mat|ic isochromatisch
iso|chro|ma|to|phil isochromatophil
iso|chro|ma|to|phile isochromatophil
iso|chro|nal isochron
isoch|ro|nous isochron
iso|co|ria Isocoria f
iso|cor|tex Isocortex m
iso|dac|tyl|ism Isodactylismus m
iso|dose Isodose f
iso|do|ses Isodosen f pl
iso|dy|nam|ic isodynamisch
iso|elec|tric isoelectrisch
iso|en|zyme Isoenzym n
iso|graft Isotransplantation f
iso|hem|ag|glu|ti|nin Isohämagglutinin n
iso|he|mol|y|sin Isohämolysin n
iso|he|mol|y|sis Isohaemolysis f
iso|he|mo|lyt|ic isohämolytisch
iso|im|mune isoimmun
iso|im|mu|ni|za|tion Isoimmunisation f
iso|ion|ic isoionisch
iso|lat|er|al isolateral
iso|leu|cine Isoleucin n
iso|ly|sin Isolysin n
iso|mal|tose Isomaltose f
iso|mer Isomer n
isom|er|ase Isomerase f
iso|mer|ic isomer
isom|er|ism Isomerie f
isom|er|iza|tion Isomerisation f
isom|er|ize isomerisieren
iso|met|ric isometrisch
iso|me|tro|pia Isometropia f
isom|e|try Isometrie f
iso|os|mot|ic isoosmotisch
iso|path|ic isopathisch
isop|a|thy Isopathie f
iso|pho|ria Isophoria f
iso|pia Isopia f
iso|prene Isopren n
iso|pro|pa|nol Isopropanol n
iso|sex|u|al isosexuell
is|os|mot|ic isosmotisch
iso|spo|ro|sis Isosporosis f
iso|stere Isoster n
iso|ster|ic isoster
isos|ter|ism Isosterie f
isos|the|nu|ria Isosthenuria f
iso|ther|a|py Isotherapie f
iso|therm Isotherme f

iso|ther|mal isotherm
iso|ther|mic isotherm
iso|ton|ic isoton
iso|tope Isotop n
iso|top|ic isotop
iso|vol|u|met|ric isovolumetrisch
iso|zyme Isozym n
isth|mec|to|my Isthmectomie f
isth|mus Isthmus m
isu|ria Isuria f
itch Jucken n
itch|ing Jucken n
ivo|ry Elfenbein n
ix|o|di|a|sis Ixodiasis f
jac|ta|tion Jactation f
jac|ti|ta|tion Jactitation f
ja|mais vu Jamais-vu n
jan|i|ceps Janiceps m
ja|nus Janus m
jaun|dice Gelbsucht f
jaw Kiefer m, **lower j.** Unterkiefer m **upper j.** Oberkiefer m
je|ju|nal jejunal
je|ju|nec|to|my Jejunectomie f
je|ju|ni|tis Jejunitis f
je|ju|no|ce|cos|to|my Jejunocäcostomie f
je|ju|no|co|los|to|my Jejunocolostomie f
je|ju|no|gas|tric jejunogastrisch
je|ju|no|il|e|itis Jejunoileitis f
je|ju|no|il|e|os|to|my Jejunoileostomie f
je|ju|no|il|e|um Jejunoileum n
je|ju|no|je|nu|nos|to|my Jejunojejunostomie f
je|ju|nor|rha|phy Jejunorrhaphie f
je|ju|nos|to|my Jejunostomie f
je|ju|not|o|my Jejunotomie f
je|ju|num Jejunum n
joint Gelenk n
joule Joule n
ju|ga Juga n pl
jug|u|lar jugular, Jugularis f
ju|gum Jugum n
juice Saft m
junc|tu|ra Junctura f
Jung|i|an Jungsch
jun|gle Dschungel m
ju|ve|nile jugendlich
jux|ta-ar|tic|u|lar juxta-articulär
jux|ta|cor|ti|cal juxtacortical
jux|ta|glo|mer|u|lar juxtaglomerulär
jux|ta|py|lo|ric juxtapylorisch
ka|le|mia Kalaemia f
kal|i|emia Kaliaemia f
kal|io|pe|nia Kaliopenia f
kal|io|pe|nic kaliopenisch
ka|li|um Kalium n
kal|li|din Kallidin n
kal|li|din|o|gen Kallidinogen n
kal|li|kre|in Kallikrein n
kan|a|my|cin Kanamycin n
ka|o|lin Kaolin n
ka|o|li|no|sis Kaolinosis f
kap|pa Kappa n, Kappa...

karyo|blast Karyoblast m
kary|oc|la|sis Karyoclasis f
karyo|clas|tic karyoclastisch
karyo|cyte Karyocyt m
kary|og|a|my Karyogamie f
karyo|gram Karyogramm n
karyo|ki|ne|sis Karyokinesis f
karyo|ki|net|ic karyokinetisch
karyo|lymph Karyolymphe f
kary|ol|y|sis Karyolysis f
kary|om|e|try Karyometrie f
karyo|mi|to|sis Karyomitosis f
kar|y|on Karyon n
karyo|phage Karyophage m
karyo|plasm Karyoplasma n
karyo|plas|mic karyoplasmatisch
kary|or|rhex|is Karyorrhexis f
kary|os|ta|sis Karyostasis f
karyo|type Karyotyp m
kata|ther|mom|e|ter Katathermometer n
ke|loid Keloid n
keno|pho|bia Kenophobia f
keph|a|lin Kephalin n
ker|a|sin Kerasin n
ker|a|tal|gia Keratalgia f
ker|a|tin Keratin n
ker|a|tin|iza|tion Keratinisation f
ker|a|tin|ize keratinisieren
ker|a|tin|ized keratinisiert
ke|rat|i|no|cyte Keratinocyt m
ker|a|ti|tis Keratitis f
ker|a|tit|ic keratitisch
ker|a|to|ac|an|tho|ma Keratoacanthoma n
ker|a|to|cele Keratocele f
ker|a|to|cen|te|sis Keratocentesis f
ker|a|to|con|junc|ti|vi|tis Keratoconjunctivitis f
ker|a|to|der|ma Keratoderma n
ker|a|to|der|mia Keratodermia f
ker|a|to|gen|e|sis Keratogenesis f
ker|a|to|glo|bus Keratoglobus m
ker|a|to|hel|co|sis Keratohelcosis f
ker|a|to|hy|a|lin Keratohyalin n
ker|a|to|hy|a|line keratohyalin
ker|a|to|iri|tis Keratoiritis f
ker|a|to|leu|ko|ma Keratoleukoma n
ker|a|tol|y|sis Keratolysis f
ker|a|to|lyt|ic keratolytisch, Keratolyticum n
ker|a|to|ma Keratoma n
ker|a|to|ma|la|cia Keratomalacia f
ker|a|to|meg|a|ly Keratomegalie f
ker|a|tom|e|ter Keratometer n
ker|a|tom|e|try Keratometrie f
ker|a|to|my|co|sis Keratomycosis f
ker|a|top|a|thy Keratopathie f
ker|a|to|plas|tic keratoplastisch

ker|a|to|plas|ty Keratoplastik f
ker|a|to|sis Keratosis f
ker|a|tot|ic keratotisch
ker|a|tot|o|my Keratotomie f
ke|rau|no|pho|bia Keraunophobia f
ke|ri|on Kerion n
kern|echt|rot Kernechtrot n
ker|nic|ter|us Kernicterus m
ke|to Keto...
ke|to|ac|i|do|sis Ketoacidosis f
ke|to|gen|e|sis Ketogenesis f
ke|to|gen|ic ketogen
ke|to|hep|tose Ketoheptose f
ke|to|hex|ose Ketohexose f
ke|tol|y|sis Ketolysis f
ke|to|lyt|ic ketolytisch
ke|tone Keton n
ke|to|ne|mia Ketonaemia f
ke|to|nu|ria Ketonuria f
ke|tose Ketose f
ke|to|side Ketosid n
ke|to|sis Ketosis f
ke|tot|ic ketotisch
ke|to|ste|roid Ketosteroid n
kid|ney Niere f
kilo|cal|o|rie Kilocalorie f
kilo|cal|o|ry Kilocalorie f
kilo|joule Kilojoule n
ki|nase Kinase f
kin|e|plas|tic kineplastisch
kin|e|plas|ty Kineplastik f
kin|e|scope Kinescop n
ki|ne|sia Kinesia f
ki|ne|si|at|rics Kinesiatrie f
ki|ne|si|es|the|si|om|e|ter Kinesiästhesiometer n
ki|ne|sim|e|ter Kinesimeter n
ki|ne|si|ol|o|gy Kinesiologie f
ki|ne|si|om|e|ter Kinesiometer n
ki|ne|sis Kinesis f
ki|ne|si|ther|a|py Kinesitherapie f
ki|ne|so|pho|bia Kinesophobia f
kin|es|the|sia Kinaesthesia f
kin|es|the|si|om|e|ter Kinästhesiometer n
kin|es|the|sis Kinaesthesis f
kin|es|thet|ic kinästhetisch
ki|net|ics Kinetik f **enzyme k.** Enzymkinetik f
ki|neto|car|dio|gram Kinetocardiogramm n
ki|neto|car|di|og|ra|phy Kinetocardiographie f
ki|neto|chore Kinetochor n
kin|e|to|sis Kinetosis f
ki|neto|ther|a|py Kinetotherapie f
ki|nin Kinin n
ki|no|cen|trum Kinocentrum n
klep|to|ma|nia Kleptomania f
klep|to|pho|bia Kleptophobia f
knee Knie n
knee|cap Kniescheibe f
koil|onych|ia Koilonychia f
ko|nim|e|ter Konimeter n
kra|tom|e|ter Kratometer n
krau|ro|sis Kraurosis f

kre|a|tin Kreatin n
kwa|shi|or|kor Kwaschiorkor m
ky|a|nop|sia Kyanopsia f
ky|mo|gram Kymogramm n
ky|mo|graph Kymograph m
ky|mo|graph|ic kymographisch
ky|mog|ra|phy Kymographie f
ky|pho|sco|li|o|sis Kypho-scoliosis f
ky|pho|sco|li|ot|ic kypho-scoliotisch
ky|pho|sis Kyphosis f
ky|phot|ic kyphotisch
la|bi|al labial
la|bi|al|ism Labialismus m
la|bi|um Labium n
la|brum Labrum n
lab|y|rinth Labyrinth n
lab|y|rin|thi|tis Labyrinthitis f
lab|y|rin|thot|o|my Labyrinthotomie f
la|by|rin|thus Labyrinthus m
lac Lac n
lac|case Laccase f
lac|er|ate lacerieren
lac|er|a|tion Laceration f **1. of the perineum** Laceratio f perinei
la|cer|tus Lacertus m
la|cis Netz...
lac|ri|ma Lacrima f
lac|ri|mal lacrimal, Lacrimale n
lac|ri|ma|le Lacrimale n
lac|tac|i|de|mia Lactacidaemia f
lac|tac|i|du|ria Lactaciduria f
lac|ta|gogue Lactagogum n
lac|tal|bu|min Lactalbumin n
lac|tam Lactam n
lac|tase Lactase f
lac|tate Laktat n, lactieren
lac|ta|tion Lactation f
lac|tic Milch...
lac|tif|er|ous milchführend
lac|ti|fuge Lactifugum n
lac|tim Lactim n
lac|to|ba|cil|lus Lactobacillus m
lac|to|gen|ic lactogen
lac|to|glob|u|lin Lactoglobulin n
lac|to|pro|te|in Lactoprotein n
lac|tose Lactose f
lac|tos|uria Lactosuria f
lac|to|veg|e|tar|i|an lactovegetarisch
la|cu|na Lacuna f
la|cu|nar lacunär
la|cune Lacune f
la|cus Lacus m
lag|neia Lagneia f
lag|oph|thal|mia Lagophthalmia f
lag|oph|thal|mic lagophthalmisch
lag|oph|thal|mos Lagophthalmos m
lal|la|tion Lallation f
lall|ing Lallen n
la|lop|a|thy Lalopathie f

lalo|ple|gia Laloplegia f
La|marck|ism Lamarckismus m
lamb|da Lambda n
lamb|da|cism Lambdacismus m
lamb|doid lambdoid, Lambdoid...
la|mel|la Lamella f
lam|i|na Lamina f
lam|i|nec|to|my Laminectomie f
la|nat|o|side Lanatosid n
lan|ci|nate lancinieren
lan|ci|nat|ing lancinierend
lap|a|ror|rha|phy Laparorrhaphie f
lap|a|ro|scope Laparoscop n
lap|a|ros|co|py Laparoscopie f
lap|a|rot|o|my Laparotomie f
lap|a|ro|trach|e|lot|o|my Laparotrachelotomie f
lar|vi|cide Larvicid n
lar|yn|gal|gia Laryngalgia f
la|ryn|ge|al laryngeal, Laryngeal..., Larynx...
lar|yn|gec|to|my Laryngectomie f
lar|yn|gis|mus Laryngismus m
lar|yn|gi|tis Laryngitis f
la|ryn|go|cele Laryngocele f
la|ryn|go|fis|sure Laryngofissur f
la|ryn|go|gram Laryngogramm n
lar|yn|gog|ra|phy Laryngographie f
lar|yn|gol|o|gist Laryngologe m
lar|yn|gol|o|gy Laryngologie f
la|ryn|go|pa|ral|y|sis Laryngoparalysis f
lar|yn|gop|a|thy Laryngopathie f
la|ryn|go|pha|ryn|ge|al laryngopharyngeal
la|ryn|go|phar|yn|gec|to|my Laryngopharyngectomie f
la|ryn|go|phar|yn|gi|tis Laryngopharyngitis f
la|ryn|go|phar|ynx Laryngopharynx m
la|ryn|go|ple|gia Laryngoplegia f
la|ryn|go|pto|sis Laryngoptosis f
la|ryn|gor|rhea Laryngorrhoea f
la|ryn|go|scope Laryngoscop n
lar|yn|gos|co|py Laryngoscopie f
la|ryn|go|spasm Laryngospasmus m
lar|yn|gos|to|my Laryngostomie f
la|ryn|go|stro|bo|scope Laryngostroboscop n
lar|yn|got|o|my Laryngotomie f
la|ryn|go|tra|che|i|tis Laryngotracheitis f
la|ryn|go|tra|cheo|bron|chi|tis Laryngotracheobronchitis f
la|ryn|go|tra|che|os|co|py Laryngotracheoscopie f
la|ryn|go|tra|che|ot|o|my

Laryngotracheotomie f

lar|ynx Larynx m

la|ser Laser m

lash Wimper f

la|ten|cy Latenz f

la|tent latent

la|ten|ti|a|tion Latentation f

lat|er|al lateral

lat|ero|flex|ion Lateroflexion f

lat|ero|pul|sion Lateropulsion f

lat|ero|tor|sion Laterotorsion f

lat|ero|ver|sion Lateroversion f

lath|y|rism Lathyrismus m

la|tis|si|mus Latissimus m

la|trine Latrine f

lat|tice Gitter n

la|tus Latus n

la|vage Lavage f

lax lax

lax|a|tion Laxation f

lax|a|tive laxativ, Laxativum n

lax|i|ty Laxitas f, Laxheit f

lay Laien...

lay|er Lage f, Schicht f

lay|man Laie m

lec|i|thin Lecithin n

lec|i|thi|nase Lecithinase f

leg Bein n

le|gal legal, Gerichts...

leio|der|mia Leiodermia f

leio|myo|fi|bro|ma Leiomyofibroma n

leio|my|o|ma Leiomyoma n

leio|myo|sar|co|ma Leiomyosarcoma n

leish|man|ia Leishmania f

leish|man|i|a|sis Leishmaniasis f

lem|mo|blast Lemmoblast m

lem|mo|blas|to|ma Lemmoblastoma n

lem|mo|cyte Lemmocyt m

lem|mo|cy|to|ma Lemmocytoma n

lem|nis|cus Lemniscus m

lem|no|blast Lemnoblast m

lem|no|cyte Lemnocyt m

lens Lens f, Linse f

len|ti|co|nus Lenticonus m

len|tic|u|lar lenticulär, Linsen...

len|ti|form lentiform, linsenförmig

len|ti|glo|bus Lentiglobus m

len|ti|go Lentigo f

lep|er Lepröser m

lep|i|do|ma Lepidoma n

lep|ra Lepra f

lep|re|chaun|ism Leprechaunismus m

lep|rid Leprid n

lep|ride Leprid n

lep|ro|lin Leprolin n

lep|ro|log|ic leprologisch

lep|rol|o|gist Leprologe m

lep|rol|o|gy Leprologie f

lep|ro|ma Leproma n

lep|rom|a|tous lepromatös

lep|ro|min Lepromin n

lep|ro|pho|bia Leprophobia f

lep|ro|sar|i|um Leprosarium n
lep|ro|sery Leprosarium n
lep|ro|sy Lepra f
lep|rot|ic leprös
lep|rous leprös
lep|to|ce|pha|lia Leptocephalia f
lep|to|ceph|a|lus Leptocephalus m
lep|to|ceph|a|ly Leptocephalie f
lep|to|cyte Leptocyt m
lep|to|cy|to|sis Leptocytosis f
lep|to|dac|ty|lous leptodactyl
lep|to|me|nin|ges Leptomeninges f pl
lep|to|me|nin|gi|o|ma Leptomeningioma n
lep|to|men|in|gi|tis Leptomeningitis f
lep|to|men|in|gop|a|thy Leptomeningopathie f
lep|to|me|ninx Leptomeninx f
lep|to|spi|ro|sis Leptospirosis f
lep|to|tene Leptotän n
lep|to|tri|cho|sis Leptotrichosis f
les|bi|an lesbisch, Lesbierin f
le|sion Läsion f
les|ser klein
le|thal letal
le|thar|gic lethargisch
leth|ar|gy Lethargie f
leu|ce|mia Leucaemia f
leu|cine Leucin n
leu|ci|nu|ria Leucinuria f
leu|cyl Leucyl n
leu|ka|phe|re|sis Leukapheresis f
leu|ke|mia Leukaemia f
leu|ke|mic leukämisch
leu|ke|moid leukämoid
leu|ker|gy Leukergie f
leu|ko|blast Leukoblast m
leu|ko|blas|to|sis Leukoblastosis f
leu|ko|cyte Leukocyt m
leu|ko|cyt|ic leukocytär
leu|ko|cy|to|blast Leukocytoblast m
leu|ko|cy|to|gen|e|sis Leukocytogenesis f
leu|ko|cy|to|ly|sin Leukocytolysin n
leu|ko|cy|tol|y|sis Leukocytolysis f
leu|ko|cy|to|ma Leukocytoma n
leu|ko|cy|to|pe|nia Leukocytopenia f
leu|ko|cy|to|poi|e|sis Leukocytopoiesis f
leu|ko|cy|to|poi|et|ic leukocytopoietisch
leu|ko|cy|to|sis Leukocytosis f
leu|ko|cy|tot|ic leukocytotisch
leu|ko|cy|tu|ria Leukocyturia f
leu|ko|der|ma Leukoderma n
leu|ko|der|mia Leukodermia f
leu|ko|der|mic leukodermal
leu|ko|dys|tro|phy Leukodystrophie f

leu|ko|en|ceph|a|li|tis Leukoencephalitis f
leu|ko|en|ceph|a|lop|a|thy Leukoencephalopathie f
leu|ko|eryth|ro|blas|tic leukoerythroblastisch
leu|ko|eryth|ro|blas|to|sis Leukoerythroblastosis f
leu|ko|ma Leukoma n
leuk|onych|ia Leukonychia f
leu|ko|path|ia Leukopathia f
leu|kop|a|thy Leukopathie f
leu|ko|pe|de|sis Leukopedesis f
leu|ko|pe|nia Leukopenia f
leu|ko|pe|nic leukopenisch
leu|ko|phe|re|sis Leukopheresis f
leu|ko|pho|re|sis Leukophoresis f
leu|ko|pla|kia Leukoplakia f
leu|ko|poi|e|sis Leukopoiesis f
leu|ko|pro|te|ase Leukoprotease f
leu|kop|sin Leukopsin n
leu|ko|sis Leukosis f
leu|ko|tax|ine Leukotaxin n
leu|ko|tome Leukotom n
leu|kot|o|my Leukotomie f
leu|ko|trich|ia Leukotrichia f
le|va|tor Levator m
le|vo|car|dia Laevocardia f
le|vo|car|dio|gram Lävocardiogramm n
le|vo|cy|clo|ver|sion Lävocycloversion f
le|vo|duc|tion Lävoduction f
le|vo|gram Lävogramm n
le|vo|gy|rate lävogyr
le|vo|gy|rous lävogyr
le|vo|ro|ta|tion Lävorotation f
le|vo|ro|ta|to|ry lävorotatorisch
le|vo|ver|sion Lävoversion f
lev|u|lin Lävulin n
lev|u|lose Lävulose f
lev|u|lo|se|mia Laevulosaemia f
lev|u|lo|su|ria Laevulosuria f
ley|dig|ar|che Leydigarche f
li|bid|i|nous libidinös
li|bi|do Libido f
li|chen Lichen m
li|chen|i|fi|ca|tion Lichenification f
li|chen|iza|tion Lichenisation f
li|chen|oid lichenoid
li|chen|ous lichenös
lid Lid n
li|en Lien m
li|en|al lienal
li|en|itis Lienitis f
li|en|og|ra|phy Lienographie f
li|en|op|a|thy Lienopathie f
life Leben n
lig|a|ment Ligament n, Band n
lig|a|men|to|pexy Ligamentopexie f
lig|a|men|tous ligamentös
lig|a|men|tum Ligamentum n
lig|and Ligand m
li|gase Ligase f
li|gate ligieren

li|ga|tion Ligation f
lig|a|ture Ligatur f
light Licht n, leicht, hell
limb Gliedmaße f, Schenkel m
lim|bic limbisch
lim|bus Limbus m
li|men Limen n
li|moph|thi|sis Limophthisis f
lin|ea Linea f
lin|gua Lingua f
lin|gu|al lingual
lin|gu|la Lingula f
lin|gu|lec|to|my Lingulectomie f
lin|i|ment Liniment n
lin|o|le|nic Linolen...
lip Lippe f
lip|ac|i|de|mia Lipacidaemia f
lip|ac|i|du|ria Lipaciduria f
li|pase Lipase f
li|pa|su|ria Lipasuria f
li|pe|mia Lipaemia f
li|pe|mic lipämisch
lip|id Lipid n
lip|id|emia Lipidaemia f
lip|i|do|sis Lipidosis f
lipo|blast Lipoblast m
lipo|blas|tic lipoblastisch
lipo|blas|to|sis Lipoblastosis f
lipo|chrome Lipochrom n
lipo|cyte Lipocyt m
lipo|dys|tro|phia Lipodystrophia f
lipo|dys|tro|phy Lipodystrophie f
lipo|fi|bro|ma Lipofibroma n
lipo|fus|cin Lipofuscin n
lipo|gen|e|sis Lipogenesis f
lipo|gen|ic lipogen
li|pog|e|nous lipogen
lipo|gran|u|lo|ma Lipogranuloma n
lipo|gran|u|lo|ma|to|sis Lipogranulomatosis f
lip|oid Lipoid n
lip|oi|de|mia Lipoidaemia f
lip|oi|do|sis Lipoidosis f
li|pol|y|sis Lipolysis f
lipo|lyt|ic lipolytisch
li|po|ma Lipoma n
li|po|ma|to|sis Lipomatosis f
lipo|me|tab|o|lism Lipometabolismus m, Fettstoffwechsel m
li|pom|pha|lus Lipomphalus m
lipo|myx|o|ma Lipomyxoma n
lipo|pathy Lipopathie f
lipo|pe|nia Lipopenia f
lipo|phage Lipophage m
lipo|phil lipophil
lipo|phil|ia Lipophilia f
lipo|poly|sac|cha|ride Lipopolysaccharid n
lipo|pro|tein Lipoprotein n
lipo|sar|co|ma Liposarcoma n
lipo|sar|co|ma|tous liposarcomatös
lipo|sol|u|ble liposolubel, fettlöslich
lipo|trop|ic lipotrop
lipo|vac|cine Lipovaccin n
li|pox|i|dase Lipoxidase f
lip|pi|tude Lippitudo f

lip|pi|tu|do Lippitudo f
li|pu|ria Lipuria f
liq|ue|fac|tion Liquefaction f
liq|uid Flüssigkeit f, flüssig
lis|sen|ce|pha|lia Lissencephalia f
lis|sen|ceph|a|lous lissencephal
lis|sen|ceph|a|ly Lissencephalie f
lis|te|ri|o|sis Listeriosis f
lith|a|gogue Lithagogum n
li|thi|a|sis Lithiasis f
lith|i|um Lithium n
litho|kel|y|pho|pe|di|on Lithokelyphopaedion n
li|thol|a|paxy Litholapaxie f
litho|ne|phri|tis Lithonephritis f
litho|pe|di|on Lithopaedion n
litho|scope Lithoscop n
li|thot|o|my Lithotomie f
litho|trip|sy Lithotripsie f
litho|trip|to|scope Lithotriptoscop n
litho|trite Lithotriptor m
lith|u|re|sis Lithuresis f
li|thu|ria Lithuria f
lit|tri|tis Littritis f
live-born lebend geboren
li|ve|do Livedo f
liv|er Leber f
liv|id livid
li|vor Livor m
lo|bar lobär, Lobar...
lobe Lappen m, Lobus m
lo|bec|to|my Lobectomie f
lo|bi Lobi m pl
lo|bo|cyte Lobocyt m
lo|bot|o|my Lobotomie f
lob|u|lar lobulär, Lobular...
lob|ule Läppchen n, Lobulus m
lob|u|li Lobuli m pl
lob|u|lus Lobulus m
lo|bus Lobus m
lo|cal local
lo|cal|iza|tion Localisation f
lo|cal|ize localisieren
lo|cal|ized localisiert
lo|cal|iz|er Localisator m
lo|chia Lochia n pl
lo|chio|col|pos Lochiocolpos m
lo|chio|cyte Lochiocyt m
lo|chio|me|tra Lochiometra f
lo|chio|me|tri|tis Lochiometritis f
lo|chi|or|rha|gia Lochiorrhagia f
lo|chi|or|rhea Lochiorrhoea f
lo|cho|me|tri|tis Lochometritis f
lo|cho|per|i|to|ni|tis Lochoperitonitis f
lo|co|mo|tion Locomotion f
lo|co|mo|tor locomotorisch
lo|cus Locus m
logo|ma|nia Logomania f
logo|neu|ro|sis Logoneurosis f
log|op|a|thy Logopathie f
logo|pe|dia Logopädie f
logo|pe|dics Logopädie f
log|or|rhea Logorrhoea f

loin Lende f
lol|ism Lolismus m
lon|gev|i|ty Langlebigkeit f
lon|gis|si|mus Longissimus m
lon|gi|tu|di|nal longitudinal
long-term Langzeit...
loop Schlinge f, Schleife f **capillary l.** Capillarschleife f **l. of Henle** Henle--Schleife f
lo|quac|i|ty Loquacität f
lor|az|e|pam Lorazepam n
lor|do|sis Lordosis f
lor|dot|ic lordotisch
lo|tio Lotio f
lo|tion Lotion f
loupe Lupe f
louse Laus f
lu|cid lucid
lu|cid|i|ty Lucidität f
lu|cif|er|ase Luciferase f
lu|cif|er|in Luciferin n
Lück|en|schä|del Lückenschädel m
lu|es Lues f
lu|et|ic luetisch
luke|warm lauwarm
lum|ba|go Lumbago f
lum|bar lumbar, Lenden...
lum|bo|sa|cral lumbosacral
lum|bus Lumbus m
lu|men Lumen n
lu|me|nal Lumen...
lu|mi|nal Lumen...
lu|mi|nes|cence Luminescenz f
lu|mi|rho|dop|sin Lumirhodopsin n
lu|na|cy Wahnsinn m
lu|nate Lunatum n
lu|na|tic Wahnsinniger m
lu|na|to|ma|la|cia Lunatomalacia f, Lunatummalacie f
lung Lunge f
lu|nu|la Lunula f
lu|poid lupoid
lu|pus Lupus m
lu|te|al lutäal
lu|tein Lutein n
lu|tein|iza|tion Luteinisation f
lu|tein|ize luteinisieren
lu|tein|o|ma Luteinoma n
lu|te|o|ma Luteoma n
lu|teo|tro|pic luteotrop
lux Lux n
lux|a|tio Luxatio f
lux|a|tion Luxation f
lux|u|ri|ant luxurierend
lux|us Luxus m
ly|can|thro|py Lycanthropie f
ly|co|ma|nia Lycomania f
ly|co|pene Lycopin n
ly|co|pen|emia Lycopinaemia f
ly|co|rex|ia Lycorexia f
lymph Lymphe f, Lymph...
lym|pha Lympha f
lymph|ad|e|nec|to|my Lymphadenectomie f
lymph|ad|e|ni|tis Lymphadenitis f
lymph|ad|e|noid lymphadenoid
lymph|ad|e|no|ma Lymphadenoma n

lymph|ad|e|no|ma|to|sis Lymphadenomatosis f

lymph|ad|e|nop|a|thy Lymphadenopathie f

lymph|ad|e|no|sis Lymphadenosis f

lymph|ad|e|not|o|my Lymphadenotomie f

lym|pha|gogue Lymphagogum n

lym|phan|gi|ec|ta|sia Lymphangiectasia f

lym|phan|gi|ec|ta|sis Lymphangiectasis f

lym|phan|gi|ec|tat|ic lymphangiectatisch

lym|phan|gi|ec|to|my Lymphangiectomie f

lym|phan|gio|en|do|the|li|o|ma Lymphangioendothelioma n

lym|phan|gi|og|ra|phy Lymphangiographie f

lym|phan|gi|o|ma Lymphangioma n

lym|phan|gio|sar|co|ma Lymphangiosarcoma n

lym|phan|gi|ot|o|my Lymphangiotomie f

lym|phan|gi|tis Lymphangitis f

lym|phan|git|ic lymphangitisch

lym|phat|ic lymphatisch, Lymphgefäß n

lym|phat|i|cos|to|my Lymphaticostomie f

lymph|ede|ma Lymphoedema n

lym|pho|blast Lymphoblast m

lym|pho|blas|tic lymphoblastisch

lym|pho|blas|to|ma Lymphoblastoma n

lym|pho|blas|to|sis Lymphoblastosis f

lym|pho|cyte Lymphocyt m

lym|pho|cyt|ic lymphocytär

lym|pho|cy|the|mia Lymphocythaemia f

lym|pho|cy|toid lymphocytoid

lym|pho|cy|to|ma Lymphocytoma n

lym|pho|cy|to|pe|nia Lymphocytopenia f

lym|pho|cy|toph|thi|sis Lymphocytophthisis f

lym|pho|cy|to|poi|e|sis Lymphocytopoiesis f

lym|pho|cy|to|sis Lymphocytosis f

lym|pho|cy|tu|ria Lymphocyturia f

lym|pho|der|mia Lymphodermia f

lym|pho|ep|i|the|li|al lymphoepithelial

lym|pho|ep|i|the|li|o|ma Lymphoepithelioma n

lym|pho|ep|i|the|li|o|ma|tous lymphoepitheliomatös

lym|pho|gen|ic lymphogen

lym|phog|e|nous lymphogen

lym|pho|glan|du|la Lymphoglandula f

lym|pho|go|nia Lymphogonia n pl

lym|pho|gran|u|lo|ma Lymphogranuloma n
lym|pho|gran|u|lo|ma|to|sis Lymphogranulomatosis f
lym|phoid lymphoid
lym|pho|kine Lymphokin n
lym|pho|ma Lymphoma n
lym|pho|ma|to|sis Lymphomatosis f
lym|pho|mono|cy|to|sis Lymphomonocytosis f
lym|pho|no|dus Lymphonodus m
lym|pho|path|ia Lymphopathia f
lym|pho|pe|nia Lymphopenia f
lym|pho|poi|e|sis Lymphopoiesis f
lym|pho|poi|et|ic lymphopoietisch
lym|pho|re|tic|u|lar lymphoreticulär
lym|phor|rhage Lymphorrhagie f
lym|phor|rha|gia Lymphorrhagia f
lym|phor|rhea Lymphorrhoea f
lym|pho|sar|co|ma Lymphosarcoma n
lym|pho|sar|co|ma|to|sis Lymphosarcomatosis f
lym|pho|tox|in Lymphotoxin n
lymph|uria Lymphuria f
lyo|chrome Lyochrom n
lyo|phile lyophil
lyo|phil|ic lyophil
ly|oph|i|li|za|tion Lyophilisation f
ly|oph|i|lized lyophilisiert
lyo|phobe lyophob
lyo|pho|bic lyophob
ly|sate Lysat n
lyse lysieren
ly|ser|gic Lyserg...
ly|sin Lysin n
ly|sine Lysin n
ly|sis Lysis f
ly|so|ceph|a|lin Lysocephalin n
ly|so|lec|i|thin Lysolecithin n
ly|so|phos|pha|ti|dyl|cho|line Lysophosphatidylcholin n
ly|so|so|mal lysosomal
ly|so|some Lysosom n
ly|so|zyme Lysozym n
ly|so|zy|mu|ria Lysozymuria f
lys|sa Lyssa f
lys|so|pho|bia Lyssophobia f
ly|syl Lysyl n
lyt|ic lytisch
lyze lysieren
mac|er|ate macerieren
mac|er|a|tion Maceration f
mac|ren|ce|phal|ic macrencephal
mac|ren|ceph|a|lous macrencephal
mac|ren|ceph|a|ly Macrencephalie f
mac|ro|an|gi|op|a|thy Macroangiopathie f
mac|ro|blast Macroblast m
mac|ro|ce|pha|lia Macro-

cephalia f
mac|ro|ce|phal|ic macrocephal
mac|ro|ceph|a|lous macrocephal
mac|ro|ceph|a|lus Macrocephalus m
mac|ro|ceph|a|ly Macrocephalie f
mac|ro|chei|lia Macrocheilia f
mac|ro|chei|ria Macrocheiria f
mac|ro|cra|nia Macrocrania f
mac|ro|cyst Macrocyste f
mac|ro|cyte Macrocyt m
mac|ro|cyt|ic macrocytär
mac|ro|cy|to|sis Macrocytosis f
mac|ro|dac|tyl|ia Macrodactylia f
mac|ro|dac|ty|lism Macrodactylismus m
mac|ro|dac|ty|ly Macrodactylie f
mac|ro|don|tia Macrodontia f
mac|ro|en|ceph|a|ly Macroencephalie f
mac|ro|gen|i|to|so|mia Macrogenitosomia f
mac|ro|glob|u|lin Macroglobulin n
mac|ro|glob|u|li|ne|mia Macroglobulinaemia f
mac|ro|glos|sia Macroglossia f
mac|ro|gy|ria Macrogyria f
mac|ro|lym|pho|cyte Macrolymphocyt m
mac|ro|mas|tia Macromastia f
mac|ro|me|lia Macromelia f
mac|ro|mo|lec|u|lar macromolecular
mac|ro|mol|e|cule Macromolekül n
mac|ro|mono|cyte Macromonocyt m
mac|ro|my|e|lo|blast Macromyeloblast m
mac|ro|nor|mo|blast Macronormoblast m
mac|ro|nor|mo|cyte Macronormocyt m
mac|ro|phage Macrophage m
mac|ro|po|dia Macropodia f
ma|crop|sia Macropsia f
mac|rop|sy Macropsie f
mac|ro|scop|ic macroscopisch
mac|ro|so|mia Macrosomia f
mac|ro|sto|mia Macrostomia f
mac|ro|throm|bo|cy|to|path|ia Macrothrombocytopathia f
mac|ro|tia Macrotia f
mac|u|la Macula f
mad|a|ro|sis Madarosis f
ma|gen|bla|se Magenblase f
ma|gen|stras|se Magenstraße f
ma|gen|ta Magenta n
mag|got Made f
mag|ma Magma n
mag|ne|si|um Magnesium n
mag|ne|to|car|di|og|ra|phy Magnetocardiographie f
mag|ne|to|ther|a|py Magnetotherapie f
maid|en|haed Jungferhäutchen n
maim verstümmeln

mal|ab|sorp|tion Malabsorption f
ma|la|cia Malacia f
mal|a|co|pla|kia Malacoplakia f
ma|la|die Maladie f
mal|ad|just|ment Unangepaßtheit f
ma|lar malar
ma|lar|ia Malaria f
ma|lar|i|al Malaria...
ma|lar|i|ol|o|gist Malariologe m
ma|lar|i|ol|o|gy Malariologie f
ma|lar|io|ther|a|py Malariotherapie f
mal|ar|tic|u|la|tion Malarticulation f
mal|as|sim|i|la|tion Malassimilation f
mal|ate Malat n
mal|de|vel|op|ment Fehlentwicklung f
mal|di|ges|tion Maldigestion f
male männlich, (Mensch) Mann n, (Tier) Männchen n
ma|le|ic Malein...
mal|for|ma|tion Malformation f, Fehlbildung f
mal|ic Äpfel...
ma|lig|nan|cy Malignität f
ma|lig|nant maligne
mal|le|o|lus Malleolus m
mal|le|ot|o|my Malleotomie f
mal|le|us Malleus m
mal|nour|ish unterernähren
mal|nu|tri|tion Malnutrition f, Fehlernährung f
mal|oc|clu|sion Malocclusion f
mal|o|nate Malonat n
ma|lo|nic Malon...
mal|o|nyl Malonyl n
mal|pigh|i|an Malpighisch, Malpighi-...
mal|po|si|tion Malposition f, Fehlstellung f
mal|prac|tice Kunstfehler m, Fehlbehandlung f, ärztliches Versagen
malt|ase Maltase f
malt|ose Maltose f
mal|um Malum n
ma|mil|la Mamilla f
mam|il|lary mamillar, Mamillar...
mam|il|li|tis Mamillitis f
mam|ma Mamma f
mam|mal|gia Mammalgia f
mam|ma|plas|ty Mammaplastik f
mam|mec|to|my Mammectomie f
mam|mo|gen|ic mammogen
mam|mo|gram Mammogramm n
mam|mog|ra|phy Mammographie f
mam|mo|plas|ty Mammoplastik f
man Mensch m, Mann m
man|di|ble Mandibula f
man|di|bu|la Mandibula f
man|dib|u|lec|to|my Mandibulectomie f
man|dib|u|lo|fa|cial

mandibulofacial

man|ga|nese Mangan n

man|gan|ic Mangan(III)...

man|ga|nous Mangan(II)...

ma|nia Manie f, Mania f

man|ic manisch

ma|ni|ac Maniker m

ma|ni|a|cal manisch

ma|nip|u|la|tion Manipulation f

man|nose Mannose f

man|no|side Mannosid n

man|no|sid|o|sis Mannosidosis f

ma|nom|e|ter Manometer n

mano|met|ric manometrisch

ma|nom|e|try Manometrie f

man|tle Mantel m

ma|nu|bri|um Manubrium n

ma|nus Manus f

manu|stu|pra|tion Manustupration f

ma|ran|tic marantisch

ma|ras|mus Marasmus m

mar|ga|ri|to|ma Margaritoma n

mar|gin Rand m

mar|gin|al marginal

mar|go Margo m

mar|i|jua|na Marihuana n

mark|er Marker m

mar|row Mark n

mar|su|pi|al|iza|tion Marsupialisation f

mar|su|pi|al|ize marsupialisieren

mas|cu|line masculin, männlich

mas|cu|lin|i|ty Masculinität f, Männlichkeit f

mas|cu|lin|iza|tion Masculinisierung f

mas|cu|lin|ize masculinisieren

mas|cu|lin|o|ma Masculinoma n

mas|cu|lin|ovo|blas|to|ma Masculinovoblastoma n

ma|ser Maser m

mask Maske f

mas|o|chism Masochismus m

mas|o|chist Masochist m

mas|o|chis|tic masochistisch

mass Masse f, Massen...

mas|sa Massa f

mas|sage Massage f

mas|se|ter Masseter m

mas|se|ter|ic Masseter...

mas|seur Masseur m

mas|seuse Masseuse f

mas|sive massiv

mas|tal|gia Mastalgia f

mast-cell Mastcellen...

mas|tec|to|my Mastectomie f

mas|ti|cate kauen

mas|ti|ca|tion Mastication f

mas|ti|ca|tor Kau..., Masticator m

mas|ti|ca|to|ry masticatorisch

mas|ti|tis Mastitis f

mas|to|cyte Mastocyt m

mas|to|cy|to|ma Mastocytoma n

mas|to|cy|to|sis Mastocytosis f

mas|to|dyn|ia Mastodynia f

mas|toid Mastoid n, mastoid

mas|toid|ec|to|my Mastoid-

ectomie f
mas|toid|i|tis Mastoiditis f
mas|top|a|thy Mastopathie f
mas|to|pexy Mastopexie f
mas|to|plas|ty Mastoplastik f
mas|tor|rha|gia Mastorrhagia f
mas|tot|o|my Mastotomie f
mas|tur|bate masturbieren
mas|tur|ba|tion Masturbation f
ma|trix Matrix f
mat|tress Matratze f
max|il|la Maxilla f
max|il|lary maxillär
max|il|lo|fa|cial maxillofacial
mea|sles Masern pl
me|a|tot|o|my Meatotomie f
me|a|tus Meatus m
mech|a|no|re|cep|tor Mechanoreceptor m
mech|a|no|ther|a|pist Mechanotherapeut m
mech|a|no|ther|a|py Mechanotherapie f
me|co|nal|gia Meconalgia f
me|co|ni|um Meconium n
me|dia Media f
me|di|al medial
me|di|an median
me|di|as|ti|nal mediastinal
me|di|as|ti|ni|tis Mediastinitis f
me|di|as|ti|no|peri|car|di|tis Mediastinopericarditis f
me|di|as|ti|no|scope Mediastinoscop n
me|di|as|ti|nos|co|py Mediastinoscopie f
me|di|as|ti|not|o|my Mediastinotomie f
me|di|as|ti|num Mediastinum n
me|di|a|tor Mediator m
med|i|cal medicinisch, Medicin...
me|dic|a|ment Medicament n
med|i|ca|tion Medication f
me|dic|i|nal medicinal
med|i|cine Medicin f, Innere Medicin
me|dio|ne|cro|sis Medionecrosis f
me|di|um Medium n
me|dul|la Medulla f
med|ul|lary medullär, Mark...
med|ul|lat|ed ummarkt, medulliert
med|ul|la|tion Ummarkung f, Medullation f
med|ul|li|za|tion Medullisation f
med|ul|lo|blast Medulloblast m
med|ul|lo|blas|to|ma Medulloblastoma n
mega|co|lon Megacolon n
mega|cys|tis Megacystis f
mega|du|o|de|num Megaduodenum n
mega|esoph|a|gus Megaoesophagus m
mega|karyo|blast Megakaryoblast m
mega|karyo|cyte Megakaryocyt m

mega|karyo|cyt|ic megakaryocytär
mega|karyo|cy|to|pe|nia Megakaryocytopenia f
mega|karyo|cy|to|sis Megakaryocytosis f
meg|al|en|ceph|a|ly Megalencephalie f
meg|a|lo|blast Megaloblast m
meg|a|lo|blas|tic megaloblastisch
meg|a|lo|ce|phal|ic megalocephal
meg|a|lo|ceph|a|ly Megalocephalie f
meg|a|lo|cor|nea Megalocornea f
meg|a|lo|cyte Megalocyt m
meg|a|lo|cyt|ic megalocytär
meg|a|lo|cy|to|sis Megalocytosis f
meg|a|lo|ma|nia Megalomania f
meg|a|lo|ma|ni|ac Megalomaniker m
meg|a|lo|man|ic megalomanisch
meg|al|on|y|cho|sis Megalonychosis f
meg|a|loph|thal|mos Megalophthalmos m
meg|a|loph|thal|mus Megalophthalmus m
meg|a|lop|sia Megalopsia f
meg|a|lo|sple|nia Megalosplenia f
mega|sig|moid Megasigma n
mega|ure|ter Megaureter m
mei|bo|mi|a|ni|tis Meibomitis f
mei|bo|mi|tis Meibomitis f
mei|o|sis Meiosis f
mei|ot|ic meiotisch
me|lal|gia Melalgia f
mel|an|cho|lia Melancholia f
mel|an|cho|li|ac Melancholiker m
mel|an|chol|ic melancholisch
mel|an|choly Melancholie f
mel|a|ne|mia Melanaemia f
mel|an|idro|sis Melanidrosis f
mel|a|nin Melanin n
mel|a|nism Melanismus m
mel|a|no|am|e|lo|blas|to|ma Melanoameloblastoma n
mel|a|no|blast Melanoblast m
mel|a|no|blas|to|ma Melanoblastoma n
mel|a|no|car|ci|no|ma Melanocarcinoma n
mel|a|no|cyte Melanocyt m
mel|a|no|cy|to|ma Melanocytom n
mel|a|no|cy|to|sis Melanocytosis f
mel|a|no|der|ma Melanoderma n
mel|a|no|der|mia Melanodermia f
mel|a|no|epi|the|li|o|ma Melanoepithelioma n
me|lano|gen Melanogen n
mel|a|no|ma Melanoma n
mel|a|no|ma|to|sis Melanomatosis f
mel|a|no|nych|ia Melan-

onychia f

mel|a|no|phage Melanophage m

mel|a|no|sar|co|ma Melanosarcoma n

mel|a|no|sis Melanosis f

mel|a|not|ic melanotisch

mel|a|nu|ria Melanuria f

me|le|na Melaena f

mel|i|tu|ria Melituria f

melo|rhe|os|to|sis Melorheostosis f

me|los|chi|sis Meloschisis f

mem|ber Glied n

mem|bra|na Membrana f

mem|brane Membran f

mem|bra|nous membranös

mem|brum Membrum n

mem|o|ry Gedächtnis n, Erinnerung f

men|a|gogue Menagogum n

men|ar|che Menarche f

Men|del|ism Mendelismus m

men|hi|dro|sis Menhidrosis f

men|idro|sis Menidrosis f

me|nin|ge|al meningeal

me|nin|gi|o|ma Meningioma n

me|nin|gism Meningismus m

men|in|gis|mus Meningismus m

men|in|git|ic meningitisch

men|in|gi|tis Meningitis f

me|nin|go|cele Meningocele f

me|nin|go|coc|cus Meningococcus m

me|nin|go|en|ceph|a|lit|ic meningoencephalitisch

me|nin|go|en|ceph|a|li|tis Meningoencephalitis f

me|nin|go|my|e|li|tis Meningomyelitis f

me|nin|go|my|e|lo|cele Meningomyelocele f

me|ninx Meninx f

men|is|cec|to|my Meniscectomie f

me|nis|co|cyte Meniscocyt m

me|nis|co|cy|to|sis Meniscocytosis f

me|nis|cus Meniscus m

meno|pause Menopause f

men|or|rha|gia Menorrhagia f

men|or|rhea Menorrhoea f

me|nos|ta|sis Menostasis f

men|ses Menses pl

men|stru|al menstrual

men|stru|ate menstruieren

men|stru|a|tion Menstruation f

men|tal mental, Geistes..., Intelligenz..., geistig, Kinn...

men|to|an|te|ri|or mentoanterior

men|to|pos|te|ri|or mentoposterior

men|tum Mentum n

me|ral|gia Meralgia f

mer|cu|ri|al|ism Mercurialismus m

mer|cu|ric Quecksilber(II)...

mer|cu|rous Quecksilber(I)...

mer|cu|ry Quecksilber n

me|rid|i|an Meridian m

mero|crine merocrin

me|roc|ri|nous merocrin

mero|ra|chis|chi|sis Mero-

rachischisis f
mes|aor|ti|tis Mesaortitis f
mes|ar|te|ri|tis Mesarteritis f
mes|ax|on Mesaxon n
mes|en|ce|phal|ic mesencephal
mes|en|ceph|a|lon Mesencephalon n
mes|en|chy|ma Mesenchyma n
mes|en|chy|mal mesenchymal
mes|en|chyme Mesenchym n
mes|en|chy|mo|ma Mesenchymoma n
mes|en|ter|ic mesenterial
mes|en|teri|o|lum Mesenteriolum n
mes|en|te|ri|um Mesenterium n
mes|en|tery Mesenterium n
me|si|al mesial
mes|mer|ism Mesmerismus m
meso|co|lon Mesocolon n
meso|derm Mesoderm n
meso|der|mal mesodermal
meso|gas|tri|um Mesogastrium n
meso|me|tri|um Mesometrium n
meso|neph|ros Mesonephros m
meso|phle|bi|tis Mesophlebitis f
mes|or|chi|um Mesorchium n
meso|sal|pinx Mesosalpinx f
meso|the|li|al mesothelial
meso|the|li|o|ma Mesothelioma n
meso|the|li|um Mesothelium n
mes|ova|ri|um Mesovarium n
mes|sen|ger Bote m, Boten-..., Messenger m, Messenger-...
meta meta
met|a|bol|ic metabol
me|tab|o|lism Metabolismus m
me|tab|o|lite Metabolit m
meta|car|pal metacarpal
meta|car|po|pha|lan|ge|al metacarpophalangeal
meta|car|pus Metacarpus m
meta|chro|ma|sia Metachromasie f
meta|chro|mat|ic metachromatisch
meta|chro|ma|sy Metachromasie f
meta|gen|e|sis Metagenesis f
met|al Metall n
me|tal|lic metallisch
me|tal|lo|pro|tein Metalloprotein n
meta|mer|ic metamer
meta|mor|phop|sia Metamorphopsia f
meta|mor|pho|sis Metamorphosis f
meta|my|e|lo|cyte Metamyelocyt m
meta|neph|ros Metanephros m
meta|phase Metaphase f
me|taph|y|se|al metaphysär
meta|phys|i|al metaphysär
me|taph|y|sis Metaphysis f
meta|pla|sia Metaplasia f
met|ar|te|ri|ole Metarteriole f
me|tas|ta|sis Metastasis f
me|tas|ta|size metastasieren
me|tas|ta|sized metastasiert
me|tas|ta|siz|ing metastasierend

meta|stat|ic metastatisch
meta|tar|sal metatarsal, Os metatarsale
meta|tar|sal|gia Metatarsalgia f
meta|tar|sus Metatarsus m
meta|thal|a|mus Metathalamus m
met|en|ceph|a|lon Metencephalon n
me|te|or|ism Meteorismus m
me|te|oro|path|o|log|ic meteoropathologisch
meth|ane Methan n
meth|a|nol Methanol n
met|he|mo|glo|bin Methämoglobin n
met|he|mo|glo|bi|ne|mia Methaemoglobinaemia f
me|thi|o|nine Methionin n
me|thi|o|nyl Methionyl n
meth|yl Methyl n
meth|yl|ate methylieren, Methylat n
meth|yl|at|ed methyliert
meth|yl|a|tion Methylierung f
me|to|pi|on Metopion n
me|treu|ryn|ter Metreurynter m
me|treu|ry|sis Metreurysis f
met|ric metrisch
me|trit|ic metritisch
me|tri|tis Metritis f
me|tro|path|ia Metropathia f
me|tro|path|ic metropathisch
me|trop|a|thy Metropathie f
me|trop|to|sis Metroptosis f
me|tror|rha|gia Metrorrhagia f
mi|cren|ceph|a|lon Micrencephalon n
mi|cren|ceph|a|lous micrencephal
mi|cren|ceph|a|ly Micrencephalie f
mi|cro|anat|o|mist Microanatom m
mi|cro|anat|o|my Microanatomie f
mi|cro|an|gio|path|ic microangiopathisch
mi|cro|an|gi|op|a|thy Microangiopathie f
mi|crobe Microbe f
mi|cro|bi|al microbiell
mi|cro|bi|ci|dal microbicid
mi|cro|bi|cide Microbicid n
mi|cro|bi|o|log|ic microbiologisch
mi|cro|bi|ol|o|gist Microbiologe m
mi|cro|bi|ol|o|gy Microbiologie f
mi|cro|blast Microblast m
mi|cro|ble|pha|ria Microblepharia f
mi|cro|bleph|a|ron Microblepharon n
mi|cro|bra|chia Microbrachia f
mi|cro|ce|phal|ic microcephal
mi|cro|ceph|a|lous microcephal
mi|cro|ceph|a|lus Microcephalus m
mi|cro|ceph|a|ly Microcephalie f

mi|cro|chei|lia Microcheilia f
mi|cro|cir|cu|la|tion Microcirculation f
mi|cro|coc|ci Micrococci m pl
mi|cro|coc|cus Micrococcus m
mi|cro|co|ria Microcoria f
mi|cro|cyte Microcyt m
mi|cro|cy|the|mia Microcythaemia f
mi|cro|cyt|ic microcytär
mi|cro|cy|to|sis Microcytosis f
mi|cro|dac|tyl|ia Microdactylia f
mi|cro|dac|ty|lous microdactyl
mi|cro|dac|ty|ly Microdactylie f
mi|cro|en|ceph|a|ly Microencephalie f
mi|cro|eryth|ro|cyte Microerythrocyt m
mi|cro|fi|bril Microfibrille f
mi|cro|fil|a|ment Microfilament n
mi|cro|fi|lar|ia Microfilaria f
mi|cro|flo|ra Microflora f
mi|cro|gam|ete Microgamet m
mi|cro|gas|tria Microgastria f
mi|cro|ge|nia Microgenia f
mi|cro|glia Microglia f
mi|cro|gli|al microglial
mi|cro|glio|blast Microglioblast m
mi|cro|glio|cyte Microgliocyt m
mi|cro|glos|sia Microglossia f
mi|cro|gna|thia Micrognathia f
mi|cro|graph|ia Micrographia f
mi|cro|gy|ria Microgyria f
mi|cro|li|ter Microliter m
mi|cro|ma|nia Micromania f
mi|cro|me|lia Micromelia f
mi|crom|e|ly Micromelie f
mi|cro|meth|od Micromethode f
mi|cro|my|e|lia Micromyelia f
mi|cron Micron n
mi|cro|or|gan|ism Microorganismus m
mi|cro|phage Microphage m
mi|cro|pha|kia Microphakia f
mi|croph|thal|mia Microphthalmia f
mi|croph|thal|mus Microphthalmus m
mi|cro|phyte Microphyt m
mi|cro|pia Micropia f
mi|cro|pi|pet Micropipette f
mi|crop|sia Micropsia f
mi|cro|pyle Micropyle f
mi|cro|ra|di|og|ra|phy Microradiographie f
mi|cro|scope Microscop n
mi|cro|scop|ic microscopisch
mi|cro|scop|i|cal microscopisch
mi|cros|co|py Microscopie f
electron m. Electronenmicroscopie f
mi|cro|some Microsom n
mi|cro|so|mia Microsomia f
mi|cro|sto|mia Microstomia f
mi|cro|sur|gery Microchirurgie f
mi|cro|tia Microtia f
mi|cro|tome Microtom n
mi|cro|trau|ma Microtrauma n

mi|cro|tu|bule Microtubulus m
mi|cro|unit Micro-Einheit f
mi|cro|vas|cu|la|ture Micro-vasculatur f
mi|cro|vil|li Microvilli m pl
mi|cro|vil|lus Microvillus m
mi|cro|volt Microvolt n
mi|cro|wave Microwelle f
mi|cro|zo|on Microzoon n
mic|tion Miction f
mid|brain Mittelhirn n
midg|et Zwerg m
mid|pain Mittelschmerz m
mid|riff Zwerchfell n
mid|wife Hebamme f
mid|wife|ry Geburtshilfe f
mi|graine Migraine f
mil|i|a|ria Miliaria f
mi|lieu Milieu n **m. extérieur** Milieu extérieur **m. intérieur** Milieu intérieur
milk Milch f, melken
mil|li|am|pere Milliampère n
mil|li|equiv|a|lent Millimol n, Milliäquivalent n
mil|li|gram Milligramm n
mil|li|li|ter Milliliter m
mil|li|mi|cro|gram Millimicro-gramm n, Nanogramm n
mil|li|mi|cron Millimicron n, Nanometer m
mil|li|mi|cro|sec|ond Millimicro-secunde f, Nanosecunde f
mil|li|mol Millimol n
mil|li|mo|lar millimolar
mil|li|nor|mal millinormal
mil|li|os|mol Milliosmol n
mil|li|os|mo|lar milliosmolar
mil|li|sec|ond Millisecunde f
mil|li|unit Milli-Einheit f
mil|li|volt Millivolt n
mil|li|volt|me|ter Millivolt-meter n
milz|brand Milzbrand m
mind Geist m
min|er|al Mineral n, mineralisch
min|er|alo|cor|ti|coid Mineralo-corticoid n
min|i|mal minimal
min|i|mum Minimum n
mi|nor klein, Minderjähriger m
mi|o|sis Miosis f
mi|ot|ic miotisch, Mioticum n
mir|ror Spiegel m
mis|an|thrope Misanthrop m
mis|an|throp|ic misanthropisch
mis|an|thro|py Misanthropie f
mis|car|ri|age Fehlgeburt f
mis|car|ry fehlgebären, eine Fehlgeburt haben
mis|ci|ble mischbar
mi|sog|a|my Misogamie f
mi|sog|y|nist Misogyn m
mi|sog|y|ny Misogynie f
miso|pe|dia Misopaedia f
mith|ri|da|tism Mithridatismus m
mi|to|chon|dria Mitochondria npl
mi|to|chon|dri|al mitochondrial
mi|to|chon|dri|um Mito-chondrium n
mi|to|gen Mitogen n

mi|to|gen|ic mitogen
mi|to|my|cin Mitomycin n **m. C** Mitomycin C
mi|to|sis Mitosis f
mi|tot|ic mitotisch
mi|tral mitral, Mitral...
mit|tel|schmerz Mittelschmerz m
mix|ture Mixtur f, Mischung f, Gemisch n
mne|mas|the|nia Mnemasthenia f
mne|me Mneme f
mne|mic mnestisch
mo|bil|i|ty Mobilität f
mo|bi|li|za|tion Mobilisation f
mo|bi|lize mobilisieren
mo|di|o|lus Modiolus m
mogi|graph|ia Mogigraphia f
mogi|la|lia Mogilalia f
mogi|pho|nia Mogiphonia f
moi|e|ty Teil m
moist feucht
mol Mol n
mo|lal molal
mo|lal|i|ty Molalität f
mo|lar molar, Molar m
mo|lar|i|ty Molarität f
mole (chem) Mol n, (terat) Mola f
mo|lec|u|lar molecular
mol|e|cule Molekül n
mo|li|men Molimen n
mol|li|ti|es Mollities f
mol|lus|cum Molluscum n
mo|lyb|de|num Molybdän n
mo|lyb|dic Molybdän(VI)...
mon|ar|thri|tis Monarthritis f
mon|as|ter Monaster m
mon|gol|ism Mongolismus m
mon|gol|oid mongoloid
mo|nil|e|thrix Monilethrix f
mon|i|tor Monitor m, überwachen
mon|key Affe m, Affen...
mono|am|ine Monoamin n
mono|am|ni|ot|ic monoamniotisch
mono|ar|tic|u|lar monoarticulär
mono|blast Monoblast m
mono|bra|chi|us Monobrachius m
mono|ceph|a|lus Monocephalus m
mono|chro|ma|sia Monochromasia f
mono|chro|ma|sy Monochromasie f
mono|chro|mat Monochromat m
mono|chro|mate Monochromat m
mono|chro|mat|ic monochromatisch
mono|chro|ma|tism Monochromatismus m
mono|chro|mic monochrom
mono|clo|nal monoclonal
mono|crot|ic monocrot
mon|oc|u|lar monocular
mon|oc|u|lus Monoculus m
mono|cyte Monocyt m
mono|cyt|ic monocytär
mono|cy|to|pe|nia Monocytopenia f
mono|cy|to|sis Monocytosis f
mo|nog|a|my Monogamie f
mono|gas|tric monogastrisch
mono|lay|er monomoleculare

Schicht
mono|ma|nia Monomania f
mono|ma|ni|ac Monomane m/f
mono|ma|ni|a|cal monoman
mono|mer Monomer n
mono|mer|ic monomer
mono|mo|lec|u|lar monomolecular
mon|om|pha|lus Monomphalus m
mono|neu|ri|tis Mononeuritis f
mono|nu|cle|ar mononuclear
mono|nu|cle|ate mononuclear
mono|nu|cle|o|sis Mononucleosis f
mono|nu|cle|o|tide Mononucleotid n
mono|oxy|gen|ase Monooxygenase f
mono|pha|sia Monophasia f
mono|pha|sic monophasisch
mono|pho|bia Monophobia f
mono|phos|phate Monophosphat n
mon|oph|thal|mia Monophthalmia f
mono|phy|let|ic monophyletisch
mono|ple|gia Monoplegia f
mono|po|dia Monopodia f
mono|po|lar monopolar
mono|py|ram|i|dal monopyramidal
mon|or|chid|ism Monorchidismus m
mon|or|chism Monorchismus m
mono|sac|cha|ride Monosaccharid n
mon|ose Monose f
mono|so|my Monosomie f
mono|symp|to|mat|ic monosymptomatisch
mono|syn|ap|tic monosynaptisch
mono|trich|ic monotrich
mo|not|ri|chous monotrich
mono|va|lent monovalent
mon|ox|ide Monoxid n
mono|zy|got|ic monozygotisch
mono|zy|gous monozygot
mons Mons m
mon|ster Monstrum n
mon|stros|i|ty Monstrosität f
mon|tic|u|lus Monticulus m
mood Stimmung f
Mo|rax|el|la Moraxella f
mor|bid morbid, pathologisch
mor|bid|i|ty Morbidität f
mor|bil|li Morbilli pl
mor|bil|li|form morbilliform
mor|bus Morbus m
mor|cel|la|tion Morcellement n
mor|ga|gni|an Morgagni-...
morgue Leichenhalle f
mo|ria Moria f
mor|i|bund moribund
mor|phea Morphaea f
mor|phine Morphin n
mor|phin|ism Morphinismus m
mor|pho|log|ic morphologisch
mor|pho|log|i|cal morphologisch
mor|pho|log|i|cal|ly morphologisch
mor|phol|o|gist Morphologe m
mor|phol|o|gy Morphologie f
mors Mors f
mor|sus Morsus m

mor|tal sterblich, tödlich
mor|tal|i|ty Mortalität f, Sterblichkeit f
mor|tar Mörser m
mor|ti|fi|ca|tion Mortification f
mor|u|la Morula f
mo|sa|i|cism Mosaicismus m
moth|er Mutter f
mo|til|i|ty Motilität f
mo|ti|va|tion Motivation f
mo|to|neu|ron Motoneuron n
mo|tor motorisch
mouches vo|lantes Mouches pl volantes
mou|lage Moulage m
mouse Maus f
mouth Mund m
mouth|wash Mundwasser n
move|ment Bewegung f
mRNA mRNA f
mu My n, My-...
mu|ci|lage Mucilago f
mu|ci|la|go Mucilago f
mu|cin Mucin n
mu|co|cele Mucocele f
mu|coid mucoid, Mucoid n
mu|co|lyt|ic mucolytisch
mu|co|poly|sac|cha|ride Mucopolysaccharid n
mu|co|poly|sac|cha|ri|do|sis Mucopolysaccharidosis f
mu|co|pu|ru|lent mucopurulent
mu|co|sa Mucosa f
mu|co|sal mucosal, Mucosa...
mu|co|si|tis Mucositis f
mu|cous mukös, Schleim...
mu|co|vis|ci|do|sis Mucoviscidosis f
mu|cus Mucus m
müll|le|ri|an Müllersch, Müller-...
mult|an|gu|lar multangulär, Multangulum n
mult|an|gu|lum Multangulum n
mul|ti|cel|lu|lar multicellulär
mul|ti|fac|to|ri|al multifactoriell
mul|tif|i|dus Multifidus m
mul|ti|grav|i|da Multigravida f
mul|ti|lo|bar multilobär
mul|ti|lo|bate multilobär
mul|ti|lobed multilobär
mul|ti|lob|u|lar multilobulär
mul|ti|loc|u|lar multiloculär
mul|ti|loc|u|lat|ed multiloculär
mul|ti|nu|cle|ar multinuclear
mul|ti|nu|cle|ate multinuclear
mul|ti|nu|cle|at|ed multinuclear
mul|tip|a|ra Multipara f
mul|ti|ple multipel
mul|ti|po|lar multipolar
mul|ti|va|lent multivalent
mum|mi|fi|ca|tion Mumification f
mum|mi|fied mumificiert
mum|mi|fy mumificieren
mumps Mumps m, Ziegenpeter m
mu|ral mural
mu|ram|i|dase Muramidase f
mus|ca|rine Muscarin n
mus|cle Muskel m
mus|cu|lar musculär, musculös

mus|cu|la|ris Muscularis f
mus|cu|la|ture Musculatur f
mus|cu|li Musculi m pl
mus|cu|lo|skel|e|tal musculo-skeletal
mus|cu|lus Musculus m
mus|si|ta|tion Mussitation f
mus|tard Senf m
mu|ta|gen Mutagen n
mu|ta|gen|e|sis Mutagenesis f
mu|ta|gen|ic mutagen
mu|tant mutiert, Mutant m
mu|ta|ro|ta|tion Mutarotation f
mu|tase Mutase f
mu|ta|tion Mutation f
mute stumm
mu|ti|late mutilieren, verstümmeln
mu|ti|la|tion Mutilation f, Verstümmelung f
mu|tism Mutismus m, Stummheit f
my|al|gia Myalgia f
my|al|gic myalgisch
my|as|the|nia Myasthenia f
my|as|then|ic myasthenisch
my|ato|nia Myatonia f
my|ce|li|um Mycelium n
my|ce|tis|mus Mycetismus m
my|ce|to|ma Mycetoma n
my|co|bac|te|ri|um Myco-bacterium n
my|col|o|gy Mycologie f
my|co|plas|ma Mycoplasma n
my|co|sis Mycosis f
my|cot|ic mycotisch
my|co|tox|i|co|sis Myco-toxicosis f
my|dri|a|sis Mydriasis f
myd|ri|at|ic mydriatisch, Mydriaticum n
my|el|en|ce|phal|ic myel-encephal
my|el|en|ceph|a|lon Myel-encephalon n
my|e|lin Myelin n
my|e|lin|ate myelinieren
my|e|lin|at|ed myeliniert
my|e|lin|a|tion Myelinierung f
my|e|lin|iza|tion Myelini-sierung f
my|e|lin|ize myelinisieren
my|e|lino|gen|e|sis Myelino-genesis f
my|e|lin|ol|y|sis Myelinolysis f
my|e|lit|ic myelitisch
my|e|li|tis Myelitis f
my|e|lo|blast Myeloblast m
my|e|lo|blas|tic myeloblastisch
my|e|lo|blas|to|ma Myelo-blastoma n
my|e|lo|cele Myelocele f
my|e|lo|cyte Myelocyt m
my|e|lo|cyt|ic myelocytär
my|e|lo|fi|bro|sis Myelo-fibrosis f
my|e|lo|gen|e|sis Myelo-genesis f
my|e|lo|gen|ic myelogen
my|e|log|e|nous myelogen
my|e|lo|gram Myelogramm n
my|e|log|ra|phy Myelographie f

my|e|loid myeloisch
my|e|lo|ma Myeloma n
my|e|lo|ma|la|cia Myelomalacia f
my|e|lo|ma|to|sis Myelomatosis f
my|e|lo|men|in|gi|tis Myelomeningitis f
my|e|lon Myelon n
my|e|lo|path|ic myelopathisch
my|e|lop|a|thy Myelopathie f
my|e|lop|e|tal myelopetal
my|e|lo|poi|e|sis Myelopoiesis f
my|e|lo|sis Myelosis f
my|en|ter|ic myenterisch
my|en|ter|on Myenteron n
my|ia|sis Myiasis f
my|io|de|op|sia Myiodeopsia f
my|io|des|op|sia Myiodesopsia f
my|lo|hy|oid mylohyoid
my|lo|hy|oi|de|an mylohyoid
my|lo|pha|ryn|ge|al mylopharyngeal
myo|ar|chi|tec|ton|ic myoarchitectonisch
myo|blast Myoblast m
myo|blas|tic myoblastisch
myo|car|di|al myocardial
myo|car|di|op|a|thy Myocardiopathie f
myo|car|di|tis Myocarditis f
myo|car|di|um Myocardium n
myo|car|do|sis Myocardosis f
myo|clo|nia Myoclonia f
myo|clon|ic myoclonisch
myo|clo|nus Myoclonus m
myo|cyte Myocyt m
myo|fa|cial myofacial
myo|fi|bril Myofibrille f
myo|fi|bril|lar myofibrillär
myo|fil|a|ment Myofilament n
myo|ge|lo|sis Myogelosis f
myo|gen Myogen n
myo|gen|ic myogen
my|og|e|nous myogen
myo|glo|bin Myoglobin n
myo|glo|bin|uria Myoglobinuria f
myo|gram Myogramm n
myo|graph Myograph m
myo|graph|ic myographisch
my|og|ra|phy Myographie f
my|oid myoid
myo|ki|nase Myokinase f
myo|ky|mia Myokymia f
myo|lo|gia Myologia f
my|ol|o|gy Myologie f
my|o|ma Myoma n
myo|ma|la|cia Myomalacia f
my|om|a|tous myomatös
my|o|mec|to|my Myomectomie f
myo|me|tri|tis Myometritis f
myo|me|tri|um Myometrium n
myo|pa|ral|y|sis Myoparalysis f
myo|path|ia Myopathia f
myo|path|ic myopathisch
my|op|a|thy Myopathie f
my|o|pia Myopia f
my|o|pic myopisch
myo|plasm Myoplasma n
myo|plas|ty Myoplastik f
myo|sin Myosin n

myo|sit|ic myositisch
myo|si|tis Myositis f
myo|spasm Myospasmus m
myo|tome Myotom n
my|ot|o|my Myotomie f
myo|to|nia Myotonia f
myo|ton|ic myotonisch
myr|in|gec|to|my Myringectomie f
myr|in|gi|tis Myringitis f
my|rin|go|my|co|sis Myringomycosis f
my|rin|go|plas|tic myringoplastisch
my|rin|go|plas|ty Myringoplastik f
my|rin|go|tome Myringotom n
myr|in|got|o|my Myringotomie f
my|rinx Myrinx f
my|so|pho|bia Mysophobia f
mytho|ma|nia Mythomania f
myx|ad|e|ni|tis Myxadenitis f
myx|ad|e|no|ma Myxadenoma n
myxo|ad|e|no|ma Myxoadenoma n
myxo|chon|dro|ma Myxochondroma n
myx|ede|ma Myxoedema n
myx|ede|ma|tous myxödematös
myxo|fi|bro|ma Myxofibroma n
myxo|li|po|ma Myxolipoma n
myx|o|ma Myxoma n
myx|o|ma|to|sis Myxomatosis f
myx|om|a|tous myxomatös
myxo|sar|co|ma Myxosarcoma n
myxo|vi|rus Myxovirus n
NADP NADP n
NADPH NADPH n
nail Nagel m
na|nism Nanismus m
na|no|ceph|a|lus Nanocephalus m
na|no|gram Nanogramm n
na|no|me|ter Nanometer m
na|no|sec|ond Nanosecunde f
na|no|so|mia Nanosomia f
na|palm Napalm n
nape Nacken m
nar|cism Narcißmus m
nar|cis|sism Narcißmus m
nar|cis|sist Narcißt m
nar|cis|sis|tic narcißtisch
nar|co|anal|y|sis Narcoanalysis f
nar|co|lep|sy Narcolepsie f
nar|co|lep|tic narcoleptisch
nar|co|ma|nia Narcomania f
nar|co|sis Narcosis f
nar|cot|ic narcotisch, Narcoticum n, Narcotiker m
nar|co|tize narcotisieren
na|ris Naris f
na|sal nasal, Nasen...
na|sa|lis Nasalis m
na|si|on Nasion n
na|so|la|bi|al nasolabial
na|so|lac|ri|mal nasolacrimal
na|so|pha|ryn|ge|al nasopharyngeal
na|so|phar|ynx Nasopharynx m
na|so|tra|che|al nasotracheal
na|sus Nasus m
na|tal natal

na|tal|i|ty Natalität f
na|tes Nates f pl
na|tive nativ
na|tre|mia Natraemia f
na|tri|um Natrium n
na|tri|ure|sis Natriuresis f
na|tri|uret|ic natriuretisch, Natriureticum n
nat|u|ral natürlich
nau|sea Nausea f, Übelkeit f
na|vic|u|lar navicular, Naviculare n
near-sight Kurzsichtigkeit f
near|sight|ed kurzsichtig
near|sight|ed|ness Kurzsichtigkeit f
ne|ar|thro|sis Nearthrosis f
ne|ben|kern Nebenkern m
ne|ca|to|ri|a|sis Necatoriasis f
neck Hals m
nec|ro|bi|o|sis Necrobiosis f
nec|ro|bi|ot|ic necrobiotisch
nec|ro|ma|nia Necromania f
nec|ro|phile Necrophiler m
nec|ro|phil|ia Necrophilia f
nec|ro|phil|ic necrophil
ne|croph|i|lism Necrophilismus m
ne|croph|i|lous necrophil
ne|croph|i|ly Necrophilie f
nec|ro|pho|bia Necrophobia f
nec|rop|sy Necropsie f
ne|crose necrotisieren
ne|cro|sis Necrosis f
nec|ro|sper|mia Necrospermia f
ne|crot|ic necrotisch
nec|ro|tize necrotisieren
nee|dle Nadel f
neg|a|tive negativ
neg|a|tiv|ism Negativismus m
neg|a|tron Negatron n
nem|a|todes Nematoden pl
nem|a|tol|o|gy Nematologie f
neo|ar|thro|sis Neoarthrosis f
neo|blas|tic neoblastisch
neo|cer|e|bel|lum Neocerebellum n
neo|cor|tex Neocortex m
neo|dym|i|um Neodym n
neo|gen|e|sis Neogenesis f
neo|ge|net|ic neogenetisch
ne|on Neon n
neo|na|tal neonatal, neugeboren
neo|nate Neonatus m, Neugeborener m
neo|na|tol|o|gist Neonatologe m
neo|na|tol|o|gy Neonatologie f
neo|na|tus Neonatus m, neonatus
neo|pla|sia Neoplasia f
neo|plasm Neoplasma n
neo|plas|tic neoplastisch
neo|stri|a|tum Neostriatum n
ne|phral|gia Nephralgia f
ne|phral|gic nephralgisch
ne|phrec|to|mize nephrectomieren
ne|phrec|to|my Nephrectomie f
neph|ric Nieren...
ne|phrit|ic nephritisch
ne|phri|tis Nephritis f
neph|ro|blas|to|ma Nephroblastoma n
neph|ro|cal|ci|no|sis Nephro-

calcinosis f
neph|ro|lith Nephrolith m
neph|ro|li|thi|a|sis Nephrolithiasis f
neph|ro|li|thot|o|my Nephrolithotomie f
ne|phrol|o|gist Nephrologe m
ne|phrol|o|gy Nephrologie f
ne|phrol|y|sis Nephrolysis f
ne|phro|ma Nephroma n
neph|ron Nephron n
neph|ro|path|ic nephropathisch
ne|phrop|a|thy Nephropathie f
neph|ro|pexy Nephropexie f
neph|rop|to|sia Nephroptosia f
neph|rop|to|sis Nephroptosis f
neph|ro|py|e|li|tis Nephropyelitis f
ne|phror|rha|phy Nephrorrhaphie f
neph|ro|scle|ro|sis Nephrosclerosis f
ne|phro|sis Nephrosis f
ne|phros|to|my Nephrostomie f
ne|phrot|ic nephrotisch
ne|phrot|o|my Nephrotomie f
neph|ro|tox|ic nephrotoxisch
neph|ro|tro|pic nephrotrop
neph|ro|ure|ter|ec|to|my Nephroureterectomie f
nep|tu|ni|um Neptunium n
nerve Nerv m
ner|vi Nervi m pl
ner|vos|i|ty Nervosität f
ner|vous nervös, Nerven...
ner|vous|ness Nervosität f
ner|vus Nervus m
ne|sid|io|blast Nesidioblast m
neu|ral neural, Neural...
neu|ral|gia Neuralgia f
neu|ral|gic neuralgisch
neu|ral|gi|form neuralgiform
neur|amin|ic Neuramin...
neur|amin|i|dase Neuraminidase f
neur|aprax|ia Neurapraxia f
neur|as|the|nia Neurasthenia f
neur|as|then|ic neurasthenisch
neur|ax|is Neuraxis f
neur|ax|on Neuraxon n
neu|rec|to|my Neurectomie f
neur|ex|ai|re|sis Neurexairesis f
neu|ri|lem|ma Neurilemma n
neu|ri|lem|mal neurilemmal, Neurilemma...
neu|ri|lem|mo|ma Neurilemmoma n
neu|ri|no|ma Neurinoma n
neu|rit Neurit m
neu|rite Neurit m
neu|rit|ic neuritisch
neu|ri|tis Neuritis f
neu|ro|anas|to|mo|sis Neuroanastomosis f
neu|ro|anat|o|mist Neuroanatom m
neu|ro|anat|o|my Neuroanatomie f
neu|ro|as|the|nia Neuroasthenia f
neu|ro|bi|ol|o|gist Neuro-

biologe m
neu|ro|bi|ol|o|gy Neurobiologie f
neu|ro|blast Neuroblast m
neu|ro|blas|to|ma Neuroblastoma n
neu|ro|chem|is|try Neurochemie f
neu|ro|cra|ni|um Neurocranium n
neu|ro|cyte Neurocyt m
neu|ro|den|drite Neurodendrit m
neu|ro|den|dron Neurodendron n
neu|ro|der|ma|to|sis Neurodermatosis f
neu|ro|ec|to|derm Neuroectoderm n
neu|ro|ec|to|der|mal neuroectodermal
neu|ro|en|do|crine neuroendocrin
neu|ro|epi|the|li|al neuroepithelial
neu|ro|epi|the|li|oma Neuroepithelioma n
neu|ro|epi|the|li|um Neuroepithelium n
neu|ro|fi|bril Neurofibrille f
neu|ro|fi|bro|ma Neurofibroma n
neu|ro|fi|bro|ma|to|sis Neurofibromatosis f
neu|ro|fil|a|ment Neurofilament n
neu|ro|ge|net|ic neurogenetisch
neu|ro|gen|ic neurogen
neu|rog|e|nous neurogen
neu|ro|glia Neuroglia f
neu|ro|gli|al neuroglial, Neuroglia...
neu|ro|glio|cyte Neurogliocyt m
neu|ro|gli|o|ma Neuroglioma n
neu|ro|his|tol|o|gy Neurohistologie f
neu|ro|hy|poph|y|sis Neurohypophysis f
neu|ro|ker|a|tin Neurokeratin n
neu|ro|lem|ma Neurolemma n
neu|ro|lept|an|al|ge|sia Neuroleptanalgesia f
neu|ro|lep|tic neuroleptisch, Neurolepticum n
neu|ro|lep|to|an|al|ge|sia Neuroleptoanalgesia f
neu|ro|lep|to|an|es|the|sia Neuroleptoanaesthesia f
neu|ro|lo|gia Neurologia f
neu|ro|log|ic neurologisch
neu|rol|o|gist Neurologe m
neu|rol|o|gy Neurologie f
neu|ro|lu|es Neurolues f
neu|ro|lymph Neurolymphe f
neu|rol|y|sis Neurolysis f
neu|ro|ma Neuroma n
neu|ro|ma|tous neuromatös
neu|ro|mo|tor neuromotorisch
neu|ro|mus|cu|lar neuromusculär
neu|ro|my|e|li|tis Neuromyelitis f
neu|ro|my|on Neuromyon n
neu|ro|myo|si|tis Neuromyositis f

neu|ron Neuron n
neu|ro|nal neuronal
neu|rone Neuron n
neu|ro|no|pha|gia Neuronophagia f
neu|ro|pa|ral|y|sis Neuroparalysis f
neu|ro|par|a|lyt|ic neuroparalytisch
neu|ro|path Neuropath m
neu|ro|path|ic neuropathisch
neu|ro|patho|gen|e|sis Neuropathogenesis f
neu|ro|patho|log|ic neuropathologisch
neu|ro|pa|thol|o|gist Neuropathologe m
neu|ro|pa|thol|o|gy Neuropathologie f
neu|rop|a|thy Neuropathie f
neu|ro|phar|ma|col|o|gist Neuropharmacologe m
neu|ro|phar|ma|col|o|gy Neuropharmacologie f
neu|ro|phys|i|o|log|ic neurophysiologisch
neu|ro|phys|i|o|log|i|cal neurophysiologisch
neu|ro|phys|i|o|log|i|cal|ly neurophysiologisch
neu|ro|phys|i|ol|o|gist Neurophysiologe m
neu|ro|phys|i|ol|o|gy Neurophysiologie f
neu|ro|plasm Neuroplasma n
neu|ro|po|dia Neuropodia n pl
neu|ro|po|di|um Neuropodium n
neu|ro|psy|chi|at|ric neuropsychiatrisch
neu|ro|psy|chi|a|trist Neuropsychiater m
neu|ro|psy|chi|a|try Neuropsychiatrie f
neu|ro|psy|chol|o|gy Neuropsychologie f
neu|ro|psy|cho|path|ic neuropsychopathisch
neu|ro|psy|chop|a|thy Neuropsychopathie f
neu|ro|psy|cho|sis Neuropsychosis f
neu|ro|ra|dio|log|ic neuroradiologisch
neu|ro|ra|di|ol|o|gy Neuroradiologie f
neu|ro|ret|i|ni|tis Neuroretinitis f
neu|ror|rha|phy Neurorrhaphie f
neu|ror|rhex|is Neurorrhexis f
neu|ro|se|cre|tion Neurosecretion f
neu|ro|se|cre|to|ry neurosecretorisch
neu|ro|sen|so|ry neurosensorisch
neu|ro|sis Neurosis f
neu|ro|some Neurosom n
neu|ro|spasm Neurospasmus m
neu|ro|sur|geon Neurochirurg m
neu|ro|sur|gery Neurochirurgie f

neu|ro|sur|gi|cal neurochirurgisch
neu|ro|syph|i|lis Neurosyphilis f
neu|ro|ther|a|py Neurotherapie f
neu|rot|ic neurotisch, Neurotiker m
neu|rot|i|cism Neuroticismus m
neu|ro|tome Neurotom n
neu|rot|o|my Neurotomie f
neu|ro|tox|ic neurotoxisch
neu|ro|tox|ic|i|ty Neurotoxicität f
neu|ro|tox|in Neurotoxin n
neu|ro|trans|mit|ter Neurotransmitter m
neu|ro|trip|sy Neurotripsie f
neu|ro|tro|pic neurotrop
neu|rot|ro|pism Neurotropismus m
neu|ro|tu|bule Neurotubulus m
neu|ro|vas|cu|lar neurovasculär
neu|tral neutral
neu|tral|iza|tion Neutralisation f
neu|tral|ize neutralisieren
neu|tri|no Neutrino n
neu|tro|cyte Neutrocyt m
neu|tron Neutron n
neu|tro|pe|nia Neutropenia f
neu|tro|phil neutrophil, Neutrophiler m
neu|tro|phil|ic neutrophil
neu|tro|phil|ia Neutrophilia f
ne|vi Naevi m pl
ne|vi|form näviform
ne|void nävoid
ne|vose nävös
ne|vus Naevus m
new|born neugeboren, Neugeborenes n
new|ton Newton n
New|to|ni|an Newtonsch, Newton-...
ni|a|cin Niacin n
nick|el Nickel n
nic|o|tin|am|ide Nicotinamid n
nic|o|tin|ic Nicotin...
nic|ta|tion Nictation f
nic|ti|ta|tion Nictitation f
ni|da|tion Nidation f
night|shade Nachtschatten m
ni|o|bi|um Niobium n
niph|ablep|sia Niphablepsia f
nip|ple Brustwarze f
ni|sus Nisus m
nit Nisse f
ni|trate Nitrat n
ni|tro|gen Nitrogen n
ni|trog|e|nous nitrogenhaltig
ni|tro|glyc|er|in Nitroglycerin n
no|bel|i|um Nobelium n
no|car|di|o|sis Nocardiosis f
no|ci|cep|tive nociceptiv
no|ci|cep|tor Nociceptor m
no|ci|per|cep|tion Nociperception f
no|ci|per|cep|tor Nociperceptor m
noct|am|bu|la|tion Noctambulation f

noc|tur|nal nächtlich
node Knoten m
no|di Nodi m pl
no|dose nodös
no|dos|i|ty Nodosität f
nod|ule Knoten m, Knötchen n
nod|u|li Noduli m pl
nod|u|lus Nodulus m
no|dus Nodus m
no|ma Noma f
no|men|cla|ture Nomenclatur f
nomo|gram Nomogramm n
nomo|graph Nomogramm n
nomo|top|ic nomotop
no|na|pep|tide Nonapeptid n
non|con|duc|tor Nichtleiter m
non|med|ul|lat|ed marklos
non|my|e|lin|at|ed marklos
non|nu|cle|at|ed kernlos
non|ose Nonose f
non|pro|tein Nichtprotein n
non|seg|ment|ed nicht-segmentiert
non|stri|at|ed glatt
non|sur|gi|cal unblutig
noo|tro|pic nootrop
nor|adren|a|line Noradrenalin n
nor|epi|neph|rine Norepinephrin n, Noradrenalin n
norm Norm f
nor|ma Norma f
nor|mal normal
nor|mal|cy Normalität f
nor|mal|i|ty Normalität f
nor|mo|blast Normoblast m
nor|mo|cal|ce|mia Normocalcaemia f
nor|mo|cal|ce|mic normocalcämisch
nor|mo|chro|mic normochrom
nor|mo|cyte Normocyt m
nor|mo|cyt|ic normocytär
nor|mo|cy|to|sis Normocytosis f
nor|mo|ten|sion Normotension f
nor|mo|ten|sive normotensiv
nor|mo|ton|ic normoton
nose Nase f
nose|bleed Nasenbluten n
noso|co|mi|al nosocomial
noso|gen|e|sis Nosogenesis f
noso|ge|net|ic nosogenetisch
no|sog|e|ny Nosogenie f
noso|log|ic nosologisch
no|sol|o|gy Nosologie f
noso|ma|nia Nosomania f
noso|pho|bia Nosophobia f
nos|tal|gia Nostalgia f
nos|tal|gic nostalgisch
nos|tril Nasenloch n
no|tal|gia Notalgia f
no|ten|ceph|a|lus Notencephalus m
no|ti|fi|a|ble meldepflichtig
nox|ious giftig
nu|cha Nucha f
nu|chal nuchal, Nacken...
nu|cle|ar nuclear, Kern...
nu|cle|ase Nuclease f
nu|cle|at|ed kernhaltig
nu|clei Nuclei m pl
nu|cle|ic Nuclein...
nu|cle|in Nuclein n

nu|cle|in|ase Nucleinase f
nu|cleo|fu|gal nucleofugal
nu|cleo|his|tone Nucleohiston n
nu|cleo|hy|a|lo|plasm Nucleohyaloplasma n
nu|cle|oid nucleoid, Nucleoid n
nu|cle|o|lar nucleolär
nu|cle|ole Nucleolus m
nu|cle|o|li Nucleoli m pl
nu|cle|o|li|form nucleoliform
nu|cle|o|loid nucleoloid
nu|cle|o|lus Nucleolus m
nu|cle|on Nucleon n
nu|cleo|phil|ic nucleophil
nu|cleo|plasm Nucleoplasma n
nu|cleo|pro|tein Nucleoprotein n
nu|cleo|sid|ase Nucleosidase f
nu|cleo|side Nucleosid n
nu|cleo|tid|ase Nucleotidase f
nu|cleo|tide Nucleotid n
nu|cle|us Nucleus m
nu|clide Nuclid n
nul|lip|a|ra Nullipara f
numb gefühllos
numb|ness Gefühllosigkeit f
num|mi|form nummiform
num|mu|lar nummulär
num|mu|la|tion Nummulation f, "Geldrollenbildung" f
nurse Krankenschwester f, pflegen, (Kind) säugen
nurs|ing Krankenpflege f
nurs|ling Säugling m
nu|tri|ent nutritiv, nährend, Nutriment n, Nährmittel n
nu|tri|tion Ernährung f, Nutrition f
nu|tri|tion|al Ernährungs..., nutritional
nu|tri|tious nahrhaft, calorienreich
nu|tri|tive nutritiv
nu|trix Amme f, Nutrix f
nyc|tal|gia Nyctalgia f
nyc|ta|lo|pia Nyctalopia f
nyc|to|pho|bia Nyctophobia f
nyc|tu|ria Nycturia f
nym|pha Nympha f
nym|phi|tis Nymphitis f
nym|pho|ma|nia Nymphomania f
nym|pho|ma|ni|ac Nymphomanin f
nym|phot|o|my Nymphotomie f
nys|tag|mo|graph Nystagmograph m
nys|tag|mog|ra|phy Nystagmographie f
nys|tag|mus Nystagmus m
ob|duc|tion Obduction f
obe|li|on Obelion n
obese fettleibig
obe|si|ty Fettleibigkeit f, Obesität f
ob|li|gate obligat
oblique schräg
oblit|er|ate obliterieren
ob|lit|er|a|tion Obliteration f
ob|lit|er|a|tive obliterativ
ob|ses|sion Zwangsvorstellung f, Obsession f
ob|stet|ric obstetrisch
ob|ste|tri|cian Arzt für Ge-

burtshilfe
ob|stet|rics Obstetrik f, Geburtshilfe f
ob|sti|pa|tion Obstipation f
ob|struct obstruieren
ob|struc|tion Obstruction f
ob|struc|tive obstructiv
ob|stru|ent obstruierend
ob|tu|rate obturieren
ob|tu|ra|tion Obturation f
ob|tu|ra|tor Obturator m
ob|tuse stumpf
oc|cip|i|tal occipital
oc|cip|i|ta|lis Occipitalis m
oc|cip|i|tal|ize occipitalisieren
oc|cip|i|to|fron|tal occipito-frontal
oc|cip|i|to|fron|ta|lis Occipito-frontalis m
oc|cip|i|to|men|tal occipito-mental
oc|cip|i|to|tem|po|ral occipito-temporal
oc|ci|put Occiput n
oc|clu|sal occlusal
oc|clu|sion Occlusion f
oc|clu|sive occlusiv
oc|cult occult
ochro|no|sis Ochronosis f
ochro|not|ic ochronotisch
oc|tane Octan n
oc|ta|no|ic Octan...
oc|ta|pep|tide Octapeptid n
oc|ta|va|lent octavalent
oc|tose Octose f
oc|tyl Octyl n
oc|u|lar ocular, Ocular n
oc|u|lo|mo|tor oculomotorisch, Oculomotorius...
oc|u|li Oculi m pl
oc|u|lus Oculus m
odon|tal|gia Odontalgia f
odon|tal|gic odontalgisch
odon|ti|tis Odontitis f
odon|to|blast Odontoblast m
odon|to|blas|tic odonto-blastisch
odon|to|gen|e|sis Odonto-genesis f
odon|to|gen|ic odontogen
odon|tog|e|ny Odontogenie f
odon|tol|o|gist Odontologe m
odon|tol|o|gy Odontologie f
odon|to|ma Odontoma n
odon|tome Odontom n
odor Odor m, Geruch m
odyno|pha|gia Odynophagia f
oe|de|ma Oedema n
oe|di|pal ödipal
of|fic|i|nal frei verkäuflich
off|spring Nachkommen m pl
ohm Ohm n
oil Öl n
oily ölig
oint|ment Salbe f
olec|ra|non Olecranon n
ole|fin Olefin n
ole|fine Olefin n
oleo|tho|rax Oleothorax m
ol|fac|tion Olfaction f, Riechsinn m
ol|fac|to|ry olfactorisch

ol|i|ge|mia Oligaemia f
ol|i|go|cho|lia Oligocholia f
ol|i|go|chro|me|mia Oligochromaemia f
ol|i|go|cy|the|mia Oligocythaemia f
ol|i|go|cy|the|mic oligocythämisch
ol|i|go|dac|tyl|ia Oligodactylia f
ol|i|go|den|dro|cyte Oligodendrocyt m
ol|i|go|den|dro|glia Oligodendroglia f
ol|i|go|den|dro|gli|o|ma Oligodendroglioma n
ol|i|go|don|tia Oligodontia f
ol|i|go|men|or|rhea Oligomenorrhoea f
ol|i|go|phre|nia Oligophrenia f
ol|i|go|phren|ic oligophren
ol|i|go|sac|cha|ride Oligosaccharid n
ol|i|go|si|al|ia Oligosialia f
ol|i|go|sper|mia Oligospermia f
ol|i|go|trich|ia Oligotrichia f
ol|i|gu|re|sis Oliguresis f
ol|i|gu|ria Oliguria f
oli|va Oliva f
ol|ive Olive f
ol|i|vo|cer|e|bel|lar olivocerebellar
ol|i|vo|pon|to|cer|e|bel|lar olivopontocerebellar
oma|gra Omagra n
omar|thri|tis Omarthritis f
ome|ga Omega n
omen|tal omental
omen|to|pexy Omentopexie f
omen|tum Omentum n
om|pha|li|tis Omphalitis f
om|pha|lo|cele Omphalocele f
om|pha|lop|a|gus Omphalopagus m
om|pha|lo|prop|to|sis Omphaloproptosis f
om|pha|los Omphalos m
on|cho|cer|co|sis Onchocercosis f
on|co|ci|dal oncocid
on|co|cyte Oncocyt m
on|co|cy|to|ma Oncocytoma n
on|co|gene Oncogen n
on|co|gen|e|sis Oncogenesis f
on|co|gen|ic oncogen
on|col|o|gist Oncologe m
on|col|o|gy Oncologie f
on|col|y|sis Oncolysis f
on|co|lyt|ic oncolytisch, Oncolyticum n
on|cor|na|vi|rus Oncornavirus n
on|co|sphere Oncosphäre f
on|cot|ic oncotisch
onei|ro|dyn|ia Oneirodynia f
onei|rol|o|gy Oneirologie f
onio|ma|nia Oniomania f
on|o|mato|ma|nia Onomatomania f
on|to|gen|e|sis Ontogenesis f
on|to|ge|net|ic ontogenetisch
on|tog|e|ny Ontogenie f
on|y|chal|gia Onychalgia f

on|y|cha|tro|phia Onychatrophia f
on|y|chat|ro|phy Onychatrophie f
on|ych|aux|is Onychauxis f
onych|ia Onychia f
on|y|cho|dys|tro|phy Onychodystrophie f
on|y|cho|gry|po|sis Onychogryposis f
on|y|chol|y|sis Onycholysis f
on|y|cho|ma|de|sis Onychomadesis f
on|y|cho|my|co|sis Onychomycosis f
on|y|chop|a|thy Onychopathie f
on|y|cho|pha|gia Onychophagia f
on|y|cho|phy|ma Onychophyma n
on|y|chor|rhex|is Onychorrhexis f
on|y|cho|sis Onychosis f
on|y|cho|til|lo|ma|nia Onychotillomania f
oo|cyst Oocyste f
oo|cyte Oocyt m
oo|gen|e|sis Oogenesis f
oo|ge|net|ic oogenetisch
oo|go|nia Oogonia n pl
oo|go|ni|um Oogonium n
oo|ki|nete Ookinet m
oo|ki|net|ic ookinetisch
oo|lem|ma Oolemma n
oo|pho|rec|to|my Oophorectomie f
oo|pho|ri|tis Oophoritis f
ooph|o|ron Oophoron n
ooph|o|ro|sal|pin|gec|to|my Oophorosalpingectomie f
ooph|o|ro|sal|pin|gi|tis Oophorosalpingitis f
oo|plasm Ooplasma n
opac|i|ty Opacität f
opal|es|cence Opalescenz f
opal|es|cent opalescent
opaque opak
op|er|a|bil|i|ty Operabilität f
op|er|a|ble operabel
op|er|ate operieren
op|er|a|tion Operation f
op|er|a|tive operativ
op|er|a|tor (Arzt) Operateur m, (Gen) Operator m
oper|cu|lum Operculum n
op|er|on Operon n
ophi|a|sis Ophiasis f
oph|ry|on Ophryon n
oph|thal|mia Ophthalmia f
oph|thal|mi|a|ter Ophthalmiater m
oph|thal|mi|at|rics Ophthalmiatrik f
oph|thal|mic ophthalmisch
oph|thal|mit|ic ophthalmitisch
oph|thal|mi|tis Ophthalmitis f
oph|thal|mo|blen|nor|rhea Ophthalmoblennorrhoea f
oph|thal|mo|dy|na|mom|e|ter Ophthalmodynamometer n
oph|thal|mo|dy|na|mom|e|try Ophthalmodynamometrie f
oph|thal|mo|log|ic ophthalmo-

logisch

oph|thal|mol|o|gist Ophthalmologe m

oph|thal|mol|o|gy Ophthalmologie f

oph|thal|mom|e|ter Ophthalmometer n

oph|thal|mom|e|try Ophthalmometrie f

oph|thal|mo|my|ia|sis Ophthalmomyiasis f

oph|thal|mop|a|thy Ophthalmopathie f

oph|thal|mo|phthi|sis Ophthalmophthisis f

oph|thal|mo|ple|gia Ophthalmoplegia f

oph|thal|mor|rha|gia Ophthalmorrhagia f

oph|thal|mor|rhex|is Ophthalmorrhexis f

oph|thal|mo|scope Ophthalmoscop n

oph|thal|mo|scop|ic ophthalmoscopisch

oph|thal|mo|scop|i|cal ophthalmoscopisch

oph|thal|mo|scop|i|cal|ly ophthalmoscopisch

oph|thal|mos|co|py Ophthalmoscopie f

opi|ate Opiat n

opio|pha|gia Opiophagia f

opi|oph|a|gism Opiophagismus m

opi|oph|a|gy Opiophagie f

opis|thi|on Opisthion n

op|is|thog|na|thism Opisthognathismus m

op|is|thot|o|nus Opisthotonus m

opi|um Opium n

op|so|nin Opsonin n

op|tic optisch

op|ti|cal optisch

op|ti|cian Optiker m

op|ti|co|chi|as|mat|ic opticochiasmatisch

op|tics Optik f

op|tom|e|ter Optometer n

op|tom|e|try Optometrie f

ora Ora f, Ora n pl

oral oral

or|bic|u|lar orbicular

or|bit Augenhöhle f

or|bi|ta Orbita f

or|bi|tal orbital, Orbital n

or|bi|tot|o|my Orbitotomie f

or|chi|al|gia Orchialgia f

or|chi|dec|to|my Orchidectomie f

or|chi|ec|to|my Orchiectomie f

or|chis Orchis m

or|chit|ic orchitisch

or|chi|tis Orchitis f

or|chit|o|my Orchitomie f

or|gan Organ n

or|ga|na Organa n pl

or|gan|elle Organelle f

or|gan|ic organisch

or|gan|ism Organismus m

or|ga|no|gen|e|sis Organogenesis f

or|ga|no|ge|net|ic organogenetisch

or|ga|nog|e|ny Organogenie f
or|gan|oid organoid
or|ga|nol|o|gy Organologie f
or|ga|non Organon n
or|ga|no|ther|a|py Organotherapie f
or|ga|no|tro|pic organotrop
or|ga|no|tro|pism Organotropismus m
or|ga|not|ro|py Organotropie f
or|ga|num Organum n
or|gasm Orgasmus m
or|i|fice Öffnung f, Mündung f, Orificium n
ori|fi|cia Orificia n pl
ori|fi|ci|um Orificium n
or|i|gin Ursprung m
or|ni|thine Ornithin n
or|ni|tho|sis Ornithosis f
or|ni|thyl Ornithyl n
oro|pha|ryn|ge|al oropharyngeal
oro|phar|ynx Oropharynx m
or|the|sis Orthesis f
or|thet|ics Orthetik f
or|tho ortho
or|tho|ceph|a|ly Orthocephalie f
or|tho|chro|mat|ic orthochromatisch
or|tho|chro|mic orthochrom
or|tho|dia|gram Orthodiagramm n
or|tho|dia|graph Orthodiagraph m
or|tho|di|ag|ra|phy Orthodiagraphie f
or|tho|don|tia Orthodontia f
or|tho|don|tic orthodontisch
or|tho|don|tics Orthodontik f
or|tho|drom|ic orthodrom
or|tho|drom|i|cal|ly orthodrom
or|tho|gnath|ic orthognath
or|thog|na|thism Orthognathie f
or|tho|pe|dic orthopädisch
or|tho|pe|dics Orthopädie f
or|tho|pe|dist Orthopäde m
or|tho|phos|phor|ic Orthophosphor...
or|thop|nea Orthopnoe f
or|thop|tic orthoptisch
or|thop|tics Orthoptik f
or|tho|stat|ic orthostatisch
or|tho|stat|ism Orthostasis f
or|tho|sym|pa|thet|ic orthosympathisch
or|thot|o|nus Orthotonus m
or|tho|to|pia Orthotopia f
or|tho|top|ic orthotop
os Os n
os|cil|la|tion Oscillation f
os|cil|la|tor Oscillator m
os|cil|la|to|ry oscillatorisch
os|ci|lo|graph Oscillograph m
os|cil|lo|graph|ic oscillographisch
os|cil|log|ra|phy Oscillographie f
os|cil|lo|scope Oscilloscop n
os|ci|ta|tion Oscitation f
os|mi|dro|sis Osmidrosis f
os|mio|phil|ic osmiophil
os|mi|um Osmium n

os|mol Osmol n
os|mo|lal osmolal
os|mo|lal|i|ty Osmolalität f
os|mo|lar osmolar
os|mo|lar|i|ty Osmolarität f
os|mol|o|gy Osmologie f
os|mom|e|ter Osmometer n
os|mo|sis Osmosis f
os|mot|ic osmotisch
os|sa Ossa n pl
os|si|cle Knöchelchen n, Ossiculum n
os|sic|u|la Ossicula n pl
os|sic|u|lar ossiculär
os|si|cu|lec|to|my Ossiculectomie f
os|sic|u|lum Ossiculum n
os|si|fi|ca|tion Ossification f
os|si|form ossiform
os|si|fy ossificieren
os|tal|gia Ostalgia f
os|tal|gic ostalgisch
os|te|al osteal
os|te|al|gia Ostealgia f
os|teo|ar|thri|tis Osteoarthritis f
os|teo|ar|throp|a|thy Osteoarthropathie f
os|teo|blast Osteoblast m
os|teo|blas|tic osteoblastisch
os|teo|blas|to|ma Osteoblastoma n
os|teo|chon|dral osteochondral
os|teo|chon|dri|tis Osteochondritis f
os|teo|chon|dro|dys|pla|sia Osteochondrodysplasia f
os|teo|chon|dro|dys|tro|phia Osteochondrodystrophia f
os|teo|chon|dro|dys|tro|phy Osteochondrodystrophie f
os|teo|chon|dro|ma Osteochondroma n
os|teo|chon|dro|sar|co|ma Osteochondrosarcoma n
os|te|oc|la|sis Osteoclasis f
os|teo|clast Osteoclast m
os|teo|clas|tic osteoclastisch
os|teo|cope Osteocopie f
os|teo|cyte Osteocyt m
os|teo|dyn|ia Osteodynia f
os|teo|dys|tro|phia Osteodystrophia f
os|teo|dys|tro|phy Osteodystrophie f
os|teo|fi|bro|ma Osteofibroma n
os|teo|fi|bro|sis Osteofibrosis f
os|teo|gen|e|sis Osteogenesis f
os|teo|ge|net|ic osteogenetisch
os|teo|gen|ic osteogen
os|te|og|e|nous osteogen
os|te|og|e|ny Osteogenie f
os|te|oid osteoid, Osteoid n
os|teo|lo|gia Osteologia f
os|te|ol|o|gy Osteologie f
os|te|ol|y|sis Osteolysis f
os|teo|lyt|ic osteolytisch
os|te|o|ma Osteoma n
os|teo|ma|la|cia Osteomalacia f
os|teo|ma|la|cic osteomalacisch
os|teo|my|e|lit|ic osteomyelitisch

os|teo|my|e|li|tis Osteomyelitis f
os|te|on Osteon n
os|te|one Osteon n
os|teo|ne|cro|sis Osteonecrosis f
os|teo|path|ia Osteopathia f
os|teo|path|ic osteopathisch
os|te|op|a|thy Osteopathie f
os|teo|peri|os|ti|tis Osteoperiostitis f
os|teo|pe|tro|sis Osteopetrosis f
os|teo|phage Osteophage m
os|teo|phyte Osteophyt m
os|teo|plas|tic osteoplastisch
os|teo|plas|ty Osteoplastik f
os|teo|poi|ki|lo|sis Osteopoikilosis f
os|teo|po|ro|sis Osteoporosis f
os|teo|po|rot|ic osteoporotisch
os|te|op|sath|y|ro|sis Osteopsathyrosis f
os|teo|sar|co|ma Osteosarcoma n
os|teo|scle|ro|sis Osteosclerosis f
os|teo|scle|rot|ic osteosclerotisch
os|teo|syn|the|sis Osteosyntesis f
os|te|ot|o|my Osteotomie f
os|tia Ostia n pl
os|ti|tis Ostitis f
os|ti|um Ostium n
otal|gia Otalgia f
otal|gic otalgisch
ot|he|ma|to|ma Othaematoma n
otit|ic otitisch
oti|tis Otitis f
oto|blen|nor|rhea Otoblennorrhoea f
oto|co|nia Otoconia f
oto|dyn|ia Otodynia f
oto|gen|ic otogen
otog|e|nous otogen
oto|lar|yn|gol|o|gist Otolaryngologe m, Hals-Nase-Ohren--Arzt m
oto|lar|yn|gol|o|gy Otolaryngologie f, Hals-Nase-Ohren--Heilkunde f
oto|lith Otolith m
oto|log|ic otologisch
oto|log|i|cal otologisch
otol|o|gist Otologe m
otol|o|gy Otologie f
oto|my|co|sis Otomycosis f
oto|rhi|no|lar|yn|gol|o|gy Otorhinolaryngologie f
oto|rhi|nol|o|gy Otorhinologie f
otor|rha|gia Otorrhagia f
otor|rhea Otorrhoea f
oto|scle|ro|sis Otosclerosis f
oto|scle|rot|ic otosclerotisch
oto|scope Otoscop n
oto|scop|ic otoscopisch
otos|co|py Otoscopie f
oto|tox|ic ototoxisch
oto|tox|ic|i|ty Ototoxicität f
out|pa|tient ambulanter Patient
ova Ova n pl
ovalo|cyte Ovalocyt m
ovalo|cy|to|sis Ovalocytosis f
ovar|i|an ovarial

ovari|ec|to|my Ovariectomie f
ovar|io|cele Ovariocele f
ovar|i|ot|o|my Ovariotomie f
ova|ri|um Ovarium n
ova|ry Ovar n, Eierstock m
over|bite Überbiß m
over|com|pen|sa|tion Über-compensation f
over|weight übergewichtig
ovi|duct Oviduct m
ovi|form oviform, eiförmig
ovi|gen|e|sis Ovigenesis f
ovi|ge|net|ic ovigenetisch
ovig|e|nous ovigen
ovine Schaf...
ovo|cyte Ovocyt m
ovo|gen|e|sis Ovogenesis f
ovo|go|ni|um Ovogonium n
ovoid ovoid
ovo|tes|tis Ovotestis m
ovu|la|tion Ovulation f
ovu|la|to|ry ovulatorisch
ovule Ovulum n
ovu|lum Ovulum n
ovum Ovum n
ox|a|late Oxalat n
ox|a|le|mia Oxalaemia f
ox|al|ic Oxal...
ox|a|lo|sis Oxalosis f
ox|al|uria Oxaluria f
ox|i|dant Oxidans n
ox|i|dase Oxidase f
ox|i|da|tion Oxidation f
ox|i|da|tive oxidativ
ox|ide Oxid n
ox|i|dize oxidieren
ox|i|dized oxidiert
ox|i|diz|ing oxidierend
ox|i|do|re|duc|tase Oxido-reductase f
oxy|ce|phal|ic oxycephal
oxy|ceph|a|ly Oxycephalie f
ox|y|gen Oxygen n, Sauerstoff m
ox|y|gen|ase Oxygenase f
ox|y|gen|ate oxygenieren
ox|y|gen|a|tion Oxygenation f
oxy|he|mo|glo|bin Oxy-hämoglobin n
oxy|phil oxyphil
oxy|to|cin Oxytocin n
oxy|uri|a|sis Oxyuriasis f
oze|na Ozaena f
ozone Ozon n
pace|mak|er Schrittmacher m
pachy|ce|pha|lia Pachy-cephalia f
pachy|ce|phal|ic pachycephal
pachy|ceph|a|lous pachycephal
pachy|ceph|a|ly Pachy-cephalie f
pachy|chei|lia Pachycheilia f
pachy|dac|tyl|ia Pachy-dactylia f
pachy|dac|ty|ly Pachy-dactylie f
pachy|der|ma Pachyderma n
pachy|der|mia Pachydermia f
pachy|glos|sia Pachyglossia f
pachy|men|in|git|ic pachy-meningitisch
pachy|men|in|gi|tis Pachy-

meningitis f
pachy|me|ninx Pachymeninx f
pachy|onych|ia Pachyonychia f
pachy|tene Pachytän n
pain Schmerz m
pain|ful schmerzhaft
pain|less schmerzlos
pal|a|tal palatal, Gaumen...
pal|ate Gaumen m
pal|a|to|plas|ty Palatoplastik f
pal|a|tos|chi|sis Palato-
schisis f
pa|la|tum Palatum n
pa|leo|cer|e|bel|lum Palaeo-
cerebellum n
pa|leo|en|ceph|a|lon Palaeo-
encephalon n
pa|leo|ge|net|ics Paläogenetik f
pa|leo|pal|li|um Palaeo-
pallium n
pa|leo|pa|thol|o|gy Paläo-
pathologie f
pa|leo|stri|a|tum Palaeo-
striatum n
pa|leo|thal|a|mus Palaeo-
thalamus m
pali|la|lia Palilalia f
pal|in|drom|ic palindrom
pal|la|di|um Palladium n
pall|an|es|the|sia Pall-
anaesthesia f
pall|es|the|sia Pallaesthesia f
pal|li|a|tive palliativ,
Palliativum n
pal|li|do|fu|gal pallidofugal
pal|li|dum Pallidum n
pal|lor Pallor m, Blässe f
palm Handfläche f
pal|ma Palma f
pal|mar palmar
pal|mo|plan|tar palmoplantar
pal|pa|ble palpabel
pal|pate palpieren
pal|pa|tion Palpation f
pal|pa|to|ry palpatorisch
pal|pe|bra Palpebra f
pal|pe|bral palpebral
pal|pi|tate palpitieren
pal|pi|ta|tion Palpitation f
pal|sy Lähmung f
pam|pin|i|form pampiniform
pan|ag|glu|ti|nin Pan-
agglutinin n
pan|ar|te|ri|tis Panarteritis f
pan|ar|thri|tis Panarthritis f
pan|car|di|tis Pancarditis f
pan|cre|as Pancreas n
pan|cre|a|tec|to|my Pancreat-
ectomie f
pan|cre|at|ic pancreatisch,
Pancreas...
pan|cre|a|tit|ic pancreatitisch
pan|cre|a|ti|tis Pancreatitis f
pan|cre|a|tog|e|nous pancreato-
gen
pan|creo|path|ia Pancreo-
pathia f
pan|cre|op|a|thy Pancreo-
pathie f
pan|cy|to|pe|nia Pan-
cytopenia f
pan|de|mia Pandemia f

pan|dem|ic pandemisch, Pandemie f
pan|de|my Pandemie f
pan|en|ceph|a|li|tis Panencephalitis f
pan|hy|po|pi|tu|i|ta|rism Panhypopituitarismus m
pan|ic Panik f
pan|my|e|lo|phthi|sis Panmyelophthisis f
pan|nic|u|li|tis Panniculitis f
pan|nic|u|lus Panniculus m
pan|nus Pannus m
pan|oph|thal|mia Panophthalmia f
pan|oph|thal|mi|tis Panophthalmitis f
pan|oti|tis Panotitis f
pan|phle|bi|tis Panphlebitis f
pan|pho|bia Panphobia f
pan|si|nus|itis Pansinusitis f
pan|to|then|ic Pantothen...
pa|pil|la Papilla f
pa|pil|lae Papillae f pl
pap|il|lary papillar
pap|il|li|tis Papillitis f
pap|il|lo|ma Papilloma n
pap|il|lo|mac|u|lar papillomaculär
pap|il|lo|ma|to|sis Papillomatosis f
pap|il|lom|a|tous papillomatös
pap|u|la Papula f
pap|ule Papel f
para Para f, para
para|bi|o|sis Parabiosis f
para|bi|ot|ic parabiotisch
para|bu|lia Parabulia f
para|cen|te|sis Paracentesis f
para|cen|tral paracentral
para|cho|lia Paracholia f
para|col|pi|tis Paracolpitis f
para|col|pi|um Paracolpium n
par|acu|sia Paracusia f
par|acu|sis Paracusis f
para|cys|ti|tis Paracystitis f
para|did|y|mus Paradidymus f
par|af|fin Paraffin n
par|af|fin|oma Paraffinoma n
para|gam|ma|cism Paragammacismus m
para|gan|glia Paraganglia n pl
para|gan|gli|o|ma Paraganglioma n
para|gan|gli|on Paraganglion n
para|geu|sia Parageusia f
para|geu|sis Parageusis f
par|ag|glu|ti|na|tion Paragglutination f
para|gon|i|mi|a|sis Paragonimiasis f
para|gon|i|mus Paragonimus m
para|graph|ia Paragraphia f
para|he|mo|phil|ia Parahaemophilia f
para|hip|po|cam|pal parahippocampal
para|la|lia Paralalia f
para|lo|gia Paralogia f
para|log|i|cal paralogisch
pa|ral|y|sis Paralysis f
para|lyt|ic paralytisch,

Paralytiker m
para|lyze paralysieren
para|me|di|an paramedian
para|me|trit|ic parametritisch
para|me|tri|tis Parametritis f
para|me|tri|um Parametrium n
para|me|trop|a|thy Parametropathie f
para|mim|ia Paramimia f
par|am|ne|sia Paramnesia f
par|am|ne|sis Paramnesis f
para|my|e|lo|blast Paramyeloblast m
para|myo|clo|nus Paramyoclonus m
para|myo|to|nia Paramyotonia f
para|na|sal paranasal
para|neph|ric paranephrisch
para|ne|phri|tis Paranephritis f
para|neu|ral paraneural
para|noia Paranoia f
para|noi|ac paranoisch, Paranoiker m
para|noid paranoid, Paranoider m
para|pha|sia Paraphasia f
para|pha|sic paraphasisch
para|phi|mo|sis Paraphimosis f
para|pho|nia Paraphonia f
para|phra|sia Paraphrasia f
para|phre|nia Paraphrenia f
para|phre|ni|tis Paraphrenitis f
para|pla|sia Paraplasia f
para|plasm Paraplasma n
para|proc|ti|tis Paraproctitis f
para|proc|ti|um Paraproctium n
para|pro|tein Paraprotein n
para|pro|tein|emia Paraproteinaemia f
para|pso|ri|a|sis Parapsoriasis f
para|psy|chol|o|gy Parapsychologie f
par|ar|rhyth|mia Pararrhythmia f
par|ar|rhyth|mic pararrhythmisch
para|sa|cral parasacral
para|site Parasit m
para|sit|ic parasitär
para|sit|emia Parasitaemia f
para|si|tol|o|gist Parasitologe m
para|si|tol|o|gy Parasitologie f
para|si|to|pho|bia Parasitophobia f
para|si|to|sis Parasitosis f
para|si|to|trop|ic parasitotrop, Parasitotropicum n
para|spa|di|as Paraspadie f
para|ster|nal parasternal
para|sym|pa|thet|ic parasympathisch
para|sym|pa|tho|lyt|ic parasympatholytisch
para|sym|pa|tho|mi|met|ic parasympathomimetisch
para|ter|mi|nal paraterminal
para|thor|mone Parathormon n
para|thy|mia Parathymia f

para|thy|roid|ec|to|my Parathyroidectomie f
para|ton|sil|lar paratonsillär
para|typh|li|tis Paratyphlitis f
para|ure|thral paraurethral
para|ver|te|bral paravertebral
pa|ren|chy|ma Parenchyma n
par|en|chy|ma|tous parenchymatös
par|en|ter|al parenteral
par|en|ter|al|ly parenteral
pa|re|sis Paresis f
par|es|the|sia Paraesthesia f
par|es|thet|ic parästhetisch
pa|ret|ic paretisch
pa|ri|es Paries m
pa|ri|e|tal parietal, Parietale n
par|kin|son|ism Parkinsonismus m
par|odon|ti|tis Parodontitis f
par|odon|ti|um Parodontium n
par|onych|ia Paronychia f
par|onych|i|um Paronychium n
par|ooph|o|ron Paroophoron n
par|orex|ia Parorexia f
par|os|mia Parosmia f
par|os|phre|sis Parosphresis f
par|os|ti|tis Parostitis f
par|os|to|sis Parostosis f
par|otic parotisch
par|oti|tis Parotitis f
par|otit|ic parotitisch
par|ovar|ian parovarial
par|ovar|i|um Parovarium n
par|ox|ysm Paroxysmus m
par|ox|ys|mal paroxysmal
pars Pars f
par|tes Partes f pl
par|the|no|gen|e|sis Parthenogenesis f
par|the|no|ge|net|ic parthenogenetisch
par|tu|ri|tion Parturition f, Geburt f
par|tus Partus m
pa|ru|lis Parulis f
par|vo|vi|rus Parvovirus n
pas|ta Pasta f
paste Paste f
pas|teu|rel|la Pasteurella f
pas|teur|iza|tion Pasteurisation f
pas|teur|ize pasteurisieren
pas|teur|ized pasteurisiert
pa|tel|la Patella f
pa|tel|lar patellar
pa|ther|gia Pathergia f
path|er|gy Pathergie f
patho|gen Pathogen n
patho|gen|e|sis Pathogenesis f
patho|ge|net|ic pathogenetisch
patho|gen|ic pathogen
patho|ge|nic|i|ty Pathogenität f
patho|gno|mon|ic pathognomonisch
patho|gnos|tic pathognostisch
patho|log|ic pathologisch
patho|log|i|cal pathologisch
patho|log|i|cal|ly pathologisch
pa|thol|o|gist Pathologe m
pa|thol|o|gy Pathologie f

patho|pho|bia Pathophobia f
patho|phys|i|o|log|ic pathophysiologisch
patho|phys|i|o|log|i|cal pathophysiologisch
patho|phys|i|o|log|i|cal|ly pathophysiologisch
patho|phys|i|ol|o|gy Pathophysiologie f
patho|psy|chol|o|gy Pathopsychologie f
path|way Bahn f
pa|tient Patient m
pa|vor Pavor m
pec|ten Pecten m
pec|tin Pectin n
pec|to|ral pectoral
pec|to|ra|lis Pectoralis m
pec|tus Pectus n
ped|atro|phia Paedatrophia f
ped|at|ro|phy Pädatrophie f
ped|er|ast Päderast m
ped|er|as|ty Päderastie f
pe|di|at|ric pädiatrisch
pe|di|a|tri|cian Pädiater m
pe|di|at|rics Pädiatrie f
pe|di|at|rist Pädiater m
pe|di|at|ry Pädiatrie f
pe|dic|u|lo|sis Pediculosis f
pe|do|don|tia Paedodontia f
pe|do|don|tics Pädodontie f
pe|do|don|tol|o|gy Pädodontologie f
pe|dol|o|gy Pädologie f
pe|do|phil|ia Paedophilia f
pe|dun|cle Pedunculus m
pe|dun|cu|lus Pedunculus m
pel|i|o|sis Peliosis f
pel|i|ot|ic peliotisch
pel|lag|ra Pellagra n
pel|lic|u|la Pellicula f
pe|loid Peloid n
pel|vi|ab|dom|i|nal pelviabdominal
pel|vic pelvin, Becken...
pel|vim|e|ter Pelvimeter n
pel|vim|e|try Pelvimetrie f
pel|vi|ot|o|my Pelviotomie f
pel|vi|rec|tal pelvirectal
pel|vis Pelvis f
pel|vi|scope Pelviscop n
pel|vi|sec|tion Pelvisection f
pem|phi|goid Pemphigoid n
pem|phi|gus Pemphigus m
pen|e|trance Penetranz f
pen|e|tra|tion Penetration f
pen|i|cil|li Penicilli m pl
pen|i|cil|lin Penicillin n
pen|i|cil|lin|ase Penicillinase f
pen|i|cil|li|um Penicillium n
pen|i|cil|lus Penicillus m
pe|nile Penis...
pe|nis Penis m
pen|tane Pentan n
pen|tane|di|oic Pentan-di...
pen|ta|pep|tide Pentapeptid n
pen|ta|va|lent pentavalent
pen|tose Pentose f
pen|to|side Pentosid n
pen|tos|uria Pentosuria f
pent|ox|ide Pentoxid n
pen|tyl Pentyl n

pep|sin Pepsin n
pep|sin|o|gen Pepsinogen n
pep|ti|dase Peptidase f
pep|tide Peptid n
pep|ti|do|lyt|ic peptidolytisch
pep|tone Pepton n
pep|to|ne|mia Peptonaemia f
pep|to|nol|y|sis Peptonolysis f
pep|to|nu|ria Peptonuria f
per|cent Procent n
per|cent|age Procentsatz m
per|cep|tion Perception f
per|co|late percolieren, Percolat n
per|co|la|tion Percolation f
per|co|la|tor Percolator m
per|cuss percutieren
per|cus|sion Percussion f
per|cu|ta|ne|ous percutan
per|fo|rate perforieren, perforiert
per|fo|rat|ed perforiert
per|fo|rat|ing perforierend
per|fo|ra|tion Perforation f
per|fo|ra|tor Perforator m
per|fus|ate Perfusat n
per|fuse perfundieren
per|fu|sion Perfusion f
peri|ac|i|nar periacinär
peri|ad|e|ni|tis Periadenitis f
peri|anal perianal
peri|api|cal periapical
peri|ar|te|ri|al periarteriell
peri|ar|thri|tis Periarthritis f
peri|ar|tic|u|lar periarticulär
peri|bron|chi|tis Peribronchitis f
peri|car|di|al pericardial
peri|car|di|ot|o|my Pericardiotomie f
peri|car|dit|ic pericarditisch
peri|car|di|tis Pericarditis f
peri|car|di|um Pericardium n
peri|chol|an|git|ic pericholangitisch
peri|chol|an|gi|tis Pericholangitis f
peri|cho|le|cys|tic pericholecystisch
peri|cho|le|cys|ti|tis Pericholecystitis f
peri|chon|dral perichondral
peri|chon|dria Perichondria n pl
peri|chon|drit|ic perichondritisch
peri|chon|dri|tis Perichondritis f
peri|chon|dri|um Perichondrium n
peri|co|li|tis Pericolitis f
peri|co|lon|itis Pericolonitis f
peri|cor|ne|al pericorneal
peri|cra|ni|al pericranial
peri|cra|ni|um Pericranium n
peri|cyte Pericyt m
peri|cy|to|ma Pericytoma n
peri|den|drit|ic peridendritisch
peri|den|tal peridental
peri|du|ral peridural
peri|en|ceph|a|li|tis Periencephalitis f

peri|fol|lic|u|li|tis Peri-folliculitis f
peri|gas|tri|tis Perigastritis f
peri|glan|du|lar periglandulär
peri|hep|a|ti|tis Perihepatitis f
peri|kar|y|on Perikaryon n
peri|lymph Perilymphe f
peri|lym|pha Perilympha f
peri|lym|phat|ic perilymphatisch
pe|rim|e|ter Perimeter n
peri|met|ric perimetrisch
peri|me|trit|ic perimetritisch
peri|me|tri|tis Perimetritis f
peri|me|tri|um Perimetrium n
peri|my|si|um Perimysium n
peri|na|tal perinatal
peri|ne|al perineal
peri|neo|plas|ty Perineo-plastik f
peri|neph|ric perinephrisch
peri|ne|phrit|ic perinephritisch
peri|ne|phri|tis Perinephritis f
peri|neph|ri|um Perinephrium n
peri|ne|um Perineum n
peri|neu|ral perineural
peri|neu|ri|tis Perineuritis f
peri|neu|ri|um Perineurium n
peri|nu|cle|ar perinuclear
peri|odon|ti|tis Periodontitis f
peri|odon|ti|um Periodontium n
peri|ooph|o|ri|tis Peri-oophoritis f
peri|oral perioral
peri|or|bit Periorbita f
peri|or|bi|ta Periorbita f
peri|or|bit|al periorbital
peri|os|te|al periostal
peri|os|te|um Periosteum n
peri|os|tit|ic periostitisch
peri|os|ti|tis Periostitis f
peri|pan|cre|a|ti|tis Peri-pancreatitis f
peri|par|tum peripartual
pe|riph|er|al peripher
peri|phle|bit|ic periphlebitisch
peri|phle|bi|tis Periphlebitis f
peri|pleu|ri|tis Peripleuritis f
peri|por|tal periportal
peri|proc|tal periproctal
peri|proc|tic periproctisch
peri|proc|ti|tis Periproctitis f
peri|py|le|phle|bi|tis Peri-pylephlebitis f
peri|re|nal perirenal
peri|sal|pin|git|ic peri-salpingitisch
peri|sal|pin|gi|tis Peri-salpingitis f
peri|sig|moid|itis Peri-sigmoiditis f
peri|sper|ma|ti|tis Peri-spermatitis f
peri|sple|ni|tis Perisplenitis f
peri|stal|sis Peristaltik f
peri|stal|tic peristaltisch
peri|ten|din|e|um Peri-tendineum n
peri|ten|di|ni|tis Peri-tendinitis f
peri|the|li|al perithelial
peri|the|li|um Perithelium n
peri|to|nae|um Peritonaeum n

peri|to|ne|al peritonäal
peri|to|ne|al|iza|tion Peritonäalisation f
peri|to|ne|al|ize peritonäalisieren
peri|to|ne|um Peritonaeum n
peri|to|ni|tis Peritonitis f
peri|ton|sil|lar peritonsillar
peri|ton|sil|li|tis Peritonsillitis f
peri|tub|al peritubar
peri|typh|lit|ic perityphlitisch
peri|typh|li|tis Perityphlitis f
peri|un|gual periungual
peri|ure|ter|itis Periureteritis f
peri|ure|thral periurethral
peri|ure|thri|tis Periurethritis f
peri|vas|cu|lar perivascular
peri|vas|cu|li|tis Perivasculitis f
peri|ve|nous perivenös
perl|sucht Perlsucht f
per|me|abil|i|ty Permeabilität f
per|me|able permeabel
per|me|ase Permease f
per|me|ation Permeation f
per|ni|cious perniciös
pe|ro|bra|chi|us Perobrachius m
pe|ro|chi|rus Perochirus m
pe|rom|e|lus Peromelus m
pe|rom|e|ly Peromelie f
per|o|ne|al peronäal
per|o|ne|us Peronaeus m
per|oral peroral
per|oxi|dase Peroxidase f
per|sev|er|a|tion Perseveration f
per|son|al|i|ty Persönlichkeit f
per|sorp|tion Persorption f
per|spi|ra|tion Perspiration f
per|spi|ra|to|ry perspiratorisch
per|spire perspirieren
per|tus|sis Pertussis f
per|tus|soid pertussoid
per|ver|sion Perversion f
per|vert Perverser m
per|vert pervertieren
per|vi|gil|i|um Pervigilium n
pes Pes m
pes|sa|ry Pessar n
pes|ti|cide Pesticid n
pe|te|chia Petechia f
pe|te|chi|al petechial
pet|i|ole Petiolus m
pe|ti|o|lus Petiolus m
pet|ri|fac|tion Petrification f
pé|tris|sage Pétrissage f
phaco|cele Phacocele f
phaco|scle|ro|sis Phacosclerosis f
phage Phage m
phag|e|de|na Phagedaena f
phag|e|den|ic phagedänisch
phago|cyte Phagocyt m
phago|cyt|ic phagocytär
phago|cyt|ize phagocytieren
phago|cy|to|blast Phagocytoblast m
phago|cy|tol|y|sis Phagocytolysis f
phago|cy|to|lyt|ic phagocyto-

lytisch

phago|cy|tose phagocytieren

phago|cy|to|sis Phagocytosis f

pha|lan|ge|al phalangeal

pha|lanx Phalanx f

phal|lic phallisch

phal|lo|plas|ty Phalloplastik f

phal|lus Phallus m

phan|tasm Phantasma n

phan|tom Phantom n

phar|ma|ceu|tic pharmaceutisch

phar|ma|ceu|ti|cal pharmaceutisch, Pharmaceuticum n

phar|ma|ceu|tics Pharmaceutik f

phar|ma|ceu|tist Pharmaceut m

phar|ma|cist Pharmaceut m

phar|ma|co|dy|nam|ic pharmacodynamisch

phar|ma|co|dy|nam|ics Pharmacodynamik f

phar|ma|co|ge|net|ics Pharmacogenetik f

phar|ma|cog|no|sy Pharmacognosie f

phar|ma|co|log|ic pharmacologisch

phar|ma|co|log|i|cal pharmacologisch

phar|ma|co|log|i|cal|ly pharmacologisch

phar|ma|col|o|gist Pharmacologe m

phar|ma|col|o|gy Pharmacologie f

phar|ma|co|peia Pharmacopöe f

phar|ma|co|ther|a|py Pharmacotherapie f

phar|ma|cy Pharmacie f

pha|ryn|ge|al pharyngeal

phar|yn|gism Pharyngismus m

phar|yn|gis|mus Pharyngismus m

phar|yn|git|ic pharyngitisch

phar|yn|gi|tis Pharyngitis f

pha|ryn|go|cele Pharyngocele f

phar|yn|gol|o|gy Pharyngologie f

pha|ryn|go|my|co|sis Pharyngomycosis f

pha|ryn|go|plas|ty Pharyngoplastik f

pha|ryn|go|scope Pharyngoscop n

phar|yn|gos|co|py Pharyngoscopie f

pha|ryn|go|spasm Pharyngospasmus m

phar|yn|got|o|my Pharyngotomie f

phar|ynx Pharynx m

phase Phase f

pha|sic phasisch

phe|no|copy Phänocopie f

phe|nol Phenol n

phe|nom|e|nol|o|gy Phänomenologie f

phe|nom|e|non Phänomen n

phe|no|type Phänotyp m

phe|no|typ|ic phänotypisch

phe|no|typ|i|cal|ly phänotypisch

phen|yl Phenyl n
phen|yl|al|a|nine Phenylalanin n
phen|yl|ke|to|nu|ria Phenylketonuria f
pheo|chro|mo|blast Phäochromoblast m
pheo|chro|mo|blas|to|ma Phäochromoblastoma n
pheo|chro|mo|cyte Phäochromocyt m
pheo|chro|mo|cy|to|ma Phäochromocytoma n
pher|o|mone Pheromon n
phil|trum Philtrum n
phi|mo|sis Phimosis f
phleb|ec|ta|sia Phlebectasia f
phle|bec|to|my Phlebectomie f
phle|bit|ic phlebitisch
phle|bi|tis Phlebitis f
phlebo|gram Phlebogramm n
phle|bog|ra|phy Phlebographie f
phlebo|lith Phlebolith m
phlebo|lith|ic phlebolithisch
phlebo|li|thi|a|sis Phlebolithiasis f
phlebo|throm|bo|sis Phlebothrombosis f
phle|bot|o|mus Phlebotomus m
phle|bot|o|my Phlebotomie f
phleg|ma|sia Phlegmasia f
phleg|mat|ic phlegmatisch
phleg|mon Phlegmone f
phleg|mon|ous phlegmonös
phlo|gis|tic phlogistisch
phlo|gis|ton Phlogiston n
phlogo|gen|ic phlogogen
phlo|gog|e|nous phlogogen
phlo|go|sis Phlogosis f
phlyc|te|na Phlyctaena f
pho|bia Phobia f
pho|bic phobisch
pho|bo|pho|bia Phobophobia f
pho|co|me|lia Phocomelia f
pho|com|e|lus Phocomelus m
pho|com|e|ly Phocomelie f
phon|as|the|nia Phonasthenia f
pho|na|tion Phonation f
pho|neme Phonem n
pho|nen|do|scope Phonendoscop n
pho|net|ic phonetisch
pho|net|ics Phonetik f
pho|ni|at|rics Phoniatrie f
pho|ni|a|try Phoniatrie f
pho|nism Phonismus m
pho|no|car|dio|gram Phonocardiogramm n
pho|no|car|dio|graph Phonocardiograph m
pho|no|car|dio|graph|ic phonocardiographisch
pho|no|car|di|og|ra|phy Phonocardiographie f
phono|ma|nia Phonomania f
pho|nom|e|ter Phonometer n
pho|nom|e|try Phonometrie f
pho|no|pho|bia Phonophobia f
phos|pha|tase Phosphatase f
phos|phate Phosphat n
phos|pha|tide Phosphatid n

phos|pha|tid|ic Phosphatid...
phos|pha|ti|dyl|cho|line Phosphatidylcholin n
phos|pha|ti|dyl|eth|a|nol|amine Phosphatidylethanolamin n
phos|phide Phosphid n
phos|phite Phosphit n
phos|pho|fruc|to|ki|nase Phosphofructokinase f
phos|pho|fruc|to|mu|tase Phosphofructomutase f
phos|pho|glu|co|mu|tase Phosphoglucomutase f
phos|pho|glyc|ero|mu|tase Phosphoglyceromutase f
phos|pho|hexo|isom|er|ase Phosphohexoisomerase f
phos|pho|hexo|ki|nase Phosphohexokinase f
phos|pho|li|pase Phospholipase f
phos|pho|lip|id Phospholipid n
phos|pho|mono|es|ter|ase Phosphomonoesterase f
phos|pho|pro|tein Phosphoprotein n
phos|pho|resce phosphorescieren
phos|pho|res|cent phosphorescierend
phos|pho|ric Phosphor...
phos|pho|rus Phosphor m
phos|phor|y|lase Phosphorylase f
phos|phor|y|late phosphorylieren
phos|phor|y|lat|ed phosphoryliert
phos|phor|y|lat|ing phosphorylierend
phos|phor|y|la|tion Phosphorylierung f
phos|pho|trans|acet|y|lase Phosphotransacetylase f
pho|tism Photismus m
pho|to|elec|tric photoelectrisch
pho|to|elec|tric|i|ty Photoelectricität f
pho|tom|e|ter Photometer n
pho|to|met|ric photometrisch
pho|to|met|ri|cal|ly photometrisch
pho|tom|e|try Photometrie f
pho|to|mo|tor photomotorisch
pho|ton Photon n
pho|to|pho|bia Photophobia f
pho|to|pho|bic photophob
pho|top|sia Photopsia f
pho|to|re|cep|tor Photoreceptor m
pho|to|sen|si|tive photosensibel
pho|to|sen|si|tiv|i|ty Photosensibilität f
pho|to|sen|si|ti|za|tion Photosensibilisierung f
pho|to|syn|the|sis Photosynthese f
pho|to|syn|thet|ic photosynthetisch
pho|to|syn|thet|i|cal|ly photosynthetisch
pho|to|ther|a|py Phototherapie f

phren|i|cot|o|my Phrenicotomie f
phreno|car|dia Phrenocardia f
phre|nol|o|gy Phrenologie f
phre|nop|a|thy Phrenopathie f
phthi|ri|a|sis Phthiriasis f
phthir|i|us Phthirius m
phthis|i|ol|o|gy Phthisiologie f
phthis|io|pho|bia Phthisiophobia f
phthi|sis Phthisis f
phy|let|ic phyletisch
phy|lo|gen|e|sis Phylogenesis f
phy|lo|ge|net|ic phylogenetisch
phy|log|e|ny Phylogenie f
phy|ma Phyma n
phys|iat|rics Physiatrik f
phys|iat|rist Physiater m
phys|i|cal physisch, physicalisch
phy|si|cian Arzt m
phys|i|cist Physiker m
phys|i|co|chem|i|cal physicochemisch
phys|ics Physik f
phys|i|o|chem|i|cal physiochemisch
phys|i|og|no|my Physiognomie f
phys|i|o|log|ic physiologisch
phys|i|o|log|i|cal physiologisch
phys|i|o|log|i|cal|ly physiologisch
phys|i|ol|o|gist Physiologe m
phys|i|ol|o|gy Physiologie f
phys|io|ther|a|pist Physiotherapeut m
phys|io|ther|a|py Physiotherapie f
phy|so|me|tra Physometra f
phy|to|be|zoar Phytobezoar m
phy|to|chem|is|try Phytochemie f
phy|tog|e|nous phytogen
phy|to|para|site Phytoparasit m
phy|to|patho|gen|ic phytopathogen
phy|to|pa|thol|o|gy Phytopathologie f
pia Pia f
pi|co|gram Picogramm n
pi|cor|na|vi|rus Picornavirus n
pi|co|sec|ond Picosecunde f
pie|dra Piedra f
pig|ment Pigment n
pig|ment|ed pigmentiert
pig|men|to|phage Pigmentophage m
pi|li Pili m pl
pill Pille f
pill-roll|ing Pillendrehen n
pi|lo|mo|tor pilomotorisch
pi|lo|sis Pilosis f
pil|u|la Pilula f
pi|lus Pilus m
pin|e|a|lo|ma Pinealoma n
pin|guec|u|la Pinguecula f
pi|no|cy|to|sis Pinocytosis f
pi|no|cy|tot|ic pinocytotisch
pin|ta Pinta f
pi|pet Pipette f
pi|pette Pipette f
pi|qûre Piqûre f

pir|i|form piriform
pir|i|for|mis Piriformis m
pith|i|a|tism Pithiatismus m
pi|tu|i|cyte Pituicyt m
pit|y|ri|a|sis Pityriasis f
pla|ce|bo Placebo n
pla|cen|ta Placenta f
plac|en|ta|tion Placentation f
plac|en|ti|tis Placentitis f
plac|en|tog|ra|phy Placentographie f
pla|gio|ce|phal|ic plagiocephal
pla|gio|ceph|a|lism Plagiocephalie f
pla|gio|ceph|a|lous plagiocephal
pla|gio|ceph|a|ly Plagiocephalie f
plank|ton Plankton n
pla|no|cyte Planocyt m
plan|ta Planta f
plan|tar plantar
plan|tar|flex plantarflectieren
plan|ta|ris Plantaris m
pla|num Planum n
plaque Plaque f
plasm Plasma n
plas|ma Plasma n
plas|ma|blast Plasmablast m
plas|ma|cyte Plasmacyt m
plas|ma|cyt|ic plasmacytär
plas|ma|cy|toid plasmacytoid
plas|ma|cy|to|ma Plasmacytoma n
plas|ma|cy|to|sis Plasmacytosis f
plas|ma|lem|ma Plasmalemma n
plas|mal|o|gen Plasmalogen n
plas|mat|ic plasmatisch
plas|min Plasmin n
plas|mino|gen Plasminogen n
plas|mino|geno|pe|nia Plasminogenopenia f
plas|mo|cyte Plasmocyt m
plas|mo|cyt|ic plasmocytär
plas|mo|cy|to|ma Plasmocytoma n
plas|mo|di|um Plasmodium n
plas|mon Plasmon n
plas|mo|zyme Plasmozym n
plas|tic plastisch, Plastik n
plas|tic|i|ty Plasticität f
plate|let Plättchen n
pla|tin|ic Platin(IV)...
plat|i|nous Platin(II)...
plat|i|num Platin n
plat|onych|ia Platonychia f
platy|ba|sia Platybasia f
platy|ce|phal|ic platycephal
platy|ceph|a|ly Platycephalie f
platy|cne|mia Platycnemia f
platy|cne|mic platycnemisch
platy|mor|phia Platymorphia f
platy|onych|ia Platyonychia f
pla|tys|ma Platysma n
ple|och|ro|ism Pleochroismus m
pleo|cy|to|sis Pleocytosis f
pleo|mor|phic pleomorph
pleo|mor|phous pleomorph
pleth|o|ra Plethora f
ple|thys|mo|gram Plethysmogramm n

ple|thys|mo|graph Plethysmograph m
ple|thys|mo|graph|ic plethysmographisch
pleth|ys|mog|ra|phy Plethysmographie f
pleu|ra Pleura f
pleu|ral pleural
pleu|ral|gia Pleuralgia f
pleu|ral|gic pleuralgisch
pleu|ri|sy Pleuritis f
pleu|rit|ic pleuritisch
pleu|ri|tis Pleuritis f
pleu|rol|y|sis Pleurolysis f
pleu|ro|peri|car|di|al pleuropericardial
pleu|ro|peri|car|di|tis Pleuropericarditis f
pleu|ro|pneu|mo|nia Pleuropneumonia f
plex|i|form plexiform
plex|us Plexus m
pli|ca Plica f
pli|ca|tion Plication f
plomb Plombe f
plom|bage Plombierung f
plumb Plombe f
plum|bic Blei(IV)...
plum|bum Plumbum n
plu|ri|glan|du|lar pluriglandulär
plu|ri|grav|i|da Plurigravida f
plu|ri|ori|fi|cial pluriorificiell
plu|rip|a|ra Pluripara f
plu|rip|o|tent pluripotent
plu|to|ni|um Plutonium n
pneu|mar|thro|sis Pneumarthrosis f
pneu|mat|ic pneumatisch
pneu|ma|ti|za|tion Pneumatisation f
pneu|ma|tize pneumatisieren
pneu|ma|to|cele Pneumatocele f
pneu|ma|tom|e|ter Pneumatometer n
pneu|ma|tom|e|try Pneumatometrie f
pneu|ma|to|sis Pneumatosis f
pneu|ma|tu|ria Pneumaturia f
pneu|mec|to|my Pneumectomie f
pneu|mo|cele Pneumocele f
pneu|mo|ceph|a|lus Pneumocephalus m
pneu|mo|coc|ci Pneumococci m pl
pneu|mo|coc|cus Pneumococcus m
pneu|mo|co|ni|o|sis Pneumoconiosis f
pneu|mo|cys|to|gram Pneumocystogramm n
pneu|mo|cys|tog|ra|phy Pneumocystographie f
pneu|mo|graph Pneumograph m
pneu|mog|ra|phy Pneumographie f
pneu|mo|lith Pneumolith m
pneu|mo|li|thi|a|sis Pneumolithiasis f
pneu|mo|me|di|as|ti|num Pneumomediastinum n
pneu|mom|e|try Pneumometrie f

pneu|mo|my|co|sis Pneumomycosis f
pneu|mo|nec|to|my Pneumonectomie f
pneu|mo|nia Pneumonia f
pneu|mon|ic pneumonisch
pneu|mo|ni|tis Pneumonitis f
pneu|mo|no|my|co|sis Pneumonomycosis f
pneu|mop|a|thy Pneumopathie f
pneu|mo|peri|car|di|um Pneumopericardium n
pneu|mo|peri|to|ne|um Pneumoperitonaeum n
pneu|mo|pexy Pneumopexie f
pneu|mo|py|elo|gram Pneumopyelogramm n
pneu|mo|roent|gen|og|ra|phy Pneumoröntgenographie f
pneu|mo|tach|o|graph Pneumotachograph m
pneu|mo|tho|rax Pneumothorax m
pneu|mot|o|my Pneumotomie f
pneu|mo|ty|phus Pneumotyphus m
po|dag|ra Podagra n
po|dag|ric podagrisch
po|dal|gia Podalgia f
podo|cyte Podocyt m
podo|cyt|ic podocytär, Podocyten...
poi|ki|lo|blast Poikiloblast m
poi|ki|lo|cyte Poikilocyt m
poi|ki|lo|cy|the|mia Poikilocythaemia f
poi|ki|lo|cy|to|sis Poikilocytosis f
poi|ki|lo|ther|mal poikilotherm
poi|ki|lo|ther|mic poikilotherm
poi|ki|lo|ther|mism Poikilothermie f
poi|ki|lo|ther|mous poikilotherm
poi|ki|lo|ther|my Poikilothermie f
poi|ki|lo|throm|bo|cyte Poikilothrombocyt m
poi|son Gift n, vergiften
poi|son|ing Vergiftung f
poi|son|ous giftig
po|lar polar, Pol...
po|lar|im|e|ter Polarimeter n
po|lar|im|e|try Polarimetrie f
po|lar|i|ty Polarität f
po|lar|iza|tion Polarisation f
po|lar|ize polarisieren
po|lar|ized polarisiert
po|lar|iz|er Polarisator m
po|lar|iz|ing polarisierend
pole Pol m
po|lio Polio f
po|lio|en|ceph|a|li|tis Polioencephalitis f
po|lio|my|e|lit|ic poliomyelitisch
po|lio|my|e|li|tis Poliomyelitis f
po|li|o|sis Poliosis f
po|lio|vi|rus Poliovirus n
pol|la|ki|uria Pollakiuria f
pol|len Pollen m
pol|len|osis Pollenosis f
pol|lex Pollex m
pol|lu|tion Verschmutzung f,

Pollution f
po|lo|cyte Polocyt m
po|lo|ni|um Polonium n
po|lus Polus m
poly|ar|thri|tis Polyarthritis f
poly|ar|throp|a|thy Polyarthropathie f
poly|ar|tic|u|lar polyarticulär
poly|cho|lia Polycholia f
poly|chon|dri|tis Polychondritis f
poly|chro|ma|sia Polychromasia f
poly|chro|mat|ic polychromatisch
poly|chro|mato|cyte Polychromatocyt m
poly|chro|mato|phil polychromatophil
poly|chro|mato|phil|ia Polychromatophilia f
poly|chro|mato|phil|ic polychromatophil
poly|chrome polychrom
poly|chro|mia Polychromia f
poly|chro|mo|cy|to|sis Polychromocytosis f
poly|chro|mo|phil|ia Polychromophilia f
poly|clo|nal polyclonal
poly|co|ria Polycoria f
poly|cy|clic polycyclisch
poly|cy|the|mia Polycythaemia f
poly|dac|tyl|ia Polydactylia f
poly|dac|tyl|ism Polydactylismus m
poly|dac|ty|ly Polydactylie f
poly|dip|sia Polydipsia f
poly|em|bry|o|ny Polyembryonie f
poly|emia Polyaemia f
poly|ene Polyen n
poly|es|the|sia Polyaesthesia f
poly|ga|lac|tia Polygalactia f
po|lyg|a|mous polygam
po|lyg|a|my Polygamie f
poly|glan|du|lar polyglandulär
poly|glo|bu|lia Polyglobulia f
poly|glob|u|lism Polyglobulie f
poly|he|mia Polyhaemia f
poly|lob|u|lar polylobular
poly|mas|tia Polymastia f
poly|me|lia Polymelia f
poly|mer Polymer n
poly|mer|ase Polymerase f
poly|mer|ic polymer
po|lym|er|iza|tion Polymerisation f
po|lym|er|ize polymerisieren
poly|morph Polymorpher m
poly|mor|phic polymorph
poly|mor|pho|nu|cle|ar polymorphonuclear
poly|mor|phous polymorph
poly|my|al|gia Polymyalgia f
poly|my|o|si|tis Polymyositis f
poly|neu|ral|gia Polyneuralgia f
poly|neu|rit|ic polyneuritisch
poly|neu|ri|tis Polyneuritis f
poly|neu|rop|a|thy Polyneuropathie f
poly|nu|cle|ar polynuclear

poly|nu|cleo|tid|ase Polynucleotidase f
poly|nu|cleo|tide Polynucleotid n
poly|opia Polyopia f
poly|op|sia Polyopsia f
poly|or|chi|dism Polyorchie f
poly|or|chism Polyorchismus m
poly|otia Polyotia f
pol|yp Polyp m
pol|yp|ec|to|my Polypectomie f
poly|pep|ti|dase Polypeptidase f
poly|pep|tide Polypeptid n
poly|pha|gia Polyphagia f
poly|phy|let|ic polyphyletisch
poly|phy|le|tism Polyphyletismus m
pol|yp|oid polypoid
pol|yp|o|sis Polyposis f
poly|pus Polypus m
poly|py|ram|i|dal polypyramidal
poly|ra|dic|u|lo|neu|ri|tis Polyradiculoneuritis f
poly|ri|bo|some Polyribosom n
poly|sac|cha|ride Polysaccharid n
poly|scle|ro|sis Polysclerosis f
poly|se|ro|si|tis Polyserositis f
poly|symp|to|mat|ic polysymptomatisch
poly|syn|ap|tic polysynaptisch
poly|the|lia Polythelia f
poly|trich|ia Polytrichia f
poly|trop|ic polytrop
poly|uria Polyuria f
poly|uric polyurisch
poly|va|lent polyvalent
po|made Pomade f
pons Pons m
pon|tine pontin
pon|to|cer|e|bel|lar pontocerebellar
pon|to|med|ul|lary pontomedullar
pop|les Poples m
pop|lit|e|us Popliteus m
pore Pore f
por|en|ce|pha|lia Porencephalia f
por|en|ce|phal|ic porencephal
por|en|ceph|a|li|tis Porencephalitis f
por|en|ceph|a|lous porencephal
por|en|ceph|a|lus Porencephalus m
por|en|ceph|a|ly Porencephalie f
po|rio|ma|nia Poriomania f
por|no|graph|ic pornographisch
por|no|graph|i|cal|ly pornographisch
por|nog|ra|phy Pornographie f
po|ro|ker|a|to|sis Porokeratosis f
po|ro|sis Porosis f
po|ros|i|ty Porosität f
po|rous porös
por|phin Porphin n
por|phyr|ia Porphyria f
por|phy|rin Porphyrin n

por|phy|rin|uria Porphyrinuria f
por|ta Porta f
por|tal portal, Porta f
por|tio Portio f
por|to|ca|val portocaval
por|to|gram Portogramm n
por|tog|ra|phy Portographie f
por|to|ve|no|gram Portovenogramm n
por|to|ve|nog|ra|phy Portovenographie f
po|rus Porus m
po|si|tion Position f
pos|i|tive positiv
pos|i|tron Positron n
post|car|di|ot|o|my Postcardiotomie...
post|co|i|tal postcoital
post|con|cep|tu|al postconceptionell
post|em|bry|on|ic postembryonal
post|en|ceph|a|lit|ic postencephalitisch
post|epi|lep|tic postepileptisch
pos|te|ri|or posterior, hinter
pos|tero|an|te|ri|or posteroanterior
pos|tero|lat|er|al posterolateral
pos|tero|me|di|al posteromedial
post|gas|trec|to|my Postgastrectomie...
post|hemi|ple|gic posthemiplegisch
post|hep|a|tit|ic posthepatitisch
post|hu|mous posthum
post|hyp|not|ic posthypnotisch
post|ic|tal postictal
post|in|farc|tion Postinfarct...
post|ma|ture postmatur
post|ma|tu|ri|ty Postmaturität f
post|meno|pau|sal postmenopausal
post|mor|tal postmortal
post|mor|tem postmortal, Autopsie f
post|na|tal postnatal
post|op|er|a|tive postoperativ
post|pran|di|al postprandial
post|pu|ber|al postpuberal
post|syn|ap|tic postsynaptisch
post|throm|bot|ic postthrombotisch
post|trans|fu|sion Posttransfusions...
post|trau|mat|ic posttraumatisch
post|vac|ci|nal postvaccinal
pot|as|se|mia Kalaemia f
po|tas|si|um Kalium n
po|ten|cy Potenz f
po|tent potent
po|ten|tial potentiell, Potential n
po|ten|ti|ate potenzieren
po|ten|ti|a|tion Potenzierung f
pow|der Pulver n
prac|tice practicieren, Praxis f
prae|pu|ti|um Praeputium n
pran|di|al prandial
pre|can|cer|ous präcancerös
pre|cap|il|lary Präcapillare f
pre|car|di|ac präcardial

pre|cen|tral präcentral
pre|cip|i|tate präcipitieren, Präcipitat n
pre|cip|i|ta|tion Präcipitation f
pre|cip|i|tin Präcipitin n
pre|cip|i|tin|o|gen Präcipitinogen n
pre|clin|i|cal präclinisch, vorclinisch
pre|com|a|tose präcomatös
pre|cor|di|al präcordial
pre|cor|di|um Praecordium n
pre|cur|sor Vorstufe f
pre|dis|pose prädisponieren
pre|dis|posed prädisponiert
pre|dis|pos|ing prädisponierend
pre|dis|po|si|tion Prädisposition f
pre|for|ma|tion Präformation f
pre|fron|tal präfrontal
preg|nan|cy Schwangerschaft f
preg|nant schwanger
pre|mar|i|tal vorehelich
pre|ma|ture prämatur, frühzeitig
pre|ma|tur|i|ty Prämaturität f
pre|med|i|ca|tion Prämedication f
pre|meno|paus|al prämenopausal
pre|men|stru|al prämenstruell
pre|mo|lar prämolar, Prämolar m
pre|mon|i|to|ry prämonitorisch
pre|mon|o|cyte Prämonocyt m
pre|mor|bid prämorbid
pre|mor|tal prämortal
pre|mo|tor prämotorisch
pre|my|elo|blast Prämyeloblast m
pre|my|elo|cyte Prämyelocyt m
pre|na|tal pränatal
pre|op|tic präoptisch
prep|a|ra|tion Präparation f, Präparat n
pre|pare präparieren, vorbereiten
pre|par|tal präpartal
pre|par|tum präpartal
pre|pa|tel|lar präpatellar
pre|peri|to|ne|al präperitonäal
pre|pu|ber|al präpuberal
pre|puce Praeputium n
pre|pu|tial präputial
pre|pu|ti|um Praeputium n
pre|py|lo|ric präpylorisch
pres|by|acu|sia Presbyacusia f
pres|by|acu|sis Presbyacusis f
pres|byo|phre|nia Presbyophrenia f
pres|byo|phren|ic presbyophren
pres|by|opia Presbyopia f
pres|by|opic presbyop
pre|scle|ro|sis Praesclerosis f
pre|scle|rot|ic präsclerotisch
pre|scribe verschreiben
pre|scrip|tion Recept n, Verschreibung f
pre|se|nile präsenil
pre|se|nil|i|ty Präsenilität f
pre|se|ni|um Praesenium n
pre|ser|va|tive Conservierungs-

mittel n
pres|sor pressorisch, Pressor...
pres|so|re|cep|tor Presso-receptor m
pres|sure Druck m
pre|syn|ap|tic präsynaptisch
pre|sys|to|le Präsystole f
pre|sys|tol|ic präsystolisch
pre|ven|tive präventiv
pre|ver|te|bral prävertebral
pri|a|pism Priapismus m
pri|ma|ry primär
pri|mate Primat m
pri|mip|a|ra Primipara f
prim|i|tive primitiv
pri|mor|di|al primordial
pri|mor|di|um Primordium n
prism Prisma n
pris|ma Prisma n
pris|mat|ic prismatisch
pri|vate privat
pro|ac|cel|er|in Proaccelerin n
probe Sonde f, sondieren
pro|cess Proceß m, Fortsatz m, Verfahren n
pro|ces|sus Processus m
pro|chei|lia Procheilia f
pro|con|ver|tin Proconvertin n
pro|cre|ate zeugen
pro|cre|ation Zeugung f
proc|tal|gia Proctalgia f
proc|tec|to|my Proctectomie f
proc|ti|tis Proctitis f
proc|to|cele Proctocele f
proc|to|log|ic proctologisch
proc|to|log|i|cal|ly procto-logisch
proc|tol|o|gist Proctologe m
proc|tol|o|gy Proctologie f
proc|to|plas|ty Proctoplastik f
proc|to|scope Proctoscop n
proc|tos|co|py Proctoscopie f
proc|to|spasm Proctospasmus m
proc|tos|ta|sis Proctostasis f
proc|tot|o|my Proctotomie f
prod|uct Product n
pro|duc|tive productiv
pro|en|zyme Proenzym n
pro|eryth|ro|blast Proerythro-blast m
pro|eryth|ro|cyte Proerythro-cyt m
pro|fer|ment Proferment n
pro|fes|sion|al professionell
pro|ge|ria Progeria f
pro|ges|ter|one Progesteron n
pro|glot|tid Proglottid m
pro|gnath|ic prognath
prog|na|thism Prognathie f
prog|na|thous prognath
prog|nose prognosticieren
prog|no|sis Prognosis f
prog|nos|tic prognostisch
prog|nos|ti|cate prognosticieren
pro|gran|u|lo|cyte Progranulo-cyt m
pro|gres|sion Progression f
pro|gres|sive progressiv
pro|in|su|lin Proinsulin n
pro|jec|tion Projection f
pro|kary|ote Prokaryot m
pro|kary|ot|ic prokaryot

pro|ki|nase Prokinase f
pro|lapse Prolaps m
pro|lapse prolabieren
pro|lapsed prolabiert
pro|lap|sus Prolapsus m
pro|leu|co|cyte Proleucocyt m
pro|leu|ko|cyte Proleukocyt m
pro|lif|er|ate proliferieren
pro|lif|er|a|tion Proliferation f
pro|lif|er|a|tive proliferativ
pro|lin|ase Prolinase f
pro|line Prolin n
pro|lyl Prolyl n
pro|lym|pho|cyte Prolymphocyt m
pro|mega|karyo|cyte Promega-karyocyt m
pro|meg|a|lo|blast Promegalo-blast m
pro|me|thi|um Promethium n
prom|i|nence Prominenz f
prom|i|nen|tia Prominentia f
pro|mono|cyte Promonocyt m
prom|on|to|ri|um Promontorium n
prom|on|to|ry Promontorium n
pro|my|elo|cyte Promyelocyt m
pro|nate pronieren
pro|na|tion Pronation f
pro|na|tor Pronator m
pro|neph|ric pronephrisch
pro|neph|ros Pronephros m
pro|nor|mo|blast Pronormo-blast m
pro|nor|mo|cyte Pronormocyt m
pro|nu|cle|us Pronucleus m
pro|pane Propan n
pro|pane|di|ol Propandiol n
pro|pa|no|ic Propan...
pro|pe|nyl Propenyl n
pro|pep|sin Propepsin n
pro|phase Prophase f
pro|phy|lac|tic prophylactisch, Prophylacticum n, Präservativ n
pro|phy|lax|is Prophylaxis f
pro|plas|ma|cyte Proplasmacyt m
pro|prio|cep|tion Proprio-ception f
pro|prio|cep|tive proprioceptiv
pro|prio|cep|tor Proprioceptor m
pro|pul|sion Propulsion f
pro|pul|sive propulsiv
pro|pyl Propyl n
pro|pyl|thio|ura|cil Propyl-thiouracil n
pro|se|cre|tin Prosecretin n
pro|sec|tor Prosector m
pros|en|ce|phal|ic prosencephal
pros|en|ceph|a|lon Pros-encephalon n
pros|op|ag|no|sia Prosop-agnosia f
proso|pla|sia Prosoplasia f
proso|plas|tic prosoplastisch
pros|o|po|di|ple|gia Prosopo-diplegia f
pros|o|po|ple|gia Prosopo-plegia f
pros|o|po|ple|gic prosopopleg
pros|o|pos|chi|sis Prosopo-schisis f
pros|o|po|tho|ra|cop|a|gus Prosopothoracopagus m

pros|ta|glan|din Prostaglandin n
pros|tate Prostata f
pros|ta|tec|to|my Prostatectomie f
pros|ta|tit|ic prostatitisch
pros|ta|ti|tis Prostatitis f
pros|ta|tor|rhea Prostatorrhoea f
pros|the|sis Prothese f
pros|thet|ic prosthetisch, prothetisch
pros|thet|ics Prothetik f
pros|ti|tu|tion Prostitution f
prot|ac|tin|i|um Protactinium n
pro|tag|o|nist Protagonist m
prot|anom|a|ly Protanomalie f
pro|ta|no|pia Protanopia f
pro|ta|nop|ic protanop
pro|te|ase Protease f
pro|teid Proteid n
pro|tein Protein n
pro|tein|ase Proteinase f
pro|tein|o|sis Proteinosis f
pro|tein|uria Proteinuria f
pro|te|ol|y|sis Proteolysis f
pro|teo|lyt|ic proteolytisch
pro|throm|bin Prothrombin n
pro|throm|bi|no|pe|nia Prothrombinopenia f
pro|throm|bo|ki|nase Prothrombokinase f
pro|tist Protist m
pro|to|di|a|stol|ic protodiastolisch
pro|tol|y|sis Protolysis f
pro|ton Proton n
pro|ton|ate protonieren
pro|ton|at|ed protoniert
pro|to|plasm Protoplasma n
pro|to|plas|mat|ic protoplasmatisch
pro|to|plas|mic protoplasmatisch
pro|to|zoa Protozoa n pl
pro|to|zo|al protozoisch
pro|to|zo|ol|o|gy Protozoologie f
pro|to|zo|on Protozoon n
pro|tract protrahieren
pro|tryp|sin Protrypsin n
pro|tu|ber|ance Protuberanz f
pro|tu|be|ran|tia Protuberantia f
pro|vi|ta|min Provitamin n
prox|i|mal proximal
pru|rig|i|nous pruriginös
pru|ri|go Prurigo f
pru|rit|ic pruritisch
pru|ri|tis Pruritis f
psam|mo|ma Psammoma n
pseud|ar|thro|sis Pseudarthrosis f
pseu|do|ane|mia Pseudoanaemia f
pseu|do|an|gi|na Pseudoangina f
pseu|do|cri|sis Pseudocrisis f
pseu|do|cy|e|sis Pseudokyesis f
pseu|do|de|men|tia Pseudodementia f
pseu|do|di|ver|tic|u|lum Pseudodiverticulum n
pseu|do|hal|lu|ci|na|tion

Pseudohallucination f
pseu|do|her|maph|ro|dite Pseudohermaphrodit m
pseu|do|her|maph|ro|dit|ic pseudohermaphroditisch
pseu|do|her|maph|ro|dit|ism Pseudohermaphroditismus m
pseu|do|her|maph|ro|di|tis|mus Pseudohermaphroditismus m
pseu|do|hy|per|troph|ic pseudohypertroph
pseu|do|hy|per|tro|phy Pseudohypertrophie f
pseu|do|hy|po|para|thy|roid|ism Pseudohypoparathyroidismus m
pseu|do|leu|ke|mia Pseudoleukaemia f
pseu|do|lo|gia Pseudologia f
pseu|do|mel|a|no|sis Pseudomelanosis f
pseu|do|mem|brane Pseudomembran f
pseu|do|mem|bra|nous pseudomembranös
pseu|do|men|stru|a|tion Pseudomenstruation f
pseu|dom|ne|sia Pseudomnesia f
pseu|dom|o|nas Pseudomonas f
pseu|do|mu|cin Pseudomucin n
pseu|do|mu|ci|nous pseudomucinös
pseu|do|myx|o|ma Pseudomyxoma n
pseu|do|myx|o|ma|tous pseudomyxomatös
pseu|do|pa|ral|y|sis Pseudoparalysis f
pseu|do|po|di|um Pseudopodium n
pseu|do|por|en|ceph|a|ly Pseudoporencephalie f
pseu|do|preg|nan|cy Pseudoschwangerschaft f
pseu|do|scle|ro|sis Pseudosclerosis f
pseu|do|ta|bes Pseudotabes f
pseu|do|tu|mor Pseudotumor m
psi|lo|sis Psilosis f
psi|lot|ic psilotisch
psit|ta|co|sis Psittacosis f
pso|as Psoas m
psod|y|mus Psodymus m
pso|i|tis Psoitis f
pso|ri|a|si|form psoriasiform
pso|ri|a|sis Psoriasis f
pso|ri|at|ic psoriatisch
psy|cha|go|gia Psychagogia f
psy|cha|gog|ic psychagogisch
psy|cha|go|gy Psychagogik f
psy|chal|gia Psychalgia f
psych|as|the|nia Psychasthenia f
psych|as|then|ic psychasthenisch
psy|che Psyche f
psy|chi|a|ter Psychiater m
psy|chi|at|ric psychiatrisch
psy|chi|at|rics Psychiatrie f
psy|chi|a|trist Psychiater m
psy|chi|a|try Psychiatrie f
psy|chic psychisch, Seelen...
psy|cho|anal|y|sis Psycho-

analysis f

psy|cho|an|a|lyst Psychoanalytiker m

psy|cho|an|a|lyt|ic psychoanalytisch

psy|cho|bio|log|ic psychobiologisch

psy|cho|bio|log|i|cal psychobiologisch

psy|cho|bio|log|i|cal|ly psychobiologisch

psy|cho|bi|ol|o|gist Psychobiologe m

psy|cho|bi|ol|o|gy Psychobiologie f

psy|cho|dra|ma Psychodrama n

psy|cho|dy|nam|ic psychodynamisch

psy|cho|dy|nam|ics Psychodynamik f

psy|cho|gen|e|sis Psychogenesis f

psy|cho|ge|net|ic psychogenetisch

psy|cho|ge|net|i|cal|ly psychogenetisch

psy|cho|gen|ic psychogen

psy|cho|gen|i|cal|ly psychogen

psy|chog|e|ny Psychogenie f

psy|cho|gram Psychogramm n

psy|cho|log|ic psychologisch

psy|cho|log|i|cal psychologisch

psy|cho|log|i|cal|ly psychologisch

psy|chol|o|gist Psychologe m

psy|chol|o|gy Psychologie f

psy|cho|mo|tor psychomotorisch

psy|cho|neu|ro|log|ic psychoneurologisch

psy|cho|neu|ro|log|i|cal psychoneurologisch

psy|cho|neu|ro|log|i|cal|ly psychoneurologisch

psy|cho|path Psychopath m

psy|cho|path|ia Psychopathia f

psy|cho|path|ic psychopathisch

psy|chop|a|thist Psychiater m

psy|cho|patho|log|i|cal psychopathologisch

psy|cho|patho|log|i|cal|ly psychopathologisch

psy|cho|pa|thol|o|gist Psychopathologe m

psy|cho|pa|thol|o|gy Psychopathologie f

psy|chop|a|thy Psychopathie f

psy|cho|phar|ma|col|o|gy Psychopharmacologie f

psy|cho|phys|i|cal psychophysisch

psy|cho|phys|ics Psychophysik f

psy|cho|phys|i|o|log|ic psychophysiologisch

psy|cho|phys|i|o|log|i|cal|ly psychophysiologisch

psy|cho|phys|i|ol|o|gy Psychophysiologie f

psy|cho|ple|gic psychoplegisch, Psychoplegicum n

psy|cho|sis Psychosis f

psy|cho|so|cial psychosocial

psy|cho|so|mat|ic psychosomatisch
psy|cho|sur|gery Psychochirurgie f
psy|cho|ther|a|peu|tics Psychotherapeutik f
psy|cho|ther|a|pist Psychotherapeut m
psy|cho|ther|a|py Psychotherapie f
psy|chot|ic psychotisch, Psychotiker m
psy|cho|mi|met|ic psychomimetisch, Psychomimeticum n
psy|cho|trop|ic psychotrop
psy|chral|gia Psychralgia f
psy|chro|al|gia Psychroalgia f
psy|chro|es|the|sia Psychroaesthesia f
psy|chro|phil|ic psychrophil
psy|chro|pho|bia Psychrophobia f
psy|chro|ther|a|py Psychrotherapie f
pte|ryg|i|um Pterygium n
pter|y|goid pterygoid
pter|y|go|man|dib|u|lar pterygomandibular
pter|y|go|max|il|lary pterygomaxillar
pter|y|go|pal|a|tine pterygopalatin
pter|y|go|pha|ryn|ge|al pterygopharyngeal
pti|lo|sis Ptilosis f
pto|maine Ptomain n
pto|sis Ptosis f
ptot|ic ptotisch
pty|al|a|gogue Ptyalagogum n
pty|a|lase Ptyalase f
pty|a|lin Ptyalin n
pty|a|lin|o|gen Ptyalinogen n
pty|a|lism Ptyalismus m
pty|a|lith Ptyalith m
pty|a|lo|lith Ptyalolith m
pty|a|lo|li|thi|a|sis Ptyalolithiasis f
pty|a|lor|rhea Ptyalorrhoea f
pub|ar|che Pubarche f
pu|ber|al puberal
pu|ber|tas Pubertas f
pu|ber|ty Pubertät f
pu|bes Pubes f
pu|bes|cence Pubescenz f
pu|bes|cent pubescent
pu|bi|ot|o|my Pubiotomie f
pu|den|da Pudenda n pl
pu|den|dum Pudendum n
pu|er|ile pueril
pu|er|il|ism Puerilismus m
pu|er|pera Puerpera f
pu|er|per|al puerperal
pu|er|pe|ri|um Puerperium n
pul|mo Pulmo m
pul|mo|car|di|ac pulmocardial
pul|mo|gas|tric pulmogastrisch
pul|mo|he|pat|ic pulmohepatisch
pul|mo|nary pulmonal, Lungen..., Pulmonal...
pul|mo|nec|to|my Pulmonectomie f
pul|mo|nes Pulmones m pl

pul|mon|ic pulmonal
pul|mo|ni|tis Pulmonitis f
pulp Mark n
pul|pa Pulpa f
pul|sate pulsieren
pul|sa|tile pulsierend
pul|sa|tion Pulsation f
pul|sa|tor Pulsator m
pulse Puls m, pulsieren
pulse|less pulslos
pul|sion Pulsion f
pul|sus Pulsus m
pul|ver|ize pulverisieren
pul|vi|nar Pulvinar n
pul|vis Pulvis m
punc|ta Puncta n pl
punc|tum Punctum n
pu|pil Pupille f
pu|pil|la Pupilla f
pu|pil|lary pupillar, Pupillen...
pu|pil|lo|con|stric|tor pupilloconstrictorisch, Pupilloconstrictor m
pu|pil|lo|di|la|tor pupillodilatorisch, Pupillodilator m
pu|pil|lom|e|ter Pupillometer m
pu|pil|lom|e|try Pupillometrie f
pu|pil|lo|sta|tom|e|ter Pupillostatometer n
pur|ga|tion Purgation f
pur|ga|tive purgativ, Purgativum n
purge purgieren, Purgans n
pu|ri|form puriform
pu|rine Purin n
pur|pu|ra Purpura f
pu|ru|lence Purulenz f
pu|ru|len|cy Purulenz f
pu|ru|lent purulent
pus Pus n
pus|tule Pustel f
pus|tu|li|form pustuliform
pus|tu|lo|sis Pustulosis f
pu|ta|men Putamen n
pu|tre|fac|tion Putrefaction f
pu|tre|fac|tive putrefactiv
pu|tre|fy putreficieren
pu|tres|cence Putrescenz f
pu|tres|cent putrescent
pu|trid putrid
py|ar|thro|sis Pyarthrosis f
py|el|ec|ta|sia Pyelectasia f
py|el|ec|ta|sis Pyelectasis f
py|e|lit|ic pyelitisch
py|e|li|tis Pyelitis f
py|e|lo|cys|ti|tis Pyelocystitis f
py|e|lo|gen|ic pyelogen
py|e|lo|gram Pyelogramm n
py|e|log|ra|phy Pyelographie f
py|e|lo|li|thot|o|my Pyelolithotomie f
py|e|lo|ne|phri|tis Pyelonephritis f
py|e|lo|pli|ca|tion Pyeloplication f
py|e|los|to|my Pyelostomie f
py|e|lot|o|my Pyelotomie f
py|emia Pyaemia f
py|emic pyämisch
pyg|ma|li|on|ism Pygmalio-

nismus m
py|gop|a|gus Pygopagus m
pyk|nic pyknisch
pyk|no|dys|os|to|sis Pykno-dysostosis f
pyk|no|lep|sy Pyknolepsie f
pyk|no|lep|tic pyknoleptisch
pyk|nom|e|ter Pyknometer n
pyk|no|sis Pyknosis f
pyk|not|ic pyknotisch
py|le|phle|bi|tis Pylephlebitis f
py|le|throm|bo|sis Pyle-thrombosis f
py|lo|rec|to|my Pylorectomie f
py|lo|ric pylorisch
py|lo|ro|duo|de|nal pyloro-duodenal
py|lo|ro|my|ot|o|my Pyloro-myotomie f
py|lo|ro|spasm Pylorospasmus m
py|lo|ro|ste|no|sis Pyloro-stenosis f
py|lo|rus Pylorus m
pyo|ar|thro|sis Pyoarthrosis f
pyo|cele Pyocele f
pyo|ceph|a|lus Pyocephalus m
pyo|col|po|cele Pyocolpocele f
pyo|der|ma Pyoderma n
pyo|gen Pyogen n
pyo|gen|e|sis Pyogenesis f
pyo|ge|net|ic pyogenetisch
pyo|gen|ic pyogen
py|og|e|nous pyogen
pyo|me|tra Pyometra f
pyo|ne|phro|sis Pyonephrosis f
pyo|ne|phrot|ic pyonephrotisch
pyo|peri|car|di|um Pyo-pericardium n
pyo|pneu|mo|peri|car|di|um Pyopneumopericardium n
pyo|pneu|mo|tho|rax Pyo-pneumothorax m
pyo|poi|e|sis Pyopoiesis f
pyo|poi|et|ic pyopoietisch
py|or|rhea Pyorrhoea f
pyo|sal|pinx Pyosalpinx f
pyo|sper|mia Pyospermia f
pyo|tho|rax Pyothorax m
pyr|a|mid Pyramide f **renal p.** Nierenpyramide f
py|ram|i|dal pyramidal, Pyramiden...
pyr|a|mis Pyramis f
py|ra|nose Pyranose f
py|ret|ic pyretisch
py|rex|ia Pyrexia f
py|ro|gen Pyrogen n
py|ro|gen|ic pyrogen
py|ro|ma|nia Pyromania f
py|ro|pho|bia Pyrophobia f
py|ro|phos|pha|tase Pyro-phosphatase f
py|ro|phos|phate Pyro-phosphat n
py|ro|phos|pho|ric Pyro-phosphor...
py|ro|sis Pyrosis f
py|rot|ic pyrotisch
py|ru|vate Pyruvat n
py|uria Pyuria f
quack Quacksalber m
quack|ery Quacksalberei f

quack|sal|ver Quacksalber m
quad|ran|gu|lar quadrangulär
quad|rant Quadrant m
quad|ri|ceps Quadriceps m
quad|ri|ple|gia Quadriplegia f
quar|an|tine Quarantäne f
quel|lung Quellung f
quick|sil|ver Quecksilber n
quo|tient Quotient m
ra|bies Rabies f, Tollwut f
race Rasse f
ra|ce|mic racemisch
ra|chi|an|es|the|sia Rachianaesthesia f
ra|chi|op|a|thy Rachiopathie f
ra|chio|tome Rachiotom n
ra|chi|ot|o|my Rachiotomie f
ra|chip|a|gus Rachipagus m
ra|chis|chi|sis Rachischisis f
ra|chit|ic rachitisch
ra|chi|tis Rachitis f
ra|cial Rassen...
rad rad n
ra|di|al radial
ra|di|a|lis Radialis m/f
ra|di|a|tio Radiatio f
ra|di|a|tion Radiation f, Strahlung f
rad|i|cal radical, Radical n
ra|dic|u|lar radiculär
ra|dic|u|lec|to|my Radiculectomie f
ra|dic|u|li|tis Radiculitis f
ra|dic|u|lo|my|e|lop|a|thy Radiculomyelopathie f
ra|dic|u|lo|neu|ri|tis Radiculoneuritis f
ra|dic|u|lo|neu|rop|a|thy Radiculoneuropathie f
ra|dic|u|lop|a|thy Radiculopathie f
ra|dio|ac|tive radioactiv
ra|dio|ac|tiv|i|ty Radioactivität f
ra|dio|bio|log|i|cal radiobiologisch, strahlenbiologisch
ra|dio|bi|ol|o|gy Radiobiologie f, Strahlenbiologie f
ra|dio|der|ma|ti|tis Radiodermatitis f
ra|dio|gen|ic radiogen
ra|dio|gram Radiogramm n
ra|dio|graph radiographieren, Radiogramm n
ra|dio|graph|ic radiographisch
ra|dio|graph|i|cal|ly radiographisch
ra|di|og|ra|phy Radiographie f
ra|dio|im|mu|no|as|say Radioimmunassay m
ra|dio|im|mu|no|elec|tro|pho|re|sis Radioimmunoelectrophoresis f
ra|dio|io|dine Radio-Iod n
ra|dio|iron Radio-Eisen n, radioactives Eisen
ra|dio|iso|tope Radioisotop n
ra|dio|log|ic radiologisch
ra|dio|log|i|cal|ly radiologisch
ra|di|ol|o|gist Radiologe m
ra|di|ol|o|gy Radiologie f
ra|di|ol|y|sis Radiolysis f

ra|dio|mi|met|ic radiomimetisch
ra|dio|ni|tro|gen Radionitrogen n, radioactiver Stickstoff
ra|dio|nu|clide Radionuclid n
ra|dio|opac|i|ty Radioopacität f
ra|dio|opaque radioopak
ra|di|opac|i|ty Radiopacität f
ra|di|opaque radiopak
ra|dio|phar|ma|ceu|ti|cal Radiopharmacon n
ra|di|os|co|py Radioscopie f
ra|dio|ther|a|peu|tic radiotherapeutisch
ra|dio|ther|a|peu|tics Radiotherapeutik f
ra|dio|ther|a|pist Radiotherapeut m
ra|dio|ther|a|py Radiotherapie f
ra|di|um Radium n
ra|di|us Radius m
ra|dix Radix f
ra|don Radon n
ra|mi Rami m pl
ra|mu|lus Ramulus m
ra|mus Ramus m
ran|u|la Ranula f
rape Notzucht f, Vergewaltigung f
ra|phe Raphe f
rap|tus Raptus m
rar|e|fac|tion Rarefaction f
rar|e|fy rareficieren
rar|e|fy|ing rareficierend
ras|pa|to|ry Raspatorium n
rat Ratte f
rate Rate f, Geschwindigkeit f
ra|tio Verhältnis n, Proportion f
rat|tle|snake Klapperschlange f
ray Strahl m
re|ac|tant Reactant m
re|ac|tion Reaction f
re|ac|ti|vate reactivieren
re|ac|ti|va|tion Reactivierung f
re|ac|tive reactiv
re|ac|tiv|i|ty Reactivität f
re|agent Reagens n
re|agin Reagin n
re|am|i|na|tion Reamination f
re|am|pu|ta|tion Reamputation f
re|an|i|mate reanimieren, wiederbeleben
re|an|i|ma|tion Reanimation f, Wiederbelebung f
re|cal|ci|fi|ca|tion Recalcification f
re|cal|ci|fy recalcificieren
re|cep|tive receptiv, empfänglich
re|cep|tor Receptor m
re|ces|sus Recessus m
re|cid|i|va|tion Recidiv n
re|cid|i|vism Recidiv n
rec|i|div|i|ty Recidivität f
rec|i|pe Recept n
re|cip|i|ent Empfänger m, Recipient m
re|cip|ro|cal reciprok
rec|i|proc|i|ty Reciprocität f
re|con|struc|tion Reconstruction f

re|con|struc|tive reconstructiv
re|cov|ery Erholung f
re|cru|des|cence Recrudescenz f
re|cru|des|cent recrudescent
rec|tal rectal
rec|to|cele Rectocele f
rec|to|pexy Rectopexie f
rec|to|scope Rectoscop n
rec|tos|co|py Rectoscopie f
rec|to|va|gi|nal rectovaginal
rec|tum Rectum n
rec|tus Rectus m, rectus
re|cu|per|ate sich erholen
re|cu|per|a|tion Erholung f, Genesung f
re|cur|rence Recurrenz f
re|cur|rent recurrent
re|dox Redox...
re|duce reducieren
re|duced reduciert
re|duc|ible reducibel
re|duc|tant Reductans n
re|duc|tase Reductase f
re|duc|tion Reduction f
re|ex|pand reexpandieren
re|flex Reflex m
re|flex|io Reflexio f
re|flux Reflux m
re|fract brechen
re|fract|ed gebrochen
re|frac|tion Brechung f, Refraction f
re|frac|tom|e|ter Refractometer n
re|frac|to|ry refractär, Refractär...
re|frac|ture Refracturierung f
re|frig|er|ant Refrigerans n, kühlend
re|frig|er|a|tion Refrigeration f
re|gen|er|a|ble regenerierbar, regenerabel
re|gen|er|ate regenerieren
re|gen|er|a|tion Regeneration f
re|gen|er|a|tive regenerativ
re|gio Regio f
re|gion Region f
re|gion|al regional, topographisch
re|gio|nes Regiones f pl
re|gres|sion Regression f
re|gres|sive regressiv
reg|u|la|tion Regulation f
reg|u|la|tor Regulator m
re|gur|gi|ta|tion Regurgitation f
re|ha|bil|i|tate rehabilitieren
re|ha|bil|i|ta|tion Rehabilitation f
re|im|plan|ta|tion Reimplantation f
re|in|fec|tion Reinfection f
re|in|force verstärken
re|in|force|ment Verstärkung f
re|in|fu|sion Reinfusion f
re|in|ner|va|tion Reinnervation f
re|in|te|gra|tion Reintegration f
re|in|ver|sion Reinversion f
re|lapse Relaps m, Rückfall m
re|lax entspannen, relaxieren

re|lax|ant relaxierend, Relaxans n
re|lax|a|tion Relaxation f
re|lax|in Relaxin n
rem|e|dy Remedium n
re|min|er|al|iza|tion Remineralisation f
re|mis|sion Remission f
re|mit|tent remittierend
ren Ren m
re|nal renal, Nieren...
re|nes Renes m pl
reni|form reniform, nierenförmig
re|nin Renin n
reni|punc|ture Renipunctur f
ren|nin Rennin n
ren|nin|o|gen Renninogen n
re|no|gram Renogramm n
re|no|re|nal renorenal
re|no|vas|cu|lar renovasculär
re|or|ga|ni|za|tion Reorganisation f
reo|vi|rus REO-Virus n
re|plan|ta|tion Replantation f
rep|li|cate replicieren
rep|li|ca|tion Replication f
re|po|lar|iza|tion Repolarisation f
re|po|si|tion Reposition f
re|pres|sion Repression f, Verdrängung f
re|pres|sor Repressor m
re|pro|duc|tion Reproduction f
re|sect resecieren
re|sec|tion Resection f
re|sec|to|scope Resectoscop n
re|sis|tance Resistenz f
re|sis|tant resistent
res|o|nance Resonanz f
res|o|nant resonant
re|sorb resorbieren
re|sorp|tion Resorption f
re|spi|ra|ble atembar, respirabel
re|spi|ra|bil|i|ty Atembarkeit f, Respirabilität f
res|pi|ra|tion Respiration f
res|pi|ra|tor Respirator m
re|spi|ra|to|ry respiratorisch
re|spire respirieren
re|sponse Antwort f **immune r.** Immunantwort f
res|ti|form restiform, strangförmig
rest|ing ruhend, Ruhe...
res|ti|tu|tion Restitution f
re|stric|tion Restriction f
re|sus|ci|tate resuscitieren, wiederbeleben
re|sus|ci|ta|tion Resuscitation f, Wiederbelebung f
re|tar|da|tion Retardation f
re|te Rete n
re|ten|tion Retention f
re|tic|u|lar reticulär
re|tic|u|lin Reticulin n
re|tic|u|lo|cyte Reticulocyt m
re|tic|u|lo|cyt|ic reticulocytär
re|tic|u|lo|cy|to|pe|nia Reticulocytopenia f
re|tic|u|lo|cy|to|sis Reticulo-

cytosis f

re|tic|u|lo|en|do|the|li|al reticuloendothelial

re|tic|u|lo|en|do|the|li|um Reticuloendothelium n

re|tic|u|lo|pe|nia Reticulopenia f

re|tic|u|lo|sar|co|ma Reticulosarcoma n

re|tic|u|lum Reticulum n

reti|form retiform, netzförmig

ret|i|na Retina f

ret|i|nac|u|lum Retinaculum n

ret|i|nal retinal, Retinal n

ret|i|ni|tis Retinitis f

ret|i|no|blas|to|ma Retinoblastoma n

ret|i|no|cho|roid|i|tis Retinochoroiditis f

ret|i|nol Retinol n

ret|i|no|pap|il|li|tis Retinopapillitis f

ret|i|nop|a|thy Retinopathie f

ret|i|nos|chi|sis Retinoschisis f

ret|i|no|scope Retinoscop n

ret|i|nos|co|py Retinoscopie f

re|tort Retorte f

re|to|the|li|o|ma Retothelioma n

re|to|the|li|al retothelial

re|to|the|li|um Retothelium n

re|tract retrahieren

re|trac|tile retractil

re|trac|til|i|ty Retractilität f

re|trac|tion Retraction f

ret|ro|bul|bar retrobulbär

ret|ro|car|di|ac retrocardial

ret|ro|ca|val retrocaval

ret|ro|ce|cal retrocäcal

ret|ro|co|lic retrocolisch

ret|ro|de|vi|a|tion Retrodeviation f

ret|ro|duo|de|nal retroduodenal

ret|ro|esoph|a|ge|al retroösophageal

ret|ro|flex retroflectieren

ret|tro|flexed retroflectiert

ret|ro|flex|ion Retroflexion f

ret|ro|gnath|ism Retrognathismus m

ret|ro|grade retrograd

ret|ro|len|tal retrolental

ret|ro|mam|ma|ry retromammär

ret|ro|man|dib|u|lar retromandibulär

ret|ro|max|il|lary retromaxillär

ret|ro|na|sal retronasal

ret|ro|oc|u|lar retrooculär

ret|ro|oe|soph|a|ge|al retroösophageal

ret|ro|pa|rot|id retroparotideal

ret|ro|peri|to|ne|al retroperitoneal

ret|ro|pha|ryn|ge|al retropharyngeal

ret|ro|pla|cen|tal retroplacentar

ret|ro|po|si|tion Retroposition f

ret|ro|pu|bic retropubisch

ret|ro|pul|sion Retropulsion f

ret|ro|stal|sis Retrostalsis f

ret|ro|ton|sil|lar retrotonsillär

ret|ro|ver|sio|flex|ion Retro-

versioflexion f
ret|ro|ver|sion Retroversion f
ret|ro|vert retrovertieren
ret|ro|vert|ed retrovertiert
ret|ro|ves|i|cal retrovesical
re|trude retrudieren
re|tru|sion Retrusion f
re|vac|ci|nate revaccinieren
re|vac|ci|nat|ed revacciniert
re|vac|ci|na|tion Revaccination f
re|vas|cu|lar|iza|tion Vascularisation f
re|vi|tal|iza|tion Revitalisierung f
re|vi|tal|ize revitalisieren
rhab|do|cyte Rhabdocyt m
rhab|do|my|ol|y|sis Rhabdomyolysis f
rhab|do|my|o|ma Rhabdomyoma n
rhab|do|myo|sar|co|ma Rhabdomyosarcoma n
rham|nose Rhamnose f
rham|no|side Rhamnosid n
rheo|base Rheobase f
rheo|car|di|og|ra|phy Rheocardiographie f
rheo|en|ceph|a|log|ra|phy Rheoencephalographie f
rheo|log|ic rheologisch
rheo|log|i|cal|ly rheologisch
rhe|ol|o|gy Rheologie f
rhe|om|e|ter Rheometer n
rheo|tax|is Rheotaxis f
rhe|ot|ro|pism Rheotropismus m
rhe|sus Rhesus...
rheu|mat|ic rheumatisch, Rheumatiker m
rheu|ma|tism Rheumatismus m
rheu|ma|toid rheumatoid
rheu|ma|to|log|ic rheumatologisch
rheu|ma|to|log|i|cal|ly rheumatologisch
rheu|ma|tol|o|gist Rheumatologe m
rheu|ma|tol|o|gy Rheumatologie f
rhex|is Rhexis f
rhi|nal rhinal, Rhinal..., Nasen...
rhi|nal|gia Rhinalgia f
rhi|nen|ce|phal|ic rhinencephal
rhi|nen|ceph|a|lon Rhinencephalon n
rhi|nen|chy|sis Rhinenchysis f
rhi|ni|a|try Rhiniatrie f, Nasenheilkunde f
rhi|ni|tis Rhinitis f
rhi|no|an|tri|tis Rhinoantritis f
rhi|no|ce|pha|lia Rhinocephalia f
rhi|no|ceph|a|lus Rhinocephalus m
rhi|no|ceph|a|ly Rhinocephalie f
rhi|no|clei|sis Rhinocleisis f
rhi|no|dym|ia Rhinodymia f
rhi|nod|y|mus Rhinodymus m
rhi|no|dyn|ia Rhinodynia f
rhi|nog|e|nous rhinogen

rhi|no|la|lia Rhinolalia f
rhi|no|lite Rhinolith m
rhi|no|lith Rhinolith m
rhi|no|li|thi|a|sis Rhinolithiasis f
rhi|no|log|ic rhinologisch
rhi|no|log|i|cal|ly rhinologisch
rhi|nol|o|gist Rhinologe m
rhi|nol|o|gy Rhinologie f
rhi|no|ma|nom|e|ter Rhinomanometer n
rhi|no|ma|nom|e|try Rhinomanometrie f
rhi|no|my|co|sis Rhinomycosis f
rhi|nop|a|thy Rhinopathie f
rhi|no|pha|ryn|ge|al rhinopharyngeal
rhi|no|phar|yn|gi|tis Rhinopharyngitis f
rhi|no|phar|ynx Rhinopharynx m
rhi|no|pho|nia Rhinophonia f
rhi|no|phy|ma Rhinophyma n
rhi|no|plas|tic rhinoplastisch
rhi|no|plas|ty Rhinoplastik f
rhi|nor|rha|gia Rhinorrhagia f
rhi|nor|rhea Rhinorrhoea f
rhi|nos|chi|sis Rhinoschisis f
rhi|no|scle|ro|ma Rhinoscleroma n
rhi|no|scope Rhinoscop n
rhi|no|scop|ic rhinoscopisch
rhi|no|scop|i|cal|ly rhinoscopisch
rhi|nos|co|py Rhinoscopie f
rhi|no|spo|rid|i|o|sis Rhinosporidiosis f
rhi|no|spo|rid|i|um Rhinosporidium n
rhi|no|vi|rus Rhinovirus n
rhi|zome Rhizom n
rhi|zo|mel|ic rhizomelisch
rhi|zo|pod Rhizopode m
rhi|zot|o|my Rhizotomie f
rho|dop|sin Rhodopsin n
rhom|ben|ceph|a|lon Rhombencephalon n
rhom|boi|de|us Rhomboideus m
rhon|chi Rhonchi m pl
rhon|chus Rhonchus m
rho|pheo|cy|to|sis Rhopheocytosis f
rho|ta|cism Rhotacismus m
Rh-pos|i|tive Rh-positiv
rhythm Rhythmus m
rhyth|mic rhythmisch
rhyth|mic|i|ty Rhythmicität f
rhyt|i|dec|to|my Rhytidectomie f
rhyt|i|do|plas|ty Rhytidoplastik f
rhyt|i|do|sis Rhytidosis f
rib Rippe f
ri|bo|des|ose Ribodesose f
ri|bo|fla|vin Riboflavin n
ri|bo|nu|cle|ase Ribonuclease f
ri|bo|nu|cle|ic Ribonuclein...
ri|bo|nu|cleo|pro|tein Ribonucleoprotein n
ri|bose Ribose f
ri|bo|side Ribosid n
ri|bo|so|mal ribosomal
ri|bo|some Ribosom n
rick|ets Rachitis f

rick|ett|si|o|sis Rickettsiosis f
rick|ety rachitisch
right-eyed rechtsäugig
right-foot|ed rechtsfüßig
right-hand|ed rechtshändig
right-hand|ed|ness Rechtshändigkeit f
right|ing Aufrichtung f, Aufricht...
rig|id rigide
ri|gid|i|ty Rigidität f
rig|or Rigor m
ri|ma Rima f
rin|der|pest Rinderpest f
ring Ring m
ri|no|lite Rhinolith m
ri|so|ri|us Risorius m
ri|sus Risus m
ri|vus Rivus m
RNA RNA f
RNase RNase f
rob|o|rant Roborans n, roborierend
rod Stäbchen n
ro|den|ti|cide Rodenticid n
roent|gen Röntgen n, Röntgen...
roent|gen|o|der|ma Röntgenoderma n
roent|gen|o|gram Röntgenogramm n
roent|gen|o|graph röntgenographieren
roent|gen|o|graph|ic röntgenographisch
roent|gen|o|graph|i|cal|ly röntgenographisch
roent|gen|og|ra|phy Röntgenographie f
roent|gen|o|ky|mo|gram Röntgenokymogramm n
roent|gen|o|ky|mog|ra|phy Röntgenokymographie f
roent|gen|o|log|ic röntgenologisch
roent|gen|o|log|i|cal|ly röntgenologisch
roent|gen|ol|o|gist Röntgenologe m
roent|gen|ol|o|gy Röntgenologie f
roent|gen|o|scope Röntgenoscop n
roent|gen|os|co|py Röntgenoscopie f
roent|gen|o|ther|a|py Röntgenotherapie f
roof Dach n, Deck...
root Wurzel f
ro|se|o|la Roseola f
ro|se|o|lous roseolös
ros|tral rostral
ros|tral|most rostralst, am weitesten rostral gelegen
ros|trum Rostrum n
rot Fäulnis f, faulen
ro|tam|e|ter Rotameter n
ro|tate rotieren
ro|ta|tion Rotation f
ro|ta|tor Rotator m
ro|ta|to|res Rotatores m pl
ro|ta|to|ry rotatorisch
rö|teln Röteln pl

rou|leau Rouleau n
ru|be|do Rubedo f
ru|be|fa|cient Rubefaciens n, rubefacient
ru|be|fac|tion Rubefaction f
ru|bel|la Rubella f
ru|bel|li|form rubelliform
ru|be|o|la Rubeola f, Masern pl
ru|be|o|sis Rubeosis f
ru|ber ruber
ru|bid|i|um Rubidium n
ru|big|i|nous rubiginös
ru|bor Rubor m
ru|bro|spi|nal rubrospinal
ru|brum Rubrum n
ruc|ta|tion Ructation f
ruc|tus Ructus m
ru|di|ment Rudiment n
ru|di|men|ta|ry rudimentär
ru|di|men|tum Rudimentum n
ru|ga Ruga f
ru|gi|tus Rugitus m
ru|gose rugös
ru|gos|i|ty Rugosität f
ru|gous rugös
ru|mi|na|tion Rumination f
ru|pia Rupia f
rup|tio Ruptio f
rup|ture Ruptur f, rupturieren
rup|tured rupturiert, gerissen
rus|ty rostfarben
ru|the|ni|um Ruthenium n
ruth|er|ford Rutherford n
sac|cha|rase Saccharase f
sac|cha|rate Saccharat n
sac|cha|ride Saccharid n
sac|cha|rim|e|ter Sacchari-meter n
sac|cha|rim|e|try Sacchari-metrie f
sac|cha|rin Saccharin n
sac|cha|rom|e|ter Saccharo-meter n
sac|cha|ro|my|ce|tic saccharo-mycetisch
sac|cha|ro|my|co|sis Saccharo-mycosis f
sac|cha|rose Saccharose f
sac|cha|ro|su|ria Saccharos-uria f
sac|cha|rum Saccharum n
sac|ci|form sackförmig
sac|cu|lar sacculär
sac|cu|lat|ed sacculiert
sac|cu|la|tion Sacculation f
sac|cule Sacculus m
sac|cu|li Sacculi m pl
sac|cu|lus Sacculus m
sac|cus Saccus m
sa|cra Sacra n pl
sa|cral sacral
sa|cral|gia Sacralgia f
sa|cral|iza|tion Sacralisation f
sa|cral|ize sacralisieren
sa|crec|to|my Sacrectomie f
sa|cro|coc|cyg|e|al sacro-coccygeal
sa|cro|coc|cyg|e|us Sacro-coccygeus m
sa|cro|cox|al|gia Sacro-coxalgia f

sa|cro|cox|i|tis Sacrocoxitis f
sa|cro|dyn|ia Sacrodynia f
sa|cro|il|i|ac sacroiliacal
sa|crum Sacrum n
sac|to|sal|pinx Sactosalpinx f
sa|dism Sadismus m
sa|dist Sadist m
sa|dis|tic sadistisch
sa|do|mas|o|chism Sadomasochismus m
sag|it|tal sagittal
sal Sal n
sal|i|cyl Salicyl n
sal|i|cyl|ate Salicylat n
sal|i|cyl|ic Salicyl...
sal|i|cyl|ism Salicylismus m
sa|li|va Saliva f
sal|i|vant salivant, Salivans n
sal|i|vary Speichel...
sal|i|va|tion Salivation f
sal|i|va|tor Salivator m
sal|i|va|to|ry salivatorisch
sal|i|vo|li|thi|a|sis Salivolithiasis f
sa|li|vous Speichel...
sal|mo|nel|la Salmonella f
sal|mo|nel|lo|sis Salmonellosis f
sal|pin|gec|to|my Salpingectomie f
sal|pin|gem|phrax|is Salpingemphraxis f
sal|pin|git|ic salpingitisch
sal|pin|gi|tis Salpingitis f
sal|pin|go|cy|e|sis Salpingocyesis f
sal|pin|go|gram Salpingogramm n
sal|pin|go|graph|ic salpingographisch
sal|pin|go|graph|i|cal|ly salpingographisch
sal|pin|gog|ra|phy Salpingographie f
sal|pin|gol|y|sis Salpingolysis f
sal|pin|go-oo|pho|rec|to|my Salpingo-Oophorectomie f
sal|pin|go-oo|pho|ri|tis Salpingo-Oophoritis f
sal|pin|go-oo|the|cec|to|my Salpingo-Oothecectomie f
sal|pin|go-oo|the|ci|tis Salpingo-Oothecitis f
sal|pin|go-ovari|ec|to|my Salpingo-Ovariectomie f
sal|pin|go-ovari|ot|o|my Salpingo-Ovariotomie f
sal|pin|go-ova|ri|tis Salpingo-ovaritis f
sal|pin|go|pexy Salpingopexie f
sal|pin|go|pha|ryn|ge|al salpingopharyngeal
sal|pin|go|pha|ryn|ge|us Salpingopharyngeus m
sal|pin|go|plas|ty Salpingoplastik f
sal|pin|gor|rha|phy Salpingorrhaphie f
sal|pin|go|sal|pin|gos|to|my Salpingosalpingostomie f
sal|pin|go|scope Salpingoscop n
sal|pin|go|sten|o|cho|ria

Salpingostenochoria f
sal|pin|go|sto|mat|o|my Salpingostomatomie f
sal|pin|gos|to|my Salpingostomie f
sal|pin|got|o|my Salpingotomie f
sal|pinx Salpinx f
salt Salz n
sal|ta|tion Saltation f
sal|ta|tor|ic saltatorisch
sal|ta|to|ry saltatorisch
salt-free salzlos, ungesalzen
salt|pe|ter Salpeter n
sa|lu|bri|ty Salubrität f
sal|ure|sis Saluresis f
sal|uret|ic saluretisch
salve Salbe f
sa|ma|ri|um Samarium n
sam|ple Probe f
san|a|to|ri|um Sanatorium n
sane geistig gesund
san|guic|o|lous sanguicol
san|guif|er|ous sanguifer
san|guin|o|lent sanguinolent
san|guis Sanguis m
san|i|ty geistige Gesundheit
san|to|nin Santonin n
san|to|nism Santonismus m
sa|phe|na Saphena f
sa|phe|nous saphenus, saphena, saphenum
sa|po Sapo m
sap|o|gen|in Sapogenin n
sa|pon|i|fi|ca|tion Saponification f, Verseifung f
sa|pon|i|fy saponificieren, verseifen
sap|o|nin Saponin n
sap|o|tox|in Sapotoxin n
sap|phism Sapphismus m
sa|prae|mia Sapraemia f
sa|prae|mic saprämisch
sa|pre|mia Sapraemia f
sa|pre|mic saprämisch
sap|ro|gen Saprogen n
sap|ro|gen|ic saprogen
sa|prog|e|nous saprogen
sa|proph|a|gous saprophag
sap|ro|phyte Saprophyt m
sap|ro|phyt|ic saprophytisch
sap|ro|zo|ic saprozoisch
sar|co|ad|e|no|ma Sarcoadenoma n
sar|co|bi|ont Sarcobiont m
sar|co|blast Sarcoblast m
sar|co|cele Sarcocele f
sar|co|hy|dro|cele Sarcohydrocele f
sar|coid sarcoid, Sarcoid n
sar|coid|o|sis Sarcoidosis f
sar|co|lem|ma Sarcolemma n
sar|co|lem|mal sarcolemmal, Sarcolemma...
sar|co|ma Sarcoma n
sar|co|ma|toid sarcomatös
sar|co|ma|to|sis Sarcomatosis f
sar|co|ma|tous sarcomatös
sar|co|mere Sarcomer n
sar|co|plasm Sarcoplasma n
sar|co|plas|mic sarcoplasmatisch
sar|co|poi|et|ic sarcopoietisch

sar|co|sine Sarcosin n
sar|co|spo|rid|i|o|sis Sarcosporidiosis f
sar|co|style Sarcostyle f
sar|don|ic sardonisch
sar|to|rii Sartorii m pl
sar|to|ri|us Sartorius m
sat|el|lite Satellit, Satelliten...
sa|ti|e|ty Sättigung f
sat|u|rate saturieren, sättigen
sat|u|rat|ed saturiert, gesättigt
sat|u|ra|tion Saturierung f, Sättigung f
sat|ur|nine saturnin
sat|ur|nism Saturnismus m
sat|y|ri|a|sis Satyriasis f
sat|y|ro|ma|nia Satyromania f
sau|na Sauna f
sau|ri|a|sis Sauriasis f
sau|sa|rism Sausarismus m
sca|bi|cide Scabicid n
sca|bies Scabies f
sca|bi|et|ic scabiös
sca|bio|pho|bia Scabiophobia f
sca|bi|ous scabiös
sca|bri|ti|es Scabrities f
sca|la Scala f
scald Verbrühung f
scale Schuppe f, Scala f
sca|le|nec|to|my Scalenectomie f
sca|le|not|o|my Scalenotomie f
sca|le|nus Scalenus m
scalp Scalp m
scal|pel Scalpell n
sca|pha Scapha f
scaph|o|ce|phal|ic scaphocephal
scaph|o|ceph|a|lous scaphocephal
scaph|o|ceph|a|lus Scaphocephalus m
scaph|o|ceph|a|ly Scaphocephalie f
scaph|oid scaphoid, Scaphoid n
scap|u|la Scapula f
scap|u|lal|gia Scapulalgia f
scap|u|lar scapulär
scap|u|lec|to|my Scapulectomie f
scap|u|lo|cla|vic|u|la|ris Scapuloclavicularis m
scap|u|lo|cos|tal scapulocostal
scap|u|lo|hu|mer|al scapulohumeral
scap|u|lo|peri|os|te|al scapuloperiosteal
scap|u|lo|pexy Scapulopexie f
scar Narbe f, Narben...
scar|a|bi|a|sis Scarabiasis f
scar|i|fi|ca|tion Scarification f
scar|i|fi|ca|tor Scarificator m
scar|i|fy scarificieren
scar|la|ti|na Scarlatina f
scar|la|ti|nous scarlatinös
scar|la|ti|ni|form scarlatiniform
scar|la|ti|noid scarlatinoid
scar|let Scharlach...
scat|a|cra|tia Scatacratia f
sca|te|mia Scataemia f
scat|ol Scatol n
scat|o|lo|gia Scatologia f

scat|o|log|ic scatologisch
scat|o|log|i|cal scatologisch
scat|o|log|i|cal|ly scatologisch
sca|tol|o|gy Scatologie f
sca|toph|a|gous scatophag
sca|toph|a|gy Scatophagie f
scat|o|pho|bia Scatophobia f
sca|tos|co|py Scatoscopie f
scat|ter Streuung f, streuen
scav|en|ger Macrophage m
scent Geruch m, Duft m
sche|ma Schema n
sche|ma|ta Schemata n pl
sche|mat|ic schematisch
schis|to|ce|phal|ic schistocephal
schis|to|ceph|a|lus Schistocephalus m
schis|to|cor|mus Schistocormus m
schis|to|cys|tis Schistocystis f
schis|to|cyte Schistocyt m
schis|to|cy|to|sis Schistocytosis f
schis|to|glos|sia Schistoglossia f
schis|tom|e|lus Schistomelus m
schis|to|pro|so|pia Schistoprosopia f
schis|to|pros|o|pous schistoprosop
schis|to|pros|o|pus Schistoprosopus m
schis|to|pros|o|py Schistoprosopie f
schis|tor|rha|chis Schistorrhachis f
schis|to|sis Schistosis f
schis|to|so|ma Schistosoma n
schis|to|so|mal schistosomal
schis|to|some Schistosoma n
schis|to|so|mi|a|sis Schistosomiasis f
schis|to|ster|nia Schistosternia f
schis|to|tho|rax Schistothorax m
schiz|o|ble|phar|ia Schizoblepharia f
schiz|o|cyte Schizocyt m
schiz|o|cy|to|sis Schizocytosis f
schiz|o|gnath|ism Schizognathismus m
schiz|o|gnath|ous schizognath
schiz|o|gon|ic schizogon
schi|zog|o|ny Schizogonie f
schiz|oid schizoid, Schizoider m
schiz|o|ma|nia Schizomania f
schiz|ont Schizont m
schi|zon|ti|cide Schizonticid n
schiz|o|nych|ia Schizonychia f
schiz|o|pha|sia Schizophasia f
schiz|o|phre|nia Schizophrenia f
schiz|o|phren|ic schizophren, Schizophrener m
schiz|o|tho|rax Schizothorax m
schiz|o|thy|mia Schizothymia f
schiz|o|thy|mic schizothym
schwan|no|gli|o|ma Schwannoglioma n
schwan|no|ma Schwannoma n

schwan|no|ma|ta Schwannomata n pl
sci|ence Wissenschaft f
sci|en|tif|ic wissenschaftlich
sci|en|tist Wissenschafter m
scil|la Scilla f
scil|lism Scillismus m
scin|ti|gram Scintigramm n
scin|ti|graph|ic scintigraphisch
scin|ti|graph|i|cal|ly scintigraphisch
scin|tig|ra|phy Scintigraphie f
scin|til|late scintillieren
scin|til|lat|ing scintillierend
scin|til|la|tion Scintillation f
scin|ti|met|ric scintimetrisch
scin|ti|met|ri|cal|ly scintimetrisch
scin|tim|e|try Scintimetrie f
scin|ti|pho|to|graph|ic scintiphotographisch
scin|ti|pho|to|graph|i|cal|ly scintiphotographisch
scin|ti|pho|tog|ra|phy Scintiphotographie f
scin|ti|scan Scintiscan m
scin|ti|scan|ner Scintiscanner m
scir|rhoid scirrhoid
scir|rhous scirrhös
scir|rhus Scirrhus m
scis|sors Schere f
scle|ra Sclera f
scle|ral scleral, Sclera...
scle|rec|ta|sia Sclerectasia f
scle|rec|to|my Sclerectomie f
scle|re|de|ma Scleroedema n
scle|re|ma Sclerema n
scle|re|mia Scleremia f
scle|ren|ce|pha|lia Sclerencephalia f
scle|ren|ce|phal|ic sclerencephal
scle|ren|ceph|a|ly Sclerencephalie f
scle|rit|ic scleritisch
scle|ri|tis Scleritis f
scle|ro|cor|ne|al sclerocorneal
scle|ro|dac|tyl|ia Sclerodactylia f
scle|ro|dac|ty|ly Sclerodactylie f
scle|ro|der|ma Scleroderma n
scle|ro|der|ma|ti|tis Sclerodermatitis f
scle|ro|der|mi|tis Sclerodermitis f
scle|ro|ker|a|ti|tis Sclerokeratitis f
scle|ro|ma|la|cia Scleromalacia f
scle|ro|mere Scleromer n
scle|ro|nych|ia Scleronychia f
scle|ro|nyx|is Scleronyxis f
scle|ro|plas|ty Scleroplastik f
scle|ro|pro|tein Scleroprotein n
scle|ro|sis Sclerosis f
scle|ro|ste|no|sis Sclerostenosis f
scle|ros|to|my Sclerostomie f
scle|ro|ther|a|py Sclerotherapie f
scle|rot|ic sclerotisch,

Sclerotica f
scle|rot|i|ca Sclerotica f
scle|rot|i|cec|to|my Sclerotic-ectomie f
scle|rot|i|co|nyx|is Sclerotic-onyxis f
scle|rot|i|co|punc|ture Scleroticopunctur f
scle|rot|i|cot|o|my Sclerotico-tomie f
scle|ro|tome Sclerotom n
scle|rot|o|my Sclerotomie f
scle|rous sclerös
sco|lex Scolex m
sco|li|o|lor|do|sis Scolio-lordosis f
sco|li|o|si|om|e|try Scoliosio-metrie f
sco|li|o|sis Scoliosis f
sco|li|o|som|e|ter Scolioso-meter n
sco|li|o|som|e|try Scolioso-metrie f
sco|li|ot|ic scoliotisch
sco|po|phil|ia Scopophilia f
sco|po|phil|i|ac Scopophiler m
sco|po|phil|ic scopophil
sco|po|pho|bia Scopophobia f
scop|to|phil|ia Scoptophilia f
scor|bu|tic scorbutisch
scor|bu|tus Scorbutus m
scor|pi|on Scorpion m
sco|to|ma Scotoma n
sco|to|ma|ta Scotomata n pl
sco|tom|e|ter Scotometer n
sco|to|met|ric scotometrisch
sco|to|met|ri|cal|ly scoto-metrisch
sco|tom|e|try Scotometrie f
sco|to|phil|ia Scotophilia f
sco|to|pho|bia Scotophobia f
sco|to|pho|bin Scotophobin n
sco|to|pia Scotopia f
sco|to|pic scotopisch
sco|top|sin Scotopsin n
scratch kratzen, Kratz...
screen Schirm m
scro|bic|u|lus Scrobiculus m
scrof|u|lo|der|ma Scrofulo-derma n
scrof|u|lous scrofulös
scro|tal scrotal, Scrotal...
scro|tec|to|my Scrotectomie f
scro|to|plas|ty Scrotoplastik f
scro|tum Scrotum n
scur|vy Scorbut m
sea|sick seekrank
sea|sick|ness Seekrankheit f
se|ba|ceous talgig, Talg...
seb|o|lith Sebolith m
seb|or|rha|gia Seborrhagia f
seb|or|rhea Seborrhoea f
seb|or|rhe|al seborrhoisch
seb|or|rhe|ic seborrhoisch
se|bum Sebum n
se|cern|ment Secernierung f
se|clu|sion Seclusion f
sec|ond Secunde f
sec|ond|ary secundär
se|cre|ta Secreta n pl
se|cre|ta|gogue Secretagogum n
se|crete secretieren, secernieren

se|cret|ed secretiert, secerniert
se|cret|ing secretierend, secernierend
se|cre|tin Secretin n
se|cre|tin|ase Secretinase f
se|cre|tion Secretion f
se|cre|to|gogue Secretogogum n
se|cre|tor Secretor m
se|cre|to|ry secretorisch
sec|tio Sectio f
sec|tion Section f
sec|ti|o|nes Sectiones f pl
se|cun|di|grav|i|da Secundigravida f
sec|un|dip|a|ra Secundipara f
se|date sedieren
se|dat|ed sediert
se|dat|ing sedierend
sed|a|tive sedativ, Sedativum n
sed|i|ment Sediment n
sed|i|men|ta|ry sedimentär
sed|i|men|ta|tion Sedimentation f
seg|ment Segment n **renal s.** Nierensegment n
seg|men|ta Segmenta n pl
seg|men|tal segmental
seg|men|tary segmentär
seg|men|ta|tion Segmentation f
seg|men|tec|to|my Segmentectomie f
seg|ment|ed segmentiert
seg|ment|ing segmentierend
seg|men|tum Segmentum n
seg|re|gate segregieren
seg|re|ga|tion Segregation f
seg|re|ga|tor Segregator m
seis|mo|ther|a|py Seismotherapie f
sei|zure Anfall m
se|lect selegieren
se|lec|tion Selection f
se|lec|tive selectiv
se|le|nic Selen(VI)..., Selen(IV)...
se|le|ni|um Selen n
sel|la Sella f
sel|lar sellar
se|man|tic semantisch
se|man|tics Semantik f
se|men Semen n
sem|i|ca|nal Semicanal m
sem|i|ca|na|lis Semicanalis m
sem|i|car|ti|lag|i|nous semicartilaginös
sem|i|cir|cu|lar semicirculär
sem|i|co|ma Semicoma n
sem|i|co|ma|tose semicomatös
sem|i|con|scious halb bewußt
sem|i|le|thal semiletal
sem|i|lu|nar semilunar
sem|i|mem|bra|no|sus Semimembranosus m
sem|i|mem|bra|nous semimembranös
sem|i|nal seminal, Samen...
sem|i|na|tion Semination f
sem|i|nif|er|ous seminifer
sem|i|no|ma Seminoma n
sem|i|nor|mal seminormal
sem|i|nu|ria Seminuria f
se|mi|ot|ics Semiotik f

sem|i|per|me|a|ble semipermeabel
sem|i|sid|e|ra|tio Semisideratio f
sem|i|spi|na|lis Semispinalis m
sem|i|ten|di|no|sus Semitendinosus m
sem|i|ten|di|nous semitendinös
se|nes|cence Senescenz f
se|nes|cent senescent
se|nile senil
se|nil|i|ty Senilität f
se|ni|um Senium n
sen|no|side Sennosid n
se|no|pia Senopia f
sen|sa|tion Sensation f
sense Sinn m, Vernunft f
sen|si|bil|i|ty Sensibilität f
sen|si|ble wahrnehmbar, sensibel, vernünftig
sen|si|tive empfindlich, sensitiv
sen|si|tiv|i|ty Empfindlichkeit f, Sensitivität f
sen|si|ti|za|tion Sensibilisierung f
sen|si|tize sensibilisieren
sen|si|tized sensibilisiert
sen|si|tiz|er Sensibilisator m
sen|si|tiz|ing sensibilisierend
sen|so|mo|tor sensomotorisch
sen|so|pa|ral|y|sis Sensoparalysis f
sen|sor Sensor m
sen|so|ri|mo|tor sensorimotorisch
sen|so|ri|neu|ral sensorineural
sen|so|ri|um Sensorium n
sen|so|ry sensorisch
sen|su|al sensuell, sinnlich
sen|su|al|ism Sinnlichkeit f, Triebhaftigkeit f
sen|sus Sensus m
sep|sis Sepsis f
sep|ta Septa n pl
sep|tal septal, Septum...
sep|ta|pep|tide Septapeptid n
sep|tic septisch
sep|ti|ce|mia Septicaemia f
sep|ti|grav|i|da Septigravida f
sep|tip|a|ra Septipara f
sep|to|tome Septotom n
sep|tot|o|my Septotomie f
sep|tu|la Septula n pl
sep|tu|lum Septulum n
sep|tum Septum n
se|quence Sequenz f
se|ques|ter sequestrieren
se|ques|ter|ing Sequestrier...
se|ques|tra Sequestra n pl
se|ques|tra|tion Sequestration f
se|ques|trot|o|my Sequestrotomie f
se|ques|trum Sequestrum n
se|quoi|o|sis Sequoiosis f
se|ra Sera n pl
se|ries Reihe f
ser|ine Serin n
se|ro|al|bu|min|ous seroalbuminös
se|ro|der|ma|ti|tis Serodermatitis f
se|ro|der|ma|to|sis Sero-

dermatosis f
se|ro|der|mi|tis Serodermitis f
se|ro|di|ag|no|sis Serodiagnosis f
se|ro|di|ag|nos|tic serodiagnostisch
se|ro|di|ag|nos|ti|cal|ly serodiagnostisch
se|ro|fi|brin|ous serofibrinös
se|ro|group Serogruppe f
se|ro|li|pase Serolipase f
se|ro|log|ic serologisch
se|ro|log|i|cal serologisch
se|ro|log|i|cal|ly serologisch
se|rol|o|gist Serologe m
se|rol|o|gy Serologie f
se|rol|y|sin Serolysin n
se|ro|ma Seroma n
se|ro|mem|bra|nous seromembranös
se|ro|mu|cous seromukös
se|ro|mus|cu|lar seromusculär
se|ro|neg|a|tive seronegativ
se|ro|pos|i|tive seropositiv
se|ro|pu|ru|lent seropurulent
se|ro|re|ac|tion Seroreaction f
se|ro|sa Serosa f
se|ro|sal serosal, Serosa...
se|ro|se|rous seroserös
se|ro|si|tis Serositis f
se|ro|ther|a|py Serotherapie f
se|ro|to|nin Serotonin n
se|ro|tox|in Serotoxin n
se|ro|type Serotyp m
se|rous serös
ser|pig|i|nous serpiginös
ser|ra|tus Serratus m, serratus
se|rum Serum n
ser|yl Seryl n
ses|a|moid sesamoid, Sesam...
ses|qui|chlo|ride Sesquichlorid n
ses|qui|ox|ide Sesquioxid n
ses|qui|sul|fide Sesquisulfid n
ses|qui|sul|phide Sesquisulphid n
ses|qui|ter|pene Sesquiterpen n
ses|sile sessil
sex Geschlecht n, Sexualität f, Geschlechtsverkehr m
sex|i|dig|i|tal sexidigital
sex|i|dig|i|tate sexidigital
sex|o|log|ic sexologisch
sex|o|log|i|cal|ly sexologisch
sex|ol|o|gy Sexologie f
sex|ti|grav|i|da Sextigravida f
sex|tip|a|ra Sextipara f
sex|tup|let Sechsling m
sex|u|al sexuell
sex|u|al|i|ty Sexualität f
sex|u|al|ize sexualisieren
shaft Schaft m
shak|ing Schütteln, Schüttel...
shank Unterschenkel m
sheath Scheide f
shell Schale f
shift Verschiebung f **s. to the left** Linksverschiebung f **s. to the right** Rechtsverschiebung f
shig|el|lo|sis Shigellosis f
shin|bone Schienenbein n

shock Schock m
short-term Kurzzeit...
short-wave Kurzwellen...
shoul|der Schulter f
shunt Nebenschluß m, Shunt m
si|al|ad|e|ni|tis Sialadenitis f
si|al|ad|e|no|graph|ic sialadenographisch
si|al|ad|e|no|graph|i|cal|ly sialadenographisch
si|al|ad|e|nog|ra|phy Sialadenographie f
si|al|a|gog Sialagogum n
si|al|a|gog|ic sialagog, Sialagogum n
si|al|a|gogue Sialagogum n
si|al|an|gi|og|ra|phy Sialangiographie f
si|a|lo|ad|e|nec|to|my Sialoadenectomie f
si|a|lo|ad|e|ni|tis Sialoadenitis f
si|a|lo|ad|e|not|o|my Sialoadenotomie f
si|a|lo|aer|oph|a|gy Sialoaerophagie f
si|a|lo|an|gi|ec|ta|sis Sialoangiectasis f
si|a|lo|an|gi|og|ra|phy Sialoangiographie f
si|a|lo|an|gi|tis Sialoangitis f
si|a|lo|do|chi|tis Sialodochitis f
si|a|log|e|nous sialogen
si|al|o|gogue Sialogogum n
si|a|lo|gram Sialogramm n
si|a|log|ra|phy Sialographie f
si|a|lo|lith Sialolith m
si|a|lo|li|thi|a|sis Sialolithiasis f
si|a|lo|li|thot|o|my Sialolithotomie f
si|a|lor|rhe|a Sialorrhoea f
si|a|lor|rhoe|a Sialorrhoea f
si|a|lo|ste|no|sis Sialostenosis f
si|a|lo|syr|inx Sialosyrinx f
Si|a|mese siamesisch
Si|be|ri|an sibirisch
sib|lings Geschwister pl
sick krank, übel
sick|le Sichel f
sick|le|mi|a Sichelzellenanämie f
sick|ness Krankheit f
sid|er|a|tion Sideration f
sid|er|o|cyte Siderocyt m
sid|er|o|cy|to|sis Siderocytosis f
sid|er|o|dro|mo|pho|bi|a Siderodromophobia f
sid|er|o|fi|bro|sis Siderofibrosis f
sid|er|o|pe|nia Sideropenia f
sid|er|o|pe|nic sideropenisch
sid|er|o|phil siderophil, Siderophiler m
sid|er|o|phile siderophil, Siderophiler m
sid|er|o|phil|i|a Siderophilia f
sid|er|oph|i|lin Siderophilin n
sid|er|oph|i|lous siderophil

sid|er|o|sil|i|co|sis Sidero-silicosis f
sid|er|o|sis Siderosis f
sid|er|ot|ic siderotisch
sight Gesichtssinn m, Sehen n, Augenlicht n
sig|ma Sigma n
sig|ma|tism Sigmatismus m
sig|moid sigmoid, Sigmoid n
sig|moid|ec|to|my Sigmoid-ectomie f
sig|moid|i|tis Sigmoiditis f
sig|moid|o|pex|y Sigmoido-pexie f
sig|moid|o|proc|tos|to|my Sigmoidoproctostomie f
sig|moid|o|rec|tos|to|my Sigmoidorectostomie f
sig|moid|o|scope Sigmoido-scop n
sig|moid|os|co|py Sigmoido-scopie f
sig|moid|o|sig|moid|os|to|my Sigmoidosigmoidostomie f
sig|moid|os|to|my Sigmoido-stomie f
sig|moid|ot|o|my Sigmoido-tomie f
sig|moid|o|ves|i|cal sigmoido-vesical
sign Zeichen n
sig|nal Signal n
sig|na|ture Signatur f
sig|net-ring Siegelring...
sig|net-ring-cell Siegelring-cellen...
sig|nif|i|cant significant
sig|num Signum n
sil|i|ca Siliciumdioxid n
sil|i|ca|to|sis Silicatosis f
sil|i|con Silicium n
sil|i|co|sid|er|o|sis Silico-siderosis f
sil|i|co|sis Silicosis f
sil|i|co|tu|ber|cu|lo|sis Silico-tuberculosis f
sil|ver Silber n
sim|u|late simulieren, vortäuschen
sim|u|la|tion Simulation f, Vortäuschung f
sim|u|la|tor (Gerät) Simulator m, (Person) Simulant m
si|mul|tag|no|si|a Simult-agnosia f
si|nal Sinus...
si|na|pis Sinapis f
sin|a|pism Sinapismus m
sin|cip|i|tal sincipital
sin|ci|put Sinciput n
sin|ew Sehne f
sin|gul|tus Singultus m
sin|is|ter sinister
sin|is|tral|i|ty Sinistralität f
sin|is|trau|ral sinistraural
si|nis|tro|car|di|a Sinistro-cardia f
sin|is|tro|cer|e|bral sinistro-cerebral
sin|is|troc|u|lar sinistroculär
sin|is|troc|u|lar|i|ty Sini-strocularität f

sin|is|tro|man|u|al sinistromanuell
sin|is|trop|e|dal sinistropedal
si|no|a|tri|al sinoatrial
si|no|au|ric|u|lar sinoauriculär
si|no|gram Sinogramm
si|no|graph|ic sinographisch
si|no|graph|i|cal|ly sinographisch
si|nog|ra|phy Sinographie f
sin|u|i|tis Sinuitis f
sin|u|ous sinuös
si|nus Sinus m
si|nus|i|tis Sinusitis f
si|nus|oid sinusoid, Sinusoid n
si|nus|oi|dal sinusoid
si|ren Sirene f
si|ren|i|form sireniform
si|ren|o|form sirenoform
si|re|no|me|li|a Sirenomelia f
si|re|nom|e|lus Sirenomelus m
si|re|nom|e|ly Sirenomelie f
si|ri|a|sis Siriasis f
sit|i|eir|gi|a Sitieirgia f
sit|i|ol|o|gy Sitiologie f
sit|i|o|ma|ni|a Sitiomania f
sit|i|o|pho|bi|a Sitiophobia f
si|tol|o|gy Sitologie f
si|to|ma|ni|a Sitomania f
si|to|pho|bi|a Sitophobia f
si|to|ther|a|py Sitotherapie f
sit|ting Sitz...
si|tus Situs m
ske|lal|gi|a Skelalgia f
skel|e|tal skeletal, Skelett n
skel|e|ton Skeleton n, Skelett n
ske|nei|tis Skeneitis f
ske|ni|tis Skenitis f
ske|o|cy|to|sis Skeocytosis f
ski|a|gram Skiagramm n
ski|a|graph|ic skiagraphisch
ski|a|graph|i|cal|ly skiagraphisch
ski|ag|ra|phy Skiagraphie f
skin Haut f
skull Schädel m
skull|cap Schädeldecke f
sleep Schlaf m
sleep|less schlaflos
sleep|less|ness Schlaflosigkeit f
sleep|walk schlafwandeln
sleep|walk|er Schlafwandler m
sleep|walk|ing Schlafwandeln n, schlafwandelnd
sling Schlinge f
small|pox Pocken pl
smear Ausstrich m
smeg|ma Smegma n
smell riechen, Geruch m, Riech...
smell|ing riechend, Riech..., Riechen n
smok|er Raucher m
smooth glatt
sneeze niesen
sneez|ing Niesen n, niesend, Nies...
snore schnarchen
soap Seife f

so|cial social
so|cial|i|za|tion Socialisation f
so|cial|ize socialisieren
so|cial|ized (Person) socialisiert, (Betrieb) verstaatlicht
so|ci|o|bi|o|log|i|cal sociobiologisch
so|ci|o|bi|o|log|i|cal|ly sociobiologisch
so|ci|o|bi|ol|o|gy Sociobiologie f
so|ci|o|log|i|cal sociologisch
so|ci|o|log|i|cal|ly sociologisch
so|ci|ol|o|gist Sociologe m
so|ci|ol|o|gy Sociologie f
so|ci|o|path Sociopath m
so|ci|o|path|ic sociopathisch
so|ci|op|a|thy Sociopathie f
so|di|um Natrium n
sod|om|ist Sodomist m
sod|om|y Sodomie f
sol Sol n
so|lar solar, Sonnen...
sole Sohle f
sole|plate Sohlenplatte f
so|le|us Soleus m
so|lid|i|fi|ca|tion Solidification f
so|lid|i|fy solidificieren
sol|i|tar|y solitär
sol|u|bil|i|ty Solubilität f, Löslichkeit f
sol|u|bi|li|za|tion Solubilisation f, Löslichmachen n
sol|u|bi|lize solubilisieren, löslichmachen
sol|u|ble solubel, löslich
sol|ute Solut n, gelöste Substanz
so|lu|tion Lösung f, Solution f
sol|vate Solvat n
sol|va|tion Solvation f
sol|vent Solvens n, Lösungsmittel n
so|ma Soma n
so|ma|ta Somata n pl
so|mat|ic somatisch
so|mat|i|co|splanch|nic somaticosplanchnisch
so|mat|i|co|vis|cer|al somaticovisceral
so|ma|ti|za|tion Somatisation f
so|ma|tize somatisieren
so|ma|to|ge|net|ic somatogenetisch
so|ma|to|gen|ic somatogen
so|ma|tog|e|ny Somatogenie f
so|ma|to|log|ic somatologisch
so|ma|to|log|i|cal|ly somatologisch
so|ma|tol|o|gy Somatologie f
so|ma|to|me|din Somatomedin n
so|ma|to|meg|a|ly Somatomegalie f
so|ma|to|met|ric somatometrisch
so|ma|to|met|ri|cal|ly somatometrisch
so|ma|tom|e|try Somatometrie f
so|ma|to|mo|tor somatomotorisch
so|ma|top|a|gus Somatopagus m
so|ma|to|path|ic somatopathisch

so|ma|to|plasm Somatoplasma n
so|ma|to|pleure Somatopleura f
so|ma|to|psy|chic somatopsychisch
so|ma|to|sen|so|ry somatosensorisch
so|ma|to|splanch|no|pleu|ric somatosplanchnopleural, Somatosplanchnopleura...
so|ma|to|stat|in Somatostatin n
so|ma|to|ther|a|py Somatotherapie f
so|ma|to|top|ic somatotop
so|ma|to|tro|phin Somatotrophin n
so|ma|to|trop|ic somatotrop
so|ma|to|tro|pin Somatotropin n
som|es|the|si|a Somaesthesia f, Somästhesie f
som|es|thet|ic somästhetisch
so|mite Somit m
som|nam|bu|lance Somnambulanz f
som|nam|bu|la|tion Somnambulation f
som|nam|bu|lism Somnambulismus m
som|nam|bu|list Somnambuler m, Schlafwandler m
som|ni|fa|cient somnifer, Somniferum n, Somnificum n
som|nif|er|ous somnifer
som|nif|ic somnifer
som|nil|o|quence Somniloquenz f
som|nil|o|quism Somniloquismus m
som|nil|o|quist Somniloquist m
som|nil|o|quy Somniloquie f
som|nip|a|thist Somnipath m
som|nip|a|thy Somnipathie f
som|no|lence Somnolenz f
som|no|lent somnolent
som|no|len|ti|a Somnolentia f
som|no|les|cent somnolescent
som|no|lism Somnolismus m
som|no|path|ic somnopathisch
som|nop|a|thist Somnopath m
som|nop|a|thy Somnopathie f
som|nus Somnus m
son|o|en|ceph|a|lo|graph|ic sonoencephalographisch
son|o|en|ceph|a|lo|graph|i|cal|ly sonoencephalographisch
son|o|en|ceph|a|log|ra|phy Sonoencephalographie f
son|o|gram Sonogramm n
son|o|graph|ic sonographisch
son|o|graph|i|cal|ly sonographisch
so|nog|ra|phy Sonographie f
so|no|rous sonor, volltönend, laut
so|nus Sonus m
soph|o|ma|ni|a Sophomania f
so|por Sopor m
so|po|rose soporös
sor|be|fa|cient Sorbefaciens n
sor|bic Sorbin...
sor|des Sordes f
sound Sonde f, Ton m
spar|ga|no|ses Spargano-

ses f pl
spar|ga|no|sis Sparganosis f
spar|so|my|cin Sparsomycin n
spasm Spasmus m
spas|mod|ic spasmodisch
spas|mo|lyg|mus Spasmolygmus m
spas|mo|lyt|ic spasmolytisch, Spasmolyticum n
spas|mo|phe|mi|a Spasmophemia f
spas|mo|phil|i|a Spasmophilia f
spas|mo|phil|ic spasmophil
spas|mous spasmisch
spas|mus Spasmus m
spas|tic spastisch, Spastiker m
spas|tic|i|ty Spasticität f
spa|ti|a Spatia n pl
spa|ti|um Spatium n
spe|cial|ist Specialist m
spe|cial|ty Fachgebiet n
spe|cies Species f
spe|cif|ic specifisch, Specificum n
spec|i|fic|i|ty Specifität f
spec|i|men Probe f
spec|ta|cles Brille f
spec|ti|no|my|cin Spectinomycin n
spec|tra Spectra n pl
spec|tral spectral
spec|tro|chem|i|cal spectrochemisch
spec|tro|chem|is|try Spectrochemie f
spec|tro|col|or|im|e|ter Spectrocolorimeter n
spec|tro|col|or|im|e|try Spectrocolorimetrie f
spec|tro|gram Spectrogramm n
spec|tro|graph Spectrograph m
spec|tro|graph|ic spectrographisch
spec|tro|graph|i|cal|ly spectrographisch
spec|trom|e|ter Spectrometer n
spec|tro|met|ric spectrometrisch
spec|tro|met|ri|cal|ly spectrometrisch
spec|trom|e|try Spectrometrie f
spec|tro|pho|tom|e|ter Spectrophotometer n
spec|tro|pho|to|met|ric spectrophotometrisch
spec|tro|pho|to|met|ri|cal|ly spectrophotometrisch
spec|tro|pho|tom|e|try Spectrophotometrie f
spec|tro|po|lar|im|e|ter Spectropolarimeter n
spec|tro|po|lar|i|met|ric spectropolarimetrisch
spec|tro|po|lar|i|met|ri|cal|ly spectropolarimetrisch
spec|tro|po|lar|im|e|try Spectropolarimetrie f
spec|tro|scope Spectroscop n
spec|tro|scop|ic spectroscopisch
spec|tro|scop|i|cal|ly spectroscopisch
spec|tros|co|py Spectroscopie f

spec|trum Spectrum n
spec|u|la Specula n pl
spec|u|lum Speculum n
spe|le|os|to|my Speleostomie f
sperm Sperma n
sper|ma|ti|ci|dal spermaticid
sper|ma|tid Spermatide f
sper|ma|to|cele Spermatocele f
sper|ma|to|ce|lec|to|my Spermatocelectomie f
sper|ma|to|ci|dal spermatocid
sper|ma|to|cide Spermatocid n
sper|ma|to|cyst Spermatocystis f
sper|ma|to|cys|tec|to|my Spermatocystectomie f
sper|ma|to|cys|ti|tis Spermatocystitis f
sper|ma|to|cys|tot|o|my Spermatocystotomie f
sper|ma|to|cyte Spermatocyt m
sper|ma|to|cy|to|ma Spermatocytoma n
sper|ma|to|gen|e|sis Spermatogenesis f
sper|ma|to|gen|ic spermatogen
sper|ma|tog|e|nous spermatogen
sper|ma|to|go|ni|a Spermatogonia n pl
sper|ma|to|go|ni|um Spermatogonium n
sper|ma|toid spermatoid
sper|ma|tol|y|sin Spermatolysin n
sper|ma|tol|y|sis Spermatolysis f
sper|ma|to|lyt|ic spermatolytisch
sper|ma|to|path|ic spermatopathisch
sper|ma|top|a|thy Spermatopathie f
sper|ma|tor|rhe|a Spermatorrhoea f
sper|ma|tor|rhoe|a Spermatorrhoea f
sper|ma|to|tox|in Spermatotoxin n
sper|ma|tox|in Spermatoxin n
sper|ma|to|zo|a Spermatozoa n pl
sper|ma|to|zo|i|ci|dal spermatozoicid
sper|ma|to|zo|i|cide Spermatozoicid n
sper|ma|to|zo|id Spermatozoid n
sper|ma|to|zo|oid Spermatozooid n
sper|ma|to|zo|on Spermatozoon n
sper|ma|tu|ri|a Spermaturia f
sper|mi|cide Spermicid n
sper|mi|o|gen|e|sis Spermiogenesis f
sper|mi|o|gram Spermiogramm n
sper|mo|lith Spermolith m
sper|mol|y|sin Spermolysin n
sper|mol|y|sis Spermolysis f
sper|mo|lyt|ic spermolytisch
sper|mor|rhe|a Spermorrhoea f
sper|mor|rhoe|a Spermorrhoea f

sphac|e|la|tion Sphacelation f
sphac|e|lism Sphacelismus m
sphac|e|lo|der|ma Sphaceloderma n
sphac|e|loid sphaceloid
sphac|e|lous sphacelös
sphac|e|lus Sphacelus m
spha|gi|as|mus Sphagiasmus m
sphe|no|ce|phal|ic sphenocephal
sphe|no|ceph|a|lous sphenocephal
sphe|no|ceph|a|lus Sphenocephalus m
sphe|no|ceph|a|y Sphenocephalie f
sphe|noid sphenoid, Sphenoid n
sphe|noi|dal sphenoidal
sphe|noid|i|tis Sphenoiditis f
sphe|noid|ot|o|my Sphenoidotomie f
spher|i|cal sphärisch
sphe|ro|ce|phal|ic sphärocephal
sphe|ro|ceph|a|lous sphärocephal
sphe|ro|ceph|a|lus Sphaerocephalus m
sphe|ro|ceph|a|ly Sphärocephalie f
sphe|ro|cyl|in|der Sphärocylinder m
sphe|ro|cyte Sphärocyt m
sphe|ro|cyt|ic sphärocytär
sphe|ro|cy|to|ses Sphaerocytoses f pl
sphe|ro|cy|to|sis Sphaerocytosis f
sphe|ro|cy|tot|ic sphärocytotisch
sphe|roid sphäroid, Sphäroid n
sphe|roi|dal sphäroid
sphe|rom|e|ter Sphärometer n
sphe|ro|pha|ki|a Sphaerophakia f
sphinc|ter Sphincter m
sphinc|ter|al Sphincter...
sphinc|ter|ic Sphincter...
sphinc|ter|al|gi|a Sphincteralgia f
sphinc|ter|i|tis Sphincteritis f
sphinc|ter|ol|y|sis Sphincterolysis f
sphinc|ter|o|plas|ty Sphincteroplastik f
sphinc|ter|ot|o|my Sphincterotomie f
sphin|go|lip|id Sphingolipid n
sphin|go|lip|i|do|sis Sphingolipidosis f
sphin|go|my|e|lin Sphingomyelin n
sphin|go|sine Sphingosin n
sphyg|mo|gram Sphygmogramm n
sphyg|mo|graph|ic sphygmographisch
sphyg|mo|graph|i|cal|ly sphygmographisch
sphyg|mog|ra|phy Sphygmographie f

sphyg|mo|ma|nom|e|ter Sphygmomanometer n

sphyg|mo|man|o|met|ric sphygmomanometrisch

sphyg|mo|man|o|met|ri|cal sphygmomanometrisch

sphyg|mo|man|o|met|ri|cal|ly sphygmomanometrisch

sphyg|mo|ma|nom|e|try Sphygmomanometrie f

sphyg|mom|e|ter Sphygmometer n

sphyg|mo|met|ric sphygmometrisch

sphyg|mo|met|ri|cal sphygmometrisch

sphyg|mo|met|ri|cal|ly sphygmometrisch

sphyg|mom|e|try Sphygmometrie f

sphyg|mo|os|cil|lom|e|ter Sphygmooscillometer n

sphyg|mo|os|cil|lo|met|ric sphygmooscillometrisch

sphyg|mo|os|cil|lo|met|ri|cal sphygmooscillometrisch

sphyg|mo|os|cil|lo|met|ri|cal|ly sphygmooscillometrisch

sphyg|mo|os|cil|lom|e|try Sphygmooscillometrie f

sphyg|mo|phone Sphygmophon n

sphyg|mo|scope Sphygmoscop n

sphyg|mo|scop|ic sphygmoscopisch

sphyg|mo|scop|i|cal|ly sphygmoscopisch

sphyg|mos|co|py Sphygmoscopie f

sphyg|mo|sys|to|le Sphygmosystole f

sphyg|mo|to|no|graph Sphygmotonograph m

sphyg|mo|to|no|graph|ic sphygmotonographisch

sphyg|mo|to|no|graph|i|cal|ly sphygmotonographisch

sphyg|mo|to|nom|e|ter Sphygmotonometer n

sphyg|mo|to|no|met|ric sphygmotonometrisch

sphyg|mo|to|no|met|ri|cal sphygmotonometrisch

sphyg|mo|to|no|met|ri|cal|ly sphygmotonometrisch

sphyg|mo|to|nom|e|try Sphygmotonometrie f

sphyg|mus Sphygmus m

spi|ca Spica f

spice Gewürz n

spi|der Spinne f, Spinnen...

spike Spitze f, Spike m

spi|na Spina f

spi|nal spinal

spin|dle Spindel f

spine Wirbelsäule f, Spina f

spinn|bar|keit Spinnbarkeit f

spi|no|bul|bar spinobulbär

spi|no|cel|lu|lar spinocellulär

spi|no|cer|e|bel|lar spinocerebellär

spi|no|gal|va|ni|za|tion Spinogalvanisation f

spin|ther|ism Spintherismus m
spi|rad|e|no|ma Spiradenoma n
spi|ra|my|cin Spiramycin n
spi|reme Spirem n
spi|ril|li|ci|dal spirillicid
spi|ril|li|cide Spirillicid n
spi|ril|lo|sis Spirillosis f
spi|ro|chae|tal spirochätal, Spirochäten...
spi|ro|chaete Spirochäte f
spi|ro|che|tal spirochätal, Spirochäten...
spi|ro|chete Spirochäte f
spi|ro|che|ti|ci|dal spirochäticid
spi|ro|che|ti|cide Spirochäticid n
spi|ro|che|tol|y|sis Spirochaetolysis f
spi|ro|che|to|lyt|ic spirochätolytisch
spi|ro|che|to|sis Spirochaetosis f
spi|ro|che|tot|ic spirochätotisch
spi|ro|gram Spirogramm n
spi|ro|graph Spirograph m
spi|ro|graph|ic spirographisch
spi|ro|graph|i|cal|ly spirographisch
spi|rog|ra|phy Spirographie f
spi|rom|e|ter Spirometer n
spi|ro|met|ric spirometrisch
spi|ro|met|ri|cal spirometrisch
spi|ro|met|ri|cal|ly spirometrisch
spi|rom|e|try Spirometrie f
splanch|na Splanchna n pl
splanch|nec|to|pi|a Splanchnectopia f
splanch|ni|cec|to|my Splanchnicectomie f
splanch|ni|cot|o|my Splanchnicotomie f
splanch|no|cele Splanchnocele f
splanch|no|coele Splanchnocöl n
splanch|no|graph|ic splanchnographisch
splanch|no|graph|i|cal|ly splanchnographisch
splanch|nog|ra|phy Splanchnographie f
splanch|no|lith Splanchnolith m
splanch|no|li|thi|a|sis Splanchnolithiasis f
splanch|no|lo|gi|a Splanchnologia f
splanch|nol|o|gy Splanchnologie f
splanch|no|meg|a|ly Splanchnomegalie f
splanch|no|mi|cri|a Splanchnomicria f
splanch|nop|a|thy Splanchnopathie f
splanch|no|pleu|ral splanchnopleural, Splanchnopleura...
splanch|no|pleure Splanchnopleura f
splanch|nop|to|si|a Splanchno-

ptosia f
splanch|nop|to|sis Splanchnoptosis f
splanch|nos|co|py Splanchnoscopie f
splanch|no|so|mat|ic splanchnosomatisch
splanch|not|o|my Splanchnotomie f
spleen Splen m, Milz f
sple|nal|gi|a Splenalgia f
sple|nec|to|mize splenectomieren
sple|nec|to|my Splenectomie f
sple|nec|to|pi|a Splenectopia f
sple|nec|to|py Splenectopie f
sple|ni|al splenial
sple|nic splenisch
sple|ni|form spleniform
sple|ni|tis Splenitis f
sple|ni|a Splenia n pl
sple|ni|um Splenium n
sple|ni|us Splenius m
sple|ni|za|tion Splenisation f
sple|no|clei|sis Splenocleisis f
sple|no|cyte Splenocyt m
sple|no|dyn|i|a Splenodynia f
sple|no|gram Splenogramm n
sple|no|gran|u|lo|ma|to|sis Splenogranulomatosis f
sple|no|hep|a|to|meg|a|ly Splenohepatomegalie f
sple|noid splenoid
sple|nol|y|sis Splenolysis f
sple|no|ma|la|ci|a Splenomalacia f
sple|no|me|ga|li|a Splenomegalia f
sple|no|meg|a|ly Splenomegalie f
sple|no|my|e|log|e|nous splenomyelogen
sple|nop|a|thy Splenopathie f
sple|no|pex|y Splenopexie f
sple|no|por|to|gram Splenoportogramm n
sple|no|por|to|graph|ic splenoportographisch
sple|no|por|to|graph|i|cal|ly splenoportographisch
sple|no|por|tog|ra|phy Splenoportographie f
sple|nop|to|sis Splenoptosis f
sple|no|re|nal splenorenal
sple|nor|rha|phy Splenorrhaphie f
sple|not|o|my Splenotomie f
sple|no|tox|ic splenotoxisch
sple|no|tox|ic|i|ty Splenotoxicität f
sple|no|tox|in Splenotoxin n
split gespalten
spo|di|o|my|e|li|tis Spodiomyelitis f
spo|do|gram Spodogramm n
spo|do|graph|ic spodographisch
spo|do|graph|i|cal|ly spodographisch
spo|dog|ra|phy Spodographie f
spon|dy|lal|gi|a Spondylalgia f
spon|dy|li Spondyli m pl

spon|dy|lit|ic spondylitisch
spon|dy|li|tis Spondylitis f
spon|dy|lo|ar|thri|tis Spondyloarthritis f
spon|dy|lo|dyn|i|a Spondylodynia f
spon|dy|lo|lis|the|sis Spondylolisthesis f
spon|dy|lo|lis|thet|ic spondylolisthetisch
spon|dy|lol|y|sis Spondylolysis f
spon|dy|lop|a|thy Spondylopathie f
spon|dy|lo|sis Spondylosis f
spon|dy|lot|o|my Spondylotomie f
spon|dy|lus Spondylus m
sponge Schwamm m
spon|gi|form spongiform, schwammförmig
spon|gi|o|blast Spongioblast m
spon|gi|o|blas|to|ma Spongioblastoma n
spon|gi|o|cyte Spongiocyt m
spon|gi|o|cy|to|ma Spongiocytoma n
spon|gi|o|form spongioform, schwammförmig
spon|gi|oid spongioid, schwammig
spon|gi|o|plasm Spongioplasma n
spon|gi|ose spongiös, schwammig
spon|gi|o|sis Spongiosis f
spon|gi|ot|ic spongiotisch
spon|gy schwammig
spon|ta|ne|ous spontan
spoon Löffel m
spo|rad|ic sporadisch
spo|ran|gi|o|spore Sporangiospore f
spo|ran|gi|um Sporangium n
spore Spore f
spo|ri|ci|dal sporicid
spo|ri|cide Sporicid n
spo|rid|i|a Sporidia n pl
spo|rid|i|um Sporidium n
spo|ro|blast Sporoblast m
spo|ro|cyst Sporocyste f
spo|ro|cyte Sporocyt m
spo|ro|gen|e|sis Sporogenesis f
spo|ro|gen|ic sporogen
spo|rog|e|nous sporogen
spo|rog|o|ny Sporogonie f
spo|ront Sporont m
spo|ron|ti|ci|dal sporonticidal
spo|ron|ti|cide Sporonticid n
spo|ron|to|cide Sporontocid n
spo|rot|ri|chin Sporotrichin n
spo|ro|tri|cho|sis Sporotrichosis f
spo|ro|zo|a Sporozoa n pl
spo|ro|zo|ite Sporozoit m
spo|ro|zo|on Sporozoon n
sport Mutant m, Sport m
spray Spray n, Sprühmittel n
spu|tum Sputum n
squa|ma Squama f
stab Stichwunde f, Stabcelle f, stechen

sta|bile stabil
sta|bi|lize stabilisieren
sta|bi|liz|er Stabilisator m
sta|bi|liz|ing stabilisierend
stab|ker|nig stabkernig
sta|ble stabil
sta|di|um Stadium n
staff Personal n, Stab m
stage Stadium n
stag|na|tion Stagnation f
stag|nate stagnieren
stain Farbstoff m, Färbung f, färben
stal|ag|mom|e|ter Stalagmometer n
stam|i|na Durchhaltevermögen n
stan|dard Standard m
stan|dard|i|za|tion Standardisierung f
stan|dard|ize standardisieren
stan|dard|ized standardisiert
stand|still Stillstand m
stan|nic Zinn(IV)...
stan|nous Zinn(II)...
stan|num Stannum n
sta|pe|dec|to|mize stapedectomieren
sta|pe|dec|to|mized stapedectomiert
sta|pe|dec|to|my Stapedectomie f
sta|pe|des Stapedes m pl
sta|pe|di|o|te|not|o|my Stapediotenotomie f
sta|pe|di|us Stapedius m
sta|pes Stapes m
staph|y|le Staphyle f
staph|y|lec|to|my Staphylectomie f
staph|yl|hae|ma|to|ma Staphylhaematoma n
staph|yl|he|ma|to|ma Staphylhaematoma n
staph|y|li|nus Staphylinus m
staph|y|li|tis Staphylitis f
staph|y|lo|coc|cal Staphylococcus...
staph|y|lo|coc|ce|mi|a Staphylococcaemia f
staph|y|lo|coc|cic Staphylococcus...
staph|y|lo|coc|cus Staphylococcus m
staph|y|lo|der|ma Staphyloderma n
staph|y|lo|der|ma|ti|tis Staphylodermatitis f
staph|y|lo|ki|nase Staphylokinase f
staph|y|lol|y|sin Staphylolysin n
staph|y|lo|ma Staphyloma n
staph|y|lo|plas|ty Staphyloplastik f
staph|y|lop|to|sis Staphyloptosis f
staph|y|lor|rha|phy Staphylorrhaphie f
staph|y|los|chi|sis Staphyloschisis f
staph|y|lot|o|my Staphylo-

tomie f
staph|y|lo|tox|in Staphylotoxin n
starch Stärke f
star|va|tion Hunger m
starve hungern
sta|sis Stasis f
state Zustand m
stath|mo|ki|ne|sis Stathmokinesis f
stath|mo|ki|net|ic stathmokinetisch
stat|ic statisch
stat|ics Statik f
sta|tion|ar|y stationär
sta|tis|ti|cal statistisch
sta|tis|tics Statistik f
stat|o|a|cous|tic statoacustisch
stat|o|co|ni|a Statoconia n pl
stat|o|co|ni|um Statoconium n
stat|o|ki|net|ic statokinetisch
stat|o|lith Statolith m
sta|to|lon Statolon n
stat|ure Körperhöhe f
sta|tus Status m
stax|is Staxis f
ste|ap|sin Steapsin n
ste|a|rate Stearat n
ste|ar|ic Stearin...
ste|ar|i|form steariform
ste|a|rin Stearin n
ste|ar|rhe|a Stearrhoea f
ste|a|ryl Stearyl n
ste|a|ti|tis Steatitis f
ste|a|tol|y|sis Steatolysis f
ste|a|to|lyt|ic steatolytisch
ste|a|to|ma Steatoma n
ste|a|to|pyg|i|a Steatopygia f
ste|a|tor|rhe|a Steatorrhoea f
ste|a|to|sis Steatosis f
stel|la Stella f
stem Stamm m
sten|o|car|di|a Stenocardia f
sten|o|ce|pha|li|a Stenocephalia f
sten|o|ce|phal|ic stenocephal
sten|o|ceph|a|lous stenocephal
sten|o|ceph|a|ly Stenocephalie f
sten|o|cho|ri|a Stenochoria f
sten|o|crot|a|phy Stenocrotaphie f
sten|o|myc|te|ri|a Stenomycteria f
sten|o|pae|ic stenopäisch, Stenopaeicum n
sten|o|pe|ic stenopäisch, Stenopaeicum n
ste|nose stenosieren
ste|nosed stenosiert
ste|no|ses Stenoses f pl
ste|nos|ing stenosierend
ste|no|sis Stenosis f
ste|not|ic stenotisch
sten|o|sto|mi|a Stenostomia f
ste|nos|to|my Stenostomie f
sten|o|ther|mal stenotherm
sten|o|tho|rax Stenothorax m
ster|co|bi|lin Stercobilin n
ster|co|bi|lin|o|gen Stercobilinogen n
ster|co|lith Stercolith m

ster|co|ral stercoral

ster|cus Stercus n

ster|e|o|ag|no|sis Stereoagnosis f

ster|e|o|an|aes|the|si|a Stereoanaesthesia f

ster|e|o|an|es|the|sia Stereoanaesthesia f

ster|e|o|chem|i|cal stereochemisch

ster|e|o|chem|is|try Stereochemie f

ster|e|o|cil|i|a Stereocilia n pl

ster|e|o|cil|i|um Stereocilium n

ster|e|o|en|ceph|a|lo|tome Stereoencephalotom n

ster|e|o|en|ceph|a|lot|o|my Stereoencephalotomie f

ster|e|og|no|sis Stereognosis f

ster|e|og|nos|tic stereognostisch

ster|e|o|gram Stereogramm n

ster|e|o|graph Stereograph m

ster|e|og|ra|phy Stereographie f

ster|e|o|i|so|mer Stereoisomer n

ster|e|o|i|som|er|ism Stereoisomerie f

ster|e|o|plasm Stereoplasma n

ster|e|op|sis Stereopsis f

ster|e|o|ra|di|og|ra|phy Stereoradiographie f

ster|e|o|roent|gen|og|ra|phy Stereoröntgenographie f

ster|e|o|scope Stereoscop n

ster|e|o|scop|ic stereoscopisch

ster|e|o|scop|i|cal|ly stereoscopisch

ster|e|os|co|py Stereoscopie f

ster|e|o|spe|cif|ic stereospecifisch

ster|e|o|tac|tic stereotactisch

ster|e|o|tax|i|a Stereotaxia f

ster|e|o|tax|ic stereotactisch

ster|e|o|tax|is Stereotaxis f

ster|e|o|tax|y Stereotaxie f

ster|e|o|trop|ic stereotrop

ster|e|ot|ro|pism Stereotropismus m

ster|e|o|ty|py Stereotypie f

ster|e|o|vec|tor|car|di|o|graph Stereovectorcardiograph m

ster|ic sterisch

ster|ile steril

ste|ril|i|ty Sterilität f

ster|i|li|za|tion Sterilisation f

ster|i|lize sterilisieren

ster|i|lized sterilisiert

ster|i|liz|er Sterilisator m

ster|i|liz|ing sterilisierend

ster|na Sterna n pl

ster|nal sternal

ster|nal|gi|a Sternalgia f

ster|na|lis Sternalis m

ster|no|chon|dro|scap|u|la|ris Sternochondroscapularis m

ster|no|cla|vic|u|lar sternoclaviculär

ster|no|cla|vic|u|la|ris Sternoclavicularis m

ster|no|clei|dal sternocleidal
ster|no|clei|do|mas|toid sternocleidomastoideus, Sternocleidomastoideus m
ster|no|cos|tal sternocostal, sternocostalis
ster|no|cos|ta|lis Sternocostalis m
ster|no|dym|i|a Sternodymia f
ster|nod|y|mus Sternodymus m
ster|no|dyn|i|a Sternodynia f
ster|no|hy|oid Sternohyoideus m, sternohyoideus
ster|no|hy|oi|de|us Sternohyoideus m
ster|no-om|pha|lo|dym|i|a Sternoomphalodymia f
ster|no|pa|gi|a Sternopagia f
ster|nop|a|gus Sternopagus m
ster|nop|a|gy Sternopagie f
ster|nos|chi|sis Sternoschisis f
ster|not|o|my Sternotomie f
ster|num Sternum n
ster|nu|ta|tion Sternutation f
ster|nu|ta|tor Sternutator m
ste|roid Steroid n
ste|roid|o|gen|e|sis Steroidogenesis f
ste|roid|o|gen|ic steroidogen
ster|tor Stertor m
ster|tor|ous stertorös
steth|o|gram Stethogramm n
ste|thog|ra|phy Stethographie f
steth|o|phone Stethophon n
steth|o|scope Stethoscop n
steth|o|scop|ic stethoscopisch
ste|thos|co|py Stethoscopie f
sthe|ni|a Sthenia f
sthen|ic sthenisch
stib|i|al|ism Stibialismus m
stib|ine Stibin n
stib|i|um Stibium n
sti|fle ersticken
stig|ma Stigma n
stig|ma|ta Stigmata n pl
stig|ma|ti|za|tion Stigmatisation f
still|birth Totgeburt f, Totgeborenes n
still|born totgeboren
stil|li|cid|i|um Stillicidium n
stim|u|lant Stimulans n, stimulierend
stim|u|late stimulieren
stim|u|lat|ing stimulierend
stim|u|la|tion Stimulation f
stim|u|la|tor Stimulator m
stim|u|lus Stimulus m
sto|chas|tic stochastisch
stoi|chi|o|met|ric stöchiometrisch
stoi|chi|om|e|try Stöchiometrie f
sto|ma Stoma n
stom|ach Magen m
sto|mach|ic Stomachicum n
sto|ma|tal|gi|a Stomatalgia f
sto|mat|ic stomatisch
sto|ma|ti|tis Stomatitis f
sto|ma|to|log|ic stomatologisch
sto|ma|tol|o|gy Stomatologie f
sto|ma|top|a|thy Stomato-

pathie f

sto|ma|to|plas|ty Stomatoplastik f

sto|ma|tor|rha|gi|a Stomatorrhagia f

sto|ma|to|scope Stomatoscop n

sto|ma|to|sis Stomatosis f

sto|mo|dae|um Stomodaeum n

sto|mo|de|um Stomodaeum n

sto|mos|chi|sis Stomoschisis f

stone Stein m

stool Stuhl m

stra|bism Strabismus m

stra|bis|mom|e|ter Strabismometer n

stra|bis|mom|e|try Strabismometrie f

stra|bis|mus Strabismus m

stra|bom|e|ter Strabometer n

stra|bom|e|try Strabometrie f

stra|bot|o|my Strabotomie f

strait|jack|et Zwangsjacke f

stran|gle würgen, strangulieren

stran|gu|late strangulieren

stran|gu|lat|ed stranguliert

stran|gu|lat|ing strangulierend, Strangulieren n

stran|gu|la|tion Strangulation f

stran|gu|ri|a Stranguria f

stran|gu|ry Strangurie f

stra|ta Strata n pl

strat|i|graph|ic stratigraphisch

stra|tig|ra|phy Stratigraphie f

strat|o|sphere Stratosphäre f

stra|tum Stratum n

streph|o|sym|bo|li|a Strephosymbolia f

strep|i|tus Strepitus m

strep|to|ba|cil|lus Streptobacillus m

strep|to|coc|cae|mi|a Streptococcaemia f

strep|to|coc|ce|mi|a Streptococcaemia f

strep|to|coc|ci Streptococci m pl

strep|to|coc|cus Streptococcus m

strep|to|dor|nase Streptodornase f

strep|to|ki|nase Streptokinase f

strep|to|ly|sin Streptolysin n

strep|to|my|cin Streptomycin n

stress Belastung f, Stress m

stretch dehnen

stri|a Stria f

stri|ae Striae f pl

stri|at|ed gestreift

stri|a|tion Streifung f

stri|a|tum Striatum n

stric|ture Strictur f

stri|dor Stridor m

strid|u|lous stridulös

strin|gent stringent

stri|o|ni|gral strionigral

striped gestreift

stro|bo|scope Stroboscop n

stro|bo|scop|ic stroboscopisch

stroke Schlaganfall m
stro|ma Stroma n
stro|ma|tin Stromatin n
stro|ma|to|sis Stromatosis f
stro|muhr Stromuhr f
stron|gy|loi|di|a|sis Strongyloidiasis f
stron|gy|lo|sis Strongylosis f
stron|ti|um Strontium n
stroph|o|ceph|a|lus Strophocephalus m
stroph|o|ceph|a|ly Strophocephalie f
stroph|u|lus Strophulus m
struc|tur|al structurell, Structur...
struc|ture Structur f
stru|ma Struma f
stru|mi|form strumiform
stru|mi|pri|val strumipriv
stru|mi|pri|vic strumipriv
stru|mi|pri|vous strumipriv
stru|mi|tis Strumitis f
stru|mous strumös
strych|nine Strychnin n
stump Stumpf m
stu|por Stupor m
stu|por|ous stuporös
stut|ter stottern, Stottern n
stut|ter|er Stotterer m
sty|lo|glos|sus Styloglossus m
sty|lo|pha|ryn|ge|us Stylopharyngeus m
sty|ma|to|sis Stymatosis f
styp|tic styptisch, Stypticum n
sub|ab|dom|i|nal subabdominal
sub|a|cro|mi|al subacromial
sub|a|cute subacut
sub|an|co|ne|us Subanconeus m
sub|a|or|tic subaortal
sub|ap|i|cal subapical
sub|ap|o|neu|rot|ic subaponeurotisch
sub|a|que|ous subaqual
sub|a|rach|noid subarachnoidal
sub|a|re|o|lar subareolär
sub|a|tom|ic subatomar
sub|au|ral subaural
sub|au|ric|u|lar subauriculär
sub|ax|il|lar|y subaxillär
sub|cap|su|lar subcapsulär
sub|chon|dral subchondral
sub|cho|ri|al subchorial
sub|cho|ri|on|ic subchorional
sub|chron|ic subchronisch
sub|class Subclasse f
sub|cla|vi|an subclaviculär
sub|cla|vi|us Subclavius m
sub|clin|i|cal subclinisch
sub|co|ma Subcoma n
sub|con|junc|ti|val subconjunctival
sub|con|scious unterbewußt, Unterbewußtes n
sub|con|scious|ness Unterbewußtsein n
sub|cor|ne|al subcorneal
sub|cor|ti|cal subcortical
sub|cos|tal subcostal
sub|cos|tals Subcostales m pl
sub|cu|ta|ne|ous subcutan

sub|cu|tic|u|lar subcuticular
sub|cu|tis Subcutis f
sub|de|lir|i|um Subdelirium n
sub|del|toid subdeltoid
sub|der|mal subdermal
sub|der|mic subdermal
sub|di|a|phrag|mat|ic subdiaphragmatisch
sub|dol|i|cho|ce|phal|ic subdolichocephal
sub|du|ral subdural
sub|en|do|car|di|al subendocardial
sub|en|do|the|li|al subendothelial
sub|ep|en|dy|mal subependymal
sub|ep|i|der|mal subepidermal
sub|ep|i|the|li|al subepithelial
su|ber|o|sis Suberosis f
sub|fal|ci|al subfalcial
sub|fam|i|ly Subfamilie f
sub|fas|ci|al subfascial
sub|ger|mi|nal subgerminal
sub|gin|gi|val subgingival
sub|glan|du|lar subglandular
sub|hy|a|loid subhyaloid
su|bic|u|lum Subiculum n
sub|in|fec|tion Subinfection f
sub|in|vo|lu|tion Subinvolution f
sub|jec|tive subjectiv
sub|la|tion Sublation f
sub|le|thal subletal
sub|leu|kae|mic subleukämisch
sub|leu|ke|mic subleukämisch
sub|li|mate Sublimat n, sublimieren
sub|li|ma|tion Sublimation f
sub|lime sublimieren
sub|limed sublimiert
sub|lim|i|nal subliminal
sub|lin|gu|al sublingual
sub|lin|gu|i|tis Sublinguitis f
sub|lob|u|lar sublobular
sub|lux|a|tion Subluxation f
sub|mal|le|o|lar submalleolar
sub|mam|ma|ry submammar
sub|man|dib|u|lar submandibular
sub|max|il|lar|y submaxillar
sub|men|tal submental
sub|mi|cron Submicron n
sub|mi|cro|scop|ic submicroscopisch
sub|mil|i|ar|y submiliar
sub|mu|co|sa Submucosa f
sub|mu|co|sal submucosal
sub|mu|cous submucos
sub|nar|cot|ic subnarcotisch
sub|nor|mal subnormal
sub|nor|mal|i|ty Subnormalität f
sub|no|to|chord|al subnotochordal
sub|oc|cip|i|tal suboccipital
sub|pap|il|lar|y subpapillar
sub|pa|ri|e|tal subparietal
sub|pec|to|ral subpectoral
sub|per|i|car|di|al subpericardial
sub|per|i|os|te|al subperiostal
sub|per|i|to|ne|al subperi-

tonäal
sub|phren|ic subphrenisch
sub|pla|cen|tal subplacental
sub|plan|ti|grade subplantigrad
sub|pleu|ral subpleural
sub|pu|bic subpubisch
sub|scap|u|lar subscapular
sub|scap|u|la|ris Subscapularis m
sub|se|rous subseros
sub|sig|moid subsigmoid
sub|spe|cies Subspecies f
sub|spi|nous subspinal
sub|stan|ti|a Substantia f
sub|ster|nal substernal
sub|stit|u|ent Substituent m
sub|sti|tu|tion Substitution f
sub|strate Substrat n
sub|su|pe|ri|or subsuperior
sub|syn|ap|tic subsynaptisch
sub|ta|lar subtalar
sub|tem|po|ral subtemporal
sub|ten|di|nous subtendinos
sub|ten|to|ri|al subtentorial
sub|tha|lam|ic subthalamisch
sub|thal|a|mus Subthalamus m
sub|thresh|old unterschwellig
sub|to|tal subtotal
sub|trac|tion Subtraction f
sub|tra|pe|zi|al subtrapezial
sub|tro|chan|ter|ic subtrochanter
sub|un|gu|al subungual
sub|val|vu|lar subvalvular
suc|ci|nate Succinat n
suc|cus Succus m
suck saugen, säugen
suck|le säugen
suck|ling Säugling m
su|crase Sucrase f
su|crose Sucrose f
suc|tion Suction f
su|dan|o|phil sudanophil
su|dan|o|phil|i|a Sudanophilia f
su|dan|o|phil|ic sudanophil
su|da|tion Sudation f
su|da|to|ri|um Sudatorium n
su|do|mo|tor sudomotorisch
su|dor Sudor m
su|do|re|sis Sudoresis f
su|do|rif|er|ous sudorifer
su|do|rif|ic sudorifer, Sudoriferum n
suf|fo|ca|tion Suffocation f, Erstickung f
suf|fu|sion Suffusion f
sug|ar Zucker m
sug|gest|i|bil|i|ty Suggestibilität f
sug|gest|i|ble suggestibel
sug|ges|tion Suggestion f
su|i|cid|al suicidal, selbst-mörderisch
su|i|cide Suicid m, Selbstmord m
su|i|ci|dol|o|gist Suicidologe m
su|i|ci|dol|o|gy Suicidologie f
sul|ci Sulci m pl
sul|cus Sulcus m
sul|fa|tase Sulfatase f

sul|fa|tide Sulfatid n
sul|fat|i|do|sis Sulfatidosis f
sulf|he|mo|glo|bin Sulfhämoglobin n
sulf|he|mo|glo|bi|ne|mi|a Sulfhaemoglobinaemia f
sulf|hy|dryl Sulfhydryl n
sul|fide Sulfid n
sul|fite Sulfit n
sul|fon|a|mide Sulfonamid n
sul|fo|nate sulfonieren, Sulfonat n
sul|fo|na|tion Sulfonierung f
sul|fon|ic Sulfon...
sul|fo|nyl Sulfonyl n
sul|fo|nyl|u|re|a Sulfonylharnstoff m
sul|fur Sulfur m, Schwefel m
sul|fu|ric Sulfur..., Schwefel...
sul|phate Sulphat n
sul|phur Sulphur m, Schwefel m
sum|ma|tion Summation f
sun|burn Sonnenbrand m
sun|stroke Sonnenstich m
su|per|a|cid|i|ty Superacidität f
su|per|cil|i|a Supercilia n pl
su|per|cil|i|um Supercilium n
su|per|e|go Über-Ich n, Superego n
su|per|fe|cun|da|tion Superfecundation f
su|per|fe|ta|tion Superfetation f
su|per|fi|cial superficial, oberflächlich
su|per|foe|ta|tion Superfötation f
su|per|im|preg|na|tion Superimprägnation f
su|per|in|fec|tion Superinfection f
su|pe|ri|or superior, ober
su|per|ox|ide Superoxid n
su|pi|nate supinieren
su|pi|na|tion Supination f
su|pi|na|tor Supinator m
sup|pos|i|to|ry Suppositorium n, Zäpfchen n
sup|pres|sion Suppression f
sup|pres|sor Suppressor m
sup|pu|rant suppurant, Suppurans n
sup|pu|rate suppurieren, eitern
sup|pu|ra|tion Suppuration f
sup|pu|ra|tive suppurativ, Suppurativum n
su|pra|a|or|tic supraaortal
su|pra|cla|vic|u|lar supraclavicular
su|pra|con|dy|lar supracondylar
su|pra|di|a|phrag|mat|ic supradiaphragmatisch
su|pra|glot|tic supraglottisch
su|pra|mal|le|o|lar supramalleolar
su|pra|oc|clu|sion Supraocclusion f

su|pra|or|bi|tal supraorbital
su|pra|pu|bic suprapubisch
su|pra|re|nal suprarenal, Suprarenalis f
su|pra|spi|nal supraspinal
su|pra|spi|na|tus Supraspinatus m
su|pra|ster|nal suprasternal
su|pra|thresh|old überschwellig
su|pra|um|bil|i|cal supraumbilical
su|pra|va|gi|nal supravaginal
su|pra|val|vu|lar supravalvular
su|pra|ven|tric|u|lar supraventricular
su|pra|ves|i|cal supravesical
su|pra|vi|tal supravital
su|pra|vi|tal|ly supravital
su|ra Sura f
su|ral sural
sur|di|tas Surditas f
sur|di|ty Surditas f, Taubheit f
sur|do|car|di|ac surdocardial
sur|face-ac|tive oberflächen--activ
sur|fac|tant "Surfactant" n, oberflächen-active Substanz
sur|geon Chirurg m
sur|ger|y Chirurgie f, Praxis f
sur|gi|cal chirurgisch
sus|cep|ti|bil|i|ty Susceptibilität f, Anfälligkeit f
sus|cep|ti|ble susceptibel, anfällig
sus|pen|sion Suspension f
sus|pen|so|ri|um Suspensorium n
sus|ten|tac|u|lum Sustentaculum n
su|sur|rus Susurrus m
su|tu|ra Sutura f
su|ture Sutur f, Naht f, suturieren, nähen
sved|berg Svedberg n
swal|low schlucken
swal|low|ing schluckend, Schlucken n, Schluck...
sway|back Hohlrücken m
sweat schwitzen, Schweiß m
sy|co|sis Sycosis f
Syl|vi|an Sylvius-...
sym|bi|ont Symbiont m
sym|bi|o|sis Symbiosis f
sym|bi|ot|ic symbiotisch
sym|bi|ot|i|cal|ly symbiotisch
sym|bleph|a|ron Symblepharon n
sym|bleph|a|ro|sis Symblepharosis f
sy|me|li|a Symelia f
sym|e|lus Symelus m
sym|me|lus Symmelus m
sym|met|ric symmetrisch
sym|met|ri|cal symmetrisch
sym|me|try Symmetrie f
sym|pa|thec|to|my Sympathectomie f
sym|pa|thet|ic sympathetisch,

sympathisch

sym|pa|thet|i|co|mi|met|ic sympathicomimetisch

sym|pa|thet|i|co|to|ni|a Sympathicotonia f

sym|pa|thet|i|co|ton|ic sympathicoton

sym|pa|thet|i|co|to|nus Sympathicotonus m

sym|pa|thet|o|blast Sympathoblast m

sym|path|ic sympathisch

sym|path|i|cec|to|my Sympathicectomie f

sym|path|i|co|blast Sympathicoblast m

sym|path|i|co|blas|to|ma Sympathicoblastoma n

sym|path|i|co|cy|to|ma Sympathicoblastoma n

sym|path|i|co|go|ni|o|ma Sympathicogonioma n

sym|path|i|cop|a|thy Sympathicopathie f

sym|path|i|co|to|ni|a Sympathicotonia f

sym|path|i|co|trop|ic sympathicotrop

sym|path|i|cus Sympathicus m

sym|pa|thin Sympathin n

sym|pa|tho|blast Sympathoblast m

sym|pa|tho|blas|to|ma Sympathoblastoma n

sym|pa|tho|gone Sympathogonie f

sym|pa|tho|go|ni|a Sympathogonia n pl

sym|pa|tho|go|ni|o|ma Sympathogonioma n

sym|pa|tho|lyt|ic sympatholytisch

sym|pa|tho|mi|met|ic sympathomimetisch

sym|pa|thy Sympathie f

sym|pex|i|on Sympexion f

sym|pex|is Sympexis f

sym|phal|an|gism Symphalangismus m

sym|phy|se|al symphyseal

sym|phy|sec|to|my Symphysectomie f

sym|phys|i|al symphysial

sym|phys|i|ec|to|my Symphysiectomie f

sym|phys|i|or|rha|phy Symphysiorrhaphie f

sym|phys|i|o|tome Symphysiotom n

sym|phys|i|ot|o|my Symphysiotomie f

sym|phy|sis Symphysis f

sym|phy|sop|si|a Symphysopsia f

sym|phy|so|ske|li|a Symphysoskelia f

sym|plasm Symplasma n

sym|po|di|a Sympodia f

symp|tom Symptom n

symp|to|mat|ic symptomatisch

symp|to|mat|o|log|ic symptomatologisch

symp|to|mat|o|log|i|cal|ly symptomatologisch
symp|to|ma|tol|o|gy Symptomatologie f
sym|pus Sympus m
syn|a|del|phus Synadelphus m
syn|al|gi|a Synalgia f
syn|al|gic synalgisch
syn|a|nas|to|mo|sis Synanastomosis f
syn|an|throp|ic synanthrop
syn|apse Synapse f, synaptieren
syn|ap|ses Synapses f pl, Synapsen f pl
syn|ap|sis Synapsis f
syn|ap|tic synaptisch
syn|ap|to|lem|ma Synaptolemma n
syn|ap|to|some Synaptosom n
syn|ar|thro|sis Synarthrosis f
syn|ceph|a|lus Syncephalus m
syn|chei|li|a Syncheilia f
syn|chi|li|a Synchilia f
syn|chon|dro|ses Synchondroses f pl
syn|chon|dro|sis Synchondrosis f
syn|chon|drot|o|my Synchondrotomie f
syn|chro|cy|clo|tron Synchrocyclotron n
syn|chro|ni|a Synchronia f
syn|chro|nism Synchronismus m
syn|chro|nous synchron
syn|chro|tron Synchrotron n
syn|chy|sis Synchysis f
syn|clit|ic synclitisch
syn|cli|tism Synclitismus m
syn|co|pal syncopal
syn|co|pe Syncope f
syn|cop|ic syncopisch
syn|cy|ti|a Syncytia n pl
syn|cy|ti|al syncytial
syn|cy|ti|o|ma Syncytioma n
syn|cy|ti|o|troph|o|blast Syncytiotrophoblast m
syn|cy|ti|um Syncytium n
syn|dac|tyl syndactyl
syn|dac|tyl|i|a Syndactylia f
syn|dac|ty|lism Syndactylismus m
syn|dac|ty|lus Syndactylus m
syn|dac|ty|ly Syndactylie f
syn|de|sis Syndesis f
syn|des|mec|to|pi|a Syndesmectopia f
syn|des|mi|tis Syndesmitis f
syn|des|mo|lo|gi|a Syndesmologia f
syn|des|mol|o|gy Syndesmologie f
syn|des|mo|pex|y Syndesmopexie f
syn|des|mo|phyte Syndesmophyt m
syn|des|mo|sis Syndesmosis f
syn|drome Syndrom n
syn|dro|mol|o|gy Syndromologie f
syn|ech|i|a Synechia f
syn|er|get|ic synergetisch

syn|er|gi|a Synergia f
syn|er|gism Synergismus m
syn|er|gist Synergist m
syn|er|gis|tic synergistisch
syn|er|gy Synergie f
syn|es|the|si|a Synaesthesia f
syn|es|the|si|al|gi|a Synaesthesialgia f
syn|ga|my Syngamie f
syn|ge|ne|ic syngen
syn|ge|ne|si|o|plas|tic syngenesioplastisch
syn|ge|ne|si|o|plas|ty Syngenesioplastik f
syn|ge|ne|si|ous syngenetisch
syn|i|ze|sis Synizesis f
syn|kar|y|on Synkaryon n
syn|ki|ne|si|a Synkinesia f
syn|ki|ne|sis Synkinesis f
syn|ki|net|ic synkinetisch
syn|oph|rys Synophrys f
syn|oph|thal|mi|a Synophthalmia f
syn|oph|thal|mus Synophthalmus m
syn|op|si|a Synopsia f
syn|or|chi|dism Synorchidismus m
syn|or|chism Synorchismus m
syn|os|te|o|sis Synosteosis f
syn|os|to|sis Synostosis f
syn|os|tot|ic synostotisch
syn|o|ti|a Synotia f
syn|o|tus Synotus m
syn|o|vec|to|my Synovectomie f
syn|o|vi|a Synovia f
syn|o|vi|al synovial
syn|o|vi|o|ma Synovioma n
syn|o|vi|tis Synovitis f
syn|tac|tic syntactisch
syn|tac|ti|cal syntactisch
syn|thase Synthase f
syn|the|sis Synthesis f
syn|the|size synthetisieren
syn|the|tase Synthetase f
syn|thet|ic synthetisch
syn|ton|ic synton
syn|troph|o|blast Syntrophoblast m
syph|i|lid Syphilid n
syph|i|lide Syphilid n
syph|i|lis Syphilis f
syph|i|lit|ic syphilitisch, Syphilitiker m
syph|i|lo|derm Syphiloderm n
syph|i|lo|der|ma Syphiloderma n
syph|i|lo|der|ma|tous syphilodermatös
syph|i|lo|gen|e|sis Syphilogenesis f
syph|i|loid syphiloid
syph|i|lol|o|gist Syphilologe m
syph|i|lol|o|gy Syphilologie f
syph|i|lo|ma Syphiloma n
syph|i|lo|nych|i|a Syphilonychia f
syph|i|lo|pho|bi|a Syphilophobia f
sy|rig|mus Syrigmus m
syr|ing|ad|e|no|ma Syringadenoma n

syr|inge Spritze f
sy|rin|go|bul|bi|a Syringobulbia f
sy|rin|goid syringoid
syr|in|go|ma Syringoma n
sy|rin|go|my|e|li|a Syringomyelia f
sy|rin|go|my|e|lo|cele Syringomyelocele f
syr|up Syrup m
sys|tem System n
sys|te|ma Systema n
sys|tem|ic systemisch
sys|to|le Systole f
sys|tol|ic systolisch
tab|a|co|sis Tabacosis f
ta|bel|la Tabella f
ta|bes Tabes f
ta|bet|ic tabetisch, tabisch
ta|bet|i|form tabetiform
tab|ic tabisch
ta|ble Tisch m, Tabelle f
ta|ble|spoon Eßlöffel m
tab|let Tablette f
ta|bo|pa|ral|y|sis Taboparalysis f
ta|chis|to|scope Tachistoscop n
ta|chis|to|scop|ic tachistoscopisch
ta|chis|to|scop|i|cal|ly tachistoscopisch
tach|o|gram Tachogramm n
ta|chog|ra|phy Tachographie f
ta|chom|e|ter Tachometer n
tach|y|al|i|men|ta|tion Tachyalimentation f
tach|y|ar|rhyth|mi|a Tachyarrhythmia f
tach|y|car|di|a Tachycardia f
tach|y|car|di|ac tachycardial
tach|y|pha|gi|a Tachyphagia f
tach|y|phra|si|a Tachyphrasia f
tach|y|phy|lax|i|a Tachyphylaxia f
tach|y|phy|lax|is Tachyphylaxis f
tach|y|pne|a Tachypnoea f, Tachypnoe f
tach|y|pne|ic tachypnoisch
tach|y|pnoe|a Tachypnoea f, Tachypnoe f
tach|y|pnoe|ic tachypnoisch
tach|y|rhyth|mi|a Tachyrhythmia f
tach|y|sys|to|le Tachysystolie f
tac|tile tactil
tae|ni|a Taenia f
tae|ni|a|cide Taenicidum n
tae|ni|a|fuge Taenifugum n
tae|ni|a|sis Taeniasis f
tae|ni|o|pho|bi|a Taeniophobia f
tag markieren, Marker m
tagged markiert
tail Schwanz m
ta|lal|gi|a Talalgia f
tal|i|pes Talipes m
tal|i|pom|a|nus Talipomanus f
ta|lo|cal|ca|ne|al talocalcaneal

ta|lo|cal|ca|ne|o|na|vic|u|lar talocalcaneonavicular
ta|lo|cru|ral talocrural
ta|lo|fib|u|lar talofibular
ta|lo|mal|le|o|lar talomalleolar
ta|lo|na|vic|u|lar talo-navicular
ta|lus Talus m
tam|pon Tampon m, tamponieren
tam|pon|ade Tamponade f
tam|pon|age Tamponade f
tam|pon|ing Tamponieren n
tan Bräune f, bräunen
ta|na|pox Tanapocken pl
tan|nase Tannase f
tan|nate Tannat n
tan|nic Tannin...
tan|nin Tannin n
tan|no|phil tannophil
tan|ta|lum Tantalum n, Tantal n
tap abzapfen, anzapfen, Ab-zapfen n, Anzapfen n
ta|pe|to|ret|i|nal tapetoretinal
ta|pe|tum Tapetum n
tape|worm Bandwurm m
taph|e|pho|bi|a Taphephobia f
taph|i|pho|bi|a Taphephobia f
taph|o|pho|bi|a Taphophobia f
ta|pote|ment Tapotement n
tar Teer m
tar|ant|ism Tarantismus m
tar|an|tis|mus Tarantismus m
ta|ran|tu|la Tarantula f
ta|ran|tu|lism Tarantulismus m
ta|rax|e|in Taraxein n
ta|rax|is Taraxis f
tar|dive tardiv
tar|get Schießscheibe f
tar|ry Teer..., teerförmig
tar|sal|gi|a Tarsalgia f
tar|sec|to|my Tarsectomie f
tar|si|tis Tarsitis f
tar|so|ma|la|ci|a Tarso-malacia f
tar|so|met|a|tar|sal tarso-metatarsal
tar|so|pha|lan|ge|al tarso-phalangeal
tar|so|plas|ty Tarsoplastik f
tar|sop|to|si|a Tarsoptosia f
tar|sop|to|sis Tarsoptosis f
tar|sor|rha|phy Tarsor-rhaphie f
tar|sot|o|my Tarsotomie f
tar|sus Tarsus m
tar|tron|ic Tartron...
taste Geschmack m, schmecken
tau|rine Taurin n
tau|tom|er|al tautomer
tau|to|mer|ic tautomer
tau|tom|er|ism Tautomerie f
tax|is Taxis f
tax|on Taxon n
tax|o|nom|ic taxonomisch
tax|o|nom|i|cal|ly taxonomisch
tax|on|o|my Taxonomie f
tea Tee m
tear Träne f
tea|spoon Teelöffel m
tech|ne|ti|um Technetium n

tech|nic Technik f
tech|ni|cian Techniker m
tech|nics Technik f
tech|nique Technik f
tech|nol|o|gist Technologe m
tech|nol|o|gy Technologie f
tec|tal tectal, Tectum...
tec|to|bul|bar tectobulbar
tec|to|cer|e|bel|lar tecto-cerebellar
tec|to|re|tic|u|lar tecto-reticular
tec|to|ru|bral tectorubral
tec|to|spi|nal tectospinal
tec|to|tha|lam|ic tecto-thalamisch
tec|tum Tectum n
teg|men Tegmen n
teg|men|tum Tegmentum n
te|la Tela f
tel|an|gi|ec|ta|si|a Telangi-ectasia f
tel|an|gi|ec|ta|sis Telangi-ectasis f
tel|an|gi|ec|tat|ic telangi-ectatisch
tel|an|gi|tis Telangitis f
tel|e|an|gi|ec|ta|sis Teleangi-ectasis f
tel|e|cep|tor Teleceptor m
tel|e|di|as|tol|ic tele-diastolisch
te|leg|o|ny Telegonie f
tel|en|ce|phal|ic telencephal
tel|en|ceph|a|lon Tel-encephalon n
tel|e|o|log|ic teleologisch
tel|e|o|log|i|cal|ly teleologisch
tel|e|ol|o|gy Teleologie f
tel|e|op|si|a Teleopsia f
tel|e|roent|gen|o|gram Tele-röntgenogramm n
tel|e|path|ic telepathisch
tel|e|path|i|cal|ly telepathisch
te|lep|a|thist Telepath m
te|lep|a|thy Telepathie f
tel|e|ra|di|og|ra|phy Tele-radiographie f
tel|e|re|cep|tor Telereceptor m
tel|er|gy Telergie f
tel|es|the|si|a Telaesthesia f
tel|e|sys|tol|ic telesystolisch
tel|lu|ri|um Tellurium n, Tellur n
tel|o|cen|tric telocentrisch
tel|o|den|dra Telodendra n pl
tel|o|den|dron Telodendron n
tel|o|gen Telogen n
tel|o|lec|i|thal telolecithal
tel|o|lem|ma Telolemma n
tel|o|mer Telomer n
tel|o|mere Telomer n
tel|o|mer|i|za|tion Telo-merisation f
tel|o|phase Telophase f
tem|per|a|ment Temperament n
tem|per|a|ture Temperatur f
tem|plate Schablone f, Matrize f
tem|ple Schläfe f
tem|po|ra Tempora n pl
tem|po|ral temporal

tem|po|ra|lis Temporalis m
tem|po|rar|y temporär
te|nac|i|ty Tenacität f
ten|di|nous tendinös
ten|do Tendo m
ten|dol|y|sis Tendolysis f
ten|don Sehne f
ten|do|syn|o|vi|tis Tendosynovitis f
ten|do|vag|i|ni|tis Tendovaginitis f
te|nes|mus Tenesmus m
te|ni|a Taenia f
ten|o|de|sis Tenodesis f
ten|o|dyn|i|a Tenodynia f
ten|o|nec|to|my Tenonectomie f
ten|o|ni|tis Tenonitis f
te|nor|rha|phy Tenorrhaphie f
ten|o|syn|o|vec|to|my Tenosynovectomie f
ten|o|syn|o|vi|tis Tenosynovitis f
ten|o|tome Tenotom n
te|not|o|mize tenotomieren
te|not|o|my Tenotomie f
ten|o|vag|i|ni|tis Tenovaginitis f
ten|sion Tension f, Spannung f, Anspannung f
ten|sor Tensor m
ten|ta|tive tentativ
ten|tig|i|nous tentiginös
ten|ti|go Tentigo f
ten|to|ri|um Tentorium n
teph|ro|my|e|li|tis Tephromyelitis f
ter|a|mor|phous teramorph
ter|as Teras n
ter|a|ta Terata n pl
ter|a|to|blas|to|ma Teratoblastoma n
ter|a|to|car|ci|no|ma Teratocarcinoma n
ter|a|to|gen Teratogen n
ter|a|to|gen|ic teratogen
ter|a|to|gen|e|sis Teratogenesis f
ter|a|tog|e|nous teratogen
ter|a|tog|e|ny Teratogenie f
ter|a|toid teratoid
ter|a|to|log|ic teratologisch
ter|a|tol|o|gist Teratologe m
ter|a|tol|o|gy Teratologie f
ter|a|to|ma Teratoma n
ter|a|to|ma|tous teratomatös
ter|a|to|pho|bi|a Teratophobia f
ter|a|to|sper|mi|a Teratospermia f
ter|es Teres m
ter|tip|a|ra Tertipara f
tes|ti|cle Testikel m, Hoden m
tes|tic|u|lar testicular
tes|tis Testis m
tes|tos|ter|one Testosteron n
test-tube Retorten...
te|ta|ni|a Tetania f
te|tan|ic tetanisch
te|tan|i|form tetaniform
tet|a|nig|e|nous tetanigen
tet|a|ni|za|tion Tetanisation f
tet|a|nize tetanisieren

tet|a|noid tetanoid
tet|a|no|ly|sin Tetanolysin n
tet|a|no|ly|sis Tetanolysis f
tet|a|no|pho|bi|a Tetanophobia f
tet|a|no|spas|min Tetanospasmin n
tet|a|nus Tetanus m
tet|a|ny Tetanie f
te|tar|ta|no|pi|a Tetartanopia f
te|tar|ta|nop|si|a Tetartanopsia f
tet|ra|coc|cus Tetracoccus m
tet|ra|cy|cline Tetracyclin n
tet|rad Tetrade f
tet|ra|hy|dro|fo|lic Tetrahydrofol...
te|tral|o|gy Tetralogie f
tet|ra|mas|ti|a Tetramastia f
tet|ra|mer Tetramer n
te|tram|er|ous tetramer
tet|ra|nop|si|a Tetranopsia f
tet|ra|nu|cle|o|tide Tetranucleotid n
tet|ra|pa|re|sis Tetraparesis f
tet|ra|pep|tide Tetrapeptid n
tet|ra|pho|co|me|li|a Tetraphocomelia f
tet|ra|ple|gi|a Tetraplegia f
tet|ra|ploid tetraploid
tet|ra|pus Tetrapus m
tet|ra|sac|cha|ride Tetrasaccharid n
tet|ra|so|my Tetrasomie f
tet|ra|sti|chi|a|sis Tetrastichiasis f
tet|ra|vac|cine Tetravaccin n
tet|ra|va|lent tetravalent
tet|ro|do|tox|in Tetrodotoxin n
tet|rose Tetrose f
tex|ture Textur f
thal|a|men|ceph|a|lon Thalamencephalon n
tha|lam|ic thalamisch, Thalamus...
thal|a|mo|cor|ti|cal thalamocortical
tha|la|mot|o|my Thalamotomie f
thal|a|mus Thalamus m
thal|as|sae|mi|a Thalassaemia f
thal|as|se|mi|a Thalassaemia f
tha|las|so|pho|bi|a Thalassophobia f
tha|las|so|ther|a|py Thalassotherapie f
tha|lid|o|mide Thalidomid n
thal|li|um Thallium n
than|a|to|gno|mon|ic thanatognomisch
than|a|tol|o|gy Thanatologie f
than|a|to|pho|bi|a Thanatophobia f
than|a|to|phor|ic thanatophorisch
than|a|top|sy Thanatopsie f
than|a|tos Thanatos m
the|be|si|an Thebesius-...
the|ca Theca f
the|cal thecal, Theca...
the|co|ma Thecoma n

thei|le|ri|a|sis Theileriasis f
the|ine Thein n
the|lal|gi|a Thelalgia f
the|lar|che Thelarche f
thel|a|zi|a|sis Thelaziasis f
the|ler|e|thism Thelerethismus m
the|li|tis Thelitis f
the|lor|rha|gi|a Thelorrhagia f
thel|y|go|ni|a Thelygonia f
the|lyt|o|ky Thelytokie f
the|nar Thenar n
the|o|bro|mine Theobromin n
the|o|ma|ni|a Theomania f
the|o|phyl|line Theophyllin n
ther|a|peu|tic therapeutisch
ther|a|peu|tics Therapeutik f
ther|a|peu|tist Therapeutiker m
the|ra|pi|a Therapia f
ther|a|pist Therapeut m
ther|a|py Therapie f
the|ri|ac Theriacum n
the|ri|a|ca Theriaca n pl
the|ri|a|cal theriacal
ther|mal thermal, thermisch
ther|mal|ge|si|a Thermalgesia f
ther|mal|gi|a Thermalgia f
therm|es|the|si|a Thermaesthesia f
therm|es|the|si|om|e|ter Thermästhesiometer n
therm|hy|per|es|the|si|a Thermhyperaesthesia f
therm|hyp|es|the|si|a Thermhypaesthesia f
ther|mic thermisch
ther|mo|aes|the|si|a Thermoaesthesia f
ther|mo|aes|the|si|om|e|ter Thermoästhesiometer n
ther|mo|al|ge|si|a Thermoalgesia f
ther|mo|an|al|ge|si|a Thermoanalgesia f
ther|mo|an|es|the|si|a Thermoanaesthesia f
ther|mo|bi|ol|o|gy Thermobiologie f
ther|mo|cau|ter|y Thermocauterisation f, Thermocaustik f
ther|mo|chem|is|try Thermochemie f
ther|mo|co|ag|u|la|tion Thermocoagulation f
ther|mo|di|lu|tion Thermodilution f
ther|mo|dy|nam|ics Thermodynamik f
ther|mo|e|lec|tric thermoelectrisch
ther|mo|es|the|si|a Thermoaesthesia f
ther|mo|es|the|si|om|e|ter Thermoästhesiometer n
ther|mo|gen|ic thermogen
ther|mog|e|nous thermogen
ther|mo|gram Thermogramm n
ther|mog|ra|phy Thermographie f
ther|mo|hy|per|al|ge|si|a

Thermohyperalgesia f
ther|mo|hy|per|es|the|si|a Thermohyperaesthesia f
ther|mo|hyp|es|the|si|a Thermohypaesthesia f
ther|mo|hy|po|es|the|si|a Thermohypoaesthesia f
ther|mo|la|bile thermolabil
ther|mom|e|ter Thermometer n
ther|mo|met|ric thermometrisch
ther|mom|e|try Thermometrie f
ther|mo|phil|ic thermophil
ther|mo|phore Thermophor m
ther|mo|ple|gi|a Thermoplegia f
ther|mo|re|cep|tor Thermoreceptor m
ther|mo|reg|u|la|tion Thermoregulation f
ther|mo|reg|u|la|tor Thermoregulator m
ther|mo|scope Thermoscop n
ther|mo|sta|bil|i|ty Thermostabilität f
ther|mo|sta|ble thermostabil
ther|mo|stat Thermostat m
ther|mo|stro|muhr Thermostromuhr f
ther|mo|tac|tic thermotactisch
ther|mo|tax|ic thermotaxisch
ther|mo|tax|is Thermotaxis f
ther|mo|ther|a|py Thermotherapie f
ther|mot|ro|pism Thermotropismus m
the|ro|mor|phi|a Theromorphia f
the|ro|mor|phism Theromorphismus m
the|sau|ris|mo|sis Thesaurismosis f
the|ta Theta n
thi|a|min Thiamin n
thi|am|i|nase Thiaminase f
thi|a|mine Thiamin n
thigh Oberschenkel m
thigh|bone Oberschenkelknochen m
thig|mo|tax|is Thigmotaxis f
thi|o|es|ter Thioester m
thi|ol Thiol n
thi|o|phil|ic thiophil
thirst Durst m
thix|o|trop|ic thixotrop
thix|ot|ro|py Thixotropie f
thlip|sen|ceph|a|lus Thlipsencephalus m
tho|rac|ic thoracal, Thorax...
tho|ra|co|ab|dom|i|nal thoracoabdominal
tho|ra|co|a|ceph|a|lus Thoracoacephalus m
tho|ra|co|a|cro|mi|al thoracoacromial
tho|ra|co|ce|los|chi|sis Thoracocoeloschisis f
tho|ra|co|coe|los|chi|sis Thoracocoeloschisis f
tho|ra|co|cen|te|sis Thoracocentesis f
tho|ra|co|del|phus Thoracodelphus m

tho|ra|co|did|y|mus Thoracodidymus m

tho|ra|co|dyn|i|a Thoracodynia f

tho|ra|co|gas|tros|chi|sis Thoracogastroschisis f

tho|ra|co|lap|a|rot|o|my Thoracolaparotomie f

tho|ra|com|e|lus Thoracomelus m

tho|ra|com|e|try Thoracometrie f

tho|ra|cop|a|gus Thoracopagus m

tho|ra|co|plas|ty Thoracoplastik f

tho|ra|cos|chi|sis Thoracoschisis f

tho|ra|co|scope Thoracoscop n

tho|ra|cos|co|py Thoracoscopie f

tho|ra|cos|to|my Thoracostomie f

tho|ra|cot|o|my Thoracotomie f

tho|ra|del|phus Thoradelphus m

tho|rax Thorax m

tho|ri|um Thorium n

tho|ron Thoron n

thre|o|nine Threonin n

thre|o|nyl Threonyl n

thresh|old Schwelle f

throm|base Thrombase f

throm|bec|to|my Thrombectomie f

throm|bic thrombisch

throm|bin Thrombin n

throm|bin|o|gen Thrombinogen n

throm|bo|an|gi|i|tis Thromboangiitis f

throm|bo|blast Thromboblast m

throm|bo|cyte Thrombocyt m

throm|bo|cy|the|mi|a Thrombocythaemia f

throm|bo|cyt|ic thrombocytär

throm|bo|cy|to|crit Thrombocytocrit m

throm|bo|cy|tol|y|sin Thrombocytolysin n

throm|bo|cy|tol|y|sis Thrombocytolysis f

throm|bo|cy|to|lyt|ic thrombocytolytisch

throm|bo|cy|to|path|i|a Thrombocytopathia f

throm|bo|cy|to|path|ic thrombocytopathisch

throm|bo|cy|to|pe|ni|a Thrombocytopenia f

throm|bo|cy|to|pe|nic thrombocytopenisch

throm|bo|cy|to|sis Thrombocytosis f

throm|bo|en|do|car|di|tis Thromboendocarditis f

throm|bo|gen Thrombogen n

throm|bo|gen|ic thrombogen

throm|boid thromboid

throm|bo|ki|nase Thrombokinase f

throm|bo|lym|phan|gi|tis

Thrombolymphangitis f
throm|bol|y|sis Thrombolysis f
throm|bo|lyt|ic thrombolytisch
throm|bop|a|thy Thrombopathie f
throm|bo|pe|ni|a Thrombopenia f
throm|bo|pe|nic thrombopenisch
throm|bo|phil|i|a Thrombophilia f
throm|bo|phle|bi|tis Thrombophlebitis f
throm|bo|plas|tin Thromboplastin n
throm|bo|plas|tin|o|gen Thromboplastinogen n
throm|bo|poi|e|sis Thrombopoiesis f
throm|bo|sis Thrombosis f
throm|bo|sthe|nin Thrombosthenin n
throm|bot|ic thrombotisch
throm|bus Thrombus m
thu|li|um Thulium n
thumb Daumen m
thy|mec|to|mize thymectomieren
thy|mec|to|my Thymectomie f
thy|mer|ga|si|a Thymergasia f
thy|mic thymisch, Thymus...
thy|mi|dine Thymidin n
thy|mine Thymin n
thy|mi|tis Thymitis f
thy|mo|cyte Thymocyt m
thy|mo|lep|tic thymoleptisch, Thymolepticum n
thy|mo|ma Thymoma n
thy|mo|nu|cle|ic Thymonuclein...
thy|mop|a|thy Thymopathie f
thy|mo|priv|ic thymopriv
thy|mo|sin Thymosin n
thy|mus Thymus m
thy|re|o|a|pla|si|a Thyreoaplasia f
thy|re|o|gen|ic thyreogen
thy|re|o|pri|val thyreopriv
thy|ro|cal|ci|to|nin Thyrocalcitonin n
thy|ro|chon|drot|o|my Thyrochondrotomie f
thy|ro|gen|ic thyrogen
thy|rog|e|nous thyrogen
thy|ro|glob|u|lin Thyroglobulin n
thy|roid thyroid, Thyroidea f
thy|roid|ec|to|mize thyroidectomieren
thy|roid|ec|to|my Thyroidectomie f
thy|roid|ism Thyroidismus m
thy|roid|i|tis Thyroiditis f
thy|ro|pri|val thyropriv
thy|ro|pri|vous thyropriv
thy|ro|pro|te|in Thyroprotein n
thy|ro|sis Thyrosis f
thy|rot|o|my Thyrotomie f
thy|ro|tox|ic thyrotoxisch
thy|ro|tox|i|co|sis Thyrotoxicosis f
thy|ro|tro|phic thyrotrophisch
thy|rot|ro|phin Thyrotrophin n
thy|ro|tro|pic thyrotrop

thy|ro|tro|pin Thyrotropin n
thy|rox|in Thyroxin n
thy|rox|ine Thyroxin n
tib|i|a Tibia f
tib|i|al tibial, Tibia...
tib|i|a|lis Tibialis m
tib|i|o|fem|o|ral tibiofemoral
tib|i|o|fib|u|lar tibiofibular
tic Tic m
ti|groid tigroid
ti|grol|y|sis Tigrolysis f
tin Zinn n
tinc|tu|ra Tinctura f
tinc|ture Tinctur f
tin|e|a Tinea f
tin|ni|tus Tinnitus m
tire ermüden
tis|sue Gewebe n
tis|su|lar Gewebe..., gewebig
ti|ta|ni|um Titanium n
ti|trate titrieren
ti|tra|tion Titration f
ti|trim|e|ter Titrimeter n
ti|tri|met|ric titrimetrisch
ti|tri|met|ri|cal|ly titrimetrisch
ti|trim|e|try Titrimetrie f
tit|u|ba|tion Titubation f
toad Kröte f, Kröten...
to|bac|co Tabak m
to|bra|my|cin Tobramycin n
to|co|dy|na|mom|e|ter Tocodynamometer n
to|co|graph|ic tocographisch
to|cog|ra|phy Tocographie f
to|col|o|gist Tocologe m
to|col|o|gy Tocologie f
to|com|e|ter Tocometer n
to|com|e|try Tocometrie f
toe Zeh m, Zehe f
to|ga|vi|rus Togavirus n
tol|er|ance Toleranz f
tol|er|ant tolerant
tol|er|ate tolerieren
tol|er|a|tion Toleration f
to|mo|gram Tomogramm n
to|mo|graph|ic tomographisch
to|mog|ra|phy Tomographie f
to|mo|ma|ni|a Tomomania f
tone Ton m, Tonus m
tongue Zunge f
ton|ic tonisch, Tonicum n
ton|ic-clon|ic tonisch-clonisch
to|nic|i|ty Tonicität f
ton|i|co|clon|ic tonisch--clonisch
ton|i|tro|pho|bi|a Tonitrophobia f
ton|o|clon|ic tonoclonisch
to|no|fi|bril Tonofibrille f
to|no|gram Tonogramm n
to|no|graph Tonograph m
to|nog|ra|phy Tonographie f
to|nom|e|ter Tonometer n
to|nom|e|try Tonometrie f
ton|sil Tonsille f, Mandel f
ton|sil|lar tonsillar
ton|sil|lec|to|my Tonsillectomie f
ton|sil|lit|ic tonsillitisch
ton|sil|li|tis Tonsillitis f
ton|sil|lo|tome Tonsillotom n

ton|sil|lot|o|my Tonsillotomie f
to|nus Tonus m
tooth Zahn m
tooth|ache Zahnschmerz m
toothed gezähnt
top|ag|no|si|a Topagnosia f
top|ag|no|sis Topagnosis f
to|pal|gi|a Topalgia f
to|pec|to|my Topectomie f
top|es|the|si|a Topaesthesia f
to|phus Tophus m
top|ic topisch
top|i|cal topisch
top|o|al|gi|a Topoalgia f
top|o|an|es|the|si|a Topoanaesthesia f
top|og|no|sis Topognosis f
top|og|nos|tic topognostisch
top|o|graph|ic topographisch
top|o|graph|i|cal topographisch
top|o|graph|i|cal|ly topographisch
to|pog|ra|phy Topographie f
to|ric torisch
tor|men Tormen n
tor|mi|na Tormina n pl
tor|pid torpid
tor|pid|i|ty Torpidität f
tor|por Torpor m
torr Torr n
tor|sion Torsion f
tor|so Torso m
tor|ti|col|lis Torticollis m
tor|ti|pel|vis Tortipelvis f
tor|u|li Toruli m pl
tor|u|lo|ma Toruloma n
tor|u|lo|sis Torulosis f
tor|u|lus Torulus m
to|rus Torus m
to|tal total
to|tip|o|tence Totipotenz f
to|tip|o|tent totipotent
to|ti|po|ten|tial totipotent
touch Tastsinn m, Berührung f
tox|ae|mi|a Toxaemia f
tox|ae|mic toxämisch
tox|al|bu|min Toxalbumin n
tox|e|mi|a Toxaemia f
tox|e|mic toxämisch
tox|ic toxisch
tox|i|cae|mi|a Toxicaemia f
tox|i|ce|mi|a Toxicaemia f
tox|ic|i|ty Toxicität f
tox|i|co|der|ma Toxicoderma n
tox|i|co|der|ma|ti|tis Toxicodermatitis f
tox|i|co|der|ma|to|sis Toxicodermatosis f
tox|i|co|gen|ic toxicogen
tox|i|coid toxicoid
tox|i|co|log|ic toxicologisch
tox|i|co|log|i|cal toxicologisch
tox|i|co|log|i|cal|ly toxicologisch
tox|i|col|o|gist Toxicologe m
tox|i|col|o|gy Toxicologie f
tox|i|co|ma|ni|a Toxicomania f
tox|i|co|pho|bi|a Toxicophobia f
tox|i|co|sis Toxicosis f
tox|i|der|ma|to|sis Toxi-

dermatosis f

tox|i|der|mi|tis Toxidermitis f

tox|i|ge|nic|i|ty Toxigenität f

tox|ig|e|nous toxigen

tox|in Toxin n

tox|in-an|ti|tox|in Toxin-Antitoxin n

tox|oid Toxoid n

tox|o|no|sis Toxonosis f

tox|oph|o|rous toxophor

tox|o|plas|mat|ic toxoplasmatisch

tox|o|plas|mic toxoplasmisch

tox|o|plas|min Toxoplasmin n

tox|o|plas|mo|sis Toxoplasmosis f

tra|bec|u|la Trabecula f

trace Spur f, Spuren...

tra|che|a Trachea f

tra|che|al tracheal

tra|che|a|ec|ta|sy Trachea-ectasie f

tra|che|i|tis Tracheitis f

trach|e|lo|pex|i|a Trachelo-pexia f

trach|e|lo|plas|ty Trachelo-plastik f

trach|e|lor|rha|phy Trachelor-rhaphie f

trach|e|lor|rhec|tes Trachelor-rhecter m

trach|e|los|chi|sis Trachelo-schisis f

trach|e|lot|o|my Trachelo-tomie f

tra|che|o|bron|chi|al tracheo-bronchial

tra|che|o|bron|chi|tis Tracheo-bronchitis f

tra|che|o|bron|chos|co|py Tracheobronchoscopie f

tra|che|o|e|soph|a|ge|al tracheoösophageal

tra|che|o|fis|sure Tracheo-fissur f

tra|che|og|ra|phy Tracheo-graphie f

tra|che|o|la|ryn|ge|al tracheo-laryngeal

tra|che|o|lar|yn|got|o|my Tracheolaryngotomie f

tra|che|o-oe|soph|a|ge|al tracheoösophageal

tra|che|o|path|i|a Tracheo-pathia f

tra|che|or|rha|gi|a Tracheor-rhagia f

tra|che|os|chi|sis Tracheo-schisis f

tra|che|o|scop|ic tracheo-scopisch

tra|che|os|co|py Tracheo-scopie f

tra|che|o|ste|no|sis Tracheo-stenosis f

tra|che|os|to|my Tracheo-stomie f

tra|che|ot|o|mize tracheo-tomieren

tra|che|ot|o|my Tracheotomie f

tra|chi|el|co|sis Trachi-elcosis f

tra|cho|ma Trachoma n
tra|cho|ma|tous trachomatos
tra|chy|pho|ni|a Trachyphonia f
tract Tract m
trac|tion Traction f
trac|tor Tractor m
trac|tot|o|my Tractotomie f
trac|tus Tractus m
trade|mark Warenzeichen n
traf|fic Verkehr m
tra|gus Tragus m
trance Trance f
tran|quil|ize tranquilisieren
tran|quil|iz|er Tranquillans n
tran|quil|li|za|tion Tranquilisation f
tran|quil|lize tranquilisieren
tran|quil|liz|er Tranquillans n
trans|ab|dom|i|nal transabdominal
trans|am|i|nase Transaminase f
trans|am|i|na|tion Transamination f
trans|con|dy|lar transcondylar
trans|cor|ti|cal transcortical
tran|scrip|tion Transcription f
trans|cu|ta|ne|ous transcutan
trans|duc|er Transductor m
trans|duc|tion Transduction f
trans|du|o|de|nal transduodenal
trans|fer Transfer m
trans|fer transferieren
trans|fer|ase Transferase f
trans|fer|rin Transferrin n
trans|fix|ion Transfixion f
trans|fo|rate transforieren
trans|fo|ra|tion Transforation f
trans|fo|ra|tor Transforator m
trans|for|ma|tion Transformation f
trans|form|er Transformator m
trans|fuse transfundieren
trans|fu|sion Transfusion f
trans|he|pat|ic transhepatisch
tran|si|ent transient
trans|il|i|ac transiliacal
tran|si|tion|al transitional, Übergangs...
tran|si|to|ry transitorisch
trans|la|tion Translation f
trans|lo|ca|tion Translocation f
trans|lu|mi|nal transluminal
trans|max|il|lar|y transmaxillar
trans|meth|yl|a|tion Transmethylation f
trans|mi|gra|tion Transmigration f
trans|mis|sion Transmission f
trans|mit|ter Transmitter m
trans|mu|ral transmural
trans|mu|ta|tion Transmutation f
trans|per|i|to|ne|al transperitonäal
trans|phos|pho|ryl|ase Transphosphorylase f

tran|spi|ra|tion Transpiration f
trans|plant Transplantat n
trans|plant transplantieren
trans|plan|ta|tion Transplantation f
trans|port Transport m
trans|po|si|tion Transposition f
trans|py|lor|ic transpylorisch
trans|sex|u|al Transsexueller m
trans|sex|u|a|lism Transsexualismus m
trans|tho|rac|ic transthoracal
tran|su|date Transsudat n
tran|su|da|tion Transsudation f
tran|sude transsudieren
trans|u|re|thral transurethral
trans|va|gi|nal transvaginal
trans|ver|sec|to|my Transversectomie f
trans|ves|tism Transvestismus m
trans|ves|tite Transvestit m
trans|ves|ti|tism Transvestitismus m
tra|pe|zi|al trapezial, Trapezius...
tra|pe|zi|um Trapezium n
tra|pe|zi|us Trapezius m
trau|ma Trauma n
trau|ma|ta Traumata n pl
trau|mat|ic traumatisch
trau|ma|tize traumatisieren
trau|ma|tol|o|gy Traumatologie f
trau|ma|top|ne|a Traumatopnoea f, Traumatopnoe f
treat behandeln
treat|ment Behandlung f
trem|a|to|di|a|sis Trematodiasis f
trem|o|lo Tremolo n
trem|or Tremor m
trem|u|la|tion Tremulation f
trep|a|na|tion Trepanation f
trep|a|nize trepanieren
tre|phine Trephine f, trepanieren
treph|one Trephon n
trep|i|da|tion Trepidation f
trep|o|ne|ma|to|sis Treponematosis f
trep|o|ne|mi|a|sis Treponemiasis f
trep|o|ne|mi|ci|dal treponemicid
trep|o|ne|min Treponemin n
tri|age Triage f
tri|an|gle Dreieck n
tri|an|gu|lar dreieckig, triangular
tri|ax|i|al triaxial
tri|car|box|yl|ic Tricarboxyl..., Tricarbon...
tri|ceph|a|lus Tricephalus m
tri|ceps Triceps m
trich|es|the|si|a Trichaesthesia f
tri|chi|a|sis Trichiasis f

trich|i|no|sis Trichinosis f
tri|chi|tis Trichitis f
trich|o|be|zo|ar Tricho-bezoar m
trich|o|car|di|a Trichocardia f
trich|o|ceph|a|li|a|sis Tricho-cephaliasis f
trich|o|cla|si|a Trichoclasia f
tri|choc|la|sis Trichoclasis f
trich|o|cryp|to|sis Tricho-cryptosis f
trich|o|ep|i|the|li|o|ma Tricho-epithelioma n
trich|o|fol|lic|u|lo|ma Tricho-folliculoma n
trich|o|glos|si|a Tricho-glossia f
trich|o|hy|a|lin Trichohyalin n
trich|o|kryp|to|ma|ni|a Tricho-kryptomania f
trich|o|lith Tricholith m
tri|cho|ma Trichoma n
trich|o|ma|de|sis Tricho-madesis f
trich|o|ma|ni|a Trichomania f
trich|o|mo|ni|a|sis Tricho-moniasis f
trich|o|my|co|sis Tricho-mycosis f
trich|o|no|car|di|o|sis Trichonocardiosis f
trich|o|no|do|sis Tricho-nodosis f
trich|o|no|sis Trichonosis f
trich|o|path|o|pho|bi|a Tricho-pathophobia f
trich|o|path|ic trichopathisch
tri|chop|a|thy Trichopathie f
trich|o|pha|gi|a Tricho-phagia f
trich|oph|a|gy Trichophagie f
trich|o|phyte Trichophyt m
trich|o|phy|tid Trichophytid n
trich|o|phy|tin Trichophytin n
trich|o|phy|to|be|zo|ar Tricho-phytobezoar m
trich|o|phy|ton Trichophyton n
trich|o|phy|to|sis Tricho-phytosis f
trich|o|po|li|o|sis Tricho-poliosis f
trich|o|pti|lo|sis Tricho-ptilosis f
trich|o|rhi|no|pha|lan|ge|al trichorhinophalangeal
trich|or|rhex|is Trichor-rhexis f
trich|or|rhex|o|ma|ni|a Trichorrhexomania f
tri|cho|sis Trichosis f
trich|o|spo|ro|sis Tricho-sporosis f
trich|o|stron|gy|li|a|sis Trichostrongyliasis f
trich|o|til|lo|ma|ni|a Tricho-tillomania f
tri|chro|mat|ic trichromatisch
trich|ter|brust Trichterbrust f
trich|u|ri|a|sis Trichuriasis f
tri|cip|i|tal tricipital, Triceps...
tri|cro|tism Tricrotismus m

tri|cus|pid tricuspidal
tri|fo|cal trifocal
tri|gem|i|nus Trigeminus m
tri|gem|i|ny Trigeminie f
trig|ger Auslöser m, auslösen, Auslösungs...
tri|glyc|er|ide Triglycerid n
tri|gone Trigonum n
tri|go|ni|tis Trigonitis f
trig|o|no|ceph|a|lus Trigonocephalus m
trig|o|no|ceph|a|ly Trigonocephalie f
tri|go|num Trigonum n
tri|hy|drox|y|pro|pane Trihydroxypropan n
tri|lam|i|nar trilaminar
tri|mal|le|o|lar trimalleolar
tri|man|u|al trimanuell
tri|o|lism Triolismus m
tri|o|list Triolist m
tri|ose Triose f
trip|a|ra Tripara f
tri|pep|tid Tripeptid n
tri|pep|tide Tripeptid n
tri|pha|lan|gi|a Triphalangia f
tri|pha|lan|gism Triphalangismus m
tri|pha|lan|gy Triphalangie f
tri|ple|gi|a Triplegia f
trip|let Drilling m, Triplett n
trip|lo|co|ri|a Triplocoria f
trip|loid triploid
trip|loi|dy Triploidie f
tri|pro|so|pus Triprosopus m
tri|que|trum Triquetrum n
tri|sac|cha|ride Trisaccharid n
tris|mus Trismus m
tri|so|mic trisom, trisomal
tri|so|my Trisomie f
tris|ti|chi|a|sis Tristichiasis f
trit|i|um Tritium n
trit|u|rate triturieren, Triturat n
trit|u|ra|tion Trituration f
tri|va|lence Trivalenz f
tri|va|lent trivalent
tri|val|vu|lar trivalvular
tro|car Trocar m
tro|chan|ter Trochanter m
tro|chan|ter|ic trochanterisch, Trochanter...
troch|le|a Trochlea f
troch|le|ar trochlear, Trochlea...
troch|le|a|ris Trochlearis m
trom|bic|u|lo|sis Trombiculosis f
trom|bid|i|o|sis Trombidiosis f
trom|o|ma|ni|a Tromomania f
tro|pae|o|lin Tropäolin n
tro|pe|o|lin Tropäolin n
troph|oe|de|ma Trophoedema n
tro|phol|o|gy Trophologie f
troph|o|neu|ro|sis Trophoneurosis f
troph|o|neu|rot|ic trophoneurotisch
tro|phop|a|thy Trophopathie f
troph|o|plasm Trophoplasma n
troph|o|tro|pic trophotrop

tro|phot|ro|pism Trophotropismus m
tro|pin Tropin n
tro|pism Tropismus m
tro|po|col|la|gen Tropocollagen n
tro|pom|e|ter Tropometer n
tro|po|my|o|sin Tropomyosin n
tro|po|nin Troponin n
trun|ci Trunci m pl
trun|cus Truncus m
trunk Truncus m, Rumpf m
try|pa|no|ci|dal trypanocid
try|pa|no|cide Trypanocid n
try|pa|no|some Trypanosoma n
try|pa|no|so|mi|a|sis Trypanosomiasis f
tryp|sin Trypsin n
tryp|sin|o|gen Trypsinogen n
tryp|tase Tryptase f
tryp|to|lyt|ic tryptolytisch
tryp|to|lyt|i|cal|ly tryptolytisch
tryp|to|phan Tryptophan n
tryp|to|phane Tryptophan n
tryp|to|phan|u|ri|a Tryptophanuria f
tryp|to|phyl Tryptophyl n
tu|ba Tuba f
tu|bage Tubage f
tu|bal tubal, Tuben...
tube Tube f
tu|bec|to|my Tubectomie f
tu|ber Tuber n
tu|ber|cle Tuberkel n
tu|ber|cu|la Tubercula n pl
tu|ber|cu|lid Tuberculid n
tu|ber|cu|lin Tuberculin n
tu|ber|cu|lo|der|ma Tuberculoderma n
tu|ber|cu|loid tuberculoid
tu|ber|cu|lo|ma Tuberculoma n
tu|ber|cu|lo|pro|tein Tuberculoprotein n
tu|ber|cu|lo|sis Tuberculosis f
tu|ber|cu|lo|stat|ic tuberculostatisch
tu|ber|cu|lous tuberculös
tu|ber|cu|lum Tuberculum n
tu|ber|os|i|tas Tuberositas f
tu|ber|os|i|ty Tuberositas f
tu|ber|ous tuberös
tu|bo|ab|dom|i|nal tuboabdominal
tu|bo|o|var|i|an tuboovarial
tu|bo|o|var|i|ot|o|my Tuboovariotomie f
tu|bu|lar tubulär
tu|bule Tubulus m, Röhrchen n
tu|bu|li Tubuli m pl
tu|bu|li|za|tion Tubulisation f
tu|bu|lus Tubulus m
tu|bus Tubus m
tu|la|re|mi|a Tularaemia f
tu|me|fac|tion Tumefaction f
tu|mes|cence Tumescenz f
tu|mes|cent tumescent
tu|mid tumid
tu|mid|i|ty Tumidität f
tu|mor Tumor m
tu|mor|af|fin tumoraffin
tu|mor|let Tumörchen n

tu|mor|ous tumorös
tu|mul|tus Tumultus m
tun|gi|a|sis Tungiasis f
tung|sten Wolfram n
tu|nic Tunica f
tu|ni|ca Tunica f
tur|bi|nec|to|my Turbinectomie f
tur|bu|lent turbulent
tur|ges|cence Turgescenz f
tur|ges|cent turgescent
tur|gor Turgor m
turn|over Umsatz m
tus|sis Tussis f
twin Zwilling m
twitch Zuckung f
two-joint zweigelenkig
ty|lo|ma Tyloma n
ty|lo|sis Tylosis f
ty|lot|ic tylotisch
tym|pa|nal tympanal
tym|pa|nec|to|my Tympanectomie f
tym|pan|i|a Tympania f
tym|pan|ic tympanisch
tym|pa|nism Tympanismus m
tym|pa|nit|ic tympanitisch
tym|pa|ni|tis Tympanitis f
tym|pa|no|plas|ty Tympanoplastik f
tym|pa|not|o|my Tympanotomie f
tym|pa|num Tympanum n
tym|pa|ny Tympanie f
typh|la|to|ni|a Typhlatonia f
typh|lat|o|ny Typhlatonie f
typh|lec|ta|si|a Typhlectasia f
typh|lec|to|my Typhlectomie f
typh|li|tis Typhlitis f
ty|pho|bac|il|lo|sis Typhobacillosis f
ty|phoid typhoid, Typhoid n
ty|phoid|al typhoid
ty|pho|pneu|mo|ni|a Typhopneumonia f
ty|phus Typhus m
typ|i|cal typisch
ty|pus Typus m
ty|ro|ci|din Tyrocidin n
ty|ro|ci|dine Tyrocidin n
ty|ro|sine Tyrosin n
ty|ro|si|ne|mi|a Tyrosinaemia f
ty|ro|syl Tyrosyl n
ty|ro|thri|cin Tyrothricin n
u|bi|qui|none Ubichinon n
ud|der Euter m
ul|cer Ulcus n, Geschwür n
ul|cer|ate ulcerieren
ul|cer|a|tion Ulceration f
ul|cer|a|tive ulcerativ
ul|cer|ous ulcerös
ul|cus Ulcus n
u|le|gy|ri|a Ulegyria f
u|ler|y|the|ma Ulerythema n
u|li|tis Ulitis f
ul|na Ulna f
ul|nar ulnar
u|lo|sis Ulosis f
u|lot|ic ulotisch
ul|ti|mo|bran|chi|al ultimobranchial

ul|tra|cen|trif|u|gal ultracentrifugal
ul|tra|cen|tri|fuge Ultracentrifuge f
ul|tra|fil|ter Ultrafilter m
ul|tra|fil|tra|tion Ultrafiltration f
ul|tra|mi|cro|scope Ultramicroscop n
ul|tra|mi|cro|scop|i|cal ultramicroscopisch
ul|tra|mi|cros|co|py Ultramicroscopie f
ul|tra|son|ic Ultraschall...
ul|tra|son|o|gram Ultrasonogramm n
ul|tra|so|nog|ra|phy Ultrasonographie f
ul|tra|son|o|scope Ultrasonoscop n
ul|tra|sound Ultraschall m
ul|tra|struc|ture Ultrastructur f
ul|tra|vi|o|let ultraviolett
um|bi|lec|to|my Umbilectomie f
um|bil|i|cal umbilical, Nabel...
um|bil|i|ca|tion Umbilication f
um|bil|i|ci Umbilici m pl
um|bil|i|cus Umbilicus m
um|bo Umbo m
un|ci|na|ri|a|sis Uncinariasis f
un|com|pen|sat|ed uncompensiert
un|con|di|tioned unconditioniert, unbedingt
un|con|scious unbewußt, Unbewußtes n, bewußtlos
un|con|scious|ness Bewußtlosigkeit f, Unbewußtsein f
unc|tion Unction f
un|cus Uncus m
un|der|wa|ter Unterwasser...
un|der|weight untergewichtig
un|dif|fer|en|ti|at|ed undifferenziert
un|dine Undine f
un|din|ism Undinismus m
un|du|lant undulant
un|du|late undulieren
un|du|lat|ing undulierend
un|du|la|tion Undulation f
un|du|la|to|ry undulatorisch
un|gu|al ungual
un|health|ful ungesund
un|health|y ungesund
u|ni|ar|tic|u|lar uniarticular, eingelenkig
u|ni|ax|i|al uniaxial, einachsig
u|ni|cam|er|al unicameral, einkammerig
u|ni|cel|lu|lar unicellular
u|ni|grav|i|da Unigravida f
u|ni|lat|er|al unilateral
u|ni|lo|bar unilobar
u|ni|mo|lec|u|lar unimolecular
u|ni|nu|cle|ar uninuclear
un|ion Union f, Vereinigung f
u|ni|ov|u|lar uniovular, eineiig

u|nip|a|ra Unipara f
u|ni|po|lar unipolar
u|nip|o|tent unipotent
u|ni|po|ten|tial unipotent
u|nit Einheit f
u|ni|tar|i|an unitaristisch
u|ni|va|lent univalent
u|ni|ver|sal universal
un|my|e|li|nat|ed unmyeliniert
un|rest Unruhe f
un|sat|u|rat|ed unsaturiert, ungesättigt
un|sound ungesund, krank, gestört
un|sound|ness Krankheit f, Gestörtheit f
un|sta|ble instabil
un|stri|at|ed ungestreift
un|striped ungestreift
un|u|nit|ed nicht zusammengewachsen
un|well unwohl
up|per ober
u|ra|chus Urachus m
u|ra|cil Uracil n
u|rae|mi|a Uraemia f
u|ra|nism Uranismus m
u|ra|ni|um Uran n, Uranium n
u|ra|no|col|o|bo|ma Uranocoloboma n
u|ra|no|plas|tic uranoplastisch
u|ra|no|plas|ty Uranoplastik f
u|ra|no|ple|gi|a Uranoplegia f
u|ra|nor|rha|phy Uranorrhaphie f
u|ra|nos|chi|sis Uranoschisis f
u|ra|no|staph|y|lo|plas|ty Uranostaphyloplastik f
u|ra|no|staph|y|lor|rha|phy Uranostaphylorrhaphie f
u|rate Urat n
u|ra|te|mi|a Urataemia f
u|ra|tu|ri|a Uraturia f
u|re|a Urea f, Harnstoff m
u|re|am|e|ter Ureameter n, Harnstoffmesser m
u|re|am|e|try Ureametrie f, Harnstoffmessung f
u|re|ase Urease f
u|re|ide Ureid n
u|re|mi|a Uraemia f
u|re|mic urämisch
u|re|om|e|ter Ureometer n
u|re|om|e|try Ureometrie f
u|re|sis Uresis f
u|re|ter Ureter m
u|re|ter|al ureteral, Ureter...
u|re|ter|ec|to|my Ureterectomie f
u|re|ter|ic Ureter...
u|re|ter|i|tis Ureteritis f
u|re|ter|o|cele Ureterocele f
u|re|ter|o|ce|lec|to|my Ureterocelectomie f
u|re|ter|o|co|los|to|my Ureterocolostomie f
u|re|ter|o|cys|tos|to|my Ureterocystostomie f
u|re|ter|o|en|ter|os|to|my Ureteroenterostomie f
u|re|ter|og|ra|phy Ureterographie f

u|re|ter|o|hy|dro|neph|ro|sis Ureterohydronephrosis f
u|re|ter|o|lith Ureterolith m
u|re|ter|o|li|thi|a|sis Ureterolithiasis f
u|re|ter|o|li|thot|o|my Ureterolithotomie f
u|re|ter|ol|y|sis Ureterolysis f
u|re|ter|o|meg|a|ly Ureteromegalie f
u|re|ter|o|ne|o|cys|tos|to|my Ureteroneocystostomie f
u|re|ter|o|ne|o|py|e|los|to|my Ureteroneopyelostomie f
u|re|ter|o|neph|rec|to|my Ureteronephrectomie f
u|re|ter|o|plas|ty Ureteroplastik f
u|re|ter|o|py|e|li|tis Ureteropyelitis f
u|re|ter|o|py|e|log|ra|phy Ureteropyelographie f
u|re|ter|o|py|e|lo|ne|os|to|my Ureteropyeloneostomie f
u|re|ter|o|py|e|lo|neph|ri|tis Ureteropyelonephritis f
u|re|ter|o|py|e|lo|neph|ros|to-my Ureteropyelonephrostomie f
u|re|ter|o|py|e|lo|plas|ty Ureteropyeloplastik f
u|re|ter|o|py|e|los|to|my Ureteropyelostomie f
u|re|ter|o|sig|moid|os|to|my Ureterosigmoidostomie f
u|re|ter|os|to|my Ureterostomie f
u|re|ter|ot|o|my Ureterotomie f
u|re|ter|o|u|re|ter|os|to|my Ureteroureterostomie f
u|re|ter|o|ves|i|co|pex|y Ureterovesicopexie f
u|re|thra Urethra f
u|re|thral urethral
u|re|threc|to|my Urethrectomie f
u|re|thri|tis Urethritis f
u|re|thro|cele Urethrocele f
u|re|thro|cys|ti|tis Urethrocystitis f
u|re|thro|cys|to|cele Urethrocystocele f
u|re|thro|gram Urethrogramm n
u|re|throg|ra|phy Urethrographie f
u|re|throm|e|ter Urethrometer n
u|re|throm|e|try Urethrometrie f
u|re|thro|plas|ty Urethroplastik f
u|re|thror|rha|phy Urethrorrhaphie f
u|re|thror|rhe|a Urethrorrhoea f
u|re|thror|rhoe|a Urethrorrhoea f
u|re|thro|scope Urethroscop n
u|re|thro|scop|ic urethroscopisch
u|re|thro|scop|i|cal|ly urethroscopisch
u|re|thros|co|py Urethro-

scopie f
u|re|thro|spasm Urethrospasmus m
u|re|thro|ste|no|sis Urethrostenosis f
u|re|thros|to|my Urethrostomie f
u|re|thro|tome Urethrotom n
u|re|throt|o|my Urethrotomie f
ur|hi|dro|sis Urhidrosis f
u|ric|ac|i|dae|mi|a Uricaemia f
u|ric|ac|i|de|mi|a Uricaemia f
u|ric|ac|i|du|ri|a Uricosuria f
u|ri|cae|mi|a Uricaemia f
u|ri|ce|mi|a Uricaemia f
u|ri|col|y|sis Uricolysis f
u|ri|co|su|ri|a Uricosuria f
u|ri|co|su|ric Uricosuricum n
u|ri|dine Uridin n
u|ri|nal Urinal n
u|ri|nar|y Harn...
u|ri|nate urinieren
u|ri|na|tion Urination f
u|rine Urin m
u|ri|nif|er|ous urinifer
u|ri|no|cry|os|co|py Urinocryoscopie f
u|ri|no|ma Urinoma n
u|ri|nose urinös
u|ri|nous urinös
u|ri|po|si|a Uriposia f
u|ri|tis Uritis f
ur|ning Urning m
u|ro|bil|in Urobilin n
u|ro|bil|i|nae|mi|a Urobilinaemia f
u|ro|bil|i|ne|mi|a Urobilinaemia f
u|ro|bi|lin|o|gen Urobilinogen n
u|ro|che|si|a Urochesia f
u|ro|chrome Urochrom n
u|ro|chro|mo|gen Urochromogen n
u|ro|er|y|thrin Uroerythrin n
u|ro|gas|trone Urogastron n
u|ro|gen|i|tal urogenital
u|rog|e|nous urogen
u|ro|gram Urogramm n
u|rog|ra|phy Urographie f
u|ro|ki|nase Urokinase f
u|ro|lith Urolith m
u|ro|li|thi|a|sis Urolithiasis f
u|ro|li|thot|o|my Urolithotomie f
u|ro|log|ic urologisch
u|ro|log|i|cal|ly urologisch
u|rol|o|gist Urologe m
u|rol|o|gy Urologie f
u|ro|mel|a|nin Uromelanin n
u|ro|neph|ro|sis Uronephrosis f
u|rop|a|thy Uropathie f
u|ro|pep|sin Uropepsin n
u|ro|poi|e|sis Uropoiesis f
u|ros|che|sis Uroschesis f
u|ro|scop|ic uroscopisch
u|ro|scop|i|cal|ly uroscopisch
u|ros|co|py Uroscopie f
u|ro|sep|sis Urosepsis f
u|ro|ste|a|lith Urostealith m
u|ro|the|li|al urothelial

u|ro|the|li|um Urothelium n
u|ro|tox|in Urotoxin n
ur|ti|car|i|a Urticaria f
ur|ti|car|i|al urticariell
ur|ti|ca|tion Urtication f
u|ter|al|gi|a Uteralgia f
u|ter|ine uterin
u|ter|i|tis Uteritis f
u|ter|o|cer|vi|cal uterocervical
u|ter|og|ra|phy Uterographie f
u|ter|o|pex|i|a Uteropexia f
u|ter|o|pex|y Uteropexie f
u|ter|o|pla|cen|tal utero-placental
u|ter|o|va|gi|nal uterovaginal
u|ter|o|ves|i|cal uterovesical
u|ter|us Uterus m
u|ti|li|za|tion Utilisation f
u|tri|cle Utriculus m
u|tric|u|lar utricular
u|tric|u|li|tis Utriculitis f
u|tric|u|lus Utriculus m
u|ve|a Uvea f
u|ve|al uveal
u|ve|it|ic uveitisch
u|ve|i|tis Uveitis f
u|ve|o|en|ceph|a|li|tis Uveo-encephalitis f
u|ve|o|me|nin|go|en|ceph|a|li-tis Uveomeningoencephalitis f
u|vu|la Uvula f
u|vu|lec|to|my Uvulectomie f
u|vu|li|tis Uvulitis f
u|vu|lop|to|sis Uvuloptosis f
u|vu|lot|o|my Uvulotomie f
vac|cin Vaccin n
vac|ci|na Vaccina f
vac|ci|nate vaccinieren, impfen
vac|ci|na|tion Vaccination f, Impfung f
vac|cine Vaccin n, Impfstoff m
vac|cin|i|a Vaccinia f
vac|ci|no|ther|a|py Vaccino-therapie f
vac|u|ole Vacuole f
va|gal vagal, Vagus...
va|gi Vagi m pl
va|gi|na Vagina f
va|gi|nal vaginal
vag|i|nec|to|my Vaginectomie f
vag|i|nis|mus Vaginismus m
vag|i|ni|tis Vaginitis f
vag|i|no|cele Vaginocele f
vag|i|no|dyn|i|a Vagino-dynia f
vag|i|no|fix|a|tion Vagino-fixation f
vag|i|no|my|co|sis Vagino-mycosis f
vag|i|no|plas|ty Vagino-plastik f
vag|i|no|scope Vaginoscop n
vag|i|nos|co|py Vaginoscopie f
vag|i|not|o|my Vaginotomie f
va|gi|tus Vagitus m
va|go|lyt|ic vagolytisch, Vagolyticum n
va|go|lyt|i|cal|ly vagolytisch
va|got|o|mize vagotomieren
va|got|o|mized vagotomiert
va|got|o|my Vagotomie f

va|go|to|ni|a Vagotonia f
va|go|ton|ic vagoton
va|got|o|nin Vagotonin n
va|go|tro|pic vagotrop
va|gus Vagus m
va|gus|stoff Vagusstoff m
va|lence Valenz f, Wertigkeit f
va|lent valent, wertig
val|ine Valin n
val|i|no|my|cin Valinomycin n
Va|li|um Valium n
val|lec|u|la Vallecula f
val|lum Vallum n
val|pro|ic Valproin...
val|va Valva f
valve Ventil n, Klappe f, Valva f
val|vot|o|my Valvotomie f
val|vu|la Valvula f
val|vu|lae Valvulae f pl
val|vu|lar valvular
val|vu|lec|to|my Valvulectomie f
val|vu|li|tis Valvulitis f
val|vu|lo|plas|ty Valvuloplastik f
val|vu|lo|tome Valvulotom n
val|vu|lot|o|my Valvulotomie f
val|yl Valyl n
va|na|di|um Vanadium n
va|na|di|um|ism Vanadiumismus m
van|co|my|cin Vancomycin n
va|nil|lism Vanillismus m
va|po|cau|ter|i|za|tion Vapocauterisation f
va|por Dampf m
va|por|i|za|tion Vaporisation f, Verdampfung f
va|por|ize vaporisieren, verdampfen
va|por|iz|er Vaporisator m, Verdampfer m
va|po|ther|a|py Vapotherapie f
var|i|a|bil|i|ty Variabilität f
var|i|a|ble variabel, Variable f
var|i|ance Varianz f
var|i|ant variant, Variante f
var|i|a|tion Variation f
var|i|cec|to|my Varicectomie f
var|i|ces Varices f pl, Varicen f pl
var|i|co|bleph|a|ron Varicoblepharon n
var|i|co|cele Varicocele f
var|i|co|ce|lec|to|my Varicocelectomie f
var|i|cog|ra|phy Varicographie f
var|i|coid varicoid
var|i|co|phle|bi|tis Varicophlebitis f
var|i|cose varicos
var|i|co|sis Varicosis f
var|i|cos|i|ty Varicosität f
var|i|cot|o|my Varicotomie f
va|ric|u|la Varicula f
va|ri|e|ty Varietät f
va|ri|o|la Variola f
va|ri|o|lar variolar
var|i|o|late variolieren

var|i|o|lat|ed varioliert
var|i|o|la|tion Variolation f
va|ri|o|lo|vac|cine Variolovaccin n
va|ri|o|lo|vac|cin|i|a Variolovaccinia f
·**var|ix** Varix f
vas Vas n
va|sa Vasa n pl
vas|cu|lar vascular, Gefäß...
vas|cu|lar|i|ty Vascularität f
vas|cu|lar|i|za|tion Vascularisation f
vas|cu|lar|ize vascularisieren
vas|cu|lar|ized vascularisiert
vas|cu|la|ture Vasculatur f
vas|cu|li|tis Vasculitis f
vas|cu|lo|gen|e|sis Vasculogenesis f
vas|cu|lo|tox|ic vasculotoxisch
vas|cu|lum Vasculum n
vas|ec|to|my Vasectomie f
va|so|ac|tive vasoactiv
va|so|con|stric|tion Vasoconstriction f
va|so|con|stric|tor vasoconstrictorisch, Vasoconstrictor m
va|so|de|pres|sor vasodepressorisch, Vasodepressor m
va|so|di|la|ta|tion Vasodilatation f
va|so|di|la|tion Vasodilation f
va|so|di|la|tive vasodilativ
va|so|di|la|tor vasodilatorisch, Vasodilator m
va|so|ep|i|did|y|mos|to|my Vasoepididymostomie f
va|so|for|ma|tion Vasoformation f
va|so|for|ma|tive vasoformativ
va|so|gen|ic vasogen
va|sog|ra|phy Vasographie f
va|so|in|hib|i|tor Vasoinhibitor m
va|so|in|hib|i|to|ry vasoinhibitorisch
va|so|li|ga|tion Vasoligation f
va|so|mo|tion Vasomotion f
va|so|mo|tor vasomotorisch
va|so|mo|tric|i|ty Vasomotorik f
va|so|neu|ro|sis Vasoneurosis f
va|so|or|chid|os|to|my Vasoorchidostomie f
va|so|pa|ral|y|sis Vasoparalysis f
va|so|pa|re|sis Vasoparesis f
va|so|pres|sin Vasopressin n
va|so|pres|sor Vasopressor m
va|so|punc|ture Vasopunctur f
va|so|re|lax|a|tion Vasorelaxation f
va|so|sec|tion Vasosection f
va|so|spasm Vasospasmus m
va|so|spas|tic vasospastisch
va|so|tro|phic vasotroph
va|so|ve|sic|u|lec|to|my Vasovesiculectomie f
vas|tus Vastus m
vec|tor Vector m
vec|tor|car|di|o|gram Vector-

cardiogramm n
vec|tor|car|di|o|graph Vectorcardiograph m
vec|tor|car|di|og|ra|phy Vectorcardiographie f
veg|e|ta|tive vegetativ
vein Vene f
ve|la|men|tum Velamentum n
ve|lar velar
ve|loc|i|ty Geschwindigkeit f
ve|lum Velum n
ve|na Vena f
ve|nae Venae f pl
ve|nec|to|my Venectomie f
ve|ne|re|al venerisch
ve|ne|re|ol|o|gist Venerologe m
ve|ne|re|ol|o|gy Venerologie f
ve|ne|re|o|pho|bi|a Venereophobia f
ven|i|punc|ture Venipunctur f
ven|i|sec|tion Venisection f
ven|i|su|ture Venisutur f
ve|no|a|tri|al venoatrial
ve|no|au|ric|u|lar venoauricular
ve|no|fi|bro|sis Venofibrosis f
ve|no|gram Venogramm n
ve|nog|ra|phy Venographie f
ven|om Gift n
ve|no|mo|tor venomotorisch
ven|om|ous giftig, Gift...
ve|no|pres|sor venopressorisch
ve|no|scle|ro|sis Venosclerosis f
ve|nos|i|ty Venosität f
ve|no|sta|sis Venostasis f
ve|not|o|my Venotomie f
ve|nous venös
ve|no|ve|nos|to|my Venovenostomie f
ven|ter Venter m
ven|ti|late ventilieren
ven|ti|la|tion Ventilation f
ven|ti|lom|e|ter Ventilometer n
ven|ti|lom|e|try Ventilometrie f
ven|trad ventralwärts
ven|tral ventral
ven|tri|cle Ventrikel m
ven|tric|u|lar ventricular, Ventrikel...
ven|tric|u|li Ventriculi m pl
ven|tric|u|li|tis Ventriculitis f
ven|tric|u|lo|a|tri|al ventriculoatrial
ven|tric|u|lo|a|tri|os|to|my Ventriculoatriostomie f
ven|tric|u|lo|cis|ter|nos|to|my Ventriculocisternostomie f
ven|tric|u|lo|gram Ventriculogramm n
ven|tric|u|log|ra|phy Ventriculographie f
ven|tric|u|lo|jug|u|lar ventriculojugular
ven|tric|u|lo|mas|toid|os|to|my Ventriculomastoidostomie f
ven|tric|u|lo|scope Ventriculoscop n
ven|tric|u|los|co|py Ventriculoscopie f
ven|tric|u|los|to|my Ventriculostomie f

ven|tric|u|lus Ventriculus m
ven|tro|lat|er|al ventrolateral
ven|tro|me|di|al ventromedial
ven|trop|to|sis Ventroptosis f
ven|u|la Venula f
ven|u|lae Venulae f pl
ven|u|lar venular
ven|ule Venule f
ver|bal verbal
ver|big|er|a|tion Verbigeration f
ver|do|glo|bin Verdoglobin n
ver|gence Vergenz f
ver|mi|ci|dal vermicid
ver|mi|cide Vermicid n
ver|mic|u|lar vermicular
ver|mi|form vermiform, Wurm...
ver|mif|u|gal vermifugal
ver|mi|fuge Vermifugum n
ver|min Ungeziefer n
ver|mis Vermis m
ver|nal vernal, Frühjahrs..., Frühlings...
ver|nix Vernix f
ver|ru|ca Verruca f
ver|ru|ci|form verruciform
ver|ru|coid verrucoid
ver|ru|cose verrucos
ver|ru|ga Verruga f
ver|sion Version f
ver|te|bra Vertebra f, Wirbel m
ver|te|brae Vertebrae f pl, Wirbel m pl
ver|te|bral vertebral, Wirbel...
ver|te|bro|chon|dral vertebrochondral
ver|te|bro|cos|tal vertebrocostal
ver|tex Vertex m, Scheitel m
ver|ti|cal vertical
ver|tig|i|nous vertiginos
ver|ti|go Vertigo f
ver|u|mon|ta|num Verumontanum n
ve|sa|ni|a Vesania f
ves|i|ca Vesica f
ves|i|cal vesical, Blasen...
ves|i|cant Vesicans n
ves|i|ca|tion Vesication f
ves|i|ca|to|ry vesicatorisch, Vesicatorium n
ves|i|cle Vesikel f
ves|i|co|fix|a|tion Vesicofixation f
ves|i|co|rec|tal vesicorectal
ves|i|co|rec|to|va|gi|nal vesicorectovaginal
ves|i|cos|to|my Vesicostomie f
ves|i|cot|o|my Vesicotomie f
ves|i|co|u|re|ter|al vesicoureteral
ves|i|co|u|re|thral vesicourethral
ves|i|co|u|re|thro|va|gi|nal vesicourethrovaginal
ves|i|co|u|ter|o|va|gi|nal vesicouterovaginal
ves|i|co|va|gi|nal vesicovaginal

ve|sic|u|la Vesicula f
ve|sic|u|lar vesicular
ve|sic|u|la|tion Vesiculation f
ve|sic|u|lec|to|my Vesiculectomie f
ve|sic|u|li|tis Vesiculitis f
ve|sic|u|lo|gram Vesiculogramm n
ve|sic|u|log|ra|phy Vesiculographie f
ve|sic|u|lot|o|my Vesiculotomie f
ves|sel Gefäss n
ves|tib|u|lar vestibular
ves|ti|bule Vestibulum n
ves|tib|u|lo|cer|e|bel|lar vestibulocerebellar
ves|tib|u|lo|coch|le|ar vestibulocochlear
ves|tib|u|lo|spi|nal vestibulospinal
ves|tib|u|lot|o|my Vestibulotomie f
ves|tib|u|lum Vestibulum n
ves|tige Vestigium n
ves|tig|i|um Vestigium n
vet|er|i|nar|i|an Veterinär m, Tierarzt m
vet|er|i|nar|y veterinär, Veterinär m
vi|a|bil|i|ty Lebensfähigkeit f
vi|a|ble lebensfähig
vi|brate vibrieren
vi|brat|ing vibrierend, Vibrieren n, Vibrier...
vi|bra|tion Vibration f
vi|bra|tor Vibrator m
vi|bris|sa Vibrissa f
vi|bris|sae Vibrissae f pl
vi|car|i|ous vicariierend
vi|gil|am|bu|lism Vigilambulismus m
vig|i|lance Vigilanz f
vil|li Villi m pl
vil|li|ki|nin Villikinin n
vil|lous villos
vil|lus Villus m
vin|cu|la Vincula n pl
vin|cu|lum Vinculum n
vin|e|gar Essig m
vi|nyl Vinyl n
vi|nyl|i|dene Vinyliden n
vi|o|la|tion Notzucht f
vi|o|my|cin Viomycin n
vi|per Viper f
vi|ral viral, Virus...
vi|re|mi|a Viraemia f
vir|gin Jungfrau f, Virgo f, jungfräuliche Person, sexuell unerfahrener Mann
vir|gin|i|ty Virginität f, Jungfräulichkeit f
vir|gin|i|a|my|cin Virginiamycin n
vir|ile viril, männlich
vir|i|lism Virilismus m
vir|i|lis|mus Virilismus m
vi|ril|i|ty Virilität f
vir|i|li|za|tion Virilisation f
vir|i|lize virilisieren
vir|i|liz|ing virilisierend
vi|ro|cyte Virocyt m

vi|rol|o|gist Virologe m
vi|rol|o|gy Virologie f
vi|ro|pex|is Viropexis f
vi|ru|ci|dal virucid
vir|u|lence Virulenz f
vir|u|lent virulent
vi|rus Virus n
vi|ru|stat|ic virustatisch
vis|cer|a Viscera n pl
vis|cer|al visceral
vis|cer|al|gi|a Visceralgia f
vis|cer|o|car|di|ac viscerocardial
vis|cer|o|cep|tor Visceroceptor m
vis|cer|o|meg|a|ly Visceromegalie f
vis|cer|o|mo|tor visceromotorisch
vis|cer|op|to|sis Visceroptosis f
vis|cer|o|sen|so|ry viscerosensorisch
vis|cer|o|tome Viscerotom n
vis|cer|ot|o|my Viscerotomie f
vis|cer|o|tro|pic viscerotrop
vis|co|sim|e|ter Viscosimeter n
vis|cos|i|ty Viscosität f
vis|cous viscos
vis|cus Viscus n
vis|i|bil|i|ty Visibilität f
vis|i|ble visibel
vi|sion Gesichtssinn m, Vision f
vis|u|al visuell, Seh...
vis|u|al|i|za|tion Vorstellung f, Sichtbarmachung f
vis|u|o|mo|tor visuomotorisch
vis|u|o|psy|chic visuopsychisch
vis|u|o|sen|so|ry visuosensorisch
vi|sus Visus m
vi|tal vital, Lebens...
vi|tal|ism Vitalismus m
vi|tal|ist Vitalist m
vi|tal|is|tic vitalistisch
vi|tal|i|ty Vitalität f
vi|tals lebenswichtige Organe
vi|ta|min Vitamin n
vi|ta|mine Vitamin n
vi|tel|li|form vitelliform
vi|tel|lo|lu|te|in Vitellolutein n
vi|tel|lo|ru|bin Vitellorubin n
vi|tel|lus Vitellus m
vit|i|li|go Vitiligo f
vit|ro|pres|sion Vitropression f
vit|rum Vitrum n
viv|i|dif|fu|sion Vividiffusion f
viv|i|fi|ca|tion Vivification f
viv|i|par|i|ty Viviparie f
vi|vip|a|rous vivipar
viv|i|sect vivisecieren
viv|i|sec|tion Vivisection f
voice Stimme f
vo|la Vola f
vo|lar volar
vol|a|tile volatil, flüchtig
vo|le|mic volämisch
volt Volt n

volt|age Spannung f
volt|me|ter Voltmeter n
vol|ume Volumen n
vol|u|met|ric volumetrisch
vol|un|tar|y willkürlich
vol|vu|lo|sis Volvulosis f
vol|vu|lus Volvulus m
vo|mer Vomer m
vom|er|o|na|sal vomeronasal
vom|it vomieren, erbrechen, Erbrochenes n
vom|it|ing Erbrechen n
vom|i|tu|ri|tion Vomiturition f
vom|i|tus Vomitus m
vo|ra|cious gefräßig
vor|tex Vortex m
vox Vox f
voy|eur Voyeur m
voy|eur|ism Voyeurismus m
vul|ner|a|ble vulnerabel, empfindlich
vul|nus Vulnus n
vul|va Vulva f
vul|vec|to|my Vulvectomie f
vul|vis|mus Vulvismus m
vul|vi|tis Vulvitis f
vul|vo|va|gi|nal vulvovaginal
vul|vo|vag|i|ni|tis Vulvovaginitis f
waist Taille f
waist|line Gürtellinie f
wake|ful|ness Wachzustand m, Schlaflosigkeit f
wall Wand f
wal|le|ri|an Wallersch
ward Station f
warm-blood|ed warmblütig
wart Warze f
waste Abfall m, Ausscheidungen f pl, schwinden
wa|ter Wasser n
watt Watt n
watt|age Wattzahl f
watt|me|ter Wattmeter n
wave Welle f
wave|length Wellenlänge f
wax Wachs n
weak schwach
wean abstillen
wean|ing Abstillen n
weep weinen
weep|ing Weinen n
weight Gewicht n
Welt|mer|ism Weltmerismus m
whoop|ing Keuch...
will Willen m
wind|kes|sel Windkessel m
wind|pipe Luftröhre f
wing Flügel m
with|draw|al Absetzen n (eines Medicamentes), Entzug m (einer Droge)
wit|zel|sucht Witzelsucht f
Wolff|i|an Wolffsch
wolf|jaw Wolfsrachen m
wolf|ram Wolfram n
womb Gebärmutter f
worm Wurm m
wound Wunde f, verwunden
wound|ed verwundet, verletzt, Verwundeter m, Verletzter m
wrin|kle Falte f

wr|ist Handgelenk n
xan|the|las|ma Xanthelasma n
xan|thene Xanthen n
xan|thine Xanthin n
xan|thi|nu|ri|a Xanthinuria f
xan|tho|chro|mat|ic xanthochromatisch
xan|tho|chro|mi|a Xanthochromia f
xan|tho|chro|mic xanthochrom
xan|tho|cy|a|no|pi|a Xanthocyanopia f
xan|tho|cy|a|nop|si|a Xanthocyanopsia f
xan|tho|der|ma Xanthoderma n
xan|tho|fi|bro|ma Xanthofibroma n
xan|tho|gran|u|lo|ma Xanthogranuloma n
xan|tho|gran|u|lo|ma|tous xanthogranulomatos
xan|tho|ma Xanthoma n
xan|tho|ma|to|sis Xanthomatosis f
xan|tho|ma|tous xanthomatos
xan|tho|phyll Xanthophyll n
xan|tho|pi|a Xanthopia f
xan|tho|pro|tein Xanthoprotein n
xan|thop|si|a Xanthopsia f
xan|thop|ter|in Xanthopterin n
xan|tho|sine Xanthosin n
xan|tho|sis Xanthosis f
xan|thu|re|nic Xanthuren...
xan|thy|drol Xanthydrol n
xe|no|di|ag|no|sis Xenodiagnosis f
xe|no|ge|ne|ic xenogen
xe|no|gen|e|sis Xenogenesis f
xe|no|gen|ic xenogen
xe|no|graft Xenotransplantat n
xe|non Xenon n
xe|no|pho|bi|a Xenophobia f
xe|no|plas|tic xenoplastisch
xe|no|plas|ty Xenoplastik f
xe|ra|si|a Xerasia f
xe|ro|der|ma Xeroderma n
xe|ro|der|mos|te|o|sis Xerodermosteosis f
xe|ro|mam|mo|gram Xeromammogramm n
xe|ro|mam|mog|ra|phy Xeromammographie f
xe|roph|thal|mi|a Xerophthalmia f
xe|ro|ra|di|o|graph|ic xeroradiographisch
xe|ro|ra|di|o|graph|i|cal|ly xeroradiographisch
xe|ro|ra|di|og|ra|phy Xeroradiographie f
xe|ro|sis Xerosis f
xe|ro|sto|mi|a Xerostomia f
xe|rot|ic xerotisch
xe|ro|trip|sis Xerotripsis f
xi|phod|y|mus Xiphodymus m
xiph|o|dyn|i|a Xiphodynia f
xiph|oid|i|tis Xiphoiditis f
xi|phop|a|gus Xiphopagus m
x-ray Röntgenstrahl m, Röntgenaufnahme f, Röntgen...

xy|lan Xylan n
xy|lol Xylol n
xy|lo|pho|bi|a Xylophobia f
xy|lose Xylose f
yawn gähnen
yawn|ing Gähnen n, gähnend
yeast Hefe f
yo|him|bine Yohimbin n
yolk Dotter m
yolk-sac Dottersack...
youth Jugend f
y|per|ite Yperit n
yp|sil|i|form y-förmig
yt|ter|bi|um Ytterbium n
yt|tri|um Yttrium n
ze|ro null
ze|ta Zeta n
zinc Zink n
zinc|um Zincum n
zir|co|ni|um Zirconium n
zo|na Zona f
zo|nae Zonae f pl
zon|aes|the|si|a Zonaesthesia f
zone Zone f
zon|es|the|si|a Zonaesthesia f
zo|nif|u|gal zonifugal
zo|nip|e|tal zonipetal
zo|nu|la Zonula f
zo|nu|lae Zonulae f pl
zo|nu|lar zonular, Zonula...
zo|nu|li|tis Zonulitis f
zo|nu|lol|y|sis Zonulolysis f
zo|nu|lot|o|my Zonulotomie f
zo|nu|ly|sis Zonulysis f
zo|o|e|ras|ti|a Zooerastia f
zo|o|ge|og|ra|phy Zoogeographie f
zo|o|graft Zootransplantat n
zo|ol|o|gist Zoologe m
zo|ol|o|gy Zoologie f
zo|o|no|sis Zoonosis f
zo|o|not|ic zoonotisch
zo|o|par|a|site Zooparasit m
zo|o|par|a|sit|ic zooparasitar
zo|oph|a|gous zoophag
zo|o|phil|i|a Zoophilia f
zo|oph|i|lism Zoophilismus m
zo|o|pho|bi|a Zoophobia f
zo|o|plas|tic zooplastisch
zo|o|plas|ty Zooplastik f
zo|op|si|a Zoopsia f
zo|o|spore Zoospore f
zo|o|tom|i|cal zootomisch
zo|o|tom|i|cal|ly zootomisch
zo|ot|o|my Zootomie f
zo|o|tox|in Zootoxin n
zos|ter Zoster m
zuck|er|guss Zuckerguß m
zuck|ung Zuckung f
zwit|ter|i|on Zwitterion n
zyg|a|poph|y|sis Zygapophysis f
zyg|a|poph|y|se|al zyapophyseal
zyg|i|a Zygia n pl
zyg|i|on Zygion n
zy|go|dac|ty|ly Zygodactylie f
zy|go|mat|ic zygomatisch, Zygomaticus m
zy|go|mat|i|co|fa|cial zygomaticofacial
zy|go|mat|i|co|max|il|lar|y

zy|go|mat|i|co|or|bit|al zygomaticoorbital

zy|go|mat|i|co|tem|po|ral zygomaticotemporal

zy|go|mat|i|cus Zygomaticus m

zy|go|ne|ma Zygonema n

zy|go|spore Zygospore f

zy|gote Zygote f

zy|go|tene Zygotän n

zy|got|ic zygotisch

zy|mase Zymase f

zy|mic zymisch

zy|mo|gen Zymogen n

zy|mo|gen|ic zymogen

zy|mog|e|nous zymogen

zy|mo|log|ic zymologisch

zy|mo|log|i|cal|ly zymologisch

zy|mol|o|gy Zymologie f

zy|mo|nem|a|to|sis Zymonematosis f

Wörterbuch Deutsch – Englisch

abac|te|ri|ell (adj) abacterial

abak|te|ri|ell (adj) abacterial

Aba|sia (f) abasia

Aba|sie (f) abasia

aba|tisch (adj) abatic

Ab|bau (m) degradation

ab|bau|en (vt) degrade

Ab|do|men (n) abdomen

ab|do|mi|nal (adj) abdominal

ab|do|mi|nal (adv) abdominally

Ab|do|mi|no|sco|pie (f) abdominoscopy

Ab|do|mi|no|sko|pie (f) abdominoscopy

ab|du|cie|ren (vt) abduct

ab|du|cie|rend (ppr) abducting

Ab|duc|tion (f) abduction

Ab|duc|tor abductor

Ab|duk|tion (f) abduction

Ab|duk|tor (m) abductor

ab|du|zie|ren (vt) abduct

ab|du|zie|rend (ppr) abducting

ab|er|rant (adj) aberrant

Ab|er|ra|tion (f) aberration

Abe|ta|li|po|pro|te|in|aemia (f) abetalipoproteinaemia

Abe|ta|li|po|pro|te|in|ämie (f) abetalipoproteinaemia

ab|füh|rend (ppr) abstergent

Ab|führ|mit|tel (n) abstergent

Abio|ge|ne|se (f) abiogenesis

Abio|ge|ne|sis (f) abiogenesis

Abio|ge|nie (f) abiogeny

abio|gen (adj) abiogenous

abio|ge|ne|tisch (adj) abiogenetic

abio|ge|ne|tisch (adv) abiogenetically

Abio|se (f) abiosis

Abio|sis (f) abiosis

abio|tisch (adj) abiotic

Abio|tro|phie (f) abiotrophy

Ab|lac|ta|tion (f) ablactation

Ab|lak|ta|tion (f) ablactation

Ab|la|tion (f) ablation

ab|la|tiv (adj) ablative

Able|pha|ria (f) ablepharia

Able|pha|rie (f) ablephary

Able|pha|ron (n) ablepharon

Ablep|sia (f) ablepsia

Ablep|sie (f) ablepsy

ab|oral (adj) aboral

Ab|ort (m) abortion

Ab|or|tin (n) abortin

ab|or|tiv (adj) abortive

Ab|or|ti|vum (n) abortive

Ab|or|tus (m) abortus

Abra|chia (f) abrachia

Abra|chie (f) abrachia

Abra|chio|ce|pha|lia (f) abrachiocephalia

Abra|chio|ce|pha|lie (f) abrachiocephaly

Abra|chio|ce|pha|lus (m) abrachiocephalus

Abra|chio|ze|pha|lie (f) abrachiocephaly

Abra|chio|ze|pha|lus (m) abrachiocephalus

Abra|chi|us (m) abrachius
ab|ra|die|ren (vt) abrade
Ab|ra|sion (f) abrasion
ab|ra|siv (adj) abrasive
Ab|rea|gie|ren (n) abreacting
ab|rea|gie|ren (vt) abreact
Ab|re|ac|tion (f) abreaction
Ab|re|ak|tion (f) abreaction
Abs|cess (m) abscess
Abs|ces|sus (m) abscessus
Abs|zeß (m) abscess
Ab|scis|se (f) abscissa
Ab|sence (f) absence
Ab|sen|tia (f) absentia
Ab|set|zen (n) withdrawing
ab|set|zen withdraw
Ab|sinth (m) absinth
Ab|sin|this|mus (m) absinthism
Ab|sor|bens (n) absorbent
Ab|sor|ber (m) absorber
ab|sor|bier|bar (adj) absorbable
ab|sor|bie|ren (vt) absorb
ab|sor|bie|rend (ppr) absorbing
ab|sor|biert (ppe) absorbed
Ab|sorp|tion (f) absorption
ab|sorp|tions|för|dernd (ppr) absorbefacient
ab|sorp|tiv (adj) absorptive
Ab|stil|len (n) weaning
ab|stil|len (vt) wean
abs|ti|nent (adj) abstinent
Abs|ti|nenz (f) abstinence
Ab|trei|be|mit|tel (n) abortifacient
ab|trei|bend (ppr) abortifacient
Ab|trei|ber (m) abortionist
Ab|trei|be|rin (f) abortionist
Ab|trei|bung (f) abortion
Abu|lia (f) abulia
Abu|lie (f) abulia
Acan|tho|se (f) acanthosis
Acan|tho|sen (fpl) acanthoses
Acan|tho|ses (fpl) acanthoses
Acan|tho|sis (f) acanthosis
Acar|bia (f) acarbia
Acar|dia|cus (m) acardiacus
Acar|di|us (m) acardius
Aca|ri|ase (f) acariasis
Aca|ri|asen (fpl) acariases
Aca|ria|ses (fpl) acariases
Aca|ria|sis (f) acariasis
Ac|couche|ment (n) accouchement
ace|phal (adj) acephalic
Ace|pha|li (mpl) acephali
Ace|pha|lia (f) acephalia
Ace|pha|lie (f) acephaly
Ace|pha|lus (m) acephalus
Ace|tal (n) acetal
Acet|al|de|hyd (m) acetaldehyde
Ace|tat (n) acetate
Ace|ton|aemia (f) acetonaemia
Ace|ton|ämie (f) acetonaemia
Ace|ton|uria (f) acetonuria
Ace|ton|urie (f) acetonuria
Ace|tyl (n) acetyl
Ace|tyl|cho|lin (n) acetylcholine

Acha|la|sia (f) achalasia
Acha|la|sie (f) achalasia
Achei|lia (f) acheilia
Achei|lie (f) acheilia
Achei|ria (f) acheiria
Achei|rie (f) acheiria
Achi|lia (f) achilia
Achi|lie (f) achilia
Achil|lo|bur|si|tis (f) achillobursitis
Achil|lo|dy|nia (f) achillodynia
Achil|lo|dy|nie (f) achillodynia
Achil|lor|rha|phie (f) achillorrhaphy
Achil|lo|te|no|to|mie (f) achillotenotomy
Achil|lo|to|mie (f) achillotomy
Achi|ria (f) achiria
Achi|rie (f) achiria
Achlor|hy|dria (f) achlorhydria
Achlor|hy|drie (f) achlorhydria
Acho|lia (f) acholia
Acho|lie (f) acholia
acho|lisch acholic
Achon|dro|pla|sia (f) achondroplasia
Achon|dro|pla|sie (f) achondroplasia
achon|dro|pla|stisch achondroplastic
Achro|ma|sia (f) achromasia
Achro|ma|sie (f) achromasia
Achro|ma|tin (n) achromatin
achro|ma|tisch (adj) achromatic
Achro|mat|op|sia (f) achromatopsia
Achro|mat|op|sie (f) achromatopsia
Achro|ma|to|se (f) achromatosis
Achro|ma|to|sen (fpl) achromatoses
Achro|ma|to|ses (fpl) achromatoses
Achro|ma|to|sis (f) achromatosis
Achro|mia (f) achromia
Achro|mie (f) achromia
Achro|mo|cyt (m) achromocyte
Achro|mo|zyt (m) achromocyte
Ach|se (f) axis
Ach|sel|höh|le (f) armpit
Achy|lia (f) achylia
Achy|lie (f) achylia
achy|lisch achylic
Acid|aemia (f) acidaemia
Acid|ämie (f) acidaemia
Aci|di|me|ter (n) acidimeter
Aci|di|me|trie (f) acidimetry
aci|di|me|trisch (adj) acidimetric
aci|di|me|trisch (adv) acidimetrically
aci|disch (adj) acidic
Aci|di|tät (f) acidity
aci|do|gen (adj) acidogenic
aci|do|phil (adj) acidophilic

Aci|do|phi|lia (f) acidophilia
Aci|do|phi|lie (f) acidophilia
Aci|do|se (f) acidosis
Aci|do|sen (fpl) acidoses
Aci|do|ses (fpl) acidoses
Aci|do|sis (f) acidosis
Acid|uria (f) aciduria
Acid|urie (f) aciduria
Aci|ni (mpl) acini
aci|nos acinous
aci|nös acinous
Aci|nus (m) acinus
Ac|ne (f) acne
ac|nei|form (adj) acneiform
Ac|ni|tis (f) acnitis
Aco|ni|ta|se (f) aconitase
Aco|ni|tin (n) aconitin
Acya|no|blep|sia (f) acyanoblepsia
Acya|no|blep|sie (f) acyanoblepsia
Acyan|op|sia (f) acyanopsia
Acyan|op|sie (f) acyanopsia
Acyl (n) acyl
acy|lie|ren (vt) acylate
Acy|lie|ren (n) acylating
acy|lie|rend (ppr) acylating
Acy|lie|rung (f) acylation
Adac|ty|lia (f) adactylia
Adac|ty|lie (f) adactylia
Adac|ty|lus (m) adactylus
Adak|ty|lie (f) adactylia
Adak|ty|lus (m) adactylus
Ada|man|tin (n) adamantine
Ada|man|ti|nom (n) adamantinoma
Ada|man|ti|no|ma (n) adamantinoma
Ada|man|ti|no|ma|ta (npl) adamantinomata
Ada|man|ti|no|me (npl) adamantinomata
Ada|man|to|blast (m) adamantoblast
Ada|man|to|bla|sten (mpl) adamantoblasts
Ad|ap|ta|tion (f) adaptation
ad|ap|tiv (adj) adaptive
Ad|ap|to|me|ter (n) adaptometer
ad|du|cie|ren (vt) adduct
ad|du|cie|rend (ppr) adducting
Ad|duc|tion (f) adduction
Ad|duc|tor (m) adductor
Ad|duk|tion (f) adduction
Ad|duk|tor (m) adductor
ad|du|zie|ren (vt) adduct
Ad|du|zie|ren (n) adducting
ad|du|zie|rend (ppr) adducting
Ade|na|se (f) adenase
Ade|nia (f) adenia
Ade|nie (f) adenia
Ade|nin (n) adenine
Ade|ni|tis (f) adenitis
Ade|no|acan|thom (n) adenoacanthoma
Ade|no|acan|tho|ma (n) adenoacanthoma
Ade|no|acan|tho|ma|ta (npl) adenoacanthomata

Ade|no|akan|thom (n) adenoacanthoma

Ade|no|akan|tho|me (npl) adenoacanthomas

ade|nös (adj) adenose

Ade|no|hy|po|phy|se (f) adenohypophysis

Ade|no|hy|po|phy|sen (fpl) adenohypophyses

Ade|no|hy|po|phy|ses (fpl) adenohypophyses

Ade|no|hy|po|phy|sis (f) adenohypophysis

ade|no|id (adj) adenoid

Ade|no|idis|mus (m) adenoidismus

Ade|no|idi|tis (f) adenoiditis

Ade|no|kan|kro|id (n) adenocancroid

Ade|no|kar|zi|nom (n) adenocarcinoma

Ade|no|kar|zi|no|me (npl) adenocarcinomata

Ade|no|li|pom (n) adenolipoma

Ade|no|li|po|ma (n) adenolipoma

Ade|no|li|po|ma|ta (npl) adenolipomata

Ade|no|li|po|me (npl) adenolipomata

Ade|no|lym|phom (n) adenolymphoma

Ade|no|lym|pho|ma (n) adenolymphoma

Ade|no|lym|pho|ma|ta (npl) adenolymphomata

Ade|no|lym|pho|me (npl) adenolymphomata

Ade|nom (n) adenoma

Ade|no|ma (n) adenoma

Ade|no|ma|ta (npl) adenomata

Ade|no|me (npl) adenomata

ade|no|ma|tös (adj) adenomatous

ade|no|ma|tos (adj) adenomatous

Ade|no|ma|to|se (f) adenomatosis

Ade|no|ma|to|sen (fpl) adenomatoses

Ade|no|ma|to|ses (fpl) adenomatoses

Ade|no|ma|to|sis (f) adenomatosis

Ade|no|my|om (n) adenomyoma

Ade|no|myo|ma (n) adenomyoma

Ade|no|myo|ma|ta (npl) adenomyomata

Ade|no|myo|me (npl) adenomyomata

Ade|no|myo|sar|com (n) adenomyosarcoma

Ade|no|myo|sar|co|ma (n) adenomyosarcoma

Ade|no|myo|sar|co|ma|ta (npl) adenomyosarcomata

Ade|no|myo|sar|co|me (npl) adenomyosarcomata

Ade|no|myo|sar|kom (n) adenomyosarcoma

Ade|no|myo|sar|ko|me (npl) adenomyosarcomata

Ade|no|myo|se (f) adenomyosis

Ade|no|myo|sen (fpl) adenomyoses

Ade|no|myo|ses (fpl) adenomyoses

Ade|no|myo|sis (f) adenomyosis

Ade|no|pa|thia (f) adenopathia

Ade|no|pa|thie (f) adenopathy

Ade|no|pa|thi|en (fpl) adenopathies

ade|nos (adj) adenose

Ade|no|sar|com (n) adenosarcoma

Ade|no|sar|co|ma (n) adenosarcoma

Ade|no|sar|co|ma|ta (npl) adenosarcomata

Ade|no|sar|co|me (npl) adenosarcomata

Ade|no|sar|kom (n) adenosarcoma

Ade|no|sar|ko|me (npl) adenosarcomata

Ade|no|se (f) adenosis

Ade|no|sen (fpl) adenoses

Ade|no|ses (fpl) adenoses

Ade|no|sis (f) adenosis

Ade|no|sin (n) adenosine

Ade|no|scle|ro|se (f) adenosclerosis

Ade|no|scle|ro|sen (fpl) adenoscleroses

Ade|no|scle|ro|ses adenoscleroses

Ade|no|scle|ro|sis (f) adenosclerosis

Ade|no|skle|ro|se (f) adenosclerosis

Ade|no|skle|ro|sen (fpl) adenoscleroses

Ade|no|tom (n) adenotome

Ade|no|to|mie (f) adenotomy

Ade|no|to|mi|en (fpl) adenotomies

Ade|no|vi|rus (n) adenovirus

Ade|no|zy|stom (n) adenocystoma

Ade|no|zy|sto|me (npl) adenocystomata

Ade|pha|gia (f) adephagia

Ade|pha|gie (f) adephagia

ad|hä|rent (adj) adherent

ad|hä|rie|ren adhere

Ad|hä|sion (f) adhesion

Adia|do|cho|ki|ne|se (f) adiadochokinesis

Adia|do|cho|ki|ne|sis (f) adiadochokinesis

adi|pös (adj) adipose

Adi|po|ki|nin (n) adipokinin

Adi|pom (n) adipoma

Adi|po|ma (n) adipoma

Adi|po|ma|ta (npl) adipomata

Adi|po|me (npl) adipomata

Adi|po|ne|cro|se (f) adiponecrosis

Adi|po|ne|cro|sen (fpl) adiponecroses

Adi|po|ne|cro|ses (fpl) adiponecroses

Adi|po|ne|cro|sis (f) adiponecrosis

Adi|po|ne|kro|se (f) adiponecrosis
Adi|po|ne|kro|sen (fpl) adiponecroses
adi|pos (adj) adipose
adi|po|so|ge|ni|tal (adj) adiposogenital
Adi|po|ze|le (f) adipocele
Adip|sia (f) adipsia
Adip|sie (f) adipsy
Adi|tus (m) aditus
Ad|iu|vans (n) adjuvant
Ad|ju|vans (n) adjuvant
ad|ju|vant (adj) adjuvant
Ad|ju|van|tia (npl) adjuvants
Ad|ju|van|ti|en (npl) adjuvants
Ad|ju|van|zi|en (npl) adjuvants
Ad|mi|ni|cu|lum (n) adminiculum
Ad|ne|xa (npl) adnexa
Ad|ne|xe (npl) adnexa
Ad|ne|xum (n) adnexum
Ad|ne|xi|tis (f) adnexitis
Ado|les|cent (m) adolescent
ado|les|cent (adj) adolescent
Ado|les|cenz (f) adolescence
Ado|les|zent (m) adolescent
ado|les|zent (adj) adolescent
Ado|les|zenz (f) adolescence
Ado|ni|din (n) adonidin
Ado|nis (f) adonis
ad|oral (adj) adoral
ad|re|nal (adj) adrenal
Ad|re|nal|ec|to|mie (f) adrenalectomy
Ad|re|nal|ek|to|mie (f) adrenalectomy
Ad|re|na|lin (n) adrenaline, epinephrine
Ad|ren|ar|che (f) adrenarche
ad|ren|erg (adj) adrenergic
ad|ren|er|gisch (adj) adrenergic
Ad|re|no|chrom (n) adrenochrome
ad|re|no|cor|ti|co|trop (adj) adrenocorticotropic
ad|re|no|kor|ti|ko|trop (adj) adrenocorticotropic
ad|re|no|ge|ni|tal (adj) adrenogenital
ad|re|no|ly|tisch (adj) adrenolytic
ad|re|no|mi|me|tisch (adj) adrenomimetic
Ad|re|no|pau|se (f) adrenopause
Ad|re|no|ste|ron (n) adrenosterone
ad|re|no|trop (adj) adrenotropic
Ad|re|no|tro|pin (n) adrenotropin
Ad|sor|bie|ren (n) adsorbing
ad|sor|bie|ren (vt) adsorb
ad|sor|bie|rend (ppr) adsorbing, adsorbent
Ad|sorp|ti|on (f) adsorption
adult (adj) adult
Ad|ven|ti|tia (f) adventitia

Ady|na|mia (f) adynamia
Ady|na|mie (f) adynamy
ady|na|misch (adj) adynamic
Äp|fel|säu|re (f) malic acid
Ae|qua|tor (m) equator
Ae|qui|li|brie|ren (n) equilibrating, equilibration
ae|qui|li|brie|ren (vt) equilibrate
Ae|qui|li|brie|rung (f) equilibration
Ae|qui|li|bri|um (n) equilibrium
Aer|ae|mia (f) aeraemia
Aer|ämie (f) aeraemia
Ae|ro|atel|ec|ta|se (f) aeroatelectasis
Ae|ro|atel|ec|ta|sis (f) aeroatelectasis
ae|rob (adj) aerobic
Ae|ro|bi|er (m) aerobe
Ae|ro|ce|le (f) aerocele
Ae|ro|ze|le (f) aerocele
ae|ro|gen (adj) aerogenic
Ae|ro|pha|gia (f) aerophagia
Ae|ro|pha|gie (f) aerophagy
Ae|ro|pho|bia (f) aerophobia
Ae|ro|pho|bie (f) aerophobia
Ae|ro|sol (n) aerosol
Ae|ro|the|ra|pie (f) aerotherapy
Aes|the|sie (f) aesthesia
Äs|the|sie (f) aesthesia
Aes|the|sio|lo|gie (f) aesthesiology
Äs|the|sio|lo|gie (f) aesthesiology
Aes|the|sio|me|ter (n) aesthesiometer
Äs|the|sio|me|ter (n) aesthesiometer
Aes|the|sio|neu|ro|bla|stom (n) aesthesioneuroblastoma
Äs|the|sio|neu|ro|bla|stom (n) aesthesioneuroblastoma
Aes|the|sio|neu|ro|bla|sto|ma (n) aesthesioneuroblastoma
Aes|the|sio|neu|ro|bla|sto|mata (npl) aesthesioneuroblastomata
Aes|the|sio|neu|ro|bla|sto|me (npl) aesthesioneuroblastomata
Äs|the|sio|neu|ro|bla|sto|me (npl) aesthesioneuroblastomata
Aes|the|sio|neu|ro|epi|the|liom (n) aesthesioneuroepithelioma
Äs|the|sio|neu|ro|epi|the|liom (n) aesthesioneuroepithelioma
Aes|the|sio|neu|ro|epi|the|lioma (n) aesthesioneuroepithelioma
Aes|the|sio|neu|ro|epi|the|lioma|ta (npl) aesthesioneuroepitheliomata
Aes|the|sio|neu|ro|epi|the|liome (npl) aesthesioneuroepitheliomata
Äs|the|sio|neu|ro|epi|the|lio|me (npl) aesthesioneuroepitheliomata

aes|the|tisch (adj) aesthetic
ae|sti|val estival
ae|sti|vo-au|tum|nal (adj) estivo-autumnal
Ae|tio|lo|gie (f) etiology
afe|bril (adj) afebrile
Af|fe (m) ape, monkey
Af|fect (m) affect
Af|fec|ti|on (f) affection
af|fec|tiv (adj) affective
Af|fec|ti|vi|taet (f) affectivity
af|fe|rent (adj) afferent
Af|fi|ni|taet (f) affinity
Afi|bri|no|gen|ae|mia (f) afibrinogenaemia
Afi|bri|no|gen|ae|mie (f) afibrinogenaemia
Afla|to|xin (n) aflatoxin
Aga|lac|tia (f) agalactia
Aga|lac|tie (f) agalactia
Aga|met (m) agamete
aga|me|tisch (adj) agametic
Agam|ma|glo|bu|lin|ae|mia (f) agammaglobulinaemia
Agam|ma|glo|bu|lin|ae|mie (f) agammaglobulinaemia
Aga|mo|ge|ne|se (f) agamogenesis
Aga|mo|ge|ne|sis (f) agamogenesis
Aga|mo|go|nie (f) agamogony
agan|glio|nar (adj) aganglionic
Agan|glio|no|se (f) aganglionosis
Agar (m) agar
Agar-Agar (m) agar-agar
Aga|stria (f) agastria
Aga|strie (f) agastria
aga|strisch (adj) agastric
Age|ne|sie (f) agenesis
Age|ne|sis (f) agenesis
Age|ni|ta|lis|mus (m) agenitalismus
Agens (n) agent
Ageu|sia (f) ageusia
Ageu|sie (f) ageusia
Ag|glo|me|ra|ti|on (f) agglomeration
Ag|glu|ti|na|ti|on (f) agglutination
ag|glu|ti|nie|ren (v) agglutinate
Ag|glu|ti|nin (n) agglutinin
Ag|glu|ti|no|gen (n) agglutinogen
Ag|glu|ti|no|scop (n) agglutinoscope
Ag|gre|ga|ti|on (f) aggregation
Ag|gres|si|on (f) aggression
ag|gres|siv aggressive
aglan|du|lar (adj) aglandular
Aglos|sia (f) aglossia
Aglos|sie (f) aglossia
Agly|con (n) aglycone
Agna|thia (f) agnathia
Agna|thie (f) agnathia
Agno|sia (f) agnosia
Agno|sie (f) agnosia
agno|stisch (adj) agnostic
Ago|na|dis|mus (m) agonadis-

mus
ago|nal (adj) agonal
Ago|nie (f) agony
Ago|nist (m) agonist
Agram|ma|tis|mus (m) agrammatismus
agra|nu|lar (adj) agranular
Agra|nu|lo|cyt (m) agranulocyte
Agra|nu|lo|cy|to|se (f) agranulocytosis
Agra|nu|lo|cy|to|sis (f) agranulocytosis
Agra|phia (f) agraphia
Agra|phie (f) agraphia
Agryp|nia (f) agrypnia
Agryp|nie (f) agrypnia
Agy|ria (f) agyria
Agy|rie (f) agyria
Aich|mo|pho|bia (f) aichmophobia
Aich|mo|pho|bie (f) aichmophobia
Ain|hum (n) ainhum
Akal|ku|lie (f) acalculia
Akan|tho|ke|ra|tom (n) acanthokeratoma
Akan|tho|ly|se (f) acantholysis
Akan|tho|ly|sen (fpl) acantholyses
akan|tho|ly|tisch (adj) acantholytic
Akan|thom (n) acanthoma
Akan|tho|me (npl) acanthomata
Akan|tho|pel|vis (f) acanthopelvis
Akan|tho|se (f) acanthosis
Akan|tho|sen (fpl) acanthoses
Akan|tho|zyt (m) acanthocyte
Akan|tho|zy|to|se (f) acanthocytosis
Akan|tho|zy|to|sen (fpl) acanthocytoses
Akap|nie (f) acapnia
Akar|bie (f) acarbia
Akar|dia|kus (m) acardiacus
Akar|die (f) acardia
Akar|di|er (m) acardius
Akar|di|us (m) acardius
Aka|ria|se (f) acariasis
Aka|ria|sen (fpl) acariases
Aka|ri|no|se (f) acarinosis
Aka|ri|no|sen (fpl) acarinoses
Aka|ro|lo|ge (m) acarologist
Aka|ro|lo|gie (f) acarology
Aka|ro|pho|bie (f) acarophobia
Aka|ta|las|ae|mie (f) acatalasaemia
Aka|ta|la|sie (f) acatalasia
Aka|thi|sie (f) acathisia
Aki|ne|sia (f) akinesia
Aki|ne|sie (f) akinesia
Ak|kli|ma|ti|sa|ti|on (f) acclimatization
ak|kli|ma|ti|sie|ren (v) acclimatize
Ak|ko|mo|da|ti|on (f) accommodation
ak|kom|mo|die|ren (v) accommodate
Ac|ne (f) acne
ak|nei|form (adj) acneiform

Akne|mie (f) acnemia

Ak|ni|tis (f) acnitis

Ako|as|ma (n) acoasma

Ako|as|men (npl) acoasmata

Ako|ni|ta|se (f) aconitase

Ako|ni|tin (n) aconitin

Ako|rie (f) acoria

Akor|mus (m) acormus

akral (adj) acral

Akra|nie (f) acrania

Akra|ni|us (m) acranius

Akre|mo|nio|se (f) acremoniosis

Akro|an|aes|the|sie (f) acro-anaesthesia

Akro|asphy|xie (f) acro-asphyxia

Akro|chor|don (n) acrochordon

Akro|der|ma|ti|tis (f) acro-dermatitis

Akro|ge|rie (f) acrogeria

Akro|hy|per|hi|dro|se (f) acrohyperhidrosis

Akro|hy|po|ther|mie (f) acro-hypothermy

Akro|ke|ra|to|se (f) acro-keratosis

akro|me|gal (adj) acromegalic

Akro|me|ga|lie (f) acromegaly

akro|me|ga|lo|id (adj) acro-megaloid

akro|mi|al (adj) acromial

Akro|mi|krie (f) acromicria

Akro|neu|ro|se (f) acroneurosis

Akro|osteo|ly|se (f) acro-osteolysis

Akro|pa|chie (f) acropachy

Akro|par|aes|the|sie (f) acro-paraesthesia

Akro|pa|thie (f) acropathia

Akro|pho|bie (f) acrophobia

Akro|pig|men|ta|ti|on (f) acro-pigmentation

Akro|sin (n) acrosin

Akro|som (n) acrosome

Akro|sphe|no|syn|dak|ty|lie (f) acrosphenosyndactyly

Akro|tis|mus (m) acrotismus

Akro|tro|pho|neu|ro|se (f) acrotrophoneurosis

acro|ze|phal (adj) acro-cephalic

Akro|ze|pha|lie (f) acro-cephaly

Akro|ze|pha|lo|po|ly|syn|dak-ty|lie (f) acrocephalopoly-syndactyly

Akro|ze|pha|lo|syn|dak|ty|lie (f) acrocephalosyndactyly

Akro|zya|no|se (f) acrocyano-sis

Akro|zya|no|sen (fpl) acro-cyanoses

Ak|tin (n) actin

ak|ti|nisch (adj) actinic

Ak|ti|no|my|kom (n) actino-mycoma

Ak|ti|no|my|ko|me (npl) actinomycomas

Ak|ti|no|my|ko|se (f) actino-mycosis

Ak|ti|no|my|ko|sen (fpl) actinomycoses

ak|tiv (adj) active
Ak|ti|va|tor (m) activator
ak|ti|vie|ren (v) activate
ak|ti|viert (ppe) activated
Ak|ti|vie|rung (f) activation
Ak|ti|vi|taet (f) activity
Ak|to|myo|sin (n) actomyosin
Aku|me|ter (n) acumeter
Aku|pres|sur (f) acupressure
Aku|punk|tur (f) acupuncture
Aku|stik (f) acoustics
Aku|sti|kus (m) acusticus
aku|stisch (adj) acoustic
akut (adj) acute
ak|qui|rie|ren (v) acquire
ak|qui|riert (ppe) acquired
Ak|ze|le|ra|ti|on (f) acceleration
ak|ze|le|rie|ren (v) accelerate
Ak|ze|le|rin (n) accelerin
Ak|ze|le|ro|me|ter (n) accelerometer
Ak|zep|tor (m) acceptor
ak|zes|so|risch (adj) accessory
Ala|lia (f) alalia
Ala|lie (f) alalia
Ala|nin (n) alanine
Ala|strim (n) alastrim
Al|bi|nis|mus (m) albinismus
Al|bi|no (m) albino
Al|bu|gi|nea (f) albuginea
Al|bu|go (f) albugo
Al|bu|men (n) albumen
Al|bu|min (n) albumin
Al|bu|mi|nat (n) albuminate
Al|bu|mi|ni|me|ter (n) albuminimeter
Al|bu|min|uria (f) albuminuria
Al|bu|min|urie (f) albuminuria
Al|bu|mo|se (f) albumose
Al|bu|mos|uria (f) albumosuria
Al|bu|mos|urie (f) albumosuria
Al|che|mie (f) alchemy
Al|co|hol (m) alcohol
Al|co|ho|la|se (f) alcoholase
Al|co|ho|li|ker (m) alcoholic
Al|co|ho|li|ker (mpl) alcoholics
Al|co|ho|li|ke|rin (f) alcoholic
Al|ko|ho|li|ke|rin|nen (fpl) alcoholics
al|co|ho|lisch (adj) alcoholic
Al|co|ho|lis|mus (m) alcoholism
Al|de|hyd (m) aldehyde
Al|do|he|xo|se (f) aldohexose
Al|dol (m) aldol
Al|do|la|se (f) aldolase
Al|do|pen|to|se (f) aldopentose
Al|do|se (f) aldose
Al|do|ste|ron (n) aldosterone
Al|do|ste|ro|nis|mus (m) aldosteronism
Aleuk|ae|mia (f) aleukaemia
Aleuk|ae|mie (f) aleukemia
aleuk|ae|misch (adj) aleukaemic
Aleu|ron (n) aleurone
Ale|xia (f) alexia
Ale|xie (f) alexia
Al|ge (f) alga
Al|ge|sia (f) algesia
Al|ge|sie (f) algesia

Al|ge|si|me|ter (n) algesimeter
Al|ge|si|me|trie (f) algesimetry
Al|go|pho|bia (f) algophobia
Al|go|pho|bie (f) algophobia
Al|gor (m) algor
Al|go|spas|mus (m) algospasm
Alie|na|ti|on (f) alienation
ali|men|tar (adj) alimentary
ali|pha|tisch (adj) aliphatic
Ali|quor|rhoe (f) aliquorrhoea
Ali|quor|rhoea (f) aliquorrhoea
Ali|za|rin (n) alizarin
ali|zy|klisch (adj) alicyclic
Al|ka|les|zenz (f) alcalescence
Al|ka|li (n) alkali
Al|kal|ae|mia (f) alkalaemia
Al|ka|li|ae|mie (f) alkalaemia
Al|ka|li|me|trie (f) alkalimetry
al|ka|lisch (adj) alkaline
al|ka|li|sie|ren (v) alkalinize
Al|ka|li|urie (f) alkalinuria
Al|ka|lo|id (n) alkaloid
Al|ka|lo|se (f) alkalosis
Al|ka|lo|sis (f) alkalosis
Al|kan (n) alkane
Al|kap|ton|uria (f) alkaptonuria
Al|kap|ton|urie (f) alkaptonuria
Al|ken (n) alkene
Al|kin (n) alkyne
Al|ko|hol|miß|brauch (m) alcohol abuse
Al|kyl (n) alkyl
al|ky|lie|ren (v) alkylate
All|aes|the|sia (f) allaesthesia
All|aes|the|sie (f) allaesthesia
Al|lan|to|in (n) allantoin
Al|lan|to|is (f) allantois
Al|lel (n) allele
All|en|the|se (f) allenthesis
All|er|gen (n) allergen
All|er|gie (f) allergy
all|er|gisch (adj) allergic
All|er|gi|sie|rung (f) allergization
All|er|go|id (n) allergoid
All|er|go|lo|ge (m) allergist
All|er|go|se (f) allergosis
All|er|go|sis (f) allergosis
all|ge|mein (adj) general
All|ge|mein|kran|ken|haus (n) general hospital
Al|li|um (n) allium
Al|lo|al|bu|min|ae|mia (f) alloalbuminaemia
Al|lo|al|bu|min|ae|mie (f) alloalbuminaemia
Al|lo|chei|ria (f) allocheiria
Al|lo|chei|rie (f) allocheiria
Al|lo|che|zia (f) allochezia
Al|lo|che|zie (f) allochezia
Al|lo|cor|tex (m) allocortex
Al|lo|kor|tex (m) allocortex
Al|lo|me|trie (f) allometry
Al|lo|pa|thie (f) allopathy
Al|lo|pla|stik (f) alloplasty
al|lo|pla|stisch (adj) alloplastic
Al|lor|rhyth|mia (f) allor-

rhythmia

Al|lor|rhyth|mie (f) allorrhythmia

Al|lo|som (n) allosome

al|lo|ste|risch (adj) allosteric

Al|lo|trio|geu|sia (f) allotriogeusia

Al|lo|trio|geu|sie (f) allotriogeusia

Al|lo|trio|pha|gie (f) allotriophagy

All|oxan (n) alloxan

Aloe (f) aloe

Alo|gia (f) alogia

Alo|gie (f) alogia

Alo|in (n) aloin

Alo|pe|cia (f) alopecia

Alo|pe|cie (f) alopecia

Al|pha-Ket|te (f) alpha chain

Al|ters|me|di|ci|ner (m) geriatrician

Alu|mi|ni|um (n) aluminium

Alu|mi|ni|um|oxid (n) aluminium oxide

al|veo|lar (adj) alveolar

Al|veo|li (mpl) alveoli

Al|veo|li|tis (f) alveolitis

Al|veo|lus (m) alveolus

Al|ve|us (m) alveus

Al|vus (m) alvus

Alym|pho|cy|to|se (f) alymphocytosis

Alym|pho|cy|to|sen (fpl) alymphocytoses

Alym|pho|cy|to|sis (f) alymphocytosis

ama|crin (adj) amacrine

Amal|gam (n) amalgam

Ama|ni|ta (f) amanita

Ama|stia (f) amastia

Ama|stie (f) amastia

Amau|ro|se (f) amaurosis

Amau|ro|sen (fpl) amauroses

Amau|ro|sis (f) amaurosis

amau|ro|tisch (adj) amaurotic

Ama|zia (f) amazia

Ama|zie (f) amazia

Am|bi|dex|ter (m) ambidexter

Am|bi|dex|trie (f) ambidexterity

Am|bi|ten|denz (f) ambitendency

am|bi|va|lent (adj) ambivalent

Am|bi|va|lenz (f) ambivalence

Am|bly|opia (f) amblyopia

Am|bly|opie (f) amblyopia

Am|blyo|scop (n) amblyoscope

Am|bo|cep|tor (m) amboceptor

am|bu|lant (adj) ambulant

Am|bu|lanz (f) ambulance

am|bu|la|to|risch (adj) ambulatory

Amei|sen|säu|re (f) formic acid

Ame|lia (f) amelia

Ame|lie (f) amelia

Ame|lo|blast (m) ameloblast

Ame|lo|bla|stom (n) ameloblastoma

Ame|lo|bla|sto|ma (n) ameloblastoma

Ame|lo|bla|sto|ma|ta (npl)

ameloblastomata
Ame|lo|ge|ne|se (f) amelogenesis
Ame|lo|ge|ne|sis (f) amelogenesis
Ame|lus (m) amelus
Ame|nor|rhoe (f) amenorrhoea
Ame|nor|rhoea (f) amenorrhoea
Amen|tia (f) amentia
Amenz (f) amentia
Ame|tro|pia (f) ametropia
Ame|tro|pie (f) ametropia
Amid (n) amide
Ami|mia (f) amimia
Ami|mie (f) amimia
Amin (n) amine
ami|nie|ren (v) aminate
Ami|no|acid|uria (f) aminoaciduria
Ami|no|acid|urie (f) aminoaciduria
Amin|uria (f) aminuria
Amin|urie (f) aminuria
Ami|to|se (f) amitosis
Ami|to|sis (f) amitosis
ami|to|tisch (adj) amitotic
ami|to|tisch (adv) amitotically
Am|mon|ae|mia (f) ammonaemia
Am|mon|ae|mie (f) ammonaemia
Am|mo|ni|ak (n) ammonia
Am|mo|ni|um (n) ammonium
Amne|sia (f) amnesia
Amne|sie (f) amnesia
amne|stisch (adj) amnestic
Am|nio|cen|te|se (f) amniocentesis
Am|nio|cen|te|sen (fpl) amniocenteses
Am|nio|cen|te|sis (f) amniocentesis
Am|ni|on (n) amnion
Am|nio|to|mie (f) amniotomy
Amoe|ba (f) amoeba
Amoe|be (f) amoeba
amoe|bo|id (adj) amoeboid
amorph (adj) amorphous
Am|phi|ar|thro|se (f) amphiarthrosis
Am|phi|ar|thro|sen (fpl) amphiarthroses
Am|phi|ar|thro|sis (f) amphiarthrosis
am|phi|bol (adj) amphibolic
Am|phi|go|nie (f) amphigony
am|phi|trich (adj) amphitrichous
am|pho|risch (adj) amphoric
am|pho|ter (adj) amphoteric
Am|pli|tu|de (f) amplitude
Am|pul|la (f) ampulla
am|pul|lar (adj) ampullar
Am|pul|le (f) ampule
Am|pu|ta|ti|on (f) amputation
am|pu|tie|ren (v) amputate
Amu|sia (f) amusia
Amu|sie (f) amusia
Amy|el|en|ce|pha|lia (f) amyelencephalia
Amy|el|en|ce|pha|lie (f) amyelencephaly
Amye|lia (f) amyelia
Amye|lie (f) amyelia

Amyg|da|la (f) amygdala
Amyg|da|lin (n) amygdalin
Amyg|da|lo|to|mie (f) amygdalotomy
Amy|la|se (f) amylase
Amy|lo|id (n) amyloid
Amy|loi|do|se (f) amyloidosis
Amy|lo|ido|sis (f) amyloidosis
Amy|lo|ly|se (f) amylolysis
Amy|lo|ly|sis (f) amylolysis
amy|lo|ly|tisch (adj) amylolytic
Amy|lo|pec|tin (n) amylopectin
Amy|lo|se (f) amylose
Amy|lum (n) amylum
amyo|sta|tisch (adj) amyostatic
Amyo|ta|xia (f) amyotaxia
Amyo|ta|xie (f) amyotaxia
Amyo|to|nia (f) amyotonia
Amyo|to|nie (f) amyotonia
Amyo|tro|phia (f) amyotrophia
Amyo|tro|phie (f) amyotrophia
amyo|tro|phisch (adj) amyotrophic
Amy|xia (f) amyxia
Amy|xie (f) amyxia
ana|bol (adj) anabolic
Ana|bo|lis|mus (m) anabolism
An|aci|di|taet (f) anacidity
An|ade|nia (f) anadenia
An|ade|nie (f) anadenia
Ana|di|dy|mus (m) anadidymus
An|ae|mia (f) anaemia
An|ae|mie (f) anaemia
an|ae|misch (adj) anaemic
an|ae|rob (adj) anaerobic
An|ae|ro|bi|er (m) anaerobe
An|ae|ro|bi|er (mpl) anaerobes
An|ae|ro|bio|se (f) anaerobiosis
An|ae|ro|bio|sis (f) anaerobiosis
An|aes|the|sia (f) anaesthesia
An|aes|the|sie (f) anaesthesia
an|aes|the|sie|ren (v) anaesthetize
an|aes|the|siert (ppe) anaesthetized
An|aes|the|sie|rung (f) anaesthetization
An|aes|the|sio|lo|ge (m) anaesthesiologist
An|aes|the|sio|lo|gie (f) anaesthesiology
An|aes|the|sist (m) anaesthetist
An|aes|the|ti|cum (n) anaesthetic
an|aes|the|tisch (adj) anaesthetic
Ana|ka|ta|di|dy|mus (m) anakatadidymus
anal (adj) anal
An|al|bu|min|ae|mia (f) analbuminaemia
An|al|bu|min|ae|mie (f) analbuminaemia
Ana|lep|ti|cum (n) analeptic
ana|lep|tisch (adj) analeptic
An|al|ge|sia (f) analgesia
An|al|ge|sie (f) analgesia

An|al|ge|ti|cum (n) analgesic

an|al|ge|tisch (adj) analgetic

An|al|gia (f) analgia

An|al|gie (f) analgia

an|all|er|gisch (adj) anallergic

Ana|ly|se (f) analysis

Ana|ly|ti|ker (m) analyst

Ana|ly|ti|ker (mpl) analysts

ana|ly|tisch analytical

Ana|mne|se (f) anamnesis

ana|mne|stisch (adj) anamnestic

Ana|pha|se (f) anaphase

An|aphro|di|sia|cum (n) Anaphrodisiac

ana|phy|lac|tisch (adj) anaphylactic

Ana|phy|lac|to|gen (n) anaphylactogen

ana|phy|lac|to|gen (adj) anaphylactogenic

ana|phy|lac|to|id (adj) anaphylactoid

Ana|phy|la|to|xin (n) anaphylatoxin

Ana|phy|la|xie (f) anaphylaxis

Ana|pla|sia (f) anaplasia

Ana|pla|sie (f) anaplasia

Ana|pla|stik (f) anaplasty

ana|pla|stisch (adj) anaplastic

An|ar|thria (f) anarthria

An|ar|thrie (f) anarthria

Ana|sar|ca (f) anasarca

Ana|sto|mo|se (f) anastomosis

ana|sto|mo|sie|ren (v) anastomose

Ana|sto|mo|sis (f) anastomosis

ana|sto|mo|tisch (adj) anastomotic

Ana|tom (m) anatomist

Ana|to|men (mpl) anatomists

Ana|to|mie (f) anatomy

ana|to|misch (adj) anatomical

An|dro|bla|stom (n) androblastoma

An|dro|bla|sto|ma (n) androblastoa

An|dro|bla|sto|ma|ta (npl) androblastomata

An|dro|bla|sto|me (npl) androblastomas

An|dro|ga|mon (n) androgamone

An|dro|gen (n) androgen

an|dro|gen (adj) androgenic

An|dro|ge|ne (npl) androgens

An|dro|gy|nie (f) androgynism

an|dro|id (adj) android

An|dro|lo|gie (f) andrology

an|dro|morph (adj) andromorphous

An|dro|ste|ron (n) androsterone

An|elec|tro|to|nus (m) anelectrotonus

an|en|ce|phal (adj) anencephalic

An|en|ce|pha|li (mpl) anencephali

An|en|ce|pha|lia (f) anencephalia

An|en|ce|pha|lie (f) anencephaly

An|en|ce|pha|lus (m) anencephalus

An|er|gie (f) anergy

An|ery|throp|sia (f) anerythropsia

An|ery|throp|sie (f) anerythropsia

an|eu|plo|id (adj) aneuploid

An|eu|plo|idie (f) aneuploidy

Aneu|rin (n) aneurin

An|eu|rys|ma (n) aneurysm

an|eu|rys|ma|tisch (adj) aneurysmal

An|eu|rys|mor|rha|phie (f) aneurysmorrhaphy

an|fäl|lig (adj) susceptible

An|fäl|lig|keit (f) susceptibility

An|fall (m) seizure, fit

an|feuch|ten (v) humidify

An|feuch|tung (f) humidification

an|ge|bo|ren (adj) congenital, inate, inborn

an|ge|wandt (ppe) applied

An|gi|ec|ta|sie (f) angiectasis

an|gi|ec|ta|tisch (adj) angiectatic

An|gi|itis (f) angiitis

An|gi|na (f) angina

an|gi|nos (adj) anginous

An|gio|blast (m) angioblast

An|gio|bla|stom (n) angioblastoma

An|gio|gramm (n) angiogram

An|gio|gra|phie (f) angiography

an|gio|id (adj) angioid

An|gio|ke|ra|tom (n) angiokeratoma

An|gio|lo|gie (f) angiology

An|gio|lu|po|id (n) angiolupoid

An|gi|om (n) angioma

An|gio|ma|to|se (f) angiomatosis

An|gio|me (npl) angiomas

An|gio|myo|neu|rom (n) angiomyoneuroma

An|gio|neu|ro|se (f) angioneurosis

an|gio|neu|ro|tisch (adj) angioneurotic

An|gio|pa|thie (f) angiopathy

An|gio|sar|com (n) angiosarcoma

An|gio|se (f) angiosis

An|gio|spas|mus (m) angiospasmus

an|gio|spa|stisch (adj) angiospastic

An|gio|ten|sin (n) angiotensin

An|gio|ten|si|na|se (f) angiotensinase

An|gio|ten|si|no|gen (n) angiotensinogen

An|gio|to|nin (n) angiotonin

An|go|phra|sie (f) angophrasia

Angst (f) anxiety
An|gu|lus (m) angulus
An|hi|dro|se (f) anhidrosis
an|hi|dro|tisch (adj) anhidrotic
An|hy|drae|mie (f) anhydraemia
An|hy|dra|se (f) anhydrase
An|hy|drid (n) anhydride
an|ic|te|risch (adj) anicteric
Ani|lin (n) aniline
Ani|lin|gus (m) anilingus
Ani|ma (f) anima
An|ion (n) anion
an|io|nisch (adj) anionic
An|iri|dia (f) aniridia
An|iri|die (f) aniridia
An|is|ei|ko|nie (f) aniseikonia
An|iso|cy|to|se (f) anisocytosis
an|is|odont (adj) anisodont
An|iso|ga|mie (f) anisogamy
An|iso|ka|ryo|se (f) anisokaryosis
An|iso|me|tro|pie (f) anisometropia
an|iso|trop (adj) anisotropic
An|iso|tro|pie (f) anisotropy
An|ky|lo|ble|pha|ron (n) ankyloblepharon
An|ky|lo|dac|ty|lie (f) ankylodactyly
An|ky|lo|se (f) ankylosis
An|ky|lo|sto|mia|sis (f) ankylostomiasis
An|ode (f) anode
An|odon|tie (f) anodontia
an|omal (adj) anomalous
An|oma|lie (f) anomaly
An|ony|chie (f) anonychia
An|oph|thal|mie (f) anophthalmia
An|oph|thal|mus (m) anophthalmus
An|opie (f) anopia
An|op|sie (f) anopsia
An|or|chi|die (f) anorchidism
An|or|chie (f) anorchia
ano|rec|tal (adj) anorectal
An|ore|xia (f) anorexia
An|ore|xie (f) anorexia
an|ore|xi|gen (adj) anorexigenic
an|or|ga|nisch (adj) inorganic
An|or|gas|mie (f) anorgasmy
An|os|mie (f) anosmia
An|osto|se (f) anostosis
An|otie (f) anotia
an|ovu|la|to|risch (adj) anovulatory
An|ox|ae|mie (f) anoxaemia
An|oxie (f) anoxia
an|oxisch (adj) anoxic
An|pas|sung (f) adjustment
An|sa (f) ansa
an|span|nen (v) flex
an|ste"c"|kend (ppr) contagious
An|ste"c"|kung (f) contagion
An|ste"c"|kungs|fä|hig|keit (f) contagiousness
Ant|aci|dum (n) antacid
Ant|ago|nis|mus (m) antago-

nism

Ant|ago|nist (m) antagonist

ant|ago|ni|stisch (adj) antagonistic

An|te|bra|chi|um (n) antebrachium

an|te|ri|or (adj) anterior

an|te|ro|in|fe|ri|or (adj) anteroinferior

an|te|ro|la|te|ral (adj) anterolateral

an|te|ro|me|di|al (adj) anteromedial

an|te|ro|po|ste|ri|or (adj) anteroposterior

an|te|ro|su|pe|ri|or (adj) anterosuperior

An|te|ver|si|on (f) anteversion

Ant|he|lix (f) anthelix

Ant|hel|min|thi|cum (n) anthelminthic

ant|hel|min|thisch (adj) anthelminthic

An|thra|co|se (f) anthracosis

An|thra|co|si|li|co|se (f) anthracosilicosis

An|thra|co|sis (f) anthracosis

an|thra|co|tisch (adj) anthracotic

An|thrax (m) anthrax

an|thro|po|gen (adj) anthropogenic

An|thro|po|ge|ne|sis (f) anthropogenesis

an|thro|po|ge|ne|tisch (adj) anthropogenetic

An|thro|po|ge|nie (f) anthropogeny

an|thro|po|id (adj) anthropoid

An|thro|po|lo|gie (f) anthropology

an|thro|po|morph (adj) anthropomorphic

An|thro|po|mor|phis|mus (m) anthropomorphism

an|thro|po|phil (adj) anthropophilic

An|thro|po|pho|bia (f) anthropophobia

An|thro|po|pho|bie (f) anthropophobia

An|ti|an|dro|gen (n) antiandrogen

an|ti|an|dro|gen (adj) antiandrogenic

an|ti|ar|rhyth|misch (adj) antiarrhythmic

An|ti|asth|ma|ti|cum (n) antiasthmatic

an|ti|asth|ma|tisch (adj) antiasthmatic

an|ti|bac|te|ri|ell (adj) antibacterial

An|ti|bio|se (f) antibiosis

An|ti|bio|ti|cum (n) antibiotic

an|ti|bio|tisch (adj) antibiotic

An|ti|co|don (n) anticodon

an|ti|de|pres|siv (adj) antidepressive

An|ti|de|pres|si|vum (n) antidepressant

An|ti|dia|be|ti|cum (n) antidiabetic

an|ti|dia|be|tisch (adj) antidiabetic

An|ti|di|ure|se (f) antidiuresis

an|ti|di|ure|tisch (adj) antidiuretic

An|ti|dot (n) antidote

an|ti|drom (adj) antidromic

an|ti|drom (adv) antidromically

An|ti|eme|ti|cum (n) antiemetic

an|ti|eme|tisch (adj) antiemetic

An|ti|epi|lep|ti|cum (n) antiepileptic

an|ti|epi|lep|tisch (adj) antiepileptic

An|ti|fi|bri|no|ly|sin (n) antifibrinolysin

an|ti|fi|bri|no|ly|tisch (adj) antifibrinolytic

An|ti|gen (n) antigen

An|ti|glo|bu|lin (n) antiglobulin

An|ti|hae|mo|ly|sin (n) antihaemolysin

an|ti|hae|mo|ly|tisch (adj) antihaemolytic

an|ti|hae|mo|phil (adj) antihaemophilic

An|ti|he|lix (f) antihelix

An|ti|hel|min|thi|cum (n) antihelminthic

an|ti|hel|min|thisch (adj) antihelminthic

An|ti|hist|amin (n) antihistamine

An|ti|kör|per (m) antibody

an|ti|leu|kae|misch (adj) antileukaemic

An|ti|lue|ti|cum (n) antiluetic

an|ti|lue|tisch (adj) antiluetic

an|ti|lym|pho|cy|tar (adj) antilymphocytic

An|ti|me|ta|bo|lit (m) antimetabolite

An|ti|me|tro|pia (f) antimetropia

An|ti|me|tro|pie (f) antimetropia

an|ti|mi|cro|bi|ell (adj) antimicrobial

An|ti|mon (n) antimony

an|ti|neo|pla|stisch (adj) antineoplastic

an|ti|neur|al|gisch (adj) antineuralgic

an|ti|nu|cle|ar (adj) antinuclear

an|ti|pe|ri|stal|tisch (adj) antiperistaltic

An|ti|pe|ri|stal|tik (f) antiperistalsis

An|ti|phlo|gi|sti|cum (n) antiphlogistic

an|ti|phlo|gi|stisch (adj) antiphlogistic

An|ti|plas|min (n) antiplasmin

An|ti|pru|ri|gi|no|sum (n) antipruritic

An|ti|py|re|ti|cum (n) antipyretic

An|ti|ra|chi|ti|cum (n) antirachitic
an|ti|ra|chi|tisch (adj) antirachitic
An|ti|rheu|ma|ti|cum (n) antirheumatic
an|ti|rheu|ma|tisch (adj) antirheumatic
An|ti|sep|sis (f) antisepsis
An|ti|sep|ti|cum (n) antiseptic
an|ti|sep|tisch (adj) antiseptic
An|ti|se|rum (n) antiserum
An|ti|spas|mo|di|cum (n) antispasmodic
an|ti|spas|mo|disch (adj) antispasmodisch
An|ti|spa|sti|cum (n) antispastic
an|ti|spa|stisch (adj) antispastic
An|ti|strep|to|ly|sin (n) antistreptolysin
An|ti|sy|phi|li|ti|cum (n) antisyphilitic
an|ti|sy|phi|li|tisch (adj) antisyphilitic
An|ti|throm|bin (n) antithrombin
an|ti|thy|reo|idal (adj) antithyroid
An|ti|to|xin (n) antitoxin
An|ti|tus|si|vum (n) antitussive
an|ti|vi|ral (adj) antiviral
An|ti|vit|amin (n) antivitamin
an|tral (adj) antral
An|trec|to|mie (f) antrectomy
An|tri|tis (f) antritis
An|tro|to|mie (f) antrotomy
An|trum (n) antrum
anu|lar (adj) anular
Anu|lo|cyt (m) anulocyte
Anu|lus (m) anulus
An|uria (f) anuria
An|urie (f) anury
an|urisch (adj) anuric
Anus (m) anus
Aor|ta (f) aorta
aor|tal (adj) aortal
Aort|al|gie (f) aortalgia
aor|ti|co|re|nal (adj) aorticorenal
Aor|ti|tis (f) aortitis
Aor|to|gra|phie (f) aortography
aor|to|gra|phisch (adj) aortographic
Apa|thie (f) apathy
ape|ri|odisch (adj) aperiodic
Ape|ri|stal|tik (f) aperistalsis
Ape|ri|ti|vum (n) aperitive
Aper|tur (f) aperture
Aper|tu|ra (f) apertura
Apex (m) apex
Apha|gia (f) aphagia
Apha|gie (f) aphagia
aphak (adj) aphakic
Apha|kia (f) aphakia
Apha|kie (f) aphakia
Apha|lan|gie (f) aphalangia
Apha|sia (f) aphasia
Apha|sie (f) aphasia

apha|sisch (adj) aphasic
Apho|nie (f) aphonia
Aphra|sie (f) aphrasia
Aphro|di|sia|cum (n) aphrodisiac
Aphro|di|sie (f) aphrodisiomania
aphro|di|sisch (adj) aphrodisiac
Aph|tha (f) aphtha
Aph|the (f) aphtha
aph|thos (adj) aphthous
aph|tho|id (adj) aphthoid
Aphthon|gie (f) aphthongia
Aph|tho|se (f) aphthosis
Api|ces (mpl) apices
Api|co|ly|se (f) apicolysis
api|co|po|ste|ri|or (adj) apicoposterior
Api|co|to|mie (f) apicotomy
Apla|sia (f) aplasia
Apla|sie (f) aplasia
apla|stisch (adj) aplastic
Apneu|ma|to|se (f) apneumatosis
Apneu|mie (f) apneumia
Apneu|sis (f) apneusis
Apnoe (f) apnea
Apnoea (f) apnoea
apno|isch (adj) apnoeic
Apo|die (f) apodia
Apo|en|zym (n) apoenzyme
Apo|neu|ro|se (f) aponeurosis
apo|neu|ro|tisch (adj) aponeurotic
Apo|neu|ro|to|mie (f) aponeurotomy
Apo|phy|se (f) apophysis
apo|phy|se|al (adj) apophyseal
Apo|phy|sen (fpl) apophyses
Apo|phy|si|tis (f) apophysitis
apo|plec|ti|form (adj) apoplectiform
apo|plec|tisch (adj) apoplectic
Apo|ple|xie (f) apoplexy
Apo|ste|ma (n) apostema
Apo|the|ke (f) apothecary
Apo|the|ker (m) apothecary
Ap|pa|rat (m) apparatus
Ap|pend|ec|to|mie (f) appendectomy
Ap|pen|di|ces (fpl) appendices
Ap|pen|di|ci|tis (f) appendicitis
Ap|pen|dix (f) appendix
Ap|per|cep|ti|on (f) apperception
ap|per|cep|tiv (adj) apperceptive
Ap|pe|tit (m) appetite
Ap|pe|tit|an|re|ger (m) appetizer
Ap|pla|na|ti|on (f) applanation
Ap|po|si|ti|on (f) apposition
aprac|tisch (adj) apractic
Apra|xie (f) apraxia
Apros|exie (f) aprosexia
Apros|opie (f) aprosopia
Aptya|lie (f) aptyalia
Aptya|lis|mus (m) aptyalism

Apus (m) apus
Apy|re|xie (f) apyrexia
Aquae|duct (m) aqueduct
Arach|ni|tis (f) arachnitis
Arach|no|dac|ty|lie (f) arachnodactyly
arach|no|idal (adj) arachnoid
Arach|no|idea (f) arachnoidea
Arach|no|idi|tis (f) arachnoiditis
Arach|no|the|li|om (n) arachnothelioma
Ar|bo|ri|sa|ti|on (f) arborization
ar|bo|ri|sie|ren (v) arborize
Ar|bor|vi|rus (n) arborvirus
Ar|bo|vi|rus (n) arbovirus
arch|en|ce|phal (adj) archencephalic
Arch|en|ce|pha|lon (n) archencephalon
Ar|chi|tec|to|nik (f) architectonics
ar|chi|tec|to|nisch (adj) architectonic
Ar|chi|pal|li|um (n) archipallium
Ar|chi|plas|ma (n) archiplasm
Ar|cho|plas|ma (n) archoplasma
ar|cho|plas|ma|tisch (adj) archoplasmic
Ar|cus (m) arcus
Area (f) area
Are|fle|xie (f) areflexia
Are|ge|ne|ra|ti|on (f) aregeneration
are|ge|ne|ra|tiv (adj) aregenerative
Areo|la (f) areola
areo|lar (adj) areolar
ar|gent|af|fin (adj) argentaffin
ar|gen|to|phil (adj) argentophilic
Ar|gen|tum (n) argentum
Ar|gi|na|se (f) arginase
Ar|gi|nin (n) arginine
Ar|gon (n) argon
Ar|gy|rie (f) argyria
ar|gy|ro|phil (adj) argyrophilic
Ar|gy|ro|phi|lie (f) argyrophilia
Ar|gy|ro|se (f) argyrosis
Ari|bo|fla|vi|no|se (f) ariboflavinose
Arith|mo|ma|nie (f) arithmomania
Arm (m) arm
aro|ma|tisch (adj) aromatic
Ar|rec|tor (m) arrector
Ar|rhe|no|bla|stom (n) arrhenoblastoma
Ar|rhe|no|to|kie (f) arrhenotoky
Ar|rhin|en|ce|pha|lie (f) arrhinencephalia
Ar|rhi|nie (f) arrhinia
Ar|rhyth|mie (f) arrhythmia
ar|rhyth|misch (adj) arrhythmic

ar|rhyth|mo|gen (adj) arrhythmogenic
Ar|sen (n) arsenic
Ar|te|fact (n) artefact
Ar|te|ria|li|sa|ti|on (f) arterialization
ar|te|ria|li|sie|ren (v) arterialize
Ar|te|rie (f) artery
Ar|te|ri|ec|ta|sie (f) arteriectasia
ar|te|ri|ell (adj) arterial
Ar|te|rio|gramm (n) arteriogram
Ar|te|rio|gra|phie (f) arteriography
ar|te|rio|gra|phisch (adj) arteriographic
ar|te|rio|lar (adj) arteriolar
Ar|te|rio|le (f) arteriole
Ar|te|rio|li|tis (f) arteriolitis
Ar|te|rio|lo|ne|cro|se (f) arteriolonecrosis
ar|te|rio|lo|ne|cro|tisch (adj) arteriolonecrotic
Ar|te|rio|lo|pa|thie (f) arteriolopathy
Ar|te|rio|lo|scle|ro|se (f) arteriolosclerosis
ar|te|rio|lo|scle|ro|tisch (adj) arteriolosclerotic
ar|te|rio|mes|en|te|ri|al (adj) arteriomesenteric
Ar|te|rio|ne|cro|se (f) arterionecrosis
ar|te|rio|ne|cro|tisch (adj) arterionecrotic
Ar|te|rio|pa|thie (f) arteriopathy
Ar|te|rio|scle|ro|se (f) arteriosclerosis
ar|te|rio|scle|ro|tisch (adj) arteriosclerotic
Ar|te|rio|to|mie (f) arteriotomy
ar|te|rio|ve|nos (adj) arteriovenous
Ar|thral|gie (f) arthralgia
ar|thral|gisch (adj) arthralgic
Ar|threc|to|mie (f) arthrectomy
Ar|thri|ti|den (fpl) arthritides
Ar|thri|ti|ker (m) arthritic
Ar|thri|tis (f) arthritis
ar|thri|tisch (adj) arthritic
Ar|thro|de|se (f) arthrodesis
Ar|thro|dia (f) arthrodia
Ar|thro|gramm (n) arthrogram
Ar|thro|gra|phie (f) arthrography
Ar|thro|gry|po|sis (f) arthrogryposis
Ar|thro|ka|ta|dy|sis (f) arthrokatadysis
Ar|thro|lith (m) arthrolith
Ar|thro|lo|gie (f) arthrology
Ar|thro|ly|se (f) arthrolysis
Ar|thro|pa|thie (f) arthropathy
ar|thro|pa|thisch (adj) arthropathic
Ar|thro|phyt (m) arthrophyte
Ar|thro|pla|stik (f) arthroplasty
ar|thro|pla|stisch (adj)

arthroplastic
Ar|thro|se (f) arthrosis
Ar|thro|scop (n) arthroscope
Ar|thro|sco|pie (f) arthroscopy
Ar|thro|to|mie (f) arthrotomy
Ar|ti|cu|la|ti|on (f) articulation
ar|ti|cu|lie|ren (v) articulate
ary|epi|glot|tisch (adj) aryepiglottic
Aryl (n) aryl
ary|tae|no|id (adj) arytenoid
Arzt (m) physician
Arzt (m) für Geburtshilfe obstetrician
As|best (m) asbestos
As|be|sto|se (f) asbestosis
As|ca|ria|se (f) ascariasis
As|ca|ri|den (fpl) ascarids
As|ca|ri|cid (n) ascaricide
Asche (f) ash
As|ci|tes (m) ascites
As|co|my|ce|ten (pl) ascomycetes
Ase|mie (f) asemia
Asep|sis (f) asepsis
asep|tisch (adj) aseptic
ase|xu|ell (adj) asexual
ase|xu|ell (adv) asexually
Asia|lie (f) asialia
Asi|de|ro|se (f) asiderosis
asi|de|ro|tisch (adj) asiderotic
aso|ci|al (adj) asocial
Aso|cia|li|taet (f) asociality
As|pa|ra|gin (n) asparagine
As|pa|ra|gi|na|se (f) asparaginase
As|par|ta|se (f) aaspartase
As|par|tat (n) aspartate
aspa|stisch (adj) aspastic
Aspect (m) aspect
Asper|gil|li (mpl) aspergilli
Asper|gil|lom (n) aspergilloma
Asper|gil|lo|se (f) aspergillosis
Asper|gil|lus (m) aspergillus
Asper|ma|tis|mus (m) aspermatism
Asper|ma|to|ge|ne|se (f) aspermatogenesis
Asper|mie (f) aspermia
Asphy|xie (f) asphyxia
Aspi|ra|ti|on (f) aspiration
aspi|rie|ren (v) aspirate
Asple|nie (f) asplenia
As|si|mi|la|ti|on (f) assimilation
as|si|mi|lier|bar (adj) assimilable
as|si|mi|lie|ren (v) assimilate
As|so|cia|ti|on (f) association
as|so|cia|tiv (adj) associative
as|so|ci|ie|ren (v) associate
Asta|sie (f) astasia
asta|tisch (adj) astatic
Astea|to|sis (f) asteatosis
Aste|reo|gno|sie (f) astereognosis
Asthe|nie (f) asthenia
asthe|nisch (adj) asthenic
Asthen|opie (f) asthenopia
Asthe|no|sper|mie (f) astheno-

spermia
Asth|ma (n) asthma
Asth|ma|ti|ker (m) asthmatic
asth|ma|tisch (adj) asthmatic
astig|ma|tisch (adj) astigmatic
Astig|ma|tis|mus (m) astigmatism
Asto|mie (f) astomia
Astra|ga|lus (m) astragalus
Astro|blast (m) astroblast
Astro|bla|stom (n) astroblastoma
Astro|cyt (m) astrocyte
astro|cy|tar (adj) astrocytic
Astro|cy|tom (n) astrocytoma
Astro|cy|to|se (f) astrocytosis
Asym|bo|lie (f) asymboly
Asym|me|trie (f) asymmetry
asym|me|trisch (adj) asymmetric
asym|pto|ma|tisch (adj) asymptomatic
asym|pto|tisch (adj) asymptotic
asyn|erg (adj) asynergic
Asyn|er|gie (f) asynergy
asy|ste|ma|tisch (adj) asystematic
asy|ste|misch (adj) asystemic
Asy|sto|lie (f) asystole
asy|sto|lisch (adj) asystolic
atac|tisch (adj) atactic
Ata|rac|ti|cum (n) ataractic
ata|rac|tisch (adj) ataractic
Ata|vis|mus (m) atavism
ata|vi|stisch (adj) atavistic
Ata|xie (f) ataxia
Atel|ec|ta|se (f) atelectasis
Atel|ec|ta|sen (fpl) atelectases
atel|ec|ta|tisch (adj) atelectatic
Ate|lo|mye|lie (f) atelomyelia
Ate|lo|pros|opie (f) atelo-prosopia
Atem (m) breath
atem|bar (adj) respirable
Atem|bar|keit (f) respirability
Atem|zug (m) breath
Athe|lie (f) athelia
Athe|ro|ge|ne|se (f) atherogenesis
Athe|rom (n) atheroma
athe|ro|ma|tos (adj) atheromatous
Athe|ro|ma|to|se (f) atheromatosis
Athe|ro|me (npl) atheromas
Athe|ro|scle|ro|se (f) atherosclerosis
Athe|ro|scle|ro|sen (fpl) atheroscleroses
athe|ro|scle|ro|tisch (adj) atherosclerotic
athe|to|id (adj) athetoid
Athe|to|se (f) athetosis
Athe|to|sen (fpl) athetoses
Athe|to|ti|ker (m) athetoid
athe|to|tisch (adj) athetotic
Athy|reo|se (f) athyreosis
Athy|reo|sen (fpl) athyreoses
athy|reo|tisch (adj) athyreotic
at|lan|tal (adj) atlantal

at|lan|to|axi|al (adj) atlantoaxial
at|lan|to|oc|ci|pi|tal (adj) atlantooccipital
At|las (m) atlas
at|men (v) breathe
At|mo|sphae|re (f) atmosphere
at|mo|sphae|risch (adj) atmospheric
Atom (n) atom
ato|mar (adj) atomic
Ato|nie (f) atony
ato|nisch (adj) atonic
Ato|pen (n) atopen
Ato|pie (f) atopy
ato|xisch (adj) atoxic
ATPa|se (f) ATPase
atrau|ma|tisch (adj) atraumatic
Atre|sie (f) atresia
atre|tisch (adj) atretic
atri|al (adj) atrial
Atri|chie (f) atrichia
Atri|cho|se (f) atrichosis
Atri|cho|sen (fpl) atrichoses
Atri|en (npl) atria
atrio|fe|mo|ral (adj) atriofemoral
atrio|sep|tal (adj) atrioseptal
Atrio|sep|to|pe|xie (f) atrioseptopexy
Atrio|to|mie (f) atriotomy
atrio|ven|tri|cu|lar (adj) atrioventricular
Atri|um (n) atrium
Atro|pa (f) atropa
Atro|phie (f) atrophy
atro|phie|ren (v) atrophy
atro|phiert (ppe) atrophied
atro|phisch (adj) atrophic
Atro|pho|der|mie (f) atrophoderma
Atro|pin (n) atropine
at|te|nu|ieren (v) attenuate
at|te|nu|ierend (ppe) attenuating
At|te|nu|ierung (f) attenuation
At|ti|co|an|tro|to|mie (f) atticoantrotomy
At|to|ni|taet (f) attonity
aty|pisch (adj) atypical
Au|di|mu|ti|tas (f) audimutism
Au|dio|gramm (n) audiogram
Au|dio|lo|gie (f) audiology
Au|dio|me|ter (n) audiometer
Au|dio|me|trie (f) audiometry
au|dio|me|trisch (adj) audiometric
Au|dio|me|trist (m) audiometrist
au|dio|vi|su|ell (adj) audiovisual
Au|di|phon (n) audiphone
au|di|tiv (adj) auditive
au|di|to|risch (adj) auditory
Au|ge (n) eye
Au|gen|höh|le (f) orbit
Aug|men|ta|ti|on (f) augmentation
auf|lö|sen (v) dissolve
auf|stei|gen (v) ascend
auf|stei|gend (ppr) ascending

Au|gen|braue (f) eyebrow
Au|gen|licht (n) sight
Au|gen|lid (n) eyelid
Au|gen|wim|per (f) eyelash
Au|gen|zahn (m) eyetooth
Au|ra (f) aura
au|ral (adj) aural
Au|ran|tia|sis (f) aurantiasis
Au|ri|cu|la (f) auricula
au|ri|cu|lar (adj) auricular
au|ri|cu|lo|tem|po|ral (adj) auriculotemporal
Au|ro|the|ra|pie (f) aurotherapy
Au|rum (n) aurum
aus|at|men (v) expire
Aus|cul|ta|ti|on (f) auscultation
aus|cul|ta|to|risch (adj) auscultatory
aus|cul|tier|bar (adj) auscultable
aus|cul|tie|ren (v) auscult
aus|lö|sen (v) trigger
Aus|lö|ser (m) trigger
aus|schei|den (v) excrete
Aus|schei|dung (f) excretion
au|ßer|sinn|lich (adj) extrasensory
Aus|strich (m) smear
aus|zeh|ren (v) emaciate
Au|tis|mus (m) autism
au|ti|stisch (adj) autistic
Au|to|ag|glu|ti|na|ti|on (f) autoagglutination
Au|to|ag|glu|ti|nin (n) autoagglutinin
Au|to|an|ti|kör|per (m) autoantibody
au|to|chthon (adj) autochthonous
Au|to|cy|to|to|xin (n) autocytotoxin
Au|to|di|ge|sti|on (f) autodigestion
au|to|ero|tisch (adj) autoerotic
Au|to|ero|tis|mus (m) autoerotism
au|to|gen (adj) autogenic
Au|to|gra|phis|mus (m) autographism
Au|to|haem|ag|glu|ti|na|ti|on (f) autohaemagglutination
Au|to|hae|mo|ly|se (f) autohaemolysis
Au|to|hae|mo|ly|sin (n) autohaemolysin
Au|to|hae|mo|the|ra|pie (f) autohaemotherapy
Au|to|hyp|no|se (f) autohypnosis
Au|to|hyp|no|sen (fpl) autohypnoses
au|to|hyp|no|tisch (adj) autohypnotic
au|to|hyp|no|tisch (adv) autohypnotically
au|to|im|mun (adj) autoimmune
Au|to|im|mu|ni|sie|rung (f) autoimmunization
Au|to|im|mu|ni|taet (f) autoimmunity

Au|to|in|fec|ti|on (f) autoinfection
Au|to|in|ocu|la|ti|on (f) autoinoculation
Au|to|in|to|xi|ca|ti|on (f) autointoxication
Au|to|ly|sat (n) autolysate
Au|to|ly|se (f) autolysis
au|to|ly|sie|ren (v) autolyse
Au|to|ly|sin (n) autolysin
au|to|ly|tisch (adj) autolytic
au|to|ly|tisch (adv) autolytically
au|to|ma|tisch (adj) automatic
Au|to|ma|tis|mus (m) automatism
Au|to|nephr|ec|to|mie (f) autonephrectomy
au|to|nom (adj) autonomic
Au|to|pha|gie (f) autophagy
Au|to|pho|nie (f) autophony
Au|to|pla|stik (f) autoplasty
au|to|pla|stisch (adj) autoplastic
au|to|pla|stisch (adv) autoplastically
Au|to|pro|throm|bin (n) autoprothrombin
Au|to|pro|to|ly|se (f) autoprotolysis
Au|to|pro|to|ly|sen (fpl) autoprotolyses
Aut|op|sie (f) autopsy
au|to|psy|chisch (adj) autopsychic
Au|to|ra|dio|gra|phie (f) autoradiography
au|to|ra|dio|gra|phisch (adj) autoradiographic
au|to|ra|dio|gra|phisch (adv) autoradiographically
Au|to|re|gu|la|ti|on (f) autoregulation
au|to|ri|tar (adj) authoritarian
Au|to|sit (m) autosite
Au|to|som (n) autosome
au|to|so|mal (adj) autosomal
Au|to|sug|ge|sti|on (f) autosuggestion
Au|to|top|agno|sie (f) autotopagnosia
Au|to|trans|fu|si|on (f) autotransfusion
Au|to|trans|plan|tat (n) autotransplant
Au|to|trans|plan|ta|ti|on (f) autotransplantation
au|to|troph (adj) autotrophic
Au|to|tro|pher (m) autotroph
Au|to|vac|cin (n) autovaccine
Au|to|vac|ci|na|ti|on (f) autovaccination
au|tum|nal (adj) autumnal
Au|xo|chrom (n) auxochrome
au|xo|chrom (adj) auxochromic
au|xo|ton (adj) auxotonic
avas|cu|lar (adj) avascular
avas|cu|la|ri|sie|ren (v) avascularize
Avas|cu|la|ri|sie|rung (f)

avascularization
Aver|si|on (f) aversion
avi|ar (adj) avian
Avi|di|taet (f) avidity
avi|ru|lent (adj) avirulent
Avi|ta|mi|no|se (f) avitaminosis
Avi|ta|mi|no|sen (fpl) avitaminoses
Avo|ca|lie (f) avocalia
Avul|si|on (f) avulsion
axe|nisch (adj) axenic
axi|al (adj) axial
axi|al (adv) axially
Axi|lemm (n) axilemma
Axil|la (f) axilla
axil|lar (adj) axillary
Axis (m) axis
axo|den|dri|tisch (adj) axodendritic
axo|fu|gal (adj) axofugal
axo|gen (adj) axogenous
Axo|lemm (n) axolemma
Axon (n) axon
axo|nal (adj) axonal
Axon|hü|gel (m) axon hillock
Axo|no|tme|sen (fpl) axonotmeses
Axo|no|tme|sis (f) axonotmesis
axo|pe|tal (adj) axopetal
Axo|plas|ma (n) axoplasm
axo|so|ma|tisch (adj) axosomatic
Azoo|sper|mie (f) azoospermia
Azot|ae|mie (f) azotemia
azot|ae|misch (adj) azotaemic
Azo|tor|rhoe (f) azotorrhoea
Azot|urie (f) azoturia
azu|ro|phil (adj) azurophilic
Azu|ro|phi|lie (f) azurophilia
Azy|go|gra|phie (f) azygography
Ba|be|sia (f) babesia
Ba|be|sio|se (f) babesiosis
Ba|be|sio|sen (fpl) babesioses
Ba|cill|ae|mie (f) bacillemia
ba|cil|lar bacillar
ba|cil|li|form (adj) bacilliform
Ba|cil|lo|pho|bie (f) bacillophobia
Ba|cill|urie (f) bacilluria
Ba|cil|lus (m) bacillus
Ba|ci|tra|cin (n) bacitracin
Bac|te|ri|ae|mie (f) bacteriemia
bac|te|ri|ae|misch (adj) bacteriaemic
bac|te|ri|cid (adj) bactericidal
Bac|te|ri|cid (n) bactericide
bac|te|ri|ell (adj) bacterial
Bac|te|ri|en (fpl) bacteria
bac|te|rio|gen (adj) bacteriogenic
Bac|te|rio|id (n) bacterioid
bac|te|rio|id (adj) bacterioid
Bac|te|rio|lo|ge (m) bacteriologist
Bac|te|rio|lo|gie (f) bacteriology
bac|te|rio|lo|gisch (adj) bacteriologic

Bac|te|rio|ly|se (f) bacteriolysis
Bac|te|rio|ly|sen (fpl) bacteriolyses
Bac|te|rio|ly|sin (n) bacteriolysin
bac|te|rio|ly|tisch (adj) bacteriolytic
bac|te|rio|ly|tisch (adv) bacteriolytically
bac|te|rio|phag (adj) bacteriophagic
Bac|te|rio|pha|ge (m) bacteriophage
Bac|te|rio|pha|gie (f) bacteriophagy
Bac|te|rio|pho|bie (f) bacteriophobia
Bac|te|rio|sta|se (f) bacteriostasis
bac|te|rio|sta|tisch (adj) bacteriostatic
Bac|te|rio|tro|pin (n) bacteriotropin
Bac|te|ri|um (n) bacterium
Bac|te|ri|urie (f) bacteriuria
Bad (n) bath
Ba|gas|so|sen (fpl) bagassoses
Ba|gas|so|sis (f) bagassosis
Ba|la|ni|tis (f) balanitis
ba|la|ni|tisch (adj) balanitic
Ba|la|no|pos|thi|tis (f) balanoposthitis
Bal|lis|mus (m) ballismus
Bal|li|sto|car|dio|gramm (n) ballistocardiogram
Bal|li|sto|car|dio|graph (m) ballistocardiograph
Bal|li|sto|pho|bie (f) ballistophobia
Bal|lo|nie|rung (f) ballooning
Bal|lon|ne|ment (n) ballonnement
Bal|lot|te|ment (n) ballottement
Bal|neo|lo|gie (f) balneology
Bal|neo|the|ra|pie (f) balneotherapy
Bal|sam (m) balsam
bal|sa|mie|ren (v) embalm
Band (n) band, ligament
Band|wurm (m) tapeworm
Bank (f) bank
Bar (n) bar
Bar|ba (f) barba
Bar|bi|tal (n) barbital
Ba|ri|um (n) barium
Ba|ro|cep|tor (m) baroceptor
Ba|ro|me|ter (n) barometer
Ba|ro|me|trie (f) barometry
ba|ro|me|trisch (adj) barometric
Ba|ro|re|cep|tor (m) baroreceptor
Bar|tho|li|ni|tis (f) bartholinitis
Bar|to|nel|lo|se (f) bartonellosis
ba|sal (adj) basal
Ba|sa|li|om (n) basalioma
Ba|se (f) base
Ba|se|do|wo|id (n) basedowoid

Ba|si|di|en (fpl) basidia
ba|si|lar (adj) basilar
Ba|sio|trib (m) basiotribe
Ba|sis (f) basis, base
ba|sisch (adj) basic
ba|so|phil (adj) basophilic
Ba|so|phi|lie (f) basophilia
Ba|so|phi|ler (m) basophil
Ba|so|pho|ber (m) basophobiac
Ba|so|pho|bie (f) basophobia
ba|so|pho|bisch (adj) basophobic
bath|mo|trop (adj) bathmotropic
Bath|mo|tro|pie (f) bathmotropism
Ba|tho|pho|bie (f) bathophobia
Ba|thro|ce|pha|lie (f) bathrocephaly
Ba|thro|ce|pha|lus (m) bathrocephalus
Ba|thy|car|die (f) bathycardia
Bat|ta|ris|mus (m) battarismus
Bat|te|rie (f) battery
Bauch (m) belly
Be"c"|ken (n) pelvis
Be"c"|ken|ein|gang (m) inlet of the pelvis
be|dingt (adj) conditioned
be|fruch|ten (v) fecundate
Be|fruch|tung (f) fecundation
be|han|deln (v) treat
Be|hand|lung (f) treatment
Be|ha|vio|ris|mus (m) behaviorism
be|ha|vio|ri|stisch (adj) behavioristic
Be|hin|de|rung (f) handicap, disability
Bein (n) leg
bei|ßen (v) bite
Be|la|stung (f) stress
Bel|la|don|na (f) belladonna
Bel|la|don|nin (n) belladonnine
be|ni|gne (adj) benign
be|nom|men (adj) dizzy
Be|nom|men|heit (f) dizziness
Ben|to|nit (m) bentonite
Benz|al|de|hyd (m) benzaldehyde
Ben|zo|at (n) benzoate
Ben|zol (m) benzole
Be|ri|be|ri (f) beriberi
Ber|ke|li|um (n) berkelium
Be|rüh|rung (f) touch
Be|ryl|lio|se (f) berylliosis
Be|ryl|lio|sen (fpl) berylllioses
Be|ryl|li|um (n) beryllium
Be|schich|tung (f) coating
be|schleu|ni|gen (v) accelerate
Be|schleu|ni|ger (m) accelerator
Be|schleu|ni|gung (f) acceleration
Be|schleu|ni|gungs|mes|ser (m) accelerometer
be|schnei|den (v) circumcise
Be|schnei|dung (f) circumcision
Be|schwer|de (f) complaint
Be|stia|li|taet (f) bestiality

Be|stim|mung (f) determination
be|strah|len (v) irradiate
Be|strah|lung (f) irradiation
be|ta-ad|ren|erg (adj) beta-
-adrenergic
Be|ta-Ket|te (f) beta chain
Be|ta-Re|cep|tor (m) beta
receptor
Be|ta|tron (n) betatron
Bett (n) bed
bett|lä|ge|rig (adj) bedridden
Bett|pfan|ne (f) bedpan
Bett|wan|ze (f) bedbug
beu|gen (v) bend, flex
Be|we|gung (f) movement
be|wußt (adj) conscious
Be|wuß|tes (n) conscious
be|wußt|los (adj) unconscious
Be|wußt|lo|sig|keit (f) un-
consciousness
Be|wußt|sein (n) consciousness
Be|zo|ar (m) bezoar
bi|axi|al (adj) biaxial
Bi|car|bo|nat (n) bicarbonate
Bi|ceps (m) biceps
bi|con|cav (adj) biconcave
bi|con|vex (adj) biconvex
bi|cus|pi|dal (adj) bicuspid
Bi|der|mom (n) bidermoma
Bier (n) beer
bi|fo|cal (adj) bifocal
Bi|fo|cal|glä|ser (npl) bifocals
Bi|fur|ca|ti|on (f) bifurcation
bi|ge|mi|nal (adj) bigeminal
Bi|ge|mi|nie (f) bigeminy
bi|la|mi|nar (adj) bilaminar
bi|la|te|ral (adj) bilateral
bi|la|te|ral (adv) bilaterally
Bil|dung (f) formation
bi|li|ar (adj) biliary
Bi|li|fus|cin (n) bilifuscin
bi|li|os (adj) bilious
Bi|li|ru|bin (n) bilirubin
Bi|li|ru|bin|ae|mie (f) bili-
rubinaemia
Bi|li|ru|bin|urie (f) bilirubin-
uria
Bi|li|ver|din (n) biliverdin
bi|lo|cu|lar (adj) bilocular
bi|ma|nu|ell (adj) bimanual
bi|ma|nu|ell (adv) bimanually
bin|au|ral (adj) binaural
bin|au|ri|cu|lar (adj) bin-
auricular
bin|den (v) bind
Bin|dung (f) bond
Bin|ocu|lar (n) binocular
bin|ocu|lar (adj) binocular
Bio|che|mie (f) biochemistry
bio|che|misch (adj) biochemi-
cal
bio|che|misch (adv) bio-
chemically
Bio|elec|tri|ci|taet (f) bio-
electricity
bio|elec|trisch (adj) bio-
electric
Bio|en|er|ge|tik (f) bioener-
getics
bio|en|er|ge|tisch (adj) bio-
energetic
Bio|ethik (f) bioethics

bio|ethisch (adj) bioethical
Bio|feed|back (n) biofeedback
Bio|fla|vo|no|id (n) bioflavonoid
Bio|ge|ne|se (f) biogenesis
bio|ge|ne|tisch (adj) biogenetic
Bio|ge|nie (f) biogeny
Bio|lo|ge (m) biologist
Bio|lo|gie (f) biology
bio|lo|gisch (adj) biological
bio|lo|gisch (adv) biologically
Bio|lu|mi|nes|cenz (f) bioluminescence
Bio|ma|the|ma|tik (f) biomathematics
Bio|me|cha|nik (f) biomechanics
bio|me|di|ci|nisch (adj) biomedical
Bio|nik (f) bionics
Bio|phy|sik (f) biophysics
Bi|op|sie (f) biopsy
Bio|rhyth|mus (m) biorhythm
Bio|sta|ti|stik (f) biostatistics
bio|sta|ti|stisch (adj) biostatistical
Bio|syn|the|se (f) biosynthesis
Bio|syn|the|sen (fpl) biosyntheses
bio|syn|the|tisch (adj) biosynthetic
bio|syn|the|tisch (adv) biosynthetically
Bio|tin (n) biotin
Bio|top (m) biotope
Bio|typ (m) biotype
bio|ty|pisch (adj) biotypic
Bio|ver|füg|bar|keit (f) bioavailability
bi|pa|rie|tal (adj) biparietal
bi|par|tit (adj) bipartite
bi|pha|sisch (adj) biphasic
bi|po|lar (adj) bipolar
Bi|po|la|ri|taet (f) bipolarity
Bi|se|xua|li|taet (f) bisexuality
bi|se|xu|ell (adj) bisexual
Bis|mut (n) bismuth
Bis|mu|to|se (f) bismuthosis
Biß (m) bite
Bis|tou|ri (m) bistoury
Bi|sul|fid (n) bisulfide
Bi|sul|fit (n) bisulfite
bi|tem|po|ral (adj) bitemporal
bit|ter (adj) bitter
Bit|ter|ling (m) bitterling
Bit|ter|mit|tel (n) bitters
bi|va|lent (adj) bivalent
Bi|va|lent (n) bivalent
Bi|va|lenz (f) bivalence
Bi|ven|ter (m) biventer
bi|ven|tri|cu|lar (adj) biventricular
bi|zy|go|ma|tisch (adj) bizygomatic
Bläs|se (f) pallor
bland (adj) bland
Bla|se (f) bladder
blaß (adj) pale, faint
Bla|stem (n) blastema
Bla|ste|me (npl) blastemas

bla|ste|misch (adj) blastemic

Bla|sto|coel (n) blastocoele

Bla|sto|cy|ste (f) blastocyst

Bla|sto|derm (n) blastoderm

bla|sto|der|mal (adj) blastodermal

bla|sto|gen (adj) blastogenic

Bla|sto|ge|ne|se (f) blastogenesis

Bla|sto|ge|ne|sen (fpl) blastogeneses

Bla|sto|ge|ne|sis (f) blastogenesis

bla|sto|ge|ne|tisch (adj) blastogenetic

bla|sto|ge|ne|tisch (adv) blastogenetically

Bla|sto|ge|nie (f) blastogeny

Bla|stom (n) blastoma

Bla|sto|ma (n) blastoma

Bla|sto|ma|ta (npl) blastomata

bla|sto|ma|to|gen (adj) blastomatogenic

bla|sto|ma|tos (adj) blastomatous

Bla|sto|me (npl) blastomas

bla|sto|my|ce|tisch (adj) blastomycetic

Bla|sto|my|cin (n) blastomycin

Bla|sto|my|co|se (f) blastomycosis

Bla|sto|my|co|sen (fpl) blastomycoses

Bla|sto|my|co|ses (fpl) blastomycoses

Bla|sto|my|co|sis (f) blastomycosis

Bla|sto|po|rus (m) blastopore

Bla|sto|sphae|re (f) blastosphere

Bla|sto|spo|re (f) blastospore

Bla|sto|to|mie (f) blastotomy

Bla|sto|to|mi|en (fpl) blastotomies

Bla|stu|la|ti|on (f) blastulation

Bla|stu|la (f) blastula

Blau|blind|heit (f) blue blindness

Blei (n) lead

Blei(IV)... plumbic

Blei|ver|gif|tung (f) lead poisoning

Blen|nor|rha|gia (f) blennorrhagia

Blen|nor|rha|gie (f) blennorrhagia

Blen|nor|rha|gi|en (fpl) blennorrhagias

Blen|nor|rhoe (f) blennorrhoea

Blen|nor|rhoea (f) blennorrhoea

blen|nor|rho|isch (adj) blennorrhoeal

Bla|phar|ade|ni|tis (f) blepharadenitis

Ble|phar|ade|ni|ti|den (fpl) blepharadenitides

Ble|phar|ade|ni|ti|des (fpl) blepharadenitides

Ble|phar|ec|to|mie (f) blepharectomy

Ble|phar|ec|to|mi|en (fpl) blepharectomies

Ble|pha|ris|mus (m) blepharism

Ble|pha|ri|ti|den (fpl) blepharitides

Ble|pha|ri|ti|des (fpl) blepharitides

Ble|pha|ri|tis (f) blepharitis

Ble|pha|ro|ade|ni|ti|den (fpl) blepharoadenitides

Ble|pha|ro|ade|ni|ti|des (fpl) blepharoadenitides

Ble|pha|ro|ade|ni|tis (f) blepharoadenitis

Ble|pha|ro|ade|nom (n) blepharoadenoma

Ble|pha|ro|ade|no|ma (n) blepharoadenoma

Ble|pha|ro|ade|no|ma|ta (npl) blepharoadenomata

Ble|pha|ro|ade|no|me (npl) blepharoadenomas

Ble|pha|ro|blen|nor|rhoe (f) blepharoblennorrhoea

Ble|pha|ro|blen|nor|rhoea (f) blepharoblennorrhoea

Ble|pha|ro|cha|la|se (f) blepharochalasis

Ble|pha|ro|cha|la|sen (fpl) blepharochalases

Ble|pha|ro|cha|la|ses (fpl) blepharochalases

Ble|pha|ro|cha|la|sis (f) blepharochalasis

Ble|pha|ro|clo|nus (m) blepharoclonus

Ble|pha|ro|con|junc|ti|vi|ti-den (fpl) blepharo-conjunctivitides

Ble|pha|ro|con|junc|ti|vi|ti|des (fpl) blepharoconjunctiviti-des

Ble|pha|ro|con|junc|ti|vi|tis (f) blepharoconjunctivitis

Ble|pha|ron (n) blepharon

Ble|pha|ro|phi|mo|se (f) blepharophimosis

Ble|pha|ro|phi|mo|sen (fpl) blepharophimoses

Ble|pha|ro|phi|mo|ses (fpl) blepharophimoses

Ble|pha|ro|phi|mo|sis (f) blepharophimosis

Ble|pha|ro|plast (m) blepharo-plast

Ble|pha|ro|pla|stik (f) blepharoplasty

ble|pha|ro|pla|stisch (adj) blepharoplastic

Ble|pha|ro|ple|gia (f) blepharoplegia

Ble|pha|ro|ple|gie (f) blepharoplegia

Ble|pha|ro|ple|gi|en (fpl) blepharoplegias

Ble|pha|ro|pto|se (f) blepharoptosis

Ble|pha|ro|pto|sen (fpl) blepharoptoses

Ble|pha|ro|pto|ses (fpl) blepharoptoses

Ble|pha|ro|pto|sis (f) blepharoptosis

Ble|pha|ror|rha|phie (f) blepharorrhaphy

Ble|pha|ror|rha|phi|en (fpl) blepharorrhaphies

Ble|pha|ro|spas|men (mpl) blepharospasms

Ble|pha|ro|spas|mus (m) blepharospasm

Ble|pha|ro|sphinc|ter|ec|to|mie (f) blepharosphincterectomy

Ble|pha|ro|sphinc|ter|ec|to|mi-en (fpl) blepharo-sphincterectomies

Ble|pha|ro|ste|no|se (f) blepharostenosis

Ble|pha|ro|ste|no|sen (fpl) blepharostenoses

Ble|pha|ro|ste|no|ses (fpl) blepharostenoses

Ble|pha|ro|ste|no|sis (f) blepharostenosis

Ble|pha|ro|sym|phy|se (f) blepharosymphysis

Ble|pha|ro|sym|phy|sen (fpl) blepharosymphyses

Ble|pha|ro|sym|phy|ses (fpl) blepharosymphyses

Ble|pha|ro|sym|phy|sis (f) blepharosymphysis

Ble|pha|ro|syn|echie (f) blepharosynechia

Ble|pha|ro|syn|echi|en (fpl) blepharosynechias

Ble|pha|ro|to|mie (f) blepharotomy

Ble|pha|ro|to|mi|en (fpl) blepharotomies

blind (adj) blind

Blind|heit (f) blindness

Blut (n) blood

Blu|te (npl) bloods

Blut|bild (n) blood count

blut|bil|dend (ppr) blood-forming

blu|ten (v) bleed

Blu|ter (m) bleeder

Blut|ge|rinn|sel (n) blood clot

Blut|ge|rin|nung (f) blood clotting

Blut|kör|per|chen (n) blood corpuscle

Blut|strom (m) bloodstream

Blu|tung (f) bleeding

Bo|lo|me|ter (n) bolometer

Bor (n) boron

Bo|rat (n) borate

Bor|bo|ryg|men (mpl) borborygmi

Bor|bo|ryg|mus (m) borborygmus

Bor|ne|ol (n) borneol

Bor|nyl (n) bornyl

Bor|re|lia (f) borrelia

Bor|re|li|din (n) borrelidin

Bor|re|lie (f) borrelia

Bo|ta|nik (f) botany

Bo|ta|ni|ker (m) botanist

bo|ta|nisch (adj) botanical

Bo|ten-RNA (f) messenger RNA

Bo|ten-RNS (f) messenger RNA

Bo|thri|di|um (n) bothridium
Bo|thrio|ce|pha|lus (m) bothriocephalus
Bo|thri|um (n) bothrium
bo|tryo|id (adj) botryoid
Bo|tryo|my|co|se (f) botryomycosis
Bo|tryo|my|co|sen (fpl) botryomycoses
Bo|tryo|my|co|ses (fpl) botryomycoses
Bo|tryo|my|co|sis (f) botryomycosis
bo|tryo|my|co|tisch (adj) botryomycotic
Bo|tu|lin (n) botulin
Bo|tu|lis|mus (m) botulism
Bou|gie|rung (f) bougienage
Bouil|lon (f) bouillon
bo|vin (adj) bovine
bra|chi|al (adj) brachial
Bra|chi|al|gia (f) brachialgia
Bra|chi|al|gie (f) brachialgia
Bra|chia|lis (m) brachialis
bra|chio|ce|phal (adj) brachiocephalic
Bra|chio|ra|dia|lis (m) brachioradialis
Bra|chio|to|mie (f) brachiotomy
Bra|chi|um (n) brachium
Bra|chy|car|die (f) brachycardia
bra|chy|ce|phal (adj) brachycephalic
Bra|chy|ce|pha|lia (f) brachycephalia
Bra|chy|ce|pha|lie (f) brachycephaly
Bra|chy|ce|pha|lis|mus (m) brachycephalism
Bra|chy|chei|lia (f) brachycheilia
Bra|chy|chei|lie (f) brachycheilia
Bra|chy|chei|ria (f) brachycheiria
Bra|chy|chei|rie (f) brachycheiria
Bra|chy|chi|lia (f) brachychilia
Bra|chy|chi|lie (f) brachychilia
Bra|chy|chi|ria (f) brachychiria
Bra|chy|chi|rie (f) brachychiria
bra|chy|cra|ni|al (adj) brachycranial
bra|chy|dac|tyl (adj) brachydactylic
Bra|chy|dac|ty|lia (f) brachydactylia
Bra|chy|dac|ty|lie (f) brachydactyly
Bra|chy|gna|thia (f) brachygnathia
Bra|chy|gna|thie (f) brachygnathia
bra|chy|ker|kisch (adj) brachykerkic
Bra|chy|me|ta|po|die (f) brachymetapody

bra|chy|morph (adj) brachymorphic

Bra|chy|mor|phie (f) brachymorphy

Bra|chy|pha|lan|gia (f) brachyphalangia

Bra|chy|pha|lan|gie (f) brachyphalangy

Bra|dy|ar|thria (f) bradyarthria

Bra|dy|ar|thrie (f) bradyarthria

Bra|dy|car|dia (f) bradycardia

Bra|dy|car|die (f) bradycardia

Bra|dy|dia|sto|lia (f) bradydiastolia

Bra|dy|dia|sto|lie (f) bradydiastole

Bra|dy|glos|sia (f) bradyglossia

Bra|dy|glos|sie (f) bradyglossia

Bra|dy|ki|ne|sia (f) bradykinesia

Bra|dy|ki|ne|sie (f) bradykinesia

bra|dy|ki|ne|tisch (adj) bradykinetic

Bra|dy|ki|nin (n) bradykinin

Bra|dy|ki|ni|no|gen (n) bradykininogen

bra|dy|cro|tisch (adj) bradycrotic

Bra|dy|la|lia (f) bradylalia

Bra|dy|la|lie (f) bradylalia

Bra|dy|le|xia (f) bradylexia

Bra|dy|le|xie (f) bradylexia

Bra|dy|pha|sia (f) bradyphasia

Bra|dy|pha|sie (f) bradyphasia

Bra|dy|phra|sia (f) bradyphrasia

Bra|dy|phra|sie (f) bradyphrasia

Bra|dy|phre|nia (f) bradyphrenia

Bra|dy|phre|nie (f) bradyphrenia

Bra|dy|pnoe (f) bradypnoea

Bra|dy|pnoea (f) bradypnoea

Bra|dy|pra|gia (f) bradypragia

Bra|dy|pra|gie (f) bradypragia

Bra|dy|pra|xia (f) bradypraxia

Bra|dy|pra|xie (f) bradypraxia

Bra|dy|rhyth|mia (f) bradyrhythmia

Bra|dy|rhyth|mie (f) bradyrhythmia

Bra|dy|sper|mia (f) bradyspermia

Bra|dy|sper|mie (f) bradyspermia

Bra|dy|te|leo|ki|ne|sia (f) bradyteleokinesia

Bra|dy|te|leo|ki|ne|se (f)

bradyteleokinesis
bran|chio|gen (adj) branchiogenic
Bran|chi|om (n) branchioma
Bran|chio|ma (n) branchioma
Bran|chio|ma|ta (npl) branchiomata
Bran|chio|me (npl) branchiomas
Brannt|wein (m) brandy
Bra|si|lin (n) brazilin
Breg|ma (n) bregma
Breg|ma|ta (npl) bregmata
breg|ma|tisch (adj) bregmatic
bren|nen (v) burn
bren|nend (ppr) burning
bre|pho|pla|stisch (adj) brephoplastic
Bril|le (f) spectacles
Brom (n) bromine
Bro|mat (n) bromate
Bro|ma|to|the|ra|pie (f) bromatotherapy
Brom|aze|pam (n) bromazepam
Brom|he|xin (n) bromhexine
Brom|hi|dro|se (f) bromhidrosis
Brom|hi|dro|sis (f) bromhidrosis
Bro|mid (n) bromide
Bro|mis|mus (m) bromism
Brom|iso|va|lum (n) bromisovalum
Bro|mo|der|ma (n) bromoderma
Bro|mo|form (n) bromoform
Bro|mo|ma|nia (f) bromomania
Bro|mo|ma|nie (f) bromomania
Bro|mo|me|nor|rhoe (f) bromomenorrhoea
Bro|mo|me|nor|rhoea (f) bromomenorrhoea
Brom|phe|nol (n) bromphenol
Brom|thy|mol (n) bromthymol
Brom|ura|cil (n) bromouracil
Bronch|ade|ni|tis (f) bronchadenitis
Bron|chen (mpl) bronchi
bron|chi|al (adj) bronchial
Bron|chi|ec|ta|se (f) bronchiectasis
Bron|chi|ec|ta|sen (fpl) bronchiectases
bron|chi|ec|ta|tisch (adj) bronchiectatic
bron|chio|lar (adj) bronchiolar
Bron|chio|le (f) bronchiole
Bron|chi|ol|ec|ta|se (f) bronchiolectasis
Bron|chi|ol|ec|ta|sen (fpl) bronchiolectases
Bron|chio|len (fpl) bronchioles
Bron|chio|li (mpl) bronchioli
Bron|chio|li|tis (f) bronchiolitis
bron|chio|lo|al|veo|lar (adj) bronchioloalveolar
Bron|chio|lus (m) bronchiolus
Bron|chi|ti|den (fpl) bronchitides
Bron|chi|ti|des (fpl) bronchitides
Bron|chi|tis (f) bronchitis

bron|chi|tisch (adj) bronchitic
Bron|chi|um (n) bronchium
bron|cho|bi|li|ar (adj) bronchobiliary
Bron|cho|ce|le (f) bronchocele
Bron|cho|di|la|ta|ti|on (f) bronchodilatation
Bron|cho|di|la|ta|tor (m) bronchodilatator
bron|cho|gen (adj) bronchogenic
Bron|cho|gramm (n) bronchogram
Bron|cho|gra|phie (f) bronchography
bron|cho|gra|phisch (adj) bronchographic
bron|cho|gra|phisch (adv) bronchographically
Bron|cho|lith (m) broncholith
Bron|cho|li|thia|se (f) broncholithiasis
Bron|cho|li|thia|sen (fpl) broncholithiases
Bron|cho|li|thia|sis (f) broncholithiasis
Bron|cho|lo|gie (f) bronchology
bron|cho|lo|gisch (adj) bronchologic
bron|cho|lo|gisch (adv) bronchologically
bron|cho|me|dia|sti|nal (adj) bronchomediastinal
Bron|cho|mo|ni|lia|se (f) bronchomoniliasis
Bron|cho|mo|ni|lia|sen (fpl) bronchomoniliases
Bron|cho|mo|ni|lia|ses (fpl) bronchomoniliases
Bron|cho|mo|ni|lia|sis (f) bronchomoniliasis
bron|cho|mo|to|risch (adj) bronchomotor
Bron|cho|my|co|se (f) bronchomycosis
Bron|cho|my|co|sen (fpl) bronchomycoses
Bron|cho|my|co|ses (fpl) bronchomycoses
Bron|cho|my|co|sis (f) bronchomycosis
bron|cho-oe|so|pha|ge|al (adj) broncho-oesophageal
Bron|cho|pa|thie (f) bronchopathy
bron|cho|pa|thisch (adj) bronchopathic
bron|cho|pa|thisch (adv) bronchopathically
Bron|cho|pho|nie (f) bronchophony
Bron|cho|pla|stik (f) bronchoplasty
bron|cho|pla|stisch (adj) bronchoplastic
bron|cho|pla|stisch (adv) bronchoplastically
bron|cho|pleu|ral (adj) bronchopleural
Bron|cho|pneu|mo|nia (f) bronchopneumonia
Bron|cho|pneu|mo|nie (f)

bronchopneumonia
bron|cho|pul|mo|nar (adj) bronchopulmonary
Bron|chor|rha|phie (f) bronchorrhaphy
Bron|chor|rhoe (f) bronchorrhoea
Bron|chor|rhoea (f) bronchorrhoea
Bron|cho|scop (n) bronchoscope
Bron|cho|sco|pie (f) bronchoscopy
bron|cho|sco|pisch (adj) bronchoscopical
bron|cho|sco|pisch (adv) bronchoscopically
Bron|cho|spas|mus (m) bronchospasm
Bron|cho|spi|ro|chae|to|se (f) bronchospirochaetosis
Bron|cho|spi|ro|chae|to|sen (fpl) bronchospirochaetoses
Bron|cho|spi|ro|chae|to|ses (fpl) bronchospirochaetoses
Bron|cho|spi|ro|chae|to|sis (f) bronchospirochaetosis
Bron|cho|spi|ro|gra|phie (f) bronchospirography
Bron|cho|spi|ro|me|ter (n) bronchospirometer
Bron|cho|spi|ro|me|trie (f) bronchospirometry
bron|cho|spi|ro|me|trisch (adj) bronchospirometric
bron|cho|spi|ro|me|trisch (adv) bronchospirometrically
Bron|cho|ste|no|se (f) bronchostenosis
Bron|cho|ste|no|sen (fpl) bronchostenoses
Bron|cho|ste|no|ses (fpl) bronchostenoses
Bron|cho|ste|no|sis (f) bronchostenosis
Bron|cho|sto|mie (f) bronchostomy
Bron|cho|to|mie (f) bronchotomy
bron|cho|ve|si|cu|lar (adj) bronchovesicular
Bron|chus (m) bronchus
Bron|to|pho|bia (f) brontophobia
Bron|to|pho|bie (f) brontophobia
Brownsch (adj) Brownian
Bru|cel|la (f) brucella
Bru|cel|le (f) brucella
Bru|cel|len (fpl) brucellas
Bru|cel|lo|se (f) brucellosis
Bru|cel|lo|sen (fpl) brucelloses
Bru|cel|lo|ses (fpl) brucelloses
Bru|cel|lo|sis (f) brucellosis
Bruch (m) fracture
Bru|cin (n) brucine
Brust (f) breast, chest
Brust|bein (n) breastbone
Brust|war|ze (f) nipple
Bru|xis|mus (m) bruxism
Bru|xo|ma|nia (f) bruxomania
Bru|xo|ma|nie (f) bruxomania
Bu|bo (m) bubo

Bu|bo|no|ce|le (f) bubonocele
Bu|bo|nu|li (mpl) bubonuli
Bu|bo|nu|lus (m) bubonulus
Bu|car|dia (f) bucardia
Bu|car|die (f) bucardia
Buc|ca (f) bucca
Buc|cae (fpl) buccae
Buc|ci|na|tor (m) buccinator
Buc|ci|na|to|res (mpl) buccinatores
buc|co|axi|al (adj) buccoaxial
buc|co|cer|vi|cal (adj) buccocervical
buc|co|di|stal (adj) buccodistal
buc|co|fa|ci|al (adj) buccofacial
buc|co|gin|gi|val (adj) buccogingival
buc|co|la|bi|al (adj) buccolabial
buc|co|lin|gu|al (adj) buccolingual
buc|co|na|sal (adj) bucconasal
buc|co|pha|ryn|ge|al (adj) buccopharyngeal
Buc|co|pha|ryn|ge|us (m) buccopharyngeus
Bu|cli|zin (n) buclizine
Bu|ret|te (f) burette
Bu|fa|gin (n) bufagin
Bu|for|min (n) buformin
Bu|fo|ta|lin (n) bufotalin
Bu|fo|te|nin (n) bufotenin
Bu|fo|to|xin (n) bufotoxin
bul|bar (adj) bulbar
Bul|bi (mpl) bulbi
bul|bo|atri|al (adj) bulboatrial
Bul|bo|cap|nin (n) bulbocapnine
Bul|bo|ca|ver|no|si (mpl) bulbocavernosi
Bul|bo|ca|ver|no|sus (m) bulbocavernosus
bul|bo|spi|nal (adj) bulbospinal
Bul|bo|spon|gio|si (mpl) bulbospongiosi
Bul|bo|spon|gio|sus (m) bulbospongiosus
bul|bo|ure|thral (adj) bulbourethral
Bul|bus (m) bulbus
Bu|li|mia (f) bulimia
Bu|li|mie (f) bulimia
bu|li|misch (adj) bulimic
Bul|la (f) bulla
Bull|ec|to|mie (f) bullectomy
bul|los (adj) bullous
Buph|thal|mia (f) buphthalmia
Buph|thal|mie (f) buphthalmia
buph|thal|misch (adj) buphthalmic
Buph|thal|mos (m) buphthalmos
Buph|thal|mus (m) buphthalmus
Bu|pi|va|ca|in (n) bupivacaine
Bur|sa (f) bursa
Burs|ec|to|mie (f) bursectomy
Bur|si|tis (f) bursitis

Bur|so|lith (m) bursolith
Bu|sul|fan (n) busulfan
Busch|mei|ster (m) bushmaster
Bu|ta|di|en (n) butadiene
Bu|tan (n) butane
Bu|ta|nol (n) butanol
Bu|ten (n) butene
Bu|te|nyl (n) butenyl
But|ter (f) butter
But|ter|säu|re (f) butyric acid
Bu|tyl (n) butyl
Bu|ty|rat (n) butyrate
Bu|ty|ryl (n) butyryl
By|pass (m) bypass
Bys|si|no|se (f) byssinosis
cach|ec|tisch (adj) cachectic
Cach|exia (f) cachexia
Cach|exie (f) cachexia
Ca|co|dyl (n) cacodyl
Ca|co|geu|sia (f) cacogeusia
Ca|co|geu|sie (f) cacogeusia
ca|co|phon (adj) cacophonic
Ca|co|pho|nia (f) cacophonia
Ca|co|pho|nie (f) cacophony
Cac|os|mia (f) cacosmia
Cac|os|mie (f) cacosmia
Ca|da|ver (m) cadaver
Ca|da|ve|rin (n) cadaverine
Cad|mi|um (n) cadmium
Cae|ca (npl) caeca
cae|cal (adj) caecal
Caec|ec|to|mie (f) caecectomy
Cae|co|ce|le (f) caecocele
Cae|co|co|lo|sto|mie (f) caecocolostomy
Cae|co|ileo|sto|mie (f) caecoileostomy
Cae|co|pe|xie (f) caecopexy
Cae|co|pli|ca|ti|on (f) caecoplication
Cae|co|pto|se (f) caecoptosis
Cae|cor|rha|phie (f) caecorrhaphy
Cae|co|sig|mo|ideo|sto|mie (f) caecosigmoideostomy
Cae|co|sto|mie (f) caecostomy
Cae|co|to|mie (f) caecotomy
Cae|cum (n) caecum
Cae|ru|lo|plas|min (n) caeruloplasmin
Cae|si|um (n) cesium
Calc|ae|mia (f) calcaemia
Cal|ca|nei (mpl) calcanei
Cal|ca|neo|dy|nia (f) calcaneodynia
Cal|ca|neo|dy|nie (f) calcaneodynia
cal|ca|neo|fi|bu|lar (adj) calcaneofibular
cal|ca|neo|na|vi|cu|lar (adj) calcaneonavicular
Cal|ca|ne|us (m) calcaneus
Cal|ca|ri|uria (f) calcariuria
Cal|ca|ri|urie (f) calcariuria
Cal|ci|fe|rol (n) calciferol
Cal|ci|fi|ca|ti|on (f) calcification
cal|ci|fi|cie|ren (v) calcify
cal|ci|fi|ciert (ppe) calcified
Cal|ci|no|se (f) calcinosis
Cal|ci|no|sis (f) calcinosis
Cal|ci|pe|nia (f) calcipenia

Cal|ci|pe|nie (f) calcipenia
Cal|ci|phy|la|xis (f) calciphylaxis
Cal|ci|to|nin (n) calcitonin
Cal|ci|um (n) calcium
Cal|ci|uria (f) calciuria
Cal|ci|urie (f) calciuria
Cal|co|glo|bu|lin (n) calcoglobulin
Cal|cu|li (mpl) calculi
Cal|cu|lo|ge|ne|se (f) calculogenesis
Cal|cu|lo|ge|ne|sis (f) calculogenesis
Cal|cu|lo|se (f) calculosis
Cal|cu|lo|sis (f) calculosis
Cal|cu|lus (m) calculus
Ca|lic|ec|ta|sie (f) calicectasis
Ca|lic|ec|to|mie (f) calicectomy
Ca|li|ces (mpl) calices
Ca|li|cu|li (mpl) caliculi
Ca|li|cu|lus (m) caliculus
Ca|li|for|ni|um (n) californium
Ca|lix (m) calix
cal|los (adj) callous
Cal|lo|si|tas (f) callositas
Cal|lus (m) callus
Ca|lor (m) calor
Ca|lo|rie (f) calory
Ca|lo|ri|en (fpl) calories
ca|lo|ri|en|reich (adj) high-caloric
ca|lo|ri|gen (adj) calorigenic
Ca|lo|ri|me|ter (n) calorimeter
Ca|lo|ri|me|trie (f) calorimetry
ca|lo|ri|me|trisch (adj) calorimetric
ca|lo|ri|me|trisch (adv) calorimetrically
ca|lo|risch (adj) caloric
Cal|va|ria (f) calvaria
Cal|va|ri|um (n) calvarium
Cal|vi|ti|es (f) calvities
Ca|lyc|ec|ta|sie (f) calycectasis
Ca|lyc|ec|to|mie (f) calycectomy
Ca|ly|ces (mpl) calyces
Ca|lyx (m) calyx
Calx (f) calx
Cam|bi|um (n) cambium
Ca|me|ra (f) camera
Cam|pher (m) camphor
Cam|pho|ris|mus (m) camphorism
Cam|pi|me|ter (n) campimeter
Cam|pi|me|trie (f) campimetry
Camp|to|dac|ty|lia (f) camptodactylia
Camp|to|dac|ty|lie (f) camptodactyly
Ca|nal (m) canal
Ca|na|les (mpl) canales
ca|na|li|cu|lar (adj) canalicular
Ca|na|li|cu|li (mpl) canaliculi
Ca|na|li|cu|lus (m) canaliculus
Ca|na|lis (m) canalis
Ca|na|li|sa|ti|on (f) canalization

ca|na|li|sie|ren (v) canalize
Can|cer (m) cancer
can|ce|ros (adj) cancerous
Can|ce|ro|gen (n) cancerogen
can|ce|ro|gen (adj) cancerogenic
Can|ce|ro|lo|ge (m) cancerologist
Can|ce|ro|lo|gie (f) cancerology
Can|ce|ro|pho|bia (f) cancerophobia
Can|ce|ro|pho|bie (f) cancerophobia
Can|cro|id (n) cancroid
can|cro|id (adj) cancroid
Can|di|dia|se (f) candidiasis
Can|di|dia|sis (f) candidiasis
Can|di|did (n) candidid
Can|did|uria (f) candiduria
Can|did|urie (f) candiduria
Ca|ni|ti|es (f) canities
Can|na|bi|di|ol (n) cannabidiol
Can|na|bi|nol (n) cannabinol
Can|na|bis (m) cannabis
Can|na|bis|mus (m) cannabism
Can|ni|ba|lis|mus (m) cannibalism
can|ni|ba|li|stisch (adj) cannibalistic
Can|tha|ri|din (n) cantharidin
Can|tha|ri|dis|mus (m) cantharidism
Canth|ec|to|mie (f) canthectomy
Can|thi (mpl) canthi
Can|thi|tis (f) canthitis
Can|tho|pla|stik (f) canthoplasty
Can|thor|rha|phie (f) canthorrhaphy
Can|tho|to|mie (f) canthotomy
Can|thus (m) canthus
Ca|nu|le (f) cannula
ca|nu|lie|ren (v) cannulize
Ca|nu|lie|rung (f) cannulization
ca|pil|lar (adj) capillary
Ca|pil|la|re (f) capillary
Ca|pil|lar|ec|ta|sia (f) capillarectasia
Ca|pil|lar|ec|ta|sie (f) capillarectasis
Ca|pil|la|ria|se (f) capillariasis
Ca|pil|la|ria|sis (f) capillariasis
Ca|pil|la|ri|taet (f) capillarity
Ca|pil|la|ri|tis (f) capillaritis
Ca|pil|la|ro|sco|pie (f) capillaroscopy
Ca|pil|lar|schlei|fe (f) capillary loop
Ca|pil|li (mpl) capilli
ca|pil|lo|ve|nos (adj) capillovenous
Ca|pil|lus (m) capillus
Ca|pi|stra|ti|on (f) capistration
Ca|pi|ta (npl) capita

Ca|pi|ta|ta (npl) capitata
Ca|pi|ta|tum (n) capitatum
Ca|pi|tu|la (npl) capitula
Ca|pi|tu|lum (n) capitulum
Ca|preo|my|cin (n) capreomycin
Cap|sai|cin (n) capsaicin
Cap|sel (f) capsule
Cap|sid (n) capsid
Cap|so|mer (n) capsomer
Cap|su|la (f) capsula
Cap|su|lae (fpl) capsulae
cap|su|lar (adj) capsular
Cap|sul|ec|to|mie (f) capsulectomy
Cap|su|li|tis (f) capsulitis
Cap|su|lo|to|mie (f) capsulotomy
Ca|put (n) caput
Ca|ra|mel (m) caramel
Carb|amat (n) carbamate
Carb|amid (n) carbamide
Carb|amo|yl (n) carbamoyl
Carb|azo|chrom (n) carbazochrome
Carb|hae|mo|glo|bin (n) carbhaemoglobin
car|bo|cy|clisch (adj) carbocyclic
Car|bo|hy|dra|se (f) carbohydrase
Car|bo|lis|mus (m) carbolism
Car|bo|my|cin (n) carbomycin
Car|bon (n) carbon
Car|bo|nat (n) carbonate
Car|bo|ni|sa|ti|on (f) carbonization
car|bo|ni|sie|ren (v) carbonize
Car|bon|säu|re (f) carboxylic acid
Car|bo|nyl (n) carbonyl
Carb|oxyl (n) carboxyl
Carb|oxy|la|se (f) carboxylase
Carb|oxy|hae|mo|glo|bin (n) carboxyhaemoglobin
Carb|oxy|hae|mo|glo|bin|ae-mie (f) carboxyhaemoglobinaemia
Carb|oxy|me|thyl|cel|lu|lo|se (f) carboxymethylcellulose
Carb|oxy|pep|ti|da|se (f) carboxypeptidase
Carb|oxy|po|ly|pep|ti|da|se (f) carboxypolypeptidase
car|bun|cu|lar (adj) carbuncular
Car|bun|cu|lus (n) carbunculus
Car|bun|kel (m) carbuncle
car|ci|no|em|bryo|nal (adj) carcinoembryonic
Car|ci|no|gen (n) carcinogen
car|ci|no|gen (adj) carcinogenic
Car|ci|no|ge|ne|se (f) carcinogenesis
car|ci|no|ge|ne|tisch (adj) carcinogenetic
Car|ci|no|ge|ni|taet (f) carcinogenicity
Car|ci|no|id (n) carcinoid
Car|ci|no|ido|se (f) car-

cinoidosis
Car|ci|nom **(n)** carcinoma
Car|ci|no|ma|to|pho|bie **(f)** carcinomatophobia
car|ci|no|ma|tos **(adj)** carcinomatous
Car|ci|no|ma|to|se **(f)** carcinomatosis
Car|ci|no|me **(npl)** carcinomas
Car|ci|no|pho|bie **(f)** carcinophobia
Car|ci|no|sar|com **(n)** carcinosarcoma
Car|ci|no|se **(f)** carcinosis
Car|dia **(f)** cardia
car|di|al **(adj)** cardial, cardiac
Car|di|al|asth|ma **(n)** cardiasthma
Car|di|al|gie **(f)** cardialgia
Car|di|cen|te|se **(f)** cardicentesis
Car|di|ec|to|mie **(f)** cardiectomy
Car|dio|an|gio|lo|gie **(f)** cardioangiology
car|dio|ar|te|ri|ell **(adj)** cardioarterial
car|dio|au|di|tiv **(adj)** cardioauditory
Car|dio|ce|le **(f)** cardiocele
Car|dio|cen|te|se **(f)** cardiocentesis
car|dio|gen **(adj)** cardiogenic
Car|dio|ge|ne|se **(f)** cardiogenesis
Car|dio|gramm **(n)** cardiogram
Car|dio|graph **(m)** cardiograph
Car|dio|gra|phie **(f)** cardiography
Car|dio|li|pin **(n)** cardiolipin
Car|dio|lo|ge **(m)** cardiologist
Car|dio|lo|gie **(f)** cardiology
Car|dio|ly|se **(f)** cardiolysis
Car|dio|me|ga|lie **(f)** cardiomegaly
Car|dio|myo|pa|thie **(f)** cardiomyopathy
Car|dio|myo|pe|xie **(f)** cardiomyopexy
Car|dio|myo|to|mie **(f)** cardiomyotomy
Car|dio|pa|thie **(f)** cardiopathy
car|dio|pa|thisch **(adj)** cardiopathic
Car|dio|pe|ri|car|dio|pe|xie **(f)** cardiopericardiopexy
Car|dio|pho|bie **(f)** cardiophobia
Car|dio|pla|stik **(f)** cardioplasty
Car|dio|ple|gie **(f)** cardioplegia
Car|dio|pto|se **(f)** cardioptosis
car|dio|pul|mo|nal **(adj)** cardiopulmonary
car|dio|re|spi|ra|to|risch **(adj)** cardiorespiratory
Car|dior|rhe|xis **(f)** cardiorrhexis
Car|dio|scop **(n)** cardioscope

Car|dio|spas|mus (m) cardiospasm
Car|dio|ta|cho|me|ter (n) cardiotachometer
Car|dio|to|mie (f) cardiotomy
car|dio|vas|cu|lar (adj) cardiovascular
Car|dio|ver|si|on (f) cardioversion
Car|di|tis (f) carditis
Ca|ri|es (f) caries
Ca|ri|na (f) carina
ca|rio|gen (adj) cariogenic
ca|ri|os (adj) carious
Car|min (n) carmine
Car|ni|fi|ca|ti|on (f) carnification
Car|ni|tin (n) carnitine
car|ni|vor (adj) carnivorous
Car|no|sin (n) carnosine
Car|no|sin|ae|mie (f) carnosinaemia
Ca|ro|tin (n) carotene
Ca|ro|tin|ae|mie (f) carotenaemia
Ca|ro|ti|no|id (n) carotenoid
Ca|ro|ti|no|se (f) carotenosis
Ca|ro|tis (f) carotis
car|pal (adj) carpal
Carp|ec|to|mie (f) carpectomy
Car|pho|lo|gie (f) carphology
car|po|me|ta|car|pal (adj) carpometacarpal
car|po|pe|dal (adj) carpopedal
Car|pus (m) carpus
Car|te|sisch (adj) Cartesian
car|ti|la|gi|nar (adj) cartilaginous
Ca|run|kel (f) caruncle
Car|va|crol (n) carvacrol
Cas|ca|de (f) cascade
cas|ca|die|ren (v) cascade
Ca|se|in (n) casein
Ca|se|ino|gen (n) caseinogen
Ca|strat (m) castrate
Ca|stra|ti|on (f) castration
ca|strie|ren (v) castrate
ca|striert (ppe) castrated
Ca|sui|stik (f) casuistics
Ca|ta|bio|se (f) catabiosis
ca|ta|bio|tisch (adj) catabiotic
ca|ta|bol (adj) catabolic
ca|ta|bo|li|sie|ren (v) catabolize
Ca|ta|bo|lis|mus (m) catabolism
Ca|ta|bo|lit (m) catabolite
Ca|ta|clei|sis (f) catacleisis
Ca|ta|cro|tie (f) catacrotism
Ca|ta|la|se (f) catalase
Ca|ta|lep|sie (f) catalepsy
Ca|ta|ly|sa|tor (m) catalyst
Ca|ta|ly|se (f) catalysis
Ca|ta|ly|sen (fpl) catalyses
ca|ta|ly|sie|ren (v) catalyse
ca|ta|ly|tisch (adj) catalytic
ca|ta|ly|tisch (adv) catalytically
Ca|ta|me|nie (f) catamenia
Ca|ta|mne|se (f) catamnesis
ca|ta|mne|stisch (adj) cat-

amnestic
Ca|ta|pha|sie (f) cataphasia
Ca|ta|phy|la|xie (f) cataphylaxis
Ca|ta|pla|sie (f) cataplasia
Ca|ta|plas|ma (n) cataplasm
Ca|ta|ple|xie (f) cataplexy
Ca|ta|ract (f) cataract
Ca|tarrh (m) catarrh
ca|tar|rha|lisch (adj) catarrhal
Ca|ta|stal|sis (f) catastalsis
Ca|ta|thy|mie (f) catathymia
Ca|ta|to|nie (f) catatonia
Ca|ta|tro|pie (f) catatropia
Ca|te|chol|amin (n) catecholamine
Cat|elec|tro|to|nus (m) catelectrotonus
Ca|thar|sis (f) catharsis
ca|thar|tisch (adj) cathartic
Cath|ep|sin (n) cathepsin
Ca|the|ter (m) catheter
ca|the|te|ri|sie|ren (v) catheterize
Ca|the|te|ri|sie|rung (f) catheterization
Ca|the|te|ris|mus (m) catheterism
Ca|tho|de (f) cathode
Cat|ion (n) cation
cat|io|nisch (adj) cationic
Cat|op|trik (f) catoptrics
Cau|ca|si|er (m) Caucasian
Cau|da (f) cauda
cau|dal (adj) caudal
Cau|da|tum (n) caudatum
Caus|al|gie (f) causalgia
Cau|sti|cum (n) caustic
cau|stisch (adj) caustic
Cau|ter (m) cautery
Cau|te|ri|sa|ti|on (f) cauterization
cau|te|ri|sie|ren (v) cauterize
Ca|ver|ne (f) cavern
Ca|ver|ni|tis (f) cavernitis
ca|ver|nos (adj) cavernous
Ca|ver|nom (n) cavernoma
Ca|ver|no|sto|mie (f) cavernostomy
Ca|vi|taet (f) cavity
Ca|vi|ta|ti|on (f) cavitation
Ca|vo|gramm (n) cavogram
Ca|vo|gra|phie (f) cavography
Ca|vum (n) cavum
ce|bo|ce|phal (adj) cebocephalic
Ce|bo|ce|pha|lia (f) cebocephalia
Ce|bo|ce|pha|lie (f) cebocephaly
Ce|bo|ce|pha|lus (m) cebocephalus
Ce|fa|man|dol (n) cefamandole
Cel|la (f) cella
Cel|lo|bio|se (f) cellobiose
Cel|lu|la (f) cellula
cel|lu|lar (adj) cellular
Cel|lu|la|se (f) cellulase
cel|lu|li|fu|gal (adj) cellulifugal
cel|lu|li|pe|tal (adj) cellulip-

etal

Cel|lu|lo|se (f) cellulose

Cen|ti|bar (n) centibar

Cen|ti|me|ter (m) centimeter

cen|tren|ce|phal (adj) centrencephalic

cen|tri|fu|gal (adj) centrifugal

Cen|tri|fu|ga|li|sa|ti|on (f) centrifugalization

Cen|tri|fu|ga|ti|on (f) centrifugation

Cen|tri|fu|ge (f) centrifuge

Cen|tri|ol (n) centriole

cen|tri|pe|tal (adj) centripetal

Cen|tro|cyt (m) centrocyte

Cen|tro|mer (n) centromere

Cen|tro|som (n) centrosome

Cen|tro|sphae|re (f) centrosphere

Cen|trum (n) centrum, center

ce|phal (adj) cephalic

Ce|phal|al|gia (f) cephalalgia

Ce|phal|al|gie (f) cephalalgy

Ceph|al|gia (f) cephalgia

Ceph|al|gie (f) cephalgia

Ce|pha|lin (n) cephalin

Ce|pha|li|sa|ti|on (f) cephalization

Ce|pha|li|tis (f) cephalitis

ce|pha|lo|cau|dal (adj) cephalocaudal

Ce|pha|lo|ce|le (f) cephalocele

Ce|pha|lo|cen|te|se (f) cephalocentesis

Ce|pha|lo|hae|ma|to|ce|le (f) cephalohaematocele

Ce|pha|lo|hae|ma|tom (n) cephalohaematoma

Ce|pha|lo|spo|rin (n) cephalosporin

Ce|pha|lo|spo|rio|se (f) cephalosporiosis

Cer (n) cerium

ce|re|bel|lar (adj) cerebellar

ce|re|bel|li|form (adj) cerebelliform

ce|re|bel|li|fu|gal (adj) cerebellifugal

ce|re|bel|li|pe|tal (adj) cerebellipetal

Ce|re|bel|li|tis (f) cerebellitis

ce|re|bel|lo|bul|bar (adj) cerebellobulbar

ce|re|bel|lo|fu|gal (adj) cerebellofugal

ce|re|bel|lo|me|dul|lar (adj) cerebellomedullary

Ce|re|bel|lum (n) cerebellum

ce|re|bral (adj) cerebral

ce|re|bri|form (adj) cerebriform

ce|re|bri|fu|gal (adj) cerebrifugal

ce|re|bri|pe|tal (adj) cerebripetal

Ce|re|bri|tis (f) cerebritis

ce|re|bro|ce|re|bel|lar (adj) cerebrocerebellar

ce|re|bro|cor|ti|cal (adj) cerebrocortical

ce|re|bro|he|pa|to|re|nal (adj)

cerebrohepatorenal
ce|re|bro|id (adj) cerebroid
ce|re|bro|ma|cu|lar (adj) cerebromacular
ce|re|bro|me|dul|lar (adj) cerebromedullary
ce|re|bro|re|ti|nal (adj) cerebroretinal
Ce|re|bro|scle|ro|se (f) cerebrosclerosis
Ce|re|bro|se (f) cerebrose
Ce|re|bro|sid (n) cerebroside
ce|re|bro|spi|nal (adj) cerebrospinal
ce|re|bro|ten|di|nos (adj) cerebrotendinous
Ce|re|bro|to|nie (f) cerebrotonia
ce|re|bro|vas|cu|lar (adj) cerebrovascular
Ce|re|brum (n) cerebrum
ce|ru|mi|nal (adj) ceruminous
Ce|ru|mi|no|se (f) ceruminosis
cer|vi|cal (adj) cervical
Cer|vic|ec|to|mie (f) cervicectomy
Cer|vi|ci|tis (f) cervicitis
cer|vi|co|au|ral (adj) cervicoaural
cer|vi|co|au|ri|cu|lar (adj) cervicoauricular
cer|vi|co|axil|lar (adj) cervicoaxillary
cer|vi|co|bra|chi|al (adj) cervicobrachial
Cer|vi|co|bra|chi|al|gie (f) cervicobrachialgia
cer|vi|co|buc|cal (adj) cervicobuccal
Cer|vi|co|col|pi|tis (f) cervicocolpitis
Cer|vi|co|dy|nie (f) cervicodynia
cer|vi|co|fa|ci|al (adj) cervicofacial
cer|vi|co|la|bi|al (adj) cervicolabial
cer|vi|co|lin|gu|al (adj) cervicolingual
cer|vi|co|rec|tal (adj) cervicorectal
cer|vi|co|tho|ra|cal (adj) cervicothoracic
cer|vi|co|ute|rin (adj) cervicouterine
cer|vi|co|va|gi|nal (adj) cervicovaginal
Cer|vi|co|va|gi|ni|tis (f) cervicovaginitis
cer|vi|co|ve|si|cal (adj) cervicovesical
Cer|vix (f) cervix
Ce|tyl (n) cetyl
Ce|va|din (n) cevadine
Chae|to|min (n) chaetomin
Cha|la|sie (f) chalasia
Cha|la|zi|on (n) chalazion
Cha|la|zo|der|mie (f) chalazodermia
Chal|co|se (f) chalcosis
Cha|li|co|se (f) chalicosis
Cha|lon (n) chalone

cha|mae|ce|phal (adj) chamaecephalic

Cha|mae|ce|pha|lie (f) chamaecephaly

Cha|mae|ce|pha|lus (m) chamaecephalus

cha|mae|conch (adj) chamaeconch

cha|mae|cra|ni|al (adj) chamaecranial

cha|mae|pros|opisch (adj) chamaeprosopic

Cha|rac|ter (m) character

Cha|rac|te|ro|lo|gie (f) characterology

Char|treu|sin (n) chartreusin

Cheil|al|gie (f) cheilalgia

Cheil|ec|to|mie (f) cheilectomy

Cheil|ec|tro|pi|on (n) cheilectropion

Chei|li|tis (f) cheilitis

Chei|lo|an|gio|scop (n) cheiloangioscope

Chei|lo|gna|tho|pa|la|to|schi|sis (f) cheilognathopalatoschisis

Chei|lo|pla|stik (f) cheiloplasty

Chei|lo|schi|sis (f) cheiloschisis

Chei|lo|sis (f) cheilosis

Chei|lo|sto|ma|to|pla|stik (f) cheilostomatoplasty

Cheir|al|gie (f) cheiralgia

chei|ro|kin|aes|the|tisch (adj) cheirokinaesthetic

Chei|ro|lo|gie (f) cheirology

Chei|ro|me|ga|lie (f) cheiromegaly

Chei|ro|pla|stik (f) cheiroplasty

Chei|ro|spas|mus (m) cheirospasm

Che|lat (n) chelate

Che|li|do|nin (n) chelidonine

che|lie|ren (v) chelate

che|lie|rend (ppr) chelating

che|liert (ppe) chelated

Che|lie|rung (f) chelation

che|mi|co|bio|lo|gisch (adj) chemicobiological

Che|mie (f) chemistry **anorganische C.** inorganic chemistry **biologische C.** biological chemistry **klinische C.** clinical chemistry **organische C.** organic chemistry

Che|mi|ker (m) chemist

Che|mi|lu|mi|nes|cenz (f) chemiluminescence

Che|mi|no|se (f) cheminosis

che|misch (adj) chemical

Che|mo|cep|tor (m) chemoceptor

Che|mo|co|agu|la|ti|on (f) chemocoagulation

Che|mo|dec|tom (n) chemodectoma

Che|mo|pal|lid|ec|to|mie (f) chemopallidectomy

Che|mo|pro|phy|la|xe (f) chemoprophylaxis

Che|mo|re|cep|tor (m) chemoreceptor
Che|mo|re|flex (m) chemoreflex
Che|mo|se (f) chemosis
Che|mo|stat (m) chemostat
Che|mo|syn|the|se (f) chemosynthesis
che|mo|syn|the|tisch (adj) chemosynthetic
che|mo|tac|tisch (adj) chemotactic
Che|mo|ta|xis (f) chemotaxis
che|mo|the|ra|peu|tisch (adj) chemotherapeutic
Che|mo|the|ra|pie (f) chemotherapy
Che|mo|tro|pis|mus (m) chemotropism
Che|ru|bis|mus (m) cherubism
Chi|as|ma (n) chiasma
Chi|on|ablep|sie (f) chionablepsia, chionablepsy
Chi|ono|pho|bie (f) chionophobia
chi|ral (adj) chiral
Chi|ra|li|taet (f) chirality
Chi|ro|prac|tik (f) chiropractic
Chi|ro|prac|ti|ker (m) chiropractor
Chir|urg (m) surgeon
Chir|ur|gie (f) surgery
chir|ur|gisch (adj) surgical
chir|ur|gisch (adv) surgically
Chi|tin (n) chitin
Chi|to|bio|se (f) chitobiose
Chi|tos|amin (n) chitosamine
Chla|my|do|spo|re (f) chlamydospore
Chlo|as|ma (n) chloasma
Chlor (n) chlorine
Chlor|ac|ne (f) chloracne
Chlor|ae|mie (f) chloraemia
Chlo|ral (n) chloral
Chlo|ra|lo|se (f) chloralose
Chlor|am|bu|cil (n) chlorambucil
Chlor|am|phe|ni|col (n) chloramphenicol
Chlo|rat (n) chlorate
Chlor|dan (n) chlordan
Chlo|rel|lin (n) chlorellin
chlo|ren (v) chlorinate
Chlor|he|xi|din (n) chlorhexidine
Chlo|rid (n) chloride
chlo|rie|ren (v) chlorinate
chlo|riert (ppe) chlorinated
Chlo|rie|rung (f) chlorination
Chlo|rit (n) chlorite
Chlor|ma|di|non (n) chlormadinone
Chlor|me|ro|drin (n) chlormerodrin
Chlor|me|za|non (n) chlormezanone
Chlo|ro|bu|ta|nol (n) chlorobutanol
Chlo|ro|form (n) chloroform
Chlo|ro|phyll (n) chlorophyll
Chlo|ro|plast (m) chloroplast
Chlor|op|sie (f) chloropsia

Chlo|ro|se (f) chlorosis
Chlo|rung (f) chlorination
Choa|na (f) choana
choa|nal (adj) choanal
Choa|ne (f) choana
Chol|an|gi|ec|ta|sie (f) cholangiectasis
Chol|an|gio|en|te|ro|sto|mie (f) cholangioenterostomy
Chol|an|gio|gramm (n) cholangiogram
Chol|an|gio|gra|phie (f) cholangiography
Chol|an|gio|le (f) cholangiole
Chol|an|gio|li|tis (f) cholangiolitis
chol|an|gio|li|tisch (adj) cholangiolitic
Chol|an|gi|om (n) cholangioma
Chol|an|gio|sto|mie (f) cholangiostomy
Chol|an|gio|to|mie (f) cholangiotomy
Chol|an|gi|tis (f) cholangitis
Cho|le|bi|li|ru|bin (n) cholebilirubin
Cho|le|cal|ci|fe|rol (n) cholecalciferol
Cho|le|cyst|ec|ta|sie (f) cholecystectasia
Cho|le|cyst|ec|to|mie (f) cholecystectomy
Cho|le|cyst|en|te|ror|rha|phie (f) cholecystenterorrhaphy
Cho|le|cyst|en|te|ro|sto|mie (f) cholecystenterostomy
Cho|le|cy|sti|tis (f) cholecystitis
Cho|le|cy|sto|duo|de|no|sto|mie (f) cholecystoduodenostomy
Cho|le|cy|sto|en|te|ro|sto|mie (f) cholecystoenterostomy
Cho|le|cy|sto|ga|stro|sto|mie (f) cholecystogastrostomy
Cho|le|cy|sto|gramm (n) cholecystogramm
Cho|le|cy|sto|gra|phie (f) cholecystography
Cho|le|cy|sto|ki|nin (n) cholecystokinin
Cho|le|cy|sto|ki|nin-Pan|creo-zy|min (n) cholecystokinin-pancreozymin
Cho|le|cy|sto|li|thia|se (f) cholecystolithiasis
Cho|le|cy|sto|pe|xie (f) cholecystopexy
Cho|le|cy|sto|sto|mie (f) cholecystostomy
Cho|le|cy|sto|to|mie (f) cholecystotomy
Cho|le|do|chi|tis (f) choledochitis
Cho|le|do|cho|duo|de|no|sto|mie (f) choledochoduodenostomy
Cho|le|do|cho|en|te|ro|sto|mie (f) choledochoenterostomy
Cho|le|do|cho|je|ju|no|sto|mie (f) choledochojejunostomy
Cho|le|do|cho|li|thia|se (f) choledocholithiasis
Cho|le|do|cho|to|mie (f)

choledochotomy
Cho|le|do|chus (m) choledochus
Cho|le|glo|bin (n) choleglobin
Cho|le|li|thia|se (f) cholelithiasis
Cho|le|li|tho|to|mie (f) cholelithotomy
Chol|eme|sis (f) cholemesis
Cho|le|ra (f) cholera
Cho|le|re|se (f) choleresis
Cho|le|re|ti|cum (n) choleretic
cho|le|re|tisch (adj) choleretic
cho|le|ri|form (adj) choleriform
cho|le|risch (adj) choleric
Cho|le|sta|se (f) cholestasis
cho|le|sta|tisch (adj) cholestatic
Cho|le|stea|tom (n) cholesteatoma
Cho|le|stea|to|se (f) cholesteatosis
Cho|le|ste|ra|se (f) cholesterase
Cho|le|ste|rin (n) cholesterin
Cho|le|ste|rol (n) cholesterol
Cho|le|ste|rol|ae|mie (f) cholesterolaemia
Cho|lin (n) cholin
Cho|lin|ace|ty|la|se (f) cholineacetylase
cho|lin|erg (adj) cholinergic
Cho|lin|este|ra|se (f) cholinesterase
Chol|urie (f) choluria
chon|dral (adj) chondral
Chon|drec|to|mie (f) chondrectomy
Chon|drin (n) chondrin
Chon|dri|om (n) chondriome
Chon|drio|mit (m) chondriomite
Chon|drio|som (n) chondriosome
Chon|dri|tis (f) chondritis
Chon|dro|blast (m) chondroblast
Chon|dro|bla|stom (n) chondroblastoma
Chon|dro|cal|ci|no|se (f) chondrocalcinosis
Chon|dro|cla|sie (f) chondroclasis
Chon|dro|clast (m) chondroclast
chon|dro|co|stal (adj) chondrocostal
Chon|dro|cra|ni|um (n) chondrocranium
Chon|dro|cyt (m) chondrocyte
chon|dro|cy|tar (adj) chondrocytic
Chon|dro|der|ma|ti|tis (f) chondrodermatitis
Chon|dro|dys|tro|phie (f) chondrodystrophy
Chon|dro|fi|brom (n) chondrofibroma
Chon|dro|fi|bro|sar|com (n) chondrofibrosarcoma
chon|dro|gen (adj) chondrogenic
Chon|dro|ge|ne|se (f) chondrogenesis

chon|dro|ge|ne|tisch (adj) chondrogenetic

chon|dro|id (adj) chondroid

Chon|drom (n) chondroma

Chon|dro|ma|la|cie (f) chondromalacia

chon|dro|ma|tos (adj) chondromatous

Chon|dro|ma|to|se (f) chondromatosis

Chon|dro|mer (n) chondromere

Chon|dro|mu|co|id (n) chondromucoid

Chon|dro|my|xo|haem|an|gio-en|do|the|lio|sar|com (n) chondromyxohaemangio-endotheliosarcoma

chon|dro|my|xo|id (adj) chondromyxoid

Chon|dro|my|xom (n) chondromyxoma

Chon|dro|my|xo|sar|com (n) chondromyxosarcoma

Chon|dro|osteo|dys|tro|phie (f) chondroosteodystrophy

Chon|dro|oste|om (n) chondroosteoma

Chon|dro|pa|thie (f) chondropathy

Chon|dro|pla|stik (f) chondroplasty

Chon|dro|sar|com (n) chondrosarcoma

chon|dro|sar|co|ma|tos (adj) chondrosarcomatous

Chon|dro|tom (n) chondrotome

Chon|dro|to|mie (f) chondrotomy

Chor|da (f) chorda

Chor|di|tis (f) chorditis

Chor|dom (n) chordoma

Chor|do|to|mie (f) chordotomy

Cho|rea (f) chorea

cho|rei|form (adj) choreiform

Cho|reo|athe|to|se (f) choreoathetosis

Cho|rio|an|gio|pa|gus (m) chorioangiopagus

Cho|rio|me|nin|gi|tis (f) choriomeningitis

Cho|ri|on (n) chorion

Cho|ri|on|epi|the|li|om (n) chorionepithelioma

Cho|rio|re|ti|ni|tis (f) chorioretinitis

Cho|rio|re|ti|no|pa|thie (f) chorioretinopathy

Cho|ri|stom (n) choristoma

Cho|ro|idea (f) choroidea

Chrom (n) chrome

Chrom|aes|the|sie (f) chromaesthesia

chrom|af|fin (adj) chromaffin

Chro|mat (n) chromate

Chro|ma|tid (n) chromatid

Chro|ma|tin (n) chromatin

chro|ma|tin-ne|ga|tiv (adj) chromatin-negative

chro|ma|tin-po|si|tiv (adj) chromatin-positive

chro|ma|tisch (adj) chromatic

Chro|ma|to|gramm (n)

chromatogram
Chro|ma|to|gra|phie (f) chromatography
chro|ma|to|gra|phie|ren (v) chromatograph
chro|ma|to|gra|phisch (adj) chromatographic
Chro|ma|to|ly|se (f) chromatolysis
chro|ma|to|ly|tisch (adj) chromatolytic
Chro|ma|to|phi|lie (f) chromatophilia
Chro|ma|to|pho|bie (f) chromatophobia
Chro|ma|to|pho|rom (n) chromatophoroma
Chro|mat|op|sie (f) chromatopsia
Chro|ma|to|se (f) chromatosis
Chro|mat|urie (f) chromaturia
Chrom|hi|dro|se (f) chromhidrosis
Chro|mi|di|um (n) chromidium
Chrom|idro|se (f) chromidrosis
Chro|mo|bla|sto|my|co|se (f) chromoblastomycosis
Chro|mo|cen|trum (n) chromocenter
Chro|mo|cri|nie (f) chromocrinia
Chro|mo|cy|sto|sco|pie (f) chromocystoscopy
Chro|mo|cyt (m) chromocyte
Chro|mo|gen (n) chromogen
chro|mo|gen (adj) chromogenic
Chro|mo|ge|ne|se (f) chromogenesis
Chro|mo|mer (n) chromomere
Chro|mo|ne|ma (n) chromonema
chro|mo|phil (adj) chromophilic
Chro|mo|phi|ler (m) chromophile
chro|mo|phob (adj) chromophobic
Chro|mo|pho|ber (m) chromophobe
Chro|mo|pho|bie (f) chromophobia
Chro|mo|phor (m) chromophore
chro|mo|phor (adj) chromophoric
Chro|mo|plast (m) chromoplast
Chro|mo|pro|te|in (n) chromoprotein
Chrom|op|sie (f) chromopsia
Chro|mo|som (n) chromosome
chro|mo|so|mal (adj) chromosomal
Chro|mo|so|men-Ab|er|ra|ti|on (f) chromosome aberration
Chron|axie (f) chronaxy
Chro|ni|ci|taet (f) chronicity
chro|nisch (adj) chronic
chro|no|lo|gisch (adj) chronologic
Chro|no|pho|bie (f) chronophobia
chro|no|trop (adj) chronotropic
Chry|sia|sis (f) chrysiasis
Chry|so|der|ma (n) chryso-

derma

Chry|so|the|ra|pie (f) chrysotherapy

Chyl|ae|mie (f) chylaemia

Chyl|an|gi|om (n) chylangioma

chy|los (adj) chylous

Chy|lo|me|dia|sti|num (n) chylomediastinum

Chy|lo|mi|cron (n) chylomicron

Chy|lo|mi|cron|ae|mie (f) chylomicronaemia

Chy|lor|rhoe (f) chylorrhoea

Chy|lo|tho|rax (m) chylothorax

Chyl|urie (f) chyluria

Chy|lus (m) chylus

Chy|mo|tryp|sin (n) chymotrypsin

Chy|mo|tryp|si|no|gen (n) chymotrypsinogen

Chy|mus (m) chymus

Ci|bo|pho|bie (f) cibophobia

ci|ca|tri|ci|al (adj) cicatricial

Ci|ca|trix (f) cicatrix

Ci|lia (f) cilia

ci|li|ar (adj) ciliary

Ci|lie (f) cilium

Ci|li|en (fpl) cilia

ci|li|en|be|setzt (ppe) ciliated

ci|lio|spi|nal (adj) ciliospinal

Ci|li|um (n) cilium

Cil|lo|se (f) cillosis

cil|lo|tisch (adj) cillotic

Ci|me|ti|din (n) cimetidine

Cin|cho|ni|din (n) cinchonidine

Cin|cho|nin (n) cinchonine

Cin|cho|phen (n) cinchophen

Cin|gul|ec|to|mie (f) cingulectomy

Cin|gu|lo|to|mie (f) cimgulotomy

Cin|gu|lum (n) cingulum

cir|ca|di|an (adj) circadian

cir|cu|lar (adj) circular

Cir|cu|la|ti|on (f) circulation

Cir|cu|lus (m) circulus

cir|cum|anal (adj) circumanal

cir|cum|ci|sie|ren (v) circumcise

Cir|cum|ci|si|on (f) circumcision

cir|cum|script (adj) circumscribed

Cir|rho|se (f) cirrhosis

cir|rho|tisch (adj) cirrhotic

cir|so|id (adj) cirsoid

cis (adj) cis

Cis|tron (n) cistron

Ci|trat (n) citrate

Ci|tri|nin (n) citrinin

Ci|trul|lin (n) citrulline

Clas|ma|to|cyt (m) clasmatocyte

clas|ma|to|cy|tar (adj) clasmatocytic

Clau|di|ca|ti|on (f) claudication

Clau|stro|phi|lie (f) claustrophilia

Clau|stro|pho|bie (f) claustrophobia

Clau|strum (n) claustrum

Cla|va (f) clava
Cla|va|cin (n) clavacin
Cla|vi|co|to|mie (f) clavicotomy
Cla|vi|cu|la (f) clavicula
cla|vi|cu|lar (adj) clavicular
Cla|vi|cul|ec|to|mie (f) claviculectomy
cla|vi|pec|to|ral (adj) clavipectoral
Cla|vus (m) clavus
Clear|ance (f) clearance
clei|do|co|stal (adj) cleidocostal
Clei|do|to|mie (f) cleidotomy
cli|mac|te|risch (adj) climacteric
Cli|mac|te|ri|um (n) climacterium
Cli|ma|to|lo|gie (f) climatology
Cli|ma|to|the|ra|pie (f) climatotherapy
Cli|max (f) climax
Cli|nik (f) hospital, department
cli|to|ral (adj) clitoral
Cli|tor|al|gie (f) clitoralgia
Cli|to|rid|ec|to|mie (f) clitoridectomy
Cli|to|ri|di|tis (f) clitoriditis
Cli|to|ri|do|to|mie (f) clitoridotomy
Cli|to|ris (f) clitoris
Cli|to|ris|mus (m) clitorism
Cli|to|ro|ma|nie (f) clitoromania
Cli|to|ro|me|ga|lie (f) clitoromegaly
Cli|to|ro|to|mie (f) clitorotomy
Cli|vus (m) clivus
Cloa|ca (f) cloaca
Cloa|ke (f) cloaca
Clon (m) clone
clo|nal (adj) clonal
clo|nisch (adj) clonic
Clon|or|chia|se (f) clonorchiasis
Clon|or|chio|se (f) clonorchiosis
Clo|nus (m) clonus
Clow|nis|mus (m) clownism
Clu|nes (fpl) clunes
Clu|nis (f) clunis
co|agu|la|bel (adj) coagulable
Co|agu|la|bi|li|taet (f) coagulability
Co|agu|lans (n) coagulant
Co|agu|la|se (f) coagulase
Co|agu|la|ti|on (f) coagulation
co|agu|lie|ren (v) coagulate
co|agu|lie|rend (ppr) coagulating, coagulant
co|agu|liert (ppe) coagulated
Co|agu|lo|pa|thie (f) coagulopathy
Co|agu|lum (n) coagulum
Co|balt (n) cobalt
Co|bra (f) cobra
Co|ca|in (n) cocaine
Co|ca|inis|mus (m) cocainism
Co|carb|oxy|la|se (f) cocarboxylase

Co|car|ci|no|gen (n) cocarcinogen
Co|car|ci|no|ge|ne|se (f) cocarcinogenesis
coc|ci|di|al (adj) coccidial
Coc|ci|die (f) coccidium
coc|ci|dio|idal (adj) cocidioidal
Coc|ci|dio|se (f) coccidiosis
coc|co|id (adj) coccoid
Coc|cus (m) coccus
coc|cy|ge|al (adj) coccygeal
Coc|cy|ge|us (m) coccygeus
Coc|cy|go|dy|nie (f) coccygodynia
Coc|cyx (m) coccyx
Coch|lea (f) cochlea
Co|ci|dio|ido|my|co|se (f) cocidioidomycosis
Co|de|in (n) codeine
Co|don (n) codon
Co|ef|fi|ci|ent (m) coefficient
Coel|en|te|ron (n) coelenteron
Coe|lio|col|po|to|mie (f) coeliocolpotomy
Coe|lio|my|om|ec|to|mie (f) coeliomyomectomy
Coe|li|or|rha|phie (f) coeliorrhaphy
Coe|lio|sco|pie (f) coelioscopy
Coe|lio|to|mie (f) coeliotomy
Coe|lom (n) coelom
Co|en|zym (n) coenzyme
Coe|ru|lo|plas|min (n) coeruloplasmin
Co|fac|tor (m) cofactor
Co|fer|ment (n) coferment
Cof|fe|in (n) caffeine
Cof|fe|inis|mus (m) caffeinism
Co|ha|bi|ta|ti|on (f) cohabitation
co|hae|rent (adj) coherent
Co|hae|renz (f) coherence
co|hae|rie|ren (v) cohere
Co|hae|si|on (f) cohesion
co|hae|siv (adj) cohesive
Co|itus (m) coitus
Col|chi|cin (n) colchicine
Col|ec|to|mie (f) colectomy
Co|leo|pto|se (f) coleoptosis
Co|li|ba|cill|ae|mie (f) colibacillaemia
Co|li|ba|cill|urie (f) colibacilluria
Co|li|ba|cil|lus (m) colibacillus
Co|li|ca (f) colica
Co|li|tis (f) colitis
Co|li|urie (f) coliuria
col|la|bie|ren (v) collapse
Col|la|gen (n) collagen
col|la|gen (adj) collagenic
Col|la|ge|na|se (f) collagenase
Col|la|ge|no|se (f) collagenosis
Col|laps (m) collapse
col|la|te|ral (adj) collateral
Col|la|te|ra|le (f) collateral
Col|li|cu|li|tis (f) colliculitis
Col|li|cu|lus (m) colliculus
col|li|ga|tiv (adj) colligative
Col|li|qua|ti|on (f) colliqua-

tion
col|li|qua|tiv (adj) colliquative
Col|lo|id (n) colloid
col|lo|idal (adj) colloidal
Col|lo|ido|cla|sie (f) colloidoclasia
col|lo|ido|cla|stisch (adj) colloidoclastic
Col|lum (n) collum
Co|lo|bom (n) coloboma
Co|lo|to|mie (f) colotomy
Co|lon (n) colon
Co|lo|pe|xie (f) colopexy
Co|lo|pto|se (f) coloptosis
Co|lo|ri|me|ter (n) colorimeter
Co|lo|ri|me|trie (f) colorimetry
co|lo|ri|me|trisch (adj) colorimetric
co|lo|ri|me|trisch (adv) colorimetrically
Co|lo|scop (n) coloscope
Co|lo|sto|mie (f) colostomy
Co|lo|strum (n) colostrum
Colp|eu|ryn|ter (m) colpeurynter
Col|pi|tis (f) colpitis
Col|po|ce|le (f) colpocele
Col|po|clei|sis (f) colpocleisis
Col|po|pe|ri|ne|or|rha|phie (f) colpoperineorrhaphy
Col|por|rha|phie (f) colporrhaphy
Col|por|rhe|xis (f) colporrhexis
Col|po|scop (n) colposcope
Col|po|sco|pie (f) colposcopy
col|po|sco|pisch (adj) colposcopic
Col|po|to|mie (f) colpotomy
Co|lum|na (f) columna
Co|ma (n) coma
co|ma|tos (adj) comatose
Com|edo (m) comedo
Com|mis|sur (f) commissure
Com|mis|su|ra (f) commissura
Com|mis|su|ro|to|mie (f) commissurotomy
Com|mo|tio (f) commotio
com|mu|ni|cie|ren (v) communicate
Com|pac|ta (f) compacta
com|pa|ti|bel (adj) compatible
Com|pa|ti|bi|li|taet (f) compatibility
Com|pen|sa|ti|on (f) compensation
com|pen|sa|to|risch (adj) compensatory
com|pen|sie|ren (v) compensate
Com|pe|tenz (f) competence
com|pe|ti|tiv (adj) competitive
Com|ple|ment (n) complement
com|plett (adj) complete
Com|plex (m) complex
com|plex (adj) complex
Com|pli|ance (f) compliance
Com|pli|ca|ti|on (f) complication
com|pli|cie|ren (v) complicate
com|pli|cie|rend (ppr) complicating

com|pli|ciert (ppe) complicated
Com|pres|se (f) compress
Com|pres|si|on (f) compression
Com|pres|sor (m) compressor
con|cav (adj) concave
Con|ca|vi|taet (f) concavity
con|ca|vo-con|vex (adj) concavo-convex
con|cen|trisch (adj) concentric
Con|cha (f) concha
Con|den|sat (n) condensate
Con|den|sa|ti|on (f) condensation
con|den|sie|ren (v) condense
con|den|siert (ppe) condensed
con|di|tio|nie|ren (v) condition
con|di|tio|niert (ppe) conditioned
Con|dom (n) condom
Con|dy|lom (n) condyloma
con|dy|lo|ma|tos (adj) condylomatous
Con|dy|lus (m) condylus
Con|fa|bu|la|ti|on (f) confabulation
Con|fi|gu|ra|ti|on (f) configuration
Con|flict (m) conflict
con|flu|ent (adj) confluent
Con|flu|enz (f) confluence
Con|for|ma|ti|on (f) conformation
Con|fu|si|on (f) confusion
con|ge|ni|tal (adj) congenital
Con|ge|sti|on (f) congestion
Con|glu|ti|na|ti|on (f) conglutination
Con|glu|ti|nin (n) conglutinin
Co|ni|in (n) coniine
Co|nio|se (f) coniosis
Co|ni|sa|ti|on (f) conization
Con|ju|ga|ta (f) conjugata
con|ju|giert (ppe) conjugated
Con|junc|ti|va (f) conjunctiva
con|junc|ti|val (adj) conjunctival
Con|junc|ti|vi|tis (f) conjunctivitis
Con|ne|xus (m) connexus
con|san|gu|in (adj) consanguineous
Con|san|gu|ini|taet (f) consanguinity
con|sen|su|ell (adj) consensual
con|ser|va|tiv (adj) conservative
Con|ser|vie|rungs|mit|tel (n) preservative
Con|si|stenz (f) consistence
con|stant (adj) constant
Con|stan|te (f) constant
Con|sti|pa|ti|on (f) constipation
Con|sti|tu|ti|on (f) constitution
Con|stric|ti|on (f) constriction
Con|stric|tor (m) constrictor
Con|sul|ta|ti|on (f) consultation
con|sul|tie|ren (v) consult
Con|tact (m) contact

con|ta|gi|os (adj) contagious
Con|ta|gi|on (f) contagion
Con|ta|gi|osi|taet (f) contagiousness
Con|ta|mi|na|ti|on (f) contamination
con|ta|mi|nie|ren (v) contaminate
Con|ti|nenz (f) continence
Con|tra|cep|ti|on (f) contraception
con|tra|cep|tiv (adj) contraceptive
Con|tra|cep|ti|vum (n) contraceptive
con|trac|til (adj) contractile
Con|trac|ti|li|taet (f) contractility
Con|trac|ti|on (f) contraction
con|tra|hie|ren (v) contract
Con|tra|in|di|ca|ti|on (f) contraindication
con|tra|in|di|cie|ren (v) contraindicate
con|tra|la|te|ral (adj) contralateral
Con|trol|le (f) control
con|tun|die|ren (v) contuse
Con|tu|si|on (f) contusion
Co|nus (m) conus
con|va|les|cent (adj) convalescent
Con|va|les|cenz (f) convalescence
Con|vec|ti|on (f) convection
con|ven|tio|nell (adj) conventional
con|ver|gent (adj) convergent
Con|ver|genz (f) convergence
Con|ver|tin (n) convertin
con|vex (adj) convex
Con|ve|xi|taet (f) convexity
Con|vul|si|on (f) convulsion
con|vul|siv (adj) convulsive
Co|or|di|na|ti|on (f) coordination
co|or|di|nie|ren (v) coordinate
co|or|di|niert (ppe) coordinated
Co|po|ly|mer (n) copolymer
Co|pre|me|sis (f) copremesis
Co|pro|la|gnie (f) coprolagnia
Co|pro|la|lie (f) coprolalia
Co|pro|lith (m) coprolith
co|pro|phag (adj) coprophagous
Co|pro|pha|gie (f) coprophagy
Co|pu|la|ti|on (f) copulation
co|pu|lie|ren (v) copulate
co|ra|co|acro|mi|al (adj) coracoacromial
Co|ra|co|bra|chia|lis (m) coracobrachialis
co|ra|co|cla|vi|cu|lar (adj) coracoclavicular
co|ra|co|hu|me|ral (adj) coracohumeral
Co|ra|co|ide|us (m) coracoid
Cor|ec|to|pie (f) corectopia
Co|re|ly|se (f) corelysis
Co-Re|pres|sor (m) co-repressor

Co|ri|um (n) corium
Cor|nea (f) cornea
cor|ne|al (adj) corneal
Co|ro|na (f) corona
co|ro|nal (adj) coronal
co|ro|nar (adj) coronary
Cor|po|ra (npl) corpora
Cor|pus (n) corpus
Cor|pus|cu|la (npl) corpuscula
Cor|pus|cu|lum (n) corpusculum
Cor|pus|kel (n) corpuscle
cor|pus|cu|lar (adj) corpuscular
Cor|re|la|ti|on (f) correlation
cor|re|la|tiv (adj) correlative
cor|re|lie|ren (v) correlate
Cor|ro|si|on (f) corrosion
Cor|tex (m) cortex
cor|ti|cal (adj) cortical
Cor|ti|co|id (n) corticoid
Cor|ti|co|ste|ro|id (n) corticosteroid
Cor|ti|co|ste|ron (n) corticosterone
cor|ti|co|trop (adj) corticotropic
cor|ti|co|troph (adj) corticotrophic
Cor|ti|co|tro|phin (n) corticotrophin
Cor|ti|co|tro|pin (n) corticotropin
Cor|tin (n) cortin
Cor|ti|sol (n) cortisol
Cor|ti|son (n) cortisone
Co|ry|ne|bac|te|ri|um (n) corynebacterium
Co|ry|za (f) coryza
Cos|me|ti|cum (n) cosmetic
cos|me|tisch (adj) cosmetic
Co|sta (f) costa
co|stal (adj) costal
co|sto|cla|vi|cu|lar (adj) costoclavicular
co|sto|phre|nisch (adj) costophrenic
Co|sto|to|mie (f) costotomy
Co|sto|trans|vers|ec|to|mie (f) costotransversectomy
Co|throm|bo|pla|stin (n) cothromboplastin
Co|ty|le|do|ne (f) cotyledon
Cou|lomb (n) coulomb
co|va|lent (adj) covalent
Co|va|lenz (f) covalence
con|ve|xo-con|cav (adj) convexo-concave
con|ve|xo-con|vex (adj) convexo-convex
Co|xa (f) coxa
co|xal (adj) coxal
Cox|al|gie (f) coxalgia, coxalgy
cox|al|gisch (adj) coxalgic
Co|xi|tis (f) coxitis
Co|zy|ma|se (f) cozymase
cra|ni|al (adj) cranial
Cra|ni|ec|to|mie (f) craniectomy
cra|nio|fa|ci|al (adj) craniofacial

Cra|nio|lo|gie (f) craniology
Cra|nio|me|ter (n) craniometer
Cra|nio|me|trie (f) craniometry
cra|nio|me|trisch (adj) cranio-metric
cra|nio|me|trisch (adv) craniometrically
Cra|nio|pa|gus (m) craniopagus
Cra|nio|pha|ryn|ge|om (n) craniopharyngeoma
Cra|nio|ste|no|se (f) craniostenosis
Cra|ni|osto|se (f) craniostosis
Cra|nio|ta|bes (f) craniotabes
Cra|nio|to|mie (f) craniotomy
Cra|ni|um (n) cranium
Crea|tin (n) creatine
Crea|tin|ae|mie (f) creatinaemia
Crea|tin|urie (f) creatinuria
Crea|tor|rhoe (f) creatorrhoea
Cre|ma|ster (m) cremaster
Cre|me (f) cream
Cre|pi|ta|ti|on (f) crepitation
Cre|sol (n) cresol
Cre|tin (m) cretin
Cre|ti|nis|mus (m) cretinism
cre|ti|no|id (adj) cretinoid
Cre|ti|no|ider (m) cretinoid
Cri|co|id (n) cricoid
Cri|co|to|mie (f) cricotomy
Cri|co|tra|cheo|to|mie (f) cricotracheotomy
cri|mi|nell (adj) criminal
Cri|se (f) crisis
Cri|sta (f) crista
cri|tisch (adj) critical
Cross|ing-over (n) crossing--over
cru|ci|form (adj) cruciform
Cru|ra (npl) crura
cru|ral (adj) crural
Crus (n) crus
Cru|sta (f) crusta
Cru|ste (f) crust
Cry|aes|the|sie (f) cryaesthesia
Cry|al|ge|sie (f) cryalgesia
Cryo|chir|ur|gie (f) cryosurgery
Cryo|fi|bri|no|gen (n) cryofibrinogen
Cryo|fi|bri|no|gen|ae|mie (f) cryofibrinogenaemia
Cryo|glo|bu|lin (n) cryoglobulin
Cryo|glo|bu|lin|ae|mie (f) cryoglobulinaemia
Cryo|prae|ci|pi|tat (n) cryoprecipitate
Cryo|pro|te|in (n) cryoprotein
Cryo|scop (n) cryoscope
Cryo|stat (m) cryostat
Cryo|tha|la|mo|to|mie (f) cryothalamotomy
Cryo|the|ra|pie (f) cryotherapy
Cryp|te (f) crypt
Cryp|ti|tis (f) cryptitis
Cryp|to|coc|co|se (f) cryptococcosis

Cryp|to|di|dy|mus (m) cryptodidymus

cryp|to|gen (adj) cryptogenic

Cryp|to|lith (m) cryptolith

Cryp|to|me|nor|rhoe (f) cryptomenorrhoea

Cryp|to|mne|sie (f) cryptomnesia

Crypt|oph|thal|mus (m) cryptophthalmus

Crypt|or|chi|die (f) cryptorchidism

Crypt|or|chis|mus (m) cryptorchism

Cryp|to|xan|thin (n) cryptoxanthin

Cry|stall (m) crystal

Cry|stal|lin (n) crystallin

cry|stal|lin (adj) crystalline

Cry|stal|li|sa|ti|on (f) crystallization

cry|stal|li|sie|ren (v) crystallize

Cry|stal|lo|gra|phie (f) crystallography

cry|stal|lo|id (adj) crystalloid

Cry|stall|urie (f) crystalluria

cu|bi|form (adj) cubiform

cu|bi|tal (adj) cubital

Cu|bi|tus (m) cubitus

Cu|bo|id (n) cuboid

cu|bo|id (adj) cuboidal

cu|bo|ido|di|gi|tal (adj) cuboidodigital

Cul|do|cen|te|se (f) culdocentesis

Cul|do|scop (n) culdoscope

Cul|do|sco|pie (f) culdoscopy

Cul|do|to|mie (f) culdotomy

Cul|ti|va|ti|on (f) cultivation

cul|ti|vie|ren (v) cultivate

Cul|tur (f) culture

cul|tu|rell (adj) cultural

cu|mu|la|tiv (adj) cumulative

Cu|mu|lus (m) cumulus

cu|neo|me|ta|tar|sal (adj) cuneometatarsal

cu|neo|na|vi|cu|lar (adj) cuneonavicular

Cu|ne|us (m) cuneus

Cun|ni|lin|gus (m) cunnilingus

Cun|nus (m) cunnus

Cup|fer (n) copper

Cu|prum (n) cuprum

Cu|pu|la (f) cupula

Cu|pu|lo|me|trie (f) cupulometry

Cu|ra|re (n) curare

cu|ra|ri|mi|me|tisch (adj) curarimimetic

cu|ra|ri|sie|ren (v) curarize

Cu|ra|ri|sie|rung (f) curarization

cu|ra|tiv (adj) curative

Cur|cu|min (n) curcumin

Cu|rie (n) curie

Cu|rie–The|ra|pie (f) curietherapy

Cu|ri|um (n) curium

Cur|va|tur (f) curvature

Cur|va|tu|ra (f) curvatura

Cus|pis (f) cuspis

cu|tan (adj) cutaneous
Cu|ti|cu|la (f) cuticula
Cu|tis (f) cutis
Cy|an|amid (n) cyanamide
Cya|nat (n) cyanate
Cy|an|hae|mo|glo|bin (n) cyanhaemoglobin
Cy|an|hi|dro|se (f) cyanhidrosis
Cya|nid (n) cyanide
Cy|an|met|hae|mo|glo|bin (n) cyanmethaemoglobin
Cy|ano|co|bal|amin (n) cyanocobalamin
Cya|no|der|ma (n) cyanoderma
cya|no|gen (adj) cyanogenic
Cy|an|op|sie (f) cyanopsia
Cya|no|se (f) cyanosis
cya|no|tisch (adj) cyanotic
Cy|cla|mat (n) cyclamate
Cy|clec|to|mie (f) cyclectomy
Cy|clen|ce|pha|lie (f) cyclencephaly
cy|clie|ren (v) cyclize
Cy|clie|rung (f) cyclization
cy|clisch (adj) cyclic
Cy|cli|tis (f) cyclitis
cy|cli|tisch (adj) cyclitic
Cy|clo|bar|bi|tal (n) cyclobarbital
Cy|clo|dia|ly|se (f) cyclodialysis
Cy|clo|dia|ther|mie (f) cyclodiathermy
Cy|clo|he|xan (n) cyclohexane
Cy|clo|he|xa|nol (n) cyclohexanol
cy|clo|id (adj) cycloid
Cy|clo|pen|tan (n) cyclopentane
Cy|clo|pho|rie (f) cyclophoria
cy|clo|phren (adj) cyclophrenic
Cy|clo|phre|nie (f) cyclophrenia
Cy|clo|pie (f) cyclopia
cy|clo|pleg (adj) cycloplegic
Cy|clo|ple|gi|cum (n) cycloplegic
Cy|clo|ple|gie (f) cycloplegia
Cy|clo|pro|pan (n) cyclopropane
Cy|clo|se|rin (n) cycloserine
cy|clo|thym (adj) cyclothymic
Cy|clo|thy|mer (m) cyclothymiac
Cy|clo|thy|mie (f) cyclothymia
Cy|clo|to|mie (f) cyclotomy
Cy|clo|tron (n) cyclotron
Cy|lin|der (m) cylinder
cy|lin|drisch (adj) cylindrical
Cy|lin|dro|id (n) cylindroid
cy|lin|dro|id (adj) cylindroid
Cy|lin|drom (n) cylindroma
Cy|lin|dru|rie (f) cylindruria
Cym|ba (f) cymba
cym|bo|ce|phal (adj) cymbocephalic
Cym|bo|ce|pha|lie (f) cymbocephaly
Cyst|ade|no|car|ci|nom (n) cystadenocarcinoma

Cyst|ade|nom (n) cystadenoma
Cyst|ade|no|sar|com (n) cystadenosarcoma
Cyst|al|gie (f) cystalgia
Cy|ste (f) cyst
Cyst|ec|ta|sie (f) cystectasia
Cyst|ec|to|mie (f) cystectomy
Cy|ste|in (n) cysteine
Cy|stei|nyl (n) cysteinyl
Cy|sti|cer|co|se (f) cysticercosis
Cy|sti|cer|cus (m) cysticercus
Cy|stin (n) cystine
Cy|stin-Ly|sin|urie (f) cystine-lysinuria
Cy|sti|no|se (f) cystinosis
Cy|stin|urie (f) cystinuria
cy|stisch (adj) cystic
Cy|sti|tis (f) cystitis
Cy|sto|ce|le (f) cystocele
Cy|sto|en|te|ro|ce|le (f) cystoenterocele
Cy|sto|fi|brom (n) cystofibroma
Cy|sto|gramm (n) cystogram
Cy|sto|gra|phie (f) cystography
cy|sto|gra|phisch (adj) cystographic
cy|sto|gra|phisch (adv) cystographically
Cy|sto|id (n) cystoid
cy|sto|id (adj) cystoid
Cy|sto|li|thia|se (f) cystolithiasis
Cy|stom (n) cystoma
Cy|sto|me|ter (n) cystometer
Cy|sto|me|trie (f) cystometry
Cy|sto|me|tro|gramm (n) cystometrogram
cy|sto|morph (adj) cystomorphous
Cy|sto|pe|xie (f) cystopexy
Cy|sto|pla|stik (f) cystoplasty
Cy|sto|pye|li|tis (f) cystopyelitis
Cy|sto|pye|lo|ne|phri|tis (f) cystopyelonephritis
Cy|stor|rha|phie (f) cystorrhaphy
Cy|sto|sar|com (n) cystosarcoma
Cy|sto|scop (n) cystoscope
Cy|sto|sco|pie (f) cystoscopy
cy|sto|sco|pisch (adj) cystoscopic
cy|sto|sco|pisch (adv) cystoscopically
Cy|sto|sto|mie (f) cystostomy
Cy|sto|tom (n) cystotome
Cy|sto|to|mie (f) cystotomy
Cy|sto|ure|thri|tis (f) cystourethritis
Cy|sto|ure|thro|gramm (n) cystourethrogram
Cy|sto|ure|thro|gra|phie (f) cystourethrography
cy|sto|ure|thro|gra|phisch (adj) cystourethrographic
cy|sto|ure|thro|gra|phisch (adv) cystourethrographically
Cy|sto|ure|thro|scop (n) cysto-

urethroscope
Cy|styl (n) cystyl
Cyt|ara|bin (n) cytarabine
Cy|ta|se (f) cytase
Cy|ti|din (n) cytidine
Cy|ti|sin (n) cytisine
Cy|to|ar|chi|tec|to|nik (f) cytoarchitectonics
cy|to|ar|chi|tec|to|nisch (adj) cytoarchitectonic
Cy|to|ar|chi|tec|tur (f) cytoarchitecture
Cy|to|blast (m) cytoblast
Cy|to|che|mie (f) cytochemistry
Cy|to|chrom (n) cytochrome
Cy|to|cid (n) cytocide
cy|to|cid (adj) cytocidal
Cy|to|cri|nie (f) cytocrinia
Cy|to|dia|gno|stik (f) cytodiagnosis
Cy|to|ge|ne|tik (f) cytogenetics
Cy|to|ki|ne|se (f) cytokinesis
cy|to|ki|ne|tisch (adj) cytokinetic
cy|to|ki|ne|tisch (adv) cytokinetically
Cy|to|lo|ge (m) cytologist
Cy|to|lo|gie (f) cytology
cy|to|lo|gisch (adj) cytologic
cy|to|lo|gisch (adv) cytologically
Cy|to|ly|se (f) cytolysis
Cy|to|ly|sin (n) cytolysin
cy|to|ly|tisch (adj) cytolytic
cy|to|ly|tisch (adv) cytolytically
cy|to|pa|thisch (adj) cytopathic
cy|to|pa|tho|gen (adj) cytopathogenic
Cy|to|pa|tho|lo|gie (f) cytopathology
Cy|to|pe|nie (f) cytopenia
Cy|to|pha|gie (f) cytophagy
cy|to|phil (adj) cytophilic
Cy|to|pho|to|me|ter (n) cytophotometer
Cy|to|pho|to|me|trie (f) cytophotometry
Cy|to|plas|ma (n) cytoplasm
cy|to|plas|ma|tisch (adj) cytoplasmic
Cy|to|poe|se (f) cytopoiesis
Cy|to|sco|pie (f) cytoscopy
cy|to|sco|pisch (adj) cytoscopic
cy|to|sco|pisch (adv) cytoscopically
Cy|to|sin (n) cytosine
Cy|to|ske|lett (n) cytoskeleton
Cy|to|sol (n) cytosol
cy|to|sta|tisch (adj) cytostatic
cy|to|sta|tisch (adv) cytostatically
Cy|to|stea|to|ne|cro|se (f) cytosteatonecrosis
Cy|to|to|xin (n) cytotoxin
cy|to|to|xisch (adj) cytotoxic
Cy|to|tro|pho|blast (m) cytotrophoblast
cy|to|trop (adj) cytotropic

Cy|to|tro|pis|mus (m) cytotropism
Cy|to|zym (n) cytozyme
Da|cryo|aden|al|gie (f) dacryoadenalgia
Da|cryo|aden|ec|to|mie (f) dacryoadenectomy
Da|cryo|ade|ni|tis (f) dacryoadenitis
Da|cryo|blen|nor|rhoe (f) dacryoblennorrhoea
Da|cryo|cyst|ec|to|mie (f) dacryocystectomy
Da|cryo|cy|sti|tis (f) dacryocystitis
Da|cryo|cy|sto|ce|le (f) dacryocystocele
Da|cryo|cy|sto|pto|se (f) dacryocystoptosis
Da|cryo|cy|sto|rhi|no|sto|mie (f) dacryocystorhinostomy
Da|cryo|cy|sto|to|mie (f) dacryocystotomy
Da|cryo|lith (m) dacryolith
Da|cry|or|rhoe (f) dacryorrhoea
Da|cryo|so|le|ni|tis (f) dacryosolenitis
Da|cryo|ste|no|se (f) dacryostenosis
Dac|ti|no|my|cin (n) dactinomycin
Dac|ty|li|tis (f) dactylitis
Dac|ty|lo|gramm (n) dactylogram
Dac|ty|lo|me|ga|lie (f) dactylomegaly
Dal|to|nis|mus (m) daltonism
Dampf (m) vapor
Dan|thron (n) danthron
Darm (m) bowel, gut, intestine
Dar|wi|nis|mus (m) Darwinism
Dau|men (m) thumb
Dau|no|my|cin (n) daunomycin
Dau|no|ru|bi|cin (n) daunorubicin
De|ac|ti|va|ti|on (f) deactivation
de|ac|ti|vie|ren (v) deactivate
De|ac|ti|vie|rung (f) deactivation
De|af|fe|ren|ta|ti|on (f) deafferentation
De|af|fe|ren|tie|rung (f) deafferentation
De|ami|da|se (f) deamidase
De|ami|na|se (f) deaminase
de|ami|nie|ren (v) deaminate
De|ami|nie|rung (f) deamination
De|bi|li|taet (f) debility
De|ca|gramm (n) decagram
De|cal|ci|fi|ca|ti|on (f) decalcification
de|cal|ci|fi|cie|ren (v) decalcify
De|ca|li|ter (m) decaliter
De|ca|me|tho|ni|um (n) decamethonium
De|can (n) decane
De|ca|no|at (n) decanoate
De|can|säu|re (f) decanoic ac-

id

De|ca|pep|tid (n) decapeptide

De|ca|pi|ta|ti|on (f) decapitation

De|ca|pi|ta|tor (m) decapitator

de|ca|pi|tie|ren (v) decapitate

De|cap|su|la|ti|on (f) decapsulation

de|cap|su|lie|ren (v) decapsulate

de|car|bo|nie|ren (v) decarbonize

De|carb|oxy|la|se (f) decarboxylase

de|carb|oxy|lie|ren (v) decarboxylate

De|carb|oxy|lie|rung (f) decarboxylation

de|cen|triert (ppe) decentered

De|ce|re|bel|lie|rung (f) decerebellation

De|ce|re|bra|ti|on (f) decerebration

de|ce|re|brie|ren (v) decerebrate

de|ce|re|briert (ppe) decerebrated

De|chlo|ri|da|ti|on (f) dechloridation

De|chlo|ri|na|ti|on (f) dechlorination

De|ci|bel (n) decibel

De|ci|dua (f) decidua

de|ci|du|al (adj) decidual

De|ci|du|itis (f) deciduitis

De|ci|gramm (n) decigram

De|ci|li|ter (m) deciliter

De|coct (n) decoction

De|coc|tum (n) decoctum

De|com|pen|sa|ti|on (f) decompensation

de|com|pen|sie|ren (v) decompensate

de|com|pen|siert (ppe) decompensated

De|com|pres|si|on (f) decompression

de|con|di|tio|nie|ren (v) decondition

De|con|ta|mi|na|ti|on (f) decontamination

de|con|ta|mi|nie|ren (v) decontaminate

De|cor|ti|ca|ti|on (f) decortication

de|cor|ti|cie|ren (v) decorticate

de|cor|ti|ciert (ppe) decorticated

De|cu|ba|ti|on (f) decubation

De|cu|bi|tus (m) decubitus

de|dif|fe|ren|zie|ren (v) dedifferentiate

De|dif|fe|ren|zie|rung (f) dedifferentiation

De|fae|ca|ti|on (f) defecation

de|fae|cie|ren (v) defecate

De|fect (m) defect

de|fect (adj) defective

De|fe|mi|na|ti|on (f) defeminization

de|fe|mi|nie|ren (v) defeminize

De|fe|ren|ti|tis (f) deferentitis
De|fer|ves|cenz (f) defervescence
De|fi|bril|la|ti|on (f) defibrillation
De|fi|bril|la|tor (m) defibrillator
de|fi|bril|lie|ren (v) defibrillate
De|fi|bri|na|ti|on (f) defibrination
de|fi|bri|nie|ren (v) defibrinate
De|fi|ci|enz (f) deficiency
De|fla|ti|on (f) deflation
De|flec|ti|on (f) deflection
De|flo|ra|ti|on (f) defloration
de|for|mie|ren (v) deform
De|for|mi|taet (f) deformity
De|ge|ne|ra|ti|on (f) degeneration
de|ge|ne|ra|tiv (adj) degenerative
de|ge|ne|rie|ren (v) degenerate
de|ge|ne|riert (ppe) degenerated
deh|nen (v) stretch
De|his|cenz (f) dehiscence
De|hy|dra|se (f) dehydrase
De|hy|dra|ti|on (f) dehydration
de|hy|drie|ren (v) dehydrate
de|hy|driert (ppe) dehydrated
De|hy|dro|cho|lat (n) dehydrocholate
De|hy|dro|cho|le|ste|rol (n) dehydrocholesterol
De|hy|dro|cor|ti|co|ste|ron (n) dehydrocorticosterone
De|hy|dro|ge|na|se (f) dehydrogenase
de|hy|dro|ge|nie|ren (v) dehydrogenate
De|hy|dro|ge|nie|rung (f) dehydrogenation
de|hy|dro|ge|ni|sie|ren (v) dehydrogenize
De|hy|dro|ge|ni|sie|rung (f) dehydrogenization
De|hy|dro-iso-an|dro|ste|ron (n) dehydro-iso-androsterone
De|jec|ta (npl) dejecta
De|jec|ti|on (f) dejection
De|lac|ta|ti|on (f) delactation
De|la|mi|na|ti|on (f) delamination
De|le|ti|on (f) deletion
de|li|ri|os (adj) delirious
De|li|ri|um (n) delirium
de|lo|morph (adj) delomorphous
Del|ta (n) delta
Del|ta-Ket|te (f) delta chain
del|to|id (adj) deltoid
Del|to|ide|us (m) deltoid
De|mar|ca|ti|on (f) demarcation
De|mas|cu|li|ni|sa|ti|on (f) demasculinization
de|ment (adj) demented
De|menz (f) dementia
de|me|thy|lie|ren (v) de-

methylate

de|me|thy|liert (ppe) demethylated

De|me|thy|lie|rung (f) demethylation

De|mi|ne|ra|li|sa|ti|on (f) demineralization

de|mi|ne|ra|li|sie|ren (v) demineralize

De|mo|gra|phie (f) demography

de|mo|gra|phisch (adj) demographic

de|mo|gra|phisch (adv) demographically

De|mo|pho|bie (f) demophobia

de|mye|li|nie|ren (v) demyelinate

de|mye|li|nie|rend (ppr) demyelinating

de|mye|li|niert (ppe) demyelinated

De|mye|li|nie|rung (f) demyelination

de|mye|li|ni|sie|ren (v) demyelinize

De|mye|li|ni|sie|rung (f) demyelinization

de|na|tu|rie|ren (v) denature

de|na|tu|riert (ppe) denatured

De|na|tu|rie|rung (f) denaturation

Den|drit (m) dendrite

den|dri|tisch (adj) dendritic

de|ner|vie|ren (v) denervate

De|ner|vie|rung (f) denervation

de|ni|tri|fi|cie|ren (v) denitrify

De|ni|tro|ge|na|ti|on (f) denitrogenation

de|ni|tro|ge|nie|ren (v) denitrogenate

Dens (m) dens

Den|si|me|ter (n) densimeter

den|si|me|trisch (adj) densimetric

den|si|me|trisch (adv) densimetrically

Den|si|to|me|ter (n) densitometer

Den|so|gra|phie (f) densography

den|tal (adj) dental

Den|ta|tum (n) dentatum

Den|tes (mpl) dentes

Den|tin (n) dentin

Den|ti|fi|ca|ti|on (f) dentification

Den|ti|fri|ci|um (n) dentifrice

Den|ti|no|bla|stom (n) dentinoblastoma

den|ti|no|gen (adj) dentinogenic

Den|ti|no|ge|ne|se (f) dentinogenesis

Den|ti|no|id (n) dentinoid

Den|ti|nom (n) dentinoma

Den|ti|ti|on (f) dentition

den|to|fa|ci|al (adj) dentofacial

De|or|sum|duc|ti|on (f) deorsumduction

De|or|sum|ver|genz (f) deorsumvergence

De|os|si|fi|ca|ti|on (f) deossification

De|oxy|ade|no|sin (n) deoxyadenosine

De|oxy|cho|lat (n) deoxycholate

De|oxy|cor|ti|co|ste|ron (n) deoxycorticosterone

De|oxy|cor|ton (n) deoxycortone

De|oxy|cy|ti|din (n) deoxycytidine

De|oxy|ge|na|ti|on (f) deoxygenation

de|oxy|ge|nie|ren (v) deoxygenate

De|oxy|ge|nie|rung (f) deoxygenation

De|oxy|pen|to|se (f) deoxypentose

De|oxy|ri|bo|nu|clea|se (f) deoxyribonuclease

De|oxy|ri|bo|nu|cle|in|säu|re (f) deoxyribonucleic acid

De|oxy|ri|bo|nu|cleo|tid (n) deoxyribonucleotide

De|oxy|ri|bo|nu|cleo|pro|te|in (n) deoxyribonucleoprotein

De|oxy|ri|bo|se (f) deoxyribose

De|oxy|uri|din (n) deoxyuridine

De|oxy-Zu"c"|ker (m) deoxysugar

de|pig|men|tie|ren (v) depigment

de|pig|men|tie|rend (ppr) depigmenting

de|pig|men|tiert (ppe) depigmented

de|pi|lie|ren (v) depilate

De|plu|ma|ti|on (f) deplumation

De|po|la|ri|sa|ti|on (f) depolarization

de|po|la|ri|sie|ren (v) depolarize

De|po|ly|me|ra|se (f) depolymerase

De|po|ly|me|ri|sa|ti|on (f) depolymerization

de|po|ly|me|ri|sie|ren (v) depolymerize

De|pot (n) depot

De|pres|si|on (f) depression

De|pres|sor (m) depressor

De|pri|va|ti|on (f) deprivation

de|pri|vie|ren (v) deprive

De|pu|li|sa|ti|on (f) depulization

De|rea|li|sa|ti|on (f) derealization

Der|ma (n) derma

Derm|ab|ra|si|on (f) dermabrasion

der|mal (adj) dermal

Der|mat|al|gie (f) dermatalgia

Der|mat|aneu|rie (f) dermataneuria

Der|mat|hae|mie (f) dermathaemia

Der|ma|ti|cum (n) dermatic
der|ma|tisch (adj) dermatic
Der|ma|ti|tis (f) dermatitis
Der|ma|to|bia|se (f) dermatobiasis
Der|ma|to|cel|lu|li|tis (f) dermatocellulitis
Der|ma|to|co|nio|se (f) dermatoconiosis
Der|ma|to|cy|ste (f) dermatocyst
Der|ma|to|dy|nie (f) dermatodynia
Der|ma|to|fi|brom (n) dermatofibroma
Der|ma|to|fi|bro|sar|com (n) dermatofibrosarcoma
Der|ma|to|he|te|ro|pla|stik (f) dermatoheteroplasty
Der|ma|to|lo|ge (m) dermatologist
Der|ma|to|lo|gie (f) dermatology
der|ma|to|lo|gisch (adj) dermatologic
der|ma|to|lo|gisch (adv) dermatologically
Der|ma|to|ly|se (f) dermatolysis
Der|ma|tom (n) dermatoma
Der|ma|to|my|co|se (f) dermatomycosis
Der|ma|to|my|om (n) dermatomyoma
Der|ma|to|myo|si|tis (f) dermatomyositis
Der|ma|to|neu|ro|se (f) dermatoneurosis
Der|ma|to|pa|thie (f) dermatopathy
Der|ma|to|pa|tho|pho|bie (f) dermatopathophobia
Der|ma|to|phyt (m) dermatophyte
Der|ma|to|pla|stik (f) dermatoplasty
Der|ma|tor|rha|gie (f) dermatorrhagia
Der|ma|to|sco|pie (f) dermatoscopy
Der|ma|to|se (f) dermatosis
Der|ma|to|the|ra|pie (f) dermatotherapy
Der|ma|to|thla|sie (f) dermatothlasia
Der|ma|to|to|mie (f) dermatotomy
Der|ma|to|zo|on (n) dermatozoon
Der|ma|to|zoo|no|se (f) dermatozoonosis
Derm|atro|phie (f) dermatrophia
Der|mis (f) dermis
Der|mi|tis (f) dermitis
der|mo|epi|der|mal (adj) dermoepidermal
Der|mo|gra|phie (f) dermography
Der|mo|gra|phis|mus (m) dermographism
Der|mo|id (n) dermoid

der|mo|id (adj) dermoid
Der|mo|li|pom (n) dermolipoma
Der|mo|me|trie (f) dermometry
Der|mo|phle|bi|tis (f) dermophlebitis
Des|ami|da|se (f) desamidase
De|sa|tu|rie|rung (f) desaturation
Des|ce|me|ti|tis (f) descemetitis
de|scen|die|ren (v) descend
de|scen|die|rend (ppr) descending
de|sen|si|bi|li|sie|ren (v) desensitize
De|sen|si|bi|li|sie|rung (f) desensitization
De|sen|si|ti|sa|ti|on (f) desensitization
de|sen|si|ti|sie|ren (v) desensitize
Des|fer|ri|ox|amin (n) desferrioxamine
De|sic|ca|tor (m) desiccator
Des|in|fe|sta|ti|on (f) disinfestation
Des|in|fi|ci|ens (n) disinfectant
des|in|fi|cie|ren (v) disinfect
des|in|fi|cie|rend (ppr) disinfecting, disinfectant
Des|in|ser|ti|on (f) disinsertion
des|in|te|grie|ren (v) disintegrate
Des|in|va|gi|na|ti|on (f) disinvagination
Des|me|thyl|imi|pra|min (n) desmethylimipramine
Des|mi|tis (f) desmitis
Des|mo|cra|ni|um (n) desmocranium
Des|mo|gly|co|gen (n) desmoglycogen
des|mo|id (adj) desmoid
Des|mo|la|se (f) desmolase
Des|mo|som (n) desmosome
Des|mo|to|mie (f) desmotomy
De|sorp|ti|on (f) desorption
Des|oxi|me|ta|son (n) desoximetasone
Des|oxy|cho|lat (n) desoxycholate
Des|oxy|cor|ti|co|ste|ron (n) desoxycorticosterone
Des|oxy|pen|to|se (f) desoxypentose
Des|oxy|ri|bo|nu|cle|in|säu|re (f) desoxyribonucleic acid
Des|oxy|ri|bo|se (f) desoxyribose
Des|oxy-Zu"c"|ker (m) desoxysugar
de|squa|ma|tiv (adj) desquamative
De|stil|lat (n) distillate
De|stil|la|ti|on (f) distillation
de|stil|liert (ppe) distilled
De|sul|phu|ra|se (f) desulphurase
De|ter|gens (n) detergent
De|tor|si|on (f) detorsion

De|to|xi|ca|ti|on (f) detoxication

De|to|xi|fi|ca|ti|on (f) detoxification

De|tri|tus (m) detritus

De|trun|ca|ti|on (f) detruncation

de|trun|kie|ren (v) detruncate

De|tru|sor (m) detrusor

De|tu|mes|cenz (f) detumescence

Deu|ter|ano|ma|lie (f) deuteranomaly

Deu|ter|an|opie (f) deuteranopia

Deu|ter|an|op|sie (f) deuteranopsia

Deu|te|ri|um (n) deuterium

Deu|te|ron (n) deuteron

Deu|te|ro|pa|thie (f) deuteropathy

Deu|ton (n) deuton

De|va|sa|ti|on (f) devasation

De|vas|cu|la|ri|sa|ti|on (f) devascularization

De|vi|ant (m) deviate

De|via|ti|on (f) deviation

De|vio|me|ter (n) deviometer

De|vi|ta|li|sa|ti|on (f) devitalization

de|vi|ta|li|sie|ren (v) devitalize

De|vo|lu|ti|on (f) devolution

Dex|tra|li|taet (f) dextrality

Dex|tran (n) dextran

Dex|trin (n) dextrin

Dex|trin|uria (f) dextrinuria

Dex|trin|urie (f) dextrinuria

Dex|tro|duc|ti|on (f) dextroduction

Dex|tro|po|si|ti|on (f) dextroposition

dex|tro|ro|ta|to|risch (adj) dextrorotatory

Dex|tro|se (f) dextrose

Dex|tro|tor|si|on (f) dextrotorsion

Dex|tro|ver|si|on (f) dextroversion

Dia|be|tes (m) diabetes

dia|be|tisch (adj) diabetic

Dia|be|ti|ker (m) diabetic

dia|be|to|gen (adj) diabetogenic

Di|ace|tyl|mor|phin (n) diacetylmorphine

Dia|cla|sie (f) diaclasia

dia|cla|stisch (adj) diaclastic

Dia|co|la|ti|on (f) diacolation

Dia|do|cho|ki|ne|se (f) diadochokinesis

Di|aet (f) diet

Di|ae|te|tik (f) dietetics

di|ae|te|tisch (adj) dietetic

Dia|gno|se (f) diagnosis

Dia|gno|sti|ker (m) diagnostician

dia|gno|stisch (adj) diagnostic

dia|go|nal (adj) diagonal

Dia|ki|ne|se (f) diakinesis

dia|ly|sa|bel (adj) dialysable

Dia|ly|sanz (f) dialysance

Dia|ly|sat (n) dialysate
Dia|ly|sa|tor (m) dialyser
Dia|ly|se (f) dialysis
dia|ly|sie|ren (v) dialyse
dia|ly|tisch (adj) dialytic
Di|amin (n) diamine
Di|ami|no|pu|rin (n) diamino-purine
Di|amin|urie (f) diaminuria
Dia|pe|de|se (f) diapedesis
dia|pe|de|tisch (adj) dia-pedetic
Dia|pha|no|scop (n) diaphano-scope
Dia|pha|no|sco|pie (f) dia-phanoscopy
Dia|pho|re|se (f) diaphoresis
Dia|pho|re|ti|cum (n) dia-phoretic
dia|pho|re|tisch (adj) dia-phoretic
Dia|phrag|ma (n) diaphragma, diaphragm
dia|phrag|ma|tisch (adj) dia-phragmatic
Dia|phrag|ma|ti|tis (f) dia-phragmatitis
Dia|phrag|ma|to|ce|le (f) dia-phragmatocele
Dia|phrag|mi|tis (f) diaphrag-mitis
Dia|phy|se (f) diaphysis
Di|ar|rhoe (f) diarrhoea
Di|ar|thro|se (f) diarthrosis
Dia|schi|se (f) diaschisis
Dia|sco|pie (f) diascopy
Dia|stal|sis (f) diastalsis
Dia|sta|se (f) diastase
Dia|ste|ma (n) diastema
Dia|ste|reo|iso|mer (n) dia-stereoisomer
dia|ste|reo|iso|mer (adj) dia-stereoisomeric
Dia|ste|reo|iso|me|rie (f) dia-stereoisomerism
Dia|sto|le (f) diastole
dia|sto|lisch (adj) diastolic
dia|stro|phisch (adj) dia-strophic
Di|ata|xie (f) diataxia
dia|ther|man (adj) dia-thermanous
Dia|ther|mie (f) diathermy
Dia|ther|mo|co|agu|la|ti|on (f) diathermocoagulation
Dia|the|se (f) diathesis
dia|the|tisch (adj) diathetic
Di|car|bon|säu|re (f) dicarboxylic acid
di|ce|phal (adj) dicephalous
Di|ce|pha|lie (f) dicephaly
Di|ce|pha|lus (m) dicephalus
Di|cho|to|mie (f) dichotomy
di|cho|to|mie|ren (v) dichoto-mize
di|chro|isch (adj) dichroic
Di|chro|is|mus (m) dichroism
Di|chro|ma|sie (f) dichromasy
di|chro|ma|tisch (adj) dichro-matic
Di|chro|ma|tis|mus (m) dichro-matism

Di|chro|mat|op|sie (f) dichromatopsia
Dick|darm (m) large intestine
di|crot (adj) dicrotic
Di|cro|tie (f) dicrotism
Di|dy|mi|tis (f) didymitis
Di|elec|tri|cum (n) dielectric
di|elec|trisch (adj) dielectric
di|en|ce|phal (adj) diencephalic
Di|en|ce|pha|lon (n) diencephalon
Di|este|ra|se (f) diesterase
dif|fe|ren|zie|ren (v) differentiate
Dif|fe|ren|zie|rung (f) differentiation
Dif|frac|ti|on (f) diffraction
dif|fun|die|ren (v) diffuse
dif|fu|si|bel (adj) diffusible
Dif|fu|si|bi|li|taet (f) diffusibility
Dif|fu|si|on (f) diffusion
Di|ge|ne|sis (f) digenesis
Di|ge|sti|on (f) digestion
di|ge|stiv (adj) digestive
Di|ge|sti|vum (n) digestant
di|gi|tal (adj) digital
Di|gi|ta|lis (f) digitalis
di|gi|ta|li|sie|ren (v) digitalize
Di|gi|ta|li|sie|rung (f) digitalization
Di|gi|to|ge|nin (n) digitogenin
Di|gi|to|nin (n) digitonin
Di|gly|ce|rid (n) diglyceride
Di|gna|thus (m) dignathus
Di|hy|drat (n) dihydrate
Di|hy|dro|xy|ace|ton (n) dihydroxyacetone
Di|la|ce|ra|ti|on (f) dilaceration
Di|la|ta|ti|on (f) dilatation
Di|la|ti|on (f) dilation
di|lu|ie|ren (v) dilute
di|lu|iert (ppe) diluted, dilute
Di|lu|ti|on (f) dilution
Di|mer (n) dimer
di|morph (adj) dimorphous
Di|mor|phis|mus (m) dimorphism
Di|ni|tro|phe|nol (n) dinitrophenol
Di|nu|cleo|tid (n) dinucleotide
Di|oe|strus (m) dioestrus
Di|op|trie (f) diopter
Di|op|trik (f) dioptrics
Di|or|tho|se (f) diorthosis
Dio|se (f) diose
di|otisch (adj) diotic
Di|oxid (n) dioxide
Di|oxy|ge|na|se (f) dioxygenase
Di|pep|ti|da|se (f) dipeptidase
Di|pep|tid (n) dipeptide
di|phal|lisch (adj) diphallic
Di|phal|lus (m) diphallus
di|pha|sisch (adj) diphasic
Diph|the|rie (f) diphtheria
diph|the|risch (adj) diphtheric
Diph|the|ro|id (n) diphtheroid
diph|the|ro|id (adj) diph-

theroid

Diph|the|ro|to|xin (n) diphtherotoxin

Di|pla|cu|sis (f) diplacusis

Di|plo|ba|cil|lus (m) diplobacillus

Di|plo|coc|cus (m) diplococcus

Di|ploe (f) diploe

Di|plo|ge|ne|se (f) diplogenesis

di|plo|id (adj) diploid

Di|plo|mel|lit|urie (f) diplomellituria

Di|plo|ne|ma (n) diplonema

Di|plo|pa|gus (m) diplopagus

Di|plo|pie (f) diplopia

Di|plo|taen (n) diplotene

Di|pol (m) dipole

di|po|lar (adj) dipolar

Dip|pol|dis|mus (m) dippoldism

Di|pros|opie (f) diprosopy

Di|pros|opus (m) diprosopus

Dip|so|pho|bie (f) dipsophobia

Dip|so|re|xis (f) dipsorexia

Dip|sor|rhe|xis (f) dipsorrhexia

Dip|so|the|ra|pie (f) dipsotherapy

Di|py|gus (m) dipygus

Di|py|li|dia|se (f) dipylidiasis

Di|ro|fi|la|ria|se (f) dirofilariasis

Di|sac|cha|rid (n) disaccharide

Di|sac|cha|ri|da|se (f) disaccharidase

Dis|ae|qui|li|bri|um (n) disequilibrium

dis|ci|form (adj) disciform

Dis|cis|si|on (f) discission

Dis|ci|tis (f) discitis

dis|co|id (adj) discoid

Dis|co|gramm (n) discogram

Dis|co|pa|thie (f) discopathy

Dis|cus (m) discus

Dis|junc|ti|on (f) disjunction

Dis|lo|ca|ti|on (f) dislocation

dis|lo|cie|ren (v) dislocate

Dis|mu|ta|ti|on (f) dismutation

di|sper|gie|ren (v) disperse

Di|sper|mie (f) dispermy

Di|sper|si|on (f) dispersion

Dis|po|si|ti|on (f) disposition

Dis|pro|por|ti|on (f) disproportion

Dis|se|mi|na|ti|on (f) dissemination

dis|se|mi|nie|ren (v) disseminate

dis|se|mi|niert (ppe) disseminated

dis|si|mi|lie|ren (v) dissimilate

Dis|si|mi|la|ti|on (f) dissimilation

Dis|si|mu|la|ti|on (f) dissimulation

Dis|so|cia|ti|on (f) dissociation

dis|so|ci|ie|ren (v) dissociate

Dis|so|lu|ti|on (f) dissolution

Dis|sol|vens (n) dissolvent

dis|sol|vent (adj) dissolvent
dis|sol|vie|ren (v) dissolve
di|stal (adj) distal
Di|sti|chia|se (f) distichiasis
Di|sti|chie (f) distichia
Di|sto|mia|se (f) distomiasis
Di|sto|mie (f) distomia
Dis|tor|si|on (f) distorsion
Dis|tri|chia|se (f) districhiasis
Di|sul|fid (n) disulfide
Di|sul|phid (n) disulphide
Di|ure|se (f) diuresis
Di|ure|ti|cum (n) diuretic
di|ure|tisch (adj) diuretic
Di|va|ga|ti|on (f) divagation
di|va|lent (adj) divalent
di|ver|gent (adj) divergent
Di|ver|genz (f) divergence
Di|ver|ti|cul|ec|to|mie (f) diverticulectomy
Di|ver|ti|cu|li|tis (f) diverticulitis
Di|ver|ti|cu|lo|se (f) diverticulosis
Di|ver|ti|cu|lum (n) diverticulum
Di|vul|si|on (f) divulsion
Di|vul|sor (m) divulsor
di|zy|got (adj) dizygotic
DNa|se (f) DNase
Doc|tor (m) doctor
Do|li|cho|ce|pha|lie (f) dolichocephaly
Do|li|cho|ce|pha|lus (m) dolichocephalus
Do|li|cho|co|lon (n) dolichocolon
do|li|cho|cra|ni|al (adj) dolichocranial
Do|li|cho|lep|to|ce|pha|lus (m) dolicholeptocephalus
do|li|cho|morph (adj) dolichomorphic
Do|li|cho|ste|no|me|lie (f) dolichostenomelia
Do|lor (m) dolor
Do|lo|ri|me|ter (n) dolorimeter
Do|lo|ro|lo|gie (f) dolorology
Do|ma|to|pho|bie (f) domatophobia
do|mi|nant (adj) dominant
Do|mi|nanz (f) dominance
Do|mi|na|tor (m) dominator
Do|na|tis|mus (m) donatism
Do|na|tor (m) donor
Do|nor (m) donor
DOPA (n) DOPA
Do|pa (n) dopa
Dop|amin (n) dopamine
dop|amin|erg (adj) dopaminergic
Do|ra|pho|bie (f) doraphobia
Do|ro|ma|nie (f) doromania
dor|sal (adj) dorsal
Dors|al|gie (f) dorsalgia
dor|si|flec|tie|ren (v) dorsiflex
Dor|si|fle|xi|on (f) dorsiflexion
Dor|si|fle|xor (m) dorsiflexor
dor|so|an|te|ri|or (adj) dorso-

anterior
dor|so|cu|bo|id (adj) dorsocuboidal
dor|so|la|te|ral (adj) dorsolateral
dor|so|me|di|al (adj) dorsomedial
dor|so|po|ste|ri|or (adj) dorsoposterior
dor|so|ven|tral (adj) dorsoventral
Dor|sum (n) dorsum
Do|sie|rung (f) dosage
Do|si|me|ter (n) dosimeter
Do|si|me|trie (f) dosimetry
do|si|me|trisch (adj) dosimetric
Do|sis (f) dose
Do|sis|mes|ser (m) dosemeter
Dot|ter (m) yolk
Dot|ter|sack (m) yolk sac
Doug|las-Abs|cess (m) Douglas' abscess
Dra|con|tia|se (f) dracontiasis
Dra|cun|cu|lo|se (f) dracunculosis
Dra|gée (n) dragee
Dra|sti|cum (n) drastic
Dre|pa|no|cyt (m) drepanocyte
dre|pa|no|cy|tar (adj) drepanocytic
Dre|pa|no|cyt|hae|mie (f) drepanocythaemia
Dre|pa|no|cy|to|se (f) drepanocytosis
Dril|ling (m) triplet
Dro|ge (f) drug
dro|gen|ab|hän|gig (adj) drug-dependent
Dro|gen|miß|brauch (m) drug abuse
Dro|mo|graph (m) dromograph
dro|mo|trop (adj) dromotropic
Druck (m) pressure
Drü|se (f) gland
Duc|tu|lus (m) ductule
Dünn|darm (m) small intestine
duo|de|nal (adj) duodenal
Duo|den|ec|to|mie (f) duodenectomy
Duo|de|ni|tis (f) duodenitis
Duo|de|no|chol|an|gi|tis (f) duodenocholangitis
Duo|de|no|cho|le|cy|sto|sto|mie (f) duodenocholecystostomy
Duo|de|no|cho|le|do|cho|to|mie (f) duodenocholedochotomy
Duo|de|no|cy|sto|sto|mie (f) duodenocystostomy
Duo|de|no|en|te|ro|sto|mie (f) duodenoenterostomy
Duo|de|no|gramm (n) duodenogram
Duo|de|no|gra|phie (f) duodenography
duo|de|no|he|pa|tisch (adj) duodenohepatic
Duo|de|no|ileo|sto|mie (f) duodenoileostomy
duo|de|no|je|ju|nal (adj) duodenojejunal
Duo|de|no|je|ju|no|sto|mie (f)

duodenojejunostomy
Duo|de|no|pan|cre|at|ec|to|mie **(f)** duodenopancreatectomy
Duo|de|no|py|lor|ec|to|mie **(f)** duodenopylorectomy
Duo|de|nor|rha|phie **(f)** duodenorrhaphy
Duo|de|no|sco|pie **(f)** duodenoscopy
Duo|de|no|sto|mie **(f)** duodenostomy
Duo|de|no|to|mie (f) duodenotomy
Duo|de|num **(n)** duodenum
Du|pli|ca|ti|on **(f)** duplication
Du|pli|ca|tur **(f)** duplicature
Du|pli|ci|taet **(f)** duplicity, duplexity
Du|pli|ci|tas **(f)** duplicitas
Du|ra **(f)** dura
du|ral **(adj)** dural
Du|ra|pla|stik **(f)** duraplasty
Durch|hal|te|ver|mö|gen **(n)** stamina
Durch|mes|ser **(m)** diameter, caliber, calibre
Durch|schnitt **(m)** average
durch|schnitt|lich **(adj)** average
Du|ri|tis **(f)** duritis
Du|ro|arach|ni|tis **(f)** duroarachnitis
Du|ro|sar|com **(n)** durosarcoma
Durst **(m)** thirst
Du|sche **(f)** douche, shower
Dya|de **(f)** dyad
dya|disch **(adj)** dyadic
Dy|na|mik **(f)** dynamics
dy|na|misch **(adj)** dynamic
Dy|na|mo **(m)** dynamo
Dy|na|mo|graph **(m)** dynamograph
Dy|na|mo|gra|phie **(f)** dynamography
Dy|na|mo|me|ter **(n)** dynamometer
Dys|ad|ap|ta|ti|on **(f)** dysadaptation
Dys|aes|the|sie **(f)** dysaesthesia
Dys|an|ti|gra|phie **(f)** dysantigraphia
Dys|ar|te|rio|to|nie **(f)** dysarteriotony
Dys|ar|thrie **(f)** dysarthria
dys|ar|thrisch **(adj)** dysarthric
Dys|ar|thro|se **(f)** dysarthrosis
Dys|au|to|no|mie **(f)** dysautonomia
Dys|ba|ris|mus **(m)** dysbarism
Dys|ba|sie **(f)** dysbasia
Dys|bu|lie **(f)** dysbulia
Dys|chro|ma|to|der|mie **(f)** dyschromatodermia
Dys|chro|mat|op|sie **(f)** dyschromatopsia
Dys|chro|mo|der|mie **(f)** dyschromodermia
dys|chron **(adj)** dyschronous
Dys|che|zie **(f)** dyschezia

Dys|co|rie (f) dyscoria
Dys|cra|sie (f) dyscrasia
dys|cra|tisch (adj) dyscratic
Dys|cri|nis|mus (m) dyscrinism
Dys|dia|do|cho|ki|ne|se (f) dysdiadochokinesia
Dys|em|bry|om (n) dysembryoma
Dys|em|bryo|pla|sie (f) dysembryoplasia
Dys|eme|sis (f) dysemesis
Dys|en|do|cri|nie (f) dysendocrinism
Dys|en|te|rie (f) dysentery
Dys|er|ga|sie (f) dysergasy
Dys|func|ti|on (f) dysfunction
Dys|ga|lac|tie (f) dysgalactia
Dys|gam|ma|glo|bu|lin|ae|mie (f) dysgammaglobulinaemia
Dys|ge|ne|se (f) dysgenesis
Dys|ger|mi|nom (n) dysgerminoma
Dys|geu|sie (f) dysgeusia
dys|glan|du|lar (adj) dysglandular
Dys|glo|bu|lin|ae|mie (f) dysglobulinaemia
dys|gna|thisch (adj) dysgnathic
Dys|gno|sie (f) dysgnosia
dys|gon (adj) dysgonic
Dys|gra|phie (f) dysgraphia
dys|hae|ma|to|poe|tisch (adj) dyshaematopoietic
Dys|hae|mie (f) dysaemia
Dys|hae|mo|poe|se (f) dyshaemopoiesis
dys|hae|mo|poe|tisch (adj) dyshaemopoietic
Dys|hi|drie (f) dyshidria
Dys|hi|dro|se (f) dyshidrosis
Dys|ho|rie (f) dyshoria
Dys|idro|se (f) dysidrosis
Dys|in|su|li|nis|mus (m) dysinsulinism
Dys|ke|ra|to|se (f) dyskeratosis
Dys|ki|ne|sia (f) dyskinesia
dys|ki|ne|tisch (adj) dyskinetic
Dys|la|lie (f) dyslalia
Dys|le|xie (f) dyslexia
Dys|lo|gie (f) dyslogia
Dys|ma|tu|ri|taet (f) dysmaturity
Dys|me|lie (f) dysmelia
Dys|me|nor|rhoe (f) dysmenorrhoea
Dys|me|trie (f) dysmetria
Dys|mi|mie (f) dysmimia
Dys|mne|sie (f) dysmnesia
dys|morph (adj) dysmorphic
Dys|mor|phie (f) dysmorphia
Dys|mor|pho|lo|gie (f) dysmorphology
Dys|mor|pho|pho|bie (f) dysmorphophobia
dys|mye|li|no|gen (adj) dysmyelinogenic
Dys|no|mie (f) dysnomia
Dys|on|to|ge|ne|se (f) dysontogenesis

dys|on|to|ge|ne|tisch (adj) dysontogenetic
Dys|ore|xie (f) dysorexia
Dys|os|mie (f) dysosmia
Dys|osteo|ge|ne|se (f) dysosteogenesis
Dys|osto|se (f) dysostosis
Dys|par|eu|nie (f) dyspareunia
Dys|pep|sie (f) dyspepsia
dys|pep|tisch (adj) dyspeptic
Dys|pha|gie (f) dysphagia
dys|pha|gisch (adj) dysphagic
Dys|pha|sie (f) dysphasia
Dys|phe|mie (f) dysphemia
Dys|pho|nie (f) dysphonia
Dys|pho|rie (f) dysphoria
dys|pho|risch (adj) dysphoric
Dys|phra|sie (f) dysphrasia
Dys|pi|tui|ta|ris|mus (m) dyspituitarism
Dys|pla|sie (f) dysplasia
dys|pla|stisch (adj) dysplastic
Dys|pnoe (f) dyspnoea
dys|pno|isch (adj) dyspneic
dys|prac|tisch (adj) dyspractic
Dys|pra|xie (f) dyspraxia
Dys|rhyth|mie (f) dysrhythmia
dys|so|ci|al (adj) dyssocial
Dys|sper|ma|tis|mus (m) dysspermatism
Dys|sper|mie (f) dysspermia
Dys|sta|sie (f) dysstasia
dys|sta|tisch (adj) dysstatic
Dys|syn|er|gie (f) dyssynergy
Dys|ta|xia (f) dystaxia
Dys|tha|na|sie (f) dysthanasia
Dys|the|sie (f) dysthesia
dys|thym (adj) dysthymic
Dys|thy|mie (f) dysthymia
Dys|ti|thie (f) dystithia
Dys|to|cie (f) dystocia
Dys|to|nie (f) dystonia
dys|to|nisch (adj) dystonic
Dys|to|pie (f) dystopia
dys|to|pisch (adj) dystopic
dys|troph (adj) dystrophic
Dys|tro|phie (f) dystrophy
Dys|urie (f) dysuria
Ebur (n) ebur
Ebur|na|ti|on (f) eburnation
Ec|bo|li|cum (n) ecbolic
ec|bo|lisch (adj) ecbolic
Ec|chon|drom (n) ecchondroma
Ec|chon|dro|se (f) ecchondrosis
Ec|chon|dro|tom (n) ecchondrotome
Ec|chy|mo|se (f) ecchymosis
ec|chy|mo|tisch (adj) ecchymotic
ec|crin (adj) eccrine
ec|de|misch (adj) ecdemic
Echi|no|coc|co|se (f) echinococcosis
Echi|no|coc|cus (m) echinococcus
Echi|no|sto|mia|se (f) echinostomiasis
Echo|aor|to|gra|phie (f) echoaortography
Echo|car|dio|gramm (n) echocardiogram

Echo|car|dio|gra|phie (f) echocardiography
Echo|en|ce|pha|lo|gramm (n) echoencephalogram
Echo|en|ce|pha|lo|graph (m) echoencephalograph
Echo|en|ce|pha|lo|gra|phie (f) echoencephalography
Echo|gramm (n) echogram
Echo|ki|ne|se (f) echokinesis
Echo|la|lie (f) echolalia
Echo|ma|tis|mus (m) echomatism
Echo|mi|mie (f) echomimia
Echo|mo|tis|mus (m) echomotism
Echo|pa|thie (f) echopathy
Echo|phra|sie (f) echophrasia
Echo|pra|xie (f) echopraxy
Echo|re|no|gramm (n) echorenogram
Echo|so|no|en|ce|pha|lo|gramm (n) echosonoencephalogram
Echo|so|no|gramm (n) echosonogram
Echo|ute|ro|gramm (n) echouterogram
ECHO-Vi|rus (n) echovirus
Ec|lamp|sie (f) eclampsia
Ec|lamp|sis|mus (m) eclampsism
ec|lamp|to|gen (adj) eclamptogenic
ec|lamp|tisch (adj) eclamptic
Ec|lec|ti|cis|mus (m) eclecticism
Ec|lec|ti|ker (m) eclectic
ec|lec|tisch (adj) eclectic
Ec|mne|sie (f) ecmnesia
Ec|pho|rie (f) ecphoria
Ec|sta|se (f) ecstasy
ec|sta|tisch (adj) ecstatic
Ec|ta|sie (f) ectasia
ec|ta|tisch (adj) ectatic
Ec|thym (n) ecthyma
Ec|to|blast (n) ectoblast
Ec|to|car|die (f) ectocardia
Ec|to|derm (n) ectoderm
ec|to|der|mal (adj) ectodermal
Ec|to|der|mo|se (f) ectodermosis
Ec|to|en|zym (n) ectoenzyme
Ec|to|pa|gus (m) ectopagus
Ec|to|pa|ra|sit (m) ectoparasite
ec|to|pa|ra|si|tar (adj) ectoparasitic
Ec|to|pia (f) ectopia
Ec|to|pie (f) ectopy
ec|to|pisch (adj) ectopic
Ec|to|plas|ma (n) ectoplasm
Ec|to|zo|on (n) ectozoon
Ec|tro|dac|ty|lia (f) ectrodactylia
Ec|tro|dac|ty|lie (f) ectrodactyly
Ec|tro|dac|ty|lis|mus (m) ectrodactylism
Ec|tro|me|lia (f) ectromelia
Ec|tro|me|lie (f) ectromely
Ec|tro|pi|on (n) ectropion
Ec|zem (n) eczema
ec|ze|ma|tos (adj) eczematous

Ede|tat (n) edetate
Ede|tin|säu|re (f) edetic acid
Edo|ce|pha|lie (f) edocephaly
Edo|ce|pha|lus (m) edocephalus
Ef|fec|tor (m) effector
ef|fe|rent (adj) efferent
Ef|fleu|rage (f) effleurage
Ef|flo|res|cenz (f) efflorescence
Ef|flu|vi|um (n) effluvium
Ego (n) ego
Ego|cen|tri|ci|taet (f) egocentricity
ego|cen|trisch (adj) egocentric
Ego|cen|tris|mus (m) egocentrism
Ei (n) egg
Ei|co|san (n) eicosane
Ei|er|scha|le (f) eggshell
Ei|er|stock (m) ovary
ei|för|mig (adj) oviform
Ein|bil|dung (f) imagination
ein|cap|seln (v) encapsulate
Ein|cap|se|lung (f) encapsulation
ein|ei|ig (adj) uniovular
Ein|gang (m) inlet
ein|ge|bil|det (ppe) imaginary
ein|ge|len|kig (adj) uniarticular
ein|ge|wach|sen (ppe) ingrown
Ein|heit (f) unit
ein|kam|me|rig (adj) unicameral
Ein|schnitt (m) incision
Ein|spei|che|lung (f) insalivation
Ein|stein (n) einstein
Ein|stei|ni|um (n) einsteinium
Ein|wil|li|gung (f) consent
Ei|sen (n) iron
Ei|sen|man|gel (m) iron deficiency
ei|tern (v) suppurate
Eja|cu|la|ti|on (f) ejaculation
eja|cu|la|to|risch (adj) ejaculatory
eja|cu|lie|ren (v) ejaculate
Ejec|ta (npl) ejecta
Ejec|ti|on (f) ejection
Ela|sta|se (f) elastase
Ela|sti|ci|taet (f) elasticity
Ela|stin (n) elastin
ela|stisch (adj) elastic
Ela|sto|se (f) elastosis
elec|trisch (adj) electric
Elec|tro|an|aes|the|sie (f) electroanaesthesia
Elec|tro|car|dio|gramm (n) electrocardiogram
Elec|tro|car|dio|graph (m) electrocardiograph
Elec|tro|car|dio|gra|phie (f) electrocardiography
elec|tro|car|dio|gra|phisch (adj) electrocardiographic
Elec|tro|car|dio|pho|no|gra|phie (f) electrocardiophonography
Elec|tro|car|dio|scop (n) electrocardioscope

Elec|tro|che|mie (f) electrochemistry
elec|tro|che|misch (adj) electrochemical
elec|tro|che|misch (adv) electrochemically
Elec|tro|chir|ur|gie (f) electrosurgery
elec|tro|chir|ur|gisch (adj) electrosurgical
elec|tro|chir|ur|gisch (adv) electrosurgically
Elec|tro|co|agu|la|ti|on (f) electrocoagulation
Elec|tro|con|vul|si|ons|the|ra-pie (f) electroconvulsive therapy
elec|tro|con|vul|siv (adj) electroconvulsive
Elec|tro|cor|ti|co|gramm (n) electrocorticogram
Elec|tro|cor|ti|co|gra|phie (f) electrocorticography
Elec|tro|dia|gno|stik (f) electrodiagnosis
Elec|tro|de (f) electrode
Elec|tro|de|sic|ca|ti|on (f) electrodesiccation
Elec|tro|en|ce|pha|lo|gramm (n) electroencephalogram
Elec|tro|en|ce|pha|lo|graph (m) electroencephalograph
Elec|tro|en|ce|pha|lo|gra|phie (f) electroencephalography
elec|tro|en|ce|pha|lo|gra-phisch (adj) electroencephalographic
elec|tro|en|ce|pha|lo|gra-phisch (adv) electroencephalographically
Elec|tro|ga|stro|gramm (n) electrogastrogram
Elec|tro|ga|stro|graph (m) electrogastrograph
Elec|tro|ga|stro|gra|phie (f) electrogastrography
elec|tro|ga|stro|gra|phisch (adj) electrogastrographic
elec|tro|ga|stro|gra|phisch (adv) electrogastrographically
Elec|tro|gramm (n) electrogram
Elec|tro|gra|phie (f) electrography
Elec|tro|hy|ste|ro|gra|phie (f) electrohysterography
Elec|tro|im|mu|no|dif|fu|si|on (f) electroimmunodiffusion
elec|tro|ki|ne|tisch (adj) electrokinetic
Elec|tro|ky|mo|graph (m) electrokymograph
Elec|tro|ky|mo|gra|phie (f) electrokymography
Elec|tro|ly|se (f) electrolysis
elec|tro|ly|sie|ren (v) electrolyse
elec|tro|mo|to|risch (adj) electromotive
Elec|tro|myo|gramm (n) electromyogram
Elec|tro|myo|gra|phie (f)

electromyography
elec|tro|myo|gra|phisch (adj) electromyographic
Elec|tron (n) electron
Elec|tro|nar|co|se (f) electronarcosis
elec|tro|ne|ga|tiv (adj) electronegative
Elec|tro|ne|ga|ti|vi|tät (f) electronegativity
Elec|tro|nen|mi|cro|scop (n) electron microscope
Elec|tro|nen|mi|cro|sco|pie (f) electron microscopy
elec|tro|nisch (adj) electronic
Elec|tro|ny|stag|mo|gra|phie (f) electronystagmography
Elec|tro|ocu|lo|gramm (n) electrooculogram
elec|tro|phil (adj) electrophilic
Elec|tro|pho|re|se (f) electrophoresis
elec|tro|pho|re|tisch (adj) electrophoretic
Elec|tro|phy|sio|lo|gie (f) electrophysiology
elec|tro|po|si|tiv (adj) electropositive
Elec|tro|pyr|exie (f) electropyrexia
Elec|tro|re|sec|ti|on (f) electroresection
Elec|tro|re|ti|no|gramm (n) electroretinogram
Elec|tro|schock (m) electroshock
Elec|tro|sta|tik (f) electrostatics
elec|tro|sta|tisch (adj) electrostatic
Elec|tro|sti|mu|la|ti|on (f) electrostimulation
Elec|tro|tha|la|mo|gramm (n) electrothalamogram
Elec|tro|the|ra|pie (f) electrotherapy
Elec|tro|tom (n) electrotome
elec|tro|to|nisch (adj) electrotonic
Elec|tro|to|nus (m) electrotonus
Ele|ment (n) element
Ele|phan|tia|sis (f) elephantiasis
Eli|xir (n) elixir
El|len|bo|gen (m) elbow
El|lip|so|id (n) ellipsoid
el|lip|so|id (adj) ellipsoid
El|lip|to|cyt (m) elliptocyte
El|lip|to|cy|to|se (f) elliptocytosis
Elu|at (n) eluate
elu|ie|ren (v) elute
Elu|ti|on (f) elution
Ema|na|ti|ons|the|ra|pie (f) emanotherapy
Ema|na|to|ri|um (n) emanatorium
Emas|cu|la|ti|on (f) emasculation
emas|cu|lie|ren (v) emasculate

Em|bol|ec|to|mie (f) embolectomy
Em|bo|lie (f) embolism
em|bo|li|form (adj) emboliform
em|bo|lisch (adj) embolic
Em|bo|lus (m) embolus
Em|bryo (m) embryo
Em|bryo|blast (m) embryoblast
Em|bryo|car|die (f) embryocardia
em|bryo|gen (adj) embryogenic
Em|bryo|ge|ne|se (f) embryogenesis
em|bryo|ge|ne|tisch (adj) embryogenetic
Em|bryo|ge|nie (f) embryogeny
Em|bryo|lo|ge (m) embryologist
Em|bryo|lo|gie (f) embryology
em|bryo|lo|gisch (adj) embryological
Em|bry|om (n) embryoma
em|bryo|nal (adj) embryonic
Em|bryo|pa|thie (f) embryopathy
Em|bryo|tom (n) embryotome
Em|bryo|to|mie (f) embryotomy
Em|bryo|to|xi|ci|tät (f) embryotoxicity
em|bryo|troph (adj) embryotrophic
Em|bryo|tro|phie (f) embryotrophy
Eme|sis (f) emesis
Eme|ti|cum (n) emetic
eme|tisch (adj) emetic
Emi|gra|ti|on (f) emigration
Emi|nen|tia (f) eminentia
Emi|nenz (f) eminence
Emio|cy|to|se (f) emiocytosis
Emis|sa|ria (f) emissary
Emis|sa|ri|um (n) emissarium
Emis|si|on (f) emission
Em|men|ago|gum (n) emmenagogue
em|me|trop (adj) emmetropic
Em|me|tro|per (m) emmetrope
Em|me|tro|pie (f) emmetropia
Emol|li|ens (n) emollient
Emo|ti|on (f) emotion
emo|tio|nal (adj) emotional
Em|pa|thie (f) empathy
Em|pe|ri|po|le|sis (f) emperipolesis
Emp|fän|ger (m) recipient, host, donee
emp|fäng|nis|ver|hü|tend (ppr) contraceptive
Emp|fäng|nis|ver|hü|tung (f) contraception
emp|find|lich (adj) vulnerable, sensitive
Emp|find|lich|keit (f) vulnerability, sensitivity
Em|phy|sem (n) emphysema
em|phy|se|ma|tos (adj) emphysematous
Em|pi|ri|ker (m) empiric
em|pi|risch (adj) empirical
Em|pi|ris|mus (m) empiricism
Em|pla|strum (n) emplastrum
Em|pro|stho|to|nus (m) emprosthotonus

Em|py|em (n) empyema
em|pye|ma|tos (adj) empyematous
em|pye|misch (adj) empyemic
Emul|ga|tor (m) emulsifier
emul|gie|ren (v) emulsify
Emul|sin (n) emulsin
Emul|si|on (f) emulsion
Emul|so|id (n) emulsoid
Ena|me|lom (n) enameloma
Ena|mel (n) enamel
Ena|me|lum (n) enamelum
En|an|them (n) enanthem
en|an|the|ma|tos (adj) enanthematous
En|an|tio|mer (n) enantiomer
En|cap|su|la|ti|on (f) encapsulation
en|cap|su|lie|ren (v) encapsulate
en|ce|phal (adj) encephalic
En|ce|phal|al|gie (f) encephalalgia
En|ce|pha|li|tis (f) encephalitis
en|ce|pha|li|tisch (adj) encephalitic
En|ce|pha|lo|ce|le (f) encephalocele
En|ce|pha|lo|cy|sto|ce|le (f) encephalocystocele
En|ce|pha|lo|cy|sto|me|nin|go-ce|le (f) encephalocystomeningocele
En|ce|pha|lo|gramm (n) encephalogram
En|ce|pha|lo|gra|phie (f) encephalography
En|ce|pha|lo|lo|gie (f) encephalology
En|ce|pha|lo|ma|la|cie (f) encephalomalacia
En|ce|pha|lo|me|nin|gi|tis (f) encephalomeningitis
En|ce|pha|lo|me|nin|go|ce|le (f) encephalomeningocele
En|ce|pha|lo|mye|li|tis (f) encephalomyelitis
En|ce|pha|lo|mye|lo|pa|thie (f) encephalomyelopathy
En|ce|pha|lo|myo|car|di|tis (f) encephalomyocarditis
En|ce|pha|lon (n) encephalon
En|ce|pha|lo|pa|thie (f) encephalopathy
En|ce|pha|lor|rha|gie (f) encephalorrhagia
En|ce|pha|lo|se (f) encephalosis
En|ce|pha|lo|tom (n) encephalotome
En|ce|pha|lo|to|mie (f) encephalotomy
en|chon|dral (adj) enchondral
En|chon|drom (n) enchondroma
En|co|pre|sis (f) encopresis
En|cra|ni|us (m) encranius
End|an|gi|itis (f) endangiitis
End|aor|ti|tis (f) endaortitis
End|ar|te|ri|ec|to|mie (f) endarterectomy
end|ar|te|ri|ell (adj)

End|ar|te|ri|tis (f) endarteritis

end|au|ral (adj) endaural

en|de|misch (adj) endemic

end|er|gon (adj) endergonic

en|der|mal (adj) endermic

En|der|mo|sis (f) endermosis

End|hirn (n) endbrain

En|do|an|eu|rys|mor|rha|phie (f) endoaneurysmorrhaphy

En|do|an|gi|itis (f) endoangiitis

En|do|aor|ti|tis (f) endoaortitis

En|do|ar|te|ri|tis (f) endoarteritis

en|do|bio|tisch (adj) endobiotic

en|do|bron|chi|al (adj) endobronchial

en|do|car|di|al (adj) endocardial

En|do|car|di|tis (f) endocarditis

en|do|car|di|tisch (adj) endocarditic

En|do|car|di|um (n) endocardium

en|do|cer|vi|cal (adj) endocervical

En|do|cer|vix (f) endocervix

en|do|chon|dral (adj) endochondral

En|do|cra|ni|tis (f) endocranitis

En|do|cra|ni|um (n) endocranium

en|do|crin (adj) endocrine

En|do|cri|no|lo|gie (f) endocrinology

En|do|cri|no|pa|thie (f) endocrinopathy

en|do|cri|no|pa|thisch (adj) endocrinopathic

En|do|cri|no|the|ra|pie (f) endocrinotherapy

En|do|cy|to|sis (f) endocytosis

En|do|en|zym (n) endoenzyme

en|do|gen (adj) endogenic

En|do|ge|nie (f) endogeny

en|do|la|ryn|ge|al (adj) endolaryngeal

En|do|lym|pha (f) endolympha

en|do|lym|pha|tisch (adj) endolymphatic

En|do|lym|phe (f) endolymph

En|do|ly|sin (n) endolysin

En|do|me|tri|om (n) endometrioma

En|do|me|trio|sis (f) endometriosis

En|do|me|tri|tis (f) endometritis

En|do|me|tri|um (n) endometrium

En|do|mi|to|sis (f) endomitosis

En|do|myo|car|di|tis (f) endomyocarditis

En|do|my|si|um (n) endomysium

en|do|na|sal (adj) endonasal

En|do|neu|ri|um (n) endoneurium

En|do|nu|clea|se (f) endonuclease

En|do|pa|ra|sit (m) endoparasite

en|do|pa|ra|si|tar (adj) endoparasitic

en|do|pel|vin (adj) endopelvic

En|do|pep|ti|da|se (f) endopeptidase

En|do|pe|ri|car|di|tis (f) endopericarditis

En|do|pe|ri|myo|car|di|tis (f) endoperimyocarditis

En|do|phle|bi|tis (f) endophlebitis

En|do|phyt (m) endophyte

en|do|phy|tisch (adj) endophytic

En|do|plas|ma (n) endoplasm

en|do|plas|ma|tisch (adj) endoplasmic

End|or|phin (n) endorphin

En|do|scop (n) endoscope

En|do|sco|pie (f) endoscopy

en|do|sco|pisch (adj) endoscopic

En|do|ske|lett (n) endoskeleton

End|os|mo|se (f) endosmosis

End|os|mo|sis (f) endosmosis

end|os|mo|tisch (adj) endosmotic

End|oste|um (n) endosteum

en|do|the|li|al (adj) endothelial

En|do|the|lio|cyt (m) endotheliocyte

en|do|the|lio|id (adj) endothelioid

En|do|the|li|om (n) endothelioma

En|do|the|li|um (n) endothelium

en|do|therm (adj) endothermic

En|do|to|xin (n) endotoxin

En|do|to|xi|co|se (f) endotoxicosis

en|do|tra|che|al (adj) endotracheal

En|do|vas|cu|li|tis (f) endovasculitis

En|er|gie (f) energy

en|er|gie-reich (adj) energy--rich

En|ga|stri|us (m) engastrius

En|gramm (n) engram

Enol (n) enol

Eno|la|se (f) enolase

En|oph|thal|mus (m) enophthalmus

en|si|form (adj) ensiform

En|te|le|chie (f) entelechy

en|te|ral (adj) enteral

En|te|ri|tis (f) enteritis

En|te|ro|ana|sto|mo|se (f) enteroanastomosis

En|te|ro|bia|se (f) enterobiasis

En|te|ro|ce|le (f) enterocele

en|te|ro|cep|tiv (adj) enteroceptive

en|te|ro|chrom|af|fin (adj) enterochromaffin

En|te|ro|cly|sis (f) enteroclysis

En|te|ro|coc|cus (m) enterococcus

En|te|ro|col|ec|to|mie (f) enterocolectomy

En|te|ro|co|li|tis (f) enterocolitis

En|te|ro|co|lo|sto|mie (f) enterocolostomy

En|te|ro|cri|nin (n) enterocrinin

En|te|ro|cy|ste (f) enterocyst

En|te|ro|cy|stom (n) enterocystoma

En|te|ro|en|te|ro|sto|mie (f) enteroenterostomy

En|te|ro|ga|stron (n) enterogastrone

en|te|ro|gen (adj) enterogenous

En|te|ro|ki|na|se (f) enterokinase

En|te|ro|lo|ge (m) enterologist

En|te|ro|lo|gie (f) enterology

En|te|ro|lith (m) enterolith

En|te|ro|li|thia|sis (f) enterolithiasis

En|te|ro|my|co|sis (f) enteromycosis

En|te|ron (n) enteron

En|te|ro|pa|ra|ly|sis (f) enteroparalysis

En|te|ro|pa|thie (f) enteropathy

En|te|ro|pe|xie (f) enteropexy

En|te|ro|pto|sis (f) enteroptosis

En|te|ro|spas|mus (m) enterospasm

En|te|ro|sta|sis (f) enterostasis

En|te|ro|ste|no|sis (f) enterostenosis

En|te|ro|sto|mie (f) enterostomy

En|te|ro|tom (n) enterotome

En|te|ro|to|xin (n) enterotoxin

En|te|ro|vi|rus (n) enterovirus

En|te|ro|zo|on (n) enterozoon

ent|bin|den (v) deliver

Ent|bin|dung (f) delivery, childbirth

Ent|halt|sam|keit (f) abstinence

ent|haup|ten (v) decapitate

Ent|haup|tung (f) decapitation

ent|kei|men (v) degerm

Ent|kei|mung (f) degermation

ent|ker|nen (v) denucleate

ent|kernt (ppe) denucleated

ent|la|den (v) discharge

ent|la|den (ppe) discharged

Ent|la|dung (f) discharge

ent|las|sen (v) discharge

ent|lau|sen (v) delouse

Ent|lau|sung (f) delousing

ent|man|nen (v) emasculate

Ent|man|nung (f) emasculation

En|to|blast (n) entoblast

En|to|derm (n) entoderm
en|to|der|mal (adj) entodermal
En|to|mo|lo|ge (m) entomologist
En|to|mo|lo|gie (f) entomology
En|to|mo|pho|bie (f) entomophobia
ent|op|tisch (adj) entoptic
Ent|op|to|sco|pie (f) entoptoscopy
ent|op|to|sco|pisch (adj) entoptoscopic
ent|otisch (adj) entotic
En|to|zo|on (n) entozoon
En|tro|pie (f) entropy
Ent|schä|di|gung (f) compensation
ent|span|nen (v) relax
ent|zün|den (v) inflame
ent|zün|det (ppe) inflamed
Ent|zün|dung (f) inflammation
Ent|zug (m) withdrawal
Enu|clea|ti|on (f) enucleation
enu|cle|ie|ren (v) enucleate
En|ure|sis (f) enuresis
en|ve|no|mie|ren (v) envenom
en|zoo|tisch (adj) enzootic
En|zym (n) enzyme
en|zy|ma|tisch (adj) enzymatic
en|zy|misch (adj) enzymic
En|zym|ki|ne|tik (f) enzyme kinetics
En|zy|mo|lo|ge (m) enzymologist
En|zy|mo|lo|gie (f) enzymology
En|zy|mo|pe|nie (f) enzymopenia
En|zym|urie (f) enzymuria
Eo|sin (n) eosin
Eo|si|no|pe|nie (f) eosinopenia
eo|si|no|phil (adj) eosinophilic
Eo|si|no|phi|ler (m) eosinophil
Eo|si|no|phi|lie (f) eosinophilia
ep|ar|te|ri|ell (adj) eparterial
Ep|en|dym (n) ependyma
Ep|en|dy|mi|tis (f) ependymitis
Ep|en|dy|mo|bla|stom (n) ependymoblastoma
Ep|en|dy|mom (n) ependymoma
Eph|ap|se (f) ephapse
eph|ap|tisch (adj) ephaptic
eph|emer (adj) ephemeral
Epi|ble|pha|ron (n) epiblepharon
epi|bul|bar (adj) epibulbar
Epi|can|thus (m) epicanthus
epi|car|di|al (adj) epicardial
Epi|car|di|um (n) epicardium
epi|con|dy|lar (adj) epicondylar
Epi|con|dy|li|tis (f) epicondylitis
Epi|con|dy|lus (m) epicondylus
Epi|cra|ni|um (n) epicranium
Epi|cra|ni|us (m) epicranius
Epi|cri|se (f) epicrisis
Epi|cri|sis (f) epicrisis
epi|cri|tisch (adj) epicritic
Epi|cyt (m) epicyte
Epi|de|mie (f) epidemic
epi|de|misch (adj) epidemic

Epi|de|mio|lo|ge (m) epidemiologist

Epi|de|mio|lo|gie (f) epidemiology

epi|de|mio|lo|gisch (adj) epidemiologic

epi|der|mal (adj) epidermal

epi|der|ma|tisch (adj) epidermatic

Epi|der|mis (f) epidermis

Epi|der|mi|tis (f) epidermitis

Epi|der|mo|dys|pla|sie (f) epidermodysplasia

Epi|der|mo|ly|se (f) epidermolysis

epi|der|mo|ly|tisch (adj) epidermolytic

Epi|der|mo|my|co|sis (f) epidermomycosis

epi|di|dy|mal (adj) epididymal

Epi|di|dym|ec|to|mie (f) epididymectomy

Epi|di|dy|mis (f) epididymis

Epi|di|dy|mi|tis (f) epididymitis

Epi|di|dy|mo|or|chid|ec|to|mie (f) epididymoorchidectomy

Epi|di|dy|mo|or|chi|tis (f) epididymoorchitis

Epi|di|dy|mo|to|mie (f) epididymotomy

Epi|di|dy|mo|va|so|sto|mie (f) epididymovasostomy

epi|du|ral (adj) epidural

epi|fas|ci|al (adj) epifascial

Epi|ga|stral|gie (f) epigastralgia

epi|ga|strisch (adj) epigastric

Epi|ga|stri|um (n) epigastrium

Epi|ga|stri|us (m) epigastrius

Epi|ga|stro|ce|le (f) epigastrocele

Epi|ge|ne|sis (f) epigenesis

epi|ge|ne|tisch (adj) epigenetic

Epi|glot|tid|ec|to|mie (f) epiglottidectomy

Epi|glot|tis (f) epiglottis

Epi|glot|ti|tis (f) epiglottitis

Epi|gna|thus (m) epignathus

Epi|la|ti|on (f) epilation

Epi|lep|sia (f) epilepsia

Epi|lep|sie (f) epilepsy

epi|lep|ti|form (adj) epileptiform

Epi|lep|ti|ker (m) epileptic

epi|lep|tisch (adj) epileptic

epi|lep|to|gen (adj) epileptogenic

epi|lep|to|id (adj) epileptoid

Epi|lep|to|lo|ge (m) epileptologist

Epi|lep|to|lo|gie (f) epileptology

epi|lie|ren (v) epilate

Epi|mer (n) epimer

epi|mer (adj) epimeric

Epi|my|si|um (n) epimysium

Epi|ne|phrin (n) epinephrin

Epi|neu|ri|um (n) epineurium

epi|phre|nal (adj) epiphrenal

epi|phren (adj) epiphrenic

epi|phy|sar (adj) epiphysial
Epi|phy|se (f) epiphysis
epi|phy|se|al (adj) epiphyseal
Epi|phy|seo|ne|cro|sis (f) epiphyseonecrosis
Epi|phy|seo|ly|se (f) epiphyseolysis
Epi|phy|sio|ne|cro|sis (f) epiphysionecrosis
Epi|phy|sis (f) epiphysis
Epi|phy|si|tis (f) epiphysitis
Epi|phyt (m) epiphyte
Epi|plo|ce|le (f) epiplocele
epi|plo|isch (adj) epiploic
Epi|plo|on (n) epiploon
Epi|scle|ra (f) episclera
epi|scle|ral (adj) episcleral
Epi|scle|ri|tis (f) episcleritis
Epi|sio|to|mie (f) episiotomy
Epi|som (n) episome
Epi|spa|die (f) epispadia
Epi|sta|xis (f) epistaxis
Epi|stro|phe|us (m) epistropheus
Epi|tha|la|mus (m) epithalamus
Epi|thel (n) epithelium
epi|the|li|al (adj) epithelial
Epi|the|li|om (n) epithelioma
epi|the|lio|ma|tos (adj) epitheliomatous
epi|the|lio|id (adj) epithelioid
Epi|the|li|sa|ti|on (f) epithelisation
epi|the|li|sie|ren (v) epithelise
Epi|the|li|tis (f) epithelitis
Epi|tri|chi|um (n) epitrichium
Epi|troch|lea (f) epitrochlea
epi|tym|pa|nal (adj) epitympanic
Epi|tym|pa|num (n) epitympanum
Epi|tu|ber|cu|lo|sis (f) epituberculosis
Epi|zo|on (n) epizoon
Epi|zoo|no|sis (f) epizoonosis
Ep|ony|chi|um (n) eponychium
Ep|oo|pho|ron (n) epoophoron
Ep|si|lon (n) epsilon
Ep|si|lon-Ket|te (f) epsilon chain
Epu|lis (f) epulis
Er|bi|um (n) erbium
Erb|mal (n) birthmark
Er|bre|chen (n) vomiting
er|bre|chen (v) vomit
Er|bro|che|nes (n) vomit
erec|til (adj) erectile
Erec|ti|on (f) erection
Erec|tor (m) erector
Ere|mo|pho|bia (f) eremophobia
Erep|sin (n) erepsin
Ere|this|mus (m) erithism
Er|frie|rung (f) frostbite
Er|ga|sto|plas|ma (n) ergastoplasm
Er|go|graph (m) ergograph
Er|go|me|ter (n) ergometer
Er|go|the|ra|pie (f) ergotherapy
Er|go|tis|mus (m) ergotism

Er|go|to|xin (n) ergotoxin
Er|ho|lung (f) recovery, recuperation
Er|in|ne|rung (f) memory
Er|käl|tung (f) chill
er|mü|den (v) tire
Er|näh|rung (f) nutrition
ero|gen (adj) erogenic, erogenous
Ero|ma|nia (f) eromania
Ero|ma|nie (f) eromania
Ero|si|on (f) erosion
ero|tisch (adj) erotic
Ero|to|ma|nie (f) erotomania
Ero|to|pho|bie (f) erotophobia
er|reg|bar (adj) excitable
Er|reg|bar|keit (f) excitability
er|re|gen (v) excite
er|re|gend (ppr) exciting
Er|re|gung (f) excitation
Er|rö|ten (n) blush
er|schöp|fend (ppr) exhaustive
Er|schöp|fung (f) exhaustion
Eruc|ta|ti|on (f) eructation
eru|ga|to|risch (adj) erugatory
Eru|ga|to|ri|um (n) erugatory
Erup|ti|on (f) eruption
er|wach|sen (ppe) adult
Er|wach|se|ner (m) adult
er|wei|tern (v) dilate
er|wer|ben (v) acquire
er|wor|ben (ppe) acquired
Ery|si|pe|las (n) erysipelas
Ery|si|pe|lo|id (n) erysipeloid
Ery|them (n) erythema
Ery|thrae|mie (f) erythraemia
Ery|thras|ma (n) erythrasma
Ery|thro|blast (m) erythroblast
Ery|thro|blast|hae|mie (f) erythroblasthaemia
Ery|thro|bla|stom (n) erythroblastoma
Ery|thro|bla|sto|pe|nia (f) erythroblastopenia
Ery|thro|bla|sto|sis (f) erythroblastosis
Ery|thro|cla|sis (f) erythroclasis
Ery|thro|cya|no|sis (f) erythrocyanosis
Ery|thro|cyt (m) erythrocyte
ery|thro|cy|tar (adj) erythrocytic
Ery|thro|cyt|hae|mia (f) erythrocythaemia
Ery|thro|cy|to|blast (m) erythrocytoblast
Ery|thro|cy|to|ly|se (f) erythrocytolysis
Ery|thro|cy|to|ly|sin (n) erythrocytolysin
Ery|thro|cy|to|me|ter (n) erythrocytometer
Ery|thro|cy|to|me|trie (f) erythrocytometry
Ery|thro|cy|to|poi|ese (f) erythrocytopoiesis
Ery|thro|cy|to|sis (f) erythrocytosis
Ery|thro|der|ma (n) erythroderma

ery|thro|gen (adj) erythrogenic

Ery|thro|ge|ne|se (f) erythrogenesis

Ery|thro|ke|ra|to|der|mie (f) erythrokeratodermia

Ery|thro|mel|al|gie (f) erythromelalgia

Ery|thro|me|lie (f) erythromelia

Ery|thro|my|cin (n) erythromycin

Ery|thro|mye|lo|se (f) erythromyelosis

Ery|thron (n) erythron

Ery|thro|pe|nie (f) erythropenia

Ery|thro|pha|ge (m) erythrophage

Ery|thro|pha|gie (f) erythrophagia

Ery|thro|pha|go|cy|to|se (f) erythrophagocytosis

Ery|thro|pho|bie (f) erythrophobia

ery|thro|phil (adj) erythrophilic

Ery|thro|pie (f) erythropia

Ery|thro|poi|ese (f) erythropoiesis

Ery|thro|poi|etin (n) erythropoietin

ery|thro|poi|etisch (adj) erythropoietic

Ery|throp|sie (f) erythropsia

Ery|throp|sin (n) erythropsin

Ery|thro|se (f) erythrose

Ery|thro|sis (f) erythrosis

Ery|thru|rie (f) erythruria

Es (n) id

Eso|pho|rie (f) esophoria

Es|pun|dia (f) espundia

eß|bar (adj) edible

es|sen|ti|ell (adj) essential

Es|sig (m) vinegar

Eß|löf|fel (m) tablespoon

Ester (m) ester

Este|ra|se (f) esterase

Ethan (n) ethane

Etha|nol (n) ethanol

Ethan|säu|re (f) ethanoic acid

Ether (m) ether

eth|mo|id (adj) ethmoid

Eth|mo|id (n) ethmoid

eth|mo|idal (adj) ethmoidal

Eth|mo|id|ec|to|mie (f) ethmoidectomy

Eth|mo|idi|tis (f) ethmoiditis

Etho|lo|gie (f) ethology

Ethyl (n) ethyl

Ethy|len (n) ethylene

Ethy|lie|rung (f) ethylation

Eu|chlor|hy|drie (f) euchlorhydria

Eu|cho|lie (f) eucholia

Eu|chro|ma|tin (n) euchromatin

eu|chro|ma|tisch (adj) euchromatic

Eu|chro|mat|op|sie (f) euchromatopsia

Eu|chro|mo|som (n) euchromosome

Eu|ge|nik (f) eugenics
eu|ge|nisch (adj) eugenic
Eu|glo|bu|lin (n) euglobulin
eu|gna|thisch (adj) eugnathic
eu|go|nisch (adj) eugonic
Eu|ke|ra|tin (n) eukeratin
Eu|ki|ne|sie (f) eukinesia
eu|morph (adj) eumorphic
Eu|nuch (m) eunuch
eu|nu|cho|id (adj) eunuchoid
Eu|nu|cho|idis|mus (m) eunuchoidism
Eu|pho|re|ti|cum (n) euphoriant
Eu|pho|rie (f) euphoria
eu|pho|risch (adj) euphoric
eu|pho|ri|sie|rend (ppr) euphoriant
Eu|pnoe (f) eupnoea
Eu|pra|xie (f) eupraxia
Eu|ro|pi|um (n) europium
Eu|ry|gna|this|mus (m) eurygnathism
eu|ry|therm (adj) eurythermal
Eu|ter (m) udder
Eu|tha|na|sie (f) euthanasia
eu|thy|ro|id (adj) euthyroid
Eu|thy|ro|idis|mus (m) euthyroidism
Eu|to|cie (f) eutocia
Eva|cua|ti|on (f) evacuation
Eva|cua|tor (m) evacuator
eva|cu|ie|ren (v) evacuate
Eva|cu|ie|rung (f) evacuation
Even|tra|ti|on (f) eventration
Ever|si|on (f) eversion
Evi|ra|ti|on (f) eviration
Evis|ce|ra|ti|on (f) evisceration
evo|cie|ren (v) evoke
evo|ciert (ppe) evoked
Evo|lu|ti|on (f) evolution
evo|lu|tio|nar (adj) evolutionary
Ex|acer|ba|ti|on (f) exacerbation
Ex|al|ta|ti|on (f) exaltation
Ex|an|them (n) exanthema
ex|an|the|ma|tisch (adj) exanthematic
Ex|ca|va|tor (m) excavator
Ex|cen|tri|ker (m) eccentric
ex|cen|trisch (adj) eccentric
ex|ci|die|ren (v) excise
Ex|ci|si|on (f) excision
ex|ci|ta|bel (adj) excitable
Ex|ci|ta|bi|li|tät (f) excitability
Ex|ci|tans (n) excitant
Ex|ci|ta|ti|on (f) excitation
ex|ci|ta|to|risch (adj) excitatory
ex|ci|tie|ren (v) excite
ex|ci|tie|rend (ppr) exciting
Ex|coch|lea|ti|on (f) excochleation
Ex|co|ria|ti|on (f) excoriation
Ex|cre|ment (n) excrement
Ex|cres|cenz (f) excrescence
ex|cre|tie|ren (v) excrete
Ex|cre|ti|on (f) excretion
ex|cre|to|risch (adj) excretory

ex|er|gon (adj) exergonic
Ex|fo|lia|ti|on (f) exfoliation
ex|fo|lia|tiv (adj) exfoliative
Ex|ha|la|ti|on (f) exhalation
ex|ha|lie|ren (v) exhale
Ex|hi|bi|tio|nis|mus (m) exhibitionism
Ex|hi|bi|tio|nist (m) exhibitionist
ex|hu|mie|ren (v) exhume
Ex|hu|mie|rung (f) exhumation
Ex|itus (m) exitus
Exo|ca|ta|pho|rie (f) exocataphoria
Exo|cho|ri|on (n) exochorion
Exo|coel (n) exocoelom
exo|crin (adj) exocrine
Exo|cy|to|se (f) exocytosis
exo|cy|to|tisch (adj) exocytotic
exo|ery|thro|cy|tar (adj) exoerythrocytic
exo|gen (adj) exogenic
Exo|hy|ste|ro|pe|xie (f) exohysteropexy
Ex|om|pha|los (m) exomphalos
Exo|nu|cle|ase (f) exonuclease
Exo|pep|ti|da|se (f) exopeptidase
Exo|pho|rie (f) exophoria
Ex|oph|thal|mo|me|ter (n) exophthalmometer
Ex|oph|thal|mo|me|trie (f) exophthalmometry
Ex|oph|thal|mos (m) exophthalmos
Ex|oph|thal|mus (m) exophthalmus
Ex|osto|sis (f) exostosis
exo|therm (adj) exothermic
Exo|to|xin (n) exotoxin
Exo|tro|pie (f) exotropia
Ex|pec|to|rans (n) expectorant
Ex|pec|to|ra|ti|on (f) expectoration
Ex|pe|ri|ment (n) experiment
ex|pe|ri|men|tell (adj) experimental
ex|pe|ri|men|tie|ren (v) experiment
Ex|per|te (m) expert
Ex|per|tin (f) expert
Ex|plan|tat (n) explant
Ex|plan|ta|ti|on (f) explantation
ex|plan|tie|ren (v) explant
Ex|plo|ra|ti|on (f) exploration
Ex|po|si|ti|on (f) exposure
Ex|sic|ca|ti|on (f) exsiccation
Ex|spi|ra|ti|on (f) expiration
ex|spi|ra|to|risch (adj) expiratory
ex|spi|rie|ren (v) expire
Ex|stir|pa|ti|on (f) extirpation
Ex|su|dat (n) exudate
Ex|su|da|ti|on (f) exsudation
Ex|suf|fla|ti|on (f) exsufflation
Ex|ten|si|on (f) extension
Ex|ten|sor (m) extensor
Ex|te|ro|cep|tor (m) exteroceptor

ex|te|ro|fec|tiv (adj) exterofective

Ex|tinc|ti|on (f) extinction

Ex|tor|si|on (f) extorsion

ex|tra|ar|ti|cu|lar (adj) extraarticular

ex|tra|bul|bar (adj) extrabulbar

ex|tra|car|di|al (adj) extracardial

ex|tra|cam|pin (adj) extracampine

ex|tra|cap|su|lar (adj) extracapsular

ex|tra|cel|lu|lar (adj) extracellular

ex|tra|cor|po|ral (adj) extracorporal

ex|tra|cra|ni|al (adj) extracranial

Ex|tract (m) extract

Ex|trac|ti|on (f) extraction

ex|tra|du|ral (adj) extradural

ex|tra|em|bryo|nal (adj) extraembryonic

ex|tra|ery|thro|cy|tar (adj) extraerythrocytic

ex|tra|fas|ci|al (adj) extrafascial

ex|tra|ge|ni|tal (adj) extragenital

ex|tra|he|pa|tisch (adj) extrahepatic

ex|tra|hie|ren (v) extract

ex|tra|me|dul|lar (adj) extramedullary

ex|tra|mu|ral (adj) extramural

ex|tra|nu|cle|ar (adj) extranuclear

ex|tra|ocu|lar (adj) extraocular

ex|tra|oral (adj) extraoral

ex|tra|pel|vin (adj) extrapelvic

ex|tra|pe|ri|to|ne|al (adj) extraperitoneal

ex|tra|pleu|ral (adj) extrapleural

Ex|tra|po|la|ti|on (f) extrapolation

ex|tra|po|lie|ren (v) extrapolate

ex|tra|py|ra|mi|dal (adj) extrapyramidal

ex|tra|pul|mo|nal (adj) extrapulmonary

ex|tra|re|nal (adj) extrarenal

ex|tra|sen|so|risch (adj) extrasensory

Ex|tra|sy|sto|le (f) extrasystole

ex|tra|ute|rin (adj) extrauterine

ex|tra|vas|cu|lar (adj) extravascular

ex|tra|ven|tri|cu|lar (adj) extraventricular

Ex|tre|mi|tas (f) extremitas

Ex|tre|mi|tät (f) extremity

ex|trin|sisch (adj) extrinsic

Ex|tru|si|on (f) extrusion

Ex|tu|ba|ti|on (f) extubation

Fa|bel|la (f) fabella
Fa|cet|te (f) facet
Fach|ge|biet (n) specialty
Fa|ci|es (f) facies
Fa|ci|li|ta|ti|on (f) facilitation
fa|cio|pleg (adj) facioplegic
Fac|tor (m) factor
fae|cal (adj) fecal
Fae|ces (fpl) feces
fär|ben (v) dye, stain
Fär|bung (f) stain
Fäul|nis (f) rot
Fa|go|py|ris|mus (m) fagopyrism
fal|ci|form (adj) falciform
falsch-ne|ga|tiv (adj) false--negative
falsch-po|si|tiv (adj) false--positive
Fal|te (f) wrinkle
Falx (f) falx
fa|mi|li|ar (adj) familial
Fa|mi|lie (f) family
Fa|ra|di|sa|ti|on (f) faradisation
fa|ra|di|sie|ren (v) faradise
Fa|ra|do|con|trac|ti|li|tät (f) faradocontractility
Fa|ra|do|the|ra|pie (f) faradotherapy
Farb|stoff (m) dye, dyestuff, stain
Fas|cia (f) fascia
fas|ci|al (adj) fascial
fas|ci|cu|lar (adj) fascicular
Fas|ci|cu|la|ti|on (f) fasciculation
Fas|ci|cu|lus (m) fasciculus
Fas|cie (f) fascia
Fas|ci|ec|to|mie (f) fasciectomy
Fas|ci|kel (m) fascicle
Fas|cio|de|se (f) fasciodesis
Fas|cio|lia|sis (f) fascioliasis
Fas|cio|to|mie (f) fasciotomy
Fa|ser (f) fibre, fiber
Fa|sten (n) fasting
fa|sten (v) fast
Fa|sti|gi|um (n) fastigium
fau|len (v) rot
Fa|vis|mus (m) favism
Fe|bri|fu|gum (n) febrifuge
fe|bril (adj) febrile
Fe|cun|da|ti|on (f) fecundation
fe|cun|die|ren (v) fecundate
Fehl|be|hand|lung (f) malpractice
Fehl|bil|dung (f) malformation
Fehl|ent|wick|lung (f) maldevelopment
Fehl|er|näh|rung (f) malnutrition
fehl|ge|bä|ren (v) miscarry
Fehl|ge|burt (f) miscarriage
Fehl|stel|lung (f) malposition
Fel|la|tio (f) fellatio
fe|mi|nin (adj) feminine
Fe|mi|ni|sa|ti|on (f) feminisation
Fe|mi|nis|mus (m) feminism
fe|mi|ni|sie|ren (v) feminise

Fe|mo|ra (npl) femora
fe|mo|ral (adj) femoral
Fe|mur (n) femur
Fe|ne|stra (f) fenestra
Fe|ne|stra|ti|on (f) fenestration
fe|ne|strie|ren (v) fenestrate
fe|ne|striert (ppe) fenestrated
Fen|ste|rung (f) fenestration
Fer|ment (n) ferment
fer|men|ta|tiv (adj) fermentative
fer|men|tie|ren (v) ferment
Fer|ri|hae|mo|glo|bin (n) ferrihaemoglobin
Fer|ri|tin (n) ferritin
Fer|ro|che|la|ta|se (f) ferrochelatase
Fer|ro|ki|ne|tik (f) ferrokinetics
Fer|rum (n) ferrum
Fer|se (f) heel
fer|til (adj) fertile
Fer|ti|li|sa|ti|on (f) fertilisation
fer|ti|li|sie|ren (v) fertilise
Fer|ti|li|sin (n) fertilisin
Fer|ti|li|tät (f) fertility
Fe|tisch (m) fetish
Fe|ti|schis|mus (m) fetishism
Fe|ti|schist (m) fetishist
Fett (n) fat
fett (adj) fat
Fett|ge|we|be (n) adipose tissue
fett|lei|big (adj) obese
Fett|lei|big|keit (f) obesity
fett|lös|lich (adj) fat-soluble
Fett|säu|re (f) fatty acid
feucht (adj) humid, moist
Feuch|tig|keit (f) humidity
Fi|ber|scop (n) fiberscope
Fi|bra (f) fibra
Fi|bril|la (f) fibrilla
fi|bril|lar (adj) fibrillar
Fi|bril|la|ti|on (f) fibrillation
Fi|bril|le (f) fibril
fi|bril|lie|ren (v) fibrillate
Fi|bril|lo|ge|ne|se (f) fibrillogenesis
Fi|brin (n) fibrin
Fi|bri|na|se (f) fibrinase
Fi|bri|no|gen (n) fibrinogen
Fi|bri|no|ge|no|pe|nie (f) fibrinogenopenia
Fi|bri|no|id (n) fibrinoid
fi|bri|no|id (adj) fibrinoid
Fi|bri|no|ki|na|se (f) fibrinokinase
Fi|bri|no|ly|sin (n) fibrinolysin
Fi|bri|no|ly|se (f) fibrinolysis
fi|bri|no|ly|tisch (adj) fibrinolytic
Fi|bro|ade|nom (n) fibroadenoma
Fi|bro|an|gi|om (n) fibroangioma
Fi|bro|blast (m) fibroblast
Fi|bro|bla|stom (n) fibroblastoma
Fi|bro|car|ci|nom (n)

fibrocarcinoma
fi|bro|car|ti|la|gi|nos (adj) fibrocartilaginous
Fi|bro|car|ti|la|go (f) fibrocartilage
Fi|bro|chon|drom (n) fibrochondroma
Fi|bro|cy|stom (n) fibrocystoma
Fi|bro|cyt (m) fibrocyte
Fi|bro|dys|pla|sie (f) fibrodysplasia
fi|bro|ela|stisch (adj) fibroelastic
Fi|bro|ela|sto|sis (f) fibroelastosis
fi|bros (adj) fibrous
Fi|bro|li|pom (n) fibrolipoma
Fi|bro|ly|se (f) fibrolysis
Fi|brom (n) fibroma
fi|bro|ma|tos (adj) fibromatous
Fi|bro|ma|to|sis (f) fibromatosis
fi|bro|mus|cu|lar (adj) fibromuscular
Fi|bro|my|om (n) fibromyoma
Fi|bro|my|om|ec|to|mie (f) fibromyomectomy
Fi|bro|myo|si|tis (f) fibromyositis
Fi|bro|my|xom (n) fibromyxoma
Fi|bro|my|xo|sar|com (n) fibromyxosarcoma
Fi|bro|oste|om (n) fibroosteoma
Fi|bro|pla|sie (f) fibroplasia
Fi|bro|sar|com (n) fibrosarcoma
Fi|bro|sis (f) fibrosis
Fi|bro|si|tis (f) fibrositis
fi|bro|si|tisch (adj) fibrositic
Fi|bro|tho|rax (m) fibrothorax
Fi|bro|xan|thom (n) fibroxanthoma
Fi|bu|la (f) fibula
fi|bu|lar (adj) fibular
Fie|ber (n) fever
Fi|la|ment (n) filament
fi|la|men|tos (adj) filamentous
Fi|la|ria|sis (f) filariasis
fi|la|ri|cid (adj) filaricidal
Fi|la|ri|cid (n) filaricide
fi|li|al (adj) filial
fi|li|form (adj) filiform
Fil|trat (n) filtrate
Fil|ter (m) filter
fil|tern (v) filter
Fil|tra|ti|on (f) filtration
fil|trie|ren (v) filter
Fi|lum (n) filum
Fim|bria (f) fimbria
Fim|brie (f) fimbria
Find|ling (m) foundling
Fin|ger (m) finger
Fin|ger|ab|druck (m) fingerprint
Fis|sur (f) fissure
Fis|su|ra (f) fissura
Fi|stu|la (f) fistula
Fi|stul|ec|to|mie (f) fistulectomy
Fi|stu|lo|to|mie (f) fistulotomy

Fi|xa|ti|on (f) fixation
fi|xie|ren (v) fix, fixate
Fi|xie|ren (n) fixing
Fi|xier|mit|tel (n) fixative
Fla|gel|lant (m) flagellant
Fla|gel|lan|tis|mus (m) flagellantism
Fla|gel|la|ti|on (f) flagellation
Fla|gel|lum (n) flagellum
Flan|ke (f) flank
Fla|tu|lenz (f) flatulence
Fla|tus (m) flatus
Fla|vin (n) flavin
Fla|vo|ki|na|se (f) flavokinase
Fla|vo|no|id (n) flavonoid
fla|vo|no|id (adj) flavonoid
Fla|vo|pro|te|in (n) flavoprotein
flec|tie|ren (v) flex
Fleisch (n) flesh
flei|schig (adj) fleshy
fle|xi|bel (adj) flexible
Fle|xi|on (f) flexion
Fle|xor (m) flexor
Fle|xur (f) flexure
Fle|xu|ra (f) flexura
Floc|cu|la|ti|on (f) flocculation
Floc|cu|lus (m) flocculus
Floh (m) flea
Fluc|tua|ti|on (f) fluctuation
flüch|tig (adj) volatile
Flü|gel (m) wing
flüs|sig (adj) liquid
Flüs|sig|keit (f) liquid
Flu|id (n) fluid
flu|id (adj) fluid
Flu|or (n) fluorine
fluo|res|cent (adj) fluorescent
Fluo|res|cenz (f) fluorescence
fluo|res|cie|ren (v) fluoresce
fluo|ri|die|ren (v) fluoridate, fluoridise
Fluo|ri|die|rung (f) fluoridation, fluoridisation
Fluo|ro|gra|phie (f) fluorography
Fluo|ro|pho|to|me|trie (f) fluorophotometry
Fluo|ro|scop (n) fluoroscope
Fluo|ro|sco|pie (f) fluoroscopy
fluo|ro|sco|pisch (adj) fluoroscopic
Fluo|ro|sis (f) fluorosis
Fluo|ro|ura|cil (n) fluorouracil
Fluß (m) flow
Fluß|mes|ser (m) flowmeter
Flux (m) flux
fo|cal (adj) focal
Fo|cus (m) focus
fo|cus|sie|ren (v) focus
foe|tal (adj) foetal
Foe|ti|cid (m) foeticide
Foe|to|gra|phie (f) foetography
Foe|to|me|trie (f) foetometry
Foe|tus (m) foetus
Fo|lat (n) folate
fol|li|cu|lar (adj) follicular
Fol|li|cu|li (mpl) folliculi
Fol|li|cu|li|tis (f) folliculitis

Fol|li|cu|lom (n) folliculoma
Fol|li|cu|lo|sis (f) folliculosis
Fol|li|cu|lus (m) folliculus
Fol|li|kel (m) follicle
fol|li|kel-sti|mu|lie|rend (ppr) follicle-stimulating
Fol|säu|re (f) folic acid
Form|al|de|hyd (m) formaldehyde
Fo|men|ta|ti|on (f) fomentation
Fon|ta|nel|le (f) fontanel, fontanelle
Fon|ti|cu|lus (m) fonticulus
Fo|ra|men (n) foramen
Fo|ra|mi|na (npl) foramina
Fo|ra|mi|no|to|mie (f) foraminotomy
Fo|ra|mi|nu|lum (n) foraminulum
For|ceps (m/f) forceps
fo|ren|sisch (adj) forensic
For|mel (f) formula
For|mi|ca|ti|on (f) formication
Form|imi|no|trans|fe|ra|se (f) formiminotransferase
For|myl (n) formyl
For|nix (m) fornix
Fort|satz (m) process
Fos|sa (f) fossa
Fos|su|la (f) fossula
Fo|vea (f) fovea
fo|ve|al (adj) foveal
Fo|ve|ola (f) foveola
fo|ve|olar (adj) foveolar
Frac|tur (f) fracture
Fra|gi|li|tät (f) fragility
Fra|gi|li|tas (f) fragilitas
frag|men|tie|ren (v) fragment
frag|men|tiert (ppe) fragmented
Frag|men|tie|rung (f) fragmentation
Fram|bö|sie (f) frambesia
Frau (f) woman, female
Frei|heits|grad (m) degree of freedom
fremd (adj) foreign
Fremd|kör|per (m) foreign body
Fremd|kör|per-Rie|sen|cel|le (f) foreign-body giant-cell
Fre|nu|lum (n) frenulum
Fre|quenz (f) frequency
Freu|dia|ner (m) Freudian
Freudsch (adj) Freudian
Fric|ti|on (f) friction
Fri|gi|di|tät (f) frigidity
Frö|steln (n) chill
Frons (f) frons
fron|tal (adj) frontal
Frosch (m) frog
Frosch|bauch (m) frog-belly
Frot|ta|ge (f) frottage
Frucht (f) fruit
frucht|bar (adj) fertile
Frucht|bar|keit (f) fertility
Fruc|to|ki|na|se (f) fructokinase
Fruc|to|se (f) fructose
Fruc|tos|urie (f) fructosuria
Fru|stra|ti|on (f) frustration
fru|strie|ren (v) frustrate

Fuch|sin (n) fuchsin
fuch|si|no|phil (adj) fuchsinophil
Fu|co|se (f) fucose
Fu|co|si|da|se (f) fucosidase
Fu|co|si|do|sis (f) fucosidosis
Ful|gu|ra|ti|on (f) fulguration
Fu|ma|ra|se (f) fumarase
Fu|ma|rat (n) fumarate
Fu|mar|säu|re (f) fumaric acid
Fu|mi|ga|ti|on (f) fumigation
Func|ti|on (f) function
func|tio|nell (adj) functional
Fund|ec|to|mie (f) fundectomy
Fun|do|pli|ca|ti|on (f) fundoplication
Fun|do|sco|pie (f) fundoscopy
fun|do|sco|pisch (adj) fundoscopic
Fun|dus (m) fundus
Fun|du|scop (n) funduscope
Fun|du|sco|pie (f) funduscopy
fun|du|sco|pisch (adj) funduscopic
Fung|ae|mie (f) fungaemia
fun|gi|cid (adj) fungicidal
Fun|gi|cid (n) fungicide
fun|gi|form (adj) fungiform
Fun|gi|sta|sis (f) fungistasis
fun|gi|sta|tisch (adj) fungistatic
fun|go|id (adj) fungoid
fun|gos (adj) fungous
Fun|gus (m) fungus
fu|ni|cu|lar (adj) funicular
Fu|ni|cu|li (mpl) funiculi
Fu|ni|cu|li|tis (f) funiculitis
Fu|ni|cu|lus (m) funiculus
Fu|ran (n) furan, furane
Fu|ra|no|se (f) furanose
Fur|fu|ran (n) furfuran, furfurane
Fu|ror (m) furor
fu|run|cu|lar (adj) furuncular
Fu|run|cu|li (mpl) furunculi
Fu|run|cu|lo|sis (f) furunculosis
Fu|run|cu|lus (m) furunculus
Fu|run|kel (m) furuncle
fu|si|form (adj) fusiform
fu|si|mo|to|risch (adj) fusimotor
Fu|si|on (f) fusion
Fu|so|bac|te|ria (npl) fusobacteria
Fu|so|bac|te|ri|um (n) fusobacterium
fu|so|spi|ro|chae|tal (adj) fusospirochaetal
Fu|so|spi|ro|chae|to|se (f) fusospirochaetosis
Fuß (m) foot
Fuß|ab|druck (m) footprint
Fuß|knö|chel (m) ankle
Ga|do|li|ni|um (n) gadolinium
gäh|nen (v) yawn
Gäh|nen (n) yawning
gäh|nend (ppr) yawning
Gän|se|haut (f) gooseflesh
Ga|lact|ae|mie (f) galactaemia
Ga|lact|ago|gum (n) galactagogue

Ga|lac|tan (n) galactan
Ga|lac|ta|se (f) galactase
Ga|lact|hi|dro|se (f) galacthidrosis
Ga|lac|to|ce|le (f) galactocele
Ga|lac|to|fla|vin (n) galactoflavin
Ga|lac|to|gramm (n) galactogram
Ga|lac|to|gra|phie (f) galactography
Ga|lac|to|ki|na|se (f) galactokinase
Ga|lac|to|li|pid (n) galactolipid
ga|lac|to|poi|etisch (adj) galactopoietic
Ga|lac|to|poi|ese (f) galactopoiesis
Ga|lac|to|py|ra|no|se (f) galactopyranose
Ga|lac|tos|ae|mie (f) galactosaemia
Ga|lac|tos|amin (n) galactosamine
Ga|lac|to|se (f) galactose
Ga|lac|to|sid (n) galactoside
Ga|lac|to|si|da|se (f) galactosidase
Ga|lac|to|sta|se (f) galactostasis
Ga|lac|tos|urie (f) galactosuria
Ga|lac|to|the|ra|pie (f) galactotherapy
Ga|lact|urie (f) galacturia
Ga|le|ni|cum (n) galenical
ga|le|nisch (adj) galenic, galenical
Gal|le (f) bile
Gal|len|bla|se (f) gallbladder
Gal|len|gang (m) bile duct
Gal|len|stein (m) gallstone
Gal|li|um (n) gallium
Gal|lo|ne (f) gallon
Gal|va|ni|sa|ti|on (f) galvanisation
gal|va|nisch (adj) galvanic
gal|va|ni|sie|ren (v) galvanise
Gal|va|no|ta|xis (f) galvanotaxis
Gal|va|no|the|ra|pie (f) galvanotherapy
Gal|va|no|tro|pis|mus (m) galvanotropism
Ga|met (m) gamete
Ga|me|to|cyt (m) gametocyte
Ga|me|to|ge|ne|se (f) gametogenesis
Ga|me|to|go|nie (f) gametogony
Gam|ma|cis|mus (m) gammacism
Gam|ma-Ket|te (f) gamma chain
Gam|mo|pa|thie (f) gammopathy
Ga|mon (n) gamone
Gang (m) duct
Gan|glia (npl) ganglia
Gan|gli|ec|to|mie (f) gangliectomy
Gan|gli|en (npl) ganglia
gan|gli|form (adj) gangliform
Gan|gli|itis (f) gangliitis

Gan|glio|blast (m) ganglioblast
Gan|glio|cyt (m) gangliocyte
Gan|glio|cy|tom (n) gangliocytoma
Gan|glio|cy|to|neu|rom (n) gangliocytoneuroma
gan|glio|form (adj) ganglioform
Gan|gli|om (n) ganglioma
Gan|gli|on (n) ganglion
Gan|gli|on|ec|to|mie (f) ganglionectomy
Gan|glio|neu|ro|bla|stom (n) ganglioneuroblastoma
Gan|glio|neu|ro|cy|tom (n) ganglioneurocytoma
Gan|glio|neu|rom (n) ganglioneuroma
gan|glio|niert (ppe) ganglionated
Gan|glio|ni|tis (f) ganglionitis
Gan|glio|sid (n) ganglioside
Gan|glio|si|do|se (f) gangliosidosis
Gan|graen (n) gangrene
gan|grae|nos (adj) gangrenous
Gas (n) gas
Ga|stral|gie (f) gastralgia
Ga|stral|go|ke|no|se (f) gastralgokenosis
Ga|strec|ta|sie (f) gastrectasia
Ga|strec|to|mie (f) gastrectomy
Ga|strin (n) gastrin
ga|strisch (adj) gastric
Ga|stri|tis (f) gastritis
Ga|stro|ana|sto|mo|se (f) gastroanastomosis
Ga|stro|ce|le (f) gastrocele
Ga|stro|cne|mi|us (m) gastrocnemius
ga|stro|co|lisch (adj) gastrocolic
Ga|stro|co|lo|to|mie (f) gastrocolotomy
ga|stro|duo|de|nal (adj) gastroduodenal
Ga|stro|duo|de|ni|tis (f) gastroduodenitis
Ga|stro|duo|de|no|sto|mie (f) gastroduodenostomy
ga|stro|en|te|ral (adj) gastroenteral
Ga|stro|en|ter|al|gie (f) gastroenteralgia
Ga|stro|en|te|ri|tis (f) gastroenteritis
ga|stro|en|te|ri|tisch (adj) gastroenteritic
Ga|stro|en|te|ro|ana|sto|mo|se (f) gastroenteroanastomosis
Ga|stro|en|te|ro|lo|ge (m) gastroenterologist
Ga|stro|en|te|ro|lo|gie (f) gastroenterology
Ga|stro|en|te|ro|pa|thie (f) gastroenteropathy
Ga|stro|en|te|ro|pto|se (f) gastroenteroptosis
Ga|stro|en|te|ro|sto|mie (f) gastroenterostomy
ga|stro|epi|plo|isch (adj)

gastroepiploic
Ga|stro|ga|stro|sto|mie (f) gastrogastrostomy
ga|stro|gen (adj) gastrogenic
ga|stro|he|pa|tisch (adj) gastrohepatic
ga|stro|in|te|sti|nal (adj) gastrointestinal
ga|stro|je|ju|nal (adj) gastrojejunal
Ga|stro|je|ju|ni|tis (f) gastrojejunitis
Ga|stro|je|ju|no|sto|mie (f) gastrojejunostomy
ga|stro|lie|nal (adj) gastrolienal
Ga|stro|lith (m) gastrolith
Ga|stro|li|thia|se (f) gastrolithiasis
Ga|stro|lo|gie (f) gastrology
Ga|stro|ly|se (f) gastrolysis
Ga|stro|ma|la|cie (f) gastromalacia
Ga|stro|me|ga|lie (f) gastromegaly
Ga|stro|my|co|se (f) gastromycosis
Ga|stro|myo|to|mie (f) gastromyotomy
ga|stro|oe|so|pha|ge|al (adj) gastro-oesophageal
Ga|stro|oe|so|pha|gi|tis (f) gastro-oesophagitis
Ga|stro|oe|so|pha|go|pla|stik (f) gastro-oesophagoplasty
ga|stro|pan|crea|tisch (adj) gastropancreatic
Ga|stro|pa|thie (f) gastropathy
Ga|stro|pe|xie (f) gastropexy
ga|stro|phre|nisch (adj) gastrophrenic
Ga|stro|pla|stik (f) gastroplasty
Ga|stro|pli|ca|ti|on (f) gastroplication
Ga|stro|pto|se (f) gastroptosis
Ga|stro|py|lor|ec|to|mie (f) gastropylorectomy
Ga|stror|rha|gie (f) gastrorrhagia
Ga|stror|rha|phie (f) gastrorrhaphy
Ga|stro|schi|sis (f) gastroschisis
Ga|stro|scop (n) gastroscope
Ga|stro|sco|pie (f) gastroscopy
Ga|stro|spas|mus (m) gastrospasm
ga|stro|sple|nisch (adj) gastrosplenic
Ga|stro|sta|xis (f) gastrostaxis
Ga|stro|sto|mie (f) gastrostomy
Ga|stro|suc|cor|rhoe (f) gastrosuccorrhoea
Ga|stro|to|mie (f) gastrotomy
Ga|stru|la (f) gastrula
Ga|stru|la|ti|on (f) gastrulation
Gau|men (m) palate
Ga|ze (f) gauze
Gebär|mut|ter (f) uterus

Ge|biß (n) denture
ge|bo|ren (ppe) born
Ge|burt (f) birth
Ge|burts|hil|fe (f) (ärztlich) obstetrics, (durch Hebammen) midwifery
ge|chlort (ppe) chlorinated
Ge|dächt|nis (n) memory
Ge|fäß (n) vessel
ge|fen|stert (ppe) fenestrated
ge|fühl|los (adj) numb
Ge|fühl|lo|sig|keit (f) numbness
Ge|gen|gift (n) counterpoison
Ge|gen|wir|kung (f) counteraction
Ge|hirn (n) brain
Ge|hirn|wä|sche (f) brainwashing
Ge|hör (n) hearing
Geist (m) mind
gei|stes|krank (adj) mentally ill
Gei|stes|krank|heit (f) mental illness
gei|stig (adj) mental
Gel (n) gel
Ge|la|ti|ne (f) gelatin
ge|la|ti|nie|ren (v) gelatinise
ge|la|ti|nos (adj) gelatinous
Ge|la|ti|on (f) gelation
Gelb|sucht (f) jaundice
Geld|rol|len|bil|dung (f) nummulation
Ge|lenk (n) joint
ge|lie|ren (v) gelate
ge|liert (ppe) gelated
Ge|lie|rung (f) gelating
Ge|lo|ple|gie (f) geloplegia
Ge|lo|se (f) gelose
Ge|lo|sis (f) gelosis
Ge|lo|to|lep|sie (f) gelotolepsy
Ge|mel|lus (m) gemellus
Ge|misch (n) mixture
Gen (n) gene
Ge|ne|ra|li|sa|ti|on (f) generalisation
ge|ne|ra|li|sie|ren (v) generalise
ge|ne|risch (adj) generic
Ge|ne|se (f) genesis
Ge|ne|sung (f) recuperation
Ge|ne|tik (f) genetics
Ge|ne|ti|ker (m) geneticist
ge|ne|tisch (adj) genetic
Ge|ni|cu|lum (n) geniculum
ge|ni|tal (adj) genital
Ge|ni|ta|le (n) genital
Ge|ni|ta|lia (npl) genitalia
Ge|ni|ta|li|en (npl) genitals
Ge|nio|glos|sus (m) genioglossus
Ge|nio|hyo|glos|sus (m) geniohyoglossus
Ge|nio|hyo|ide|us (m) geniohyoid
Ge|no|der|ma|to|se (f) genodermatosis
Ge|nom (n) genom, genome
Ge|no|typ (m) genotype
ge|no|ty|pisch (adj) genotypic, genotypical

Ge|nu (n) genu
Ge|nus (n) genus
Geo|me|di|cin (f) geomedicine
geo|me|di|ci|nisch (adj) geomedical
Geo|pha|gie (f) geophagy
Geo|pha|gis|mus (m) geophagism
Geo|tri|cho|se (f) geotrichosis
Geo|tro|pis|mus (m) geotropism
Ge|phy|ro|pho|bie (f) gephyrophobia
Ge|ra|to|lo|gie (f) geratology
Ger|ia|ter (m) geriatrician, geriatrist
Ger|ia|trie (f) geriatrics
ger|ia|trisch (adj) geriatric
Ge|richts|me|di|cin (f) legal medicine
ge|rin|nen (v) clot
Ge|rinn|sel (n) clot
Ge|rin|nung (f) clotting
ger|mi|cid (adj) germicidal
Ger|mi|cid (n) germicide
ger|mi|nal (adj) germinal
Ger|mi|na|ti|on (f) germination
ger|mi|na|tiv (adj) germinative
Ger|mi|nom (n) germinoma
Ge|ro|co|mie (f) gerocomy
Ge|ro|der|ma (n) geroderma
Ge|ro|ma|ras|mus (m) geromarasmus
Ge|ron|to|lo|gie (f) gerontology
Ge|säß (n) buttocks
Ge|säß|hälf|te (f) buttock
ge|sät|tigt (ppe) saturated
ge|säugt (ppe) breast-fed
Ge|schlecht (n) gender, sex
Ge|schlechts|ver|kehr (m) sexual intercourse
Ge|schmack (m) taste
Ge|schwin|dig|keit (f) velocity, rate
Ge|schwi|ster (mpl) siblings
Ge|schwür (n) ulcer
Ge|schwulst (f) growth
Ge|sicht (n) face
Ge|sichts|haut-Straf|fung (f) face-lift
Ge|sichts|sinn (m) sight
Ge|sta|ti|on (f) gestation
Ge|sto|se (f) gestosis
ge|streift (ppe) striated
ge|sund (adj) healthy
Ge|sund|heit (f) health
Ge|we|be (n) tissue
ge|we|be|un|ver|träg|lich (adj) histoincompatible
Ge|we|be|un|ver|träg|lich|keit (f) histoincompatibility
ge|we|big (adj) tissular
Ge|wicht (n) weight
Ge|wis|sen (n) conscience
Ge|würz (n) spice
ge|wun|den (ppe) convoluted
ge|zähnt (ppe) toothed
Gift (n) poison, venom
gif|tig (adj) poisonous, venomous, noxious
Gi|gan|tis|mus (m) gigantism

Gi|gan|to|blast (m) giganto-blast

gi|gan|to|cel|lu|lar (adj) gigantocellular

Gi|gan|to|chro|mo|blast (m) gigantochromoblast

Gi|gan|to|cyt (m) gigantocyte

Gin|gi|va (f) gingiva

Gin|giv|ec|to|mie (f) gingivectomy

Gin|gi|vi|tis (f) gingivitis

Gin|gi|vo|sto|ma|ti|tis (f) gingivostomatitis

Gin|gly|mus (m) ginglymus

Gla|bel|la (f) glabella

Glan|du|la (f) glandula

Glans (f) glans

glatt (adj) smooth

Glau|com (n) glaucoma

glau|co|ma|tos (adj) glaucomatous

Gleich|ge|wicht (n) equilibrium, balance

Glei|chung (f) equation

Glia (f) glia

Glia|cyt (m) gliacyte

gli|al (adj) glial

Glied|ma|ße (f) limb

Glio|bla|stom (n) glioblastoma

Glio|car|ci|nom (n) gliocarcinoma

Glio|fi|bro|sar|com (n) gliofibrosarcoma

glio|gen (adj) gliogenous

Gli|om (n) glioma

glio|ma|tos (adj) gliomatous

Glio|ma|to|se (f) gliomatosis

Glio|neu|ro|bla|stom (n) glioneuroblastoma

Glio|neu|rom (n) glioneuroma

Glio|sar|com (n) gliosarcoma

Glio|se (f) gliosis

Glio|som (n) gliosoma

Glo|bin (n) globin

glo|bu|lar (adj) globular

glo|bu|li|cid (adj) globulicidal

Glo|bu|li|cid (n) globulicide

Glo|bu|lin (n) globulin

Glo|bu|lin|urie (f) globulinuria

Glom|an|gi|om (n) glomangioma

Glo|me|ra (npl) glomera

glo|me|ru|lar (adj) glomerular

Glo|me|ru|li (mpl) glomeruli

Glo|me|ru|li|tis (f) glomerulitis

Glo|me|ru|lo|ne|phri|tis (f) glomerulonephritis

Glo|me|ru|lo|scle|ro|se (f) glomerulosclerosis

Glo|me|ru|lus (m) glomerulus

Glo|mus (n) glomus

Gloss|al|gie (f) glossalgia

Gloss|an|thrax (m) glossanthrax

Gloss|ec|to|mie (f) glossectomy

Glos|si|tis (f) glossitis

Glos|so|ce|le (f) glossocele

Gloss|ody|nie (f) glossodynia

glos|so|la|bi|al (adj) glossolabial

glos|so|la|bio|pha|ryn|ge|al (adj) glossolabiopharyngeal
Glos|so|la|lie (f) glossolalia
Glos|so|lo|gie (f) glossology
Glos|so|pa|thie (f) glossopathy
Glos|so|pha|ryn|ge|us (m) glossopharyngeus
Glos|so|ple|gie (f) glossoplegia
Glos|so|pto|se (f) glossoptosis
Glos|so|spas|mus (m) glossospasm
Glos|so|to|mie (f) glossotomy
Glos|so|tri|chie (f) glossotrichia
Glot|tis (f) glottis
Glu|ca|gon (n) glucagon
Glu|ca|go|nom (n) glucagonoma
Glu|ca|se (f) glucase
Glu|co|cor|ti|co|id (n) glucocorticoid
Glu|co|fu|ra|no|se (f) glucofuranose
Glu|co|ki|na|se (f) glucokinase
Glu|co|ki|nin (n) glucokinin
Glu|co|ly|se (f) glucolysis
Glu|con|säu|re (f) gluconic acid
Glu|co|neo|ge|ne|se (f) gluconeogenesis
Glu|co|no|ki|na|se (f) gluconokinase
Glu|co|no|lac|ton (n) gluconolactone
Glu|co|pro|te|in (n) glucoprotein
Glu|co|py|ra|no|se (f) glucopyranose
Glu|cos|amin (n) glucosamine
Glu|co|se (f) glucose
Glu|co|sid (n) glucoside
Glu|co|si|da|se (f) glucosidase
Glu|co|sphin|go|sid (n) glucosphingoside
Glu|cos|urie (f) glucosuria
glu|tae|al (adj) glutaeal
Glu|ta|mat (n) glutamate
Glu|ta|min (n) glutamine
Glu|ta|mi|na|se (f) glutaminase
Glu|tar|säu|re (f) glutaric acid
Glu|ten (n) gluten
Glu|te|nin (n) glutenin
Gly|cer|al|de|hyd (m) glyceraldehyde
Gly|ce|rid (n) glyceride
Gly|ce|ri|da|se (f) glyceridase
Gly|ce|rin (n) glycerine
Gly|ce|rol (n) glycerol
Gly|ce|ro|phos|pha|ta|se (f) glycerophosphatase
Gly|cin (n) glycine
Gly|cin|urie (f) glycinuria
Gly|co|ca|lyx (m) glycocalyx
Gly|co|coll (n) glycocoll
Gly|co|gen (n) glycogen
gly|co|gen (adj) glycogenic
Gly|co|ge|na|se (f) glycogenase
Gly|co|ge|ne|se (f) glycogenesis
gly|co|ge|ne|tisch (adj)

glycogenetic
Gly|co|ge|nie (f) glycogeny
Gly|co|ge|no|ly|se (f) glycogenolysis
gly|co|ge|no|ly|tisch (adj) glycogenolytic
Gly|co|ge|no|se (f) glycogenosis
Gly|co|hae|mie (f) glycohaemia
Gly|co|li|pid (n) glycolipid
Gly|co|ly|se (f) glycolysis
gly|co|ly|tisch (adj) glycolytic
Gly|co|pe|xis (f) glycopexis
Gly|co|phi|lie (f) glycophilia
Gly|co|pro|te|in (n) glycoprotein
Gly|co|sid (n) glycoside
gly|co|si|dal (adj) glycosidal
gly|co|si|disch (adj) glycosidic
Gly|co|sphin|go|li|pid (n) glycosphingolipid
Gly|co|sphin|go|sid (n) glycosphingoside
Gly|cos|urie (f) glycosuria
gly|co|trop (adj) glycotropic
Gly|cyl (n) glycyl
Glyk|ae|mie (f) glycaemia
Gnath|al|gie (f) gnathalgia
Gna|tho|ce|pha|lus (m) gnathocephalus
Gnath|ody|nie (f) gnathodynia
Gna|tho|lo|gie (f) gnathology
Gna|tho|pa|la|to|schi|sis (f) gnathopalatoschisis
Gna|tho|pla|stik (f) gnathoplasty
Gna|tho|schi|sis (f) gnathoschisis
Gna|tho|sto|mia|se (f) gnathostomiasis
Gno|to|bio|tik (f) gnotobiotics
go|na|dal (adj) gonadal
Go|na|de (f) gonad
Go|nad|ec|to|mie (f) gonadectomy
Go|na|do|bla|stom (n) gonadoblastoma
go|na|do|trop (adj) gonadotropic
Go|na|do|tro|phin (n) gonadotrophin
Go|na|do|tro|pin (n) gonadotropin
Gon|agra (n) gonagra
Gon|al|gie (f) gonalgia
Gon|ar|thri|tis (f) gonarthritis
Go|ne|cy|stis (f) gonecystis
Go|ne|cy|sti|tis (f) gonecystitis
Go|ne|cy|sto|lith (m) gonecystolith
Go|nio|me|ter (n) goniometer
Go|ni|on (n) gonion
Go|nio|scop (n) gonioscope
Go|nio|sco|pie (f) gonioscopy
Go|nio|to|mie (f) goniotomy
Go|ni|tis (f) gonitis
Go|no|cocc|ae|mie (f) gonococcaemia
Go|no|coc|ci (mpl) gonococci
Go|no|coc|cus (m) gonococcus

Go|no|cyt (m) gonocyte
Go|no|cy|tom (n) gonocytoma
Go|nor|rhoe (f) gonorrhoea
Graafsch (adj) graafian
Grad (m) degree
Grad (m) Fah|ren|heit degree Fahrenheit
Gra|di|ent (m) gradient
gram-ne|ga|tiv (adj) gram-negative
gram-po|si|tiv (adj) gram-positive
Gra|nu|la (npl) granula
gra|nu|lar (adj) granular
Gra|nu|la|ti|on (f) granulation
gra|nu|lie|ren (v) granulate
gra|nu|liert (ppe) granulated
Gra|nu|lo|cyt (m) granulocyte
gra|nu|lo|cy|tar (adj) granulocytic
Gra|nu|lo|cy|to|pe|nie (f) granulocytopenia
Gra|nu|lo|cy|to|poie|se (f) granulocytopoiesis
gra|nu|lo|cy|to|poie|tisch (adj) granulocytopoietic
Gra|nu|lo|fi|lo|cyt (m) granulofil
Gra|nu|lom (n) granuloma
gra|nu|lo|ma|tos (adj) granulomatous
Gra|nu|lo|ma|to|se (f) granulomatosis
Gra|nu|lo|mer (n) granulomere
Gra|nu|lo|pe|nie (f) granulopenia
Gra|nu|lo|plas|ma (n) granuloplasm
Gra|nu|lo|poie|se (f) granulopoiesis
gra|nu|lo|poie|tisch (adj) granulopoietic
Gra|nu|lo|se (f) granulosis
Gra|nu|lum (n) granulum
Graph|aes|the|sie (f) graphaesthesia
Graph|an|aes|the|sie (f) graphanaesthesia
Gra|pho|lo|gie (f) graphology
Gra|pho|ma|ner (m) grapho-maniac
Gra|pho|ma|nie (f) grapho-mania
gra|pho|mo|to|risch (adj) graphomotor
Gra|pho|pho|bie (f) graphophobia
Gra|phor|rhoe (f) graphorrhoea
gra|vid (adj) gravid
Gra|vi|da (f) gravida
Gra|vi|di|tät (f) gravidity
Grenz|fall (m) borderline case
Grenz|flä|che (f) interface
Grip|pe (f) influenza
Gry|po|se (f) gryposis
Gua|nin (n) guanine
Gua|no|sin (n) guanosine
Gu|ber|na|cu|lum (n) gubernaculum
Gür|tel|li|nie (f) waistline
Gum|ma (n) gumma
Gu|sta|ti|on (f) gustation

gu|sta|to|risch (adj) gustatory
gu|sta|to|risch-la|cri|mal (adj) gustatory-lacrimal
gu|sto|la|cri|mal (adj) gustolacrimal
gut|ar|tig (adj) benign
gut|tu|ral (adj) guttural
Gym|no|pho|bie (f) gymnophobia
Gy|nae|co|gra|phie (f) gynaecography
gy|nae|co|id (adj) gynaecoid
Gy|nae|co|lo|ge (m) gynaecologist
Gy|nae|co|lo|gie (f) gynaecology
gy|nae|co|lo|gisch (adj) gynaecological
Gy|nae|co|ma|stie (f) gynaecomastia
Gy|nae|co|pa|thie (f) gynaecopathy
Gy|nae|co|pho|bie (f) gynaecophobia
Gy|nae|pho|bie (f) gynaephobia
Gyn|an|drie (f) gynandry
Gyn|an|dris|mus (m) gynandrism
Gyn|an|dro|bla|stom (n) gynandroblastoma
gyn|an|dro|morph (adj) gynandromorphic
Gyn|an|dro|mor|phie (f) gynandromorphy
Gyn|an|dro|mor|phis|mus (m) gynandromorphism
Gyn|an|thro|pus (m) gynanthropus
Gyn|atre|sie (f) gynatresia
Gy|no|ga|mon (n) gynogamone
Gyr|ec|to|mie (f) gyrectomy
gyr|en|ce|phal (adj) gyrencephalic
Gy|ri (mpl) gyri
Gy|rus (m) gyrus
Haar (n) hair
Ha|be|nu|la (f) habenula
Ha|bi|tat (n) habitat
Ha|bi|tua|ti|on (f) habituation
ha|bi|tu|ell (adj) habitual
Ha|bi|tus (m) habitus
Ha|bro|ne|mia|se (f) habronemiasis
Haem (n) haem
Haem|ag|glu|ti|na|ti|on (f) haemagglutination
Haem|ag|glu|ti|nin (n) haemagglutinin
Haem|ana|ly|se (f) haemanalysis
Haem|an|gi|ec|ta|sie (f) haemangiectasis
haem|an|gi|ec|ta|tisch (adj) haemangiectatic
Haem|an|gio|en|do|the|li|om (n) haemangioendothelioma
Haem|an|gi|om (n) haemangioma
haem|an|gio|ma|tos (adj) haemangiomatous
Haem|an|gio|pe|ri|cy|tom (n)

haemangiopericytoma
Haem|an|gio|sar|com (n) haemangiosarcoma
Haem|ar|thro|se (f) haemarthrosis
Hae|mat|eme|sis (f) haematemesis
Hae|ma|tin (n) haematin
Hae|ma|tin|ae|mie (f) haematinaemia
Hae|ma|ti|no|me|ter (n) haematinometer
Hae|ma|tin|urie (f) haematinuria
hae|ma|tisch (adj) haematic
Hae|ma|to|bi|lie (f) haematobilia
Hae|ma|to|blast (m) haematoblast
Hae|ma|to|ce|le (f) haematocele
Hae|ma|to|che|zie (f) haematochezia
Hae|ma|to|chyl|urie (f) haematochyluria
Hae|ma|to|col|pos (m) haematocolpos
Hae|ma|to|crit (m) haematocrit
Hae|ma|to|crit-Röhr|chen (n) haematocrit tube
Hae|ma|to|crit-Wert (m) haematocrit reading
Hae|ma|to|cy|ste (f) haematocyst
Hae|ma|to|cyt (m) haematocyte
Hae|ma|to|cy|to|ly|se (f) haematocytolysis
Hae|ma|to|dys|cra|sie (f) haematodyscrasia
hae|ma|to|gen (adj) haematogenic, haematogenous
Hae|ma|to|ge|ne|se (f) haematogenesis
Hae|ma|to|glo|bin (n) haematoglobin
hae|ma|to|id (adj) haematoid
Hae|ma|to|lo|ge (m) haematologist
Hae|ma|to|lo|gie (f) haematology
hae|ma|to|lo|gisch (adj) haematologic
Hae|ma|tom (n) haematoma
Hae|ma|to|mye|lie (f) haematomyelia
Hae|ma|to|mye|li|tis (f) haematomyelitis
hae|ma|to|phag (adj) haematophagous
Hae|ma|to|pha|ge (m) haematophage
Hae|ma|to|phi|lie (f) haematophilia
Hae|ma|to|pho|bie (f) haematophobia
Hae|ma|to|phyt (m) haematophyte
Hae|ma|to|poie|se (f) haematopoiesis
hae|ma|to|poie|tisch (adj) haematopoietic
Hae|ma|tor|rha|chis (f) haematorrhachis

Hae|ma|tor|rhoe (f) haematorrhoea
Hae|ma|to|sal|pinx (f) haematosalpinx
Hae|ma|to|si|pho|nia|se (f) haematosiphoniasis
Hae|ma|to|sis (f) haematosis
Hae|ma|to|spec|tro|scop (n) haematospectroscope
Hae|ma|to|spec|tro|sco|pie (f) haematospectroscopy
Hae|ma|to|sper|ma|to|ce|le (f) haematospermatocele
hae|ma|to|sta|tisch (adj) haematostatic
Hae|ma|to|the|ra|pie (f) haematotherapy
hae|ma|to|therm (adj) haematothermous
Hae|ma|to|tho|rax (m) haematothorax
Hae|ma|to|to|xi|ci|tät (f) haematotoxicity
Hae|ma|to|to|xi|co|se (f) haematotoxicosis
hae|ma|to|to|xisch (adj) haematotoxic
Hae|ma|to|tym|pa|num (n) haematotympanum
Hae|ma|to|xy|lin (n) haematoxylin
hae|ma|to|xy|li|no|phil (adj) haematoxylinophilic
Hae|ma|to|zoa (npl) haematozoa
hae|ma|to|zo|isch (adj)
Hae|ma|to|zo|on (n) haematozoon
Hae|mat|urie (f) haematuria
Hae|mo|blast (m) haemoblast
hae|mo|bla|stisch (adj) haemoblastic
Hae|mo|chrom (n) haemochrome
Hae|mo|chro|ma|to|se (f) haemochromatosis
hae|mo|chro|ma|to|tisch (adj) haemochromatotic
Hae|mo|chro|mo|gen (n) haemochromogen
Hae|mo|chro|mo|me|ter (n) haemochromometer
Hae|mo|co|agu|la|ti|on (f) haemocoagulation
Hae|mo|co|agu|lin (n) haemocoagulin
Hae|mo|con|cen|tra|ti|on (f) haemoconcentration
Hae|mo|co|nia (npl) haemoconia
Hae|mo|co|nie (f) haemoconium
Hae|mo|co|ni|en (fpl) haemoconia
Hae|mo|co|ni|um (n) haemoconium
Hae|mo|co|nio|se (f) haemoconiosis
Hae|mo|cryo|sco|pie (f) haemocryoscopy
Hae|mo|cu|pre|in (n) haemocuprein
Hae|mo|cya|nin (n) haemocyanin

Hae|mo|cyt (m) haemocyte
Hae|mo|cy|to|blast (m) haemocytoblast
hae|mo|cy|to|bla|stisch (adj) haemocytoblastic
Hae|mo|cy|to|bla|stom (n) haemocytoblastoma
Hae|mo|cy|to|ge|ne|se (f) haemocytogenesis
Hae|mo|cy|to|ly|se (f) haemocytolysis
Hae|mo|cy|to|me|ter (n) haemocytometer
Hae|mo|cy|to|poie|se (f) haemocytopoiesis
Hae|mo|cy|to|zoa (npl) haemocytozoa
Hae|mo|cy|to|zo|on (n) haemocytozoon
Hae|mo|dia|gno|se (f) haemodiagnosis
Hae|mo|di|lu|ti|on (f) haemodilution
Hae|mo|dro|mo|graph (m) haemodromograph
Hae|mo|dro|mo|me|ter (n) haemodromometer
Hae|mo|dro|mo|me|trie (f) haemodromometry
Hae|mo|dia|ly|se (f) haemodialysis
Hae|mo|dy|na|mik (f) haemodynamics
hae|mo|dy|na|misch (adj) haemodynamic
Hae|mo|dy|na|mo|me|ter (n) haemodynamometer
Hae|mo|dy|na|mo|me|trie (f) haemodynamometry
Hae|mo|fla|gel|lat (m) haemoflagellate
Hae|mo|fus|cin (n) haemofuscin
hae|mo|gen (adj) haemogenic
Hae|mo|ge|ne|se (f) haemogenesis
hae|mo|gen-hae|mo|ly|tisch (adj) haemogenic-haemolytic
Hae|mo|glo|bin (n) haemo-globin
Hae|mo|glo|bin|ae|mie (f) haemoglobinaemia
Hae|mo|glo|bin-Be|stim|mung (f) haemoglobin determination
Hae|mo|glo|bi|no|me|ter (n) haemoglobinometer
Hae|mo|glo|bi|no|me|trie (f) haemoglobinometry
hae|mo|glo|bi|no|me|trisch (adj) haemoglobinometric
Hae|mo|glo|bi|no|pa|thie (f) haemoglobinopathy
Hae|mo|glo|bin|urie (f) haemoglobinuria
hae|mo|glo|bin|urisch (adj) haemoglobinuric
Hae|mo|gramm (n) haemogram
Hae|mo|hi|stio|blast (m) haemohistioblast
Hae|mo|lith (m) haemolith
Hae|mo|lym|phe (f) haemolymph
Hae|mo|ly|sat (n) haemolysate

Hae|mo|ly|sa|ti|on (f) haemolysation

hae|mo|ly|sie|ren (v) haemolyse

Hae|mo|ly|sin (n) haemolysin

hae|mo|ly|tisch (adj) haemolytic

hae|mo|ly|tisch-ur|ae|misch (adj) haemolytic-uraemic

Hae|mo|pa|thie (f) haemopathy

Hae|mo|pa|tho|lo|gie (f) haemopathology

Hae|mo|pe|ri|card (n) haemopericardium

Hae|mo|pha|ge (m) haemophage

hae|mo|phil (adj) haemophilic

Hae|mo|phi|ler (m) haemophiliac

Hae|mo|phi|lie (f) haemophilia

hae|mo|phi|lio|id (adj) haemophilioid

Hae|mo|pho|bie (f) haemophobia

Haem|oph|thal|mie (f) haemophthalmia

Haem|oph|thal|mos (m) haemophthalmos

hae|mo|pla|stisch (adj) haemoplastic

Hae|mo|poie|se (f) haemopoiesis

Hae|mo|poie|tin (n) haemopoietin

hae|mo|poie|tisch (adj) haemopoietic

Hae|mo|pty|se (f) haemoptysis

Hae|mor|rha|gie (f) haemorrhage

Hae|mor|rha|gin (n) haemorrhagin

hae|mor|rha|gisch (adj) haemorrhagic

Hae|mor|rheo|lo|gie (f) haemorrheology

hae|mor|rho|idal (adj) haemorrhoidal

Hae|mor|rhoi|de (f) haemorrhoid

Hae|mor|rho|id|ec|to|mie (f) haemorrhoidectomy

Hae|mo|si|de|rin (n) haemosiderin

Hae|mo|si|de|rin|urie (f) haemosiderinuria

Hae|mo|si|de|ro|se (f) haemosiderosis

Hae|mo|sper|mie (f) haemospermia

Hae|mo|sta|se (f) haemostasis

Hae|mo|sta|ti|cum (n) haemostatic

hae|mo|sta|tisch (adj) haemostatic

Hae|mo|styp|ti|cum (n) haemostyptic

hae|mo|styp|tisch (adj) haemostyptic

Hae|mo|ta|cho|me|ter (n) haemotachometer

Hae|mo|ta|cho|me|trie (f) haemotachometry

Hae|mo|the|ra|peu|tik (f)

haemotherapeutics
Hae|mo|the|ra|pie (f) haemotherapy
Hae|mo|to|xi|ci|tät (f) haemotoxicity
Hae|mo|to|xin (n) haemotoxin
Hae|mo|tym|pa|num (n) haemotympanum
Hän|dig|keit (f) handedness
Ha|ken|wurm (m) hookworm
Halb|mond (m) crescent, demilune
Halb|wert|zeit (f) half-life
Ha|lid (n) halide
Ha|li|ste|re|se (f) halisteresis
ha|li|ste|re|tisch (adj) halisteretic
Ha|li|to|se (f) halitosis
Ha|li|tus (m) halitus
Hal|lu|ci|na|ti|on (f) hallucination
hal|lu|ci|na|tiv (adj) hallucinative
hal|lu|ci|na|to|risch (adj) hallucinatory
hal|lu|ci|nie|ren (v) hallucinate
Hal|lu|ci|no|gen (n) hallucinogen
hal|lu|ci|no|gen (adj) hallucinogenic
Hal|lu|ci|no|se (f) hallucinosis
Hal|lux (m) hallux
Ha|lo (m) halo
Ha|lo|gen (n) halogen
ha|lo|ge|nie|ren (v) halogenate
ha|lo|ge|niert (ppe) halogenated
Ha|lo|me|ter (n) halometer
Hals (m) neck
Hals-Na|se-Oh|ren-Arzt (m) otolaryngologist
Hals-Na|se-Oh|ren-Heil|kun|de (f) otolaryngology
Ha|mar|tie (f) hamartia
Ha|mar|to|bla|stom (n) hamartoblastoma
Ha|mar|tom (n) hamartoma
Ha|ma|tum (n) hamatum
Ham|mer (m) hammer
Ham|mer|ze|he (f) hammertoe
Ha|mu|lus (m) hamulus
Hand (f) hand
Hand|ab|druck (m) handprint
Hand|flä|che (f) palm
Hand|ge|lenk (n) wrist
Hand|wur|zel (f) carpus
Hand|wur|zel|kno|chen (m) carpal bone
Ha|pal|ony|chie (f) hapalonychia
Haph|al|ge|sie (f) haphalgesia
Ha|phe|pho|bie (f) haphephobia
ha|plo|id (adj) haploid
Ha|plo|pie (f) haplopia
Ha|plo|scop (n) haploscope
Hap|ten (n) hapten, haptene
Hap|tik (f) haptics
hap|tisch (adj) haptic
Hap|to|dys|pho|rie (f)

haptodysphoria
Hap|to|glo|bin (n) haptoglobin
Hap|to|pho|bie (f) haptophobia
Hap|to|phor (n) haptophore
Harn (m) urine
Harn|bla|se (f) urinary bladder
Harn|lei|ter (m) ureter
Harn|röh|re (f) urethra
Harn|stoff (m) urea
Harn|stoff|mes|ser (m) ureameter
Harn|stoff|mes|sung (f) ureametry
Ha|sen|schar|te (f) harelip
Hau|stra (npl) haustra
Hau|stra|ti|on (f) haustration
Hau|strum (n) haustrum
Haut (f) skin
Heb|am|me (f) midwife
he|be|phren (adj) hebephrenic
He|be|phre|nie (f) hebephrenia
He|be|tu|do (f) hebetude
Heb|osteo|to|mie (f) hebosteotomy
He|bo|to|mie (f) hebotomy
hec|tisch (adj) hectic
He|do|no|pho|bie (f) hedonophobia
hei|len (v) heal, cure
Hei|lung (f) healing, cure
Heim|weh (n) homesickness
he|li|cal (adj) helical
he|li|ci|form (adj) heliciform
he|li|cin (adj) helicine
He|li|co|po|die (f) helicopodia
He|li|co|tre|ma (n) helicotrema
He|li|en|ce|pha|li|tis (f) heliencephalitis
He|lio|the|ra|pie (f) helio-therapy
he|lio|trop (adj) heliotropic
He|lio|tro|pis|mus (m) heliotropism
He|li|um (n) helium
He|lix (f) helix
Hel|le|bo|ris|mus (m) helleborism
Hel|minth|ago|gum (n) helminthagogue
Hel|min|the (f) helminth
Hel|minth|eme|sis (f) helminthemesis
Hel|min|thia|se (f) helminthiasis
Hel|min|tho|lo|ge (m) helminthologist
Hel|min|tho|lo|gie (f) helminthology
hel|min|tho|lo|gisch (adj) helminthological
Hel|min|thom (n) helminthoma
He|mer|al|opie (f) hemeralopia
He|mi|ablep|sie (f) hemi-ablepsia
He|mi|acar|di|us (m) hemi-acardius
He|mi|ace|pha|lus (m) hemi-acephalus
He|mi|achro|mat|op|sie (f) hemiachromatopsia

He|mi|ageu|sie (f) hemiageusia

He|mi|am|bly|opie (f) hemiamblyopia

He|mi|an|acu|sia (f) hemianacusia

He|mi|an|aes|the|sie (f) hemianaesthesia

He|mi|an|al|ge|sie (f) hemianalgesia

He|mi|an|en|ce|pha|lie (f) hemianencephaly

he|mi|an|op (adj) hemianopic

He|mi|an|opie (f) hemianopia

He|mi|an|op|sie (f) hemianopsia

He|mi|ata|xie (f) hemiataxia

He|mi|athe|to|se (f) hemiathetosis

He|mi|atro|phie (f) hemiatrophy

He|mi|bal|lis|mus (m) hemiballismus

He|mi|car|die (f) hemicardia

He|mi|cel|lu|lo|se (f) hemicellulose

he|mi|ce|phal (adj) hemicephalic

He|mi|ce|pha|lie (f) hemicephaly

He|mi|ce|pha|lus (m) hemicephalus

He|mi|chro|mat|op|sie (f) hemichromatopsia

He|mi|col|ec|to|mie (f) hemicolectomy

He|mi|con|vul|si|on (f) hemiconvulsion

He|mi|cra|nie (f) hemicrania

He|mi|cra|nio|se (f) hemicraniosis

He|mi|cyst|ec|to|mie (f) hemicystectomy

He|mi|de|cor|ti|ca|ti|on (f) hemidecortication

He|mi|dys|aes|the|sie (f) hemidysaesthesia

he|mi|fa|ci|al (adj) hemifacial

He|mi|gloss|ec|to|mie (f) hemiglossectomy

He|mi|glos|so|ple|gie (f) hemiglossoplegia

He|mi|gna|thie (f) hemignathia

He|mi|hyp|aes|the|sie (f) hemihypaesthesia

He|mi|hy|per|aes|the|sie (f) hemihyperaesthesia

He|mi|hy|per|hi|dro|se (f) hemihyperhidrosis

He|mi|la|ryng|ec|to|mie (f) hemilaryngectomy

He|mi|ne|phrec|to|mie (f) heminephrectomie

He|mi|opie (f) hemiopia

He|mi|pa|ra|ly|se (f) hemiparalysis

He|mi|pa|re|se (f) hemiparesis

He|mi|par|kin|so|nis|mus (m) hemiparkinsonism

He|mi|pelv|ec|to|mie (f) hemipelvectomy

He|mi|ple|gie (f) hemiplegia

he|mi|pleg (adj) hemiplegic

He|mi|rha|chi|schi|sis (f) hemirhachischisis

He|mi|sec|ti|on (f) hemisection

He|mi|sphae|re (f) hemisphere

He|mi|sphaer|ec|to|mie (f) hemispherectomy

He|mi|sphae|ria (npl) hemisphaeria

He|mi|sphae|ri|um (n) hemisphaerium

He|mi|spas|mus (m) hemispasm

He|mi|spo|ro|se (f) hemi-sporosis

He|mi|thy|ro|id|ec|to|mie (f) hemithyroidectomy

he|mi|zy|got (adj) hemizygous

hem|men (v) inhibit

hem|mend (ppr) inhibiting, inhibitory

Hem|mer (m) inhibitor

Hem|mung (f) inhibition

Hen|le-Schlei|fe (f) loop of Henle

He|par (n) hepar

He|pa|rin (n) heparin

He|pa|rin|ae|mie (f) heparinaemia

he|pa|ri|ni|sie|ren (v) heparinise

he|pa|ri|ni|siert (ppe) heparinised

He|pa|ri|no|cyt (m) heparinocyte

He|pa|ri|tin (n) heparitin

He|pa|ri|tin|urie (f) heparitinuria

He|pat|al|gie (f) hepatalgia

he|pat|al|gisch (adj) hepatalgic

He|pat|ec|to|mie (f) hepatectomy

He|pa|ti|co|duo|de|no|sto|mie (f) hepaticoduodenostomy

He|pa|ti|co|en|te|ro|sto|mie (f) hepaticoenterostomy

He|pa|ti|co|ga|stro|sto|mie (f) hepaticogastrostomy

He|pa|ti|co|je|ju|no|sto|mie (f) hepaticojejunostomy

He|pa|ti|co|li|tho|to|mie (f) hepaticolithotomy

he|pa|ti|co|pan|crea|tisch (adj) hepaticopancreatic

he|pa|ti|co|re|nal (adj) hepaticorenal

He|pa|ti|co|sto|mie (f) hepaticostomy

He|pa|ti|co|to|mie (f) hepaticotomy

He|pa|ti|sa|ti|on (f) hepatisation

he|pa|tisch (adj) hepatic

He|pa|ti|ti|den (fpl) hepatitides

He|pa|ti|tis (f) hepatitis

he|pa|to|cel|lu|lar (adj) hepatocellular

He|pa|to|chol|an|gio|duo|de-no|sto|mie (f) hepato-cholangioduodenostomy

He|pa|to|chol|an|gio|en|te|ro-sto|mie (f) hepatocholangioenterostomy

He|pa|to|chol|an|gio|ga|stro-sto|mie (f) hepatocholangio-gastrostomy

He|pa|to|chol|an|gio|je|ju|no-sto|mie (f) hepatocholangio-jejunostomy

He|pa|to|cyt (m) hepatocyte

he|pa|to|duo|de|nal (adj) hepatoduodenal

He|pa|to|duo|de|no|sto|mie (f) hepatoduodenostomy

He|pa|to|fla|vin (n) hepatoflavin

he|pa|to|gen (adj) hepatogenic

He|pa|to|gramm (n) hepatogram

he|pa|to|ju|gu|lar (adj) hepatojugular

he|pa|to|je|ju|nal (adj) hepatojejunal

he|pa|to|len|ti|cu|lar (adj) hepatolenticular

he|pa|to|lie|nal (adj) hepatolienal

He|pa|to|lie|no|gra|phie (f) hepatolienography

He|pa|to|lith (m) hepatolith

He|pa|to|lith|ec|to|mie (f) hepatolithectomy

He|pa|to|li|thia|se (f) hepatolithiasis

He|pa|to|lo|ge (m) hepatologist

He|pa|to|lo|gie (f) hepatology

He|pa|tom (n) hepatoma

He|pa|to|me|ga|lie (f) hepatomegaly

He|pa|to|pe|xie (f) hepatopexy

He|pa|to|pto|se (f) hepatoptosis

he|pa|to|re|nal (adj) hepatorenal

He|pa|tor|rha|phie (f) hepatorrhaphy

He|pa|tor|rhe|xis (f) hepatorrhexis

He|pa|to|sco|pie (f) hepatoscopy

He|pa|to|se (f) hepatosis

He|pa|to|sple|no|me|ga|lie (f) hepatosplenomegaly

He|pa|to|sple|no|pa|thie (f) hepatosplenopathy

He|pa|to|the|ra|pie (f) hepatotherapy

He|pa|to|to|mie (f) hepatotomy

He|pa|to|to|xin (n) hepatotoxin

he|pa|to|to|xisch (adj) hepatotoxic

Hep|tan (n) heptane

Hep|to|se (f) heptose

Hep|tyl (n) heptyl

Her|bi|cid (n) herbicide

her|bi|vor (adj) herbivorous

he|re|di|tar (adj) hereditary

He|re|di|tät (f) heredity

He|re|do|de|ge|ne|ra|ti|on (f) heredodegeneration

he|re|do|de|ge|ne|ra|tiv (adj) heredodegenerative

he|re|do|fa|mi|li|ar (adj) heredofamilial

He|re|do|pa|thie (f)

heredopathy
Herm|aphro|dis|mus (m) hermaphrodism
Herm|aphro|dit (m) hermaphrodite
herm|aphro|di|tisch (adj) hermaphroditic
Herm|aphro|di|tis|mus (m) hermaphroditism
Her|nia|ti|on (f) herniation
Her|nie (f) hernia
Her|nio|pla|stik (f) hernioplasty
Her|ni|or|rha|phie (f) herniorrhaphy
Her|nio|tom (n) herniotome
Her|nio|to|mie (f) herniotomy
He|ro|in (n) heroin
He|roi|nis|mus (m) heroinism
Her|pes (m) herpes
Her|pes|vi|rus (n) herpes virus
her|pe|ti|form (adj) herpetiform
her|pe|tisch (adj) herpetic
Hertz (n) hertz
Herz (n) heart
Herz|an|fall (m) coronary
Herz|kam|mer (f) heart chamber
Herz|kran|ker (m) cardiopath
Herz|pa|ti|ent (m) cardiac patient
Herz|schlag (m) (physiologisch) heartbeat, (pathologisch) death from myocardial infarction
He|ter|aes|the|sie (f) heteraesthesia
He|te|ro|aes|the|sie (f) heteroaesthesia
He|te|ro|ag|glu|ti|nin (n) heteroagglutinin
He|te|ro|al|lel (n) heteroallele
He|te|ro|atom (n) heteroatom
he|te|ro|bla|stisch (adj) heteroblastic
He|te|ro|chro|ma|tin (n) heterochromatin
he|te|ro|chro|ma|tisch (adj) heterochromatic
He|te|ro|chro|mie (f) heterochromia
He|te|ro|chro|nie (f) heterochronia
he|te|ro|cy|clisch (adj) heterocyclic
he|ter|odont (adj) heterodont
he|te|ro|fer|men|ta|tiv (adj) heterofermentative
he|te|ro|ga|met (adj) heterogametic
He|te|ro|ga|mie (f) heterogamy
He|te|ro|haem|ag|glu|ti|nin (n) heterohaemagglutinin
He|te|ro|hae|mo|ly|sin (n) heterohaemolysin
He|te|ro|hyp|no|se (f) heterohypnosis
He|te|ro|in|to|xi|ca|ti|on (f) heterointoxication
He|te|ro|la|lie (f) heterolalia

he|te|ro|la|te|ral (adj) heterolateral
he|te|ro|log (adj) heterologous
He|te|ro|lo|gie (f) heterology
He|te|ro|ly|sin (n) heterolysin
He|te|ro|me|tro|pie (f) heterometropia
he|te|ro|morph (adj) heteromorphic
He|te|ro|mor|phis|mus (m) heteromorphism
He|te|ro|mor|pho|se (f) heteromorphosis
He|te|ro|pa|thie (f) heteropathy
he|te|ro|phil (adj) heterophil
He|te|ro|pho|ria (f) heterophoria
He|te|ro|pho|rie (f) heterophoria
He|te|ro|phy|dia|se (f) heterophydiasis
He|te|ro|pla|sie (f) heteroplasia
He|te|ro|pla|stik (f) heteroplasty
he|te|ro|pla|stisch (adj) heteroplastic
he|te|ro|plo|id (adj) heteroploid
He|te|ro|plo|idie (f) heteroploidy
He|te|ro|py|cno|sis (f) heteropycnosis
he|te|ro|py|cno|tisch (adj) heteropycnotic
He|te|ro|sac|cha|rid (n) heterosaccharide
He|te|ro|scop (n) heteroscope
He|te|ro|sco|pie (f) heteroscopy
He|te|ro|se|xua|li|tät (f) heterosexuality
he|te|ro|se|xu|ell (adj) heterosexual
He|te|ro|ta|xie (f) heterotaxy
He|te|ro|ta|xis (f) heterotaxis
He|te|ro|to|nie (f) heterotonia
he|te|ro|top (adj) heterotopic
He|te|ro|to|pie (f) heterotopia
He|te|ro|trans|plan|tat (n) heterograft
He|te|ro|trans|plan|ta|ti|on (f) heterotransplantation
he|te|ro|troph (adj) heterotrophic
He|te|ro|tro|pher (m) heterotroph
He|te|ro|zy|go|sis (f) heterozygosis
he|te|ro|zy|got (adj) heterozygous
He|te|ro|zy|go|tie (f) heterozygosity
He|xa|dac|ty|lis|mus (m) hexadactylism
He|xan (n) hexane
He|xan-di|säu|re (f) hexanedioic acid
He|xan|säu|re (f) hexanoic acid

He|xa|pep|tid (n) hexapeptide
he|xa|va|lent (adj) hexavalent
He|xo|ki|na|se (f) hexokinase
He|xo|se (f) hexose
He|xyl (n) hexyl
Hia|tus (m) hiatus
Hi|ber|na|ti|on (f) hibernation
Hi|ber|nom (n) hibernoma
Hi|dra|de|ni|tis (f) hidradenitis
Hi|dra|de|no|car|ci|nom (n) hidradenocarcinoma
Hi|dra|de|nom (n) hidradenoma
Hi|dror|rhoe (f) hidrorrhoea
Hi|dros|ade|ni|tis (f) hidrosadenitis
Hi|dro|se (f) hidrosis
Hi|dro|ti|cum (n) hidrotic
hi|dro|tisch (adj) hidrotic
Hi|la (npl) hila
hi|lar (adj) hilar
Hi|li (mpl) hili
Hi|lum (n) hilum
Hi|lus (m) hilus
hin|ter (adj) posterior
hip|po|cam|pal (adj) hippocampal
Hip|po|cam|pus (m) hippocampus
Hip|po|cra|tisch (adj) Hippocratic
Hipp|urie (f) hippuria
Hipp|uri|ca|se (f) hippuricase
Hipp|ur|säu|re (f) hippuric acid
Hip|pus (m) hippus
Hir|ci (mpl) hirci
Hir|cis|mus (m) hircismus
Hirn|abs|cess (m) brain abscess
Hirn|kun|de (f) encephalology
Hirn|stamm (m) brain stem
Hirn|tod (m) brain death
Hir|su|ti|es (f) hirsuties
Hir|su|tis|mus (m) hirsutism
Hi|ru|din (n) hirudin
Hi|ru|di|nia|se (f) hirudiniasis
His-Bün|del (n) bundle of His
Hist|amin (n) histamine
Hist|ami|na|se (f) histaminase
hist|ami|no|ly|tisch (adj) histaminolytic
Hist|an|oxie (f) histanoxia
Hi|sti|da|se (f) histidase
Hi|sti|din (n) histidine
Hi|sti|din|ae|mie (f) histidinaemia
Hi|sti|din|urie (f) histidinuria
Hi|sti|dyl (n) histidyl
Hi|stio|cyt (m) histiocyte
hi|stio|cy|tar (adj) histiocytic
Hi|stio|cy|tom (n) histiocytoma
Hi|stio|cy|to|se (f) histiocytosis
hi|stio|id (adj) histioid
Hi|sto|blast (m) histoblast
Hi|sto|che|mie (f) histochemistry
hi|sto|che|misch (adj) histochemical

his|to|com|pa|ti|bel (adj) histocompatible
Hi|sto|com|pa|ti|bi|li|tät (f) histocompatibility
Hi|sto|cyt (m) histocyte
Hi|sto|fluo|res|cenz (f) histofluorescence
Hi|sto|ge|ne|se (f) histogenesis
hi|sto|ge|ne|tisch (adj) histogenetic
Hi|sto|ge|nie (f) histogeny
Hi|sto|hae|ma|tin (n) histohaematin
hi|sto|id (adj) histoid
hi|sto|in|com|pa|ti|bel (adj) histoincompatible
Hi|sto|in|com|pa|ti|bi|li|tät (f) histoincompatibility
Hi|sto|lo|ge (m) histologist
Hi|sto|lo|gie (f) histology
hi|sto|lo|gisch (adj) histological
Hi|sto|ly|se (f) histolysis
hi|sto|ly|tisch (adj) histolytic
Hi|sto|mor|pho|lo|gie (f) histomorphology
Hi|ston (n) histone
Hi|sto|neu|ro|lo|gie (f) histoneurology
Hi|sto|pa|tho|lo|gie (f) histopathology
hi|sto|pa|tho|lo|gisch (adj) histopathologic
Hi|sto|phy|sio|lo|gie (f) histophysiology
Hi|sto|plas|min (n) histoplasmin
Hi|sto|plas|mom (n) histoplasmoma
Hi|sto|plas|mo|se (f) histoplasmosis
Hi|sto|ra|dio|gra|phie (f) historadiography
Hi|sto|tom (n) histotome
Hi|sto|to|mie (f) histotomy
hi|sto|to|xisch (adj) histotoxic
Hitz|schlag (m) heatstroke
hoch|ca|lo|risch (adj) high--caloric
Ho|den (m) testicle
Ho|do|pho|bie (f) hodophobia
Hohl|ve|ne (f) vena cava
Ho|lo|acar|di|us (m) holoacardius
ho|lo|crin (adj) holocrine
ho|lo|dia|sto|lisch (adj) holodiastolic
Ho|lo|en|zym (n) holoenzyme
Ho|lo|gramm (n) hologram
Ho|lo|gra|phie (f) holography
ho|lo|gyn (adj) hologynic
ho|lo|sy|sto|lisch (adj) holosystolic
ho|mi|nid (adj) hominid
Ho|mi|ni|de (m) hominid
Ho|mo|al|lel (n) homoallele
ho|mo|chrom (adj) homochrome
ho|mo|cy|clisch (adj) homocyclic
Ho|mo|cy|ste|in (n) homocysteine
Ho|mo|cy|stin (n) homocystine

Ho|mo|cy|stin|urie (f) homocystinuria
ho|mo|cy|to|trop (adj) homocytotropic
hom|odont (adj) homodont
Ho|moeo|path (m) homoeopathist
Ho|moeo|pa|thie (f) homoeopathy
ho|moeo|pa|thisch (adj) homoeopathic
Ho|moeo|pla|sie (f) homoeoplasia
ho|moeo|pla|stisch (adj) homoeoplastic
ho|moeo|po|lar (adj) homoeopolar
Ho|moeo|sta|se (f) homoeostasis
ho|moeo|sta|tisch (adj) homoeostatic
ho|moeo|therm (adj) homoeothermic
Ho|moeo|ther|mie (f) homoeothermy
Ho|mo|ero|ti|cis|mus (m) homoeroticism
Ho|mo|ero|ti|ker (m) homoerotic
ho|mo|ero|tisch (adj) homoerotic
Ho|mo|ero|tis|mus (m) homoerotism
ho|mo|fer|men|ta|tiv (adj) homofermentative
ho|mo|ga|me|tisch (adj) homogametic
Ho|mo|ga|mie (f) homogamy
ho|mo|gen (adj) homogenous
Ho|mo|ge|nat (n) homogenate
Ho|mo|ge|ni|sa|ti|on (f) homogenisation
Ho|mo|ge|ni|sa|tor (m) homogeniser
ho|mo|ge|ni|sie|ren (v) homogenise
Ho|mo|ge|ni|sie|rung (f) homogenisation
Ho|mo|ge|ni|tät (f) homogeneity
ho|mo|ge|ni|tal (adj) homogenital
Ho|mo|ge|ni|ta|li|tät (f) homogenitality
ho|moio|therm (adj) homoiothermic
ho|mo|lac|tisch (adj) homolactic
ho|mo|la|te|ral (adj) homolateral
ho|mo|log (adj) homologous
Ho|mo|lo|gie (f) homology
hom|onym (adj) homonymous
Hom|ony|mie (f) homonymy
Ho|mo|pla|stik (f) homoplasty
ho|mo|po|lar (adj) homopolar
Ho|mo|po|ly|sac|cha|rid (n) homopolysaccharide
Ho|mo|se|rin (n) homoserine
Ho|mo|se|xua|li|tät (f) homosexuality
ho|mo|se|xu|ell (adj) homosexual
Ho|mo|se|xu|el|ler (m)

homosexual
Ho|mo|trans|plan|tat (n) homograft
Ho|mo|trans|plan|ta|ti|on (f) homotransplantation
ho|mo|zy|got (adj) homozygous
Hor|mon (n) hormone
hor|mo|nal (adj) hormonal
Hor|mo|no|poie|se (f) hormonopoiesis
hor|mo|no|poie|tisch (adj) hormonopoietic
Hor|ni|fi|ca|ti|on (f) hornification
Horn|schwie|le (f) callosity
Hor|op|ter (m) horopter
Hor|ri|pi|la|ti|on (f) horripilation
Hos|pi|tal (n) hospital
Hos|pi|ta|li|sa|ti|on (f) hospitalisation
hos|pi|ta|li|sie|ren (v) hospitalise
Hos|pi|ta|li|sie|rung (f) hospitalisation
Hos|pi|ta|lis|mus (m) hospitalism
Hüft|bein (n) hipbone
Hüf|te (f) hip
Huf|ei|sen|nie|re (f) horseshoe kidney
Hu|man|me|di|cin (f) human medicine
Hu|man|se|rum (n) human serum
hu|me|ral (adj) humeral
hu|me|ro|ra|di|al (adj) humeroradial
hu|me|ro|sca|pu|lar (adj) humeroscapular
hu|me|ro|ul|nar (adj) humeroulnar
Hu|me|rus (m) humerus
Hu|mor (m) humor
hu|mo|ral (adj) humoral
Hun|ger (m) hunger
hun|gern (v) starve
Hu|sten (m) cough
hu|sten (v) cough
hu|sten|lin|dernd (ppr) antitussive
Hya|lin (n) hyaline, hyalin
hya|lin (adj) hyaline, hyalin
Hya|li|ni|sa|ti|on (f) hyalinisation
hya|li|ni|sie|ren (v) hyalinise
Hya|li|no|se (f) hyalinosis
Hya|lin|urie (f) hyalinuria
Hya|li|tis (f) hyalitis
hya|lo|id (adj) hyaloid
Hya|lo|idi|tis (f) hyaloiditis
Hya|lo|mer (n) hyalomere
Hya|lo|plas|ma (n) hyaloplasm
hy|brid (adj) hybrid
Hy|bri|de (m) hybrid
Hy|bri|di|sa|ti|on (f) hybridisation
Hy|da|ti|de (f) hydatid
Hy|da|ti|do|ce|le (f) hydatidocele
Hy|da|ti|do|se (f) hydatidosis
Hy|drae|mie (f) hydraemia

hy|drae|misch (adj) hydraemic

Hy|dra|go|gum (n) hydragogue

hy|dram|nio|tisch (adj) hydramniotic

Hy|dran|en|ce|pha|lie (f) hydranencephaly

Hy|drar|gy|rie (f) hydrargyria

Hy|drar|gy|ria|se (f) hydrargyriasis

Hy|drar|gy|ris|mus (m) hydrargyrism

Hy|drar|thro|se (f) hydrarthrosis

Hy|dra|se (f) hydrase

Hy|drat (n) hydrate

Hy|dra|ti|on (f) hydration

Hy|dren|ce|pha|lo|ce|le (f) hydrencephalocele

Hy|dren|ce|pha|lo|me|nin|go-ce|le (f) hydrencephalo-meningocele

Hy|dria|trie (f) hydriatry

Hy|dro|car|bon (n) hydro-carbon

Hy|dro|ce|le (f) hydrocele

hy|dro|ce|phal (adj) hydrocephalic

Hy|dro|ce|pha|lie (f) hydrocephaly

Hy|dro|ce|pha|lo|ce|le (f) hydrocephalocele

Hy|dro|ce|pha|lus (m) hydrocephalus

hy|dro|chol|ere|tisch (adj) hydrocholeretic

Hy|dro|col|pos (m) hydrocolpos

Hy|dro|cyt (m) hydrocyte

Hy|dro|cy|to|se (f) hydro-cytosis

Hy|dro|dip|so|ma|nie (f) hydrodipsomania

Hy|dro|gel (n) hydrogel

Hy|dro|gen (n) hydrogen

Hy|dro|ge|na|ti|on (f) hydrogenation

hy|dro|ge|nie|ren (v) hydrogenate

hy|dro|ge|niert (ppe) hydrogenated

Hy|dro|gen-Ion (n) hydrogen ion

Hy|dro|gen-Io|nen-Con|cen|tra-ti|on (f) hydrogen-ion concentration

Hy|dro|gym|na|stik (f) hydrogymnastics

Hy|dro|hae|ma|to|ne|phro|se (f) hydrohaematonephrosis

Hy|dro|he|pa|to|se (f) hydrohepatosis

Hy|dro|la|se (f) hydrolase

Hy|dro|ly|sat (n) hydrolysate

hy|dro|ly|sie|ren (v) hydro-lyse

hy|dro|ly|tisch (adj) hydrolytic

Hy|dro|ma|nie (f) hydromania

Hy|dro|mas|sa|ge (f) hydromassage

Hy|dro|me|nin|go|ce|le (f) hydromeningocele

Hy|dro|me|tra (f) hydrometra

Hy|dro|me|tro|col|pos (m) hydrometrocolpos

Hy|dro|mi|cro|ce|pha|lie (f) hydromicrocephaly

Hy|dro|mye|lie (f) hydromyelia

Hy|dro|mye|lo|ce|le (f) hydromyelocele

Hy|dro|ne|phro|se (f) hydronephrosis

hy|dro|ne|phro|tisch (adj) hydronephrotic

Hy|dro|ni|um (n) hydronium

Hy|dro|ni|um-Ion (n) hydronium ion

Hy|dro|pe|ri|car|di|tis (f) hydropericarditis

Hy|dro|pe|ri|card (n) hydropericardium

Hy|dro|pe|ri|to|nae|um (n) hydroperitonaeum

hy|dro|phil (adj) hydrophilic

Hy|dro|phi|lie (f) hydrophilia

hy|dro|phob (adj) hydrophobic

Hy|dro|pho|bie (f) hydrophobia

hy|dro|pisch (adj) hydropic

Hy|dro|plas|ma (n) hydroplasm

Hy|dro|pneu|ma|to|se (f) hydropneumatosis

Hy|dro|pneu|mo|pe|ri|card (n) hydropneumopericardium

Hy|dro|pneu|mo|pe|ri|to|nae|um (n) hydropneumoperitonaeum

Hy|dro|pneu|mo|tho|rax (m) hydropneumothorax

Hy|drops (m) hydrops

Hy|dro|pyo|ne|phro|se (f) hydropyonephrosis

Hy|dror|rhoe (f) hydrorrhoea

Hy|dro|sal|pinx (f) hydrosalpinx

Hy|dro|sol (n) hydrosol

hy|dro|so|lu|bel (adj) hydrosoluble

Hy|dro|sper|ma|to|ce|le (f) hydrospermatocele

Hy|dro|spi|ro|me|ter (n) hydrospirometer

Hy|dro|ta|xis (f) hydrotaxis

Hy|dro|the|ra|peu|tik (f) hydrotherapeutics

Hy|dro|the|ra|pie (f) hydrotherapy

hy|dro|ther|mal (adj) hydrothermal

Hy|dro|thi|on|urie (f) hydrothionuria

hy|dro|tho|ra|cal (adj) hydrothoracic

Hy|dro|tho|rax (m) hydrothorax

hy|dro|trop (adj) hydrotropic

Hy|dro|tro|pie (f) hydrotropy

hy|dro|tro|pisch (adj) hydrotropic

Hy|dro|tro|pis|mus (m) hydrotropism

Hy|dro|tym|pa|num (n) hydrotympanum

Hy|dro|ure|ter (m) hydroureter

Hy|dro|ure|te|ro|ne|phro|se (f) hydroureteronephrosis

Hy|dro|ure|te|ro|se (f)

hydroureterosis
Hy|dro|xid (n) hydroxide
Hy|dro|xy|ethan (n) hydroxyethane
Hy|dro|xyl (n) hydroxyl
Hy|dro|xy|la|se (f) hydroxylase
Hy|dro|xy|la|ti|on (f) hydroxylation
hy|dro|xy|lie|ren (v) hydroxylate
hy|dro|xy|liert (ppe) hydroxylated
Hy|dro|xy|lie|rung (f) hydroxylation
Hy|dro|xy|ly|sin (n) hydroxylysin
Hy|dro|xy|pro|ge|ste|ron (n) hydroxyprogesterone
Hy|dro|xy|pro|lin (n) hydroxyproline
Hy|dro|xy|pro|lin|ae|mie (f) hydroxyprolinaemia
Hy|dro|xy|trypt|amin (n) hydroxytryptamine
Hy|dru|rie (f) hydruria
hy|dru|risch (adj) hydruric
Hy|gie|ne (f) hygiene
Hy|gie|ni|ker (m) hygienist
hy|gie|nisch (adj) hygienic
Hy|grom (n) hygroma
hy|gro|ma|tos (adj) hygromatous
Hy|gro|my|cin (n) hygromycin
Hy|gro|scop (n) hygroscope
Hy|gro|sco|pie (f) hygroscopy
hy|gro|sco|pisch (adj) hygroscopic
Hy|men (m) hymen
hy|me|nal (adj) hymenal
Hy|men|ec|to|mie (f) hymenectomy
Hy|me|ni|tis (f) hymenitis
Hy|me|no|le|pia|se (f) hymenolepiasis
Hy|me|nor|rha|phie (f) hymenorrhaphy
Hy|me|no|to|mie (f) hymenotomy
Hyo|glos|sus (m) hyoglossus
Hyo|id (n) hyoid
Hyp|aci|di|tät (f) hypacidity
Hyp|acu|sie (f) hypacusia
Hyp|aes|the|sie (f) hypaesthesia
hyp|aes|the|tisch (adj) hypaesthetic
Hyp|al|bu|min|ae|mie (f) hypalbuminaemia
Hyp|al|bu|mi|no|se (f) hypalbuminosis
Hyp|al|ge|sie (f) hypalgesia
Hyp|al|gie (f) hypalgia
hyp|ar|te|ri|ell (adj) hyparterial
Hyp|azot|urie (f) hypazoturia
Hy|per|ab|duc|ti|on (f) hyperabduction
hy|per|aci|disch (adj) hyperacid
Hy|per|aci|di|tät (f) hyperacidity

hy|per|ac|tiv (adj) hyperactive

Hy|per|ac|ti|vi|tät (f) hyperactivity

Hy|per|acu|sie (f) hyperacusia

Hy|per|ad|re|na|lis|mus (m) hyperadrenalism

Hy|per|ad|re|nie (f) hyperadrenia

Hy|per|ad|re|no|cor|ti|cis|mus (m) hyperadrenocorticism

Hy|per|ae|mie (f) hyperaemia

hy|per|ae|misch (adj) hyperaemic

Hy|per|aes|the|sie (f) hyperaesthesia

hy|per|aes|the|tisch (adj) hyperaesthetic

Hy|per|al|do|ste|ro|nis|mus (m) hyperaldosteronism

Hy|per|al|ge|sie (f) hyperalgesia

Hy|per|al|gie (f) hyperalgia

Hy|per|ali|men|ta|ti|on (f) hyperalimentation

Hy|per|ali|men|to|se (f) hyperalimentosis

Hy|per|ami|no|acid|urie (f) hyperaminoaciduria

Hy|per|am|mon|ae|mie (f) hyperammonaemia

Hy|per|amy|las|ae|mie (f) hyperamylasaemia

Hy|per|azot|ae|mie (f) hyperazotaemia

Hy|per|azot|urie (f) hyperazoturia

hy|per|bar (adj) hyperbaric

Hy|per|ba|ris|mus (m) hyperbarism

Hy|per|be|ta|ala|nin|ae|mie (f) hyperbetaalaninaemia

Hy|per|be|ta|li|po|pro|te|in-ae|mie (f) hyperbetalipoproteinaemia

Hy|per|bi|li|ru|bin|ae|mie (f) hyperbilirubinaemia

Hy|per|bra|chy|ce|pha|lie (f) hyperbrachycephaly

hy|per|bra|chy|cra|ni|al (adj) hyperbrachycranial

Hy|per|bu|lie (f) hyperbulia

Hy|per|calc|ae|mie (f) hypercalcaemia

Hy|per|cal|cin|urie (f) hypercalcinuria

Hy|per|cal|ci|urie (f) hypercalciuria

Hy|per|calc|urie (f) hypercalcuria

Hy|per|cap|nie (f) hypercapnia

Hy|per|car|bie (f) hypercarbia

Hy|per|ce|men|to|se (f) hypercementosis

Hy|per|chlor|ae|mie (f) hyperchloraemia

hy|per|chlor|ae|misch (adj) hyperchloraemic

Hy|per|cho|le|ster|ae|mie (f) hypercholesteraemia

Hy|per|cho|le|ste|rin|ae|mie (f) hypercholesterinaemia

Hy|per|cho|le|ste|rol|ae|mie (f) hypercholesterolaemia
hy|per|cho|le|ste|rol|ae|misch (adj) hypercholesterolaemic
Hy|per|cho|lie (f) hypercholia
hy|per|chrom (adj) hyperchromic
hy|per|chro|ma|tisch (adj) hyperchromatic
Hy|per|chro|ma|tis|mus (m) hyperchromatism
Hy|per|chro|ma|to|se (f) hyperchromatosis
Hy|per|chro|mie (f) hyperchromia
Hy|per|chy|lie (f) hyperchylia
Hy|per|chy|lo|mi|cron|ae|mie (f) hyperchylomicronaemia
Hy|per|co|agu|la|bi|li|tät (f) hypercoagulability
Hy|per|cor|ti|cis|mus (m) hypercorticism
Hy|per|cry|aes|the|sie (f) hypercryaesthesia
Hy|per|cry|al|ge|sie (f) hypercryalgesia
Hy|per|dac|ty|lie (f) hyperdactylia
Hy|per|dy|na|mie (f) hyperdynamia
Hy|per|ela|sti|ci|tät (f) hyperelasticity
Hy|per|eme|sis (f) hyperemesis
hy|per|eo|si|no|phil (adj) hypereosinophilic
Hy|per|eo|si|no|phi|lie (f) hypereosinophilia
Hy|per|er|ga|sie (f) hyperergasia
Hy|per|er|gie (f) hyperergy
Hy|per|eso|pho|rie (f) hyperesophoria
Hy|per|ex|ci|ta|bi|li|tät (f) hyperexcitability
Hy|per|exo|pho|rie (f) hyperexophoria
hy|per|ex|ten|si|bel (adj) hyperextensible
Hy|per|ex|ten|si|bi|li|tät (f) hyperextensibility
Hy|per|ex|ten|si|on (f) hyperextension
Hy|per|fi|bri|no|ly|se (f) hyperfibrinolysis
Hy|per|fle|xi|on (f) hyperflexion
Hy|per|func|ti|on (f) hyperfunction
Hy|per|gam|ma|glo|bu|lin|ae|mie (f) hypergammaglobulinaemia
Hy|per|geu|sie (f) hypergeusia
Hy|per|glo|bu|lin|ae|mie (f) hyperglobulinaemia
Hy|per|gly|cin|ae|mie (f) hyperglycinaemia
Hy|per|gly|co|ge|no|ly|se (f) hyperglycogenolysis
Hy|per|gly|cor|rha|chie (f) hyperglycorrhachia
Hy|per|gly|cos|urie (f) hyperglycosuria

Hy|per|glyc|ae|mie (f) hyperglycaemia

hy|per|glyc|ae|misch (adj) hyperglycaemic

hy|per|glyc|ae|misch-gly|co-ge|no|ly|tisch (adj) hyper-glycaemic-glycogenolytic

Hy|per|go|na|dis|mus (m) hypergonadism

Hy|per|he|pa|rin|ae|mie (f) hyperheparinaemia

Hy|per|hi|dro|se (f) hyperhidrosis

Hy|per|hist|amin|ae|mie (f) hyperhistaminaemia

hy|per|hor|mo|nal (adj) hyperhormonal

Hy|per|idro|se (f) hyperidrosis

Hy|per|im|mu|no|glo|bu|lin|ae-mie (f) hyperimmuno-globulinaemia

Hy|per|in|fla|ti|on (f) hyperinflation

Hy|per|in|su|li|nis|mus (m) hyperinsulinism

Hy|per|in|vo|lu|ti|on (f) hyperinvolution

Hy|per|ir|ri|ta|bi|li|tät (f) hyperirritability

Hy|per|kal|ae|mie (f) hyperkalaemia

hy|per|kal|ae|misch (adj) hyperkalaemic

Hy|per|ka|li|ae|mie (f) hyperkaliaemia

Hy|per|ke|ra|ti|ni|sa|ti|on (f) hyperkeratinisation

Hy|per|ke|ra|to|se (f) hyperkeratosis

hy|per|ke|ra|to|tisch (adj) hyperkeratotic

Hy|per|ke|ton|ae|mie (f) hyperketonaemia

Hy|per|ke|ton|urie (f) hyperketonuria

Hy|per|ki|ne|sie (f) hyper-kinesia

hy|per|ki|ne|tisch (adj) hyperkinetic

Hy|per|lac|ta|ti|on (f) hyperlactation

Hy|per|leu|co|cy|to|se (f) hyperleucocytosis

Hy|per|lip|acid|ae|mie (f) hyperlipacidaemia

Hy|per|lip|ae|mie (f) hyperlipaemia

hy|per|lip|ae|misch (adj) hyperlipaemic

Hy|per|li|pid|ae|mie (f) hyperlipidaemia

Hy|per|li|po|pro|te|in|ae|mie (f) hyperlipoproteinaemia

Hy|per|ly|sin|ae|mie (f) hyperlysinaemia

Hy|per|ma|gnes|ae|mie (f) hypermagnesaemia

Hy|per|ma|stie (f) hypermastia

Hy|per|me|la|no|se (f) hypermelanosis

hy|per|me|la|no|tisch (adj) hypermelanotic

Hy|per|me|nor|rhoe (f) hypermenorrhoea

Hy|per|me|tro|pie (f) hypermetropia

Hy|per|mne|sie (f) hypermnesia

Hy|per|mo|ti|li|tät (f) hypermotility

Hy|per|na|trae|mie (f) hypernatraemia

hy|per|na|trae|misch (adj) hypernatraemic

hy|per|ne|phro|id (adj) hypernephroid

Hy|per|ne|phrom (n) hypernephroma

Hy|per|oe|stri|nis|mus (m) hyperoestrinism

Hy|per|oe|stro|gen|ae|mie (f) hyperoestrogenaemia

Hy|per|oe|stro|ge|nis|mus (m) hyperoestrogenism

Hy|per|ony|chie (f) hyperonychia

hy|per|op (adj) hyperopic

Hy|per|opie (f) hyperopia

Hy|per|ore|xie (f) hyperorexia

Hy|per|or|ni|thin|ae|mie (f) hyperornithinaemia

Hy|per|os|mie (f) hyperosmia

hy|per|os|mo|lar (adj) hyperosmolar

Hy|per|os|mo|la|ri|tät (f) hyperosmolarity

Hy|per|osto|se (f) hyperostosis

hy|per|osto|tisch (adj) hyperostotic

Hy|per|oxal|urie (f) hyperoxaluria

Hy|per|oxie (f) hyperoxia

Hy|per|pa|ra|sit (m) hyperparasite

Hy|per|pa|ra|si|tis|mus (m) hyperparasitism

Hy|per|pa|ra|thy|ro|idis|mus (m) hyperparathyroidism

Hy|per|pa|thie (f) hyperpathia

Hy|per|pep|si|nie (f) hyperpepsinia

Hy|per|pe|ri|stal|tik (f) hyperperistalsis

Hy|per|pha|lan|gie (f) hyperphalangy

Hy|per|phe|nyl|ala|nin|ae|mie (f) hyperphenylalaninaemia

Hy|per|pho|rie (f) hyperphoria

Hy|per|phos|phat|ae|mie (f) hyperphosphataemia

Hy|per|phos|phat|urie (f) hyperphosphaturia

Hy|per|pig|men|ta|ti|on (f) hyperpigmentation

Hy|per|pi|tui|ta|ris|mus (m) hyperpituitarism

Hy|per|pla|sie (f) hyperplasia

hy|per|pla|stisch (adj) hyperplastic

Hy|per|po|la|ri|sa|ti|on (f) hyperpolarisation

Hy|per|po|ro|se (f) hyperporosis

Hy|per|prae|be|ta|li|po|pro|te-in|ae|mie (f)

hyperpraebetalipoproteinaemia
Hy|per|pra|xie (f) hyperpraxia
Hy|per|pres|by|opie (f) hyperpresbyopia
Hy|per|pro|lin|ae|mie (f) hyperprolinaemia
Hy|per|pros|exie (f) hyperprosexia
Hy|per|pro|te|in|ae|mie (f) hyperproteinaemia
hy|per|py|re|tisch (adj) hyperpyretic
Hy|per|pyr|exie (f) hyperpyrexia
Hy|per|re|fle|xie (f) hyperreflexia
Hy|per|sa|li|va|ti|on (f) hypersalivation
Hy|per|se|cre|ti|on (f) hypersecretion
hy|per|se|cre|to|risch (adj) hypersecretory
Hy|per|seg|men|ta|ti|on (f) hypersegmentation
Hy|per|sen|si|bi|li|tät (f) hypersensitivity
Hy|per|se|ro|to|nin|ae|mie (f) hyperserotoninaemia
Hy|per|som|nie (f) hypersomnia
Hy|per|sple|nis|mus (m) hypersplenism
Hy|per|te|lo|ris|mus (m) hypertelorism
Hy|per|ten|sin (n) hypertensin
Hy|per|ten|si|no|gen (n) hypertensinogen
hy|per|ten|si|no|gen (adj) hypertensinogenic
Hy|per|ten|si|on (f) hypertension
hy|per|ten|siv (adj) hypertensive
Hy|per|the|co|se (f) hyperthecosis
Hy|per|the|lie (f) hyperthelia
Hy|per|therm|al|ge|sie (f) hyperthermalgesia
Hy|per|ther|mie (f) hyperthermy
Hy|per|ther|mo|aes|the|sie (f) hyperthermoaesthesia
Hy|per|thy|mie (f) hyperthymia
Hy|per|thy|mis|mus (m) hyperthymism
Hy|per|thy|roi|dis|mus (m) hyperthyroidism
hy|per|ton (adj) hypertonic
Hy|per|to|nie (f) hypertonia
Hy|per|tri|chia|se (f) hypertrichiasis
Hy|per|tri|cho|se (f) hypertrichosis
hy|per|tri|cho|tisch (adj) hypertrichotic
Hy|per|tri|gly|ce|rid|ae|mie (f) hypertriglyceridaemia
Hy|per|tro|phie (f) hypertrophy
hy|per|tro|phisch (adj) hypertrophic
Hy|per|ty|ro|sin|ae|mie (f)

hypertyrosinaemia
Hy|per|ure|se (f) hyperuresis
Hy|per|uric|ae|mie (f) hyperuricaemia
Hy|per|va|lin|ae|mie (f) hypervalinaemia
hy|per|vas|cu|lar (adj) hypervascular
Hy|per|ven|ti|la|ti|on (f) hyperventilation
hy|per|vis|cos (adj) hyperviscous
Hy|per|vis|co|si|tät (f) hyperviscosity
Hy|per|vi|ta|mi|no|se (f) hypervitaminosis
Hy|per|vol|ae|mie (f) hypervolaemia
hy|per|vol|ae|misch (adj) hypervolaemic
Hyp|hi|dro|se (f) hyphidrosis
Hyp|na|go|gum (n) hypnagogue
Hyp|nal|gie (f) hypnalgia
Hyp|no|lep|sie (f) hypnolepsy
Hyp|no|lo|gie (f) hypnology
Hyp|no|se (f) hypnosis
Hyp|no|the|ra|pie (f) hypnotherapy
Hyp|no|ti|cum (n) hypnotic
Hyp|no|ti|sa|ti|on (f) hypnotisation
hyp|no|tisch (adj) hypnotic
Hyp|no|ti|seur (m) hypnotist
Hyp|no|tis|mus (m) hypnotism
Hy|po|aci|di|tät (f) hypoacidity
Hy|po|ac|ti|vi|tät (f) hypoactivity
Hy|po|acu|sie (f) hypoacusia
hy|po|ad|re|nal (adj) hypoadrenal
Hy|po|ad|re|na|lin|ae|mie (f) hypoadrenalinaemia
Hy|po|ad|re|na|lis|mus (m) hypoadrenalism
Hy|po|ad|re|nie (f) hypoadrenia
Hy|po|ad|re|no|cor|ti|cis|mus (m) hypoadrenocorticism
Hy|po|aes|the|sie (f) hypoaesthesia
Hy|po|al|bu|min|ae|mie (f) hypoalbuminaemia
Hy|po|al|do|ste|ro|nis|mus (m) hypoaldosteronism
Hy|po|ali|men|ta|ti|on (f) hypoalimentation
hy|po|all|er|gen (adj) hypoallergenic
Hy|po|azot|urie (f) hypoazoturia
Hy|po|ba|ris|mus (m) hypobarism
Hy|po|ba|ro|pa|thie (f) hypobaropathia
Hy|po|bi|li|ru|bin|ae|mie (f) hypobilirubinaemia
Hy|po|bu|lie (f) hypobulia
Hy|po|calc|ae|mie (f) hypocalcaemia
hy|po|calc|ae|misch (adj) hypocalcaemic

Hy|po|cal|ci|fi|ca|ti|on (f) hypocalcification
hy|po|cal|ci|fi|cie|ren (v) hypocalcify
hy|po|cal|ci|fisch (adj) hypocalcific
Hy|po|cal|ci|urie (f) hypocalciuria
Hy|po|cap|nie (f) hypocapnia
Hy|po|car|bie (f) hypocarbia
Hy|po|chlor|ae|mie (f) hypochloraemia
Hy|po|chlor|hy|drie (f) hypochlorhydria
Hy|po|chlo|rit (n) hypochlorite
Hy|po|chlor|urie (f) hypochloruria
Hy|po|cho|le|ster|ae|mie (f) hypocholesteraemia
hy|po|cho|le|ster|ae|misch (adj) hypocholesteraemic
Hy|po|cho|le|ste|rol|ae|mie (f) hypocholesterolaemia
Hy|po|chon|der (m) hypochondriac
Hy|po|chon|drie (f) hypochondria
hy|po|chon|dri|al (adj) hypochondrial
hy|po|chon|drisch (adj) hypochondriacal
Hy|po|chon|dri|um (n) hypochondrium
Hy|po|chon|dro|pla|sie (f) hypochondroplasia
hy|po|chrom (adj) hypochromic
Hy|po|chro|ma|sie (f) hypochromasia
hy|po|chro|ma|tisch (adj) hypochromatic
Hy|po|chro|ma|tis|mus (m) hypochromatism
Hy|po|chro|mie (f) hypochromia
Hy|po|chy|lie (f) hypochylia
Hy|po|com|ple|ment|ae|mie (f) hypocomplementaemia
hy|po|com|ple|ment|ae|misch (adj) hypocomplementaemic
Hy|po|cy|clo|se (f) hypocyclosis
Hy|po|cyt|hae|mie (f) hypocythaemia
Hy|po|der|mis (f) hypodermis
Hyp|odon|tie (f) hypodontia
Hy|po|ferr|ae|mie (f) hypoferraemia
Hy|po|fi|bri|no|gen|ae|mie (f) hypofibrinogenaemia
Hy|po|func|ti|on (f) hypofunction
hy|po|func|tio|nal (adj) hypofunctional
Hy|po|ga|lac|tie (f) hypogalactia
Hy|po|gam|ma|glo|bu|lin|ae-mie (f) hypogammaglobulinaemia
hy|po|ga|strisch (adj) hypogastric
Hy|po|ga|stri|um (n) hypogastrium
Hy|po|ge|ne|se (f) hypogenesis

Hy|po|ge|ni|ta|lis|mus (m) hypogenitalism
Hy|po|geu|sie (f) hypogeusia
hy|po|glos|sal (adj) hypoglossal
Hy|po|glos|sus (m) hypoglossus
Hy|po|gly|co|ge|no|ly|se (f) hypoglycogenolysis
Hy|po|glyc|ae|mie (f) hypoglycaemia
Hy|po|go|na|dis|mus (m) hypogonadism
Hy|po|hi|dro|se (f) hypohidrosis
Hy|po|in|su|li|nis|mus (m) hypoinsulinism
Hy|po|io|dis|mus (m) hypoiodism
Hy|po|kal|ae|mie (f) hypokalaemia
hy|po|kal|ae|misch (adj) hypokalaemic
Hy|po|ka|li|ae|mie (f) hypokaliaemia
Hy|po|ke|ra|to|se (f) hypokeratosis
Hy|po|ki|ne|sie (f) hypokinesia
hy|po|ki|ne|tisch (adj) hypokinetic
hy|po|leu|co|cy|tar (adj) hypoleucocytic
Hy|po|lip|ae|mie (f) hypolipaemia
hy|po|lip|ae|misch (adj) hypolipaemic
Hy|po|ma|gnes|ae|mie (f) hypomagnesaemia
Hy|po|ma|stie (f) hypomastia
Hy|po|me|nor|rhoe (f) hypomenorrhoea
Hy|po|me|ta|bo|lis|mus (m) hypometabolism
Hy|po|me|tro|pie (f) hypometropia
Hy|po|mne|sie (f) hypomnesia
Hy|po|mo|ti|li|tät (f) hypomotility
Hy|po|na|trae|mie (f) hyponatraemia
hy|po|na|trae|misch (adj) hyponatraemic
Hyp|ony|chi|um (n) hyponychium
Hy|po|oe|stri|nis|mus (m) hypooestrinism
Hy|po|osto|se (f) hypoostosis
hy|po|osto|tisch (adj) hypoostotic
Hy|po|pa|ra|thy|ro|idis|mus hypoparathyroidism
Hy|po|per|fu|si|on (f) hypoperfusion
Hy|po|per|mea|bi|li|tät (f) hypopermeability
Hy|po|pha|lan|gis|mus (m) hypophalangism
Hy|po|pha|ryn|go|sco|pie (f) hypopharyngoscopy
Hy|po|pho|rie (f) hypophoria
Hy|po|phos|phat|ae|mie (f) hypophosphataemia

Hy|po|phos|phat|urie (f) hypophosphaturia
hy|po|phren (adj) hypophrenic
Hy|po|phre|nie (f) hypophrenia
hy|po|phy|se|al (adj) hypophyseal
Hy|po|phys|ec|to|mie (f) hypophysectomy
hy|po|phys|ec|to|mie|ren (v) hypophysectomise
hy|po|phy|seo|priv (adj) hypophyseoprivic
hy|po|phy|si|al (adj) hypophysial
Hy|po|pi|nea|lis|mus (m) hypopinealism
Hy|po|pi|tui|ta|ris|mus (m) hypopituitarism
Hy|po|pla|sie (f) hypoplasia
hy|po|pla|stisch (adj) hypoplastic
Hy|po|pro|te|in|ae|mie (f) hypoproteinaemia
Hy|po|pro|throm|bin|ae|mie (f) hypoprothrombinaemia
Hy|po|psy|cho|se (f) hypopsychosis
Hy|po|re|fle|xie (f) hyporeflexia
Hy|po|sa|li|va|ti|on (f) hyposalivation
Hy|po|se|cre|ti|on (f) hyposecretion
hy|po|sen|si|bel (adj) hyposensitive
hy|po|sen|si|tiv (adj) hyposensitive
Hy|po|sen|si|ti|vie|rung (f) hyposensitisation
Hy|po|sen|si|ti|vi|tät (f) hyposensitivity
Hyp|os|mie (f) hyposmia
Hy|po|som|nie (f) hyposomnia
Hy|po|sper|ma|to|ge|ne|se (f) hypospermatogenesis
Hy|po|sta|se (f) hypostasis
hy|po|sta|tisch (adj) hypostatic
Hy|po|sthen|urie (f) hyposthenuria
Hy|po|ta|xie (f) hypotaxia
Hy|po|ten|si|on (f) hypotension
hy|po|ten|siv (adj) hypotensive
hy|po|tha|la|misch (adj) hypothalamic
hy|po|tha|la|mo-hy|po|phy|se-al (adj) hypothalamo-hypophyseal
Hy|po|tha|la|mus (m) hypothalamus
Hy|po|the|nar (n) hypothenar
Hy|po|therm|aes|the|sie (f) hypothermaesthesia
Hy|po|ther|mie (f) hypothermy
Hy|po|thy|mie (f) hypothymia
Hy|po|thy|ro|idis|mus (m) hypothyroidism
hy|po|ton (adj) hypotonic
Hy|po|to|ni|ci|tät (f) hypotonicity
Hy|po|to|nie (f) hypotony

Hy|po|tri|chia|se (f) hypotrichiasis
Hy|po|tri|cho|se (f) hypotrichosis
Hy|po|tro|phie (f) hypotrophy
Hy|po|va|so|pres|sin|ae|mie (f) hypovasopressinaemia
Hy|po|ven|ti|la|ti|on (f) hypoventilation
Hy|po|vi|ta|mi|no|se (f) hypovitaminosis
Hy|po|vol|ae|mie (f) hypovolaemia
hy|po|vol|ae|misch (adj) hypovolaemic
Hyp|ox|ae|mie (f) hypoxaemia
hyp|ox|ae|misch (adj) hypoxaemic
Hyp|oxie (f) hypoxia
hyp|oxisch (adj) hypoxic
Hyps|ar|rhyth|mie (f) hypsarrhythmia
hyps|ar|rhyth|mo|id (adj) hypsarrhythmoid
hyp|si|bra|chy|ce|phal (adj) hypsibrachycephalic
Hyp|si|ce|pha|lie (f) hypsicephaly
Hyp|si|sta|phy|lie (f) hypsistaphylia
hyp|si|sta|phy|lin (adj) hypsistaphyline
hyp|si|sta|phy|lisch (adj) hypsistaphylic
Hyp|so|pho|bie (f) hypsophobia
Hy|ster|al|gie (f) hysteralgia
hy|ster|al|gisch (adj) hysteralgic
Hy|ster|ec|to|mie (f) hysterectomy
Hy|ste|rie (f) hysteria
hy|ste|ri|form (adj) hysteriform
Hy|ste|ri|ker (m) hysteric
hy|ste|risch (adj) hysterical
Hy|ste|ri|tis (f) hysteritis
Hy|ste|ro|ce|le (f) hysterocele
Hy|ster|ody|nie (f) hysterodynia
hy|ste|ro|gen (adj) hysterogenic
Hy|ste|ro|gramm (n) hysterogram
Hy|ste|ro|gra|phie (f) hysterography
hy|ste|ro|id (adj) hysteroid
Hy|ste|ro|la|pa|ro|to|mie (f) hysterolaparotomy
Hy|ste|ro|lith (m) hysterolith
Hy|ste|ro|li|thia|se (f) hysterolithiasis
Hy|ste|ro|lo|gie (f) hysterology
Hy|ste|ro|my|om (n) hysteromyoma
Hy|ste|ro|my|om|ec|to|mie (f) hysteromyomectomy
Hy|ste|ro-Oo|phor|ec|to|mie (f) hystero-oophorectomy
Hy|ste|ro|pa|thie (f) hysteropathy
hy|ste|ro|pa|thisch (adj)

hysteropathic
Hy|ste|ro|pe|xie (f) hystero-pexy
Hy|ste|ro|pto|se (f) hysteroptosis
Hy|ste|ror|rhe|xis (f) hysterorrhexis
Hy|ste|ro|sal|ping|ec|to|mie (f) hysterosalpingectomy
Hy|ste|ro|sal|pin|go|gra|phie (f) hysterosalpingography
Hy|ste|ro|sal|pin|go-Oo|phor-ec|to|mie (f) hystero-salpingo-oophorectomy
Hy|ste|ro|sal|pin|go|sto|mie (f) hysterosalpingostomy
Hy|ste|ro|scop (n) hysteroscope
Hy|ste|ro|sco|pie (f) hysteroscopy
Hy|ste|ro|tom (n) hysterotome
Hy|ste|ro|to|mie (f) hysterotomy
Hy|ste|ro|tra|chel|ec|to|mie (f) hysterotrachelectomy
Hy|ste|ro|tra|che|lor|rha|phie (f) hysterotrachelorrhaphy
Ia|tro|che|mie (f) iatro-chemistry
ia|tro|gen (adj) iatrogenic
Ia|tro|ge|ne|se (f) iatro-genesis
Ia|tro|phy|sik (f) iatrophysics
Ich|no|gramm (n) ichnogram
Ich-Stär|ke (f) ego-strength
Ich|thy|is|mus (m) ichthyismus
Ich|thyo|sar|co|to|xin (n) ichthyosarcotoxin
ich|thyo|sar|co|to|xisch (adj) ichthyosarcotoxic
Ich|thyo|sar|co|to|xis|mus (m) ichthyosarcotoxism
ich|thyo|si|form (adj) ichthyosiform
Ich|thyo|se (f) ichthyosis
ich|thyo|tisch (adj) ichthyotic
Ich|thyo|to|xin (n) ichthyo-toxin
Ich|thyo|to|xis|mus (m) ichthyotoxism
ic|te|risch (adj) icteric
ic|te|ro|gen (adj) icterogenic
ic|te|ro|id (adj) icteroid
Ic|te|rus (m) icterus
Ic|tus (m) ictus
ideo|ki|ne|tisch (adj) ideo-kinetic
ideo|mo|to|risch (adj) ideo-motor
ideo|mus|cu|lar (adj) ideo-muscular
Idio|glos|sie (f) idioglossia
idio|glott (adj) idioglottic
Idio|gramm (n) idiogram
idio|mus|cu|lar (adj) idio-muscular
Idio|pa|thie (f) idiopathy
idio|pa|thisch (adj) idiopathic
Idio|plas|ma (n) idioplasm
Idio|re|flex (m) idioreflex
Idio|som (n) idiosome
Idi|ot (m) idiot
Idio|tie (f) idiocy

Igni|punc|tur (f) ignipuncture
ile|al (adj) ileal
Ile|ec|to|mie (f) ileectomy
Ile|itis (f) ileitis
ile|itisch (adj) ileitic
ileo|cae|cal (adj) ileocaecal
Ileo|cae|co|sto|mie (f) ileo-caecostomy
Ileo|cae|cum (n) ileocaecum
ileo|co|lisch (adj) ileocolic
Ileo|co|li|tis (f) ileocolitis
ileo|co|lo|nisch (adj) ileo-colonic
Ileo|co|lo|sto|mie (f) ileo-colostomy
Ileo|cy|sto|pla|stik (f) ileocystoplasty
ileo|ile|al (adj) ileoileal
Ileo|ileo|sto|mie (f) ileoileostomy
Ileo|proc|to|sto|mie (f) ileoproctostomy
Ile|or|rha|phie (f) ileorrhaphy
Ileo|sig|mo|ido|sto|mie (f) ileosigmoidostomy
Ileo|sto|mie (f) ileostomy
Ileo|to|mie (f) ileotomy
ileo|trans|vers (adj) ileotransverse
Ileo|trans|ver|so|sto|mie (f) ileotransversostomy
Ile|um (n) ileum
Ile|us (m) ileus
ilia|cal (adj) iliac
ilio|fe|mo|ral (adj) iliofemoral
Ilio|pa|gus (m) iliopagus
Ilio|pso|as (m) iliopsoas
Ilio|tho|ra|co|pa|gus (m) iliothoracopagus
Ilio|xi|pho|pa|gus (m) ilioxiphopagus
Ili|um (n) ilium
im|be|cil (adj) imbecile
Im|be|ci|li|tät (f) imbecility
im|bi|bie|ren (v) imbibe
Im|bi|bi|ti|on (f) imbibition
im|mun (adj) immune
Im|mun|ant|wort (f) immune response
Im|mun|che|mie (f) immunochemistry
Im|mun|de|fi|ci|enz (f) immunodeficiency
Im|mun|dif|fu|si|on (f) immunodiffusion
Im|mun|re|ak|ti|on (f) immune reaction
Im|mu|ni|sa|ti|on (f) immunisation
im|mu|ni|sie|ren (v) immunise
im|mu|ni|siert (ppe) immunised
Im|mu|ni|tät (f) immunity
Im|mu|no|blast (m) immunoblast
im|mu|no|bla|stisch (adj) immunoblastic
Im|mu|no|elec|tro|pho|re|se (f) immunoelectrophoresis
im|mu|no|elec|tro|pho|re|tisch (adj) immunoelectrophoretic
Im|mu|no|fluo|res|cenz (f) immunofluorescence

Im|mu|no|gen (n) immunogen
im|mu|no|gen (adj) immunogenic
Im|mu|no|ge|ne|tik (f) immunogenetics
Im|mu|no|ge|ni|tät (f) immunogenicity
Im|mu|no|glo|bu|lin (n) immunoglobulin
Im|mu|no|hae|ma|to|lo|gie (f) immunohaematology
Im|mu|no|lo|ge (m) immunologist
Im|mu|no|lo|gie (f) immunology
im|mu|no|lo|gisch (adj) immunologic
Im|mu|no|pa|thie (f) immunopathy
Im|mu|no|pa|tho|lo|gie (f) immunopathology
Im|mu|no|sup|pres|si|on (f) immunosuppression
im|mu|no|sup|pres|siv (adj) immunosuppressive
Im|mu|no|sup|pres|si|vum (n) immunosuppressive
Im|mu|no|the|ra|pie (f) immunotherapy
Im|per|fo|ra|ti|on (f) imperforation
im|per|mea|bel (adj) impermeable
Im|pe|ti|gi|ni|sa|ti|on (f) impetiginisation
im|pe|ti|gi|no|id (adj) impetiginoid
Im|pe|ti|go (f) impetigo
imp|fen (v) vaccinate
Impf|stoff (m) vaccine
Imp|fung (f) vaccination
Im|plan|tat (n) implant
Im|plan|ta|ti|on (f) implantation
im|plan|tie|ren (v) implant
im|po|tent (adj) impotent
Im|po|tenz (f) impotence
Im|puls (m) impulse
In|aci|di|tät (f) inacidity
in|ac|tiv (adj) inactive
in|ac|ti|vie|ren (v) inactivate
In|ac|ti|vi|tät (f) inactivity
In|ad|ae|quanz (f) inadequacy
in|ad|ae|quat (adj) inadequate
Ina|ni|ti|on (f) inanition
In|ap|pe|tenz (f) inappetence
In|car|ce|ra|ti|on (f) incarceration
in|car|ce|rie|ren (v) incarcerate
in|car|ce|riert (ppe) incarcerated
In|cest (m) incest
In|ci|denz (f) incidence
in|ci|pi|ent (adj) incipient
In|ci|si|on (f) incision
in|co|agu|la|bel (adj) incoagulable
in|com|pa|ti|bel (adj) incompatible
In|com|pa|ti|bi|li|tät (f) incompatibility

In|com|pen|sa|ti|on (f) incompensation
In|con|ti|nenz (f) incontinence
In|cre|ti|on (f) incretion
in|cre|to|risch (adj) incretory
In|cu|ba|ti|on (f) incubation
In|cu|ba|tor (m) incubator
in|cu|bie|ren (v) incubate
in|cu|ra|bel (adj) incurable
In|dol (n) indole
In|dol|acet|urie (f) indolaceturia
In|dol|urie (f) indoluria
in|du|cie|ren (v) induce
In|du|ra|ti|on (f) induration
In|ebri|ans (n) inebriant
in|ert (adj) inert
In|er|tie (f) inertia
in|fan|til (adj) infantile
In|fan|ti|lis|mus (m) infantilism
In|farct (m) infarct, infarction
in|fec|ti|os (adj) infectious
In|fe|cun|di|tät (f) infecundity
in|fe|ri|or (adj) inferior
in|fer|til (adj) infertile
In|fer|ti|li|tät (f) infertility
In|fe|sta|ti|on (f) infestation
In|fi|bu|la|ti|on (f) infibulation
in|fi|cie|ren (v) infect
In|fil|trat (n) infiltrate
In|flam|ma|ti|on (f) inflammation
In|fla|ti|on (f) inflation
In|flu|en|za (f) influenza
in|fra|cla|vi|cu|lar (adj) infraclavicular
In|frac|ti|on (f) infraction
In|fu|si|on (f) infusion
In|ge|sti|on (f) ingestion
In|gre|di|ens (n) ingredient
in|gui|nal (adj) inguinal
In|ha|lat (n) inhalant
In|ha|la|ti|on (f) inhalation
In|ha|la|tor (m) inhalator
in|ha|lie|ren (v) inhale
in|hi|bie|ren (v) inhibit
In|hi|bin (n) inhibin
In|hi|bi|ti|on (f) inhibition
In|hi|bi|tor (m) inhibitor
in|hi|bi|to|risch (adj) inhibitory
Ini|on (n) inion
In|jec|ti|on (f) injection
in|ji|cie|ren (v) inject
In|ner|va|ti|on (f) innervation
in|ner|vie|ren (v) innervate
in|ocu|la|bel (adj) inoculable
In|ocu|la|ti|on (f) inoculation
In|ocu|la|tor (m) inoculator
in|ocu|lie|ren (v) inoculate
Ino|cyt (m) inocyte
in|ope|ra|bel (adj) inoperable
Inos|ae|mie (f) inosaemia
Ino|sin (n) inosine
Ino|sit (m) inosite
Ino|sit|urie (f) inosituria
Inos|urie (f) inosuria
ino|trop (adj) inotropic

In|sa|li|va|ti|on (f) insalivation
In|sect (n) insect
In|sec|ti|cid (n) insecticide
In|se|mi|na|ti|on (f) insemination
In|ser|ti|on (f) insertion
in|si|di|os (adj) insidious
In|so|la|ti|on (f) insolation
In|som|nie (f) insomnia
In|spi|ra|ti|on (f) inspiration
in|spi|ra|to|risch (adj) inspiratory
in|spi|rie|ren (v) inspire
In|spis|sa|ti|on (f) inspissation
in|sta|bil (adj) unstable
In|stil|la|ti|on (f) instillation
In|stinct (m) instinct
In|su|dat (n) insudate
in|su|die|ren (v) insudate
in|suf|fi|ci|ent (adj) insufficient
In|suf|fi|ci|enz (f) insufficiency
In|suf|fla|ti|on (f) insufflation
In|su|lin (n) insulin
In|su|lin|ae|mie (f) insulinaemia
In|su|li|na|se (f) insulinase
In|su|li|nom (n) insulinoma
In|su|li|tis (f) insulitis
In|su|lom (n) insuloma
In|sult (m) insult
In|te|gu|ment (n) integument
in|te|gu|men|tar (adj) integumentary
In|tel|lect (m) intellect
In|tel|li|genz (f) intelligence
In|ten|si|tät (f) intensity
in|ter|anu|lar (adj) interanular
in|ter|ar|ti|cu|lar (adj) interarticular
in|ter|atri|al (adj) interatrial
in|ter|axo|nal (adj) interaxonal
in|ter|ca|lar (adj) intercalary
in|ter|ca|na|li|cu|lar (adj) intercanalicular
in|ter|ca|pil|lar (adj) intercapillary
in|ter|car|pal (adj) intercarpal
in|ter|cel|lu|lar (adj) intercellular
in|ter|chon|dral (adj) interchondral
in|ter|cla|vi|cu|lar (adj) interclavicular
in|ter|con|dy|lar (adj) intercondylar
in|ter|co|ro|nar (adj) intercoronary
in|ter|co|stal (adj) intercostal
In|ter|cri|co|thy|ro|to|mie (f) intercricothyrotomy
in|ter|cri|stal (adj) intercristal
in|ter|cur|rent (adj) intercurrent

in|ter|den|tal (adj) interdental

In|ter|den|ti|um (n) interdentium

in|ter|di|gi|tal (adj) interdigital

In|ter|di|gi|ta|ti|on (f) interdigitation

in|ter|di|gi|tie|ren (v) interdigitate

in|ter|duc|tal (adj) interductal

in|ter|fas|ci|cu|lar (adj) interfascicular

In|ter|fe|renz (f) interference

In|ter|fe|ron (n) interferon

in|ter|fol|li|cu|lar (adj) interfollicular

in|ter|glo|bu|lar (adj) interglobular

in|ter|glu|tae|al (adj) interglutaeal

in|ter|he|mi|sphae|risch (adj) interhemispheric

In|ter|ki|ne|se (f) interkinesis

in|ter|la|bi|al (adj) interlabial

in|ter|la|mel|lar (adj) interlamellar

in|ter|la|mi|nar (adj) interlaminar

in|ter|li|ga|men|tar (adj) interligamentary

in|ter|li|ga|men|tos (adj) interligamentous

in|ter|lo|bar (adj) interlobar

in|ter|lo|bu|lar (adj) interlobular

in|ter|mam|mar (adj) intermammary

in|ter|me|di|ar (adj) intermediary

in|ter|me|nin|ge|al (adj) intermeningeal

in|ter|men|stru|al (adj) intermenstrual

in|ter|me|ta|car|pal (adj) intermetacarpal

in|ter|me|ta|tar|sal (adj) intermetatarsal

in|ter|mi|to|tisch (adj) intermitotic

in|ter|mit|tie|rend (ppr) intermittent

in|ter|mu|ral (adj) intermural

in|ter|mus|cu|lar (adj) intermuscular

in|ter|na|tal (adj) internatal

In|ter|neu|ron (n) interneuron

in|ter|neu|ro|nal (adj) interneuronal

In|ter|nist (m) internist

in|ter|no|dal (adj) internodal

In|ter|no|di|um (n) internode

in|te|ro|cep|tiv (adj) interoceptive

In|te|ro|cep|tor (m) interoceptor

in|te|ro|fec|tiv (adj) interofective

in|ter|os|sar (adj) interosseous

In|ter|os|sei (mpl) interossei

In|ter|os|se|us (m) interosseus

in|ter|pa|pil|lar (adj) interpapillary

in|ter|pa|rie|tal (adj) interparietal

in|ter|pel|vio|ab|do|mi|nal (adj) interpelvioabdominal

in|ter|pha|lan|ge|al (adj) interphalangeal

In|ter|pha|se (f) interphase

in|ter|pha|sisch (adj) interphasic

in|ter|pleu|ral (adj) interpleural

in|ter|po|nie|ren (v) interpose

In|ter|po|si|ti|on (f) interposition

in|ter|pu|pil|lar (adj) interpupillary

in|ter|py|ra|mi|dal (adj) interpyramidal

in|ter|rup|tie|ren (v) interrupt

in|ter|sca|pu|lar (adj) interscapular

in|ter|seg|men|tal (adj) intersegmental

In|ter|sex (m) intersex

In|ter|se|xua|li|tät (f) intersexuality

in|ter|spi|nal (adj) interspinal

in|ter|sti|ti|ell (adj) interstitial

In|ter|sti|ti|um (n) interstitium

in|ter|sy|sto|lisch (adj) intersystolic

in|ter|tar|sal (adj) intertarsal

In|ter|tri|go (f) intertrigo

in|ter|tro|chan|ter (adj) intertrochanteric

in|ter|tu|be|ral (adj) intertuberal

in|ter|tu|ber|cu|lar (adj) intertubercular

in|ter|ven|tri|cu|lar (adj) interventricular

in|ter|ver|te|bral (adj) intervertebral

in|ter|vil|los (adj) intervillous

in|te|sti|nal (adj) intestinal

In|te|sti|num (n) intestinum

In|ti|ma (f) intima

In|ti|mi|tis (f) intimitis

In|to|xi|ca|ti|on (f) intoxication

in|tra|ab|do|mi|nal (adj) intraabdominal

in|tra|al|veo|lar (adj) intraalveolar

in|tra|ar|te|ri|ell (adj) intraarterial

in|tra|ar|ti|cu|lar (adj) intraarticular

in|tra|atri|al (adj) intraatrial

in|tra|ca|na|li|cu|lar (adj) intracanalicular

in|tra|cap|su|lar (adj) intracapsular

in|tra|car|di|al (adj) intracardial

in|tra|ca|ver|nos (adj) intracavernous

in|tra|ca|vi|tar (adj) intracavitary

in|tra|cel|lu|lar (adj) intracellular

in|tra|ce|re|bel|lar (adj) intracerebellar

in|tra|ce|re|bral (adj) intracerebral

in|tra|cra|ni|al (adj) intracranial

in|tra|cu|tan (adj) intracutaneous

in|tra|der|mal (adj) intradermal

in|tra|duc|tal (adj) intraductal

in|tra|du|ral (adj) intradural

in|tra|em|bryo|nal (adj) intraembryonic

in|tra|epi|der|mal (adj) intraepidermal

in|tra|epi|the|li|al (adj) intraepithelial

in|tra|fu|sal (adj) intrafusal

in|tra|glu|tae|al (adj) intraglutaeal

in|tra|he|pa|tisch (adj) intrahepatic

in|tra|li|ga|men|tar (adj) intraligamentary

in|tra|li|ga|men|tos (adj) intraligamentous

in|tra|lo|bar (adj) intralobar

in|tra|lo|bu|lar (adj) intralobular

in|tra|lu|mi|nal (adj) intraluminal

in|tra|mam|mar (adj) intramammary

in|tra|me|dul|lar (adj) intramedullary

in|tra|mu|ral (adj) intramural

in|tra|mus|cu|lar (adj) intramuscular

in|tra|na|sal (adj) intranasal

in|tra|neu|ral (adj) intraneural

in|tra|ocu|lar (adj) intraocular

in|tra|ope|ra|tiv (adj) intraoperative

in|tra|oral (adj) intraoral

in|tra|or|bi|tal (adj) intraorbital

in|tra|pa|rie|tal (adj) intraparietal

in|tra|pel|vin (adj) intrapelvic

in|tra|pel|visch (adj) intrapelvic

in|tra|pe|ri|car|di|al (adj) intrapericardial

in|tra|pe|ri|to|nae|al (adj) intraperitonaeal

in|tra|pleu|ral (adj) intrapleural

in|tra|pul|mo|nal (adj) intrapulmonary

in|tra|re|nal (adj) intrarenal
in|tra|scro|tal (adj) intrascrotal
in|tra|seg|men|tal (adj) intrasegmental
in|tra|sel|lar (adj) intrasellar
in|tra|spi|nal (adj) intraspinal
in|tra|tho|ra|cal (adj) intrathoracic
in|tra|ton|sil|lar (adj) intratonsillar
in|tra|tra|che|al (adj) intratracheal
in|tra|tu|bar (adj) intratubal
in|tra|tu|bu|lar (adj) intratubular
in|tra|ure|thral (adj) intraurethral
in|tra|ute|rin (adj) intrauterine
in|tra|va|gi|nal (adj) intravaginal
in|tra|vas|cu|lar (adj) intravascular
in|tra|ve|nos (adj) intravenous
in|tra|ven|tri|cu|lar (adj) intraventricular
in|tra|ve|si|cal (adj) intravesical
in|tra|vi|tal (adj) intravital
in|trin|sisch (adj) intrinsic
In|tro|itus (m) introitus
In|tro|mis|si|on (f) intromission
In|tro|spec|ti|on (f) introspection
In|tro|ver|si|on (f) introversion
In|tu|ba|ti|on (f) intubation
In|tu|mes|cenz (f) intumescence
In|tus|sus|cep|ti|on (f) intussusception
In|tus|sus|cep|tum (n) intussusceptum
In|tus|sus|ci|pi|ens (n) intussuscipiens
In|unc|ti|on (f) inunction
In|va|gi|na|ti|on (f) invagination
in|va|gi|nie|ren (v) invaginate
In|va|li|de (m) invalid
in|va|siv (adj) invasive
In|ver|si|on (f) inversion
in|ver|tie|ren (v) invert
In|ver|to|se (f) invertose
In|vo|lu|ti|on (f) involution
In|zucht (f) inbreeding
Iod (n) iodine
Io|dat (n) iodate
Io|did (n) iodide
io|die|ren (v) iodinate
Io|dis|mus (m) iodism
Io|do|phi|lie (f) iodophilia
Ion (n) ion
io|nal (adj) ionic
Io|nen|aus|tausch (m) ion exchange
Io|ni|sa|ti|on (f) ionisation

io|ni|sie|ren (v) ionise
Io|no|me|ter (n) ionometer
Ion|to|pho|re|se (f) iontophoresis
Io|pho|bie (f) iophobia
Ip|sa|ti|on (f) ipsation
ip|si|la|te|ral (adj) ipsilateral
ip|si|ver|siv (adj) ipsiversive
Irid|ec|to|mie (f) iridectomy
Irid|en|clei|sis (f) iridencleisis
Iri|do|cap|su|li|tis (f) iridocapsulitis
Iri|do|ce|le (f) iridocele
Iri|do|cho|ro|idi|tis (f) iridochoroiditis
Iri|do|cy|cli|tis (f) iridocyclitis
Iri|do|dia|gno|se (f) iridodiagnosis
Iri|do|dia|ly|se (f) iridodialysis
Iri|do|do|ne|se (f) iridodonesis
Iri|do|ki|ne|se (f) iridokinesis
Iri|do|pa|ra|ly|se (f) iridoparalysis
Iri|do|pa|re|se (f) iridoparesis
Iri|do|pa|thie (f) iridopathy
Iri|do|ple|gie (f) iridoplegia
Iri|dor|rhe|xis (f) iridorrhexis
Iri|do|to|mie (f) iridotomy
Iris (f) iris
Iri|tis (f) iritis
Iri|to|mie (f) iritomy
ir|re|ver|si|bel (adj) irreversible
Ir|ri|ga|ti|on (f) irrigation
Ir|ri|ga|tor (m) irrigator
ir|ri|ta|bel (adj) irritable
Ir|ri|ta|bi|li|tät (f) irritability
Ir|ri|tans (n) irritant
Ir|ri|ta|ti|on (f) irritation
Isch|ae|mie (f) ischaemia
isch|ae|misch (adj) ischaemic
Is|chi|al|gie (f) ischialgia
is|chi|al|gisch (adj) ischialgic
Isch|idro|se (f) ischidrosis
isch|idro|tisch (adj) ischidrotic
Is|chio|di|dy|mus (m) ischiodidymus
Is|chio|pa|gie (f) ischiopagy
Is|chio|pa|gus (m) ischiopagus
Is|chio|pu|bio|to|mie (f) ischiopubiotomy
is|chio|rec|tal (adj) ischiorectal
Is|chi|um (n) ischium
Isch|urie (f) ischuria
Iso|ag|glu|ti|no|gen (n) isoagglutinogen
Iso|an|ti|gen (n) isoantigen
Iso|an|ti|kör|per (m) isoantibody
Iso|bu|tyl (n) isobutyl
iso|chro|ma|tisch (adj) isochromatic
iso|chro|ma|to|phil (adj)

isochromatophilic
iso|chron (adj) isochronal
Iso|co|rie (f) isocoria
Iso|cor|tex (m) isocortex
Iso|dac|ty|lis|mus (m) isodactylism
iso|dy|na|misch (adj) isodynamic
iso|elec|trisch (adj) isoelectric
Iso|en|zym (n) isoenzyme
Iso|haem|ag|glu|ti|nin (n) isohaemagglutinin
Iso|hae|mo|ly|sin (n) isohaemolysin
Iso|hae|mo|ly|se (f) isohaemolysis
iso|hae|mo|ly|tisch (adj) isohaemolytic
iso|im|mun (adj) isoimmune
Iso|im|mu|ni|sa|ti|on (f) isoimmunisation
iso|io|nisch (adj) isoionic
iso|la|te|ral (adj) isolateral
Iso|leu|cin (n) isoleucine
Iso|ly|sin (n) isolysin
Iso|mal|to|se (f) isomaltose
Iso|mer (n) isomer
iso|mer (adj) isomeric
Iso|me|ra|se (f) isomerase
Iso|me|rie (f) isomerism
Iso|me|ri|sa|ti|on (f) isomerisation
iso|me|ri|sie|ren (v) isomerise
Iso|me|trie (f) isometry
iso|me|trisch (adj) isometric
Iso|me|tro|pie (f) isometropia
iso|os|mo|tisch (adj) isoosmotic
Iso|pa|thie (f) isopathy
iso|pa|thisch (adj) isopathic
Iso|pho|rie (f) isophoria
Iso|pren (n) isoprene
Iso|pro|pa|nol (n) isopropanol
iso|se|xu|ell (adj) isosexual
is|os|mo|tisch (adj) isosmotic
Iso|spo|ro|se (f) isosporosis
Iso|sthen|urie (f) isosthenuria
Iso|the|ra|pie (f) isotherapy
iso|therm (adj) isothermal
Iso|ther|me (f) isotherm
iso|ton (adj) isotonic
Iso|top (n) isotope
iso|top (adj) isotopic
Iso|trans|plan|ta|ti|on (f) isotransplantation
iso|vo|lu|me|trisch (adj) isovolumetric
Iso|zym (n) isozyme
Isth|mec|to|mie (f) isthmectomy
Isth|mus (m) isthmus
Ix|odia|se (f) ixodiasis
Jac|ta|ti|on (f) jactation
Jac|ti|ta|ti|on (f) jactitation
Ja|mais-vu (n) jamais vu
Ja|ni|ceps (m) janiceps
Ja|nus (m) janus
je|ju|nal (adj) jejunal
Je|jun|ec|to|mie (f) jejunectomy
Je|ju|ni|tis (f) jejunitis
Je|ju|no|cae|co|sto|mie (f) jejunocaecostomy
Je|ju|no|co|lo|sto|mie (f)

jejunocolostomy

je|ju|no|ga|strisch (adj) jejunogastric

Je|ju|no|ile|itis (f) jejuno-ileitis

Je|ju|no|ileo|sto|mie (f) jejunoileostomy

Je|ju|no|ile|um (n) jejunoileum

Je|ju|no|je|ju|no|sto|mie (f) jejunojejunostomy

Je|ju|nor|rha|phie (f) jejunorrhaphy

Je|ju|no|sto|mie (f) jejunostomy

Je|ju|no|to|mie (f) jejunotomy

Je|ju|num (n) jejunum

Joch|bein (n) cheekbone

Joule (n) joule

Ju|gend (f) youth

ju|gend|lich (adj) juvenile

ju|gu|lar (adj) jugular

Ju|gum (n) jugum

Junc|tu|ra (f) junctura

Jung|frau (f) virgin

Jungsch (adj) Jungian

jux|ta-ar|ti|cu|lar (adj) juxta-articular

jux|ta|cor|ti|cal (adj) juxtacortical

jux|ta|glo|me|ru|lar (adj) juxtaglomerular

jux|ta|py|lo|risch (adj) juxtapyloric

Kä|fer (m) beetle

kä|sig (adj) cheesy

kahl (adj) bald

Kai|ser|schnitt (m) caesarean section

Kal|ae|mie (f) kalaemia

kal|ae|misch (adj) kalaemic

Ka|li|ae|mie (f) kaliaemia

Ka|lio|pe|nie (f) kaliopenia

ka|lio|pe|nisch (adj) kaliopenic

Ka|li|um (n) kalium

kalt|blü|tig (adj) cold-blooded

Kap|pa (n) kappa

Kap|pa-Ket|te (f) kappa chain

Ka|ter (m) hangover, male cat

Kat|zen|darm catgut

kau|en (v) chew, masticate

Keim (m) germ

kei|men (v) germinate

Kei|mung (f) germination

Kelch (m) calix

kelch|för|mig (adj) caliciform

Ke|lo|id (n) keloid

Ke|no|pho|bie kenophobia

Kent-Bün|del (n) bundle of Kent

Ke|ra|sin (n) kerasin

Ke|rat|al|gie (f) keratalgia

Ke|ra|tin (n) keratin

Ke|ra|ti|ni|sa|ti|on (f) keratinisation

ke|ra|ti|ni|sie|ren (v) keratinise

Ke|ra|ti|no|cyt (m) keratino-cyte

Ke|ra|ti|tis (f) keratitis

ke|ra|ti|tisch (adj) keratitic

Ke|ra|to|acan|thom (n)

Ke|ra|to|ce|le (f) keratocele

Ke|ra|to|cen|te|se (f) keratocentesis

Ke|ra|to|con|junc|ti|vi|tis (f) keratoconjunctivitis

Ke|ra|to|der|ma (n) kerato-derma

Ke|ra|to|ge|ne|se (f) keratogenesis

Ke|ra|to|glo|bus (m) keratoglobus

Ke|ra|to|hel|co|se (f) keratohelcosis

ke|ra|to|hya|lin (adj) keratohyaline

Ke|ra|to|iri|tis (f) keratoiritis

Ke|ra|to|leu|com (n) kerato-leucoma

Ke|ra|to|ly|se (f) keratolysis

Ke|ra|to|ly|ti|cum (n) keratolytic

ke|ra|to|ly|tisch (adj) keratolytic

Ke|ra|tom (n) keratoma

Ke|ra|to|ma|la|cie (f) keratomalacia

Ke|ra|to|me|ga|lie (f) keratomegaly

Ke|ra|to|me|ter (n) keratometer

Ke|ra|to|me|trie (f) keratometry

Ke|ra|to|my|co|se (f) keratomycosis

Ke|ra|to|pa|thie (f) keratopathy

Ke|ra|to|pla|stik (f) kerato-plasty

Ke|ra|to|se (f) keratosis

Ke|ra|to|to|mie (f) keratotomy

Kern (m) nucleus

kern|hal|tig (adj) nucleated

kern|los (adj) nonnucleated

Ke|to|aci|do|se (f) ketoacidosis

ke|to|gen (adj) ketogenic

Ke|to|hep|to|se (f) ketoheptose

Ke|to|he|xo|se (f) ketohexose

Ke|to|ly|se (f) ketolysis

Ke|ton (n) ketone

Ke|ton|ae|mie (f) ketonaemia

Ke|ton|urie (f) ketonuria

Ke|to|se (f) ketose, ketosis

Ke|to|sid (n) ketoside

Ke|to|sis (f) ketosis

Ke|to|ste|ro|id (n) ketosteroid

ke|to|tisch (adj) ketotic

Ket|te (f) chain

Keuch|hu|sten (m) whooping cough

Kie|fer (m) jaw

Ki|lo|ca|lo|rie (f) kilocalory

Ki|lo|joule (n) kilojoule

Kin|aes|the|sie (f) kinaesthesia

Kin|aes|the|sio|me|ter (n) kinaesthesiometer

Ki|na|se (f) kinase

Kind|bett (n) childbed

Kin|des|miß|hand|lung (f) child abuse

Kind|heit (f) childhood

Ki|ne|pla|stik (f) kineplasty
Ki|ne|scop (n) kinescope
Ki|ne|si|aes|the|sio|me|ter (n) kinesiaesthesiometer
Ki|nes|ia|trie (f) kinesiatrics
Ki|ne|si|me|ter (n) kinesimeter
Ki|ne|sio|lo|gie (f) kinesiology
Ki|ne|sio|me|ter (n) kinesiometer
Ki|ne|si|the|ra|pie (f) kinesitherapy
Ki|ne|tik (f) kinetics
Ki|ne|to|car|dio|gramm (n) kinetocardiogram
Ki|ne|to|se (f) kinetosis
Ki|ne|to|the|ra|pie (f) kinetotherapy
Ki|nin (n) kinin
Kinn (n) chin
Ki|no|cen|trum (n) kinocentrum
Klär|ra|te (f) clearance
Klap|pe (f) valve
Klap|per|schlan|ge (f) rattlesnake
Klem|me (f) clamp
Knie (n) knee
Knie|ge|lenk (n) knee joint
Knie|schei|be (f) knee cap
Kno|chen (m) bone
Kno|chen|bruch (m) bone fracture
knö|chern (adj) bony
Knöt|chen (n) nodule
Knor|pel (m) cartilage
Knos|pe (f) bud
Kno|ten (m) node
Kör|per (m) body
Kör|per|chen (n) corpuscle
Koh|len|di|oxid (n) carbon dioxide
Koh|len|di|oxid-Ab|sorp|ti|on (f) carbon-dioxide absorption
Koh|len|hy|drat (n) carbohydrate
Koh|len|stoff (m) carbon
Kopf (m) head
Kopf|schmerz (m) headache
Kost (f) diet
Kraft (f) strength, force
Krampf (m) cramp
krank (adj) ill
Kran|ken|haus (n) hospital
Kran|ken|schwe|ster (f) nurse
Kran|ken|wa|gen (m) ambulance
Krank|heit (f) illness, disease
krat|zen (v) scratch
Kraut (n) herb
Krebs (m) cancer
Krebs|angst (f) cancerophobia
Krebs|for|schung (f) cancer research
Kreis|lauf (m) circulation
kreu|zen (v) crossbreed, decussate, cross
Krö|te (f) toad
Kropf (m) goitre, goiter
künst|lich (adj) artificial
Kü|ret|ta|ge (f) curettage
Kü|ret|te (f) curet, curette
kurz|sich|tig (adj) nearsighted

Kurz|sich|tig|keit (f) nearsightedness
Kwa|schi|or|kor (m) kwashiorkor
Ky|mo|gramm (n) kymogram
Ky|mo|graph (m) kymograph
Kyn|ore|xie (f) kynorexia
Ky|pho|sco|lio|se (f) kyphoscoliosis
Ky|pho|se (f) kyphosis
la|bi|al (adj) labial
La|bia|lis|mus (m) labialism
La|bi|um (n) labium
La|brum (n) labrum
La|by|rinth (n) labyrinth
La|by|rin|thi|tis (f) labyrinthitis
La|by|rin|thus (m) labyrinthus
Lac (n) lac
Lac|ca|se (f) laccase
La|ce|ra|ti|on (f) laceration
la|ce|rie|ren (v) lacerate
La|cer|tus (m) lacertus
La|cri|ma (f) lacrima
la|cri|mal (adj) lacrimal
Lact|acid|ae|mie (f) lactacidaemia
Lact|acid|urie (f) lactaciduria
Lact|ago|gum (n) lactagogue
Lact|al|bu|min (n) lactalbumin
Lac|ta|se (f) lactase
Lac|ta|ti|on (f) lactation
lac|tie|ren (v) lactate
Lac|ti|fu|gum (n) lactifuge
Lac|to|ba|cil|lus (m) lactobacillus
lac|to|gen (adj) lactogenic
Lac|to|glo|bu|lin (n) lactoglobulin
Lac|to|pro|te|in (n) lactoprotein
Lac|to|se (f) lactose
Lac|tos|urie (f) lactosuria
lac|to|ve|ge|ta|risch (adj) lactovegetarian
La|cu|na (f) lacuna
la|cu|nar (adj) lacunar
La|cu|ne (f) lacune
La|cus (m) lacus
Läh|mung (f) palsy
Läpp|chen (n) lobule
Lae|si|on (f) lesion
Lal|la|ti|on (f) lallation
Lal|len (n) lalling
La|lo|pa|thie (f) lalopathy
La|lo|ple|gie (f) laloplegia
La|mar|ckis|mus (m) Lamarckism
Lamb|da (n) lambda
Lamb|da-Ket|te (f) lambda chain
Lamb|da|cis|mus (m) lambdacism
lamb|do|id (adj) lambdoid
La|mel|la (f) lamella
La|mi|na (f) lamina
la|mi|nar (adj) laminar
La|min|ec|to|mie (f) laminectomy
lan|ci|nie|ren (v) lancinate
Lan|ger|hans-In|sel (f) islet

of Langerhans
Lang|le|big|keit (f) longevity
La|pa|ror|rha|phie (f) laparorrhaphy
La|pa|ro|scop (n) laparoscope
La|pa|ro|to|mie (f) laparotomy
La|pa|ro|tra|che|lo|to|mie (f) laparotrachelotomy
Lap|pen (m) lobe
Lar|vi|cid (n) larvicide
La|ryng|al|gie (f) laryngalgia
la|ryn|ge|al (adj) laryngeal
La|ryng|ec|to|mie (f) laryngectomy
La|ryn|gis|mus (m) laryngism
La|ryn|gi|tis (f) laryngitis
La|ryn|go|ce|le (f) laryngocele
La|ryn|go|fis|sur (f) laryngofissure
La|ryn|go|gramm (n) laryngogram
La|ryn|go|lo|ge (m) laryngologist
La|ryn|go|pa|ra|ly|se (f) laryngoparalysis
La|ryn|go|pa|thie (f) laryngopathy
la|ryn|go|pha|ryn|ge|al (adj) laryngopharyngeal
La|ryn|go|pha|ryng|ec|to|mie (f) laryngopharyngectomy
La|ryn|go|pha|ryn|gi|tis (f) laryngopharyngitis
La|ryn|go|pha|rynx (m) laryngopharynx
La|ryn|go|ple|gie (f) laryngoplegia
La|ryn|go|pto|se (f) laryngoptosis
La|ryn|gor|rhoe (f) laryngorrhoea
La|ryn|go|scop (n) laryngoscope
La|ryn|go|spas|mus (m) laryngospasm
La|ryn|go|sto|mie (f) laryngostomy
La|ryn|go|stro|bo|scop (n) laryngostroboscope
La|ryn|go|to|mie (f) laryngotomy
La|ryn|go|tra|che|itis (f) laryngotracheitis
La|ryn|go|tra|cheo|bron|chi|tis (f) laryngotracheobronchitis
La|ryn|go|tra|cheo|sco|pie (f) laryngotracheoscopy
La|ryn|go|tra|cheo|to|mie (f) laryngotracheotomy
La|rynx (m) larynx
La|ser (m) laser
la|tent (adj) latent
La|tenz (f) latency
la|te|ral (adj) lateral
La|te|ro|fle|xi|on (f) lateroflexion
La|te|ro|pul|si|on (f) lateropulsion
La|te|ro|tor|si|on (f) laterotorsion
La|te|ro|ver|si|on (f) lateroversion

La|thy|ris|mus (m) lathyrism
La|tis|si|mus (m) latissimus
La|tri|ne (f) latrine
La|tus (n) latus
Laus (f) louse
lau|warm (adj) lukewarm
La|va|ge (f) lavage
lax (adj) lax
La|xa|ti|on (f) laxation
la|xa|tiv (adj) laxative
La|xa|ti|vum (n) laxative
Le|ben (n) life
le|ben (v) live
le|bens|fä|hig (adj) viable
Le|bens|fä|hig|keit (f) viability
Le|ber (f) liver
Le|ber|abs|cess (m) liver abscess
Le|ci|thin (n) lecithin
Le|ci|thi|na|se (f) lecithinase
Lei|che (f) corpse
Lei|chen|hal|le (f) morgue
Lei|den (n) ailment
lei|dend (ppr) ailing
Leio|der|mie (f) leiodermia
Leio|myo|fi|brom (n) leiomyofibroma
Leio|my|om (n) leiomyoma
Leio|myo|sar|com (n) leiomyosarcoma
Leish|ma|nie (f) Leishmania
Leish|ma|nia|se (f) Leishmaniasis
Lem|mo|blast (m) lemmoblast
Lem|mo|bla|stom (n) lemmoblastoma
Lem|mo|cyt (m) lemmocyte
Lem|mo|cy|tom (n) lemmocytoma
Lem|nis|cus (m) lemniscus
Lem|no|blast (m) lemnoblast
Lem|no|cyt (m) lemnocyte
Len|de (f) loin
Lens (f) lens
len|ti|cu|lar (adj) lenticular
len|ti|form (adj) lentiform
Len|ti|go (f) lentigo
Le|pi|dom (n) lepidoma
Le|pra (f) lepra, leprosy
le|pros (adj) leprous
Le|pro|lo|ge (m) leprologist
Le|prom (n) leproma
le|pro|ma|tos (adj) lepromatous
Le|pro|pho|bie (f) leprophobia
Lep|to|ce|pha|lie (f) leptocephaly
Lep|to|cyt (m) leptocyte
Lep|to|cy|to|se (f) leptocytosis
lep|to|dac|tyl (adj) leptodactylous
Lep|to|me|nin|gi|om (n) leptomeningioma
Lep|to|me|nin|gi|tis (f) leptomeningitis
Lep|to|me|nin|go|pa|thie (f) leptomeningopathy
Lep|to|me|ninx (f) leptomeninx
Lep|to|spi|ro|se (f) leptospirosis
Lep|to|taen (n) leptotene
Lep|to|tri|cho|se (f)

leptotrichosis
les|bisch (adj) lesbian
le|tal (adj) lethal
Le|thar|gie (f) lethargy
Leu|cae|mie (f) leucaemia
Leu|cin (n) leucine
Leu|cin|urie (f) leucinuria
Leu|cyl (n) leucyl
Leu|co|blast (m) leucoblast
Leu|co|bla|sto|se (f) leucoblastosis
Leu|co|cyt (m) leucocyte
leu|co|cy|tar (adj) leucocytic
Leu|co|cy|to|blast (m) leucocytoblast
Leu|co|cy|to|ge|ne|se (f) leucocytogenesis
Leu|co|cy|to|ly|sin (n) leucocytolysin
Leu|co|cy|to|ly|se (f) leucocytolysis
Leu|co|cy|tom (n) leucocytoma
Leu|co|cy|to|pe|nie (f) leucocytopenia
leu|co|cy|to|poie|tisch (adj) leucocytopoietic
Leu|co|cy|to|se (f) leucocytosis
Leu|co|cyt|urie (f) leucocyturia
Leu|co|der|ma (n) leucoderma
Leu|co|dys|tro|phie (f) leucodystrophy
Leu|co|en|ce|pha|li|tis (f) leucoencephalitis
Leu|co|en|ce|pha|lo|pa|thie (f) leucoencephalopathy
leu|co|ery|thro|bla|stisch (adj) leucoerythroblastic
Leu|co|ery|thro|bla|sto|se (f) leucoerythroblastosis
Leu|com (n) leucoma
Leuc|ony|chie (f) leuconychia
Leu|co|pa|thie (f) leucopathy
Leu|co|pe|de|se (f) leucopedesis
Leu|co|pe|nie (f) leucopenia
Leu|co|pla|kie (f) leucoplakia
Leu|co|poie|se (f) leucopoiesis
Leu|co|pro|tea|se (f) leucoprotease
Leu|co|se (f) leucosis
Leu|co|ta|xin (n) leucotaxine
Leu|co|tom (n) leucotome
Leu|co|to|mie (f) leucotomy
Leu|co|tri|chie (f) leucotrichia
Le|va|tor (m) levator
Ley|dig|ar|che (f) leydigarche
li|bi|di|nos (adj) libidinous
Li|bi|do (f) libido
Li|chen (m) lichen
Li|che|ni|fi|ca|ti|on (f) lichenification
Li|che|ni|sa|ti|on (f) lichenisation
li|che|nos (adj) lichenous
li|che|no|id (adj) lichenoid
Lid (n) lid
Li|en (m) lien
lie|nal (adj) lienal
Lie|ni|tis (f) lienitis
Lie|no|gra|phie (f) lienography

Lie|no|pa|thie (f) lienopathy
Li|ga|ment (n) ligament
li|ga|men|tos (adj) ligamentous
Li|ga|men|to|pe|xie (f) ligamentopexy
Li|gand (m) ligand
Li|ga|se (f) ligase
Li|ga|ti|on (f) ligation
Li|ga|tur (f) ligature
li|gie|ren (v) ligate
lim|bisch (adj) limbic
Lim|bus (m) limbus
Li|men (n) limen
Li|nea (f) linea
Lin|gua (f) lingua
lin|gu|al (adj) lingual
Lin|gu|la (f) lingula
Lin|gul|ec|to|mie (f) lingulectomy
Li|ni|ment (n) liniment
Links|ver|schie|bung (f) shift to the left
Li|no|len|säu|re (f) linolenic acid
Lin|se (f) lens
Lip|acid|ae|mie (f) lipacidaemia
Lip|acid|urie (f) lipaciduria
Lip|ae|mie (f) lipaemia
Li|pa|se (f) lipase
Li|pas|urie (f) lipasuria
Li|pid (n) lipid
Li|pid|ae|mie (f) lipidaemia
Li|pi|do|se (f) lipidosis
Li|po|blast (m) lipoblast
Li|po|bla|sto|se (f) lipoblastosis
Li|po|cyt (m) lipocyte
Li|po|dys|tro|phie (f) lipodystrophy
Li|po|fi|brom (n) lipofibroma
Li|po|fus|cin (n) lipofuscin
Li|po|ge|ne|se (f) lipogenesis
Li|po|gra|nu|lom (n) lipogranuloma
Li|po|gra|nu|lo|ma|to|se (f) lipogranulomatosis
Li|po|id (n) lipoid
Li|po|id|ae|mie (f) lipoidaemia
Li|po|ido|se (f) lipoidosis
Li|po|ly|se (f) lipolysis
li|po|ly|tisch (adj) lipolytic
Li|pom (n) lipoma
Li|po|ma|to|se (f) lipomatosis
Li|po|me|ta|bo|lis|mus (m) lipometabolism
Li|po|my|xom (n) lipomyxoma
Li|po|pa|thie (f) lipopathy
Li|po|pe|nie (f) lipopenia
Li|po|pha|ge (m) lipophage
li|po|phil (adj) lipophilic
Li|po|phi|lie (f) lipophilia
Li|po|po|ly|sac|cha|rid (n) lipopolysaccharide
Li|po|pro|te|in (n) lipoprotein
Li|po|sar|com (n) liposarcoma
li|po|sar|co|ma|tos (adj) liposarcomatous
li|po|so|lu|bel (adj) liposoluble
li|po|trop (adj) lipotropic

Li|po|vac|cin (n) lipovaccine
Lip|oxi|da|se (f) lipoxidase
Lip|pe (f) lip
Lip|pi|tu|do (f) lippitudo
Lip|urie (f) lipuria
Li|que|fac|ti|on (f) liquefaction
liss|en|ce|phal (adj) lissencephalic
Liss|en|ce|pha|lie (f) lissencephaly
Li|ste|rio|se (f) listeriosis
Lith|ago|gum (n) lithagogue
Li|thia|se (f) lithiasis
Li|thi|um (n) lithium
Li|tho|ke|ly|pho|pae|di|on (n) lithokelyphopaedion
Li|tho|la|pa|xie (f) litholapaxy
Li|tho|ne|phri|tis (f) lithonephritis
Li|tho|pae|di|on (n) lithopaedion
Li|tho|scop (n) lithoscope
Li|tho|to|mie (f) lithotomy
Li|tho|trip|sie (f) lithotripsy
Li|tho|trip|tor (m) lithotrite
Li|tho|trip|to|scop (n) lithotriptoscope
Lith|ure|se (f) lithuresis
Lith|urie (f) lithuria
Li|ve|do (f) livedo
li|vid (adj) livid
Li|vor (m) livor
lo|bar (adj) lobar
Lob|ec|to|mie (f) lobectomy
Lo|bi (mpl) lobi
Lo|bo|cyt (m) lobocyte
Lo|bo|to|mie (f) lobotomy
lo|bu|lar (adj) lobular
Lo|bu|li (mpl) lobuli
Lo|bu|lus (m) lobulus
Lo|bus (m) lobus
lo|cal (adj) local
Lo|ca|li|sa|ti|on (f) localisation
Lo|ca|li|sa|tor (m) localiser
lo|ca|li|sie|ren (v) localise
Lo|chio|col|pos (m) lochiocolpos
Lo|chio|cyt (m) lochiocyte
Lo|chio|me|tra (f) lochiometra
Lo|chio|me|tri|tis (f) lochiometritis
Lo|chi|or|rha|gie (f) lochiorrhagia
Lo|chi|or|rhoe (f) lochiorrhoea
Lo|co|mo|ti|on (f) locomotion
lo|co|mo|to|risch (adj) locomotor
Lo|cus (m) locus
Löf|fel (m) spoon
lö|send (ppr) dissolvent
lös|lich (adj) soluble
Lös|lich|ma|chen (n) solubilisation
lös|lich|ma|chen (v) solubilise
Lös|lich|keit (f) solubility
Lö|sung (f) solution
Lö|sungs|mit|tel (n) solvent
Lo|go|ma|nie (f) logomania
Lo|go|neu|ro|se (f)

logoneurosis
Lo|go|pae|die (f) logopedics
Lo|go|pa|thie (f) logopathy
Lo|gor|rhoe (f) logorrhoea
Lon|gis|si|mus (m) longissimus
lon|gi|tu|di|nal (adj) longitudinal
Lo|qua|ci|tät (f) loquacity
Lor|do|se (f) lordosis
lor|do|tisch (adj) lordotic
Lo|ti|on (f) lotion
lu|cid (adj) lucid
Lu|ci|di|tät (f) lucidity
Lu|ci|fe|ra|se (f) luciferase
Lu|ci|fe|rin (n) luciferin
Lu|es (f) lues
lue|tisch (adj) luetic
Luft (f) air
Luft|röh|re (f) windpipe
Lum|ba|go (f) lumbago
lum|bal (adj) lumbar
lum|bo|sa|cral (adj) lumbo-sacral
Lum|bus (m) lumbus
Lu|men (n) lumen
Lu|mi|nes|cenz (f) luminescence
Lu|na|to|ma|la|cie (f) lunatomalacia
Lu|na|tum (n) lunatum
Lun|ge (f) lung
Lun|gen|abs|cess (m) lung abscess
Lu|nu|la (f) lunula
lu|po|id (adj) lupoid
Lu|pus (m) lupus
lu|te|al (adj) luteal
Lu|te|in (n) lutein
Lu|te|ini|sa|ti|on (f) luteinisation
lu|te|ini|sie|ren (v) luteinise
Lu|te|inom (n) luteinoma
Lu|te|om (n) luteoma
lu|teo|trop (adj) luteotropic
Lu|xa|ti|on (f) luxation
lu|xu|rie|rend (ppr) luxuriant
Lu|xus (m) luxus
Lyc|ore|xie (f) lycorexia
Lym|pha (f) lympha
Lymph|aden|ec|to|mie (f) lymphadenectomy
Lymph|ade|ni|tis (f) lymphadenitis
lymph|ade|no|id (adj) lymphadenoid
Lymph|ade|nom (n) lymphadenoma
Lymph|ade|no|ma|to|se (f) lymphadenomatosis
Lymph|ade|no|pa|thie (f) lymphadenopathy
Lymph|ade|no|se (f) lymphadenosis
Lymph|ade|no|to|mie (f) lymphadenotomy
Lymph|ago|gum (n) lymphagogue
Lymph|an|gi|ec|ta|sie (f) lymphangiectasis
lymph|an|gi|ec|ta|tisch (adj) lymphangiectatic
Lymph|an|gi|ec|to|mie (f)

lymphangiectomy
Lymph|an|gio|en|do|the|li|om (n) lymphangioendothelioma
Lymph|an|gio|gra|phie (f) lymphangiography
Lymph|an|gi|om (n) lymphangioma
Lymph|an|gio|sar|com (n) lymphangiosarcoma
Lymph|an|gio|to|mie (f) lymphangiotomy
Lymph|an|gi|tis (f) lymphangitis
Lym|pha|ti|co|sto|mie (f) lymphaticostomy
lym|pha|tisch (adj) lymphatic
Lym|phe (f) lymph
Lymph|ge|fäß (n) lymph vessel
Lym|pho|blast (m) lymphoblast
lym|pho|bla|stisch (adj) lymphoblastic
Lym|pho|bla|stom (n) lymphoblastoma
Lym|pho|bla|sto|se (f) lymphoblastosis
Lym|pho|cyt (m) lymphocyte
lym|pho|cy|tar (adj) lymphocytic
Lym|pho|cyt|hae|mie (f) lymphocythaemia
lym|pho|cy|to|id (adj) lymphocytoid
Lym|pho|cy|tom (n) lymphocytoma
Lym|pho|cy|to|pe|nie (f) lymphocytopenia
Lym|pho|cy|to|phthi|se (f) lymphocytophthisis
Lym|pho|cy|to|poi|e|se (f) lymphocytopoiesis
Lym|pho|cy|to|se (f) lymphocytosis
Lym|pho|cyt|urie (f) lymphocyturia
Lym|pho|der|mie (f) lymphodermia
Lymph|oe|dem (n) lymphoedema
lym|pho|epi|the|li|al (adj) lymphoepithelial
Lym|pho|epi|the|li|om (n) lymphoepithelioma
lym|pho|epi|the|li|o|ma|tos (adj) lymphoepitheliomatous
lym|pho|gen (adj) lymphogenic
Lym|pho|glan|du|la (f) lymphoglandula
Lym|pho|gra|nu|lom (n) lymphogranuloma
Lym|pho|gra|nu|lo|ma|to|se (f) lymphogranulomatosis
lym|pho|id (adj) lymphoid
Lym|pho|kin (n) lymphokine
Lym|phom (n) lymphoma
Lym|pho|ma|to|se (f) lymphomatosis
Lym|pho|mo|no|cy|to|se (f) lymphomonocytosis
Lym|pho|no|dus (m) lymphonodus
Lym|pho|pa|thie (f) lymphopathy
Lym|pho|pe|nie (f)

lymphopenia
Lym|pho|poi|e|se (f) lymphopoiesis
lym|pho|poi|e|tisch (adj) lymphopoietic
lym|pho|re|ti|cu|lar (adj) lymphoreticular
Lym|phor|rha|gie (f) lymphorrhage
Lym|phor|rhoe (f) lymphorrhoea
Lym|pho|sar|com (n) lymphosarcoma
Lym|pho|sar|co|ma|to|se (f) lymphosarcomatosis
Lym|pho|to|xin (n) lymphotoxin
Lymph|urie (f) lymphuria
Lyo|chrom (n) lyochrome
lyo|phil (adj) lyophilic
Lyo|phi|li|sa|ti|on (f) lyophilisation
lyo|phi|li|sie|ren (v) lyophilise
lyo|phob (adj) lyophobic
Ly|sat (n) lysate
Lys|erg|säu|re (f) lysergic acid
ly|sie|ren (v) lyse
Ly|sin (n) lysin
Ly|sis (f) lysis
Ly|so|ce|pha|lin (n) lysocephalin
Ly|so|le|ci|thin (n) lysolecithin
Ly|so|phas|pha|ti|dyl|cho|lin (n) lysophosphatidylcholine
Ly|so|som (n) lysosome
ly|so|so|mal (adj) lysosomal
Ly|so|zym (n) lysozyme
Ly|so|zym|urie (f) lysozymuria
Lys|sa (f) lyssa
Lys|so|pho|bie (f) lyssophobia
Ly|syl (n) lysyl
ly|tisch (adj) lytic
Ma|ce|ra|ti|on (f) maceration
ma|ce|rie|ren (v) macerate
ma|cren|ce|phal (adj) macrencephalic
Ma|cren|ce|pha|lie (f) macrencephaly
Ma|cro|an|gio|pa|thie (f) macroangiopathy
Ma|cro|blast (m) macroblast
ma|cro|ce|phal (adj) macrocephalic
Ma|cro|ce|pha|lie (f) macrocephaly
Ma|cro|ce|pha|lus (m) macrocephalus
Ma|cro|chei|lie (f) macrocheilia
Ma|cro|chei|rie (f) macrocheiria
Ma|cro|cra|nie (f) macrocrania
Ma|cro|cy|ste (f) macrocyst
Ma|cro|cyt (m) macrocyte
ma|cro|cy|tar (adj) macrocytic
Ma|cro|cy|to|se (f) macrocytosis
Ma|cro|dac|ty|lie (f) macrodactyly

Ma|cro|dac|ty|lis|mus (m) macrodactylism
Ma|cro|don|tie (f) macrodontia
Ma|cro|en|ce|pha|lie (f) macroencephaly
Ma|cro|ge|ni|to|so|mie (f) macrogenitosomia
Ma|cro|glo|bu|lin (n) macroglobulin
Ma|cro|glo|bu|lin|ae|mie (f) macroglobulinaemia
Ma|cro|glos|sie (f) macroglossia
Ma|cro|gy|rie (f) macrogyria
Ma|cro|lym|pho|cyt (m) macrolymphocyte
Ma|cro|ma|stie (f) macromastia
Ma|cro|me|lie (f) macromelia
ma|cro|mo|le|cu|lar (adj) macromolecular
Ma|cro|mo|le|kül (n) macromolecule
Ma|cro|mo|no|cyt (m) macromonocyte
Ma|cro|my|e|lo|blast (m) macromyeloblast
Ma|cro|nor|mo|blast (m) macronormoblast
Ma|cro|nor|mo|cyt (m) macronormocyte
Ma|cro|pha|ge (m) macrophage
Ma|cro|po|die (f) macropodia
Ma|crop|sie (f) macropsy
ma|cro|sco|pisch (adj) macroscopic
Ma|cro|so|mie (f) macrosomia
Ma|cro|sto|mie (f) macrostomia
Ma|cro|throm|bo|cy|to|pa|thie (f) macrothrombocytopathy
Ma|cro|tie (f) macrotia
Ma|cu|la (f) macula
Ma|da|ro|se (f) madarosis
Ma|de (f) maggot
Mann (m) man
Männ|chen (n) male
männ|lich (adj) male, masculine
Männ|lich|keit (f) masculinity
Ma|gen (m) stomach
Ma|gen|saft (m) gastric juice
Mag|ma (n) magma
Ma|gne|si|um (n) magnesium
Ma|gne|to|car|dio|gra|phie (f) magnetocardiography
Ma|gne|to|the|ra|pie (f) magnetotherapy
Mal|ab|sorp|ti|on (f) malabsorption
Ma|la|cie (f) malacia
Ma|la|co|pla|kie (f) malacoplakia
Ma|la|die (f) maladie
ma|lar (adj) malar
Ma|la|ria (f) malaria
Ma|la|rio|lo|ge (m) malariologist
Ma|la|rio|lo|gie (f) malariology
Ma|la|rio|the|ra|pie (f) malariotherapy
Mal|ar|ti|cu|la|ti|on (f) malarticulation

Mal|as|si|mi|la|ti|on (f) malassimilation

Ma|lat (n) malate

Mal|di|ge|sti|on (f) maldigestion

Ma|le|in|säu|re (f) maleic acid

Mal|for|ma|ti|on (f) malformation

ma|li|gne (adj) malignant

Ma|li|gni|tät (f) malignancy

Mal|le|o|lus (m) malleolus

Mal|leo|to|mie (f) malleotomy

Mal|le|us (m) malleus

Mal|nu|tri|ti|on (f) malnutrition

Mal|oc|clu|si|on (f) malocclusion

Ma|lon|säu|re (f) malonic acid

Ma|lo|nat (n) malonate

Ma|lo|nyl (n) malonyl

Mal|pi|ghi-Kör|per|chen (n) malpighian corpuscle

Mal|pi|ghisch (adj) malpighian

Mal|po|si|ti|on (f) malposition

Mal|ta|se (f) maltase

Mal|to|se (f) maltose

Ma|lum (n) malum

Ma|mil|le (f) mamilla

ma|mil|lar (adj) mamillary

Ma|mil|li|tis (f) mamillitis

Mam|ma (f) mamma

Mamm|al|gie (f) mammalgia

Mam|ma|pla|stik (f) mammaplasty

Mamm|ec|to|mie (f) mammectomy

mam|mo|gen (adj) mammogenic

Mam|mo|gramm (n) mammogram

Mam|mo|gra|phie (f) mammography

Mam|mo|pla|stik (f) mammoplasty

Man|del (f) tonsil

man|del|för|mig (adj) amygdaloid

Man|di|bu|la (f) mandibula

Man|di|bul|ec|to|mie (f) mandibulectomy

man|di|bu|lo|fa|ci|al (adj) mandibulofacial

Man|gan (n) manganese

Ma|nie (f) mania

Ma|ni|ker (m) maniac

Ma|ni|pu|la|ti|on (f) manipulation

ma|nisch (adj) manic

Mann (m) man

Man|no|se (f) mannose

Man|no|sid (n) mannoside

Man|no|si|do|se (f) mannosidosis

Ma|no|me|ter (n) manometer

Ma|no|me|trie (f) manometry

Man|tel (m) mantle

Ma|nu|bri|um (n) manubrium

Ma|ras|mus (m) marasmus

Mar|ga|ri|tom (n) margaritoma

mar|gi|nal (adj) marginal

Mar|go (m) margo

Mark (n) marrow (Knochen), pulp (Zahn)

Mar|ker (m) tag, marker

mar|kie|ren (v) tag
mark|los (adj) nonmedullated
Mar|su|pi|a|li|sa|ti|on (f) marsupialisation
mar|su|pi|a|li|sie|ren (v) marsupialise
mas|cu|lin (adj) masculine
mas|cu|li|ni|sie|ren (v) masculinise
Mas|cu|li|ni|sie|rung (f) masculinisation
Mas|cu|li|ni|tät (f) masculinity
Mas|cu|li|nom (n) masculinoma
Mas|cu|lin|ovo|bla|stom (n) masculinovoblastoma
Ma|sern (pl) measles
Ma|so|chis|mus (m) masochism
Ma|so|chist (m) masochist
ma|so|chi|stisch (adj) masochistic
Mas|sa (f) massa
Mas|sa|ge (f) massage
Mas|se|ter (m) masseter
Mast|al|gie (f) mastalgia
Mast|cel|le (f) mast cell
Mast|ec|to|mie (f) mastectomy
Ma|sti|ca|ti|on (f) mastication
Ma|sti|ca|tor (m) masticator
ma|sti|ca|to|risch (adj) masticatory
Ma|sti|tis (f) mastitis
Ma|sto|cyt (m) mastocyte
Ma|sto|cy|tom (n) mastocytoma
Ma|sto|cy|to|se (f) mastocytosis
Mast|ody|nie (f) mastodynia
Ma|sto|id (n) mastoid
ma|sto|id (adj) mastoid
Ma|sto|id|ec|to|mie (f) mastoidectomy
Ma|sto|idi|tis (f) mastoiditis
Ma|sto|pa|thie (f) mastopathy
Ma|sto|pe|xie (f) mastopexy
Ma|sto|pla|stik (f) mastoplasty
Ma|stor|rha|gie (f) mastorrhagia
Ma|sto|to|mie (f) mastotomy
Ma|stur|ba|ti|on (f) masturbation
ma|stur|bie|ren (v) masturbate
Ma|trix (f) matrix
Maul-und-Klau|en-Seu|che (f) foot-and-mouth disease
Maus (f) mouse
Ma|xil|la (f) maxilla
ma|xil|lar (adj) maxillary
ma|xil|lo|fa|ci|al (adj) maxillofacial
Me|a|to|to|mie (f) meatotomy
Me|a|tus (m) meatus
Me|cha|no|re|cep|tor (m) mechanoreceptor
Me|cha|no|the|ra|peut (m) mechanotherapist
Me|cha|no|the|ra|pie (f) mechanotherapy
Me|co|ni|um (n) meconium
Me|dia (f) media
me|di|al (adj) medial
me|di|an (adj) median
Me|dia|sti|num (n)

mediastinum
Me|dia|sti|ni|tis (f) mediastinitis
Me|dia|sti|no|pe|ri|car|di|tis (f) mediastinopericarditis
Me|dia|sti|no|scop (n) mediastinoscope
Me|dia|sti|no|sco|pie (f) mediastinoscopy
Me|dia|sti|no|to|mie (f) mediastinotomy
Me|dia|sti|num (n) mediastinum
Me|di|a|tor (m) mediator
Me|di|ca|ment (n) medicament, drug
me|di|ca|ment-re|si|stent (adj) drug-fast
Me|di|ca|ment-Re|si|stenz (f) drug-fastness
Me|di|ca|ti|on (f) medication
Me|di|cin (f) medicine
me|di|ci|nal (adj) medicinal
me|di|ci|nisch (adj) medical
Me|di|cin|stu|dent (m) medical student
Me|dio|ne|cro|se (f) medionecrosis
Me|di|um (n) medium
Me|dul|la (f) medulla
me|dul|lar (adj) medullary
Me|dul|la|ti|on (f) medullation
me|dul|lie|ren (v) medullate
Me|dul|li|sa|ti|on (f) medullisation
me|dul|li|sie|ren (v) medullise
Me|dul|lo|blast (m) medulloblast
Me|dul|lo|bla|stom (n) medulloblastoma
Me|ga|co|lon (n) megacolon
Me|ga|duo|de|num (n) megaduodenum
Me|gal|en|ce|pha|lie (f) megalencephaly
Me|ga|lo|blast (m) megaloblast
me|ga|lo|bla|stisch (adj) megaloblastic
me|ga|lo|ce|phal (adj) megalocephalic
Me|ga|lo|ce|pha|lie (f) megalocephaly
Me|ga|lo|cor|nea (f) megalocornea
Me|ga|lo|cyt (m) megalocyte
me|ga|lo|cy|tar (adj) megalocytic
Me|ga|lo|cy|to|se (f) megalocytosis
Me|ga|lo|ma|nie (f) megalomania
me|ga|lo|ma|nisch (adj) megalomanic
Me|gal|ony|cho|se (f) megalonychosis
Me|gal|oph|thal|mus (m) megalophthalmus
Me|gal|op|sie (f) megalopsia
Me|ga|lo|sple|nie (f) megalosplenia
Me|ga|oe|so|pha|gus (m) megaoesophagus

Me|ga|ure|ter (m) megaureter
Mei|o|se (f) meiosis
mei|o|tisch (adj) meiotic
Me|lae|na (f) melaena
Mel|al|gie (f) melalgia
Me|lan|ae|mie (f) melanaemia
Me|lan|cho|lie (f) melancholy
Me|lan|cho|li|ker (m) melancholiac
me|lan|cho|lisch (adj) melancholic
Me|lan|idro|se (f) melanidrosis
Me|la|nin (n) melanin
Me|la|nis|mus (m) melanism
Me|la|no|ame|lo|bla|stom (n) melanoameloblastoma
Me|la|no|blast (m) melanoblast
Me|la|no|bla|stom (n) melanoblastoma
Me|la|no|car|ci|nom (n) melanocarcinoma
Me|la|no|cyt (m) melanocyte
Me|la|no|cy|tom (n) melanocytoma
Me|la|no|cy|to|se (f) melanocytosis
Me|la|no|der|ma (n) melanoderma
Me|la|no|der|mie (f) melanodermia
Me|la|no|epi|the|li|om (n) melanoepithelioma
Me|la|no|gen (n) melanogen
Me|la|nom (n) melanoma
Me|la|no|ma|to|se (f) melanomatosis
Me|lan|ony|chie (f) melanonychia
Me|la|no|pha|ge (m) melanophage
Me|la|no|sar|com (n) melanosarcoma
Me|la|no|se (f) melanosis
me|la|no|tisch (adj) melanotic
Me|lan|urie (f) melanuria
mel|de|pflich|tig (adj) notifiable
Me|lo|rhe|osto|se (f) melorheostosis
Me|lo|schi|se (f) meloschisis
Mem|bran (f) membrane
Mem|bra|na (f) membrana
mem|bra|nos (adj) membranous
Mem|brum (n) membrum
Men|ago|gum (n) menagogue
Men|ar|che (f) menarche
Men|de|lis|mus (m) mendelism
Men|hi|dro|se (f) menhidrosis
Men|idro|se (f) menidrosis
me|nin|ge|al (adj) meningeal
Me|nin|gi|om (n) meningioma
Me|nin|gis|mus (m) meningismus
Me|nin|gi|tis (f) meningitis
me|nin|gi|tisch (adj) meningitic
Me|nin|go|ce|le (f) meningocele
Me|nin|go|coc|ci (mpl) meningococci
Me|nin|go|coc|cus (m) meningococcus
Me|nin|go|en|ce|pha|li|tis (f)

meningoencephalitis
Me|nin|go|my|e|li|tis (f) meningomyelitis
Me|nin|go|my|e|lo|ce|le (f) meningomyelocele
Me|ninx (f) meninx
Me|nisc|ec|to|mie (f) meniscectomy
Me|nis|co|cyt (m) meniscocyte
Me|nis|co|cy|to|se (f) meniscocytosis
Me|nis|cus (m) meniscus
Me|no|pau|se (f) menopause
Me|nor|rha|gie (f) menorrhagia
Me|nor|rhoe (f) menorrhoea
Me|no|sta|se (f) menostasis
Mensch (m) man, human
mensch|lich (adj) human
men|stru|al (adj) menstrual
Men|stru|a|ti|on (f) menstruation
men|stru|ie|ren (v) menstruate
men|tal (adj) mental
men|to|an|te|ri|or (adj) mentoanterior
men|to|po|ste|ri|or (adj) mentoposterior
Men|tum (n) mentum
Mer|al|gie (f) meralgia
Mer|cu|ri|a|lis|mus (m) mercurialism
Me|ri|di|an (m) meridian
me|ro|crin (adj) merocrine
Mes|aor|ti|tis (f) mesaortitis
Mes|ar|te|ri|tis (f) mesarteritis
Mes|axon (n) mesaxon
mes|en|ce|phal (adj) mesencephalic
Mes|en|ce|pha|lon (n) mesencephalon
Mes|en|chym (n) mesenchyme
mes|en|chy|mal (adj) mesenchymal
Mes|en|chy|mom (n) mesenchymoma
mes|en|te|ri|al (adj) mesenteric
Mes|en|te|ri|o|lum (n) mesenteriolum
Mes|en|te|ri|um (n) mesenterium, mesentery
Mes|me|ris|mus (m) mesmerism
Me|so|co|lon (n) mesocolon
Me|so|derm (n) mesoderm
me|so|der|mal (adj) mesodermal
Me|so|ga|stri|um (n) mesogastrium
Me|so|me|tri|um (n) mesometrium
Me|so|ne|phros (m) mesonephros
Me|so|phle|bi|tis (f) mesophlebitis
Mes|or|chi|um (n) mesorchium
Me|so|sal|pinx (f) mesosalpinx
me|so|the|li|al (adj) mesothelial
Me|so|the|li|om (n) mesothelioma
Me|so|the|li|um (n)

mesothelium
Mes|ova|ri|um (n) mesovarium
Mes|sen|ger (m) messenger
me|ta|bol (adj) metabolic
Me|ta|bo|lis|mus (m) metabolism
Me|ta|bo|lit (m) metabolite
me|ta|car|pal (adj) metacarpal
me|ta|car|po|pha|lan|ge|al (adj) metacarpophalangeal
Me|ta|car|pus (m) metacarpus
Me|ta|chro|ma|sie (f) metachromasia, metachromasy
Me|ta|ge|ne|se (f) metagenesis
Me|tal|lo|pro|te|in (n) metalloprotein
me|ta|mer (adj) metameric
Me|ta|morph|op|sie (f) metamorphopsia
Me|ta|mor|pho|se (f) metamorphosis
Me|ta|my|e|lo|cyt (m) metamyelocyte
Me|ta|ne|phros (m) metanephros
Me|ta|pha|se (f) metaphase
me|ta|phy|sar (adj) metaphysial
Me|ta|phy|se (f) metaphysis
Me|ta|pla|sie (f) metaplasia
Met|ar|te|ri|o|le (f) metarteriole
Me|ta|sta|se (f) metastasis
Me|ta|sta|sen (fpl) metastases
me|ta|sta|sie|ren (v) metastasise
me|ta|sta|sie|rend (ppr) metastasising
me|ta|sta|siert (ppe) metastasised
Me|ta|sta|sis (f) metastasis
me|ta|sta|tisch (adj) metastatic
me|ta|tar|sal (adj) metatarsal
Me|ta|tars|al|gie (f) metatarsalgia
Me|ta|tar|sus (m) metatarsus
Me|ta|tha|la|mus (m) metathalamus
Met|en|ce|pha|lon (n) metencephalon
Me|te|o|ris|mus (m) meteorism
me|te|o|ro|pa|tho|lo|gisch (adj) meteoropathologic
Me|than (n) methane
Me|tha|nol (n) methanol
Met|hae|mo|glo|bin (n) methaemoglobin
Met|hae|mo|glo|bin|ae|mie (f) methaemoglobinaemia
Me|thi|o|nin (n) methionine
Me|thi|o|nyl (n) methionyl
Me|thyl (n) methyl
Me|thy|lat (n) methylate
me|thy|lie|ren (v) methylate
me|thy|liert (ppe) methylated
Me|thy|lie|rung (f) methylation
Met|opi|on (n) metopion
Me|treu|ryn|ter (m) metreurynter
Me|treu|ry|se (f) metreurysis
Me|tri|tis (f) metritis

me|tri|tisch (adj) metritic
Me|tro|pa|thie (f) metropathy
me|tro|pa|thisch (adj) metropathisch
Me|tro|pto|se (f) metroptosis
Me|tror|rha|gie (f) metrorrhagia
mi|cren|ce|phal (adj) micrencephalic
Mi|cren|ce|pha|lie (f) micrencephaly
Mi|cro|ana|tom (m) microanatomist
Mi|cro|ana|to|mie (f) microanatomy
Mi|cro|an|gio|pa|thie (f) microangiopathy
mi|cro|an|gio|pa|thisch (adj) microangiopathic
Mi|cro|be (f) microbe
mi|cro|bi|cid (adj) microbicidal
Mi|cro|bi|cid (n) microbicide
mi|cro|bi|ell (adj) microbial
Mi|cro|bio|lo|ge (m) microbiologist
Mi|cro|bio|lo|gie (f) microbiology
mi|cro|bio|lo|gisch (adj) microbiologic
Mi|cro|blast (m) microblast
Mi|cro|ble|pha|ria (f) microblepharia
Mi|cro|ble|pha|ron (n) microblepharon
Mi|cro|bra|chia (f) microbrachia
mi|cro|ce|phal (adj) microcephalic
Mi|cro|ce|pha|lie (f) microcephaly
Mi|cro|ce|pha|lus (m) microcephalus
Mi|cro|chei|lia (f) microcheilia
Mi|cro|chir|ur|gie (f) microsurgery
Mi|cro|cir|cu|la|ti|on (f) microcirculation
Mi|cro|coc|ci (mpl) micrococci
Mi|cro|coc|cus (m) micrococcus
Mi|cro|co|ria (f) microcoria
Mi|cro|cyt (m) microcyte
mi|cro|cy|tar (adj) microcytic
Mi|cro|cyt|hae|mia (f) microcythaemia
Mi|cro|cy|to|se (f) microcytosis
mi|cro|dac|tyl (adj) microdactylous
Mi|cro|dac|ty|lie (f) microdactyly
Mi|cro-Ein|heit (f) microunit
Mi|cro|en|ce|pha|lie (f) microencephaly
Mi|cro|ery|thro|cyt (m) microerythrocyte
Mi|cro|fi|bril|le (f) microfibril
Mi|cro|fi|la|ment (n) microfilament
Mi|cro|flo|ra (f) microflora
Mi|cro|ga|met (m) microgamete
Mi|cro|ga|stria (f) microgastria

Mi|cro|glia (f) microglia
mi|cro|gli|al (adj) microglial
Mi|cro|glio|blast (m) microglioblast
Mi|cro|glio|cyt (m) microgliocyte
Mi|cro|glos|sia (f) microglossia
Mi|cro|gna|thia (f) micrognathia
Mi|cro|gra|phia (f) micrographia
Mi|cro|gy|ria (f) microgyria
Mi|cro|li|ter (m) microliter
Mi|cro|ma|nia (f) micromania
Mi|cro|me|lie (f) micromely
Mi|cro|me|tho|de (f) micromethod
Mi|cron (n) micron
Mi|cro|or|ga|nis|mus (m) microorganism
Mi|cro|pha|ge (m) microphage
Mi|croph|thal|mia (f) microphthalmia
Mi|croph|thal|mus (m) microphthalmus
Mi|cro|phyt (m) microphyte
Mi|cro|pia (f) micropia
Mi|cro|pi|pet|te (f) micropipet
Mi|crop|sia (f) micropsia
Mi|cro|ra|dio|gra|phie (f) microradiography
Mi|cro|scop (n) microscope
Mi|cro|sco|pie (f) microscopy
mi|cro|sco|pisch (adj) microscopic, microscopical
Mi|cro|som (n) microsome
Mi|cro|so|mia (f) microsomia
Mi|cro|sto|mia (f) microstomia
Mi|cro|tia (f) microtia
Mi|cro|tom (n) microtome
Mi|cro|trau|ma (n) microtrauma
Mi|cro|tu|bu|lus (m) microtubule
Mi|cro|vas|cu|la|tur (f) microvasculature
Mi|cro|vil|li (mpl) microvilli
Mi|cro|vil|lus (m) microvillus
Mi|cro|volt (n) microvolt
Mi|cro|zo|on (n) microzoon
Mic|ti|on (f) miction
Mi|grai|ne (f) migraine
Milch (f) milk
Milch|säu|re (f) lactic acid
Mo|le|cu|lar|bio|lo|gie (f) molecular biology
Mil|li|ae|qui|va|lent (n) milliequivalent
Mil|li-Ein|heit (f) milliunit
Mil|li|gramm (n) milligram
Mil|li|li|ter (m) milliliter
Mil|li|mi|cro|gramm (n) millimicrogram
Mil|li|mi|cron (n) millimicron
Mil|li|mi|cro|se|cun|de (f) millimicrosecond
Mil|li|mol (n) millimol
mil|li|mo|lar (adj) millimolar
mil|li|nor|mal (adj) millinormal
Mil|li|os|mol (n) milliosmol

mil|li|os|mo|lar (adj) milliosmolar
Mil|li|se|cun|de (f) millisecond
Mil|li|volt (n) millivolt
Mil|li|volt|me|ter (n) millivoltmeter
Milz (f) spleen
Mi|ne|ral (n) mineral
mi|ne|ra|lisch (adj) mineral
Mi|ne|ra|lo|cor|ti|co|id (n) mineralocorticoid
Mi|o|sis (f) miosis
Mi|o|ti|cum (n) miotic
mi|o|tisch (adj) miotic
Mis|an|throp (n) misanthrope
Mis|an|thro|pie (f) misanthropy
mis|an|thro|pisch (adj) misanthropic
Mi|so|ga|mie (f) misogamy
Mi|so|gyn (m) misogynist
Mi|so|gy|nie (f) misogyny
Mi|so|pae|dia (f) misopaedia
Miß|brauch (m) abuse
miß|brau|chen (v) abuse
miß|han|deln (v) abuse
Miß|hand|lung (f) abuse
Mi|thri|da|tis|mus (m) mithridatism
Mi|to|chon|dria (npl) mitochondria
mi|to|chon|dri|al (adj) mitochondrial
Mi|to|chon|dri|um (n) mitochondrium
Mi|to|gen (n) mitogen
mi|to|gen (adj) mitogenic
Mi|to|my|cin (n) mitomycin
Mi|to|se (f) mitosis
mi|to|tisch (adj) mitotic
mi|tral (adj) mitral
Mi|tral|klap|pe (f) mitral valve
Mit|tel|hirn (n) midbrain
Mit|tel|schmerz (m) midpain
Mix|tur (f) mixture
Mnem|asthe|nia (f) mnemasthenia
Mne|me (f) mneme
mne|stisch (adj) mnestic
Mo|bi|li|sa|ti|on (f) mobilisation
mo|bi|li|sie|ren (v) mobilise
Mo|bi|li|tät (f) mobility
Mo|di|o|lus (m) modiolus
Mör|ser (m) mortar
Mo|gi|gra|phia (f) mogigraphia
Mo|gi|la|lia (f) mogilalia
Mo|gi|pho|nia (f) mogiphonia
Mol (n) mole
mo|lal (adj) molal
Mo|la|li|tät (f) molality
Mo|lar (m) molar
mo|lar (adj) molar
Mo|la|ri|tät (f) molarity
mo|le|cu|lar (adj) molecular
Mo|le|kül (n) molecule
Mo|li|men (n) molimen
Mol|li|ti|es (f) mollities
Mol|lus|cum (n) molluscum
Mon|ar|thri|tis (f)

monarthritis
Mon|aster (m) monaster
Mon|go|lis|mus (m) mongolism
mon|go|lo|id (adj) mongoloid
Mo|ni|le|thrix (f) monilethrix
Mo|no|amin (n) monoamine
mo|no|am|ni|o|tisch (adj) monoamniotic
mo|no|ar|ti|cu|lar (adj) monoarticular
Mo|no|blast (m) monoblast
Mo|no|bra|chi|us (m) monobrachius
Mo|no|ce|pha|lus (m) monocephalus
mo|no|chrom (adj) monochromic
Mo|no|chro|ma|sie (f) monochromasy
Mo|no|chro|mat (m) monochromate
mo|no|chro|ma|tisch (adj) monochromatic
Mo|no|chro|ma|tis|mus (m) monochromatism
mo|no|clo|nal (adj) monoclonal
mo|no|crot (adj) monocrotic
mon|ocu|lar (adj) monocular
Mon|ocu|lus (m) monoculus
Mo|no|cyt (m) monocyte
mo|no|cy|tar (adj) monocytic
Mo|no|cy|to|pe|nie (f) monocytopenia
Mo|no|cy|to|se (f) monocytosis
Mo|no|ga|mie (f) monogamy
mo|no|ga|strisch (adj) monogastric
mo|no|man (adj) monomaniacal
Mo|no|ma|nie (f) monomania
Mo|no|mer (n) monomer
mo|no|mer (adj) monomeric
mo|no|mo|le|cu|lar (adj) monomolecular
Mon|om|pha|lus (m) monomphalus
Mo|no|neu|ri|tis (f) mononeuritis
mo|no|nu|cle|ar (adj) mononuclear
Mo|no|nu|cle|o|se (f) mononucleosis
Mo|no|nu|cle|o|tid (n) mononucleotide
Mo|no|oxy|ge|na|se (f) monooxygenase
Mo|no|pha|sia (f) monophasia
mo|no|pha|sisch (adj) monophasic
Mo|no|pho|bie (f) monophobia
Mo|no|phos|phat (n) monophosphate
Mon|oph|thal|mia (f) monophthalmia
mo|no|phy|le|tisch (adj) monophyletic
Mo|no|ple|gia (f) monoplegia
Mo|no|po|dia (f) monopodia
mo|no|po|lar (adj) monopolar
mo|no|py|ra|mi|dal (adj) monopyramidal
Mon|or|chi|dis|mus (m) monorchidism
Mon|or|chis|mus (m)

monorchism
Mo|no|sac|cha|rid (n) monosaccharide
Mo|no|se (f) monose
Mo|no|so|mie (f) monosomy
mo|no|sym|pto|ma|tisch (adj) monosymptomatic
mo|no|syn|ap|tisch (adj) monosynaptic
mo|no|trich (adj) monotrichic, monotrichous
mo|no|va|lent (adj) monovalent
Mon|oxid (n) monoxide
mo|no|zy|got (adj) monozygous
mo|no|zy|go|tisch (adj) monozygotic
Mons (m) mons
Mon|stro|si|tät (f) monstrosity
Mon|strum (n) monster
Mon|ti|cu|lus (m) monticulus
Mo|ra|xel|la (f) moraxella
mor|bid (adj) morbid
Mor|bi|di|tät (f) morbidity
mor|bil|li|form (adj) morbilliform
Mor|bus (m) morbus
Mor|cel|le|ment (n) morcellation
Mo|ria (f) moria
mo|ri|bund (adj) moribund
Mor|phaea (f) morphaea
Mor|phin (n) morphine
Mor|phi|nis|mus (m) morphinism
Mor|phi|um (n) morphium
Mor|pho|lo|ge (m) morphologist
Mor|pho|lo|gie (f) morphology
mor|pho|lo|gisch (adj) morphologic
Mors (f) mors
Mor|sus (m) morsus
Mor|ta|li|tät (f) mortality
Mor|ti|fi|ca|ti|on (f) mortification
Mo|ru|la (f) morula
Mo|sa|i|cis|mus (m) mosaicism
Mo|ti|li|tät (f) motility
Mo|ti|va|ti|on (f) motivation
Mo|to|neu|ron (n) motoneuron
mo|to|risch (adj) motor
Mu|ci|la|go (f) mucilago
Mu|cin (n) mucin
Mu|co|ce|le (f) mucocele
Mu|co|id (n) mucoid
mu|co|id (adj) mucoid
mu|co|ly|tisch (adj) mucolytic
Mu|co|po|ly|sac|cha|rid (n) mucopolysaccharide
Mu|co|po|ly|sac|cha|ri|do|se (f) mucopolysaccharidosis
mu|co|pu|ru|lent (adj) mucopurulent
Mu|co|sa (f) mucosa
mu|co|sal (adj) mucosal
Mu|co|si|tis (f) mucositis
Mu|co|vis|ci|do|se (f) mucoviscidosis
Mu|cus (m) mucus
Mül|lersch (adj) müllerian
mult|an|gu|lar (adj) multangular
Mult|an|gu|lum (n)

multangulum

mul|ti|cel|lu|lar (adj) multicellular

mul|ti|fac|to|ri|ell (adj) multifactorial

Mul|ti|fi|dus (m) multifidus

Mul|ti|gra|vi|da (f) multigravida

mul|ti|lo|bar (adj) multilobar

mul|ti|lo|bu|lar (adj) multilobular

mul|ti|lo|cu|lar (adj) multilocular

mul|ti|nu|cle|ar (adj) multinuclear

Mul|ti|pa|ra (f) multipara

mul|ti|pel (adj) multiple

mul|ti|po|lar (adj) multipolar

mul|ti|va|lent (adj) multivalent

Mu|mi|fi|ca|ti|on (f) mummification

mu|mi|fi|cie|ren (v) mummify

Mumps (m) mumps

Mund (m) mouth

Mund|was|ser (n) mouthwash

mu|ral (adj) mural

Mus|ca|rin (n) muscarine

mus|cu|lar (adj) muscular

Mus|cu|la|ris (f) muscularis

Mus|cu|la|tur (f) musculature

Mus|cu|li (mpl) musculi

mus|cu|los (adj) muscular

mus|cu|lo|ske|le|tal (adj) musculoskeletal

Mus|cu|lus (m) musculus

Mus|kel (m) muscle

Mus|kel|bauch (m) belly of a muscle

Mus|si|ta|ti|on (f) mussitation

Mu|ta|gen (n) mutagen

mu|ta|gen (adj) mutagenic

Mu|ta|ge|ne|se (f) mutagenesis

Mu|tant (m) mutant

Mu|ta|ro|ta|ti|on (f) mutarotation

Mu|ta|se (f) mutase

Mu|ta|ti|on (f) mutation

Mu|ti|la|ti|on (f) mutilation

mu|ti|lie|ren (v) mutilate

Mu|tis|mus (m) mutism

Mut|ter (f) mother

My (n) mu

My|al|gia (f) myalgia

my|al|gisch (adj) myalgic

My|asthe|nia (f) myasthenia

my|asthe|nisch (adj) myasthenic

My|ato|nia (f) myatonia

My|ce|li|um (n) mycelium

My|ce|tis|mus (m) mycetismus

My|ce|to|ma (n) mycetoma

My|co|bac|te|ri|um (n) mycobacterium

My|co|lo|gie (f) mycology

My|co|plas|ma (n) mycoplasma

My|co|se (f) mycosis

my|co|tisch (adj) mycotic

My|co|to|xi|co|se (f) mycotoxicosis

My|dri|a|sis (f) mydriasis

My|dri|a|ti|cum (n) mydriatic

my|dri|a|tisch (adj) mydriatic
my|el|en|ce|phal (adj) myelencephalic
My|el|en|ce|pha|lon (n) myelencephalon
My|e|lin (n) myelin
my|e|li|nie|ren (v) myelinate
my|e|li|niert (ppe) myelinated
My|e|li|nie|rung (f) myelination
my|e|li|ni|sie|ren (v) mylinise
my|e|li|ni|siert (ppe) myelinised
My|e|li|ni|sie|rung (f) myelinisation
My|e|li|no|ge|ne|se (f) myelinogenesis
My|e|li|no|ly|se (f) myelinolysis
My|e|li|tis (f) myelitis
my|e|li|tisch (adj) myelitic
My|el|en|ce|pha|lon (n) myelencephalon
My|e|lo|blast (m) myeloblast
my|e|lo|bla|stisch (adj) myeloblastic
My|e|lo|bla|stom (n) myeloblastoma
My|e|lo|ce|le (f) myelocele
My|e|lo|cyt (m) myelocyte
my|e|lo|cy|tar (adj) myelocytic
my|e|lo|gen (adj) myelogenic
My|e|lo|ge|ne|se (f) myelogenesis
My|e|lo|gramm (n) myelogram
My|e|lo|gra|phie (f) myelography
my|e|lo|isch (adj) myeloid
My|e|lom (n) myeloma
My|e|lo|ma|la|cie (f) myelomalacia
My|e|lo|ma|to|se (f) myelomatosis
My|e|lo|me|nin|gi|tis (f) myelomeningitis
My|e|lon (n) myelon
My|e|lo|pa|thie (f) myelopathy
my|e|lo|pa|thisch (adj) myelopathic
my|e|lo|pe|tal (adj) myelopetal
My|e|lo|poi|e|se (f) myelopoiesis
My|e|lo|se (f) myelosis
my|en|te|risch (adj) myenteric
My|en|te|ron (n) myenteron
My|i|a|se (f) myiasis
My|i|a|sis (f) myiasis
Myi|odes|op|sie (f) myiodesopsia
My-Ket|te (f) mu chain
my|lo|hyo|id (adj) mylohyoid
my|lo|pha|ryn|ge|al (adj) mylopharyngeal
myo|ar|chi|tec|to|nisch (adj) myoarchitectonic
Myo|blast (m) myoblast
myo|bla|stisch (adj) myoblastic
myo|car|di|al (adj) myocardial
Myo|car|dio|pa|thie (f) myocardiopathy
Myo|car|di|tis (f) myocarditis

Myo|car|di|um (n) myocardium
Myo|car|do|se (f) myocardosis
Myo|clo|nia (f) myoclonia
myo|clo|nisch (adj) myoclonic
Myo|clo|nus (m) myoclonus
Myo|cyt (m) myocyte
myo|fa|ci|al (adj) myofacial
myo|fi|bril|lar (adj) myofibrillar
Myo|fi|bril|le (f) myofibril
Myo|fi|la|ment (n) myofilament
Myo|gen (n) myogen
myo|gen (adj) myogenic
Myo|ge|lo|se (f) myogelosis
Myo|glo|bin (n) myoglobin
Myo|glo|bin|urie (f) myoglobinuria
Myo|gramm (n) myogram
Myo|graph (m) myograph
Myo|gra|phie (f) myography
myo|gra|phisch (adj) myographic
myo|id (adj) myoid
Myo|ki|na|se (f) myokinase
Myo|ky|mie (f) myokymia
Myo|lo|gie (f) myology
My|om (n) myoma
My|o|ma (n) myoma
Myo|ma|la|cie (f) myomalacia
my|o|ma|tos (adj) myomatous
My|om|ec|to|mie (f) myomectomy
Myo|me|tri|tis (f) myometritis
Myo|me|tri|um (n) myometrium
Myo|pa|ra|ly|se (f) myoparalysis
Myo|pa|thia (f) myopathia
Myo|pa|thie (f) myopathy
myo|pa|thisch (adj) myopathic
My|opia (f) myopia
my|opisch (adj) myopic
Myo|plas|ma (n) myoplasm
Myo|pla|stik (f) myoplasty
Myo|sin (n) myosin
My|o|si|tis (f) myositis
my|o|si|tisch (adj) myositic
Myo|spas|mus (m) myospasm
Myo|tom (n) myotome
Myo|to|mie (f) myotomy
Myo|to|nia (f) myotonia
myo|to|nisch (adj) myotonic
My|ring|ec|to|mie (f) myringectomy
My|rin|gi|tis (f) myringitis
My|rin|go|my|co|se (f) myringomycosis
My|rin|go|pla|stik (f) myringoplasty
my|rin|go|pla|stisch (adj) myringoplastic
My|rin|go|tom (n) myringotome
My|rin|go|to|mie (f) myringotomy
My|rinx (f) myrinx
My|so|pho|bie (f) mysophobia
My|tho|ma|nie (f) mythomania
Myx|ade|ni|tis (f) myxadenitis
Myx|ade|nom (n) myxadenoma
My|xo|ade|nom (n) myxoadenoma
My|xo|chon|drom (n) myxochondroma

Myx|oe|dem (n) myxoedema
myx|oe|de|ma|tos (adj) myxoedematous
My|xo|fi|brom (n) myxofibroma
My|xo|li|pom (n) myxolipoma
My|xom (n) myxoma
my|xo|ma|tos (adj) myxomatous
My|xo|ma|to|se (f) myxomatosis
My|xo|sar|com (n) myxosarcoma
My|xo|vi|rus (n) myxovirus
Na|bel (m) umbilicus
Na|bel|schnur (f) umbilical cord
Nach|ge|burt (f) afterbirth
Nach|ge|schmack (m) aftertaste
Nach|kom|men (mpl) offspring
Nach|sor|ge (f) aftercare
Nach|wir|kung (f) aftereffect
nä|hen (v) suture
Nähr|mit|tel (n) nutrient
Nae|vi (mpl) naevi
nae|vi|form (adj) naeviform
nae|vo|id (adj) naevoid
nae|vos (adj) naevose
Nae|vus (m) naevus
Na|gel (m) nail
Na|gel|bett (n) nail bed
nahr|haft (adj) nutritious
Nah|rung (f) food
Naht (f) suture
Na|nis|mus (m) nanism
Na|no|ce|pha|lus (m) nanocephalus
Na|no|gramm (n) nanogram
Na|no|me|ter (m) nanometer
Na|no|se|cun|de (f) nanosecond
Na|no|so|mia (f) nanosomia
Na|palm (n) napalm
Nar|be (f) scar
Nar|ben|ge|we|be (n) scar tissue
Nar|ciss|mus (m) narcism, narcissism
Nar|cisst (m) narcissist
Nar|co|ana|ly|se (f) narcoanalysis
Nar|co|lep|sie (f) narcolepsy
nar|co|lep|tisch (adj) narcoleptic
Nar|co|ma|nia (f) narcomania
Nar|co|se (f) narcosis
Nar|co|ti|cum (n) narcotic
Nar|co|ti|ker (m) narcotic
nar|co|tisch (adj) narcotic
nar|co|ti|sie|ren (v) narcotise
Na|ris (f) naris
na|sal (adj) nasal
Na|se (f) nose
Na|sen|blu|ten (n) nosebleed
Na|sen|heil|kun|de (f) rhiniatry
Na|sen|loch (n) nostril
Na|si|on (n) nasion
na|so|la|bi|al (adj) nasolabial
na|so|la|cri|mal (adj) nasolacrimal
na|so|pha|ryn|ge|al (adj) nasopharyngeal
Na|so|pha|rynx (m) nasopharynx
na|so|tra|che|al (adj)

nasotracheal
Na|sus (m) nasus
na|tal (adj) natal
Na|ta|li|tät (f) natality
Na|tes (fpl) nates
na|tiv (adj) native
Na|trae|mie (f) natraemia
Na|tri|um (n) natrium
Na|tri|ure|se (f) natriuresis
Na|tri|ure|ti|cum (n) natriuretic
na|tri|ure|tisch (adj) natriuretic
na|tür|lich (adj) natural
Nau|sea (f) nausea
na|vi|cu|lar (adj) navicular
Na|vi|cu|la|re (n) navicular
Ne|ar|thro|se (f) nearthrosis
Ne|ben|schluß (m) shunt
Ne|ca|to|ri|a|se (f) necatoriasis
Ne|cro|bi|o|se (f) necrobiosis
ne|cro|bi|o|tisch (adj) necrobiotic
Ne|cro|ma|nie (f) necromania
ne|cro|phil (adj) necrophilic
Ne|cro|phi|ler (m) necrophile
Ne|cro|phi|lia (f) necrophilia
Ne|cro|phi|lie (f) necrophily
Ne|cro|phi|lis|mus (m) necrophilism
Ne|cro|pho|bie (f) necrophobia
Ne|crop|sie (f) necropsy
Ne|cro|se (f) necrosis
Ne|cro|sper|mia (f) necrospermia
ne|cro|tisch (adj) necrotic
ne|cro|ti|sie|ren (v) necrotise
ne|ga|tiv (adj) negative
Ne|ga|ti|vis|mus (m) negativism
Ne|ma|to|lo|gie (f) nematology
Neo|ar|thro|se (f) neoarthrosis
neo|bla|stisch (adj) neoblastic
Neo|ce|re|bel|lum (n) neocerebellum
Neo|cor|tex (m) neocortex
Neo|dym (n) neodymium
Neo|ge|ne|se (f) neogenesis
neo|ge|ne|tisch (adj) neogenetic
Ne|on (n) neon
neo|na|tal (adj) neonatal
Neo|na|ta|lo|ge (m) neonatalogist
Neo|na|ta|lo|gie (f) neonatalogy
Neo|na|tus (m) neonatus
Neo|pla|sie (f) neoplasia
Neo|plas|ma (n) neoplasm
neo|pla|stisch (adj) neoplastic
Neo|stri|a|tum (n) neostriatum
Ne|phral|gie (f) nephralgia
ne|phral|gisch (adj) nephralgic
Ne|phrec|to|mie (f) nephrectomy
ne|phrec|to|mie|ren (v) nephrectomise
Ne|phri|tis (f) nephritis
ne|phri|tisch (adj) nephritic
Ne|phro|bla|stom (n) nephro-

blastoma

Ne|phro|cal|ci|no|se (f) nephrocalcinosis

Ne|phro|lith (m) nephrolith

Ne|phro|li|thi|a|se (f) nephrolithiasis

Ne|phro|li|tho|to|mie (f) nephrolithotomy

Ne|phro|lo|ge (m) nephrologist

Ne|phro|lo|gie (f) nephrology

Ne|phro|ly|se (f) nephrolysis

Ne|phrom (n) nephroma

Ne|phron (n) nephron

Ne|phro|pa|thie (f) nephropathy

ne|phro|pa|thisch (adj) nephropathic

Ne|phro|pe|xie (f) nephropexy

Ne|phro|pto|se (f) nephroptosis

Ne|phro|py|e|li|tis (f) nephropyelitis

Ne|phror|rha|phie (f) nephrorrhaphy

Ne|phro|scle|ro|se (f) nephrosclerosis

Ne|phro|se (f) nephrosis

Ne|phro|sto|mie (f) nephrostomy

ne|phro|tisch (adj) nephrotic

Ne|phro|to|mie (f) nephrotomy

ne|phro|to|xisch (adj) nephrotoxic

ne|phro|trop (adj) nephrotropic

Ne|phro|ure|ter|ec|to|mie (f) nephroureterectomy

Nep|tu|ni|um (n) neptunium

Nerv (m) nerve

Ner|ven (mpl) nerves

Ner|ven|sy|stem (n) nervous system

Ner|vi (mpl) nervi

ner|vos (adj) nervous

Ner|vo|si|tät (f) nervosity, nervousness

Ner|vus (m) nervus

Ne|si|dio|blast (m) nesidioblast

Net|to-Ab|sorp|ti|on (f) net absorption

netz|för|mig (adj) retiform

Netz|cel|le (f) lacis cell

neu|ge|bo|ren (ppe) newborn

Neu|ge|bo|re|nes (n) newborn

neu|ral (adj) neural

Neur|al|gie (f) neuralgia

neur|al|gi|form (adj) neuralgiform

neur|al|gisch (adj) neuralgic

Neu|ral|lei|ste (f) neural crest

Neur|ami|ni|da|se (f) neuraminidase

Neur|amin|säu|re (f) neuraminic acid

Neur|apra|xie (f) neurapraxia

Neur|asthe|nie (f) neurasthenia

neur|asthe|nisch (adj) neurasthenic

Neur|axis (f) neuraxis

Neur|axon (n) neuraxon

Neur|ec|to|mie (f) neurectomy

Neur|ex|ai|re|se (f) neurexairesis
Neu|ri|lemm (n) neurilemma
neu|ri|lem|mal (adj) neurilemmal
Neu|ri|lem|mom (n) neurilemmoma
Neu|ri|nom (n) neurinoma
Neu|rit (m) neurite
Neu|ri|tis (f) neuritis
neu|ri|tisch (adj) neuritic
Neu|ro|ana|sto|mo|se (f) neuroanastomosis
Neu|ro|ana|tom (m) neuroanatomist
Neu|ro|ana|to|mie (f) neuroanatomy
Neu|ro|asthe|nie (f) neuroasthenia
Neu|ro|bio|lo|ge (m) neurobiologist
Neu|ro|bio|lo|gie (f) neurobiology
Neu|ro|blast (m) neuroblast
Neu|ro|bla|stom (n) neuroblastoma
Neu|ro|che|mie (f) neurochemistry
Neu|ro|chir|urg (m) neurosurgeon
Neu|ro|chir|ur|gie (f) neurosurgery
neu|ro|chir|ur|gisch (adj) neurosurgical
Neu|ro|cra|ni|um (n) neurocranium
Neu|ro|cyt (m) neurocyte
Neu|ro|den|drit (m) neurodendrite
Neu|ro|den|dron (n) neurodendron
Neu|ro|der|ma|to|se (f) neurodermatosis
Neu|ro|ec|to|derm (n) neuroectoderm
neu|ro|ec|to|der|mal (adj) neuroectodermal
neu|ro|en|do|crin (adj) neuroendocrine
neu|ro|epi|the|li|al (adj) neuroepithelial
Neu|ro|epi|the|li|om (n) neuroepithelioma
Neu|ro|epi|the|li|um (n) neuroepithelium
Neu|ro|fi|bril|le (f) neurofibril
Neu|ro|fi|brom (n) neurofibroma
Neu|ro|fi|bro|ma|to|se (f) neurofibromatosis
Neu|ro|fi|la|ment (n) neurofilament
neu|ro|gen (adj) neurogenic
neu|ro|ge|ne|tisch (adj) neurogenetic
Neu|ro|glia (f) neuroglia
neu|ro|gli|al (adj) neuroglial
Neu|ro|glio|cyt (m) neurogliocyte
Neu|ro|gli|om (n) neuroglioma
Neu|ro|hi|sto|lo|gie (f)

neurohistology

Neu|ro|hy|po|phy|se (f) neurohypophysis

Neu|ro|ke|ra|tin (n) neurokeratin

Neu|ro|lemm (n) neurolemma

Neu|ro|lept|an|al|ge|sie (f) neuroleptanalgesia

Neu|ro|lep|ti|cum (n) neuroleptic

neu|ro|lep|tisch (adj) neuroleptic

Neu|ro|lep|to|an|aes|the|sie (f) neuroleptoanaesthesia

Neu|ro|lep|to|an|al|ge|sie (f) neuroleptoanalgesia

Neu|ro|lo|ge (m) neurologist

Neu|ro|lo|gia (f) neurologia

Neu|ro|lo|gie (f) neurology

neu|ro|lo|gisch (adj) neurologic

Neu|ro|lu|es (f) neurolues

Neu|ro|lym|phe (f) neurolymph

Neu|ro|ly|se (f) neurolysis

Neu|rom (n) neuroma

neu|ro|ma|tos (adj) neuromatous

neu|ro|mo|to|risch (adj) neuromotor

neu|ro|mus|cu|lar (adj) neuromuscular

Neu|ro|my|e|li|tis (f) neuromyelitis

Neu|ro|my|on (n) neuromyon

Neu|ro|my|o|si|tis (f) neuromyositis

Neu|ron (n) neuron

neu|ro|nal (adj) neuronal

Neu|ro|no|pha|gia (f) neuronophagia

Neu|ro|pa|ra|ly|se (f) neuroparalysis

neu|ro|pa|ra|ly|tisch (adj) neuroparalytic

Neu|ro|path (m) neuropath

Neu|ro|pa|thie (f) neuropathy

neu|ro|pa|thisch (adj) neuropathic

Neu|ro|pa|tho|ge|ne|se (f) neuropathogenesis

Neu|ro|pa|tho|lo|ge (m) neuropathologist

Neu|ro|pa|tho|lo|gie (f) neuropathology

neu|ro|pa|tho|lo|gisch (adj) neuropathologic

Neu|ro|phar|ma|co|lo|ge (m) neuropharmacologist

Neu|ro|phar|ma|co|lo|gie (f) neuropharmacology

Neu|ro|phy|sio|lo|ge (m) neurophysiologist

Neu|ro|phy|sio|lo|gie (f) neurophysiology

neu|ro|phy|sio|lo|gisch (adj) neurophysiologic

Neu|ro|plas|ma (n) neuroplasm

Neu|ro|po|dia (npl) neuropodia

Neu|ro|po|di|um (n) neuropodium

Neu|ro|psych|ia|ter (m) neuropsychiatrist

Neu|ro|psych|ia|trie (f) neuropsychiatry
neu|ro|psych|ia|trisch (adj) neuropsychiatric
Neu|ro|psy|cho|lo|gie (f) neuropsychology
Neu|ro|psy|cho|pa|thie (f) neuropsychopathy
neu|ro|psy|cho|pa|thisch (adj) neuropsychopathic
Neu|ro|psy|cho|se (f) neuropsychosis
Neu|ro|ra|dio|lo|gie (f) neuroradiology
neu|ro|ra|dio|lo|gisch (adj) neuroradiologic
Neu|ro|re|ti|ni|tis (f) neuroretinitis
Neu|ror|rha|phie (f) neurorrhaphy
Neu|ror|rhe|xis (f) neurorrhexis
Neu|ro|se|cre|ti|on (f) neurosecretion
neu|ro|se|cre|to|risch (adj) neurosecretory
neu|ro|sen|so|risch (adj) neurosensory
Neu|ro|se (f) neurosis
Neu|ro|sen (fpl) neuroses
Neu|ro|som (n) neurosome
Neu|ro|spas|mus (m) neurospasm
Neu|ro|sy|phi|lis (f) neurosyphilis
Neu|ro|the|ra|pie (f) neurotherapy
Neu|ro|ti|cis|mus (m) neuroticism
Neu|ro|ti|ker (m) neurotic
neu|ro|tisch (adj) neurotic
Neu|ro|tom (n) neurotome
Neu|ro|to|mie (f) neurotomy
Neu|ro|to|xi|ci|tät (f) neurotoxicity
Neu|ro|to|xin (n) neurotoxin
neu|ro|to|xisch (adj) neurotoxic
Neu|ro|trans|mit|ter (m) neurotransmitter
Neu|ro|trip|sie (f) neurotripsy
neu|ro|trop (adj) neurotropic
Neu|ro|tro|pis|mus (m) neurotropism
Neu|ro|tu|bu|lus (m) neurotubule
neu|ro|vas|cu|lar (adj) neurovascular
neu|tral (adj) neutral
Neu|tra|li|sa|ti|on (f) neutralisation
neu|tra|li|sie|ren (v) neutralise
Neu|tri|no (n) neutrino
Neu|tro|cyt (m) neutrocyte
Neu|tron (n) neutron
Neu|tro|pe|nie (f) neutropenia
neu|tro|phil (adj) neutrophilic
Neu|tro|phi|ler (m) neutrophil
Neu|tro|phi|lie (f) neutrophilia
New|ton (n) newton
New|tonsch (adj) Newtonian

Nicht|lei|ter (m) nonconductor
Nicht|pro|te|in (n) nonprotein
nicht-seg|men|tiert (adj) nonsegmented
Ni|co|tin (n) nicotine
Ni|co|tin|säu|re (f) nicotinic acid
Ni|co|tin|amid (n) nicotinamide
Nic|ta|ti|on (f) nictation
Nic|ti|ta|ti|on (f) nictitation
Ni|da|ti|on (f) nidation
Nie|re (f) kidney
Nie|ren|kelch (m) renal calix
Nie|ren|kör|per|chen (n) renal corpuscle
Nie|ren|läpp|chen (n) renal lobule
Nie|ren|lap|pen (m) renal lobe
Nie|ren|pa|pil|le (f) renal papilla
Nie|ren|pol (m) pole of the kidney
Nie|ren|py|ra|mi|de (f) renal pyramid
Nie|ren|rin|de (f) renal cortex
Nie|ren|seg|ment (n) renal segment
Nie|ren|ve|ne (f) renal vein
nie|sen (v) sneeze
Nie|sen (n) sneezing
Ni|o|bi|um (n) niobium
Niph|ablep|sie (f) niphablepsia
Nis|se (f) nit
Ni|sus (m) nisus
Ni|trat (n) nitrate
Ni|tro|gen (n) nitrogen
ni|tro|gen|hal|tig (adj) nitrogenous
Ni|tro|gly|ce|rin (n) nitroglycerin
No|be|li|um (n) nobelium
No|car|di|o|se (f) nocardiosis
no|ci|cep|tiv (adj) nociceptive
No|ci|cep|tor (m) nociceptor
No|ci|per|cep|ti|on (f) nociperception
No|ci|per|cep|tor (m) nociperceptor
Noct|am|bu|la|ti|on (f) noctambulation
No|di (mpl) nodi
no|dos (adj) nodose
No|do|si|tät (f) nodosity
No|du|li (mpl) noduli
No|du|lus (m) nodulus
No|dus (m) nodus
No|ma (f) noma
No|men|cla|tur (f) nomenclature
No|mo|gramm (n) nomogram
no|mo|top (adj) nomotopic
No|na|pep|tid (n) nonapeptide
No|no|se (f) nonose
noo|trop (adj) nootropic
Nor|ad|re|na|lin (n) noradrenaline
Nor|epi|ne|phrin (n) norepinephrine
Norm (f) norm
Nor|ma (f) norma
nor|mal (adj) normal

Nor|ma|li|tät (f) normality
Nor|mo|blast (m) normoblast
Nor|mo|calc|ae|mia (f) normocalcaemia
nor|mo|calc|ae|misch (adj) normocalcaemic
nor|mo|chrom (adj) normochromic
Nor|mo|cyt (m) normocyte
nor|mo|cy|tar (adj) normocytic
Nor|mo|cy|to|se (f) normocytosis
Nor|mo|ten|si|on (f) normotension
nor|mo|ten|siv (adj) normotensive
nor|mo|ton (adj) normotonic
no|so|co|mi|al (adj) nosocomial
No|so|ge|nie (f) nosogeny
No|so|ge|ne|se (f) nosogenesis
no|so|ge|ne|tisch (adj) nosogenetic
No|so|lo|gie (f) nosology
no|so|lo|gisch (adj) nosologic
No|so|ma|nie (f) nosomania
No|so|pho|bie (f) nosophobia
Nost|al|gie (f) nostalgia
nost|al|gisch (adj) nostalgic
Not|en|ce|pha|lus (m) notencephalus
Not|fall (m) emergency
Not|zucht (f) rape
Nu|cha (f) nucha
nu|chal (adj) nuchal
nu|cle|ar (adj) nuclear
Nu|cle|a|se (f) nuclease
Nu|clei (mpl) nuclei
Nu|cle|in (n) nuclein
Nu|cle|i|na|se (f) nucleinase
Nu|cle|in|säu|re (f) nucleic acid
nu|cleo|fu|gal (adj) nucleofugal
Nu|cleo|hi|ston (n) nucleohistone
Nu|cleo|hy|a|lo|plas|ma (n) nucleohyaloplasma
Nu|cleo|id (n) nucleoid
nu|cleo|id (adj) nucleoid
nu|cle|o|lar (adj) nucleolar
Nu|cle|o|li (mpl) nucleoli
nu|cle|o|li|form (adj) nucleoliform
nu|cle|o|lo|id (adj) nucleoloid
Nu|cle|o|lus (m) nucleolus
Nu|cle|on (n) nucleon
nu|cleo|phil (adj) nucleophilic
Nu|cleo|plas|ma (n) nucleoplasm
Nu|cleo|pro|te|in (n) nucleoprotein
Nu|cle|o|sid (n) nucleoside
Nu|cle|o|si|da|se (f) nucleosidase
Nu|cle|o|tid (n) nucleotide
Nu|cle|o|ti|da|se (f) nucleotidase
Nu|cle|us (m) nucleus
Nu|clid (n) nuclide
Nul|li|pa|ra (f) nullipara
num|mi|form (adj) nummiform
num|mu|lar (adj) nummular

Num|mu|la|ti|on (f) nummulation
Nu|tri|ment (n) nutrient
Nu|tri|ti|on (f) nutrition
nu|tri|ti|o|nal (adj) nutritional
nu|tri|tiv (adj) nutritive
Nu|trix (f) nutrix
Nyct|al|gia (f) nyctalgia
Nyct|al|opia (f) nyctalopia
Nyc|to|pho|bia (f) nyctophobia
Nyct|uria (f) nycturia
Nym|pha (f) nympha
Nym|phi|tis (f) nymphitis
Nym|pho|ma|nie (f) nymphomania
Nym|pho|ma|nin (f) nymphomaniac
Nym|pho|to|mie (f) nymphotomy
Ny|stag|mo|graph (m) nystagmograph
Ny|stag|mo|gra|phie (f) nystagmography
Ny|stag|mus (m) nystagmus
Ob|duc|ti|on (f) obduction
O-Bein (n) bowleg
Obe|li|on (n) obelion
ober|flä|chen-ac|tiv (adj) surface-active
Ober|kie|fer (m) upper jaw
Ober|lip|pe (f) upper lip
Ober|schen|kel (m) thigh
Ober|schen|kel|kno|chen (m) thighbone
Ob|esi|tät (f) obesity
Ob|li|te|ra|ti|on (f) obliteration
ob|li|te|ra|tiv (adj) obliterative
ob|li|te|rie|ren (v) obliterate
Ob|ses|si|on (f) obsession
Obst (n) fruit
Ob|ste|trik (f) obstetrics
ob|ste|trisch (adj) obstetric
Ob|sti|pa|ti|on (f) obstipation
Ob|struc|ti|on (f) obstruction
ob|struc|tiv (adj) obstructive
ob|stru|ie|ren (v) obstruct
Ob|tu|ra|ti|on (f) obturation
Ob|tu|ra|tor (m) obturator
ob|tu|rie|ren (v) obturate
oc|ci|pi|tal (adj) occipital
oc|ci|pi|ta|li|sie|ren (v) occipitalise
oc|ci|pi|to|fron|tal (adj) occipitofrontal
oc|ci|pi|to|men|tal (adj) occipitomental
oc|ci|pi|to|tem|po|ral (adj) occipitotemporal
Oc|ci|put (n) occiput
oc|clu|sal (adj) occlusal
Oc|clu|si|on (f) occlusion
oc|clu|siv (adj) occlusive
oc|cult (adj) occult
Och|ro|no|se (f) ochronosis
och|ro|no|tisch (adj) ochronotic
Oc|tan (n) octane
Oc|tan|säu|re (f) octanoic acid
Oc|ta|pep|tid (n) octapeptide
oc|ta|va|lent (adj) octavalent

Oc|to|se (f) octose
Oc|tyl (n) octyl
Ocu|lar (n) ocular
ocu|lar (adj) ocular
Ocu|li (mpl) oculi
ocu|lo|mo|to|risch (adj) oculomotor
Ocu|lo|mo|to|ri|us (m) oculomotorius
Ocu|lus (m) oculus
Odont|al|gie (f) odontalgia
odont|al|gisch (adj) odontalgic
Odon|ti|tis (f) odontitis
Odon|to|blast (m) odontoblast
odon|to|bla|stisch (adj) odontoblastic
odon|to|gen (adj) odontogenic
Odon|to|ge|ne|se (f) odontogenesis
Odon|to|ge|nie (f) odontogeny
Odon|to|lo|ge (m) odontologist
Odon|to|lo|gie (f) odontology
Odon|tom (n) odontoma
Odor (m) odor
Ody|no|pha|gie (f) odynophagia
Oe|co|lo|gie (f) ecology
Oe|co|sy|stem (n) ecosystem
Oe|dem (n) edema
Oe|de|ma (n) oedema
oe|de|ma|tos (adj) oedematous
oe|di|pal (adj) oedipal
Oe|co|tro|pho|lo|ge (m) dietitian
Oel (n) oil
oe|lig (adj) oily
oe|so|pha|ge|al (adj) oesophageal
Oe|so|phag|ec|ta|sie (f) oesophagectasia
Oe|so|phag|ec|to|mie (f) oesophagectomy
Oe|so|pha|gis|mus (m) oesophagism
Oe|so|pha|gi|tis (f) oesophagitis
oe|so|pha|go|bron|chi|al (adj) oesophagobronchial
Oe|so|pha|go|ce|le (f) oesophagocele
Oe|so|pha|go|duo|de|no|sto|mie (f) oesophagoduodenostomy
Oe|so|pha|go|en|te|ro|sto|mie (f) oesophagoenterostomy
Oe|so|pha|go|ga|strec|to|mie (f) oesophagogastrectomy
Oe|so|pha|go|ga|stro|sto|mie (f) oesophagogastrostomy
Oe|so|pha|go|gramm (n) oesophagogram
Oe|so|pha|go|je|ju|no|sto|mie (f) oesophagojejunostomy
Oe|so|pha|go|oe|so|pha|go|sto-mie (f) oesophago-oesophagostomy
Oe|so|pha|go|pa|thie (f) oesophagopathy
Oe|so|pha|go|scop (n) oesophagoscope
Oe|so|pha|go|sco|pie (f) oesophagoscopy
Oe|so|pha|go|spas|mus (m)

oesophagospasm
Oe|so|pha|go|ste|no|se (f) oesophagostenosis
Oe|so|pha|go|sto|mie (f) oesophagostomy
Oe|so|pha|go|to|mie (f) oesophagotomy
Oe|so|pha|gus (m) oesophagus
Oe|stra|di|ol (n) estradiol
Oe|stro|gen (n) estrogen
oe|stro|gen (adj) estrogenic
Oe|strus (m) estrus
ohn|mäch|tig (adj) unconscious
Ohr (n) ear
Oh|ren|schmalz (n) earwax
Oh|ren|schmerz (m) earache
Ohr|läpp|chen (n) earlobe
Ohm (n) ohm
Ole|cra|non (n) olecranon
Ole|fin (n) olefin, olefine
Oleo|tho|rax (m) oleothorax
Ol|fac|ti|on (f) olfaction
ol|fac|to|risch (adj) olfactory
Olig|ae|mie (f) oligaemia
Oli|go|cho|lie (f) oligocholia
Oli|go|chrom|ae|mie (f) oligochromaemia
Oli|go|cyt|hae|mie (f) oligocythaemia
oli|go|cyt|hae|misch (adj) oligocythaemic
Oli|go|dac|ty|lie (f) oligodactyly
Oli|go|den|dro|cyt (m) oligodendrocyte
Oli|go|den|dro|glia (f) oligodendroglia
Oli|go|den|dro|gli|om (n) oligodendroglioma
Olig|odon|tie (f) oligodontia
Oli|go|me|nor|rhoe (f) oligomenorrhoea
oli|go|phren (adj) oligophrenic
Oli|go|phre|nie (f) oligophrenia
Olig|urie (f) oliguria
Olig|ure|se (f) oliguresis
Oli|go|sac|cha|rid (n) oligosaccharide
Oli|go|si|a|lie (f) oligosialia
Oli|go|sper|mie (f) oligospermia
Oli|go|tri|chie (f) oligotrichia
Oli|va (f) oliva
Oli|ve (f) olive
oli|vo|ce|re|bel|lar (adj) olivocerebellar
oli|vo|pon|to|ce|re|bel|lar (adj) olivopontocerebellar
Om|agra (n) omagra
Om|ar|thri|tis (f) omarthritis
Ome|ga (n) omega
omen|tal (adj) omental
Omen|to|pe|xie (f) omentopexy
Omen|tum (n) omentum
Om|pha|li|tis (f) omphalitis
Om|pha|lo|ce|le (f) omphalocele
Om|pha|lo|pa|gus (m) omphalopagus
Om|pha|lo|pro|pto|se (f) omphaloproptosis

Om|pha|los (m) omphalos
On|cho|cer|co|se (f) onchocercosis
on|co|cid (adj) oncocidal
On|co|cyt (m) oncocyte
On|co|cy|tom (n) oncocytoma
On|co|gen (n) oncogene
on|co|gen (adj) oncogenic
On|co|ge|ne|se (f) oncogenesis
On|co|lo|ge (m) oncologist
On|co|lo|gie (f) oncology
On|co|ly|se (f) oncolysis
On|co|ly|ti|cum (n) oncolytic
on|co|ly|tisch (adj) oncolytic
On|cor|na|vi|rus (n) oncornavirus
On|co|sphae|re (f) oncosphaere
on|co|tisch (adj) oncotic
Oneir|ody|nie (f) oneirodynia
Onei|ro|lo|gie (f) oneirology
Onio|ma|nie (f) oniomania
Ono|ma|to|ma|nie (f) onomatomania
On|to|ge|nie (f) ontogeny
On|to|ge|ne|se (f) ontogenesis
on|to|ge|ne|tisch (adj) ontogenetic
Onych|al|gie (f) onychalgia
Onych|atro|phia (f) onychatrophia
Onych|atro|phie (f) onychatrophy
Onych|au|xis (f) onychauxis
Ony|chia (f) onychia
Ony|chie (f) onychia
Ony|cho|dys|tro|phie (f) onychodystrophy
Ony|cho|gry|po|se (f) onychogryposis
Ony|cho|ly|se (f) onycholysis
Ony|cho|ma|de|se (f) onychomadesis
Ony|cho|my|co|se (f) onychomycosis
Ony|cho|pa|thie (f) onychopathy
Ony|cho|pha|gie (f) onychophagia
Ony|cho|phym (n) onychophyma
Ony|chor|rhe|xis (f) onychorrhexis
Ony|cho|se (f) onychosis
Ony|cho|til|lo|ma|nie (f) onychotillomania
Oo|cy|ste (f) oocyst
Oo|cyt (m) oocyte
Oo|ge|ne|se (f) oogenesis
oo|ge|ne|tisch (adj) oogenetic
Oo|go|nia (npl) oogonia
Oo|go|ni|um (n) oogonium
Oo|ki|net (m) ookinete
oo|ki|ne|tisch (adj) ookinetic
Oo|lemm (n) oolemma
Oo|phor|ec|to|mie (f) oophorectomy
Oo|pho|ri|tis (f) oophoritis
Oo|pho|ron (n) oophoron
Oo|pho|ro|sal|ping|ec|to|mie (f) oophorosalpingectomy
Oo|pho|ro|sal|pin|gi|tis (f) oophorosalpingitis
Oo|plas|ma (f) ooplasm

Opa|ci|tät (f) opacity
opak (adj) opaque
opa|les|cent (adj) opalescent
Opa|les|cenz (f) opalescence
ope|ra|bel (adj) operable
Ope|ra|bi|li|tät (f) operability
Ope|ra|teur (m) operator
Ope|ra|ti|on (f) operation
ope|ra|tiv (adj) operative
Ope|ra|tor (m) operator
Oper|cu|lum (n) operculum
ope|rie|ren (v) operate
Ope|ron (n) operon
Ophi|a|se (f) ophiasis
Ophry|on (n) ophryon
Oph|thal|mia (f) ophthalmia
Oph|thalm|ia|trik (f) ophthalmiatrics
oph|thal|misch (adj) ophthalmic
Oph|thal|mi|tis (f) ophthalmitis
oph|thal|mi|tisch (adj) ophthalmitic
Oph|thal|mo|blen|nor|rhoe (f) ophthalmoblennorrhoea
Oph|thal|mo|dy|na|mo|me|ter (n) ophthalmodynamometer
Oph|thal|mo|dy|na|mo|me|trie (f) ophthalmodynamometry
Oph|thal|mo|lo|ge (m) ophthalmologist
Oph|thal|mo|lo|gie (f) ophthalmology
oph|thal|mo|lo|gisch (adj) ophthalmologic
Oph|thal|mo|me|ter (n) ophthalmometer
Oph|thal|mo|me|trie (f) ophthalmometry
Oph|thal|mo|my|i|a|se (f) ophthalmomyiasis
Oph|thal|mo|pa|thie (f) ophthalmopathy
Oph|thal|mo|phthi|se (f) ophthalmophthisis
Oph|thal|mo|ple|gie (f) ophthalmoplegia
Oph|thal|mor|rha|gie (f) ophthalmorrhagia
Oph|thal|mor|rhe|xis (f) ophthalmorrhexis
Oph|thal|mo|scop (n) ophthalmoscope
Oph|thal|mo|sco|pie (f) ophthalmoscopy
oph|thal|mo|sco|pisch (adj) ophthalmoscopic
Opi|at (n) opiate
Opio|pha|gie (f) opiophagy
Opio|pha|gis|mus (m) opiophagism
Opi|sthi|on (n) opisthion
Opi|stho|gna|this|mus (m) opisthognathism
Opi|stho|to|nus (m) opisthotonus
Opi|um (n) opium
Op|po|si|ti|on (f) opposition
Op|so|nin (n) opsonin
op|ti|co|chi|as|ma|tisch (adj) opticochiasmatic

Op|tik (f) optics
Op|ti|ker (m) optician
op|tisch (adj) optic, optical
Op|to|me|ter (n) optometer
Op|to|me|trie (f) optometry
Ora (f) ora
oral (adj) oral
oral (adv) orally
or|bi|cu|lar (adj) orbicular
Or|bi|ta (f) orbita
Or|bi|tal (n) orbital
or|bi|tal (adj) orbital
Or|bi|to|to|mie (f) orbitotomy
Or|chi|al|gia (f) orchialgia
Or|chid|ec|to|mie (f) orchidectomy
Or|chi|ec|to|mie (f) orchiectomy
Or|chis (m) orchis
Or|chi|tis (f) orchitis
or|chi|tisch (adj) orchitic
Or|chi|to|mie (f) orchitomy
Or|gan (n) organ
Or|ga|na (npl) organa
Or|ga|ne (npl) organs
Or|ga|nel|le (f) organelle
or|ga|nisch (adj) organic
Or|ga|nis|mus (m) organism
Or|ga|no|ge|ne|se (f) organogenesis
or|ga|no|ge|ne|tisch (adj) organogenetic
Or|ga|no|ge|nie (f) organogeny
or|ga|no|id (adj) organoid
Or|ga|no|lo|gie (f) organology
Or|ga|non (n) organon
Or|ga|no|the|ra|pie (f) organotherapy
or|ga|no|trop (adj) organotropic
Or|ga|no|tro|pie (f) organotropy
Or|ga|no|tro|pis|mus (m) organotropism
Or|ga|num (n) organum
Or|gas|mus (m) orgasm
Ori|fi|ci|um (n) orificium
Or|ni|thin (n) ornithine
Or|ni|tho|se (f) ornithosis
Or|ni|thyl (n) ornithyl
oro|pha|ryn|ge|al (adj) oropharyngeal
Oro|pha|rynx (m) oropharynx
Or|the|se (f) orthesis
Or|the|tik (f) orthetics
or|tho (adv) ortho
Or|tho|ce|pha|lie (f) orthocephaly
or|tho|chrom (adj) orthochromic
or|tho|chro|ma|tisch (adj) orthochromatic
Or|tho|dia|gramm (n) orthodiagram
Or|tho|dia|gra|phie (f) orthodiagraphy
Orth|odon|tia (f) orthodontia
Orth|odon|tik (f) orthodontics
orth|odon|tisch (adj) orthodontic
or|tho|drom (adj) orthodromic
or|tho|gnath (adj)

orthognathic
Or|tho|gna|thie (f) orthognathism
Or|tho|pae|de (m) orthopaedist
Or|tho|pae|die (f) orthopaedics
or|tho|pae|disch (adj) orthopaedic
Or|tho|phos|phor|säu|re (f) orthophosphoric acid
Or|tho|pnoe (f) orthopnoea
Orth|op|tik (f) orthoptics
orth|op|tisch (adj) orthoptic
or|tho|sta|tisch (adj) orthostatic
or|tho|sym|pa|thisch (adj) orthosympathetic
Or|tho|to|nus (m) orthotonus
or|tho|top (adj) orthotopic
Or|tho|to|pia (f) orthotopia
Os (n) os
Os|cil|la|ti|on (f) oscillation
Os|cil|la|tor (m) oscillator
os|cil|la|to|risch (adj) oscillatory
Os|cil|lo|graph (m) oscillograph
Os|cil|lo|gra|phie (f) oscillography
os|cil|lo|gra|phisch (adj) oscillographic
Os|cil|lo|scop (n) oscilloscope
Os|mi|dro|se (f) osmidrosis
os|mio|phil (adj) osmiophilic
Os|mi|um (n) osmium
Os|mol (n) osmol
os|mo|lal (adj) osmolal
Os|mo|la|li|tät (f) osmolality
os|mo|lar (adj) osmolar
Os|mo|la|ri|tät (f) osmolarity
Os|mo|lo|gie (f) osmology
Os|mo|me|ter (n) osmometer
Os|mo|se (f) osmosis
os|mo|tisch (adj) osmotic
Os|sa (npl) ossa
Os|si|cu|la (npl) ossicula
os|si|cu|lar (adj) ossicular
Os|si|cul|ec|to|mie (f) ossiculectomy
Os|si|cu|lum (n) ossiculum
Os|si|fi|ca|ti|on (f) ossification
os|si|fi|cie|ren (v) ossify
os|si|form (adj) ossiform
Ost|al|gia (f) ostalgia
ost|al|gisch (adj) ostalgic
oste|al (adj) osteal
Oste|al|gia (f) ostealgia
Osteo|ar|thri|tis (f) osteoarthritis
Osteo|ar|thro|pa|thie (f) osteoarthropathy
Osteo|blast (m) osteoblast
osteo|bla|stisch (adj) osteoblastic
Osteo|bla|stom (n) osteoblastoma
osteo|chon|dral (adj) osteochondral
Osteo|chon|dri|tis (f) osteochondritis
Osteo|chon|dro|dys|pla|sie (f) osteochondrodysplasia

Osteo|chon|dro|dys|tro|phia (f) osteochondrodystrophia

Osteo|chon|dro|dys|tro|phie (f) osteochondrodystrophy

Osteo|chon|drom (n) osteochondroma

Osteo|chon|dro|sar|com (n) osteochondrosarcoma

Osteo|cla|sis (f) osteoclasis

Osteo|clast (m) osteoclast

osteo|cla|stisch (adj) osteoclastic

Osteo|co|pie (f) osteocopy

Osteo|cyt (m) osteocyte

Oste|ody|nie (f) osteodynia

Osteo|dys|tro|phia (f) osteodystrophia

Osteo|dys|tro|phie (f) osteodystrophy

Osteo|fi|brom (n) osteofibroma

Osteo|fi|bro|se (f) osteofibrosis

osteo|gen (adj) osteogenic

Osteo|ge|ne|se (f) osteogenesis

osteo|ge|ne|tisch (adj) osteogenetic

Osteo|ge|nie (f) osteogeny

Osteo|id (n) osteoid

osteo|id (adj) osteoid

Osteo|lo|gia (f) osteologia

Osteo|lo|gie (f) osteology

Osteo|ly|se (f) osteolysis

osteo|ly|tisch (adj) osteolytic

Oste|om (n) osteoma

Osteo|ma|la|cie (f) osteomalacia

osteo|ma|la|cisch (adj) osteomalacic

Osteo|my|e|li|tis (f) osteomyelitis

osteo|my|e|li|tisch (adj) osteomyelitic

Oste|on (n) osteon

Osteo|ne|cro|se (f) osteonecrosis

Osteo|pa|thia (f) osteopathia

Osteo|pa|thie (f) osteopathy

osteo|pa|thisch (adj) osteopathic

Osteo|pe|ri|osti|tis (f) osteoperiostitis

Osteo|pe|tro|se (f) osteopetrosis

Osteo|pha|ge (m) osteophage

Osteo|phyt (m) osteophyte

Osteo|pla|stik (f) osteoplasty

osteo|pla|stisch (adj) osteoplastic

Osteo|poi|ki|lo|se (f) osteopoikilosis

Osteo|po|ro|se (f) osteoporosis

osteo|po|ro|tisch (adj) osteoporotic

Osteo|psa|thy|ro|se (f) osteopsathyrosis

Osteo|sar|com (n) osteosarcoma

Osteo|scle|ro|se (f) osteosclerosis

osteo|scle|ro|tisch (adj) osteosclerotic

Osteo|syn|the|se (f) osteosynthesis

Osteo|to|mie (f) osteotomy

Ostia (npl) ostia
Osti|tis (f) ostitis
Osti|um (n) ostium
Ot|al|gia (f) otalgia
Ot|al|gie (f) otalgia
ot|al|gisch (adj) otalgic
Ot|hae|ma|tom (n) othaematoma
Oti|tis (f) otitis
oti|tisch (adj) otitic
Oto|blen|nor|rhoe (f) otoblennorrhoea
Oto|co|nia (npl) otoconia
Ot|ody|nia (f) otodynia
oto|gen (adj) otogenic
Oto|la|ryn|go|lo|ge (m) otolaryngologist
Oto|la|ryn|go|lo|gie (f) otolaryngology
Oto|lith (m) otolith
Oto|lo|ge (m) otologist
Oto|lo|gie (f) otology
oto|lo|gisch (adj) otologic
Oto|my|co|se (f) otomycosis
Oto|rhi|no|la|ryn|go|lo|gie (f) otorhinolaryngology
Oto|rhi|no|lo|gie (f) otorhinology
Otor|rha|gia (f) otorrhagia
Otor|rhoe (f) otorrhoea
Oto|scle|ro|se (f) otosclerosis
oto|scle|ro|tisch (adj) otosclerotic
Oto|scop (n) otoscope
Oto|sco|pie (f) otoscopy
oto|sco|pisch (adj) otoscopic
oto|to|xisch (adj) ototoxic
Oto|to|xi|ci|tät (f) ototoxicity
Ova (npl) ova
Ova|lo|cyt (m) ovalocyte
Ova|lo|cy|to|se (f) ovalocytosis
Ovar (n) ovary
ova|ri|al (adj) ovarian
Ova|ri|ec|to|mie (f) ovariectomy
Ova|rio|ce|le (f) ovariocele
Ova|rio|to|mie (f) ovariotomy
Ova|ri|um (n) ovarium
Ovi|duct (m) oviduct
ovi|form (adj) oviform
ovi|gen (adj) ovigenous
Ovi|ge|ne|se (f) ovigenesis
ovi|ge|ne|tisch (adj) ovigenetic
Ovo|cyt (m) ovocyte
Ovo|ge|ne|se (f) ovogenesis
Ovo|go|ni|um (n) ovogonium
ovo|id (adj) ovoid
Ovo|te|stis (m) ovotestis
Ovu|la|ti|on (f) ovulation
ovu|la|to|risch (adj) ovulatory
Ovu|lum (n) ovulum
Ovum (n) ovum
Oxal|ae|mie (f) oxalaemia
Oxa|lat (n) oxalate
Oxa|lo|se (f) oxalosis
Oxal|säu|re (f) oxalic acid
Oxal|urie (f) oxaluria
Oxid (n) oxide
Oxi|dans (n) oxidant
Oxi|da|se (f) oxidase
Oxi|da|ti|on (f) oxidation

oxi|da|tiv (adj) oxidative
oxi|die|ren (v) oxidise
oxi|die|rend (ppr) oxidising
oxi|diert (ppe) oxidised
Oxi|do|re|duc|ta|se (f) oxidoreductase
oxy|ce|phal (adj) oxycephalic
Oxy|ce|pha|lie (f) oxycephaly
Oxy|gen (n) oxygen
Oxy|ge|na|se (f) oxygenase
Oxy|ge|na|ti|on (f) oxygenation
oxy|ge|nie|ren (v) oxygenate
Oxy|hae|mo|glo|bin (n) oxyhaemoglobin
oxy|phil (adj) oxyphilic
Oxy|to|cin (n) oxytocin
Oxy|uri|a|se (f) oxyuriasis
Ozae|na (f) ozaena
Ozon (n) ozone
pa|chy|ce|phal (adj) pachycephalic
Pa|chy|ce|pha|lia (f) pachycephalia
Pa|chy|ce|pha|lie (f) pachycephaly
Pa|chy|chei|lie (f) pachycheilia
Pa|chy|dac|ty|lia (f) pachydactylia
Pa|chy|dac|ty|lie (f) pachydactyly
Pa|chy|der|ma (n) pachyderma
Pa|chy|der|mia (f) pachydermia
Pa|chy|glos|sia (f) pachyglossia
Pa|chy|me|nin|gi|tis (f) pachymeningitis
pa|chy|me|nin|gi|tisch (adj) pachymeningitic
Pa|chy|me|ninx (f) pachymeninx
Pa|chy|ony|chia (f) pachyonychia
Pa|chy|taen (n) pachytene
Paed|atro|phia (f) paedatrophia
Paed|atro|phie (f) paedatrophy
Paed|erast (m) paederast
Paed|era|stie (f) paederasty
Paed|ia|ter (m) paediatrician, paediatrist
Paed|ia|trie (f) paediatrics, paediatry
paed|ia|trisch (adj) paediatric
Paed|odon|tia (f) paedodontia
Paed|odon|tie (f) paedodontics
Paed|odon|to|lo|gie (f) paedodontology
Pae|do|lo|gie (f) paedology
Pae|do|phi|lia (f) paedophilia
Pa|laeo|ce|re|bel|lum (n) palaeocerebellum
Pa|laeo|en|ce|pha|lon (n) palaeoencephalon
Pa|laeo|ge|ne|tik (f) palaeogenetics
Pa|laeo|pal|li|um (n) palaeopallium
Pa|laeo|pa|tho|lo|gie (f) palaeopathology

Pa|laeo|stri|a|tum (n) palaeostriatum
Pa|laeo|tha|la|mus (m) palaeothalamus
pa|la|tal (adj) palatal
Pa|la|to|pla|stik (f) palatoplasty
Pa|la|to|schi|se (f) palatoschisis
Pa|la|tum (n) palatum
Pa|li|la|lie (f) palilalia
pa|lin|drom (adj) palindromic
Pal|la|di|um (n) palladium
Pall|aes|the|sie (f) pallaesthesia
Pall|an|aes|the|sie (f) pallanaesthesia
pal|li|a|tiv (adj) palliative
Pal|li|a|ti|vum (n) palliative
pal|li|do|fu|gal (adj) pallidofugal
Pal|li|dum (n) pallidum
Pal|lor (m) pallor
Pal|ma (f) palma
pal|mar (adj) palmar
pal|mo|plan|tar (adj) palmoplantar
pal|pa|bel (adj) palpable
Pal|pa|ti|on (f) palpation
pal|pa|to|risch (adj) palpatory
Pal|pe|bra (f) palpebra
pal|pe|bral (adj) palpebral
pal|pie|ren (v) palpate
Pal|pi|ta|ti|on (f) palpitation
pal|pi|tie|ren (v) palpitate
pam|pi|ni|form (adj) pampiniform
Pan|ag|glu|ti|nin (n) panagglutinin
Pan|ar|te|ri|tis (f) panarteritis
Pan|ar|thri|tis (f) panarthritis
Pan|car|di|tis (f) pancarditis
Pan|cre|as (m) pancreas
Pan|cre|as-Saft (m) pancreatic juice
Pan|cre|at|ec|to|mie (f) pancreatectomy
pan|cre|a|tisch (adj) pancreatic
Pan|cre|a|ti|tis (f) pancreatitis
pan|cre|a|ti|tisch (adj) pancreatitic
pan|cre|a|to|gen (adj) pancreatogenous
Pan|creo|pa|thia (f) pancreopathia
Pan|creo|pa|thie (f) pancreopathy
Pan|cy|to|pe|nie (f) pancytopenia
Pan|de|mia (f) pandemia
Pan|de|mie (f) pandemic, pandemy
pan|de|misch (adj) pandemic
Pan|en|ce|pha|li|tis (f) panencephalitis
Pan|hy|po|pi|tu|i|ta|ris|mus (m) panhypopituitarism

Pa|nik (f) panic
Pan|my|e|lo|phthi|se (f) panmyelophthisis
Pan|ni|cu|li|tis (f) panniculitis
Pan|ni|cu|lus (m) panniculus
Pan|nus (m) pannus
Pan|oph|thal|mia (f) panophthalmia
Pan|oph|thal|mi|tis (f) panophthalmitis
Pan|oti|tis (f) panotitis
Pan|phle|bi|tis (f) panphlebitis
Pan|pho|bie (f) panphobia
Pan|si|nu|si|tis (f) pansinusitis
Pan|to|then|säu|re (f) pantothenic acid
Pa|pel (f) papule
Pa|pil|la (f) papilla
Pa|pil|lae (fpl) papillae
pa|pil|lar (adj) papillar
Pa|pil|li|tis (f) papillitis
Pa|pil|lom (n) papilloma
pa|pil|lo|ma|cu|lar (adj) papillomacular
pa|pil|lo|ma|tos (adj) papillomatous
Pa|pil|lo|ma|to|se (f) papillomatosis
Pa|pu|la (f) papula
Pa|ra (f) para
pa|ra (adv) para
Pa|ra|bi|o|se (f) parabiosis
pa|ra|bi|o|tisch (adj) parabiotic
Pa|ra|bu|lie (f) parabulia
Pa|ra|cen|te|se (f) paracentesis
pa|ra|cen|tral (adj) paracentral
Pa|ra|cho|lie (f) paracholia
Pa|ra|col|pi|tis (f) paracolpitis
Pa|ra|col|pi|um (n) paracolpium
Par|acu|sie (f) paracusia
Par|acu|sis (f) paracusis
Pa|ra|cy|sti|tis (f) paracystitis
Par|aes|the|sie (f) paraesthesia
par|aes|the|tisch (adj) paraesthetic
Par|af|fin (n) paraffin
Par|af|fi|nom (n) paraffinoma
Pa|ra|gam|ma|cis|mus (m) paragammacism
Pa|ra|gan|glia (npl) paraganglia
Pa|ra|gan|gli|en (npl) paraganglia
Pa|ra|gan|gli|om (n) paraganglioma
Pa|ra|gan|gli|on (n) paraganglion
Pa|ra|geu|sie (f) parageusia
Pa|ra|geu|sis (f) parageusis
Par|ag|glu|ti|na|ti|on (f) paragglutination
Pa|ra|go|ni|mi|a|se (f)

paragonimiasis
Pa|ra|go|ni|mus (m)
paragonimus
Pa|ra|gra|phia (f)
paragraphia
Pa|ra|hae|mo|phi|lie (f)
parahaemophilia
pa|ra|hip|po|cam|pal (adj)
parahippocampal
Pa|ra|la|lie (f) paralalia
Pa|ra|lo|gie (f) paralogia
pa|ra|lo|gisch (adj) paralogic
Pa|ra|ly|se (f) paralysis
pa|ra|ly|sie|ren (v) paralyse
Pa|ra|ly|ti|ker (m) paralytic
pa|ra|ly|tisch (adj) paralytic
pa|ra|me|di|an (adj)
paramedian
Pa|ra|me|tri|tis (f)
parametritis
pa|ra|me|tri|tisch (adj)
parametritic
Pa|ra|me|tri|um (n)
parametrium
Pa|ra|me|tro|pa|thie (f)
parametropathy
Pa|ra|mi|mie (f) paramimia
Pa|ra|mne|sie (f) paramnesia
Pa|ra|my|e|lo|blast (m)
paramyeloblast
Pa|ra|myo|clo|nus (m)
paramyoclonus
Pa|ra|myo|to|nie (f)
paramyotonia
pa|ra|na|sal (adj) paranasal
pa|ra|ne|phrisch (adj)
paranephric
Pa|ra|ne|phri|tis (f)
paranephritis
pa|ra|neu|ral (adj)
paraneural
Pa|ra|noia (f) paranoia
pa|ra|no|id (adj) paranoid
Pa|ra|no|ider (m) paranoid
Pa|ra|no|i|ker (m) paranoiac
pa|ra|no|isch (adj) paranoiac
Pa|ra|pha|sia (f) paraphasia
pa|ra|pha|sisch (adj)
paraphasic
Pa|ra|phi|mo|se (f)
paraphimosis
Pa|ra|pho|nia (f) paraphonia
Pa|ra|phra|sia (f)
paraphrasia
Pa|ra|phre|nia (f)
paraphrenia
Pa|ra|phre|ni|tis (f)
paraphrenitis
Pa|ra|pla|sia (f) paraplasia
Pa|ra|plas|ma (n) paraplasm
Pa|ra|proc|ti|tis (f)
paraproctitis
Pa|ra|proc|ti|um (n)
paraproctium
Pa|ra|pro|te|in (n)
paraprotein
Pa|ra|pro|te|in|ae|mie (f)
paraproteinaemia
Pa|ra|pso|ri|a|se (f)
parapsoriasis
Pa|ra|psy|cho|lo|gie (f)
parapsychology

Par|ar|rhyth|mie (f) pararrhythmia
par|ar|rhyth|misch (adj) pararrhythmic
pa|ra|sa|cral (adj) parasacral
Pa|ra|sit (m) parasite
Pa|ra|sit|ae|mie (f) parasitaemia
pa|ra|si|tar (adj) parasitic
Pa|ra|si|to|lo|ge (m) parasitologist
Pa|ra|si|to|lo|gie (f) parasitology
Pa|ra|si|to|pho|bie (f) parasitophobia
Pa|ra|si|to|se (f) parasitosis
pa|ra|si|to|trop (adj) parasitotropic
Pa|ra|si|to|tro|pi|cum (n) parasitotropic
pa|ra|ster|nal (adj) parasternal
pa|ra|sym|pa|thisch (adj) parasympathetic
pa|ra|sym|pa|tho|ly|tisch (adj) parasympatholytic
pa|ra|sym|pa|tho|mi|me|tisch (adj) parasympathomimetic
pa|ra|ter|mi|nal (adj) paraterminal
Pa|ra|thor|mon (n) parathormone
Pa|ra|thy|mia (f) parathymia
Pa|ra|thy|ro|id|ec|to|mie (f) parathyroidectomy
pa|ra|ton|sil|lar (adj) paratonsillar
Pa|ra|ty|phli|tis (f) paratyphlitis
pa|ra|ure|thral (adj) paraurethral
pa|ra|ver|te|bral (adj) paravertebral
Par|en|chy|ma (n) parenchyma
par|en|chy|ma|tos (adj) parenchymatous
par|en|te|ral (adj) parenteral
Pa|re|se (f) paresis
pa|re|tisch (adj) paretic
Pa|ri|es (m) paries
pa|ri|e|tal (adj) parietal
Pa|ri|e|ta|le (n) parietal
Par|kin|so|nis|mus (m) parkinsonism
Par|odon|ti|tis (f) parodontitis
Par|odon|ti|um (n) parodontium
Par|ony|chia (f) paronychia
Par|ony|chi|um (n) paronychium
Par|oo|pho|ron (n) paroophoron
Par|ore|xia (f) parorexia
Par|os|mia (f) parosmia
Par|os|phre|se (f) parosphresis
Par|osti|tis (f) parostitis
Par|osto|se (f) parostosis
par|otisch (adj) parotic
Par|oti|tis (f) parotitis
par|oti|tisch (adj) parotitic
par|ova|ri|al (adj) parovarian

Par|ova|ri|um (n) parovarium
par|oxys|mal (adj) paroxysmal
Par|oxys|mus (m) paroxysm
Pars (f) pars
Par|tes (fpl) partes
Par|the|no|ge|ne|se (f) parthenogenesis
par|the|no|ge|ne|tisch (adj) parthenogenetic
Par|tu|ri|ti|on (f) parturition
Par|tus (m) partus
Par|vo|vi|rus (n) parvovirus
Pa|sta (f) pasta
Pa|ste (f) paste
Pa|steu|rel|la (f) pasteurella
Pa|steu|ri|sa|ti|on (f) pasteurisation
pa|steu|ri|sie|ren (v) pasteurise
pa|steu|ri|siert (ppe) pasteurised
Pa|tel|la (f) patella
pa|tel|lar (adj) patellar
Path|er|gia (f) pathergia
Path|er|gie (f) pathergy
path|er|gisch (adj) pathergic
Pa|tho|gen (n) pathogen
pa|tho|gen (adj) pathogenic
Pa|tho|ge|ne|se (f) pathogenesis
pa|tho|ge|ne|tisch (adj) pathogenetic
Pa|tho|ge|ni|tät (f) pathogenicity
pa|tho|gno|mo|nisch (adj) pathognomonic
pa|tho|gno|stisch (adj) pathognostic
Pa|tho|lo|ge (m) pathologist
Pa|tho|lo|gie (f) pathology
pa|tho|lo|gisch (adj) pathological
Pa|tho|pho|bie (f) pathophobia
Pa|tho|phy|sio|lo|gie (f) pathophysiology
pa|tho|phy|sio|lo|gisch (adj) pathophysiological
Pa|tho|psy|cho|lo|gie (f) pathopsychology
pa|tho|psy|cho|lo|gisch (adj) pathopsychological
Pa|ti|ent (m) patient
Pa|vi|an (m) baboon
Pa|vor (m) pavor
Pec|ten (m) pecten
Pec|tin (n) pectin
pec|to|ral (adj) pectoral
Pec|to|ra|lis (m) pectoralis
Pec|tus (n) pectus
Pe|di|cu|lo|se (f) pediculosis
Pe|dun|cu|lus (m) pedunculus
Pe|li|o|se (f) peliosis
Pe|li|o|sis (f) peliosis
pe|li|o|tisch (adj) peliotic
Pell|agra (n) pellagra
Pel|li|cu|la (f) pellicula
Pe|lo|id (n) peloid
pel|vi|ab|do|mi|nal (adj) pelviabdominal
Pel|vi|me|ter (n) pelvimeter
Pel|vi|me|trie (f) pelvimetry
pel|vin (adj) pelvic

Pel|vio|to|mie (f) pelviotomy
pel|vi|rec|tal (adj) pelvirectal
Pel|vis (f) pelvis
Pel|vi|scop (n) pelviscope
Pel|vi|sec|ti|on (f) pelvisection
Pem|phi|go|id (n) pemphigoid
Pem|phi|gus (m) pemphigus
Pe|ne|tranz (f) penetrance
Pe|ne|tra|ti|on (f) penetration
Pe|ni|cil|li (mpl) penicilli
Pe|ni|cil|lin (n) penicillin
Pe|ni|cil|li|na|se (f) penicillinase
Pe|ni|cil|li|um (n) penicillium
Pe|ni|cil|lus (m) penicillus
Pe|nis (m) penis
Pen|tan (n) pentane
Pen|tan-di|säu|re (f) pentanedioic acid
Pen|tan|säu|re (f) pentanoic acid
Pen|ta|pep|tid (n) pentapeptide
pen|ta|va|lent (adj) pentavalent
Pen|to|se (f) pentose
Pen|to|se|phos|phat (n) pentose phosphate
Pen|to|sid (n) pentoside
Pen|tos|urie (f) pentosuria
Pent|oxid (n) pentoxide
Pen|tyl (n) pentyl
Pep|sin (n) pepsin
Pep|si|no|gen (n) pepsinogen
Pep|tid (n) peptide
Pep|ti|da|se (f) peptidase
pep|ti|do|ly|tisch (adj) peptidolytic
Pep|ton (n) peptone
Pep|ton|ae|mie (f) peptonaemia
Pep|to|no|ly|se (f) peptonolysis
Pep|ton|urie (f) peptonuria
Per|cep|ti|on (f) perception
Per|co|lat (n) percolate
Per|co|la|ti|on (f) percolation
Per|co|la|tor (m) percolator
per|co|lie|ren (v) percolate
Per|cus|si|on (f) percussion
per|cu|tan (adj) percutaneous
per|cu|tie|ren (v) percuss
Per|fo|ra|ti|on (f) perforation
Per|fo|ra|tor (m) perforator
per|fo|rie|ren (v) perforate
per|fo|rie|rend (ppr) perforating
per|fo|riert (ppe) perforated
per|fun|die|ren (v) perfuse
Per|fu|sat (n) perfusate
Per|fu|si|on (f) perfusion
pe|ri|aci|nar (adj) periacinar
Pe|ri|ade|ni|tis (f) periadenitis
pe|ri|anal (adj) perianal
pe|ri|api|cal (adj) periapical
pe|ri|ar|te|ri|ell (adj) periarterial
Pe|ri|ar|thri|tis (f) periarthritis
pe|ri|ar|ti|cu|lar (adj) periarticular

Pe|ri|bron|chi|tis (f) peribronchitis
pe|ri|car|di|al (adj) pericardial
Pe|ri|car|dio|to|mie (f) pericardiotomy
Pe|ri|car|di|tis (f) pericarditis
pe|ri|car|di|tisch (adj) pericarditic
Pe|ri|car|di|um (n) pericardium
Pe|ri|chol|an|gi|tis (f) pericholangitis
pe|ri|chol|an|gi|tisch (adj) pericholangitic
Pe|ri|cho|le|cy|sti|tis (f) pericholecystitis
pe|ri|cho|le|cy|stisch (adj) pericholecystic
pe|ri|chon|dral (adj) perichondral
Pe|ri|chon|dria (npl) perichondria
Pe|ri|chon|dri|tis (f) perichondritis
pe|ri|chon|dri|tisch (adj) perichondritic
Pe|ri|chon|dri|um (n) perichondrium
Pe|ri|co|li|tis (f) pericolitis
Pe|ri|co|lo|ni|tis (f) pericolonitis
pe|ri|cor|ne|al (adj) pericorneal
pe|ri|cra|ni|al (adj) pericranial
Pe|ri|cra|ni|um (n) pericranium
Pe|ri|cyt (m) pericyte
Pe|ri|cy|tom (n) pericytoma
pe|ri|den|dri|tisch (adj) peridendritic
pe|ri|den|tal (adj) peridental
pe|ri|du|ral (adj) peridural
Pe|ri|en|ce|pha|li|tis (f) periencephalitis
Pe|ri|fol|li|cu|li|tis (f) perifolliculitis
Pe|ri|ga|stri|tis (f) perigastritis
pe|ri|glan|du|lar (adj) periglandular
Pe|ri|he|pa|ti|tis (f) perihepatitis
Pe|ri|lym|pha (f) perilympha
pe|ri|lym|pha|tisch (adj) perilymphatic
Pe|ri|lym|phe (f) perilymph
Pe|ri|me|ter (n) perimeter
pe|ri|me|trisch (adj) perimetric
Pe|ri|me|tri|tis (f) perimetritis
pe|ri|me|tri|tisch (adj) perimetritic
Pe|ri|me|tri|um (n) perimetrium
Pe|ri|my|si|um (n) perimysium
pe|ri|na|tal (adj) perinatal
Pe|ri|na|to|lo|gie (f) perinatology
pe|ri|na|to|lo|gisch (adj)

perinatological
pe|ri|ne|al (adj) perineal
Pe|ri|neo|pla|stik (f) perineoplasty
pe|ri|ne|phrisch (adj) perinephric
Pe|ri|ne|phri|tis (f) perinephritis
pe|ri|ne|phri|tisch (adj) perinephritic
Pe|ri|ne|phri|um (n) perinephrium
Pe|ri|ne|um (n) perineum
pe|ri|neu|ral (adj) perineural
Pe|ri|neu|ri|tis (f) perineuritis
Pe|ri|neu|ri|um (n) perineurium
pe|ri|nu|cle|ar (adj) perinuclear
Pe|ri|odon|ti|tis (f) periodontitis
Pe|ri|odon|ti|um (n) periodontium
Pe|ri|oo|pho|ri|tis (f) perioophoritis
pe|ri|oral (adj) perioral
Pe|ri|or|bi|ta (f) periorbita
pe|ri|or|bi|tal (adj) periorbital
pe|ri|ostal (adj) periosteal
Pe|ri|oste|um (n) periosteum
Pe|ri|osti|tis (f) periostitis
pe|ri|osti|tisch (adj) periostitic
Pe|ri|pan|cre|a|ti|tis (f) peripancreatitis
pe|ri|par|tu|al (adj) peripartum
pe|ri|pher (adj) peripheral
Pe|ri|phle|bi|tis (f) periphlebitis
pe|ri|phle|bi|tisch (adj) periphlebitic
Pe|ri|pleu|ri|tis (f) peripleuritis
pe|ri|por|tal (adj) periportal
pe|ri|proc|tal (adj) periproctal
pe|ri|proc|tisch (adj) periproctic
Pe|ri|proc|ti|tis (f) periproctitis
Pe|ri|py|le|phle|bi|tis (f) peripylephlebitis
pe|ri|re|nal (adj) perirenal
Pe|ri|sal|pin|gi|tis (f) perisalpingitis
pe|ri|sal|pin|gi|tisch (adj) perisalpingitic
Pe|ri|sig|mo|idi|tis (f) perisigmoiditis
Pe|ri|sper|ma|ti|tis (f) perispermatitis
Pe|ri|sple|ni|tis (f) perisplenitis
Pe|ri|stal|tik (f) peristalsis
pe|ri|stal|tisch (adj) peristaltic
Pe|ri|ten|di|ne|um (n) peritendineum
Pe|ri|ten|di|ni|tis (f)

peritendinitis
pe|ri|the|li|al (adj) perithelial
Pe|ri|the|li|um (n) perithelium
pe|ri|to|nae|al (adj) peritonaeal
Pe|ri|to|nae|a|li|sa|ti|on (f) peritonaealisation
pe|ri|to|nae|a|li|sie|ren (v) peritonaealise
Pe|ri|to|nae|um (n) peritonaeum
Pe|ri|to|ni|tis (f) peritonitis
pe|ri|ton|sil|lar (adj) peritonsillar
Pe|ri|ton|sil|li|tis (f) peritonsillitis
pe|ri|tu|bar (adj) peritubal
Pe|ri|ty|phli|tis (f) perityphlitis
pe|ri|ty|phli|tisch (adj) perityphlitic
pe|ri|un|gu|al (adj) periungual
Pe|ri|ure|te|ri|tis (f) periureteritis
pe|ri|ure|thral (adj) periurethral
Pe|ri|ure|thri|tis (f) periurethritis
pe|ri|vas|cu|lar (adj) perivascular
Pe|ri|vas|cu|li|tis (f) perivasculitis
pe|ri|ve|nos (adj) perivenous
per|me|a|bel (adj) permeable
Per|me|a|bi|li|tät (f) permeability
Per|me|a|se (f) permease
Per|me|a|ti|on (f) permeation
per|me|ie|ren (v) permeate
per|ni|ci|os (adj) pernicious
Pe|ro|bra|chi|us (m) perobrachius
Pe|ro|chi|rus (m) perochirus
Pe|ro|me|lie (f) peromely
Pe|ro|me|lus (m) peromelus
pe|ro|nae|al (adj) peronaeal
Pe|ro|nae|us (m) peronaeus
per|oral (adj) peroral
Per|oxi|da|se (f) peroxidase
Per|se|ve|ra|ti|on (f) perseveration
Per|sön|lich|keit (f) personality
Per|sorp|ti|on (f) persorption
Per|spi|ra|ti|on (f) perspiration
per|spi|ra|to|risch (adj) perspiratory
per|spi|rie|ren (v) perspire
Per|tus|sis (f) pertussis
per|tus|so|id (adj) pertussoid
per|vers (adj) perverse
Per|ver|ser (m) pervert
Per|ver|si|on (f) perversion
per|ver|tie|ren (v) pervert
per|ver|tiert (ppe) perverted
Per|vi|gi|li|um (n) pervigilium
Pes (m) pes
Pes|sar (n) pessary
Pe|sti|cid (n) pesticide

Pe|ti|o|lus (m) petiolus
Pe|tri|fi|ca|ti|on (f) petrification
pe|tri|fi|cie|ren (v) petrify
Pé|tris|sa|ge (f) pétrissage
Pfle|ge|heim (n) asylum
pfle|gen (v) nurse
Pha|co|ce|le (f) phacocele
Pha|co|scle|ro|se (f) phacosclerosis
Phae|no|co|pie (f) phenocopy
Phae|no|men (n) phenomenon
Phae|no|me|no|lo|gie (f) phenomenology
Phae|no|typ (m) phenotype
phae|no|ty|pisch (adj) phenotypical
Phaeo|chro|mo|blast (m) phaeochromoblast
Phaeo|chro|mo|bla|stom (n) phaeochromoblastoma
Phaeo|chro|mo|cyt (m) phaeochromocyte
Phaeo|chro|mo|cy|tom (n) phaeochromocytoma
Pha|ge (m) phage
Pha|ge|dae|na (f) phagedaena
pha|ge|dae|nisch (adj) phagedaenic
Pha|go|cyt (m) phagocyte
pha|go|cy|tar (adj) phagocytic
pha|go|cy|tie|ren (v) phagocytize
Pha|go|cy|to|blast (m) phagocytoblast
Pha|go|cy|to|ly|se (f) phagocytolysis
pha|go|cy|to|ly|tisch (adj) phagocytolytic
Pha|go|cy|to|se (f) phagocytosis
pha|lan|ge|al (adj) phalangeal
Pha|lanx (f) phalanx
phal|lisch (adj) phallic
Phal|lo|pla|stik (f) phalloplasty
Phal|lus (m) phallus
Phan|tas|ma (n) phantasma
Phan|tom (n) phantom
Phar|ma|ceut (m) pharmacist
Phar|ma|ceu|ti|cum (n) pharmaceutical
Phar|ma|ceu|tik (f) pharmaceutics
phar|ma|ceu|tisch (adj) pharmaceutic
Phar|ma|cie (f) pharmacy
Phar|ma|co|dy|na|mik (f) pharmacodynamics
phar|ma|co|dy|na|misch (adj) pharmacodynamic
Phar|ma|co|ge|ne|tik (f) pharmacogenetics
Phar|ma|co|gno|sie (f) pharmacognosy
Phar|ma|co|lo|ge (m) pharmacologist
Phar|ma|co|lo|gie (f) pharmacology
phar|ma|co|lo|gisch (adj) pharmacological

Phar|ma|co|the|ra|pie (f) pharmacotherapy

pha|ryn|ge|al (adj) pharyngeal

Pha|ryn|gis|mus (m) pharyngismus

Pha|ryn|gi|tis (f) pharyngitis

pha|ryn|gi|tisch (adj) pharyngitic

Pha|ryn|go|ce|le (f) pharyngocele

Pha|ryn|go|lo|gie (f) pharyngology

Pha|ryn|go|my|co|se (f) pharyngomycosis

Pha|ryn|go|pla|stik (f) pharyngoplasty

Pha|ryn|go|scop (n) pharyngoscope

Pha|ryn|go|sco|pie (f) pharyngoscopy

Pha|ryn|go|spas|mus (m) pharyngospasm

Pha|ryn|go|to|mie (f) pharyngotomy

Pha|rynx (m) pharynx

Pha|se (f) phase

pha|sisch (adj) phasic

Phe|nol (n) phenol

Phe|nyl (n) phenyl

Phe|nyl|ala|nin (n) phenylalanine

Phe|nyl|ke|ton|urie (f) phenylketonuria

Phe|ro|mon (n) pheromone

Phil|trum (n) philtrum

Phi|mo|se (f) phimosis

Phleb|ec|ta|sie (f) phlebectasia

Phleb|ec|to|mie (f) phlebectomy

Phle|bi|tis (f) phlebitis

phle|bi|tisch (adj) phlebitic

Phle|bo|gramm (n) phlebogram

Phle|bo|gra|phie (f) phlebography

Phle|bo|lith (m) phlebolith

Phle|bo|li|thi|a|se (f) phlebolithiasis

phle|bo|li|thisch (adj) phlebolithic

Phle|bo|throm|bo|se (f) phlebothrombosis

Phle|bo|to|mie (f) phlebotomy

Phle|bo|to|mus (m) phlebotomus

Phleg|ma|sie (f) phlegmasia

phleg|ma|tisch (adj) phlegmatic

Phleg|mo|ne (f) phlegmon

phleg|mo|nos (adj) phlegmonous

phlo|gi|stisch (adj) phlogistic

Phlo|gi|ston (n) phlogiston

phlo|go|gen (adj) phlogogenic

Phlo|go|se (f) phlogosis

Phlyc|tae|na (f) phlyctaena

Phlyc|tae|ne (f) phlyctaena

Pho|bie (f) phobia

pho|bisch (adj) phobic

Pho|bo|pho|bie (f) phobophobia

Pho|co|me|lia (f) phocomelia

Pho|co|me|lie (f) phocomely

Pho|co|me|lus (m) phocomelus

Phon|asthe|nie (f) phonasthenia
Pho|na|ti|on (f) phonation
Pho|nem (n) phoneme
Phon|en|do|scop (n) phonendoscope
Pho|ne|tik (f) phonetics
pho|ne|tisch (adj) phonetic
Phon|ia|trie (f) phoniatry
Pho|nis|mus (m) phonism
Pho|no|car|dio|gramm (n) phonocardiogram
Pho|no|car|dio|graph (m) phonocardiograph
Pho|no|car|dio|gra|phie (f) phonocardiography
pho|no|car|dio|gra|phisch (adj) phonocardiographic
Pho|no|ma|nie (f) phonomania
Pho|no|me|ter (n) phonometer
Pho|no|me|trie (f) phonometry
Pho|no|pho|bie (f) phonophobia
Phos|phat (n) phosphate
Phos|pha|ta|se (f) phosphatase
Phos|pha|tid (n) phosphatide
Phos|pha|tid|säu|re (f) phosphatidic acid
Phos|pha|ti|dyl|cho|lin (n) phosphatidylcholine
Phos|pha|ti|dyl|ae|tha|nol-amin (n) phosphatidyl-ethanolamine
Phos|phid (n) phosphide
Phos|phit (n) phosphite
Phos|pho|fruc|to|ki|na|se (f) phosphofructokinase
Phos|pho|fruc|to|mu|ta|se (f) phosphofructomutase
Phos|pho|glu|co|mu|ta|se (f) phosphoglucomutase
Phos|pho|gly|ce|ro|mu|ta|se (f) phosphoglyceromutase
Phos|pho|he|xo|iso|me|ra|se (f) phosphohexoisomerase
Phos|pho|he|xo|ki|na|se (f) phosphohexokinase
Phos|pho|ki|na|se (f) phosphokinase
Phos|pho|li|pa|se (f) phospholipase
Phos|pho|li|pid (n) phospholipid
Phos|pho|mo|no|este|ra|se (f) phosphomonoesterase
Phos|pho|pro|te|in (n) phosphoprotein
Phos|phor (m) phosphorus
Phos|pho|res|cenz (f) phosphorescence
phos|pho|res|cie|ren (v) phosphoresce
phos|pho|res|cie|rend (ppr) phosphorescent
Phos|phor|säu|re (f) phosphoric acid
Phos|pho|ryl (n) phosphoryl
Phos|pho|ry|la|se (f) phosphorylase
phos|pho|ry|lie|ren (v) phosphorylate
phos|pho|ry|lie|rend (ppr) phosphorylating

phos|pho|ry|liert (ppe) phosphorylated
Phos|pho|ry|lie|rung (f) phosphorylation
Phos|pho|trans|ace|ty|la|se (f) phosphotransacetylase
Pho|tis|mus (m) photism
Pho|to|elec|tri|ci|tät (f) photoelectricity
pho|to|elec|trisch (adj) photoelectric
Pho|to|me|ter (n) photometer
Pho|to|me|trie (f) photometry
pho|to|me|trisch (adj) photometric
pho|to|mo|to|risch (adj) photomotor
Pho|ton (n) photon
pho|to|phob (adj) photophobic
Pho|to|pho|bie (f) photophobia
Phot|op|sie (f) photopsia
Pho|to|re|cep|tor (m) photoreceptor
pho|to|sen|si|bel (adj) photosensitive
Pho|to|sen|si|bi|li|sie|rung (f) photosensitisation
Pho|to|sen|si|bi|li|tät (f) photosensitivity
Pho|to|syn|the|se (f) photosynthesis
pho|to|syn|the|tisch (adj) photosynthetic
Pho|to|the|ra|pie (f) phototherapy
Phre|ni|co|to|mie (f) phrenicotomy
Phre|no|car|die (f) phrenocardia
Phre|no|lo|gie (f) phrenology
Phre|no|pa|thie (f) phrenopathy
Phthi|ri|a|se (f) phthiriasis
Phthi|ri|us (m) phthirius
Phthi|sio|lo|gie (f) phthisiology
Phthi|sio|pho|bie (f) phthisiophobia
Phthi|se (f) phthisis
phy|le|tisch (adj) phyletic
Phy|lo|ge|ne|se (f) phylogenesis
phy|lo|ge|ne|tisch (adj) phylogenetic
Phy|lo|ge|nie (f) phylogeny
Phy|ma (n) phyma
Phys|ia|ter (m) physiatrist
Phys|ia|trik (f) physiatrics
phy|si|ca|lisch (adj) physical
phy|si|co|che|misch (adj) physicochemical
Phy|sik (f) physics
Phy|si|ker (m) physicist
phy|sio|che|misch (adj) physiochemical
Phy|sio|gno|mie (f) physiognomy
Phy|sio|lo|ge (m) physiologist
Phy|sio|lo|gie (f) physiology
phy|sio|lo|gisch (adj) physiological
Phy|sio|the|ra|peut (m)

physiotherapist
Phy|sio|the|ra|pie (f) physiotherapy
phy|sisch (adj) physical
Phy|so|me|tra (f) physometra
Phy|to|be|zo|ar (m) phytobezoar
Phy|to|che|mie (f) phytochemistry
phy|to|gen (adj) phytogenous
Phy|to|pa|ra|sit (m) phytoparasite
phy|to|pa|tho|gen (adj) phytopathogenic
Phy|to|pa|tho|lo|gie (f) phytopathology
Pia (f) pia
Pi|co|gramm (n) picogram
Pi|co-RNA-Vi|rus (n) pico-RNA-virus
Pi|co|se|cun|de (f) picosecond
Pie|dra (f) piedra
Pig|ment (n) pigment
pi|men|tie|ren (v) pigment
pig|men|tiert (ppe) pigmented
Pig|men|to|pha|ge (m) pigmentophage
Pi|li (mpl) pili
Pil|le (f) pill
Pil|len|dre|hen (n) pill-rolling
pi|lo|mo|to|risch (adj) pilomotor
Pi|lo|se (f) pilosis
Pi|lu|la (f) pilula
Pi|lus (m) pilus
Pi|ne|a|lom (n) pinealoma
Pin|gue|cu|la (f) pinguecula
Pi|no|cy|to|se (f) pinocytosis
pi|no|cy|to|tisch (adj) pinocytotic
Pin|ta (f) pinta
Pi|pet|te (f) pipette, pipet
Pi|qûre (f) piqûre
pi|ri|form (adj) piriform
Pi|ri|for|mis (m) piriformis
Pith|ia|tis|mus (m) pithiatism
Pi|tui|cyt (m) pituicyte
Pi|ty|ri|a|se (f) pityriasis
Pi|ty|ri|a|sis (f) pityriasis
Pla|ce|bo (n) placebo
Pla|cen|ta (f) placenta
Pla|cen|ta|ti|on (f) placentation
Pla|cen|ti|tis (f) placentitis
Pla|cen|to|gra|phie (f) placentography
Plätt|chen (n) platelet
Plätt|chen (npl) platelets
pla|gio|ce|phal (adj) plagiocephalic
Pla|gio|ce|pha|lie (f) plagiocephaly
Planc|ton (n) plancton
Pla|no|cyt (m) planocyte
Plan|ta (f) planta
plan|tar (adj) plantar
plan|tar|flec|tie|ren (v) plantarflex
Plan|ta|ris (m/f) plantaris
Pla|num (n) planum
Plaque (f) plaque
Plas|ma (n) plasma

Plas|ma|lemm (n) plasmalemma
Plas|ma|lo|gen (n) plasmalogen
plas|ma|tisch (adj) plasmatic
Plas|min (n) plasmin
Plas|mi|no|gen (n) plasminogen
Plas|mi|no|ge|no|pe|nie (f) plasminogenopenia
Plas|mo|cyt (m) plasmocyte
plas|mo|cy|tar (adj) plasmocytic
Plas|mo|cy|tom (n) plasmocytoma
Plas|mo|di|um (n) plasmodium
Plas|mon (n) plasmon
Plas|mo|zym (n) plasmozyme
Pla|sti|ci|tät (f) plasticity
pla|stisch (adj) plastic
Pla|tin (n) platinum
Plat|ony|chie (f) platonychia
Platt|fuß (m) flatfoot
Pla|ty|ba|sie (f) platybasia
pla|ty|ce|phal (adj) platycephalic
Pla|ty|ce|pha|lie (f) platycephaly
Pla|ty|cne|mie (f) platycnemia
pla|ty|cne|misch (adj) platycnemic
Pla|ty|mor|phie (f) platymorphia
Pla|ty|ony|chie (f) platyonychia
Pla|tys|ma (n) platysma
Pleo|chro|is|mus (m) pleochroism
Pleo|cy|to|se (f) pleocytosis
pleo|morph (adj) pleomorphic
Ple|tho|ra (f) plethora
Ple|thys|mo|gramm (n) plethysmogram
Ple|thys|mo|graph (m) plethysmograph
Ple|thys|mo|gra|phie (f) plethysmography
ple|thys|mo|gra|phisch (adj) plethysmographic
Pleu|ra (f) pleura
pleu|ral (adj) pleural
Pleur|al|gie (f) pleuralgia
pleur|al|gisch (adj) pleuralgic
Pleu|ri|tis (f) pleuritis
pleu|ri|tisch (adj) pleuritic
Pleu|ro|ly|se (f) pleurolysis
pleu|ro|pe|ri|car|di|al (adj) pleuropericardial
Pleu|ro|pe|ri|car|di|tis (f) pleuropericarditis
Pleu|ro|pneu|mo|nie (f) pleuropneumonia
ple|xi|form (adj) plexiform
Ple|xus (m) plexus
Pli|ca (f) plica
Pli|ca|ti|on (f) plication
Plom|be (f) plomb
Plom|bie|rung (f) plombage
plu|ri|glan|du|lar (adj) pluriglandular
Plu|ri|gra|vi|da (f) plurigravida
plu|ri|ori|fi|ci|ell (adj)

pluriorificial
Plu|ri|pa|ra (f) pluripara
plu|ri|po|tent (adj) pluripotent
Plu|to|ni|um (n) plutonium
Pneum|ar|thro|se (f) pneumarthrosis
Pneu|ma|ti|sa|ti|on (f) pneumatisation
pneu|ma|tisch (adj) pneumatic
pneu|ma|ti|sie|ren (v) pneumatise
Pneu|ma|to|ce|le (f) pneumatocele
Pneu|ma|to|me|ter (n) pneumatometer
Pneu|ma|to|me|trie (f) pneumatometry
Pneu|ma|to|se (f) pneumatosis
Pneu|mat|urie (f) pneumaturia
Pneum|ec|to|mie (f) pneumectomy
Pneu|mo|ce|le (f) pneumocele
Pneu|mo|ce|pha|lus (m) pneumocephalus
Pneu|mo|coc|ci (mpl) pneumococci
Pneu|mo|coc|cus (m) pneumococcus
Pneu|mo|co|ni|o|se (f) pneumoconiosis
Pneu|mo|cy|sto|gramm (n) pneumocystogram
Pneu|mo|cy|sto|gra|phie (f) pneumocystography
Pneu|mo|graph (m) pneumograph
Pneu|mo|gra|phie (f) pneumography
Pneu|mo|lith (m) pneumolith
Pneu|mo|li|thi|a|se (f) pneumolithiasis
Pneu|mo|me|dia|sti|num (n) pneumomediastinum
Pneu|mo|me|trie (f) pneumometry
Pneu|mo|my|co|se (f) pneumomycosis
Pneu|mon|ec|to|mie (f) pneumonectomy
Pneu|mo|nie (f) pneumonia
pneu|mo|nisch (adj) pneumonic
Pneu|mo|ni|tis (f) pneumonitis
Pneu|mo|no|my|co|se (f) pneumonomycosis
Pneu|mo|pa|thie (f) pneumopathy
Pneu|mo|pe|ri|card (n) pneumopericardium
Pneu|mo|pe|ri|to|nae|um (n) pneumoperitonaeum
Pneu|mo|pe|xie (f) pneumopexy
Pneu|mo|py|e|lo|gramm (n) pneumopyelogram
Pneu|mo|rönt|ge|no|gra|phie (f) pneumoroentgenography
Pneu|mo|ta|cho|graph (m) pneumotachograph
Pneu|mo|tho|rax (m) pneumothorax
Pneu|mo|to|mie (f) pneumotomy
Pneu|mo|ty|phus (m)

pneumotyphus
Po"c"|ken (pl) smallpox
Pod|agra (n) podagra
pod|agrisch (adj) podagric
Pod|al|gie (f) podalgia
Po|do|cyt (m) podocyte
po|do|cy|tar (adj) podocytic
Poi|ki|lo|blast (m) poikiloblast
Poi|ki|lo|cyt (m) poikilocyte
Poi|ki|lo|cyt|hae|mie (f) poikilocythaemia
Poi|ki|lo|cy|to|se (f) poikilocytosis
poi|ki|lo|therm (adj) poikilothermic
Poi|ki|lo|ther|mie (f) poikilothermy
Poi|ki|lo|throm|bo|cyt (m) poikilothrombocyte
Pol (m) pole
po|lar (adj) polar
Po|la|ri|me|ter (n) polarimeter
Po|la|ri|me|trie (f) polarimetry
Po|la|ri|sa|ti|on (f) polarisation
Po|la|ri|sa|tor (m) polariser
po|la|ri|sie|ren (v) polarise
po|la|ri|sie|rend (ppr) polarising
po|la|ri|siert (ppe) polarised
Po|la|ri|tät (f) polarity
Po|lio (f) polio
Po|lio|en|ce|pha|li|tis (f) polioencephalitis
Po|lio|my|e|li|tis (f) poliomyelitis
po|lio|my|e|li|tisch (adj) poliomyelitic
Po|li|o|se (f) poliosis
Po|lio|vi|rus (n) poliovirus
Pol|la|ki|urie (f) pollakiuria
Pol|lex (m) pollex
Pol|lu|ti|on (f) pollution
Po|lo|cyt (m) polocyte
Po|lo|ni|um (n) polonium
Po|lus (m) polus
Po|ly|ae|mie (f) polyaemia
Po|ly|aes|the|sie (f) polyaesthesia
Po|ly|ar|thri|tis (f) polyarthritis
Po|ly|ar|thro|pa|thie (f) polyarthropathy
po|ly|ar|ti|cu|lar (adj) polyarticular
Po|ly|cho|lie (f) polycholia
Po|ly|chon|dri|tis (f) polychondritis
po|ly|chrom (adj) polychrome
Po|ly|chro|ma|sie (f) polychromasia
po|ly|chro|ma|tisch (adj) polychromatic
Po|ly|chro|ma|to|cyt (m) polychromatocyte
po|ly|chro|ma|to|phil (adj) polychromatophilic
Po|ly|chro|ma|to|phi|lie (f) polychromatophilia
Po|ly|chro|mie (f) polychromia
Po|ly|chro|mo|cy|to|se (f)

polychromocytosis
Po|ly|chro|mo|phi|lie (f) polychromophilia
po|ly|clo|nal (adj) polyclonal
Po|ly|co|rie (f) polycoria
po|ly|cy|clisch (adj) polycyclic
Po|ly|cyt|hae|mie (f) polycythaemia
Po|ly|dac|ty|lia (f) polydactylia
Po|ly|dac|ty|lie (f) polydactyly
Po|ly|dac|ty|lis|mus (m) polydactylism
Po|ly|dip|sie (f) polydipsia
Po|ly|em|bry|o|nie (f) polyembryony
Po|ly|en (n) polyene
Po|ly|ga|lac|tie (f) polygalactia
po|ly|gam (adj) polygamous
Po|ly|ga|mie (f) polygamy
po|ly|glan|du|lar (adj) polyglandular
Po|ly|glo|bu|lie (f) polyglobulism
Po|ly|hae|mie (f) polyhaemia
po|ly|lo|bu|lar (adj) polylobular
Po|ly|ma|stie (f) polymastia
Po|ly|me|lie (f) polymelia
Po|ly|mer (n) polymer
po|ly|mer (adj) polymeric
Po|ly|me|ra|se (f) polymerase
Po|ly|me|ri|sa|ti|on (f) polymerisation
po|ly|me|ri|sie|ren (v) polymerise
po|ly|morph (adj) polymorphic
Po|ly|mor|pher (m) polymorph
po|ly|mor|pho|nu|cle|ar (adj) polymorphonuclear
Po|ly|my|al|gie (f) polymyalgia
Po|ly|my|o|si|tis (f) polymyositis
Po|ly|neur|al|gie (f) polyneuralgia
Po|ly|neu|ri|tis (f) polyneuritis
po|ly|neu|ri|tisch (adj) polyneuritic
Po|ly|neu|ro|pa|thie (f) polyneuropathy
po|ly|nu|cle|ar (adj) polynuclear
Po|ly|nu|cle|o|tid (n) polynucleotide
Po|ly|nu|cle|o|ti|da|se (f) polynucleotidase
Po|ly|opie (f) polyopia
Po|ly|op|sie (f) polyopsia
Po|ly|or|chie (f) polyorchism
Po|ly|or|chis|mus (m) polyorchism
Po|ly|otie (f) polyotia
Po|lyp (m) polyp
Po|lyp|ec|to|mie (f) polypectomy
Po|ly|pep|tid (n) polypeptide
Po|ly|pep|ti|da|se (f)

polypeptidase
Po|ly|pha|gie (f) polyphagia
po|ly|phy|le|tisch (adj) polyphyletic
Po|ly|phy|le|tis|mus (m) polyphyletism
po|ly|po|id (adj) polypoid
Po|ly|po|se (f) polyposis
po|ly|py|ra|mi|dal (adj) polypyramidal
Po|ly|ra|di|cu|lo|neu|ri|tis (f) polyradiculoneuritis
Po|ly|ri|bo|som (n) polyribosome
Po|ly|sac|cha|rid (n) polysaccharide
Po|ly|scle|ro|se (f) polysclerosis
Po|ly|se|ro|si|tis (f) polyserositis
po|ly|sym|pto|ma|tisch (adj) polysymptomatic
po|ly|syn|ap|tisch (adj) polysynaptic
Po|ly|the|lie (f) polythelia
Po|ly|tri|chie (f) polytrichia
po|ly|trop (adj) polytropic
Po|ly|urie (f) polyuria
po|ly|urisch (adj) polyuric
po|ly|va|lent (adj) polyvalent
Pons (m) pons
pon|tin (adj) pontine
pon|to|ce|re|bel|lar (adj) pontocerebellar
pon|to|me|dul|lar (adj) pontomedullary
Po|ples (m) poples
Po|pli|te|us (m) popliteus
Po|re (f) pore
por|en|ce|phal (adj) porencephalic
Por|en|ce|pha|lia (f) porencephalia
Por|en|ce|pha|lie (f) porencephaly
Por|en|ce|pha|li|tis (f) porencephalitis
Por|en|ce|pha|lus (m) porencephalus
Po|rio|ma|nie (f) poriomania
Por|no|gra|phie (f) pornography
por|no|gra|phisch (adj) pornographic
po|ros (adj) porous
Po|ro|ke|ra|to|se (f) porokeratosis
po|ros (adj) porous
Po|ro|se (f) porosis
Po|ro|si|tät (f) porosity
Por|phin (n) porphin
Por|phy|rie (f) porphyria
Por|phy|rin (n) porphyrin
Por|phy|rin|urie (f) porphyrinuria
Por|ta (f) porta
por|tal (adj) portal
Por|tio (f) portio
por|to|ca|val (adj) portocaval
Por|to|gramm (n) portogram
Por|to|gra|phie (f) portography

Por|to|ve|no|gramm (n) portovenogram
Por|to|ve|no|gra|phie (f) portovenography
Po|rus (m) porus
Po|si|ti|on (f) position
po|si|tiv (adj) positive
Po|si|tron (n) positron
post|co|ital (adj) postcoital
post|con|cep|ti|o|nell (adj) postconceptual
post|em|bry|o|nal (adj) postembryonic
post|en|ce|pha|li|tisch (adj) postencephalitic
post|epi|lep|tisch (adj) postepileptic
po|ste|ri|or (adj) posterior
po|ste|ro|an|te|ri|or (adj) posteroanterior
po|ste|ro|la|te|ral (adj) posterolateral
po|ste|ro|me|di|al (adj) posteromedial
post|he|mi|ple|gisch (adj) posthemiplegic
post|he|pa|ti|tisch (adj) posthepatitic
post|hum (adj) posthumous
post|hyp|no|tisch (adj) posthypnotic
post|ic|tal (adj) postictal
post|ma|tur (adj) postmature
Post|ma|tu|ri|tät (f) postmaturity
post|me|no|pau|sal (adj) postmenopausal
post|mor|tal (adj) postmortal
post|na|tal (adj) postnatal
post|ope|ra|tiv (adj) postoperative
post|pran|di|al (adj) postprandial
post|pu|be|ral (adj) postpuberal
post|syn|ap|tisch (adj) postsynaptic
post|throm|bo|tisch (adj) postthrombotic
post|trau|ma|tisch (adj) posttraumatic
post|vac|ci|nal (adj) postvaccinal
po|tent (adj) potent
Po|ten|ti|al (n) potential
po|ten|ti|ell (adj) potential
Po|tenz (f) potency
po|ten|zie|ren (v) potentiate
Po|ten|zie|rung (f) potentiation
prac|ti|cie|ren (v) practice
prae|can|ce|ros (adj) precancerous
Prae|ca|pil|la|re (f) precapillary
prae|car|di|al (adj) precardiac
prae|cen|tral (adj) precentral
Prae|ci|pi|tat (n) precipitate
Prae|ci|pi|ta|ti|on (f) precipitation
prae|ci|pi|tie|ren (v)

precipitate
Prae|ci|pi|tin (n) precipitin
Prae|ci|pi|ti|no|gen (n) precipitinogen
prae|cli|nisch (adj) preclinical
prae|co|ma|tos (adj) precomatose
prae|cor|di|al (adj) precordial
Prae|cor|di|um (n) praecordium
prae|dis|po|nie|ren (v) predispose
prae|dis|po|nie|rend (ppr) predisposing
prae|dis|po|niert (ppe) predisposed
Prae|dis|po|si|ti|on (f) predisposition
Prae|for|ma|ti|on (f) preformation
prae|fron|tal (adj) prefrontal
prae|ma|tur (adj) premature
Prae|ma|tu|ri|tät (f) prematurity
Prae|me|di|ca|ti|on (f) premedication
prae|me|no|pau|sal (adj) premenopausal
prae|men|stru|ell (adj) premenstrual
Prae|mo|lar (m) premolar
prae|mo|lar (adj) premolar
prae|mo|ni|to|risch (adj) premonitory
Prae|mo|no|cyt (m) premonocyte
prae|mor|bid (adj) premorbid
prae|mor|tal (adj) premortal
prae|mo|to|risch (adj) premotor
Prae|my|e|lo|blast (m) premyeloblast
Prae|my|e|lo|cyt (m) premyelocyte
prae|na|tal (adj) prenatal
prae|op|tisch (adj) preoptic
Prae|pa|rat (n) preparation
Prae|pa|ra|ti|on (f) preparation (Pharmacie), dissection (Anatomie)
Prae|pa|ra|tor (m) dissector
Prae|pa|rier|an|lei|tung (f) dissector's manual
prae|pa|rie|ren (v) dissect (Anatomie), prepare (allgemein)
prae|par|tal (adj) prepartal, prepartum
prae|pa|tel|lar (adj) prepatellar
prae|pe|ri|to|nae|al (adj) preperitonaeal
prae|pu|be|ral (adj) prepuberal
prae|pu|ti|al (adj) preputial
Prae|pu|ti|um (n) praeputium, prepuce
prae|py|lo|risch (adj) prepyloric
Prae|scle|ro|se (f) praesclerosis

prae|scle|ro|tisch (adj) presclerotic
prae|se|nil (adj) presenile
Prae|se|ni|li|tät (f) presenility
Prae|se|ni|um (n) praesenium
Prae|ser|va|tiv (n) prophylactic
prae|syn|ap|tisch (adj) presynaptic
Prae|sy|sto|le (f) presystole
prae|sy|sto|lisch (adj) presystolic
prae|ven|tiv (adj) preventive
prae|ver|te|bral (adj) prevertebral
pran|di|al (adj) prandial
Pra|xis (f) practice (Verfahrensweise), surgery (Behandlungsraum)
Pres|by|acu|sis (f) presbyacusis
pres|by|op (adj) presbyopic
pres|byo|phren (adj) presbyophrenic
Pres|byo|phre|nie (f) presbyophrenia
Pres|by|opie (f) presbyopia
Pres|so|re|cep|tor (m) pressoreceptor
pres|so|risch (adj) pressor
Pri|a|pis|mus (m) priapism
pri|mar (adj) primary
Pri|mat (m) primate
Pri|mi|pa|ra (f) primipara
pri|mi|tiv (adj) primitive
prim|or|di|al (adj) primordial
Prim|or|di|um (n) primordium
Pris|ma (n) prisma, prism
pris|ma|tisch (adj) prismatic
pri|vat (adj) private
Pro|ac|ce|le|rin (n) proaccelerin
Pro|be (f) sample, specimen
Pro|cent (n) percent
Pro|cent|satz (m) percentage
Pro|cess (m) process
Pro|ces|sus (m) processus
Pro|chei|lie (f) procheilia
Pro|con|ver|tin (n) proconvertin
Proct|al|gie (f) proctalgia
Proct|ec|to|mie (f) proctectomy
Proc|ti|tis (f) proctitis
Proc|to|ce|le (f) proctocele
Proc|to|lo|ge (m) proctologist
Proc|to|lo|gie (f) proctology
proc|to|lo|gisch (adj) proctological
Proc|to|pla|stik (f) proctoplasty
Proc|to|scop (n) proctoscope
Proc|to|sco|pie (f) proctoscopy
Proc|to|spas|mus (m) proctospasm
Proc|to|sta|se (f) proctostasis
Proc|to|to|mie (f) proctotomy
Pro|duct (n) product
pro|duc|tiv (adj) productive
Pro|en|zym (n) proenzyme
Pro|ery|thro|blast (m) proerythroblast

Pro|ery|thro|cyt (m) proerythrocyte
Pro|fer|ment (n) proferment
pro|fes|si|o|nell (adj) professional
Pro|ge|rie (f) progeria
Pro|ge|ste|ron (n) progesterone
pro|gnath (adj) prognathic
Pro|gna|thie (f) prognathism
Pro|gno|se (f) prognosis
pro|gno|sti|cie|ren (v) prognose, prognosticate
pro|gno|stisch (adj) prognostic
Pro|gra|nu|lo|cyt (m) progranulocyte
Pro|gres|si|on (f) progression
pro|gres|siv (adj) progressive
Pro|in|su|lin (n) proinsulin
Pro|ki|na|se (f) prokinase
pro|la|bie|ren (v) prolapse
Pro|laps (m) prolapse
Pro|leu|co|cyt (m) proleucocyte
Pro|lin (n) proline
Pro|li|na|se (f) prolinase
Pro|lyl (n) prolyl
Pro|lym|pho|cyt (m) prolymphocyte
Pro|me|ga|ca|ryo|cyt (m) promegacaryocyte
Pro|me|ga|lo|blast (m) promegaloblast
Pro|mi|nenz (f) prominence
Pro|mo|no|cyt (m) promonocyte
Pro|mon|to|ri|um (n) promontorium
Pro|my|e|lo|cyt (m) promyelocyte
Pro|na|ti|on (f) pronation
Pro|na|tor (m) pronator
pro|ne|phrisch (adj) pronephric
Pro|ne|phros (m) pronephros
pro|nie|ren (v) pronate
Pro|nor|mo|blast (m) pronormoblast
Pro|nor|mo|cyt (m) pronormocyte
Pro|nu|cle|us (m) pronucleus
Pro|pan (n) propane
Pro|pan|di|ol (n) propanediol
Pro|pan|säu|re (f) propanoic acid
Pro|pe|nyl (n) propenyl
Pro|pep|sin (n) propepsin
Pro|pha|se (f) prophase
Pro|phy|lac|ti|cum (n) prophylactic
pro|phy|lac|tisch (adj) prophylactic
Pro|phy|la|xe (f) prophylaxis
Pro|plas|ma|cyt (m) proplasmacyte
Pro|prio|cep|ti|on (f) proprioception
pro|prio|cep|tiv (adj) proprioceptive
Pro|prio|cep|tor (m) proprioceptor
Pro|pyl (n) propyl
Pro|pyl|thio|ura|cil (n) propylthiouracil
Pro|se|cre|tin (n) prosecretin

Pro|sec|tor (m) prosector
pros|en|ce|phal (adj) prosencephalic
Pros|en|ce|pha|lon (n) prosencephalon
Pros|op|agno|sie (f) prosopagnosia
Pro|so|pla|sie (f) prosoplasia
pro|so|pla|stisch (adj) prosoplastic
pros|opo|pleg (adj) prosopoplegic
Pros|opo|ple|gie (f) prosopoplegia
Pros|opo|schi|se (f) prosoposchisis
Pro|so|po|tho|ra|co|pa|gus (m) prosopothoracopagus
Pro|sta|glan|din (n) prostaglandin
Pro|sta|ta (f) prostate
Pro|stat|ec|to|mie (f) prostatectomy
Pro|sta|ti|tis (f) prostatitis
Pro|sta|tor|rhoe (f) prostatorrhoea
pros|the|tisch (adj) prosthetic
Prot|ano|ma|lie (f) protanomaly
prot|an|op (adj) protanopic
Prot|an|opie (f) protanopia
Pro|te|a|se (f) protease
Pro|te|id (n) proteid
Pro|te|in (n) protein
Pro|te|i|na|se (f) proteinase
Pro|te|i|no|se (f) proteinosis
Pro|te|in|urie (f) proteinuria
Pro|teo|ly|se (f) proteolysis
Pro|the|se (f) prosthesis
Pro|the|tik (f) prosthetics
pro|the|tisch (adj) prosthetic
Pro|throm|bin (n) prothrombin
Pro|throm|bi|no|pe|nie (f) prothrombinopenia
Pro|throm|bo|ki|na|se (f) prothrombokinase
Pro|tist (m) protist
pro|to|dia|sto|lisch (adj) protodiastolic
Pro|to|ly|se (f) protolysis
Pro|ton (n) proton
pro|to|nie|ren (v) protonate
pro|to|niert (ppe) protonated
Pro|to|plas|ma (n) protoplasm
Pro|to|zoa (npl) protozoa
Pro|to|zoo|lo|gie (f) protozoology
Pro|to|zo|on (n) protozoon
pro|tra|hie|ren (v) protract
Pro|tryp|sin (n) protrypsin
Pro|tu|be|ranz (f) protuberance
Pro|vit|amin (n) provitamin
pro|xi|mal (adj) proximal
pru|ri|gi|nos (adj) pruriginous
Pru|ri|go (f) prurigo
Psam|mom (n) psammoma
Pseud|ar|thro|se (f) pseudarthrosis
Pseu|do|an|ae|mie (f) pseudoanaemia

Pseu|do|an|gi|na (f) pseudoangina

Pseu|do|cri|se (f) pseudocrisis

Pseu|do|de|menz (f) pseudodementia

Pseu|do|di|ver|ti|cu|lum (n) pseudodiverticulum

Pseu|do|hal|lu|ci|na|ti|on (f) pseudohallucination

Pseu|do|herm|aphro|dit (m) pseudohermaphrodite

pseu|do|hy|per|troph (adj) pseudohypertrophic

Pseu|do|hy|po|pa|ra|thy|ro-idis|mus (m) pseudo-hypoparathyroidism

Pseu|do|leuc|ae|mie (f) pseudoleucaemia

Pseu|do|me|la|no|se (f) pseudomelanosis

Pseu|do|mem|bran (f) pseudomembrane

pseu|do|mem|bra|nos (adj) pseudomembranous

Pseu|do|men|stru|a|ti|on (f) pseudomenstruation

Pseu|do|mne|sie (f) pseudomnesia

Pseu|do|mu|cin (n) pseudomucin

pseu|do|mu|ci|nos (adj) pseudomucinous

Pseu|do|my|xom (n) pseudomyxoma

pseu|do|my|xo|ma|tos (adj) pseudomyxomatous

Pseu|do|pa|ra|ly|se (f) pseudoparalysis

Pseu|do|po|di|um (n) pseudopodium

Pseu|do|por|en|ce|pha|lie (f) pseudoporencephaly

Pseu|do|schwan|ger|schaft (f) pseudopregnancy

Pseu|do|scle|ro|se (f) pseudosclerosis

Pseu|do|tu|mor (m) pseudotumor

Psi|lo|se (f) psilosis

Psit|ta|co|se (f) psittacosis

Pso|as (m) psoas

Pso|dy|mus (m) psodymus

Pso|i|tis (f) psoitis

Pso|ri|a|se (f) psoriasis

Psych|ago|gik (f) psychagogy

Psych|al|gie (f) psychalgia

Psych|asthe|nie (f) psychasthenia

Psy|che (f) psyche

Psych|ia|ter (m) psychiatrist

Psych|ia|trie (f) psychiatry

psych|ia|trisch (adj) psychiatric

psy|chisch (adj) psychic

Psy|cho|ana|ly|se (f) psychoanalysis

Psy|cho|ana|ly|ti|ker (m) psychoanalyst

psy|cho|ana|ly|tisch (adj) psychoanalytic

psy|cho|ana|ly|tisch (adv) psychoanalytically

Psy|cho|bio|lo|ge (m) psychobiologist
Psy|cho|chir|ur|gie (f) psychosurgery
Psy|cho|dra|ma (n) psychodrama
Psy|cho|dy|na|mik (f) psychodynamics
psy|cho|gen (adj) psychogenic
Psy|cho|gramm (n) psychogram
Psy|cho|lo|ge (m) psychologist
Psy|cho|lo|gie (f) psychology
Psy|cho|mi|me|ti|cum (n) psychomimetic
psy|cho|mo|to|risch (adj) psychomotor
psy|cho|neu|ro|lo|gisch (adj) psychoneurological
Psy|cho|path (m) psychopath
Psy|cho|pa|thia (f) psychopathia
Psy|cho|pa|thie (f) psychopathy
psy|cho|pa|thisch (adj) psychopathic
Psy|cho|pa|tho|lo|ge (m) psychopathologist
Psy|cho|pa|tho|lo|gie (f) psychopathology
psy|cho|pa|tho|lo|gisch (adj) psychopathological
Psy|cho|phar|ma|co|lo|gie (f) psychopharmacology
Psy|cho|phy|sik (f) psychophysics
Psy|cho|phy|sio|lo|gie (f) psychophysiology
psy|cho|phy|sisch (adj) psychophysical
Psy|cho|ple|gi|cum (n) psychoplegic
Psy|cho|se (f) psychosis
psy|cho|so|ci|al (adj) psychosocial
psy|cho|so|ma|tisch (adj) psychosomatic
Psy|cho|the|ra|peut (m) psychotherapist
Psy|cho|the|ra|peu|tik (f) psychotherapeutics
Psy|cho|the|ra|pie (f) psychotherapy
Psy|cho|ti|ker (m) psychotic
psy|cho|trop (adj) psychotropic
Psy|chral|gie (f) psychralgia
Psy|chro|aes|the|sie (f) psychroaesthesia
Psy|chro|al|gie (f) psychroalgia
psy|chro|phil (adj) psychrophilic
Psy|chro|pho|bie (f) psychrophobia
Psy|chro|the|ra|pie (f) psychrotherapy
Pte|ry|gi|um (n) pterygium
pte|ry|go|man|di|bu|lar (adj) pterygomandibular
pte|ry|go|ma|xil|lar (adj) pterygomaxillary
pte|ry|go|id (adj) pterygoid

pte|ry|go|pa|la|tin (adj) pterygopalatine
pte|ry|go|pha|ryn|ge|al (adj) pterygopharyngeal
Pti|lo|se (f) ptilosis
Pto|ma|in (n) ptomaine
Pto|se (f) ptosis
pto|tisch (adj) ptotic
Pty|al|ago|gum (n) ptyalagogue
Pty|a|la|se (f) ptyalase
Pty|a|lin (n) ptyalin
Pty|a|li|no|gen (n) ptyalinogen
Pty|a|lis|mus (m) ptyalism
Ptya|lith (m) ptyalith
Pty|a|lo|lith (m) ptyalolith
Pty|a|lo|li|thi|a|se (f) ptyalolithiasis
Pty|a|lor|rhoe (f) ptyalorrhoea
Pub|ar|che (f) pubarche
pu|be|ral (adj) puberal
Pu|ber|tät (f) puberty
Pu|ber|tas (f) pubertas
Pu|bes (f) pubes
pu|bes|cent (adj) pubescent
Pu|bes|cenz (f) pubescence
Pu|bio|to|mie (f) pubiotomy
Pu|den|da (npl) pudenda
Pu|den|dum (n) pudendum
pu|e|ril (adj) puerile
Pu|e|ri|lis|mus (m) puerilism
Pu|er|pe|ra (f) puerpera
pu|er|pe|ral (adj) puerperal
Pu|er|pe|ri|um (n) puerperium
Puf|fer (m) buffer
puf|fern (v) buffer
Pul|mo (m) pulmo
pul|mo|car|di|al (adj) pulmocardiac
pul|mo|ga|strisch (adj) pulmogastric
pul|mo|nal (adj) pulmonary
Pul|mon|ec|to|mie (f) pulmonectomy
Pul|mo|ni|tis (f) pulmonitis
Pul|pa (f) pulpa
Puls (m) pulse
pul|sie|ren (v) pulse, pulsate
pul|sie|rend (ppr) pulsing, pulsating, pulsatile
puls|los (adj) pulseless
Pul|ver (n) powder
pul|ve|ri|sie|ren (v) pulverise
Pul|vi|nar (n) pulvinar
Pul|vis (m) pulvis
Punc|ta (npl) puncta
Punc|tum (n) punctum
Punc|tur (f) puncture
Pu|pil|la (f) pupilla
pu|pil|lar (adj) pupillary
Pu|pil|le (f) pupil
Pu|pil|lo|con|stric|tor (m) pupilloconstrictor
pu|pil|lo|con|stric|to|risch (adj) pupilloconstrictor
Pu|pil|lo|di|la|tor (m) pupillodilator
pu|pil|lo|di|la|to|risch (adj) pupillodilator
Pu|pil|lo|me|ter (n) pupillometer

Pu|pil|lo|sta|to|me|ter (n) pupillostatometer
Pur|gans (n) purge
Pur|ga|ti|on (f) purgation
pur|ga|tiv (adj) purgative
Pur|ga|ti|vum (n) purgative
pur|gie|ren (v) purge
Pu|rin (n) purine
Pur|pu|ra (f) purpura
pu|ru|lent (adj) purulent
Pu|ru|lenz (f) purulence
Pus (n) pus
Pu|stel (f) pustule
pu|stu|li|form (adj) pustuliform
Pu|stu|lo|se (f) pustulosis
Pu|ta|men (n) putamen
Pu|tre|fac|ti|on (f) putrefaction
pu|tre|fac|tiv (adj) putrefactive
pu|tre|fi|cie|ren (v) putrefy
pu|tres|cent (adj) putrescent
Pu|tres|cenz (f) putrescence
pu|trid (adj) putrid
Py|ae|mie (f) pyaemia
py|ae|misch (adj) pyaemic
Py|ar|thro|se (f) pyarthrosis
Py|el|ec|ta|sie (f) pyelectasy
Py|e|li|tis (f) pyelitis
Py|e|lo|cy|sti|tis (f) pyelocystitis
py|e|lo|gen (adj) pyelogenic
Py|e|lo|gramm (n) pyelogram
Py|e|lo|gra|phie (f) pyelography
Py|e|lo|li|tho|to|mie (f) pyelolithotomy
Py|e|lo|ne|phri|tis (f) pyelonephritis
Py|e|lo|pli|ca|ti|on (f) pyeloplication
Py|e|lo|sto|mie (f) pyelostomy
Py|e|lo|to|mie (f) pyelotomy
Pyg|ma|li|o|nis|mus (m) pygmalionism
Py|go|pa|gus (m) pygopagus
Py|le|phle|bi|tis (f) pylephlebitis
Py|le|throm|bo|se (f) pylethrombosis
Py|lor|ec|to|mie (f) pylorectomy
py|lo|risch (adj) pyloric
py|lo|ro|duo|de|nal (adj) pyloroduodenal
Py|lo|ro|myo|to|mie (f) pyloromyotomy
Py|lo|ro|spas|mus (m) pylorospasm
Py|lo|ro|ste|no|se (f) pylorostenosis
Py|lo|rus (m) pylorus
Pyo|ar|thro|se (f) pyoarthrosis
Pyo|ce|le (f) pyocele
Pyo|ce|pha|lus (m) pyocephalus
Pyo|col|po|ce|le (f) pyocolpocele
Pyo|der|ma (n) pyoderma
Pyo|gen (n) pyogen
pyo|gen (adj) pyogenic

Pyo|ge|ne|se (f) pyogenesis
pyo|ge|ne|tisch (adj) pyogenetic
Pyo|me|tra (f) pyometra
Pyo|ne|phro|se (f) pyonephrosis
pyo|ne|phro|tisch (adj) pyonephrotic
Pyo|pe|ri|card (n) pyopericardium
Pyo|pneu|mo|pe|ri|card (n) pyopneumopericardium
Pyo|po|e|se (f) pyopoiesis
Py|or|rhoe (f) pyorrhoea
Pyo|sal|pinx (f) pyosalpinx
Pyo|sper|mie (f) pyospermia
py|ra|mi|dal (adj) pyramidal
Py|ra|mi|de (f) pyramid
Py|ra|mis (f) pyramis
Py|ra|no|se (f) pyranose
py|re|tisch (adj) pyretic
Pyr|exie (f) pyrexia
Py|ro|gen (n) pyrogen
py|ro|gen (adj) pyrogenic
Py|ro|ma|nie (f) pyromania
Py|ro|pho|bie (f) pyrophobia
Py|ro|phos|phat (n) pyrophosphate
Py|ro|phos|pha|ta|se (f) pyrophosphatase
Py|ro|se (f) pyrosis
Py|ru|vat (n) pyruvate
Py|urie (f) pyuria
Quack|sal|ber (m) quack, quacksalver
Quack|sal|be|rei (f) quackery
qua|dran|gu|lar (adj) quadrangular
Qua|dri|ceps (m) quadriceps
Qua|dri|ple|gie (f) quadriplegia
Qua|ran|tai|ne (f) quarantine
Queck|sil|ber (n) mercury, quicksilver
Quo|ti|ent (m) quotient
Ra|bi|es (f) rabies
Ra|ce|ma|se (f) racemase
ra|ce|misch (adj) racemic
Ra|chi|tis (f) rachitis, rickets
ra|chi|tisch (adj) rachitic, rickety
ra|di|al (adj) radial
Ra|di|a|lis (m/f) radialis
Ra|di|a|ti|on (f) radiation
ra|di|cal (adj) radical
Ra|di|cal (n) radical
ra|di|cu|lar (adj) radicular
Ra|di|cul|ec|to|mie (f) radiculectomy
Ra|di|cu|li|tis (f) radiculitis
Ra|di|cu|lo|my|e|lo|pa|thie (f) radiculomyelopathy
Ra|di|cu|lo|neu|ri|tis (f) radiculoneuritis
ra|dio|ac|tiv (adj) radioactive
Ra|dio|ac|ti|vi|tät (f) radioactivity
Ra|dio|bio|lo|gie (f) radiobiology
Ra|dio|der|ma|ti|tis (f) radiodermatitis
Ra|dio-Ei|sen (n) radioiron

ra|dio|gen (adj) radiogenic
Ra|dio|gramm (n) radiogram
Ra|dio|gra|phie (f) radiography
ra|dio|gra|phie|ren (v) radiograph
ra|dio|gra|phisch (adj) radiographic
ra|dio|gra|phisch (adv) radiographically
Ra|dio|im|mu|no|elec|tro|pho-re|se (f) radioimmunoelectrophoresis
Ra|dio-Iod (n) radioiodine
Ra|dio|iso|top (n) radioisotope
Ra|dio|lo|ge (m) radiologist
Ra|dio|lo|gie (f) radiology
ra|dio|lo|gisch (adj) radiological
Ra|dio|ly|se (f) radiolysis
ra|dio|mi|me|tisch (adj) radiomimetic
Ra|dio|ni|tro|gen (n) radionitrogen
Ra|dio|nu|clid (n) radionuclide
Ra|dio|opa|ci|tät (f) radioopacity
ra|dio|opak (adj) radioopaque
Ra|di|opa|ci|tät (f) radiopacity
ra|di|opak (adj) radiopaque
Ra|dio|phar|ma|con (n) radiopharmaceutical
Ra|dio|sco|pie (f) radioscopy
Ra|dio|the|ra|peut (m) radiotherapist
Ra|dio|the|ra|pie (f) radiotherapy
Ra|di|um (n) radium
Ra|di|us (m) radius
Ra|dix (f) radix
Ra|don (n) radon
Ra|mi (mpl) rami
Ra|mu|lus (m) ramulus
Ra|mus (m) ramus
ran|do|mi|sie|ren (v) randomise
Ran|do|mi|sie|rung (f) randomisation
Ra|nu|la (f) ranula
Ra|phe (f) raphe
Rap|tus (m) raptus
Ra|re|fac|ti|on (f) rarefaction
ra|re|fi|cie|ren (v) rarefy
Ras|se (f) race
Ra|te (f) rate
Rat|te (f) rat
Rau|cher (m) smoker
Re|ac|tant (m) reactant
Re|ac|ti|on (f) reaction
re|ac|tiv (adj) reactive
re|ac|ti|vie|ren (v) reactivate
Re|ac|ti|vie|rung (f) reactivation
Re|ac|ti|vi|tät (f) reactivity
Re|agens (n) reagent
Re|agin (n) reagin
Re|ami|na|ti|on (f) reamination
Re|am|pu|ta|ti|on (f) reamputation

Re|ani|ma|ti|on (f) reanimation
re|ani|mie|ren (v) reanimate
Re|cal|ci|fi|ca|ti|on (f) recalcification
re|cal|ci|fi|cie|ren (v) recalcify
Re|cept (n) recipe
re|cep|tiv (adj) receptive
Re|cep|tor (m) receptor
Re|ces|sus (m) recessus
rechts|äu|gig (adj) right-eyed
rechts|dre|hend (ppr) dextrorotatory
rechts|fü|ßig (adj) right-footed
rechts|hän|dig (adj) right-handed
Rechts|hän|dig|keit (f) right-handedness
Rechts|ver|schie|bung (f) shift to the right
Re|ci|div (n) recidivation, recidivism
Re|ci|di|vi|tät (f) recidivity
Re|ci|pi|ent (m) recipient
Re|ci|pro|ci|tät (f) reciprocity
re|ci|prok (adj) reciprocal
re|con|struc|tiv (adj) reconstructive
Re|con|struc|ti|on (f) reconstruction
re|cru|des|cent (adj) recrudescent
Re|cru|des|cenz (f) recrudescence
rec|tal (adj) rectal
Rec|to|ce|le (f) rectocele
Rec|to|scop (n) rectoscope
Rec|tum (n) rectum
Rec|tus (m) rectus
re|cur|rent (adj) recurrent
Red|ox|re|ac|ti|on (f) redox reaction
Red|ox|sy|stem (n) redox system
re|du|ci|bel (adj) reducible
re|du|cie|ren (v) reduce
Re|duc|ta|se (f) reductase
Re|duc|ti|on (f) reduction
Re|duc|ti|ons|mit|tel (n) reducing agent
re|ex|pan|die|ren (v) reexpand
Re|flex (m) reflex
Re|fle|xi|on (f) reflexion
Re|flux (m) reflux
re|frac|tar (adj) refractory
Re|frac|ti|on (f) refraction
Re|frac|to|me|ter (n) refractometer
Re|frac|tu|rie|rung (f) refracture
Re|fri|ge|rans (n) refrigerant
Re|fri|ge|ra|ti|on (f) refrigeration
re|ge|ne|ra|bel (adj) regenerable
Re|ge|ne|ra|ti|on (f) regeneration
re|ge|ne|rie|ren (v) regenerate

Re|gres|si|on (f) regression
Re|gu|la|ti|on (f) regulation
Re|gu|la|tor (m) regulator
Re|gur|gi|ta|ti|on (f) regurgitation
Re|ha|bi|li|ta|ti|on (f) rehabilitation
re|ha|bi|li|tie|ren (v) rehabilitate
Rei|bung (f) friction
Re|im|plan|ta|ti|on (f) reimplantation
Re|in|fec|ti|on (f) reinfection
Re|in|ner|va|ti|on (f) reinnervation
Re|in|ver|si|on (f) reinversion
Re|laps (m) relapse
Re|la|xans (n) relaxant
Re|la|xa|ti|on (f) relaxation
re|la|xie|ren (v) relax
Re|la|xin (n) relaxin
Re|me|di|um (n) remedy
Re|mis|si|on (f) remission
re|mit|tie|rend (ppr) remittent
Ren (m) ren
re|nal (adj) renal
Re|nin (n) renin
Re|ni|punc|tur (f) renipuncture
Re|no|gramm (n) renogram
re|no|vas|cu|lar (adj) renovascular
Re|plan|ta|ti|on (f) replantation
Re|pli|ca|ti|on (f) replication
re|pli|cie|ren (v) replicate
Re|po|la|ri|sa|ti|on (f) repolarisation
Re|po|si|ti|on (f) reposition
Re|pres|si|on (f) repression
Re|pres|sor (m) repressor
re|pro|du|cie|ren (v) reproduce
Re|pro|duc|ti|on (f) reproduction
re|se|cie|ren (v) resect
Re|sec|ti|on (f) resection
Re|sec|to|scop (n) resectoscope
re|si|stent (adj) resistant
Re|si|stenz (f) resistance
re|sor|bie|ren (v) resorb
Re|sorp|ti|on (f) resorption
re|spi|ra|bel (adj) respirable
Re|spi|ra|ti|on (f) respiration
Re|spi|ra|tor (m) respirator
re|spi|ra|to|risch (adj) respiratory
re|spi|rie|ren (v) respire
Re|sti|tu|ti|on (f) restitution
Re|stric|ti|on (f) restriction
Re|sus|ci|ta|ti|on (f) resuscitation
re|sus|ci|tie|ren (v) resuscitate
Re|tar|da|ti|on (f) retardation
Re|te (n) rete
Re|ten|ti|on (f) retention
re|ti|cu|lar (adj) reticular
Re|ti|cu|lin (n) reticulin
Re|ti|cu|lo|cyt (m) reticulocyte
re|ti|cu|lo|cy|tar (adj) reticulocytic

Re|ti|cu|lo|cy|to|pe|nie (f) reticulocytopenia
re|ti|cu|lo|en|do|the|li|al (adj) reticuloendothelial
Re|ti|cu|lo|sar|com (n) reticulosarcoma
Re|ti|cu|lum (n) reticulum
Re|ti|na (f) retina
Re|ti|na|cu|lum (n) retinaculum
re|ti|nal (adj) retinal
Re|ti|ni|tis (f) retinitis
Re|ti|no|cho|ro|idi|tis (f) retinochoroiditis
Re|ti|nol (n) retinol
Re|ti|no|pa|thie (f) retinopathy
Re|ti|no|schi|se (f) retinoschisis
Re|ti|no|scop (n) retinoscope
Re|tor|te (f) retort
Re|tor|ten|ba|by (n) test-tube baby
re|to|the|li|al (adj) retothelial
re|trac|til (adj) retractile
Re|trac|ti|on (f) retraction
re|tra|hie|ren (v) retract
re|tro|bul|bar (adj) retrobulbar
re|tro|cae|cal (adj) retrocaecal
re|tro|car|di|al (adj) retrocardiac
re|tro|ca|val (adj) retrocaval
re|tro|co|lisch (adj) retrocolic
Re|tro|de|vi|a|ti|on (f) retrodeviation
re|tro|duo|de|nal (adj) retroduodenal
re|tro|flec|tie|ren (v) retroflex
Re|tro|fle|xi|on (f) retroflexion
Re|tro|gna|this|mus (m) retrognathism
re|tro|grad (adj) retrograde
re|tro|mam|mar (adj) retromammary
re|tro|man|di|bu|lar (adj) retromandibular
re|tro|ma|xil|lar (adj) retromaxillary
re|tro|ocu|lar (adj) retroocular
re|tro|oe|so|pha|ge|al (adj) retrooesophageal
re|tro|pe|ri|to|nae|al (adj) retroperitonaeal
re|tro|pla|cen|tar (adj) retroplacental
re|tro|ton|sil|lar (adj) retrotonsillar
Re|tro|ver|sio|fle|xi|on (f) retroversioflexion
re|tro|ver|tie|ren (v) retrovert
re|tro|ve|si|cal (adj) retrovesical
re|tru|die|ren (v) retrude
Re|tru|si|on (f) retrusion
Re|vac|ci|na|ti|on (f) revaccination
re|vac|ci|nie|ren (v) revaccinate

Re|vas|cu|la|ri|sa|ti|on (f) revascularisation
re|vi|ta|li|sie|ren (v) revitalise
Re|vi|ta|li|sie|rung (f) revitalisation
Rhab|do|cyt (m) rhabdocyte
Rhab|do|myo|ly|se (f) rhabdomyolysis
Rhab|do|myo|sar|com (n) rhabdomyosarcoma
Rheo|ba|se (f) rheobase
Rheo|car|dio|gra|phie (f) rheocardiography
Rheo|en|ce|pha|lo|gra|phie (f) rheoencephalography
Rheo|lo|gie (f) rheology
Rheo|me|ter (n) rheometer
Rheo|ta|xis (f) rheotaxis
Rhe|sus|af|fe (m) rhesus monkey
Rhe|sus|fac|tor (m) rhesus factor
Rheu|ma|ti|ker (m) rheumatic
rheu|ma|tisch (adj) rheumatic
Rheu|ma|tis|mus (m) rheumatism
Rheu|ma|to|lo|ge (m) rheumatologist
Rheu|ma|to|lo|gie (f) rheumatology
rheu|ma|to|lo|gisch (adj) rheumatological
rheu|ma|to|id (adj) rheumatoid
Rhe|xis (f) rhexis
rhi|nal (adj) rhinal
Rhin|al|gie (f) rhinalgia
rhin|en|ce|phal (adj) rhinencephalic
Rhin|en|ce|pha|lon (n) rhinencephalon
Rhin|ia|trie (f) rhiniatry
Rhi|ni|tis (f) rhinitis
Rhi|no|ce|pha|lie (f) rhinocephaly
Rhi|no|clei|sis (f) rhinocleisis
Rhin|ody|nie (f) rhinodynia
Rhi|no|lith (m) rhinolith
Rhi|no|li|thi|a|se (f) rhinolithiasis
Rhi|no|lo|ge (m) rhinologist
Rhi|no|ma|no|me|ter (n) rhinomanometer
Rhi|no|my|co|se (f) rhinomycosis
Rhi|no|pa|thie (f) rhinopathy
rhi|no|pha|ryn|ge|al (adj) rhinopharyngeal
Rhi|no|pho|nie (f) rhinophonia
Rhi|no|phym (n) rhinophyma
Rhi|no|pla|stik (f) rhinoplasty
Rhi|nor|rha|gie (f) rhinorrhagia
Rhi|nor|rhoe (f) rhinorrhoea
Rhi|no|schi|se (f) rhinoschisis
Rhi|no|scle|rom (n) rhinoscleroma
Rhi|no|scop (n) rhinoscope
Rhi|no|spo|ri|di|o|se (f) rhinosporidiosis
Rhi|no|vi|rus (n) rhinovirus
Rhi|zom (n) rhizome

Rhi|zo|to|mie (f) rhizotomy
Rhod|op|sin (n) rhodopsin
Rhomb|en|ce|pha|lon (n) rhombencephalon
Rhom|bo|ide|us (m) rhomboideus
Rhon|chi (mpl) rhonchi
Rhon|chus (m) rhonchus
Rho|ta|cis|mus (m) rhotacism
Rh-po|si|tiv (adj) Rh-positive
Rhyth|mi|ci|tät (f) rhythmicity
rhyth|misch (adj) rhythmic
Rhyth|mus (m) rhythm
Rhy|tid|ec|to|mie (f) rhytidectomy
Rhy|ti|do|pla|stik (f) rhytidoplasty
Rhy|ti|do|se (f) rhytidosis
Ri|bo|fla|vin (n) riboflavin
Ri|bo|nu|cle|a|se (f) ribonuclease
Ri|bo|nu|cle|in|säu|re (f) ribonucleic acid
Ri|bo|nu|cleo|pro|te|in (n) ribonucleoprotein
Ri|bo|se (f) ribose
Ri|bo|sid (n) riboside
Ri|bo|som (n) ribosome
ri|bo|so|mal (adj) ribosomal
Rick|ett|si|o|se (f) rickettsiosis
rie|chen (v) smell
Rie|sen|cel|le (f) giant cell
Ri|gor (m) rigor
Ri|ma (f) rima
Rip|pe (f) rib
Ri|so|ri|us (m) risorius
Ri|sus (m) risus
Ri|vus (m) rivus
RNA (f) RNA
RNa|se (f) RNase
Ro|bo|rans (n) roborant
ro|bo|rie|rend (ppr) roborant
Ro|den|ti|cid (n) rodenticide
Röhr|chen (n) tubule
Rönt|gen (n) roentgen
Rönt|gen|auf|nah|me (f) x-ray
Rönt|ge|no|der|ma (n) roentgenoderma
Rönt|ge|no|gramm (n) roentgenogram
Rönt|ge|no|gra|phie (f) roentgenography
rönt|ge|no|gra|phie|ren (v) roentgenograph
rönt|ge|no|gra|phisch (adj) roentgenographic
rönt|ge|no|gra|phisch (adv) roentgenographically
Rönt|ge|no|ky|mo|gramm (n) roentgenokymogram
Rönt|ge|no|ky|mo|gra|phie (f) roentgenokymography
Rönt|ge|no|lo|ge (m) roentgenologist
Rönt|ge|no|lo|gie (f) roentgenology
rönt|ge|no|lo|gisch (adj) roentgenological
Rönt|ge|no|scop (n) roentgenoscope
Rönt|gen|strahl (m) x-ray

Ro|se|o|le (f) roseola
ro|se|o|los (adj) roseolous
ro|stral (adj) rostral
ro|stralst (adj) rostralmost
Ro|strum (n) rostrum
Ro|ta|me|ter (n) rotameter
Ro|ta|ti|on (f) rotation
Ro|ta|tor (m) rotator
ro|tie|ren (v) rotate
Ru|be|fa|ci|ens (n) rubefacient
Ru|be|fac|ti|on (f) rubefaction
Ru|be|o|la (f) rubeola
Ru|be|o|se (f) rubeosis
ru|bi|gi|nos (adj) rubiginous
Ru|bor (m) rubor
ru|bro|spi|nal (adj) rubrospinal
Ruc|ta|ti|on (f) ructation
ru|di|men|tar (adj) rudimentary
Rü"c"|ken (m) back
Rü"c"|ken|schmerz (m) backache
Rü"c"|ken|stüt|ze (f) backrest
Rück|fall (m) relapse
Rück|grat (n) backbone
Rück|kop|pe|lung (f) feedback
rülp|sen (v) belch
Rülp|ser (m) belch
Ru|ga (f) ruga
ru|gos (adj) rugous, rugose
Ru|he|po|ten|ti|al (n) resting potential
Ru|mi|na|ti|on (f) rumination
Rumpf (m) trunk
Rup|tur (f) rupture
rup|tu|rie|ren (v) rupture
Sac|cha|ra|se (f) saccharase
Sac|cha|rat (n) saccharate
Sac|cha|rid (n) saccharide
Sac|cha|ri|me|ter (n) saccharimeter
Sac|cha|rin (n) saccharin
Sac|cha|ro|me|ter (n) saccharometer
sac|cha|ro|my|ce|tisch (adj) saccharomycetic
Sac|cha|ro|my|co|se (f) saccharomycosis
Sac|cha|ro|se (f) saccharose
Sac|cha|ros|urie (f) saccharosuria
sac|cu|lar (adj) saccular
sa|cral (adj) sacral
Sa|cral|gie (f) sacralgia
Sa|cra|li|sa|ti|on (f) sacralisation
sa|cra|li|sie|ren (v) sacralise
Sa|crec|to|mie (f) sacrectomy
sa|cro|coc|cy|ge|al (adj) sacrococcygeal
Sa|cro|cox|al|gie (f) sacrocoxalgia
Sa|cro|dy|nie (f) sacrodynia
sa|cro|ili|a|cal (adj) sacroiliac
Sa|crum (n) sacrum
Sac|to|sal|pinx (f) sactosalpinx
Sa|dis|mus (m) sadism
Sa|dist (m) sadist
sa|di|stisch (adj) sadistic

Sa|do|ma|so|chis|mus (m) sadomasochism
sät|ti|gen (v) saturate
Sät|ti|gung (f) saturation
säu|gen (v) breast-feed
Säug|ling (m) suckling
Säu|le (f) column
Säu|re (f) acid
säu|re|bil|dend (ppr) acid-forming
säu|re|fest (adj) acid-fast
Säu|re|grad (m) acidity
säu|re|re|si|stent (adj) acid-resistant
Saft (m) juice
sa|git|tal (adj) sagittal
Sal|be (f) ointment
Sa|li|cyl (n) salicyl
Sa|li|cy|lat (n) salicylate
Sa|li|va (f) saliva
Sa|li|va|ti|on (f) salivation
Sa|li|va|tor (m) salivator
Sa|li|vo|li|thi|a|se (f) salivolithiasis
Sal|mo|nel|le (f) salmonella
Sal|mo|nel|lo|se (f) salmonellosis
Sal|ping|ec|to|mie (f) salpingectomy
Sal|pin|gi|tis (f) salpingitis
Sal|pin|go|cy|e|se (f) salpingocyesis
Sal|pin|go|gramm (n) salpingogram
Sal|pin|go|ly|se (f) salpingolysis
Sal|pin|go-Oo|phor|ec|to|mie (f) salpingo-oophorectomy
Sal|pin|go-Oo|thec|ec|to|mie (f) salpingo-oothecectomy
Sal|pin|go-Ova|ri|ec|to|mie (f) salpingo-ovariectomy
Sal|pin|go|pe|xie (f) salpingopexy
Sal|pin|go|pla|stik (f) salpingoplasty
Sal|pin|gor|rha|pie (f) salpingorrhaphy
Sal|pin|go|scop (n) salpingoscope
Sal|pin|go|sto|mie (f) salpingostomy
Sal|pin|go|to|mie (f) salpingotomy
Sal|pinx (f) salpinx
Sal|ta|ti|on (f) saltation
sal|ta|to|risch (adj) saltatory
Sa|lu|bri|tät (f) salubrity
Sal|ure|se (f) saluresis
Salz (n) salt
salzlos (adj) salt-free
Salz|säu|re (f) hydrochloric acid
Sa|men (m) semen
Sa|men|bläs|chen (n) seminal vesicle
Sam|mel|rohr (n) collecting tubule
Sa|na|to|ri|um (n) sanatorium
san|gui|fer (adj) sanguiferous
San|gu|is (m) sanguis
Sa|phe|na (f) saphena

Sa|po (m) sapo
Sa|po|ni|fi|ca|ti|on (f) saponification
sa|po|ni|fi|cie|ren (v) saponify
Sap|phis|mus (m) sapphism
Sa|prae|mie (f) sapraemia
sa|pro|gen (adj) saprogenic
Sa|pro|phyt (m) saprophyte
sa|pro|zo|isch (adj) saprozoic
Sar|co|ade|nom (n) sarcoadenoma
Sar|co|ce|le (f) sarcocele
Sar|co|hy|dro|ce|le (f) sarcohydrocele
Sar|co|id (n) sarcoid
Sar|co|ido|se (f) sarcoidosis
Sar|co|lemm (n) sarcolemma
Sar|com (n) sarcoma
sar|co|ma|tos (adj) sarcomatous
Sar|co|ma|to|se (f) sarcomatosis
Sar|co|mer (n) sarcomere
Sar|co|plas|ma (n) sarcoplasm
sar|co|po|e|tisch (adj) sarcopoietic
Sar|co|sin (n) sarcosine
sar|do|nisch (adj) sardonic
Sar|to|ri|us (m) sartorius
sa|tu|rie|ren (v) saturate
Sa|tu|rie|rung (f) saturation
sa|tur|nin (adj) saturnine
Sa|tur|nis|mus (m) saturnism
Sa|ty|ri|a|se (f) satyriasis
sau|er (adj) acidic
Sau|er|stoff (m) oxygen
Sau|na (f) sauna
Sca|bi|cid (n) scabicide
Sca|bi|es (f) scabies
sca|bi|os (adj) scabious
Sca|la (f) scala
Sca|len|ec|to|mie (f) scalenectomy
Sca|le|nus (m) scalenus
Scalp (m) scalp
Scal|pell (n) scalpel
Sca|pha (f) scapha
sca|pho|ce|phal (adj) scaphocephalic
Sca|pho|id (n) scaphoid
Sca|pu|la (f) scapula
sca|pu|lar (adj) scapular
Sca|pul|al|gie (f) scapulalgia
Sca|pul|ec|to|mie (f) scapulectomy
sca|pu|lo|cla|vi|cu|lar (adj) scapuloclavicular
sca|pu|lo|co|stal (adj) scapulocostal
Sca|pu|lo|pe|xie (f) scapulopexy
Sca|ri|fi|ca|ti|on (f) scarification
sca|ri|fi|cie|ren (v) scarify
Scar|la|ti|na (f) scarlatina
scar|la|ti|nos (adj) scarlatinous
scar|la|ti|no|id (adj) scarlatinoid
Sca|tol (n) scatol

Sca|to|lo|gie (f) scatology
sca|to|phag (adj) scatophagous
Sca|to|pha|gie (f) statophagy
Sca|to|sco|pie (f) scatoscopy
Schä|del (m) skull
Schä|del|de"c"|ke (f) skullcap
Schaft (m) shaft
Schar|la|tan (m) charlatan
Schar|nier (n) hinge
Schaum (m) foam
Schei|de (f) sheath, (gynaecologisch) vagina
Sche|re (f) scissors
Schicht (f) coat, layer
Schien|bein (n) shinbone
Schieß|schei|ben|cel|le (f) target cell
Schim|pan|se (m) chimpanzee
schi|sto|ce|phal (adj) schistocephalic
Schi|sto|cy|stis (f) schistocystis
Schi|sto|cyt (m) schistocyte
Schi|sto|glos|sie (f) schistoglossia
schi|sto|pros|op (adj) schistoprosopous
Schi|sto|pros|opie (f) schistoprosopy
Schi|stor|rha|chis (f) schistorrhachis
Schi|sto|se (f) schistosis
Schi|sto|so|ma (n) schistosoma
Schi|sto|so|mi|a|se (f) schistosomiasis
Schi|sto|ster|nie (f) schistosternia
Schi|sto|tho|rax (m) schistothorax
Schi|zo|ble|pha|rie (f) schizoblephary
Schi|zo|cyt (m) schizocyte
schi|zo|gnath (adj) schizognathic
schi|zo|gon (adj) schizogonic
schi|zo|id (adj) schizoid
Schi|zo|ider (m) schizoid
Schi|zo|ma|nie (f) schizomania
Schi|zont (m) schizont
Schi|zon|ti|cid (n) schizonticide
Schiz|ony|chie (f) schizonychia
Schi|zo|pha|sie (f) schizophasia
schi|zo|phren (adj) schizophrenic
Schi|zo|phre|ner (m) schizophrenic
Schi|zo|phre|nie (f) schizophrenia
schi|zo|thym (adj) schizothymic
Schlä|fe (f) temple
Schlaf (m) sleep
schlaf|los (adj) sleepless
Schlaf|lo|sig|keit (f) sleeplessness
schlaf|wan|deln (v) sleepwalk
Schlaf|wan|deln (n) sleepwalking
Schlaf|wand|ler (m) sleepwalker

Schlag (m) beat
Schlag|an|fall (m) stroke
schla|gen (v) beat
Schlei|fe (f) loop
Schleim|haut (f) mucous membrane
Schlin|ge (f) sling
schlu"c"|ken (v) swallow
Schlu"c"|ken (n) swallowing
Schlüs|sel|bein (n) collarbone
schme"c"|ken (v) taste
Schmerz (m) pain, ache
schmerz|haft (adj) painful
schmerz|los (adj) painless
schnar|chen (v) snore
Schock (m) shock
Schritt|ma|cher (m) pacemaker
Schuld (f) debt
Schup|pe (f) scale
Schup|pen (fpl) dandruff (Haar)
schwach (adj) weak, faint
schwach|sin|nig (adj) feebleminded
Schwach|sin|nig|keit (f) feeblemindedness
Schwamm (m) sponge
schwam|mig (adj) spongy
schwan|ger (adj) pregnant
Schwan|ger|schaft (f) pregnancy
Schwann-Cel|le (f) Schwann cell
Schwan|no|gli|om (n) schwannoglioma
Schwanz (m) tail
Schwe|fel (m) sulphur
Schwe|fel|ester (m) sulfuric ester
Schwe|fel|säu|re (f) sulphuric acid
Schweiß (m) sweat
Schweiß|drü|se (f) sweat gland
Schwel|le (f) threshold
schwer|hö|rig (adj) hard-of-hearing
schwit|zen (v) sweat
Scin|ti|gramm (n) scintigram
Scin|ti|gra|phie (f) scintigraphy
Scin|til|la|ti|on (f) scintillation
scin|til|lie|ren (v) scintillate
Scin|ti|me|trie (f) scintimetry
Scin|ti|pho|to|gra|phie (f) scintiphotography
scir|rhos (adj) scirrhous
scir|rho|id (adj) scirrhoid
Scir|rhus (m) scirrhus
Scle|ra (f) sclera
Scler|ec|ta|sie (f) sclerectasy
Scler|ec|to|mie (f) sclerectomy
Scle|rem (n) sclerema
scler|en|ce|phal (adj) sclerencephalic
Scle|ri|tis (f) scleritis
scle|ro|cor|ne|al (adj) sclerocorneal
Scle|ro|dac|ty|lie (f) sclerodactyly
Scle|ro|der|ma (n) scleroderma
Scler|oe|dem (n) scleroedema

Scle|ro|ma|la|cie (f) scleromalacia
Scler|ony|chie (f) scleronychia
Scle|ro|pla|stik (f) scleroplasty
Scle|ro|pro|te|in (n) scleroprotein
scle|ros (adj) sclerous
Scle|ro|se (f) sclerosis
Scle|ro|ste|no|se (f) sclerostenosis
Scle|ro|sto|mie (f) sclerostomy
scle|ro|tisch (adj) sclerotic
Sco|lex (m) scolex
Sco|lio|lor|do|se (f) scoliolordosis
Sco|li|o|se (f) scoliosis
Sco|li|o|so|me|ter (n) scoliosometer
sco|li|o|tisch (adj) scoliotic
sco|po|phil (adj) scopophilic
Scor|but (m) scurvy
scor|bu|tisch (adj) scorbutic
Sco|tom (n) scotoma
Sco|to|me|ter (n) scotometer
sco|to|phil (adj) scotophilic
sco|to|phob (adj) scotophobic
Scot|opie (f) scotopia
scot|opisch (adj) scotopic
Scot|op|sin (n) scotopsin
Scro|fu|lo|der|ma (n) scrofuloderma
scro|fu|los (adj) scrofulous
scro|tal (adj) scrotal
Scrot|ec|to|mie (f) scrotectomy
Scro|to|pla|stik (f) scrotoplasty
Scro|tum (n) scrotum
Se|bo|lith (m) sebolith
Se|bor|rha|gie (f) seborrhagia
Se|bor|rhoe (f) seborrhoea
se|bor|rho|isch (adj) seborrhoeic
Se|bum (n) sebum
se|cer|nie|ren (v) secrete
se|cer|nie|rend (ppr) secreting
Se|cer|nie|rung (f) secernment
Sechs|ling (m) sextuplet
se|cie|ren (v) dissect
Se|clu|si|on (f) seclusion
Se|cre|ta (npl) secreta
Se|cret|ago|gum (n) secretagogue
se|cre|tie|ren (v) secrete
Se|cre|tin (n) secretin
Se|cre|ti|na|se (f) secretinase
Se|cre|ti|on (f) secretion
se|cre|to|risch (adj) secretory
Sec|ti|on (f) section
se|cun|dar (adj) secondary
Se|cun|de (f) second
Se|cun|di|gra|vi|da (f) secundigravida
Se|cun|di|pa|ra (f) secundipara
se|da|tiv (adj) sedative
Se|da|ti|vum (n) sedative
se|die|ren (v) sedate
Se|di|ment (n) sediment
se|di|men|tar (adj) sedimentary
Se|di|men|ta|ti|on (f)

sedimentation
see|krank (adj) seasick
See|krank|heit (f) seasickness
See|le (f) soul
Seg|ment (n) segment
seg|men|tar (adj) segmentary
Seg|ment|ec|to|mie (f) segmentectomy
seg|men|tie|ren (v) segment
seg|men|tiert (ppe) segmented
se|hen (v) see
Seh|ne (f) tendon, sinew
Sei|fe (f) soap
Seis|mo|the|ra|pie (f) seismotherapy
Selbst|mord (m) suicide
selbst|mör|de|risch (adj) suicidal
Se|lec|ti|on (f) selection
Se|len (n) selenium
Sel|la (f) sella
sel|lar (adj) sellar
Se|men (n) semen
Se|mi|ca|nal (m) semicanal
Se|mi|ca|na|lis (m) semicanalis
se|mi|car|ti|la|gi|nos (adj) semicartilaginous
se|mi|cir|cu|lar (adj) semicircular
Se|mi|co|ma (n) semicoma
se|mi|co|ma|tos (adj) semicomatose
se|mi|le|tal (adj) semilethal
se|mi|lu|nar (adj) semilunar
se|mi|men|bra|nos (adj) semimembranous
Se|mi|mem|bra|no|sus (m) semimembranosus
se|mi|nal (adj) seminal
se|mi|ni|fer (adj) seminiferous
Se|mi|nom (n) seminoma
Se|min|urie (f) seminuria
Se|mi|o|tik (f) semiotics
se|mi|per|me|a|bel (adj) semipermeable
Se|mi|spi|na|lis (m) semispinalis
se|mi|ten|di|nos (adj) semitendinous
Se|mi|ten|di|no|sus (m) semitendinosus
se|nes|cent (adj) senescent
Senf (m) mustard
se|nil (adj) senile
Se|ni|um (n) senium
Sen|sa|ti|on (f) sensation
sen|si|bel (adj) sensitive
Sen|si|bi|li|sa|tor (m) sensitiser
sen|si|bi|li|sie|ren (v) sensitise
sen|si|bi|li|sie|rend (ppr) sensitising
sen|si|bi|li|siert (ppe) sensitised
Sen|si|bi|li|sie|rung (f) sensitisation
Sen|si|bi|li|tät (f) sensitivity
sen|si|tiv (adj) sensitive
sen|so|mo|to|risch (adj) sensomotor

Sen|so|pa|ra|ly|se (f) sensoparalysis
Sen|sor (m) sensor
sen|so|risch (adj) sensory
Sen|so|ri|um (n) sensorium
sen|su|ell (adj) sensual
Sen|sus (m) sensus
Sep|sis (f) sepsis
Sep|ta (npl) septa
sep|tal (adj) septal
Sep|ta|pep|tid (n) septapeptide
Sep|tic|ae|mie (f) septicaemia
Sep|ti|gra|vi|da (f) septigravida
Sep|ti|pa|ra (f) septipara
sep|tisch (adj) septic
Sep|tu|la (npl) septula
Sep|tum (n) septum
Se|quenz (f) sequence
Se|que|stra|ti|on (f) sequestration
se|que|strie|ren (v) sequester
Se|que|stro|to|mie (f) sequestrotomy
Se|ra (npl) sera
Se|rin (n) serine
se|ro|al|bu|mi|nos (adj) seroalbuminous
Se|ro|der|ma|ti|tis (f) serodermatitis
Se|ro|dia|gno|se (f) serodiagnosis
se|ro|fi|bri|nos (adj) serofibrinous
Se|ro|li|pa|se (f) serolipase
Se|ro|lo|ge (m) serologist
Se|ro|ly|sin (n) serolysin
Se|rom (n) seroma
se|ro|mem|bra|nos (adj) seromembranous
se|ro|mu|cos (adj) seromucous
se|ro|mus|cu|lar (adj) seromuscular
se|ro|ne|ga|tiv (adj) seronegative
se|ro|po|si|tiv (adj) seropositive
se|ro|pu|ru|lent (adj) seropurulent
Se|ro|re|ac|ti|on (f) seroreaction
se|ros (adj) serous
Se|ro|sa (f) serosa
se|ro|se|ros (adj) seroserous
Se|ro|si|tis (f) serositis
Se|ro|the|ra|pie (f) serotherapy
Se|ro|to|nin (n) serotonin
Se|ro|to|xin (n) serotoxin
Se|ro|typ (m) serotype
ser|pi|gi|nos (adj) serpiginous
Ser|ra|tus (m) serratus
Se|rum (n) serum
Se|ryl (n) seryl
Se|sam|bein (n) sesamoid bone
se|sa|mo|id (adj) sesamoid
ses|sil (adj) sessile
Se|xo|lo|gie (f) sexology
Sex|ti|gra|vi|da (f) sextigravida
Sex|ti|pa|ra (f) sextipara
Se|xu|a|li|tät (f) sexuality

se|xu|a|li|sie|ren (v) sexualise
se|xu|ell (adj) sexual
Shi|gel|lo|se (f) shigellosis
Shunt (m) shunt
Si|al|ade|ni|tis (f) sialadenitis
si|al|agog (adj) sialagogic
Si|al|ago|gum (n) sialagogue
Si|alo|aden|ec|to|mie (f) sialoadenectomie
Si|alo|ae|ro|pha|gie (f) sialoaerophagy
Si|alo|an|gi|ec|ta|sie (f) sialoangiectasy
Si|alo|an|gio|gra|phie (f) sialoangiography
si|a|lo|gen (adj) sialogenous
Si|a|lo|gramm (n) sialogram
Si|a|lo|lith (m) sialolith
Si|a|lo|li|tho|to|mie (f) sialolithotomy
Si|a|lor|rhoe (f) sialorrhoea
si|a|me|sisch (adj) Siamese
Si|chel|cel|le (f) sickle cell
Si|chel|cel|len|an|ae|mie (f) sickle-cell anaemia
Si|de|ro|cyt (m) siderocyte
Si|de|ro|dro|mo|pho|bie (f) siderodromophobia
Si|de|ro|pe|nie (f) sideropenia
si|de|ro|phil (adj) siderophilic
Si|de|ro|phi|lin (n) siderophilin
Si|de|ro|si|li|co|se (f) siderosilicosis
Si|de|ro|se (f) siderosis
Sieb|plat|te (f) cribriform plate
Sieb|flä|che (f) cribriform area
Sie|gel|ring|cel|le (f) signet-ring cell
Sig|ma|tis|mus (m) sigmatism
Sig|mo|id (n) sigmoid
Sig|mo|id|ec|to|mie (f) sigmoidectomy
Sig|mo|ido|pe|xie (f) sigmoidopexy
Sig|mo|ido|proc|to|sto|mie (f) sigmoidoproctostomy
Sig|mo|ido|scop (n) sigmoidoscope
Sig|mo|ido|sto|mie (f) sigmoidostomy
Sig|mo|ido|to|mie (f) sigmoidotomy
sig|mo|ido|ve|si|cal (adj) sigmoidovesical
Si|gna|tur (f) signature
si|gni|fi|cant (adj) significant
Si|gnum (n) signum
Sil|ber (n) silver
Si|li|ca|to|se (f) silicatosis
Si|li|ci|um (n) silicon
Si|li|co|si|de|ro|se (f) silicosiderosis
Si|li|co|se (f) silicosis
Si|mu|lant (m) simulator
Si|mu|la|ti|on (f) simulation
Si|mu|la|tor (m) simulator
si|mu|lie|ren (v) simulate

sin|ci|pi|tal (adj) sincipital
Sin|ci|put (n) sinciput
Sin|gul|tus (m) singultus
si|ni|stral (adj) sinistral
si|ni|stro|ce|re|bral (adj) sinistrocerebral
si|ni|stro|cu|lar (adj) sinistrocular
Sinn (m) sense
sinn|lich (adj) sensual
si|no|atri|al (adj) sinoatrial
si|no|au|ri|cu|lar (adj) sinoauricular
Si|no|gramm (n) sinogram
Si|nu|i|tis (f) sinuitis
si|nu|os (adj) sinuous
Si|nus (m) sinus
Si|nu|si|tis (f) sinusitis
Si|nu|so|id (n) sinusoid
Si|re|ne (f) siren
Si|re|no|me|lie (f) sirenomely
Si|ti|eir|gie (f) sitieirgia
Si|tio|ma|nie (f) sitiomania
Si|to|ma|nie (f) sitomania
Si|tus (m) situs
sit|zen (v) sit
Skel|al|gie (f) skelalgia
ske|le|tal (adj) skeletal
Ske|le|ton (n) skeleton
Ske|lett (n) skeleton
Skeo|cy|to|se (f) skeocytosis
Skia|gramm (n) skiagram
Smeg|ma (n) smegma
so|ci|al (adj) social
So|ci|a|li|sa|ti|on (f) socialisation
So|ci|al|me|di|cin (f) social medicine
So|cio|bio|lo|gie (f) sociobiology
So|cio|lo|gie (f) sociology
So|cio|path (m) sociopath
So|do|mie (f) sodomy
Soh|le (f) sole
Soh|len|plat|te (f) soleplate
Sol (n) sol
So|le|us (m) soleus
So|li|di|fi|ca|ti|on (f) solidification
so|li|di|fi|cie|ren (v) solidify
so|li|tar (adj) solitary
so|lu|bel (adj) soluble
So|lu|bi|li|sa|ti|on (f) solubilisation
So|lut (n) solute
So|lu|ti|on (f) solution
Sol|vat (n) solvate
Sol|vens (n) solvent
So|ma (n) soma
Som|aes|the|sie (f) somaesthesia
so|ma|ti|co|splanch|nisch (adj) somaticosplanchnic
so|ma|tisch (adj) somatic
so|ma|to|gen (adj) somatogenic
So|ma|to|lo|gie (f) somatology
So|ma|to|me|ga|lie (f) somatomegaly
So|ma|to|me|trie (f) somatometry
so|ma|to|mo|to|risch (adj) somatomotor

so|ma|to|pa|thisch (adj) somatopathic

So|ma|to|pleu|ra (f) somatopleure

so|ma|to|sen|so|risch (adj) somatosensory

so|ma|to|splanch|no|pleu|ral (adj) somatosplanchnopleuric

So|ma|to|sta|tin (n) somatostatin

so|ma|to|trop (adj) somatotropic

So|ma|to|tro|pin (n) somatotropin

So|mit (m) somite

Som|nam|bu|lanz (f) somnambulance

som|ni|fer (adj) somniferous

Som|ni|fi|cum (n) somnifacient

Som|ni|lo|quie (f) somniloquy

Som|ni|pa|thie (f) somnipathy

som|no|lent (adj) somnolent

Som|no|pa|thie (f) somnopathy

Son|de (f) probe, sound

son|die|ren (v) probe

Son|nen|brand (m) sunburn

Son|nen|stich (m) sunstroke

So|no|en|ce|pha|lo|gra|phie (f) sonoencephalography

So|no|gramm (n) sonogram

so|nor (adj) sonorous

So|por (m) sopor

so|po|ros (adj) soporose

Sor|be|fa|ci|ens (n) sorbefacient

Sor|des (f) sordes

Spalt (m) cleft

Spal|tung (f) cleavage

Span|nung (f) voltage (elektrisch), tension (mechanisch)

spas|misch (adj) spasmous

spas|mo|disch (adj) spasmodic

Spas|mo|ly|ti|cum (n) spasmolytic

spas|mo|ly|tisch (adj) spasmolytic

spas|mo|phil (adj) spasmophilic

Spas|mus (m) spasmus

Spa|sti|ci|tät (f) spasticity

Spa|sti|ker (m) spastic

spa|stisch (adj) spastic

Spa|ti|um (n) spatium

Spe|ci|a|list (m) specialist

Spe|ci|es (f) species

Spe|ci|fi|cum (n) specific

spe|ci|fisch (adj) specific

Spe|ci|fi|tät (f) specificity

Spec|ti|no|my|cin (n) spectinomycin

spec|tral (adj) spectral

Spec|tro|che|mie (f) spectrochemistry

Spec|tro|co|lo|ri|me|ter (n) spectrocolorimeter

Spec|tro|gramm (n) spectrogram

Spec|tro|me|ter (n) spectrometer

Spec|tro|pho|to|me|ter (n) spectrophotometer

Spec|tro|po|la|ri|me|ter (n) spectropolarimeter
Spec|tro|scop (n) spectroscope
Spec|trum (n) spectrum
Spe|cu|lum (n) speculum
Spei|chel (m) saliva
Spei|chel|drü|se (f) salivary gland
Spei|se|röh|re (f) gullet
Spe|leo|sto|mie (f) speleostomy
Spen|der (m) donor
Sper|ma (n) sperm
sper|ma|ti|cid (adj) spermaticidal
Sper|ma|ti|de (f) spermatid
Sper|ma|to|ce|le (f) spermatocele
sper|ma|to|cid (adj) spermatocidal
Sper|ma|to|cyst|ec|to|mie (f) spermatocystectomy
Sper|ma|to|cyt (m) spermatocyte
sper|ma|to|gen (adj) spermatogenic
Sper|ma|to|go|nia (npl) spermatogonia
sper|ma|to|id (adj) spermatoid
Sper|ma|to|ly|sin (n) spermatolysin
Sper|ma|to|pa|thie (f) spermatopathy
Sper|ma|tor|rhoe (f) spermatorrhoea
Sper|ma|to|to|xin (n) spermatotoxin
Sper|ma|to|xin (n) spermatoxin
Sper|ma|to|zoa (npl) spermatozoa
sper|ma|to|zoi|cid (adj) spermatozoicidal
Sper|ma|to|zo|id (n) spermatozoid
Sper|ma|to|zoo|id (n) spermatozooid
Sper|ma|to|zo|on (n) spermatozoon
Sper|mat|urie (f) spermaturia
Sper|mi|cid (n) spermicide
Sper|mio|ge|ne|se (f) spermiogenesis
Sper|mio|gramm (n) spermiogram
Sper|mo|lith (m) spermolith
Sper|mo|ly|sin (n) spermolysin
Sper|mor|rhoe (f) spermorrhoea
Spha|ce|la|ti|on (f) sphacelation
spha|ce|los (adj) sphacelous
spha|ce|lo|id (adj) sphaceloid
Spha|ce|lus (m) sphacelus
sphae|risch (adj) sphaerical
sphae|ro|ce|phal (adj) sphaerocephalic
Sphae|ro|cy|lin|der (m) sphaerocylinder
Sphae|ro|cyt (m) sphaerocyte
sphae|ro|cy|tar (adj) sphaerocytic
Sphae|ro|id (n) sphaeroid
Sphae|ro|me|ter (n) sphaerometer

Sphae|ro|pha|kie (f) sphaerophakia
sphe|no|ce|phal (adj) sphenocephalic
Sphe|no|id (n) sphenoid
Sphinc|ter (m) sphincter
Sphin|go|li|pid (n) sphingolipid
Sphin|go|my|e|lin (n) sphingomyelin
Sphin|go|sin (n) sphingosine
Sphyg|mo|gramm (n) sphygmogramm
Sphyg|mo|ma|no|me|ter (n) sphygmomanometer
Sphyg|mo|me|ter (n) sphygmometer
Sphyg|mo|os|cil|lo|me|ter (n) sphygmooscillometer
Sphyg|mo|scop (n) sphygmoscope
Sphyg|mo|sy|sto|le (f) sphygmosystole
Sphyg|mo|to|no|graph (m) sphygmotonograph
Sphyg|mo|to|no|me|ter (n) sphygmotonometer
Spi|ca (f) spica
Spie|gel (m) mirror
Spike (m) spike
Spi|na (f) spina
spi|nal (adj) spinal
Spin|del (f) spindle
spi|no|bul|bar (adj) spinobulbar
spi|no|cel|lu|lar (adj) spinocellular
spi|no|ce|re|bel|lar (adj) spinocerebellar
Spi|no|gal|va|ni|sa|ti|on (f) spinogalvanisation
Spin|the|ris|mus (m) spintherism
Spi|rem (n) spireme
spi|ril|li|cid (adj) spirillicidal
Spi|ril|lo|se (f) spirillosis
spi|ro|chae|tal (adj) spirochaetal
Spi|ro|chae|te (f) spirochaete
spi|ro|chae|ti|cid (adj) spirochaeticidal
Spi|ro|chae|to|ly|se (f) spirochaetolysis
Spi|ro|chae|to|se (f) spirochaetosis
Spi|ro|gramm (n) spirogram
Spi|ro|me|ter (n) spirometer
Spit|ze (f) spike
Spit|zen|po|ten|ti|al (n) spike potential
Splanch|na (npl) splanchna
Splanch|nec|to|pia (f) splanchnectopia
Splanch|nic|ec|to|mie (f) splanchnicectomy
Splanch|ni|co|to|mie (f) splanchnicotomy
Splanch|no|ce|le (f) splanchnocele
Splanch|no|gra|phie (f) splanchnography

Splanch|no|lith (m) splanchnolith
Splanch|no|lo|gie (f) splanchnology
Splanch|no|me|ga|lie (f) splanchnomegaly
Splanch|no|pa|thie (f) splanchnopathy
Splanch|no|pleu|ra (f) splanchnopleure
Splanch|no|pto|se (f) splanchnoptosis
Splanch|no|sco|pie (f) splanchnoscopy
splanch|no|so|ma|tisch (adj) splanchnosomatic
Splanch|no|to|mie (f) splanchnotomy
Splen (m) spleen
Splen|al|gie (f) splenalgia
Splen|ec|to|mie (f) splenectomy
splen|ec|to|mie|ren (v) splenectomise
Splen|ec|to|pie (f) splenectopy
Sple|nia (npl) splenia
Sple|ni|sa|ti|on (f) splenisation
Sple|ni|tis (f) splenitis
Sple|ni|um (n) splenium
Sple|ni|us (m) splenius
Sple|no|clei|sis (f) splenocleisis
Sple|no|cyt (m) splenocyte
Splen|ody|nie (f) splenodynia
Sple|no|gramm (n) splenogram
Sple|no|gra|nu|lo|ma|to|se (f) splenogranulomatosis
Sple|no|he|pa|to|me|ga|lie (f) splenohepatomegaly
Sple|no|ly|se (f) splenolysis
Sple|no|ma|la|cie (f) splenomalacia
Sple|no|me|ga|lie (f) splenomegaly
Sple|no|pa|thie (f) splenopathy
Sple|no|pe|xie (f) splenopexy
Sple|no|por|to|gramm (n) splenoportogram
Sple|no|pto|se (f) splenoptosis
Sple|nor|rha|phie (f) splenorrhaphy
Sple|no|to|mie (f) splenotomy
Sple|no|to|xi|ci|tät (f) splenotoxicity
Spo|do|gramm (n) spodogram
Spon|dyl|al|gie (f) spondylalgia
Spon|dy|li|tis (f) spondylitis
Spon|dy|lo|ar|thri|tis (f) spondyloarthritis
Spon|dyl|ody|nie (f) spondylodynia
Spon|dy|lo|ly|se (f) spondylolysis
Spon|dy|lo|pa|thie (f) spondylopathy
Spon|dy|lo|se (f) spondylosis
Spon|gio|blast (m) spongioblast
Spon|gio|cyt (m) spongiocyte
spon|gio|id (adj) spongioid
spon|gi|os (adj) spongiose

Spon|gi|o|se (f) spongiosis
spon|tan (adj) spontaneous
spo|ra|disch (adj) sporadic
Spor|an|gio|spo|re (f) sporangiospore
Spo|re (f) spore
spo|ri|cid (adj) sporicidal
Spo|ri|cid (n) sporicide
Spo|ri|dia (npl) sporidia
Spo|ro|blast (m) sporoblast
Spo|ro|cy|ste (f) sporocyst
Spo|ro|cyt (m) sporocyte
spo|ro|gen (adj) sporogenic
Spo|ront (m) sporont
Spo|ron|ti|cid (n) sporonticide
Spo|ro|tri|cho|se (f) sporotrichosis
Spo|ro|zoa (npl) sporozoa
Spo|ro|zo|it (m) sporozoite
Spo|ro|zo|on (n) sporozoon
Squa|ma (f) squama
Spray (m) spray
Sprit|ze (f) syringe
Sprüh|mit|tel (n) spray
Spu|ren|ele|ment (n) trace element
Stab|cel|le (f) staff cell
sta|bil (adj) stable
sta|bi|li|sie|ren (v) stabilise
Sta|di|um (n) stage
Stäb|chen (n) rod
Stär|ke (f) starch
Sta|gna|ti|on (f) stagnation
sta|gnie|ren (v) stagnate
Sta|lag|mo|me|ter (n) stalagmometer
Stan|dard (m) standard
stan|dar|di|sie|ren (v) standardise
Stan|dar|di|sie|rung (f) standardisation
Sta|ped|ec|to|mie (f) stapedectomy
Sta|pe|dio|te|no|to|mie (f) stapediotenotomy
Sta|pe|di|us (m) stapedius
Sta|pes (m) stapes
Sta|phy|le (f) staphyle
Sta|phyl|ec|to|mie (f) staphylectomy
Sta|phyl|hae|ma|tom (n) staphylhaematoma
Sta|phy|li|tis (f) staphylitis
Sta|phy|lo|cocc|ae|mie (f) staphylococcaemia
Sta|phy|lo|coc|ci (mpl) staphylococci
Sta|phy|lo|coc|cus (m) staphylococcus
Sta|phy|lo|ki|na|se (f) staphylokinase
Sta|phy|lo|ly|sin (n) staphylolysin
Sta|phy|lo|pla|stik (f) staphyloplasty
Sta|phy|lo|pto|se (f) staphyloptosis
Sta|phy|lor|rha|phie (f) staphylorrhaphy
Sta|phy|lo|schi|se (f) staphyloschisis
Sta|phy|lo|to|xin (n)

Sta|se (f) stasis
stath|mo|ki|ne|tisch (adj) stathmokinetic
Sta|ti|on (f) ward
sta|tisch (adj) static
Sta|ti|stik (f) statistics
sta|ti|stisch (adj) statistical
sta|to|acu|stisch (adj) statoacoustic
Sta|to|co|nia (npl) statoconia
Sta|to|co|nie (f) statoconium
Sta|to|co|ni|um (n) statoconium
sta|to|ki|ne|tisch (adj) statokinetic
Sta|to|lith (m) statolith
sta|to|mo|to|risch (adj) statomotor
Sta|tus (m) status
Ste|a|rin (n) stearin
Ste|ar|rhoe (f) stearrhoea
Ste|a|ryl (n) stearyl
Ste|a|ti|tis (f) steatitis
Ste|a|tom (n) steatoma
Ste|a|to|py|gie (f) steatopygia
Ste|a|tor|rhoe (f) steatorrhoea
Ste|a|to|se (f) steatosis
Stein (m) stone
Stel|la (f) stella
Stamm (m) stem
Stamm|cel|le (f) stem cell
Ste|no|car|die (f) stenocardia
ste|no|ce|phal (adj) stenocephalic
Ste|no|cro|ta|phie (f) stenocrotaphy
Sten|opae|i|cum (n) stenopaeic
sten|opae|isch (adj) stenopaeic
Ste|no|se (f) stenosis
ste|no|sie|ren (v) stenose
Ste|no|sto|mie (f) stenostomy
Ste|no|tho|rax (m) stenothorax
ste|no|tisch (adj) stenotic
ster|ben (v) die
Sterb|lich|keit (f) mortality
Ster|co|bi|lin (n) stercobilin
Ster|co|lith (m) stercolith
ster|co|ral (adj) stercoral
Ster|cus (n) stercus
Ste|reo|agno|sie (f) stereoagnosis
Ste|reo|an|aes|the|sie (f) stereoanaesthesia
Ste|reo|che|mie (f) stereochemistry
Ste|reo|ci|lia (npl) stereocilia
Ste|reo|ci|lie (f) stereocilium
Ste|reo|ci|li|en (fpl) stereocilia
Ste|reo|ci|li|um (n) stereocilium
Ste|reo|en|ce|pha|lo|tom (n) stereoencephalotome
Ste|reo|gno|se (f) stereognosis
Ste|reo|gramm (n) stereogram
Ste|reo|iso|mer (n) stereoisomer
Ste|re|op|sie (f) stereopsis
Ste|reo|ra|dio|gra|phie (f) stereoradiography
Ste|reo|rönt|ge|no|gra|phie (f) stereoroentgenography
Ste|reo|scop (n) stereoscopy

ste|reo|spe|ci|fisch (adj) stereospecific

ste|reo|tac|tisch (adj) stereotactic

Ste|reo|ta|xie (f) stereotaxy

ste|reo|trop (adj) stereotropic

Ste|reo|vec|tor|car|dio|graph (m) stereovectorcardiograph

ste|ril (adj) sterile

Ste|ri|li|sa|ti|on (f) sterilisation

Ste|ri|li|sa|tor (m) steriliser

ste|ri|li|sie|ren (v) sterilise

ste|ri|li|siert (ppe) sterilised

Ste|ri|li|tät (f) sterility

ste|risch (adj) steric

Ster|na (npl) sterna

ster|nal (adj) sternal

Stern|al|gie (f) sternalgia

ster|no|cla|vi|cu|lar (adj) sternoclavicular

ster|no|clei|dal (adj) sternocleidal

Ster|no|clei|do|ma|sto|ide|us (m) sternocleidomastoideus

ster|no|co|stal (adj) sternocostal

Stern|ody|nie (f) sternodynia

Ster|no|pa|gus (m) sternopagus

Ster|no|schi|se (f) sternoschisis

Ster|no|to|mie (f) sternotomy

Ster|num (n) sternum

Ster|nu|ta|ti|on (f) sternutation

Ste|ro|id (n) steroid

ste|ro|ido|gen (adj) steroidogenic

Ster|tor (m) stertor

ster|to|ros (adj) stertorous

Ste|tho|gramm (n) stethogram

Ste|tho|scop (n) stethoscope

Sthe|nie (f) sthenia

sthe|nisch (adj) sthenic

Stich|wun|de (f) stab wound

Stick|stoff (m) nitrogen

Stig|ma (n) stigma

Stig|ma|ti|sa|ti|on (f) stigmatisation

Stim|me (f) voice

Stim|mung (f) mood

Sti|mu|lans (n) stimulant

Sti|mu|la|ti|on (f) stimulation

sti|mu|lie|ren (v) stimulate

Sti|mu|lus (m) stimulus

Stirn (f) forehead

Stirn|lap|pen (m) frontal lobe

Stö|rung (f) disorder

Stoff|wech|sel (m) metabolism

Stoff|wech|sel|che|mie (f) metabolic chemistry

Sto|ma (n) stoma

Sto|ma|chi|cum (n) stomachic

Sto|mat|al|gie (f) stomatalgia

Sto|ma|ti|tis (f) stomatitis

Sto|ma|to|lo|gie (f) stomatology

Sto|ma|to|pla|stik (f) stomatoplasty

Sto|ma|to|scop (n) stomatoscope

Sto|ma|to|se (f) stomatosis

Stot|te|rer (m) stutterer

stot|tern (v) stutter
Stra|bis|mo|me|ter (n) strabismometer
Stra|bis|mus (m) strabismus
Stra|bo|me|ter (n) strabometer
Stra|bo|to|mie (f) strabotomy
Strah|len|bio|lo|gie (f) radiobiology
Strah|lung (f) radiation
Stran|gu|la|ti|on (f) strangulation
stran|gu|lie|ren (v) strangle, strangulate
Strang|urie (f) strangury
Stra|ta (npl) strata
Stra|ti|gra|phie (f) stratigraphy
Stra|tum (n) stratum
Strei|fung (f) striation
Stre|pi|tus (m) strepitus
Strep|to|ba|cil|lus (m) streptobacillus
Strep|to|cocc|ae|mie (f) streptococcaemia
Strep|to|coc|ci (mpl) streptococci
Strep|to|coc|cus (m) streptococcus
Strep|to|ki|na|se (f) streptokinase
Strep|to|my|cin (n) streptomycin
Stress (m) stress
Stria (f) stria
Stri|a|tum (n) striatum
Stric|tur (f) stricture
Stri|dor (m) stridor
stri|du|los (adj) stridulous
strio|ni|gral (adj) strionigral
Stro|bo|scop (n) stroboscope
Stro|ma (n) stroma
Stro|ma|to|se (f) stromatosis
Stron|ti|um (n) strontium
stro|pho|ce|phal (adj) strophocephalic
Stro|phu|lus (m) strophulus
Struc|tur (f) structure
Stru|ma (f) struma
stru|mi|priv (adj) strumiprivic
stru|mos (adj) strumous
Stuhl (m) stool
stumm (adj) mute
Stumpf (m) stump
Stu|por (m) stupor
stu|po|ros (adj) stuporous
Sty|lo|glos|sus (m) styloglossus
Styp|ti|cum (n) styptic
sub|ab|do|mi|nal (adj) subabdominal
sub|acro|mi|al (adj) subacromial
sub|acut (adj) subacute
sub|aor|tal (adj) subaortic
sub|api|cal (adj) subapical
sub|aqual (adj) subaqueous
sub|arach|no|idal (adj) subarachnoid
sub|are|o|lar (adj) subareolar
sub|ato|mar (adj) subatomic
sub|au|ri|cu|lar (adj)

subauricular
sub|axil|lar (adj) subaxillary
sub|cap|su|lar (adj) subcapsular
sub|cho|ri|o|nal (adj) subchorionic
sub|chro|nisch (adj) subchronic
Sub|clas|se (f) subclass
sub|cla|vi|cu|lar (adj) subclavicular
sub|cli|nisch (adj) subclinical
Sub|co|ma (n) subcoma
sub|con|junc|ti|val (adj) subconjunctival
sub|cor|ne|al (adj) subcorneal
sub|cor|ti|cal (adj) subcortical
sub|co|stal (adj) subcostal
sub|cu|tan (adj) subcutaneous
sub|cu|ti|cu|lar (adj) subcuticular
Sub|cu|tis (f) subcutis
sub|dia|phrag|ma|tisch (adj) subdiaphragmatic
sub|do|li|cho|ce|phal (adj) subdolichocephalic
sub|du|ral (adj) subdural
sub|en|do|car|di|al (adj) subendocardial
sub|en|do|the|li|al (adj) subendothelial
sub|ep|en|dy|mal (adj) subependymal
sub|epi|der|mal (adj) subepidermal
sub|epi|the|li|al (adj) subepithelial
sub|fal|ci|al (adj) subfalcial
Sub|fa|mi|lie (f) subfamily
sub|fas|ci|al (adj) subfascial
sub|gin|gi|val (adj) subgingival
sub|glan|du|lar (adj) subglandular
sub|hy|a|lo|id (adj) subhyaloid
Su|bi|cu|lum (n) subiculum
Sub|in|vo|lu|ti|on (f) subinvolution
Sub|la|ti|on (f) sublation
sub|le|tal (adj) sublethal
sub|leuc|ae|misch (adj) subleucaemic
Sub|li|mat (n) sublimate
Sub|li|ma|ti|on (f) sublimation
sub|lin|gu|al (adj) sublingual
sub|lo|bu|lar (adj) sublobular
Sub|lu|xa|ti|on (f) subluxation
sub|mal|le|o|lar (adj) submalleolar
sub|mam|mar (adj) submammary
sub|man|di|bu|lar (adj) submandibular
sub|ma|xil|lar (adj) submaxillary
sub|mi|cro|sco|pisch (adj) submicroscopic
sub|mu|cos (adj) submucous
Sub|mu|co|sa (f) submucosa
sub|mu|co|sal (adj)

submucosal
sub|nar|co|tisch (adj) subnarcotic
sub|nor|mal (adj) subnormal
sub|oc|ci|pi|tal (adj) suboccipital
sub|pec|to|ral (adj) subpectoral
sub|pe|ri|car|di|al (adj) subpericardial
sub|pe|ri|ostal (adj) subperiosteal
sub|pe|ri|to|nae|al (adj) subperitonaeal
sub|pla|cen|tal (adj) subplacental
sub|sca|pu|lar (adj) subscapular
sub|se|ros (adj) subserous
Sub|spe|ci|es (f) subspecies
Sub|sti|tu|ent (m) substituent
Sub|strat (n) substrate
sub|syn|ap|tisch (adj) subsynaptic
sub|ten|di|nos (adj) subtendinous
sub|tha|la|misch (adj) subthalamic
sub|tra|pe|zi|al (adj) subtrapezial
sub|tro|chan|ter (adj) subtrochanteric
Suc|ci|nat (n) succinate
Su|cra|se (f) sucrase
Su|cro|se (f) sucrose
Suc|ti|on (f) suction
su|da|no|phil (adj) sudanophilic
Su|da|ti|on (f) sudation
su|do|mo|to|risch (adj) sudomotor
Su|dor (m) sudor
su|do|ri|fer (adj) sudoriferous
Su|do|ri|fe|rum (n) sudorific
Suf|fo|ca|ti|on (f) suffocation
sug|ge|sti|bel (adj) suggestible
Sui|cid (m) suicide
sui|ci|dal (adj) suicidal
Sul|cus (m) sulcus
Sul|pha|ta|se (f) sulphatase
Sul|pha|tid (n) sulphatide
Sulph|hae|mo|glo|bin (n) sulphhaemoglobin
Sul|phid (n) sulphide
Sul|phit (n) sulphite
Sul|phon|amid (n) sulphonamide
sul|pho|nie|ren (v) sulphonate
Sul|pho|nyl|harn|stoff (m) sulphonylurea
Sul|phur (m) sulphur
Sul|phur|acid (n) sulphuric acid
Su|per|aci|di|tät (f) superacidity
Su|per|ci|lia (npl) supercilia
Su|per|fe|cun|da|ti|on (f) superfecundation
su|per|fi|ci|al (adj) superficial
Su|per|foe|ta|ti|on (f)

Su|per|im|prae|gna|ti|on (f) superimpregnation
Su|per|in|fec|ti|on (f) superinfection
Su|per|oxid (n) superoxide
Su|pi|na|ti|on (f) supination
Su|pi|na|tor (m) supinator
su|pi|nie|ren (v) supinate
Sup|po|si|to|ri|um (n) suppository
Sup|pres|si|on (f) suppression
Sup|pres|sor (m) suppressor
sup|pri|mie|ren (v) suppress
Sup|pu|rans (n) suppurant
Sup|pu|ra|ti|vum (n) suppurative
sup|pu|rie|ren (v) suppurate
su|pra|aor|tal (adj) supraaortal
su|pra|cla|vi|cu|lar (adj) supraclavicular
su|pra|con|dy|lar (adj) supracondylar
Su|pra|oc|clu|si|on (f) supraocclusion
su|pra|re|nal (adj) suprarenal
Su|pra|spi|na|tus (m) supraspinatus
su|pra|um|bi|li|cal (adj) supraumbilical
su|pra|ven|tri|cu|lar (adj) supraventricular
su|pra|ve|si|cal (adj) supravesical
su|pra|vi|tal (adj) supravital
Su|pra|vi|tal|farb|stoff (m) supravital stain
Su|ra (f) sura
Sur|di|tas (f) surditas
Sus|pen|si|on (f) suspension
Sus|pen|so|ri|um (n) suspensorium
Su|sten|ta|cu|lum (n) sustentaculum
Su|sur|rus (m) susurrus
Su|tur (f) suture
su|tu|rie|ren (v) suture
Sy|co|se (f) sycosis
Sym|bi|o|se (f) symbiosis
Sym|ble|pha|ron (n) symblepharon
Sym|path|ec|to|mie (f) sympathectomy
Sym|pa|thic|ec|to|mie (f) sympathicectomy
Sym|pa|thi|co|bla|stom (n) sympathicoblastoma
sym|pa|thi|co|mi|me|tisch (adj) sympatheticomimetic
Sym|pa|thi|cus (m) sympathicus
Sym|pa|thie (f) sympathy
sym|pa|thisch (adj) sympathic, sympathetic
Sym|pa|tho|bla|stom (n) sympathoblastoma
sym|pa|tho|ly|tisch (adj) sympatholytic
sym|pa|tho|mi|me|tisch (adj) sympathomimetic
Sym|pha|lan|gis|mus (m) symphalangism

Sym|phy|se (f) symphysis
Sym|phys|ec|to|mie (f) symphysectomy
Sym|phy|sio|to|mie (f) symphysiotomy
Sym|plas|ma (n) symplasm
Sym|ptom (n) symptom
sym|pto|ma|tisch (adj) symptomatic
Sym|pto|ma|to|lo|gie (f) symptomatology
sym|pto|ma|to|lo|gisch (adj) symptomatological
Sym|pus (m) sympus
Syn|adel|phus (m) synadelphus
Syn|aes|the|sie (f) synaesthesia
Syn|al|gie (f) synalgia
Syn|ana|sto|mo|se (f) synanastomosis
Syn|ap|se (f) synapsis
Syn|ap|sen (fpl) synapses
syn|ap|tie|ren (v) synapse
syn|ap|tisch (adj) synaptic
Syn|ap|to|lemm (n) synaptolemma
Syn|ar|thro|se (f) synarthrosis
Syn|ce|pha|lus (m) syncephalus
Syn|chei|lie (f) syncheilia
Syn|chi|lie (f) synchilia
Syn|chon|dro|se (f) synchondrosis
Syn|chro|cy|clo|tron (n) synchrocyclotron
syn|chron (adj) synchronous
Syn|chi|sis (f) synchisis
syn|cli|tisch (adj) synclitic
syn|co|pal (adj) syncopal
Syn|cy|tia (npl) syncytia
Syn|cy|ti|um (n) syncytium
syn|dac|tyl (adj) syndactyl
Syn|dac|ty|lie (f) syndactyly
Syn|des|mec|to|pie (f) syndesmectopy
Syn|des|mo|lo|gie (f) syndesmology
Syn|des|mo|phyt (m) syndesmophyte
Syn|des|mo|se (f) syndesmosis
Syn|drom (n) syndrome
Syn|echie (f) synechia
syn|er|ge|tisch (adj) synergetic
Syn|er|gie (f) synergy
Syn|er|gist (m) synergist
syn|er|gi|stisch (adj) synergistic
syn|gen (adj) syngenic
Syn|ki|ne|se (f) synkinesis
Syn|ophrys (f) synophrys
Syn|oph|thal|mie (f) synophthalmia
Syn|or|chi|dis|mus (m) synorchidism
Syn|osto|se (f) synostosis
Syn|otie (f) synotia
Syn|ov|ec|to|mie (f) synovectomy
Syn|ovia (f) synovia
Syn|ovi|tis (f) synovitis
syn|tac|tisch (adj) syntactic

Syn|tha|se (f) synthase
Syn|the|se (f) synthesis
Syn|the|ta|se (f) synthetase
syn|the|ti|sie|ren (v) synthetise
syn|the|tisch (adj) synthetic
syn|ton (adj) syntonic
Sy|phi|lis (f) syphilis
Sy|phi|li|ti|ker (m) syphilitic
sy|phi|li|tisch (adj) syphilitic
Sy|phi|lo|der|ma (n) syphiloderma
sy|phi|lo|der|ma|tos (adj) syphilodermatous
Sy|ring|ade|nom (n) syringadenoma
Sy|rin|go|bul|bie (f) syringobulbia
Sy|rin|gom (n) syringoma
Sy|rin|go|my|e|lo|ce|le (f) syringomyelocele
Sy|stem (n) system
sy|ste|misch (adj) systemic
Sy|sto|le (f) systole
sy|sto|lisch (adj) systolic
Ta|ba|co|se (f) tabacosis
Ta|bes (f) tabes
ta|be|tisch (adj) tabetic
ta|bisch (adj) tabic
Ta|blet|te (f) tablet
Ta|bo|pa|ra|ly|se (f) taboparalysis
Ta|cho|gramm (n) tachogram
Ta|cho|me|ter (n) tachometer
Ta|chy|ali|men|ta|ti|on (f) tachyalimentation
Ta|chy|ar|rhyth|mie (f) tachyarrhythmia
ta|chy|car|di|al (adj) tachycardiac
Ta|chy|car|die (f) tachycardia
Ta|chy|pha|gie (f) tachyphagia
Ta|chy|phy|la|xie (f) tachyphylaxia
Ta|chy|pnoe (f) tachypnoea
ta|chy|pno|isch (adj) tachypnoeic
Ta|chy|sy|sto|lie (f) tachysystole
tac|til (adj) tactile
Tae|nia (f) taenia
Tae|nie (f) taenia
Tae|ni|a|se (f) taeniasis
Tae|ni|cid (n) taeniacide
Tail|le (f) waist
Tal|al|gie (f) talalgia
tal|gig (adj) sebaceous
Ta|li|pes (m) talipes
ta|lo|cal|ca|ne|al (adj) talocalcaneal
ta|lo|cal|ca|neo|na|vi|cu|lar (adj) talocalcaneonavicular
ta|lo|cru|ral (adj) talocrural
ta|lo|na|vi|cu|lar (adj) talonavicular
Ta|lus (m) talus
Tam|pon (n) tampon
Tam|po|na|de (f) tamponade
tam|po|nie|ren (v) tampon
Tam|po|nie|ren (n) tamponing
Tan|na|se (f) tannase

Ta|pho|pho|bie (f) taphophobia
Ta|po|te|ment (n) tapotement
tar|div (adj) tardive
tar|sal (adj) tarsal
Tars|al|gie (f) tarsalgia
Tars|ec|to|mie (f) tarsectomy
Tar|si|tis (f) tarsitis
Tar|so|ma|la|cie (f) tarsomalacia
Tar|so|pla|stik (f) tarsoplasty
Tar|so|pto|se (f) tarsoptosis
Tar|sor|rha|phie (f) tarsorrhaphy
Tar|so|to|mie (f) tarsotomy
Tar|sus (m) tarsus
taub (adj) deaf
Taub|heit (f) deafness
Taub|stum|mer (m) deaf-mute
Tau|rin (n) taurine
tau|to|mer (adj) tautomeric
Tau|to|me|rie (f) tautomerism
Ta|xis (f) taxis
Ta|xon (n) taxon
Ta|xo|no|mie (f) taxonomy
Tech|nik (f) technique
tec|tal (adj) tectal
tec|to|ce|re|bel|lar (adj) tectocerebellar
tec|to|re|ti|cu|lar (adj) tectoreticular
Tec|tum (n) tectum
Tee (m) tea
Tee|löf|fel (m) teaspoon
Teer (m) tar
Teg|men (n) tegmen
Teg|men|tum (n) tegmentum
Te|la (f) tela
Tel|aes|the|sie (f) telaesthesia
Tel|an|gi|ec|ta|sie (f) telangiectasy
Tel|an|gi|tis (f) telangitis
Te|le|cep|tor (m) teleceptor
te|le|dia|sto|lisch (adj) telediastolic
tel|en|ce|phal (adj) telencephalic
Tel|en|ce|pha|lon (n) telencephalon
Te|le|path (m) telepathist
Te|le|ra|dio|gra|phie (f) teleradiography
Te|le|re|cep|tor (m) telereceptor
Tel|er|gie (f) telergy
Te|le|rönt|ge|no|gramm (n) teleroentgenogram
te|le|sy|sto|lisch (adj) telesystolic
te|lo|cen|trisch (adj) telocentric
Te|lo|den|dra (npl) telodendra
Te|lo|den|dron (n) telodendron
te|lo|le|ci|thal (adj) telolecithal
Te|lo|lemm (n) telolemma
Te|lo|mer (n) telomer
Te|lo|me|ri|sa|ti|on (f) telomerisation
Te|lo|pha|se (f) telophase
Tem|pe|ra|ment (n) temperament
Tem|pe|ra|tur (f) temperature

Tem|po|ra (npl) tempora
tem|po|rar (adj) temporary
tem|po|ral (adj) temporal
Tem|po|ra|lis (f) temporalis
Te|na|ci|tät (f) tenacity
ten|di|nos (adj) tendinous
Ten|do|ly|se (f) tendolysis
Ten|do|syn|ovi|tis (f) tendosynovitis
Ten|do|va|gi|ni|tis (f) tendovaginitis
Te|nes|mus (m) tenesmus
Te|no|de|se (f) tenodesis
Ten|ody|nie (f) tenodynia
Te|non|ec|to|mie (f) tenonectomy
Te|no|ni|tis (f) tenonitis
Te|nor|rha|phie (f) tenorrhaphy
Te|no|syn|ov|ec|to|mie (f) tenosynovectomy
Te|no|syn|ovi|tis (f) tenosynovitis
Te|no|tom (n) tenotome
Te|no|to|mie (f) tenotomy
te|no|to|mie|ren (v) tenotomise
Te|no|va|gi|ni|tis (f) tenovaginitis
Ten|si|on (f) tension
Ten|sor (m) tensor
Ten|to|ri|um (n) tentorium
Te|phro|my|e|li|tis (f) tephromyelitis
te|ra|morph (adj) teramorphous
Te|ra|to|bla|stom (n) teratoblastoma
Te|ra|to|car|ci|nom (n) teratocarcinoma
Te|ra|to|gen (n) teratogen
te|ra|to|gen (adj) teratogenic
Te|ra|to|ge|ne|se (f) teratogenesis
Te|ra|to|ge|nie (f) teratogeny
te|ra|to|id (adj) teratoid
Te|ra|to|lo|ge (m) teratologist
Te|ra|to|lo|gie (f) teratology
te|ra|to|lo|gisch (adj) teratological
Te|ra|tom (n) teratoma
te|ra|to|ma|tos (adj) teratomatous
Te|ra|to|sper|mie (f) teratospermia
Te|res (m) teres
Ter|ti|pa|ra (f) tertipara
te|sti|cu|lar (adj) testicular
Te|sti|kel (m) testicle
Te|stis (m) testis
Te|sto|ste|ron (n) testosterone
Te|ta|nie (f) tetany
te|ta|ni|gen (adj) tetanigenous
Te|ta|ni|sa|ti|on (f) tetanisation
te|ta|nisch (adj) tetanic
te|ta|ni|sie|ren (v) tetanise
te|ta|no|id (adj) tetanoid
Te|ta|no|ly|sin (n) tetanolysin
Te|ta|no|pho|bie (f) tetanophobia
Te|ta|no|spas|min (n) tetanospasmin
Te|ta|nus (m) tetanus

Te|tra|coc|cus (m) tetracoccus
Te|tra|cy|clin (n) tetracycline
Te|tra|de (f) tetrad
Te|tra|hy|dro|fol|säu|re (f) tetrahydrofolic acid
Te|tra|lo|gie (f) tetralogy
Te|tra|ma|stie (f) tetramastia
Te|tra|mer (n) tetramer
Te|tran|op|sie (f) tetranopsia
Te|tra|nu|cle|o|tid (n) tetranucleotide
Te|tra|pa|re|se (f) tetraparesis
Te|tra|pep|tid (n) tetrapeptide
Te|tra|pho|co|me|lie (f) tetraphocomelia
Te|tra|ple|gie (f) tetraplegia
te|tra|plo|id (adj) tetraploid
Te|tra|sac|cha|rid (n) tetrasaccharide
Te|tra|so|mie (f) tetrasomy
Te|tra|vac|cin (n) tetravaccine
te|tra|va|lent (adj) tetravalent
Te|tro|se (f) tetrose
Tex|tur (f) texture
Tha|lam|en|ce|pha|lon (n) thalamencephalon
tha|la|misch (adj) thalamic
tha|la|mo|cor|ti|cal (adj) thalamocortical
Tha|la|mo|to|mie (f) thalamotomy
Tha|la|mus (m) thalamus
Tha|lass|ae|mie (f) thalassaemia
Tha|las|so|pho|bie (f) thalassophobia
Tha|las|so|the|ra|pie (f) thalassotherapy
Tha|na|to|lo|gie (f) thanatology
Tha|na|to|pho|bie (f) thanatophobia
tha|na|to|phor (adj) thanatophoric
Tha|nat|op|sie (f) thanatopsy
The|ca (f) theca
the|cal (adj) thecal
The|com (n) thecoma
Thel|al|gie (f) thelalgia
Thel|ar|che (f) thelarche
The|li|tis (f) thelitis
The|lor|rha|gie (f) thelorrhagia
The|ly|to|kie (f) thelytoky
The|nar (n) thenar
Theo|bro|min (n) theobromine
Theo|ma|nie (f) theomania
Theo|phyl|lin (n) theophylline
The|ra|peut (m) therapist
The|ra|peu|tik (f) therapeutics
The|ra|peu|ti|ker (m) therapeutist
the|ra|peu|tisch (adj) therapeutic
The|ra|pie (f) therapy
Therm|aes|the|sie (f) thermaesthesia
Therm|aes|the|sio|me|ter (n) thermaesthesiometer
ther|mal (adj) thermal

Therm|al|ge|sie (f) thermalgesia

Therm|al|gie (f) thermalgia

Therm|hyp|aes|the|sie (f) thermhypaesthesia

Therm|hy|per|aes|the|sie (f) thermhyperaesthesia

ther|misch (adj) thermic

Ther|mo|aes|the|sie (f) thermoaesthesia

Ther|mo|aes|the|sio|me|ter (n) thermoaesthesiometer

Ther|mo|al|ge|sie (f) thermoalgesia

Ther|mo|an|aes|the|sie (f) thermoanaesthesia

Ther|mo|an|al|ge|sie (f) thermoanalgesia

Ther|mo|bio|lo|gie (f) thermobiology

Ther|mo|cau|stik (f) thermocautery

Ther|mo|cau|te|ri|sa|ti|on (f) thermocautery

Ther|mo|che|mie (f) thermochemistry

Ther|mo|co|agu|la|ti|on (f) thermocoagulation

Ther|mo|di|lu|ti|on (f) thermodilution

Ther|mo|dy|na|mik (f) thermodynamics

ther|mo|elec|trisch (adj) thermoelectric

ther|mo|gen (adj) thermogenic

Ther|mo|gramm (n) thermogram

Ther|mo|gra|phie (f) thermography

Ther|mo|hyp|aes|the|sie (f) thermohypaesthesia

Ther|mo|hy|per|aes|the|sie (f) thermohyperaesthesia

Ther|mo|hy|per|al|ge|sie (f) thermohyperalgesia

Ther|mo|hy|po|aes|the|sie (f) thermohypoaesthesia

ther|mo|la|bil (adj) thermolabile

Ther|mo|me|ter (n) thermometer

Ther|mo|me|trie (f) thermometry

ther|mo|me|trisch (adj) thermometric

ther|mo|phil (adj) thermophilic

Ther|mo|ple|gie (f) thermoplegia

Ther|mo|re|cep|tor (m) thermoreceptor

Ther|mo|re|ga|la|ti|on (f) thermoregulation

Ther|mo|re|gu|la|tor (m) thermoregulator

Ther|mo|scop (n) thermoscope

ther|mo|sta|bil (adj) thermostable

Ther|mo|sta|bi|li|tät (f) thermostability

Ther|mo|stat (m) thermostat

ther|mo|tac|tisch (adj) thermotactic

Ther|mo|ta|xis (f) thermotaxis

ther|mo|ta|xisch (adj)

thermotaxic

Ther|mo|the|ra|pie (f) thermotherapy

Ther|mo|tro|pis|mus (m) thermotropism

The|sau|ris|mo|se (f) thesaurismosis

Thi|amin (n) thiamin, thiamine

Thi|ami|na|se (f) thiaminase

Thig|mo|ta|xis (f) thigmotaxis

Thio|ester (m) thioester

Thi|ol (n) thiol

thio|phil (adj) thiophilic

Thi|xo|tro|pie (f) thixotropy

tho|ra|cal (adj) thoracic

tho|ra|co|ab|do|mi|nal (adj) thoracoabdominal

Tho|ra|co|ace|pha|lus (m) thoracoacephalus

tho|ra|co|acro|mi|al (adj) thoracoacromial

Tho|ra|co|cen|te|se (f) thoracocentesis

Tho|ra|co|coe|lo|schi|se (f) thoracocoeloschisis

Tho|rac|ody|nie (f) thoracodynia

Tho|ra|co|ga|stro|schi|se (f) thoracogastroschisis

Tho|ra|co|la|pa|ro|to|mie (f) thoracolaparotomy

Tho|ra|co|me|lus (m) thoracomelus

Tho|ra|co|me|trie (f) thoracometry

Tho|ra|co|pa|gus (m) thoracopagus

Tho|ra|co|pla|stik (f) thoracoplasty

Tho|ra|co|schi|se (f) thoracoschisis

Tho|ra|co|scop (n) thoracoscope

Tho|ra|co|sto|mie (f) thoracostomy

Tho|ra|co|to|mie (f) thoracotomy

Tho|rax (m) thorax

Thre|o|nin (n) threonine

Thre|o|nyl (n) threonyl

Throm|ba|se (f) thrombase

Thromb|ec|to|mie (f) thrombectomy

Throm|bin (n) thrombin

Throm|bi|no|gen (n) thrombinogen

throm|bisch (adj) thrombic

Throm|bo|an|gi|itis (f) thromboangiitis

Throm|bo|blast (m) thromboblast

Throm|bo|cyt (adj) thrombocyte

throm|bo|cy|tar (adj) thrombocytic

Throm|bo|cyt|hae|mie (f) thrombocythaemia

Throm|bo|cy|to|crit (m) thrombocytocrit

Throm|bo|cy|to|ly|se (f) thrombocytolysis

Throm|bo|cy|to|ly|sin (n)

Throm|bo|cy|to|pa|thie (f) thrombocytopathy

Throm|bo|cy|to|pe|nie (f) thrombocytopenia

Throm|bo|cy|to|se (f) thrombocytosis

Throm|bo|en|do|car|di|tis (f) thromboendocarditis

throm|bo|gen (adj) thrombogenic

Throm|bo|ki|na|se (f) thrombokinase

Throm|bo|lymph|an|gi|tis (f) thrombolymphangitis

Throm|bo|ly|se (f) thrombolysis

throm|bo|ly|tisch (adj) thrombolytic

Throm|bo|pa|thie (f) thrombopathy

Throm|bo|pe|nie (f) thrombopenia

Throm|bo|phi|lie (f) thrombophilia

Throm|bo|phle|bi|tis (f) thrombophlebitis

Throm|bo|pla|stin (n) thromboplastin

Throm|bo|pla|sti|no|gen (n) thromboplastinogen

Throm|bo|po|e|se (f) thrombopoiesis

Throm|bo|se (f) thrombosis

Throm|bo|sthe|nin (n) thrombosthenin

throm|bo|tisch (adj) thrombotic

Throm|bus (m) thrombus

Thym|ec|to|mie (f) thymectomy

Thym|er|ga|sie (f) thymergasia

Thy|mi|din (n) thymidine

Thy|min (n) thymine

thy|misch (adj) thymic

Thy|mi|tis (f) thymitis

Thy|mo|cyt (m) thymocyte

Thy|mo|lep|ti|cum (n) thymoleptic

Thy|mom (n) thymoma

Thy|mo|pa|thie (f) thymopathy

thy|mo|priv (adj) thymoprivic

Thy|mus (m) thymus

Thy|reo|apla|sie (f) thyreoaplasia

thy|reo|gen (adj) thyreogenic

thy|reo|priv (adj) thyreoprivic

Thy|ro|cal|ci|to|nin (n) thyrocalcitonin

Thy|ro|chon|dro|to|mie (f) thyrochondrotomy

Thy|ro|glo|bu|lin (n) thyroglobulin

thy|ro|id (adj) thyroid

Thy|ro|idea (f) thyroid

Thy|ro|id|ec|to|mie (f) thyroidectomy

Thy|ro|idis|mus (m) thyroidism

Thy|ro|idi|tis (f) thyroiditis

Thy|ro|se (f) thyrosis

Thy|ro|to|xi|co|se (f) thyrotoxicosis

thy|ro|trop (adj) thyrotropic

Thy|ro|tro|phin (n) thyrotrophin

Thy|ro|tro|pin (n) thyrotropin
Thyr|oxin (n) thyroxin
Ti|bia (f) tibia
ti|bio|fe|mo|ral (adj) tibiofemoral
Tic (m) tic
Tier|arzt (m) veterinarian, veterinary, vet
ti|gro|id (adj) tigroid
Ti|gro|ly|se (f) tigrolysis
Tinc|tur (f) tincture
Ti|nea (f) tinea
Tin|ni|tus (m) tinnitus
Ti|tra|ti|on (f) titration
ti|trie|ren (v) titrate
Ti|tri|me|ter (n) titrimeter
Ti|tu|ba|ti|on (f) titubation
To|bra|my|cin (n) tobramycin
Toch|ter|cel|le (f) daughter cell
To|co|dy|na|mo|me|ter (n) tocodynamometer
To|co|gra|phie (f) tocography
To|co|lo|ge (m) tocologist
To|co|me|ter (n) tocometer
Tod (m) death
töd|lich (adj) deadly, lethal
To|ga|vi|rus (n) togavirus
To|le|ranz (f) tolerance
Toll|wut (f) rabies
To|mo|gramm (n) tomogram
To|mo|gra|phie (f) tomography
to|mo|gra|phisch (adj) tomographic
to|mo|gra|phisch (adv) tomographically
To|mo|ma|nie (f) tomomania
To|ni|ci|tät (f) tonicity
To|ni|cum (n) tonic
to|nisch (adj) tonic
to|nisch-clo|nisch (adj) tonic-clonic
to|no|clo|nisch (adj) tonoclonic
To|no|fi|bril|le (f) tonofibril
To|no|gramm (n) tonogram
To|no|me|ter (n) tonometer
ton|sil|lar (adj) tonsillar
Ton|sil|le (f) tonsil
Ton|sill|ec|to|mie (f) tonsillectomy
Ton|sil|li|tis (f) tonsillitis
Ton|sil|lo|to|mie (f) tonsillotomy
To|nus (m) tonus, tone
Top|aes|the|sie (f) topaesthesia
Top|agno|sie (f) topagnosis
Top|al|gie (f) topalgia
Top|ec|to|mie (f) topectomy
To|phus (m) tophus
to|pisch (adj) topic, topical
To|po|al|gie (f) topoalgia
To|po|an|aes|the|sie (f) topoanaesthesia
To|po|gno|sie (f) topognosis
To|po|gra|phie (f) topography
to|risch (adj) toric
Tor|men (n) tormen
Tor|mi|na (npl) tormina
tor|pid (adj) torpid
Tor|por (m) torpor
Torr (n) torr

Tor|si|on (f) torsion
Tor|ti|col|lis (m) torticollis
Tor|ti|pel|vis (f) tortipelvis
To|ru|li (mpl) toruli
To|ru|lo|se (f) torulosis
To|ru|lus (m) torulus
To|rus (m) torus
tot (adj) dead
tot|ge|bo|ren (adj) stillborn
Tot|ge|burt (f) stillbirth
to|ti|po|tent (adj) totipotent
Tot|schlag (m) homicide
Tox|ae|mie (f) toxaemia
To|xic|ae|mie (f) toxicaemia
To|xi|ci|tät (f) toxicity
To|xi|co|der|ma (n) toxicoderma
to|xi|co|gen (adj) toxicogenic
To|xi|co|lo|ge (m) toxicologist
To|xi|co|lo|gie (f) toxicology
to|xi|co|lo|gisch (adj) toxicological
To|xi|co|se (f) toxicosis
To|xi|der|ma|to|se (f) toxidermatosis
to|xi|gen (adj) toxigenic
To|xi|ge|ni|tät (f) toxigenicity
To|xin (n) toxin
to|xisch (adj) toxic
To|xo|no|se (f) toxonosis
to|xo|plas|ma|tisch (adj) toxoplasmatic
to|xo|plas|misch (adj) toxoplasmic
To|xo|plas|mo|se (f) toxoplasmosis
Tra|be|cu|la (f) trabecula
Tra|chea (f) trachea
Tra|chea|ec|ta|sie (f) tracheaectasy
tra|che|al (adj) tracheal
Tra|che|itis (f) tracheitis
Tra|che|lo|pe|xie (f) trachelopexy
Tra|che|lor|rha|phie (f) trachelorrhaphy
Tra|che|lo|schi|se (f) tracheloschisis
Tra|che|lo|to|mie (f) trachelotomy
tra|cheo|bron|chi|al (adj) tracheobronchial
Tra|cheo|bron|cho|sco|pie (f) tracheobronchoscopy
Tra|cheo|fis|sur (f) tracheofissure
Tra|cheo|gra|phie (f) tracheography
tra|cheo-oe|so|pha|ge|al (adj) tracheo-oesophageal
Tra|che|or|rha|gie (f) tracheorrhagia
Tra|cheo|sco|pie (f) tracheoscopy
Tra|cheo|sto|mie (f) tracheostomy
Tra|cheo|ste|no|se (f) tracheostenosis
Tra|cheo|to|mie (f) tracheotomy
Tra|chom (n) trachoma
tra|cho|ma|tos (adj) trachomatous

Tra|chy|pho|nie (f) trachyphonia

Tract (m) tract

Trac|ti|on (f) traction

Trac|to|to|mie (f) tractotomy

Trac|tus (m) tractus

träch|tig (adj) gravid, pregnant

Trä|ger (m) carrier

Trä|ger|mo|le|kül (n) carrier molecule

Trä|ne (f) tear

träu|men (v) dream

Tra|gus (m) tragus

Trance (f) trance

Tran|qui|li|sa|ti|on (f) tranquilisation

tran|qui|li|sie|ren (v) tranquilise

Tran|quil|lans (n) tranquiliser, tranquilliser

Tran|quil|li|sa|ti|on (f) tranquillisation

tran|quil|li|sie|ren (v) tranquillise

trans|ab|do|mi|nal (adj) transabdominal

Trans|ami|na|se (f) transaminase

Trans|ami|na|ti|on (f) transamination

trans|con|dy|lar (adj) transcondylar

trans|cor|ti|cal (adj) transcortical

Tran|scrip|ti|on (f) transcription

trans|cu|tan (adj) transcutaneous

Trans|duc|ti|on (f) transduction

Trans|duc|tor (m) transducer

trans|duo|de|nal (adj) transduodenal

Trans|fer (m) transfer

Trans|fe|ra|se (f) transferase

trans|fe|rie|ren (v) transfer

Trans|fer|rin (n) transferrin

Trans|fi|xi|on (f) transfixion

Trans|for|ma|ti|on (f) transformation

trans|fun|die|ren (v) transfuse

Trans|fu|si|on (f) transfusion

trans|he|pa|tisch (adj) transhepatic

trans|ili|a|cal (adj) transiliac

Trans|la|ti|on (f) translation

Trans|lo|ca|ti|on (f) translocation

trans|lu|mi|nal (adj) transluminal

Trans|me|thy|la|ti|on (f) transmethylation

Trans|mi|gra|ti|on (f) transmigration

Trans|mis|si|on (f) transmission

Trans|mit|ter (m) transmitter

Trans|mit|ter|sub|stanz (f) transmitter substance

trans|mu|ral (adj) transmural

Trans|mu|ta|ti|on (f)

transmutation
trans|pe|ri|to|nae|al (adj) transperitonaeal
Trans|phos|pho|ry|la|se (f) transphosphorylase
Tran|spi|ra|ti|on (f) transpiration
Trans|plan|tat (n) transplant
Trans|plan|ta|ti|on (f) transplantation
trans|plan|tie|ren (v) transplant
Trans|po|si|ti|on (f) transposition
trans|py|lo|risch (adj) transpyloric
Trans|se|xu|a|lis|mus (m) transsexualism
Trans|se|xu|el|ler (m) transsexual
Trans|su|dat (n) transudate
trans|su|die|ren (v) transude
trans|tho|ra|cal (adj) transthoracic
trans|ure|thral (adj) transurethral
Trans|vers|ec|to|mie (f) transversectomy
Trans|ve|stis|mus (m) transvestism
Trans|ve|stit (m) transvestite
Trans|ve|sti|tis|mus (m) transvestitism
tra|pe|zi|al (adj) trapezial
Tra|pe|zi|us (m) trapezius
Trau|er (f) grief
Traum (m) dream
Trau|ma (n) trauma
trau|ma|tisch (adj) traumatic
trau|ma|ti|sie|ren (v) traumatise
Trau|ma|to|lo|gie (f) traumatology
Trau|ma|to|pnoe (f) traumatopnoea
Tre|ma|to|di|a|se (f) trematodiasis
Tre|mor (m) tremor
Tre|mu|la|ti|on (f) tremulation
Tre|pa|na|ti|on (f) trepanation
tre|pa|nie|ren (v) trepanise
Tre|phi|ne (f) trephine
Tre|phon (n) trephone
Tre|po|ne|ma|to|se (f) treponematosis
Tre|po|ne|mi|a|se (f) treponemiasis
tre|po|ne|mi|cid (adj) treponemicidal
tri|an|gu|lar (adj) triangular
tri|axi|al (adj) triaxial
Tri|car|bon|säu|re (f) tricarboxylic acid
Tri|ce|pha|lus (m) tricephalus
Tri|ceps (m) triceps
Trich|aes|the|sie (f) trichaesthesia
Tri|chi|a|se (f) trichiasis
Tri|chi|no|se (f) trichinosis
Tri|chi|tis (f) trichitis
Tri|cho|be|zo|ar (m) trichobezoar

Tri|cho|cla|sie (f) trichoclasia
Tri|cho|cryp|to|se (f) trichocryptosis
Tri|cho|epi|the|li|om (n) trichoepithelioma
Tri|cho|fol|li|cu|lom (n) trichofolliculoma
Tri|cho|glos|sie (f) trichoglossia
Tri|cho|hy|a|lin (n) trichohyalin
Tri|cho|lith (m) tricholith
Tri|chom (n) trichoma
Tri|cho|ma|nie (f) trichomania
Tri|cho|mo|ni|a|se (f) trichomoniasis
Tri|cho|my|co|se (f) trichomycosis
Tri|cho|no|car|di|o|se (f) trichonocardiosis
Tri|cho|no|do|se (f) trichonodosis
Tri|cho|no|se (f) trichonosis
Tri|cho|pa|thie (f) trichopathy
tri|cho|pa|thisch (adj) trichopathic
Tri|cho|pa|tho|pho|bie (f) trichopathophobia
Tri|cho|pha|gia (f) trichophagia
Tri|cho|pha|gie (f) trichophagy
Tri|cho|phyt (m) trichophyte
Tri|cho|phy|to|be|zo|ar (m) trichophytobezoar
Tri|cho|phy|to|se (f) trichophytosis
Tri|cho|pti|lo|se (f) trichoptilosis
Tri|chor|rhe|xis (f) trichorrhexis
Tri|chor|rhe|xo|ma|nie (f) trichorrhexomania
Tri|cho|se (f) trichosis
Tri|cho|spo|ro|se (f) trichosporosis
Tri|cho|til|lo|ma|nie (f) trichotillomania
tri|chro|ma|tisch (adj) trichromatic
tri|ci|pi|tal (adj) tricipital
Tri|cro|tis|mus (m) tricrotism
tri|cus|pi|dal (adj) tricuspid
Trieb (m) drive
tri|fo|cal (adj) trifocal
Tri|ge|mi|nie (f) trigeminy
Tri|ge|mi|nus (m) trigeminus
Tri|gly|ce|rid (n) triglyceride
Tri|go|ni|tis (f) trigonitis
Tri|go|no|ce|pha|lie (f) trigonocephaly
Tri|go|no|ce|pha|lus (m) trigonocephalus
Tri|go|num (n) trigonum, trigone
Tri|hy|dro|xy|pro|pan (adj) trihydroxypropane
tri|la|mi|nar (adj) trilaminar
tri|mal|le|o|lar (adj) trimalleolar
tri|ma|nu|ell (adj) trimanual
Trio|lis|mus (m) triolism

Trio|list (m) triolist
Tri|o|se (f) triose
Tri|pa|ra (f) tripara
Tri|pep|tid (n) tripeptide
Tri|pha|lan|gia (f) triphalangia
Tri|pha|lan|gie (f) triphalangy
Tri|pha|lan|gis|mus (m) triphalangism
Tri|ple|gie (f) triplegia
Tri|plett (n) triplet
tri|plo|id (adj) triploid
Tri|plo|idie (f) triploidy
Tri|que|trum (n) triquetrum
Tri|sac|cha|rid (n) trisaccharide
Tris|mus (m) trismus
tri|som (adj) trisomic
tri|so|mal (adj) trisomic
Tri|so|mie (f) trisomy
Tri|sti|chi|a|se (f) tristichiasis
Tri|ti|um (n) tritium
Tri|tu|ra|ti|on (f) trituration
tri|tu|rie|ren (v) triturate
tri|va|lent (adj) trivalent
Tri|va|lenz (f) trivalence
tri|val|vu|lar (adj) trivalvular
Tro|cart (m) trocar
Tro|chan|ter (m) trochanter
tro|chan|ter (adj) trochanteric
Troch|lea (f) trochlea
troch|le|ar (adj) trochlear
Troch|le|a|ris (m) trochlearis
Trom|bi|cu|lo|se (f) trombiculosis
Trom|bi|di|o|se (f) trombidiosis
Trom|mel|schle|gel (m) drumstick
Trop|fen (m) drop
tro|phisch (adj) trophic
Troph|oe|dem (n) trophoedema
Tro|pho|lo|gie (f) trophology
Tro|pho|neu|ro|se (f) trophoneurosis
tro|pho|neu|ro|tisch (adj) trophoneurotic
Tro|pho|pa|thie (f) trophopathy
Tro|pho|plas|ma (n) trophoplasm
tro|pho|trop (adj) trophotropic
Tro|pho|tro|pis|mus (m) trophotropism
Tro|pin (n) tropin
Tro|pis|mus (m) tropism
Tro|po|col|la|gen (n) tropocollagen
Tro|po|me|ter (n) tropometer
Tro|po|my|o|sin (n) tropomyosin
Trun|ci (mpl) trunci
Trun|cus (m) truncus, trunk
Trun|ken|heit (f) drunkenness
try|pa|no|cid (adj) trypanocidal
Try|pa|no|cid (n) trypanocide
Try|pa|no|so|ma (n) trypanosoma

Try|pa|no|so|mi|a|se (f) trypanosomiasis
Tryp|sin (n) trypsin
Tryp|si|no|gen (n) trypsinogen
Trypt|amin (n) tryptamine
Tryp|ta|se (f) tryptase
tryp|to|ly|tisch (adj) tryptolytic
Tryp|to|phan (n) tryptophan, tryptophane
Tryp|to|phan|urie (f) tryptophanuria
Tryp|to|phyl (n) tryptophyl
Tu|ba (f) tuba
tu|bal (adj) tubal
Tu|be (f) tube
Tub|ec|to|mie (f) tubectomy
Tu|ber (n) tuber
Tu|ber|cu|la (npl) tubercula
Tu|ber|cu|lid (n) tuberculid
Tu|ber|cu|lin (n) tuberculin
Tu|ber|cu|lo|der|ma (n) tuberculoderma
tu|ber|cu|lo|id (adj) tuberculoid
Tu|ber|cu|lom (n) tuberculoma
Tu|ber|cu|lo|pro|te|in (n) tuberculoprotein
tu|ber|cu|los (adj) tuberculous
Tu|ber|cu|lo|se (f) tuberculosis
tu|ber|cu|lo|sta|tisch (adj) tuberculostatic
Tu|ber|cu|lum (n) tuberculum
Tu|ber|kel (n) tubercle
tu|be|ros (adj) tuberous
Tu|be|ro|si|tas (f) tuberositas
tu|bo|ab|do|mi|nal (adj) tuboabdominal
tu|bo-ova|ri|al (adj) tubo-ovarian
Tu|bo-Ova|rio|to|mie (f) tubo-ovariotomy
tu|bu|lar (adj) tubular
Tu|bu|li (mpl) tubuli
Tu|bu|li|sa|ti|on (f) tubulisation
Tu|bu|lus (m) tubulus, tubule
Tu|bus (m) tubus, tube
Tu|lar|ae|mie (f) tularaemia
Tu|me|fac|ti|on (f) tumefaction
tu|mes|cent (adj) tumescent
Tu|mes|cenz (f) tumescence
tu|mid (adj) tumid
Tu|mi|di|tät (f) tumidity
Tu|mor (m) tumor
tu|mor|af|fin (adj) tumoraffin
Tu|mor|chen (n) tumorlet
tu|mo|ros (adj) tumorous
Tun|gi|a|se (f) tungiasis
Tu|ni|ca (f) tunica
Tur|bin|ec|to|mie (f) turbinectomy
tur|bu|lent (adj) turbulent
Tur|bu|lenz (f) turbulence
tur|ges|cent (adj) turgescent
Tur|ges|cenz (f) turgescence
Tur|gor (m) turgor
Tus|sis (f) tussis
Ty|lom (n) tyloma
Ty|lo|se (f) tylosis
ty|lo|tisch (adj) tylotic

tym|pa|nal (adj) tympanal
Tym|pan|ec|to|mie (f) tympanectomy
Tym|pa|nia (f) tympania
Tym|pa|nie (f) tympany
tym|pa|nisch (adj) tympanic
Tym|pa|nis|mus (m) tympanism
Tym|pa|ni|tis (f) tympanitis
tym|pa|ni|tisch (adj) tympanitic
Tym|pa|no|pla|stik (f) tympanoplasty
Tym|pa|no|to|mie (f) tympanotomy
Tym|pa|num (n) tympanum
Typ (m) type
Ty|phla|to|nia (f) typhlatonia
Ty|phla|to|nie (f) typhlatony
Ty|phlec|ta|sia (f) typhlectasia
Ty|phlec|ta|sie (f) typhlectasy
Ty|phlec|to|mie (f) typhlectomy
Ty|phli|tis (f) typhlitis
Ty|pho|ba|cil|lo|se (f) typhobacillosis
Ty|pho|id (n) typhoid
ty|pho|id (adj) typhoid
Ty|pho|pneu|mo|nie (f) typhopneumonia
Ty|phus (m) typhus
ty|pisch (adj) typical
Ty|pus (m) typus, type
Ty|ro|sin (n) tyrosine
Ty|ro|sin|ae|mie (f) tyrosinaemia
Ty|ro|syl (n) tyrosyl
Ubi|chi|non (n) ubiquinone
übel (adj) sick, nauseous
Übel|keit (f) nausea
Über|biß (m) overbite
Über|com|pen|sa|ti|on (f) overcompensation
über|dehn|bar (adj) hyperextensible
Über|dehn|bar|keit (f) hyperextensibility
Über|gangs|epi|thel (n) transitional epithelium
über|ge|wich|tig (adj) overweight
Über-Ich (n) superego
über|reif (adj) hypermature
über|schwel|lig (adj) suprathreshold
Über|schweng|lich|keit (f) exaltation
über|streck|bar (adj) hyperextensible
Über|streck|bar|keit (f) hyperextensibility
Ul|ce|ra|ti|on (f) ulceration
ul|ce|ra|tiv (adj) ulcerative
ul|ce|rie|ren (v) ulcerate
ul|ce|ros (adj) ulcerous
Ul|cus (n) ulcus, ulcer
Ule|gy|rie (f) ulegyria
Ul|ery|them (n) ulerythema
Uli|tis (f) ulitis
Ul|na (f) ulna
ul|nar (adj) ulnar
Ulo|se (f) ulosis
ulo|tisch (adj) ulotic

ul|ti|mo|bran|chi|al (adj) ultimobranchial

ul|tra|cen|tri|fu|gal (adj) ultracentrifugal

Ul|tra|cen|tri|fu|ge (f) ultracentrifuge

Ul|tra|fil|tra|ti|on (f) ultrafiltration

Ul|tra|mi|cro|scop (n) ultramicroscope

Ul|tra|schall (m) ultrasound

Ul|tra|so|no|gramm (n) ultrasonogram

Ul|tra|so|no|scop (n) ultrasonoscope

Ul|tra|struc|tur (f) ultrastructure

ul|tra|vi|o|lett (adj) ultraviolet

Um|bil|ec|to|mie (f) umbilectomy

um|bi|li|cal (adj) umbilical

Um|bi|li|ca|ti|on (f) umbilication

Um|bi|li|cus (m) umbilicus

un|blu|tig (adj) nonsurgical

Um|bo (m) umbo

Um|ge|hungs|ana|sto|mo|se (f) bypass

um|mar|ken (v) medullate

Um|mar|kung (f) medullation

Um|satz (m) turnover

Um|welt (f) environment

Un|an|ge|paßt|heit (f) maladjustment

un|be|dingt (adj) unconditioned

un|be|wußt (adj) unconscious

Un|be|wuß|tes (n) unconscious

Un|be|wußt|sein (n) unconsciousness

un|blu|tig (adj) bloodless

Un|ci|na|ri|a|se (f) uncinariasis

un|com|pen|siert (adj) uncompensated

un|con|di|ti|o|niert (adj) unconditioned

Unc|ti|on (f) unction

Un|cus (m) uncus

un|dif|fe|ren|ziert (adj) undifferentiated

un|du|lant (adj) undulant

Un|du|la|ti|on (f) undulation

un|du|lie|ren (v) undulate

Un|fall (m) accident

un|frucht|bar (adj) infertile

Un|frucht|bar|keit (f) infertility

Un|gleich|ge|wicht (n) disaequilibrium

un|ge|sät|tigt (adj) unsaturated

un|ge|sal|zen (adj) salt-free

un|ge|streift (adj) unstriated, unstriped

un|ge|sund (adj) unsound, unhealthy

Un|ge|zie|fer (n) vermin

Un|gleich|ge|wicht (n) imbalance, disaequilibrium

un|gu|al (adj) ungual

un|heil|bar (adj) incurable
Un|heil|ba|rer (m) incurable
uni|ar|ti|cu|lar (adj) uniarticular
uni|axi|al (adj) uniaxial
uni|ca|me|ral (adj) unicameral
uni|cel|lu|lar (adj) unicellular
Uni|gra|vi|da (f) unigravida
uni|la|te|ral (adj) unilateral
uni|lo|bar (adj) unilobar
uni|mo|le|cu|lar (adj) unimolecular
uni|nu|cle|ar (adj) uninuclear
uni|ovu|lar (adj) uniovular
Uni|pa|ra (f) unipara
uni|po|lar (adj) unipolar
uni|po|tent (adj) unipotent
uni|ta|ri|stisch (adj) unitarian
uni|va|lent (adj) univalent
Uni|ver|si|täts|cli|nik (f) university clinic
Uni|ver|si|täts|kran|ken|haus (n) university hospital
un|lös|lich (adj) insoluble
un|my|e|li|niert (adj) unmyelinated
Un|ru|he (f) unrest
un|sa|tu|riert (adj) unsaturated
Un|ter|arm (m) forearm
un|ter|be|wußt (adj) subconscious
Un|ter|be|wuß|tes (n) subconscious
Un|ter|be|wußt|sein (n) subconsciousness
un|ter|chlo|rig (adj) hypochlorous
un|ter|er|näh|ren (v) malnourish
un|ter|ge|wich|tig (adj) underweight
Un|ter|kie|fer (m) lower jaw
un|ter|schwel|lig (adj) subthreshold
un|ter|su|chen (v) examine
Un|ter|such|ter (m) examinee
Un|ter|su|chung (f) examination, check-up
Un|ter|was|ser|mas|sa|ge (f) underwater massage
un|will|kür|lich (adj) involuntary
un|wohl (adj) unwell, indisposed
Un|wohl|sein (n) indisposition
un|zu|rech|nungs|fä|hig (adj) insane
Un|zu|rech|nungs|fä|hig|keit (f) insanity
Ura|chus (m) urachus
Ura|cil (n) uracil
Ur|ae|mie (f) uraemia
ur|ae|misch (adj) uraemic
Uran (n) uranium
Ura|nis|mus (m) uranism
Ura|ni|um (n) uranium
Ura|no|co|lo|bo|m (n) uranocoloboma
Ura|no|pla|stik (f)

ura|no|pla|stisch (adj) uranoplastic
Ura|no|ple|gie (f) uranoplegia
Ura|nor|rha|phie (f) uranorrhaphy
Ura|no|schi|se (f) uranoschisis
Ura|no|sta|phy|lo|pla|stik (f) uranostaphyloplasty
Ura|no|sta|phy|lor|rha|phie (f) uranostaphylorrhaphy
Urat (n) urate
Urat|ae|mie (f) urataemia
Urat|urie (f) uraturia
Urea (f) urea
Urea|me|ter (n) ureameter
Ure|a|se (f) urease
Ure|id (n) ureide
Ureo|me|ter (n) ureometer
Ure|se (f) uresis
Ure|ter (m) ureter
ure|te|ral (adj) ureteral
Ure|ter|ec|to|mie (f) ureterectomy
Ure|te|ri|tis (f) ureteritis
Ure|te|ro|ce|le (f) ureterocele
Ure|te|ro|cel|ec|to|mie (f) ureterocelectomy
Ure|te|ro|co|lo|sto|mie (f) ureterocolostomy
Ure|te|ro|cy|sto|sto|mie (f) ureterocystostomy
Ure|te|ro|en|te|ro|sto|mie (f) ureteroenterostomy
Ure|te|ro|gra|phie (f) ureterography
Ure|te|ro|hy|dro|ne|phro|se (f) ureterohydronephrosis
Ure|te|ro|lith (m) ureterolith
Ure|te|ro|li|thi|a|se (f) ureterolithiasis
Ure|te|ro|li|tho|to|mie (f) ureterolithotomy
Ure|te|ro|ly|se (f) ureterolysis
Ure|te|ro|me|ga|lie (f) ureteromegaly
Ure|te|ro|neo|cy|sto|sto|mie (f) ureteroneocystostomy
Ure|te|ro|neo|py|e|lo|sto|mie (f) ureteroneopyelostomy
Ure|te|ro|ne|phrec|to|mie (f) ureteronephrectomy
Ure|te|ro|pla|stik (f) ureteroplasty
Ure|te|ro|py|e|li|tis (f) ureteropyelitis
Ure|te|ro|py|e|lo|gra|phie (f) ureteropyelography
Ure|te|ro|py|e|lo|neo|sto|mie (f) ureteropyeloneostomy
Ure|te|ro|py|e|lo|ne|phri|tis (f) ureteropyelonephritis
Ure|te|ro|py|e|lo|ne|phro|sto-mie (f) ureteropyelo-nephrostomy
Ure|te|ro|py|e|lo|pla|stik (f) ureteropyeloplasty
Ure|te|ro|py|e|lo|sto|mie (f) ureteropyelostomy
Ure|te|ro|sig|mo|ido|sto|mie (f) ureterosigmoidostomy
Ure|te|ro|sto|mie (f) ureterostomy

Ure|te|ro|to|mie (f) ureterotomy
Ure|te|ro|ure|te|ro|sto|mie (f) ureteroureterostomy
Ure|te|ro|ve|si|co|pe|xie (f) ureterovesicopexy
Ure|thra (f) urethra
ure|thral (adj) urethral
Ure|threc|to|mie (f) urethrectomy
Ure|thri|tis (f) urethritis
Ure|thro|ce|le (f) urethrocele
Ure|thro|cy|sti|tis (f) urethrocystitis
Ure|thro|cy|sto|ce|le (f) urethrocystocele
Ure|thro|gramm (n) urethrogram
Ure|thro|me|ter (n) urethrometer
Ure|thro|pla|stik (f) urethroplasty
Ure|thror|rha|phie (f) urethrorrhaphy
Ure|thror|rhoe (f) urethrorrhoea
Ure|thro|scop (n) urethroscope
Ure|thro|spas|mus (m) urethrospasm
Ure|thro|ste|no|se (f) urethrostenosis
Ure|thro|sto|mie (f) urethrostomy
Ure|thro|tom (n) urethrotome
Ur|hi|dro|se (f) urhidrosis
Uric|ae|mie (f) uricaemia
Uri|co|ly|se (f) uricolysis
Uri|cos|urie (f) uricosuria
Uri|cos|uri|cum (n) uricosuric
Uri|din (n) uridine
Urin (m) urine
Uri|nal (n) urinal
Uri|na|ti|on (f) urination
uri|nie|ren (v) urinate
uri|ni|fer (adj) uriniferous
Uri|no|cryo|sco|pie (f) urinocryoscopy
Uri|nom (n) urinoma
Uri|tis (f) uritis
Ur|ning (m) urning
Uro|bi|lin (n) urobilin
Uro|bi|lin|ae|mie (f) urobilinaemia
Uro|bi|li|no|gen (n) urobilinogen
Uro|che|sie (f) urochesia
Uro|chrom (n) urochrome
Uro|chro|mo|gen (n) urochromogen
Uro|ery|thrin (n) uroerythrin
Uro|ga|stron (n) urogastrone
uro|gen (adj) urogenic
uro|ge|ni|tal (adj) urogenital
Uro|ge|ni|tal|ap|pa|rat (m) urogenital apparatus
Uro|ge|ni|tal|sy|stem (n) urogenital system
Uro|gramm (n) urogram
Uro|gra|phie (f) urography
Uro|ki|na|se (f) urokinase
Uro|lith (m) urolith
Uro|li|thi|a|se (f) urolithiasis

Uro|li|tho|to|mie (f) urolithotomy
Uro|lo|ge (m) urologist
Uro|lo|gie (f) urology
uro|lo|gisch (adj) urological
Uro|me|la|nin (n) uromelanin
Uro|ne|phro|se (f) uronephrosis
uro|ne|phro|tisch (adj) uronephrotic
Uro|pa|thie (f) uropathy
uro|pa|thisch (adj) uropathic
Uro|pep|sin (n) uropepsin
Oro|po|e|se (f) uropoiesis
uro|po|e|tisch (adj) uropoietic
Uro|scop (n) uroscope
Uro|sco|pie (f) uroscopy
uro|sco|pisch (adj) uroscopic
Uro|sep|sis (f) urosepsis
Uro|stea|lith (m) urostealith
uro|the|li|al (adj) urothelial
Uro|the|li|um (n) urothelium
Uro|to|xin (n) urotoxin
Ur|sprung (m) origin
Ur|ti|ca|ria (f) urticaria
ur|ti|ca|ri|ell (adj) urticarial
Ur|ti|ca|ti|on (f) urtication
Uter|al|gie (f) uteralgia
ute|rin (adj) uterine
Ute|ri|tis (f) uteritis
ute|ro|cer|vi|cal (adj) uterocervical
Ute|ro|gra|phie (f) uterography
Ute|ro|pe|xia (f) uteropexia
Ute|ro|pe|xie (f) uteropexy
ute|ro|pla|cen|tal (adj) uteroplacental
ute|ro|va|gi|nal (adj) uterovaginal
ute|ro|ve|si|cal (adj) uterovesical
Ute|rus (m) uterus
utri|cu|lar (adj) utricular
Utri|cu|li|tis (f) utriculitis
Utri|cu|lus (m) utriculus
Uvea (f) uvea
uve|al (adj) uveal
Uve|itis (f) uveitis
uve|itisch (adj) uveitic
Uveo|en|ce|pha|li|tis (f) uveoencephalitis
Uveo|me|nin|go|en|ce|pha|li|tis (f) uveomeningoencephalitis
Uvu|la (f) uvula
Uvul|ec|to|mie (f) uvulectomy
Uvu|li|tis (f) uvulitis
Uvu|lo|pto|se (f) uvuloptosis
Uvu|lo|to|mie (f) uvulotomy
Vac|cin (n) vaccine
Vac|ci|na (f) vaccina
Vac|ci|na|ti|on (f) vaccination
vac|ci|nie|ren (v) vaccinate
Vac|ci|no|the|ra|pie (f) vaccinotherapy
Va|cu|o|le (f) vacuole
va|gal (adj) vagal
Va|gi (mpl) vagi
Va|gi|na (f) vagina
va|gi|nal (adj) vaginal
Va|gin|ec|to|mie (f) vaginectomy

Va|gi|nis|mus (m) vaginismus
Va|gi|ni|tis (f) vaginitis
va|gi|ni|tisch (adj) vaginitic
Va|gi|no|ce|le (f) vaginocele
Va|gin|ody|nie (f) vaginodynia
Va|gi|no|fi|xa|ti|on (f) vaginofixation
Va|gi|no|gramm (n) vaginogram
Va|gi|no|gra|phie (f) vaginography
va|gi|no|gra|phisch (adj) vaginographic
Va|gi|no|my|co|se (f) vaginomycosis
va|gi|no|my|co|tisch (adj) vaginomycotic
Va|gi|no|pla|stik (f) vaginoplasty
va|gi|no|pla|stisch (adj) vaginoplastic
Va|gi|no|scop (n) vaginoscope
Va|gi|no|sco|pie (f) vaginoscopy
va|gi|no|sco|pisch (adj) vaginoscopic
Va|gi|no|to|mie (f) vaginotomy
va|gi|no|to|mie|ren (v) vaginotomise
Va|gi|tus (m) vagitus
Va|go|ly|ti|cum (n) vagolytic
va|go|ly|tisch (adj) vagolytic
va|go|ly|tisch (adv) vagolytically
Va|go|to|mie (f) vagotomy
va|go|to|mie|ren (v) vagotomise
va|go|to|miert (ppe) vagotomised
va|go|ton (adj) vagotonic
Va|go|to|nie (f) vagotonia
Va|go|to|nin (n) vagotonin
va|go|trop (adj) vagotropic
Va|gus (m) vagus
Va|gus|nerv (m) vagus nerve
va|lent (adj) valent
Va|lenz (f) valence
Va|lin (n) valine
Va|li|no|my|cin (n) valinomycin
Va|li|um (n) Valium
Val|le|cu|la (f) vallecula
Val|lum (n) vallum
Val|pro|in|säu|re (f) valproic acid
Val|va (f) valva, valve
Val|vo|to|mie (f) valvotomy
val|vo|to|mie|ren (v) valvotomise
Val|vu|la (f) valvula
Val|vu|lae (fpl) valvulae
val|vu|lar (adj) valvular
Val|vul|ec|to|mie (f) valvulectomy
val|vul|ec|to|mie|ren (v) valvulectomise
Val|vu|li|tis (f) valvulitis
val|vu|li|tisch (adj) valvulitic
Val|vu|lo|pla|stik (f) valvuloplasty
Val|vu|lo|tom (n) valvulotome
Val|vu|lo|to|mie (f)

valvulotomy
Va|lyl (n) valyl
Va|na|di|um (n) vanadium
Va|na|di|u|mis|mus (m) vanadiumism
Van|co|my|cin (n) vancomycin
Va|nil|lis|mus (m) vanillism
Va|po|cau|te|ri|sa|ti|on (f) vapocauterisation
Va|po|ri|sa|ti|on (f) vaporisation
Va|po|ri|sa|tor (m) vaporiser
va|po|ri|sie|ren (v) vaporise
Va|po|the|ra|pie (f) vapotherapy
va|ri|a|bel (adj) variable
Va|ri|a|bi|li|tät (f) variability
Va|ri|a|ble (f) variable
Va|ri|an|te (f) variant
Va|ri|anz (f) variance
Va|ri|a|ti|on (f) variation
Va|ric|ec|to|mie (f) varicectomy
Va|ri|cen (fpl) varices
Va|ri|co|ble|pha|ron (n) varicoblepharon
Va|ri|co|ce|le (f) varicocele
Va|ri|co|cel|ec|to|mie (f) varicocelectomy
Va|ri|co|gra|phie (f) varicography
va|ri|co|id (adj) varicoid
Va|ri|co|phle|bi|tis (f) varicophlebitis
va|ri|cos (adj) varicose
Va|ri|co|se (f) varicosis
Va|ri|co|si|tät (f) varicosity
Va|ri|co|to|mie (f) varicotomy
Va|ri|e|tät (f) variety
Va|ri|o|la (f) variola
va|ri|o|lar (adj) variolar
Va|ri|o|la|ti|on (f) variolation
va|ri|o|lie|ren (v) variolate
va|ri|o|liert (ppe) variolated
Va|ri|o|lo|vac|cin (n) variolovaccine
Va|rix (f) varix
Vas (n) vas
Va|sa (npl) vasa
vas|cu|lar (adj) vascular
Vas|cu|la|ri|sa|ti|on (f) vascularisation
vas|cu|la|ri|sie|ren (v) vascularise
vas|cu|la|ri|siert (ppe) vascularised
Vas|cu|la|ri|tät (f) vascularity
Vas|cu|la|tur (f) vasculature
Vas|cu|li|tis (f) vasculitis
Vas|cu|lo|ge|ne|se (f) vasculogenesis
vas|cu|lo|to|xisch (adj) vasculotoxic
Vas|cu|lum (n) vasculum
Vas|ec|to|mie (f) vasectomy
va|so|ac|tiv (adj) vasoactive
Va|so|con|stric|ti|on (f) vasoconstriction
Va|so|con|stric|tor (m) vasoconstrictor

va|so|con|stric|to|risch (adj) vasoconstrictor
Va|so|de|pres|sor (m) vasodepressor
va|so|de|pres|so|risch (adj) vasodepressor
Va|so|di|la|ta|ti|on (f) vasodilatation
Va|so|di|la|ti|on (f) vasodilation
va|so|di|la|tiv (adj) vasodilative
Va|so|di|la|tor (m) vasodilator
va|so|di|la|to|risch (adj) vasodilator
Va|so|epi|di|dy|mo|sto|mie (f) vasoepididymostomy
Va|so|for|ma|ti|on (f) vasoformation
va|so|for|ma|tiv (adj) vasoformative
va|so|gen (adj) vasogenic
Va|so|gra|phie (f) vasography
Va|so|in|hi|bi|tor (m) vasoinhibitor
va|so|in|hi|bi|to|risch (adj) vasoinhibitory
Va|so|li|ga|ti|on (f) vasoligation
Va|so|mo|ti|on (f) vasomotion
Va|so|mo|to|rik (f) vasomotricity
va|so|mo|to|risch (adj) vasomotor
Va|so|neu|ro|se (f) vasoneurosis
Va|so|or|chi|do|sto|mie (f) vasoorchidostomy
Va|so|pa|ra|ly|se (f) vasoparalysis
Va|so|pa|re|se (f) vasoparesis
Va|so|pres|sin (n) vasopressin
Va|so|pres|sor (m) vasopressor
Va|so|punc|tur (f) vasopuncture
Va|so|re|la|xa|ti|on (f) vasorelaxation
Va|so|sec|ti|on (f) vasosection
Va|so|spas|mus (m) vasospasm
va|so|spa|stisch (adj) vasospastic
va|so|troph (adj) vasotrophic
Va|so|ve|si|cul|ec|to|mie (f) vasovesiculectomy
Va|sti (mpl) vasti
Va|stus (m) vastus
Vec|tor (m) vector
Vec|tor|car|dio|gramm (n) vectorcardiogram
Vec|tor|car|dio|graph (m) vectorcardiograph
Vec|tor|car|dio|gra|phie (f) vectorcardiography
ve|ge|ta|tiv (adj) vegetative
Ve|la|men|tum (n) velamentum
ve|lar (adj) velar
Ve|lum (n) velum
Ve|na (f) vena
Ve|nae (fpl) venae
Ve|ne (f) vein
Ven|ec|to|mie (f) venectomy
Ve|ne|reo|pho|bie (f)

venereophobia
ve|ne|risch (adj) venereal
Ve|ne|ro|lo|ge (f) venereologist
Ve|ne|ro|lo|gie (f) venereology
Ve|ni|punc|tur (f) venipuncture
Ve|ni|sec|ti|on (f) venisection
Ve|ni|su|tur (f) venisuture
ve|no|atri|al (adj) venoatrial
ve|no|au|ri|cu|lar (adj) venoauricular
Ve|no|fi|bro|se (f) venofibrosis
Ve|no|gramm (n) venogram
Ve|no|gra|phie (f) venography
ve|no|mo|to|risch (adj) venomotor
ve|no|pres|so|risch (adj) venopressor
ve|nos (adj) venous
Ve|no|scle|ro|se (f) venosclerosis
Ve|no|si|tät (f) venosity
Ve|no|sta|se (f) venostasis
Ve|no|to|mie (f) venotomy
Ve|no|ve|no|sto|mie (f) venovenostomy
Ven|ter (m) venter
Ven|til (n) valve
Ven|ti|la|ti|on (f) ventilation
ven|ti|lie|ren (v) ventilate
Ven|ti|lo|me|ter (n) ventilometer
Ven|ti|lo|me|trie (f) ventilometry
ven|tral (adj) ventral
ven|tri|cu|lar (adj) ventricular
Ven|tri|cu|li (mpl) ventriculi
Ven|tri|cu|li|tis (f) ventriculitis
ven|tri|cu|lo|atri|al (adj) ventriculoatrial
Ven|tri|cu|lo|atrio|sto|mie (f) ventriculoatriostomy
Ven|tri|cu|lo|ci|ster|no|sto|mie (f) ventriculocisternostomy
Ven|tri|cu|lo|gramm (n) ventriculogram
Ven|tri|cu|lo|gra|phie (f) ventriculography
ven|tri|cu|lo|ju|gu|lar (adj) ventriculojugular
Ven|tri|cu|lo|ma|sto|ido|sto|mie (f) ventriculomastoidostomy
Ven|tri|cu|lo|scop (n) ventriculoscope
Ven|tri|cu|lo|sco|pie (f) ventriculoscopy
Ven|tri|cu|lo|sto|mie (f) ventriculostomy
Ven|tri|cu|lus (m) ventriculus
Ven|tri|kel (m) ventricle
ven|tro|la|te|ral (adj) ventrolateral
ven|tro|me|di|al (adj) ventromedial
Ven|tro|pto|se (f) ventroptosis
Ve|nu|la (f) venula
Ve|nu|lae (fpl) venulae
ve|nu|lar (adj) venular
Ve|nu|le (f) venule

Ver|band (m) bandage
Ver|bi|ge|ra|ti|on (f) verbigeration
Ver|bin|dung (f) compound
ver|bren|nen (v) burn
Ver|bren|nung (f) burn
Ver|brü|hung (f) scald
ver|damp|fen (v) vaporise
Ver|damp|fer (m) vaporiser
Ver|damp|fung (f) vaporisation
ver|dau|en (v) digest
ver|dau|lich (adj) digestible
Ver|dau|lich|keit (f) digestibility
Ver|dau|ung (f) digestion
Ver|do|glo|bin (n) verdoglobin
Ver|drän|gung (f) repression
ver|dün|nen (v) dilute
ver|dünnt (ppe) diluted, dilute
Ver|dün|nung (f) dilution
ver|estern (v) esterify
Ver|este|rung (f) esterification
ver|fär|ben (v) discolor
Ver|fär|bung (f) discoloration
Ver|fah|ren (n) process
Ver|fall (m) decay
ver|fal|len (v) decay
ver|ga|sen (v) gas
Ver|ge|wal|ti|gung (f) rape
ver|gif|ten (v) poison
Ver|gif|tung (f) poisoning
ver|glei|chend (ppr) comparative
Ver|hal|ten (n) behavior
ver|hor|nen (v) cornify
ver|hornt (ppe) cornified
Ver|hor|nung (f) cornification
ver|let|zen (v) wound
ver|letzt (ppe) wounded
Ver|letz|ter (m) wounded
Ver|let|zung (f) injury
ver|mi|cid (adj) vermicidal
Ver|mi|cid (n) vermicide
ver|mi|cu|lar (adj) vermicular
ver|mi|form (adj) vermiform
ver|mi|fu|gal (adj) vermifugal
Ver|mi|fu|gum (n) vermifuge
Ver|mis (m) vermis
ver|nal (adj) vernal
Ver|nix (f) vernix
Ver|nunft (f) sense
ver|nünf|tig (adj) sensible
Ver|ru|ca (f) verruca
ver|ru|ci|form (adj) verruciform
ver|ru|co|id (adj) verrucoid
ver|ru|cos (adj) verrucose
Ver|sa|gen (n) failure
Ver|schie|bung (f) shift
Ver|schlim|me|rung (f) exacerbation
Ver|schmut|zung (f) pollution
ver|schrei|ben (v) prescribe
Ver|schrei|bung (f) prescription
ver|sei|fen (v) saponify
Ver|sei|fung (f) saponification
Ver|si|on (f) version
Ver|stor|be|ner (m) decedent
ver|stüm|meln (v) maim, mutilate

Ver|stüm|me|lung (f) mutilation
Ver|te|bra (f) vertebra
Ver|te|brae (fpl) vertebrae
ver|te|bral (adj) vertebral
ver|te|bro|chon|dral (adj) vertebrochondral
ver|te|bro|co|stal (adj) vertebrocostal
Ver|tex (m) vertex
ver|ti|cal (adj) vertical
ver|ti|gi|nos (adj) vertiginous
Ver|ti|go (f) vertigo
ver|trau|lich (adj) confidential
ver|trau|lich (adv) confidentially
Ver|trau|lich|keit (f) confidentiality
ver|wun|den (v) wound
ver|wun|det (ppe) wounded
Ver|wun|de|ter (m) wounded
ver|zö|gern (v) delay
ver|zö|gert (ppe) delayed
Ve|sa|nia (f) vesania
Ve|si|ca (f) vesica
ve|si|cal (adj) vesical
Ve|si|cans (n) vesicant
Ve|si|ca|ti|on (f) vesication
ve|si|ca|to|risch (adj) vesicatory
Ve|si|ca|to|ri|um (n) vesicatory
Ve|si|co|fi|xa|ti|on (f) vesicofixation
ve|si|co|rec|tal (adj) vesicorectal
ve|si|co|rec|to|va|gi|nal (adj) vesicorectovaginal
Ve|si|co|sto|mie (f) vesicostomy
Ve|si|co|to|mie (f) vesicotomy
ve|si|co|ure|te|ral (adj) vesicoureteral
ve|si|co|ure|thral (adj) vesicourethral
ve|si|co|ure|thro|va|gi|nal (adj) vesicourethrovaginal
ve|si|co|ute|ro|va|gi|nal (adj) vesicouterovaginal
ve|si|co|va|gi|nal (adj) vesicovaginal
Ve|si|cu|la (f) vesicula
ve|si|cu|lar (adj) vesicular
Ve|si|cu|la|ti|on (f) vesiculation
Ve|si|cul|ec|to|mie (f) vesiculectomy
Ve|si|cu|li|tis (f) vesiculitis
Ve|si|cu|lo|gramm (n) vesiculogram
Ve|si|cu|lo|gra|phie (f) vesiculography
Ve|si|cu|lo|to|mie (f) vesiculotomy
Ve|si|kel (f) vesicle
ve|sti|bu|lar (adj) vestibular
ve|sti|bu|lo|ce|re|bel|lar (adj) vestibulocerebellar
ve|sti|bu|lo|coch|le|ar (adj) vestibulocochlear
ve|sti|bu|lo|spi|nal (adj)

Ve|sti|bu|lo|to|mie (f) vestibulotomy
Ve|sti|bu|lum (n) vestibulum
Ve|sti|gi|um (n) vestigium, vestige
Ve|te|ri|nar (m) veterinanian, veterinary
ve|te|ri|nar (adj) veterinary
Vi|bra|ti|on (f) vibration
Vi|bra|tor (m) vibrator
vi|brie|ren (v) vibrate
Vi|bris|sa (f) vibrissa
Vi|bris|sae (fpl) vibrissae
vi|ca|ri|ie|rend (ppr) vicarious
Vi|gil|am|bu|lis|mus (m) vigilambulism
Vi|gi|lanz (f) vigilance
Vil|li (mpl) villi
Vil|li|ki|nin (n) villikinin
vil|los (adj) villous
Vil|lus (m) villus
Vin|cu|la (npl) vincula
Vin|cu|lum (n) vinculum
Vi|nyl (n) vinyl
Vi|ny|li|den (n) vinylidene
Vio|my|cin (n) viomycin
Vi|per (f) viper
Vir|ae|mie (f) viraemia
vi|ral (adj) viral
Vir|gi|nia|my|cin (n) virginiamycin
Vir|gi|ni|tät (f) virginity
vi|ril (adj) virile
Vi|ri|li|sa|ti|on (f) virilisation
vi|ri|li|sie|ren (v) virilise
vi|ri|li|sie|rend (ppr) virilising
Vi|ri|lis|mus (m) virilism
Vi|ri|li|tät (f) virility
Vi|ro|cyt (m) virocyte
Vi|ro|lo|ge (m) virologist
Vi|ro|lo|gie (f) virology
Vi|ro|pe|xis (f) viropexis
vi|ru|cid (adj) virucidal
vi|ru|lent (adj) virulent
Vi|ru|lenz (f) virulence
Vi|rus (n) virus
vi|ru|sta|tisch (adj) virustatic
Vis|ce|ra (npl) viscera
vis|ce|ral (adj) visceral
Vis|cer|al|gie (f) visceralgia
vis|ce|ro|car|di|al (adj) viscerocardiac
Vis|ce|ro|cep|tor (m) visceroceptor
Vis|ce|ro|me|ga|lie (f) visceromegaly
vis|ce|ro|mo|to|risch (adj) visceromotor
Vis|ce|ro|pto|se (f) visceroptosis
vis|ce|ro|sen|so|risch (adj) viscerosensory
Vis|ce|ro|tom (n) viscerotome
Vis|ce|ro|to|mie (f) viscerotomy
vis|ce|ro|trop (adj) viscerotropic
vis|cos (adj) viscous
Vis|co|si|me|ter (n)

viscosimeter
Vis|co|si|tät (f) viscosity
vi|si|bel (adj) visible
Vi|si|bi|li|tät (f) visibility
Vi|si|on (f) vision
vi|su|ell (adj) visual
vi|suo|mo|to|risch (adj) visuomotor
vi|suo|psy|chisch (adj) visuopsychic
vi|suo|sen|so|risch (adj) visuosensory
Vi|sus (m) visus
vi|tal (adj) vital
Vi|ta|lis|mus (m) vitalism
Vi|ta|list (m) vitalist
vi|ta|li|stisch (adj) vitalistic
Vi|ta|li|tät (f) vitality
Vit|amin (n) vitamin
vi|ta|min|reich (adj) vitamin-rich
vi|tel|li|form (adj) vitelliform
Vi|tel|lo|lu|te|in (n) vitellolutein
Vi|tel|lo|ru|bin (n) vitellorubin
Vi|tel|lus (m) vitellus
Vi|ti|li|go (f) vitiligo
Vi|tro|pres|si|on (f) vitropression
Vi|vi|dif|fu|si|on (f) vividiffusion
Vi|vi|fi|ca|ti|on (f) vivification
vi|vi|par (adj) viviparous
Vi|vi|pa|rie (f) viviparity
vi|vi|se|cie|ren (v) vivisect
Vi|vi|sec|ti|on (f) vivisection
Vo|la (f) vola
vol|ae|misch (adj) volaemic
vo|lar (adj) volar
vo|la|til (adj) volatile
Volt (n) volt
Volt|me|ter (n) voltmeter
Vo|lu|men (n) volume
vo|lu|me|trisch (adj) volumetric
Vol|vu|lo|se (f) volvulosis
Vol|vu|lus (m) volvulus
Vo|mer (m) vomer
vo|me|ro|na|sal (adj) vomeronasal
vo|mie|ren (v) vomit
Vo|mi|tus (m) vomitus
vor|cli|nisch (adj) preclinical
Vor|der|arm (m) forearm
Vor|der|hirn (n) forebrain
Vor|der|lap|pen (m) frontal lobe
vor|ehe|lich (adj) premarital
Vor|fall (m) prolapse
Vor|haut (f) foreskin
Vor|hof (m) atrium (Herz), vestibule (Ohr)
Vor|nie|re (f) forekidney
Vor|spiel (n) foreplay
Vor|ste|her|drü|se (f) prostate
Vor|stel|lung (f) visualisation, imagination
Vor|stu|fe (f) precursor
Vor|tex (m) vortex
Vox (f) vox

Vo|yeur (m) voyeur
Vo|yeu|ris|mus (m) voyeurism
vo|yeu|ri|stisch (adj) voyeuristic
vul|ne|ra|bel (adj) vulnerable
Vul|ne|ra|bi|li|tät (f) vulnerability
Vul|nus (n) vulnus
Vul|va (f) vulva
Vulv|ec|to|mie (f) vulvectomy
vulv|ec|to|mie|ren (v) vulvectomise
vulv|ec|to|miert (ppe) vulvectomised
Vul|vis|mus (m) vulvismus
vul|vi|stisch (adj) vulvistic
Vul|vi|tis (f) vulvitis
vul|vi|tisch (adj) vulvitic
vul|vo|va|gi|nal (adj) vulvovaginal
Vul|vo|va|gi|ni|tis (f) vulvovaginitis
vul|vo|va|gi|ni|tisch (adj) vulvovaginitic
wach|sen (v) grow
Wachs|tum (n) growth
Wach|zu|stand (m) wakefulness
Wa|de (f) calf
Wär|me (f) heat
wäs|se|rig (adj) aqueous
Wahn|sinn (m) lunacy, madness, insanity
Wahn|sin|ni|ger (m) lunatic, madman
wahr|nehm|bar (adj) perceptible
Wahr|nehm|bar|keit (f) perceptibility
Wal|lersch (adj) wallerian
Wand (f) wall
Wan|ge (f) cheek
Wa|ren|zei|chen (n) trademark
warm|blü|tig (adj) warm-blooded
War|ze (f) wart
War|zen|fort|satz (m) mastoid process
Was|ser (n) water
was|ser|lös|lich (adj) water-soluble
Was|ser|lös|lich|keit (f) water-solubility
Was|ser|stoff (m) hydrogen
Was|ser|stoff|io|nen|con|cen-tra|ti|on (f) hydrogen-ion concentration
Watt (n) watt
Watt|me|ter (n) wattmeter
Watt|zahl (f) wattage
We|hen (fpl) labor
Weib|chen (n) female
weib|lich (adj) female (biologisch), feminine (psychologisch)
wei|nen (v) weep
Wei|nen (n) weeping
weit|sich|tig (adj) farsighted
Weit|sich|tig|keit (f) farsightedness
Wel|le (f) wave
Wel|len (fpl) waves
Wel|len|län|ge (f) wavelength

Welt|me|ris|mus (m) Weltmerism
wer|tig (adj) valent
Wer|tig|keit (f) valence
wie|der|be|le|ben (v) reanimate, resuscitate
Wie|der|be|le|bung (f) reanimation, resuscitation
wie|der|käu|en (v) ruminate
Wie|der|käu|en (n) rumination
Wil|le (m) will
wil|len|los (adj) abulic
Wil|len|lo|sig|keit (f) abulia
will|kür|lich (adj) voluntary
Wim|per (f) lash
Wim|pern (fpl) lashes
Wind|po"c"|ken (fpl) chickenpox
Win|dung (f) convolution, gyration
Win|kel (m) angle
Win|ter|schlaf (m) hibernation
Wir|bel (m) vertebra
Wir|bel (mpl) vertebrae
Wir|bel|ca|nal (m) vertebral canal
Wir|bel|säu|le (f) vertebral column, spine
wir|ken (v) act, work
Wirt (m) host
Wis|sen|schaft (f) science
Wis|sen|schaft|ler (m) scientist
wis|sen|schaft|lich (adj) scientific
Wolffsch (adj) Wolffian
Wolf|ram (n) wolfram, tungsten
Wolfs|ra|chen (m) wolfjaw
wort|blind (adj) alexic
Wort|blind|heit (f) alexia
wür|fel|for|mig (adj) cuboidal
wür|gen (v) strangle (jemanden)
Wun|de (f) wound
Wund|starr|krampf (m) tetanus
Wurm (m) worm
Wurm|fort|satz (m) vermiform appendix
Wur|zel (f) root
Xanth|elas|ma (n) xanthelasma
Xan|then (n) xanthene
Xan|thin (n) xanthine
Xan|thin|oxi|da|se (f) xanthine oxidase
Xan|thin|uria (f) xanthinuria
Xan|thin|urie (f) xanthinuria
xan|thin|urisch (adj) xanthinuric
xan|tho|chrom (adj) xanthochromic
xan|tho|chro|ma|tisch (adj) xanthochromatic
Xan|tho|chro|mia (f) xanthochromia
Xan|tho|chro|mie (f) xanthochromia
xan|tho|cy|an|op (adj) xanthocyanopic
Xan|tho|cy|an|opia (f) xanthocyanopia
Xan|tho|cy|an|opie (f) xanthocyanopia
Xan|tho|cy|an|op|sia (f) xanthocyanopsia

Xan|tho|cy|an|op|sie (f) xanthocyanopsia
xan|tho|derm (adj) xanthodermic
Xan|tho|der|ma (n) xanthoderma
Xan|tho|der|mia (f) xanthodermia
Xan|tho|der|mie (f) xanthodermia
Xan|tho|fi|brom (n) xanthofibroma
Xan|tho|fi|bro|ma (n) xanthofibroma
Xan|tho|fi|bro|ma|ta (npl) xanthofibromata
Xan|tho|fi|bro|me (npl) xanthofibromas
Xan|tho|gra|nu|lom (n) xanthogranuloma
Xan|tho|gra|nu|lo|ma (f) xanthogranuloma
Xan|tho|gra|nu|lo|ma|ta (npl) xanthogranulomata
xan|tho|gra|nu|lo|ma|tos (adj) xanthogranulomatous
Xan|tho|gra|nu|lo|me (npl) xanthogranulomas
Xan|thom (n) xanthoma
Xan|tho|ma (n) xanthoma
Xan|tho|ma|ta (npl) xanthomata
xan|tho|ma|tos (adj) xanthomatous
Xan|tho|ma|to|se (f) xanthomatosis
Xan|tho|ma|to|ses (fpl) xanthomatoses
Xan|tho|ma|to|sis (f) xanthomatosis
Xan|tho|me (npl) xanthomas
Xan|tho|phyll (n) xanthophyll
xanth|op (adj) xanthopic
Xanth|opia (f) xanthopia
Xanth|opie (f) xanthopia
Xanth|op|sia (f) xanthopsia
Xanth|op|sie (f) xanthopsia
Xan|tho|pro|te|in (n) xanthoprotein
Xan|tho|pte|rin (n) xanthopterin
Xan|tho|sin (n) xanthosine
Xan|tho|se (f) xanthosis
Xan|tho|ses (fpl) xanthoses
Xan|tho|sis (f) xanthosis
xan|tho|tisch (adj) xanthotic
Xe|no|dia|gno|se (f) xenodiagnosis
Xe|no|dia|gno|sen (fpl) xenodiagnoses
Xe|no|dia|gno|sis (f) xenodiagnosis
xe|no|dia|gno|stisch (adj) xenodiagnostic
xe|no|gen (adj) xenogenic
Xe|no|ge|ne|se (f) xenogenesis
Xe|no|ge|ne|sis (f) xenogenesis
Xe|non (n) xenon
xe|no|phob (adj) xenophobic
Xe|no|pho|bia (f) xenophobia
Xe|no|pho|bie (f) xenophobia
Xe|no|pla|stik (f) xenoplasty

xe|no|pla|stisch (adj) xenoplastic
Xe|no|trans|plan|tat (n) xenograft
Xe|ra|sie (f) xerasia
Xe|ro|der|ma (n) xeroderma
Xe|ro|der|mie (f) xerodermia
Xe|ro|mam|mo|gramm (n) xeromammogram
Xe|ro|mam|mo|gra|phie (f) xeromammography
xe|ro|mam|mo|gra|phisch (adj) xeromammographic
Xer|oph|thal|mia (f) xerophthalmia
Xer|oph|thal|mie (f) xerophthalmia
Xe|ro|ra|dio|gra|phie (f) xeroradiography
xe|ro|ra|dio|gra|phisch (adj) xeroradiographic
xe|ro|ra|dio|gra|phisch (adv) xeroradiographically
Xe|ro|se (f) xerosis
Xe|ro|sto|mie (f) xerostomia
xe|ro|tisch (adj) xerotic
xe|ro|tisch (adv) xerotically
Xiph|ody|nia (f) xyphodynia
Xiph|ody|nie (f) xiphodynia
Xi|pho|idi|tis (f) xiphoiditis
xi|pho|idi|tisch (adj) xiphoiditic
Xi|pho|pa|gus (m) xiphopagus
xi|pho|ster|nal (adj) xiphosternal
X-Strahl (m) x-ray
X-Strah|len (mpl) x-rays
Xy|lan (n) xylan
Xy|lol (n) xylol
Xy|lo|pho|bia (f) xylophobia
Xy|lo|pho|bie (f) xylophobia
Xy|lo|se (f) xylose
y-for|mig (adj) ypsiliform
Yo|him|bin (n) yohimbine
Yt|ter|bi|um (n) ytterbium
Yt|tri|um (n) yttrium
Zäh|ler (m) counter
Zäpf|chen (n) uvula (Anatomie), suppository (Pharmacie)
Zahn (m) tooth
Zahn|arzt (m) dentist
Zahn|bein (n) dentin
Zahn|fleisch (n) gums
Zahn|me|di|cin (f) dentistry
Zahn|schmelz (m) enamel
Zahn|schmerz (m) toothache
Zan|ge (f) forceps
Zeh (m) toe
Zei|ge|fin|ger (m) forefinger
Zer|fall (m) decay
zer|fal|len (v) decay
zeu|gen (v) procreate, (Mann) father
Zeu|gung (f) procreation
Zie|gen|pe|ter (m) mumps
Zin|cum (n) zincum
Zink (n) zinc
Zinn (n) tin
Zip|per|lein (n) podagra
Zir|co|ni|um (n) zirconium
Zo|na (f) zona

Zo|nae (fpl) zonae
Zon|aes|the|sia (f) zonaesthesia
Zon|aes|the|sie (f) zonaesthesia
Zo|ne (f) zone
Zo|nen (fpl) zones
zo|ni|pe|tal (adj) zonipetal
Zo|nu|la (f) zonula
Zo|nu|lae (fpl) zonulae
zo|nu|lar (adj) zonular
Zo|nu|li|tis (f) zonulitis
zo|nu|li|tisch (adj) zonulitic
zo|nu|li|tisch (adv) zonulitically
Zo|nu|lo|ly|se (f) zonulolysis
zo|nu|lo|ly|tisch (adj) zonulolytic
zo|nu|lo|ly|tisch (adv) zonulolytically
Zo|nu|lo|to|mie (f) zonulotomy
zo|nu|lo|to|mie|ren (v) zonulotomise
Zo|nu|ly|se (f) zonulysis
Zoo|era|stie (f) zooerastia
zoo|gen (adj) zoogenic
Zoo|geo|gra|phie (f) zoogeography
zoo|geo|gra|phisch (adj) zoogeographic
Zoo|lo|ge (m) zoologist
Zoo|lo|gie (f) zoology
zoo|lo|gisch (adj) zoological
zoo|lo|gisch (adv) zoologically
Zoo|no|se (f) zoonosis
Zoo|no|sen (fpl) zoonoses
Zoo|no|ses (fpl) zoonoses
Zoo|no|sis (f) zoonosis
zoo|no|tisch (adj) zoonotic
zoo|no|tisch (adv) zoonotically
Zoo|pa|ra|sit (m) zooparasite
zoo|pa|ra|si|tar (adj) zooparasitic
zoo|pa|ra|si|tar (adv) zooparasitically
Zoo|pa|ra|si|ten (mpl) zooparasites
zoo|phag (adj) zoophagous
Zoo|pha|gie (f) zoophagy
zoo|phil (adj) zoophilic
Zoo|phi|lia (f) zoophilia
Zoo|phi|lie (f) zoophilia
Zoo|phi|lis|mus (m) zoophilism
zoo|phob (adj) zoophobic
Zoo|pho|bia (f) zoophobia
Zoo|pho|bie (f) zoophobia
Zoo|pla|stik (f) zooplasty
zoo|pla|stisch (adj) zooplastic
Zoo|sper|mia (f) zoospermia
Zoo|sper|mie (f) zoospermia
Zoo|spo|re (f) zoospore
Zoo|to|mie (f) zootomy
zoo|to|mie|ren (v) zootomise
zoo|to|misch (adj) zootomical
zoo|to|misch (adv) zootomically
Zoo|to|xin (n) zootoxin
Zoo|to|xi|ne (npl) zootoxins
Zoo|trans|plan|tat (n) zootransplant, zoograft
Zo|ster (m) zoster
Zu"c"|ker (m) sugar
Zu"c"|kung (f) twitch

Zun|ge (f) tongue
Zun|gen|bein (n) hyoid bone
zu|rech|nungs|fä|hig (adj) imputable
Zu|rech|nungs|fä|hig|keit (f) imputability
Zu|stand (m) state
Zu|stands|func|ti|on (f) state function
Zu|stands|glei|chung (f) state equation
Zwangs|ja"c"|ke (f) straitjacket
Zwangs|vor|stel|lung (f) obsession
zwei|bäu|chig (adj) digastric
zwei|ge|len|kig (adj) two-joint
zwei|ker|nig (adj) binucleated
zwei|lap|pig (adj) bilobed
zwei|tei|len (v) bisect
Zwei|tei|lung (f) bisection
Zwerch|fell (n) midriff, diaphragm
Zwerg (m) dwarf, midget
Zwerg|wuchs (m) dwarfism
Zwil|ling (m) twin
Zwil|lin|ge (mpl) twins
zwi|schen|ge|schal|tet (ppe) intercalated
Zwi|schen|hirn (n) interbrain, betweenbrain
Zwi|schen|pro|duct (n) intermediate
Zwi|schen|re|ac|ti|on (f) intermediary reaction
Zwi|schen|schritt (m) intermediary step
Zwi|schen|wir|bel|schei|be (f) intervertebral disc
Zwit|ter|ion (n) zwitterion
Zwölf|fin|ger|darm (m) duodenum
Zwölf|fin|ger|darm|ge|schwür (n) duodenal ulcer
Zyg|apo|phy|se (f) zygapophysis
zyg|apo|phy|se|al (adj) zygapophyseal
Zyg|apo|phy|sis (f) zygapophysis
Zy|gi|on (n) zygion
zy|go|dac|tyl (adj) zygodactylous
Zy|go|dac|ty|lia (f) zygodactylia
Zy|go|dac|ty|lie (f) zygodactyly
zy|go|ma|ti|co|fa|ci|al (adj) zygomaticofacial
zy|go|ma|ti|co|ma|xil|lar (adj) zygomaticomaxillary
zy|go|ma|ti|co|or|bi|tal (adj) zygomaticoorbital
zy|go|ma|ti|co|tem|po|ral (adj) zygomaticotemporal
Zy|go|ma|ti|cum (n) zygomaticum, zygomatic
Zy|go|ma|ti|cus (m) zygomaticus, zygomatic
zy|go|ma|tisch (adj) zygomatic
Zy|go|ne|ma (n) zygonema
Zy|go|ne|ma|ta (npl)

zygonemata

Zy|go|spo|re (f) zygospore

Zy|go|taen (n) zygotene

Zy|go|te (f) zygote

zy|go|tisch (adj) zygotic

Zy|ma|se (f) zymase

zy|misch (adj) zymic

zy|misch (adv) zymically

Zy|mo|gen (n) zymogen

zy|mo|gen (adj) zymogenic

Zy|mo|lo|ge (m) zymologist

Zy|mo|lo|gie (f) zymology

zy|mo|lo|gisch (adj) zymological

zy|mo|lo|gisch (adv) zymologically